卓越法律人才培养
民商事法学系列教材

总主编　李少伟　张翔

侵权责任法实训教程

A Practical Training Course in Tort Law

主　编｜车　辉

撰稿人｜叶名怡　车　辉
李　敏　陈凌云
万　璐

法律出版社
LAW PRESS · CHINA

总　　序

2011年12月23日，教育部和中央政法委员会发布《关于实施卓越法律人才教育培养计划的若干意见》（教高〔2011〕10号，以下简称《意见》）。《意见》针对我国法律人才培养中所存在的突出问题，决定实施卓越法律人才教育培养计划，并明确了卓越法律人才教育培养的指导思想、总体目标、主要任务、工作措施等，其中也提出了教材建设的任务。

西北政法大学承担着全部三个类型的卓越法律人才教育培养的重要任务，民商法学院则担负着全校卓越法律人才培养的民商事实体法学和程序法学的教学任务。五年来，围绕卓越法律人才的教育培养，我们开展了一系列教学改革研究和实践，其中也包括教材改革和建设。“卓越法律人才培养民商事法学系列教材”就是在法律出版社的大力支持下推出的我院教材改革和建设的成果。

该套系列教材是我们在认真研究、深入领会《意见》精神，总结多年课程教学经验、吸收教学改革成果的基础上，组织学术水平较高、教学经验丰富的教师编写完成的。为了实现《意见》的总体目标和要求，我们试图通过此套系列教材达到两个基本目的：一是深化、扩展和丰富民商事实体法学和程序法学的教学内容；二是体现理论与实践的结合，培养学生的法律专业技能或实务操作能力。

我们计划编写和出版的教材有：侵权责任法实训教程、担保法实训教程、公司法实训教程、证券法实训教程、票据法实训教程、破产法实训教程、保险法实训教程、非诉讼纠纷解决机制（ADR）实训教程、律师公证实训教程、民事案例研习、商事案例研习、家事案例研习、民事诉讼案例研习、民事执行学、仲裁法学、中国司法制度、法律职业道德等。

这套系列教材的出版，既是我院围绕卓越法律人才培养所进行的教学改革的阶段性成果的体现，更是一种新的尝试，其中难免有欠妥适之处，诚望同仁和读者不吝指正。

编 者

2016 年 6 月

作 者 简 介

车　辉　西安交通大学法学博士，西北政法大学民商法学院教授、硕士研究生导师，西北政法大学侵权责任法研究所所长，民商法学院商法教研室主任，陕西省法学会民法学研究会常务理事，陕西省法官、检察官遴选（惩戒）委员会委员，陕西省委网络安全和信息化领导小组专家咨询委员会委员，西安仲裁委员会仲裁员，西安市莲湖区和中级人民法院专家咨询员，陕西省高级人民法院廉政监督员；兼职律师。主要研究领域为民法物权法、合同法、侵权责任法、担保法等。曾主持或承担并完成教育部、省社科、省教育厅等省部级科研项目七项；公开发表论文四十余篇，其中核心期刊二十余篇；主编教材三部，其中一部荣获西北政法大学优秀教材二等奖；公开出版专著三部，其中两部专著分别荣获陕西高等学校人文社科研究优秀成果奖二等奖和三等奖。2008 年被评为“陕西省十大优秀中青年法学家”；2012 年被评为“西北政法大学教学名师”；2012 年荣获“西北政法大学师德标兵”称号；2009 年被北京评师网评为“陕西省十大最受学生欢迎的教授”；2010 年荣登搜狐教育“全国最受欢迎百佳教授榜”。

李　敏　西北政法大学民商法学院教授、硕士研究生导师，陕西省法学会民法学研究会理事，陕西省法学会婚姻家庭法学研究会理事，民商法学院民法教研室副主任。主要从事民法物权法、债权法的教学研究工作。出版专著《侵权责任法律制度研究》，合著《担保法新问题研究》，参编《民法学》《民法学分论》《侵权责任法理论与实务》《合同法》等多部教材，发表学术论文三十余篇。

叶名怡　上海财经大学教授、博士生导师，研究方向为侵权法、合同法以及家事法。

陈凌云　西北政法大学民商法学院副教授、硕士研究生导师，中国法学会婚姻法学会理事，陕西省法学会民法学研究会副秘书长。1999～2009年就读于吉林大学，期间获得学士学位、硕士学位、博士学位。2007年赴台湾地区中正大学法学院交流。2008年在深圳市房地产研究中心担任访问学者。主要研究领域为比较民法学、合同法、家事法。在《环球法律评论》《当代法学》等核心期刊发表论文十余篇，主持及参加国家社科基金、教育部、司法部、中国法学会等省部级项目十项。

万　璐　陕西警官职业学院法律系教师。2014年取得英国格拉斯哥大学国际商法专业法学硕士学位、2015年取得西北政法大学民商法专业法学硕士学位。先后公开发表论文六篇。曾获"西北政法大学英语演讲比赛"三等奖；"西北政法大学优秀共青团干部"称号；2016年荣获陕西警官职业学院首届思政论坛论文三等奖。

编 者 说 明

《侵权责任法》是保护民事权益的一部法律，是我国民法的重要组成部分。大陆法系民法中的“侵权行为”是债法的组成部分，即侵权行为之债，侵权行为法是学理上的称谓。侵权责任法是对侵权行为之债法的借鉴与变革，它从债法分离出来，形成了独立的新体系，是民事立法的创举，是《民法通则》创立的民事权利—民事义务—民事责任立法模式的延续与发展，将来会成为民法典独立的一编。

西北政法大学自2009年开设《侵权法理论与实务》的选修课，学时34课时。通过近十年的教学实践，取得了较好的成绩，深受学生欢迎。本书是西北政法大学民商法学院与法律出版社合作出版的卓越法律人才培养民商事法学系列教材之一，结合侵权法理论与实务这门选修课的教学实践中本科生的需求，精心设计了框架结构和写作体例，更强调和突出理论与实务的结合。根据现行侵权责任法的规定，系统全面地介绍了侵权责任法的相关内容，结合案例阐释理论，体系合理，内容详实。各章包括本章导语和本节提要、历年司考题目及答案和解析、案例及解析、思考题和阅读文献，以便于学生理解和掌握相应的内容。本书的内容及时体现和反映了民法总则中相关立法内容和最高人民法院最新颁布的关于医疗损害责任的司法解释的规定内容。本书立足于本科教学需要，但同样适用于法学硕士研究生学习，同时，希望对司法审判工作者以及律师和法律工作者的实务工作能有所帮助，提供系统的理论支持。

本书由西北政法大学民商法学院车辉教授、李敏教授、陈凌云副教授，上海财经大学叶名怡教授，陕西警官职业学院教师万璐共同编著，车辉负责编排、统稿。

本书撰写章节具体如下：

叶名怡：第一至六章；

车　辉：第七、八、九、十、十二章；

万　璐：第十一、十三章；

李　敏：第十四、十五、十九、二十、二十四、二十五、二十六章；

陈凌云：第十六、十七、十八、二十一、二十二、二十三章。

编　者

2017 年 12 月 21 日

主要法律法规及司法解释缩略语表

全　称	缩略语
《中华人民共和国民法总则》	《民法总则》
《中华人民共和国民法通则》	《民法通则》
《中华人民共和国侵权责任法》	《侵权责任法》
《中华人民共和国产品质量法》	《产品质量法》
《中华人民共和国国家赔偿法》	《国家赔偿法》
《中华人民共和国消费者权益保护法》	《消费者权益保护法》
《中华人民共和国未成年人保护法》	《未成年人保护法》
《中华人民共和国教育法》	《教育法》
《中华人民共和国道路交通安全法》	《道路交通安全法》
最高人民法院《关于贯彻执行〈中华人民共和国民法通则〉若干问题的意见(试行)》	《民法通则司法解释》
最高人民法院《关于适用〈中华人民共和国侵权责任法〉若干问题的通知》	《侵权责任法司法解释》
最高人民法院《关于审理名誉权案件若干问题的解答》	《名誉权案件司法解答》
最高人民法院《关于确定民事侵权精神损害赔偿责任若干问题的解释》	《精神损害赔偿司法解释》
最高人民法院《关于审理人身损害赔偿案件适用法律若干问题的解释》	《人身损害赔偿司法解释》
最高人民法院《关于适用〈中华人民共和国合同法〉若干问题的解释(一)》	《合同法司法解释(一)》

最高人民法院《关于审理劳动争议案件适用法律若干问题的解释》	《劳动争议解释》
最高人民法院《关于适用〈中华人民共和国民事诉讼法〉的解释》	《民事诉讼法司法解释》
最高人民法院《关于民事诉讼证据的若干规定》	《民事诉讼证据规定》
最高人民法院《关于适用〈中华人民共和国刑事诉讼法〉的解释》	《刑事诉讼法司法解释》
最高人民法院《关于审理侵害信息网络传播权民事纠纷案件适用法律若干问题的规定》	《信息网络传播权司法解释》
最高人民法院、最高人民检察院《关于办理利用信息网络实施诽谤等刑事案件适用法律若干问题的解释》	《利用信息网络实施诽谤等刑事案件司法解释》
最高人民法院《关于审理道路交通事故损害赔偿案件适用法律若干问题的解释》	《交通事故损害赔偿司法解释》
最高人民法院《关于审理环境侵权责任纠纷案件适用法律若干问题的解释》	《环境侵权解释》
最高人民法院《关于审理医疗损害责任纠纷案件适用法律若干问题的解释》	《医疗损害责任司法解释》

目　　录

第一编　总　　论

第二编　侵权损害赔偿

第一编 总 论

第一章 侵权行为与侵权责任法

|本章导语|

随着科技的高速发展,我们的生活得到了极大进步,同时也充斥着各种风险和损害。侵权行为层出不穷,作为损害赔偿的侵权责任法显得尤为重要。侵权行为是侵权责任法中最基本也是最重要的一个概念。本章先通过对侵权行为相关问题进行介绍,旨在使读者对侵权责任法产生一个初步的认识,进而对侵权责任法的概念、特征、渊源、发展历程、在法律体系中的地位、功能及发展趋势做系统的阐述,进一步帮助读者全面学习侵权责任法这一课程。本章的学习重点在于对侵权行为概念特征以及侵权责任法的功能和发展趋势的理解。

第一节 侵权行为概述

|本节提要|

侵权行为是侵权责任法学习过程中的一个最基本也是最重要的问题。本节在基本原理部分介绍了何为侵权行为、侵权行为的种类以及侵权行为与其他违法行为的区别和联系。本节的关键问题和学习重点在于对侵权行为法律概念和法律特征的理解与把握。

一、侵权行为的概念与特征

侵权行为的概念分为法定概念和学理概念,前者是相关国家民法典或侵权法对侵权行为所作的立法界定,[1]如《法国民法典》第 1382 条规定:“任何行为使他人受损害时,因自己过错而致损害发生之人,对该他人负赔偿的责任。”后者是侵权法学者所下的定义。在这里,主要讨论侵权行为的学理概念。

关于侵权行为的学理概念,存在以下一些有代表性的观点。王利明教授认为:“侵权行为指的就是由于过错侵害他人的人身和财产而依法应承担民事责任的行为,以及依法律特别规定而依法应承担民事责任的其他损害行为。”[2]

杨立新教授认为,侵权行为是指行为人由于过错或者在法律特别规定的场合不问过错,违反法律规定的义务,以作为或不作为的方式侵害他人人身权利和财产权利及其利益,依法应当承担损害赔偿等法律后果的行为。[3]

张新宝教授认为,广义侵权行为包括加害人自己的侵权行为和准侵权行为;狭义侵权行为是指侵害他人人身权、财产权以及法律保护的利益的行为,一般情况下行为人主观上有过错。[4]

上述三种定义大同小异。相同的地方在于他们都认为侵权行为包括过错侵权行为和无过错侵权行为。不同的地方在于,杨立新教授一贯强调侵权行为应具有“违法性”要素,而其他两位教授并没有将这个要素置入侵权行为的界定中。第一种和第三种观点之间的差别则是前者表述为“侵害他人的人身或财产”,后者表述为“侵害他人人身权、财产权以及法律保护的利益”。显然,后者的表述更为精确。

笔者认为,所谓侵权行为是指因其过错或其制造或控制的异常危险,或者其他法定事由导致他人遭受损害因而应承担侵权责任的行为。

依此定义,侵权行为的法律特征包括以下三个方面:

1. 侵权行为必定有损害和因果关系。在这里,损害和因果关系均为法律上的概念,而非生活语言。损害可能是绝对权遭受侵害,也可能是法律明确保护的利益受到侵犯。因果关系既包括科学意义上的事实因果关系,也包括法律上的因果关系。

2. 某项行为之所以为侵权行为,还因为它满足某种归责依据的要求。行为人

---

[1] 《德国民法典》第 823 条规定:“因故意或过失不法侵害他人的生命、身体、健康、自由权或其他权利者,负有向该他人赔偿因此而发生的损害的义务。”《瑞士债法典》第 41 条规定:“任何人因故意或过失地实施不法行为造成他人损害者,应当承担赔偿责任。”《日本民法典》第 709 条规定:“因故意或过失侵害他人权利者,负因此而产生损害的赔偿责任。”《欧洲侵权法原则》第 1:101 条规定:“(1)因他人损害而在法律上可被归责者须对该损害承担赔偿责任。(2)损害特别可被归责于以下人:a)其构成过错的行为引起损害者;b)或者从事的异常危险活动引起损害者;c)其附属者在其职务范围内引起损害者。”

[2] 王利明:《侵权行为法研究》(上),中国人民大学出版社 2004 年版,第 8 页。

[3] 杨立新:《侵权法论》,人民法院出版社 2004 年版,第 13 页。

[4] 张新宝:《侵权责任法原理》,中国人民大学出版社 2005 年版,第 16～17 页。

实施侵权行为之所以要承担侵权责任,是因为他有过错——或者他违反法定义务或注意义务,[5]或者他制造或控制了某项异常危险,或者是法律规定的其他事由,如监护人责任。

3. 这里的“行为”,包括作为和不作为。侵权行为中的行为大多数场合下都是作为,如某人饲养了一只凶猛的狼犬咬伤了路人,或者某人超速驾车酿成交通事故,或者医生不当医治病人致病人死亡;不作为主要存在于行为人负有作为义务的场合中,如施工队在道路上挖坑、忘记设置防护装置、导致行人掉入坑内受伤等。

正是上述三项特征的综合令侵权行为不同于其他法律事实(契约、不当得利、无因管理)。另外,侵权行为虽然是一种违法行为,但由于过错内涵的变化和侵权行为道德可责性的弱化,违法性已被过错所吸收,因而不必再强调侵权行为的违法性。

二、侵权行为的种类

根据不同的标准,侵权行为可作不同的分类。

1. 依归责依据来划分,侵权行为可以分为过错侵权行为(又分为故意侵权行为和过失侵权行为)、危险责任之侵权行为。这两类通常又被称为一般侵权行为和特殊侵权行为。

2. 依具体致害者是否为侵权责任人本人来划分,侵权行为可以分为为自己行为负责之侵权行为、为他人或他物致害负责之侵权行为。后者通常又被称为“准侵权行为”。

3. 依行为方式来划分,侵权行为可以分为作为的侵权行为和不作为的侵权行为。

4. 依侵权行为人的数量和行为结合形态来划分,侵权行为可以分为单独侵权行为和共同侵权行为。

三、侵权行为与其他违法行为的联系与区别

违法行为有很多种,既有刑事违法行为,又有民事违法行为和行政违法行为。侵权行为从性质上来讲,属于民事违法行为的一部分。

(一)侵权行为与犯罪行为

侵权行为和犯罪行为都是违法行为,且都应受到法律的制裁。但侵权行为是

---

〔5〕 侵权法上的过错是指违反法定义务或注意义务的心理状态或客观状态。法定义务是法律明确保护他人免受损害的义务,注意义务是一般理性人对他人安全所负担的应有的谨慎义务。从一定意义上说,这两种义务都是法定义务,而不是约定义务。正是这一特征,将侵权法上的过错侵权行为与合同法上的违约行为区分开来。

民事违法行为，犯罪行为是刑事违法行为，分别由民法和刑法这两种不同的法律来调整。两者无论在构成上还是在性质上都有很大的区别。

1. 法律依据不同。根据罪刑法定原则的规定，犯罪行为被严格限定为触犯《刑法》应受刑事处罚的行为。侵权行为是《侵权责任法》规定的违法行为，行为人所违反的是民事法律。

2. 侵害客体不同。犯罪行为侵害的客体既包括主体的人身权利和财产权利，还包括法律所保护的一定的社会关系，如政治、经济、文化等。侵权行为侵害的客体主要指民事主体的人身权益和财产权益等。由此可见，犯罪行为的客体宽于侵权行为的客体。

3. 社会危害程度不同。由于刑罚的严厉性，只有达到一定社会危害性的违法行为才能被称为犯罪行为。而侵权行为不要求具备社会危害性，只要侵犯了他人合法的权益就可构成。

4. 行为人的主观恶性不同。刑法规定，只有行为人主观恶性较大的行为才被认为是犯罪行为。刑事犯罪大多是故意犯罪，过失行为只有在法律明确规定的情形下才被视为犯罪行为。侵权行为绝大部分是过失行为。所以犯罪行为比侵权行为的主观恶性要大。

5. 承担责任不同。犯罪行为需要承担刑事责任，侵权行为所承担的是民事责任。

（二）侵权行为与行政法上的违法行为

行政法上违法行为，按照通说，是指行政法律关系当事人违反行政法律规范，侵害法律保护的行政关系而尚未构成犯罪的行为。[6] 侵权行为与行政法上的违法行为的区别如下：

1. 法律依据不同。行政上的违法行为是行政法律法规规定的违法行为，侵权行为是民事法律规定的违法行为。

2. 法律后果不同。行政上的违法行为的法律后果主要是行政处罚，侵权行为的法律后果主要是损害赔偿。

3. 承担责任不同。行政法上的违法行为行为人承担的是一种面向国家的行政责任，侵权行为承担的是面向受害人的损害赔偿责任。

应当注意的是，当违法的行政行为侵害了行政相对人的民事权益时，可能构成一种特殊的侵权行为。此时，违法的行政机关既要承担行政责任，也应该承担

---

〔6〕 罗豪才主编：《行政法学》，中国政法大学出版社1996年版，第319页。

民事责任。

（三）侵权行为与违约行为

违约行为，是指违反合同义务的行为。侵权行为和违约行为都是民事违法行为，所承担的都是民事责任。在一定的场合下，两者还可能发生竞合。但两者仍存在以下区别：

1. 行为产生的前提不同。违约行为产生的前提是当事人之间存在特定的合同法律关系，侵权行为的产生通常不具有这种特定在双方当事人之间的法律关系。

2. 行为违反的义务不同。违约行为所违反的义务主要是约定义务，在一小部分情况下是一些关于合同或者缔约的法定义务，侵权行为违反的是法定义务。

3. 行为的主体不同。违约行为的主体是特定的，即合同法律关系的当事人。侵权行为对行为主体并没有要求，任何民事主体都可能构成侵权行为。

4. 行为侵害的对象不同。违约行为侵害的是合同债权，即为一种相对权。侵权行为侵害的是人身权利和财产权利，一般为绝对权。但是在第三人侵害债权的情形下，债权也可能成为侵权行为侵害的对象。

第二节　侵权责任法概述

本节提要

本节先对侵权责任法的定义展开介绍，使读者对侵权责任法有一个宏观的认识。然后通过介绍侵权责任法的法律特征，使读者对该法有一个更加深入的了解。最后，介绍了侵权责任法的功能和发展趋势，这两部分也是本节的关键问题和学习重点所在，需要读者着重理解。

一、侵权责任法的概念

关于侵权责任法，有很多学者给它下过定义。[7] 笔者认为，所谓侵权责任法，就是指以判断侵权行为是否成立、侵权责任及其范围大小为内容，以补偿受害

〔7〕 参见杨立新：《侵权法论》，人民法院出版社2004年版，第33页。

人、惩罚侵权人和预防侵权发生为主要目标的法律规范的总称。据此,侵权责任法有两项基本任务,即判断侵权行为是否成立以及侵权责任的种类和范围。而之所以有这两项任务,乃是为了实现侵权法的上述功能。侵权责任法有时也被称为侵权行为法,二者大体相同,只不过侧重点不同。因为侵权行为必然伴有侵权责任的法律后果,侵权责任必然以侵权行为为前提。

二、侵权责任法的特征

侵权责任法的特征包括以下三个方面:

1. 侵权责任法系债法的一部分。在普通法上,既没有成文法、制定法的传统(以先例形式存在的判例法),也没有严格的物权、债权区分(立法技术必然与法律呈现方式有关),侵权法、契约法、财产法等主要法律部门都是散落并立的。但在大陆法系,从罗马法时代开始,侵权和违约就各自成为债发生的原因之一。这种传统一直延续到今天。因此,在大陆法系(包括我国),侵权责任法一向属于债法的范畴。

2. 侵权责任法系强行法。法律依照其规范的效力属性可以分为强行法和任意法。与契约法规则大多数为任意法不同,侵权法基本上属于强行法。这意味着,无论是受害人还是侵权人,只能选择遵守侵权法的规则,而不能有选择地遵守或者不遵守。之所以如此,是因为侵权行为属于违法行为,因而国家必须强制设定处理程序和法律效果。当然,在侵权案件中,就民法范围内来说,获得救济是受害人的权利,既然是私人权利,自然可以部分或全部放弃。

3. 侵权责任法是权利保护法。法谚有云:无救济则无权利。作为最重要的民事权利救济法,侵权法扮演了一个相当重要的角色。侵权责任法基本上对所有的支配权和法律认为值得保护的相对权和纯粹经济利益都给予了保护。如果没有侵权责任法,上述权利和利益将形同具文,任人践踏。因此,相对于契约法是市场交易法而言,侵权法则是权利保护法。

三、侵权责任法的功能

所谓侵权责任法的功能,即侵权责任法所发挥的作用,与侵权责任法的目标或者说价值取向大体近似,只不过前者偏重于从客观角度、后者偏重于从主观角度进行考察和发掘。如今,很少有人还坚持侵权法仅具有单一功能——补偿,而是赞成它有多重功能:补偿、惩罚(制裁)、预防(遏制、威慑、吓阻),以及形塑民众良善的行为方式、承载社会文明价值等。

(一)补偿功能

所谓侵权责任法的补偿功能,是指对于受害人遭受到的损害,侵权责任法通过规定侵权人向受害人支付赔偿,以填补其损失,消除其损害,力求使受害人恢复到受侵害之前的状态。

补偿无疑是侵权法最基本、最主要的功能。补偿的要义是全面填补损害,使受害人能够恢复到侵权之前的状态。这种损害必须予以填补的观念,可谓一种自然法观念。它的古老神圣和天经地义,就如同杀人偿命、欠债还钱这样的通俗观念那样深入人心。侵权责任法的历史告诉我们,从人类告别同态复仇的那一天起,赔偿金或者说平和金就登上了历史舞台。根据亚里士多德对正义的分类,责令侵权人赔偿受害人损害,正是矫正正义的体现,是对被破坏的社会秩序的恢复和匡正。但现代侵权责任法在补偿方面做得还不够,实践中的情形是受害人很难恢复如初。因为受害人为索赔诉讼所支付的许多成本是无法得到补偿的,如律师费、时间成本,以及败诉的风险成本。

(二)惩罚(制裁)功能

所谓侵权责任法的惩罚功能,是指对于某些主观心态具有严重可责性的侵权,侵权责任法通过追究侵权责任尤其是惩罚性赔偿对行为人进行惩罚,以实现各得其所的正义。

历史上众多法学家和哲学家基于不同的理论对法律惩罚的正当性作了充分论证。大体上,惩罚正当性的理论基础有两大类:功利主义和报应主义。功利主义又分为两种流派,即行为功利主义和规则功利主义;边沁是行为功利主义的代表人物,[8]而罗尔斯是规则功利主义的代表人物。[9] 相对于功利主义"向前看"(面向未来)的特点,报应主义则侧重"向后看"(面向过去)。报应主义曾被功利主义的光芒遮蔽很长一段时间,但时至今日,报应主义已经压倒了功利主义,成为

---

〔8〕 边沁认为,"所有惩罚都是损害,所有惩罚本身都是恶。根据功利原理,如果它应当被允许,那只是因为它有可能排除某种更大的恶"。参见[英]边沁:《道德与立法原理导论》,时殷弘译,商务印书馆2000年版,第216页。简言之,在边沁看来,惩罚的正当性在于平衡个人趋乐避苦与社会总福利之间的紧张状态。

〔9〕 罗尔斯认为,"必须在所应用和实施的规则体系与该规则体系指导下的具体行为之间做出区分。对于规则而言,功利主义的考虑是合适的;对于具体规则在具体个案中的适用而言,报应主义的考虑是合适的"。See John Rawls, Two Concepts of Rules, *The Philosophical Review*, 64, (1955), pp. 3-32. 简言之,罗尔斯的规则功利主义并不寻求在具体个案(法官司法)中应用功利主义,而是强调在规则建立(立法)中应当考虑功利主义。[德]黑格尔:《法哲学原理》,范扬、张企泰译,商务印书馆1996年版,第103~104页。

占主导地位的惩罚理论。[10] 报应主义的代表人物有康德和黑格尔。康德认为惩罚的根据不在于给行为人或其同伴树立一个反面教训，而主要是因为这是有罪的、可受惩罚的人所应得的，即惩罚的道德根据在于正义，而非功利。[11] 黑格尔认为惩罚是对犯罪的取消（annulment），报复是对侵害人的报复，同时这种报复不求“同态报复”，而只需“价值等同”。[12] 制裁（惩罚）并非刑法（或行政法）的专利。侵权法和刑法的功能并非不一致（inconsistent），只不过二者的重心不同。基本上所有的英美侵权法著作都会认可侵权法的功能或曰目标之一是制裁或惩罚。[13] “过去40年的历史表明，侵权法的‘报复’（retributive）和‘抚慰’（appeasing）功能的重要性实际上增强了……面对因应现代社会需求而不断扩张的机构或团体如政府、企业、联盟等，如今，单个人在遭受这些机构或团体羞辱或其他方式的侵害时，比以往任何时候都更需要某些途径来捍卫自己的人格尊严。”[14] 即便德国法也承认损害赔偿法的制裁和预防（sanktion und prvention）功能，只不过传统上认为其载体有所不同，即当说到“制裁”和“预防”时，并非意指除了损害赔偿义务之外，侵害人的恶意经常还会受到旨在预防再次侵权的惩罚，或是制裁的需求可以产生一个附加的责难侵害人的责任根据；而是说制裁和预防这两个概念只不过表明：内含于每一个损害赔偿判决之本质中原本就有的那些东西，会对潜在的侵害人产生或至少应当产生预防侵权的果。[15] 我国民法学界很早就有认同侵权法制裁功能的观点。制裁不法行为人是法律对漠视社会利益和他人利益、违背义务和公共行为准则的行为的谴责和惩戒，它意味着法律依据社会公认的价值准则和行为准则对某种侵权行为所作的否定性评价。[16]

---

〔10〕 See Ressell L. Christopher, Deterring Retributivism: The Injustice of "Just" Punishment, *Northwestern University Law Review*, Vol. 96, No. 3.

〔11〕 ［德］康德：《法的形而上学原理——权利的科学》，沈叔平译，商务印书馆1991年版，第164页。

〔12〕 ［德］黑格尔：《法哲学原理》，范扬、张企泰译，商务印书馆1996年版，第103～104页。

〔13〕 例如，Prosser指出，法院不仅关注补偿受害人，也关注对侵权人的惩戒。See Prosser and Keeton on The Law of Torts (5th ed.), West Publi. Co., p. 25. Dobbs认为，侵权法最高层次的目标是实现矫正正义（道义性）和增进社会福利；直接目标是补偿受害人、威慑不良行为以及程序价值。See Dobbs, ibid., p. 12 ff.；“侵权法至少有以下四个目标：防止私力救济；惩罚或报复（retribution）侵权人；威慑侵权人；补偿受害人。”See George C. Christie, James E. Meeks, Ellen S. Pryor, Joseph Sanders, Cases and Materials on the Law of Torts, 3rd ed., West Publishing Co., 1997, p. 5.

〔14〕 See Christie, Meeks, Pryor, Sanders, Cases and Materials on the Law of Torts, 3rd ed., West Publishing Co., 1997, p. 6.

〔15〕 Peter Müller, Punitive Damages und deutsches Schadensersatzrecht, Walter de Gruyter Berlin New York, 2000, S. 86.

〔16〕 王家福：《民法债权》，法律出版社1991年版，第441～443页。

（三）威慑和预防（防范）功能

所谓侵权法的威慑功能，又称为吓阻功能、遏制功能，是指通过民事责任的必然性与致害后果及主观心态相称的负担性，使加害人避免今后再次实施侵害行为，使潜在的侵权人不再从事类似的侵权行为。

理论上，根据规范性质和作用不同，可以将法律规范分为裁判规范和行为规范。[17] 作为私法的侵权法，虽不似合同法有许多纯粹的行为规范（任意性规则、缺省性规则），但毫无疑问，其诸多规则必然有示范、指引、教育作用，因而侵权法规则有很多既是裁判规范，也是行为规范。

只要承认侵权责任法规则不仅是裁判规则，同时还是（或更是）行为规则，那么就必须认可：侵权责任法不仅着眼于对具体个案是非曲直的认定和讼争的解决，而且还关照个人行为标准的形塑。后者正是侵权法具有预防功能的另外一种表达，即侵权法还担负着预防侵权发生、确认和加固社会行为标准的功能。

德国法学家海因·克茨运用经济分析的方法也指出，通过达到成本的最优，侵权责任法的目标之一是通过最经济的方式来避免损害。[18]

威慑的最终结果还是为了预防。因此，侵权法的威慑功能和预防功能总是联系在一起的。一方面，如果侵权法没有威慑功能，其预防功能也不可能得到很好的实现；另一方面，如果侵权法没有预防功能，那么，其威慑也就失去了目标，丧失了正当性。侵权法不仅是向后看的法律——对已发生损害的填补或对侵权者实施制裁，而且也是向前看的法律，即要着眼于对将来可能发生侵权的规制。这种规制的具体体现就是侵权法的威慑和预防功能。后者这项功能是侵权法作为社会控制手段的重要内容之一。

值得注意的是，我国《侵权责任法》第 15 条明确将停止侵害、排除妨碍、消除危险规定为侵权责任方式。同法第 21 条更是宣告了一种新型侵权责任“侵权预防责任”的诞生。不过仍需区别作为侵权责任承担方式的预防与作为侵权责任法功能之一的预防二者之间的区别。前者是具体意义上的预防（précaution）；后者是概括抽象意义上的预防（prévention），根据威慑对象不同，可以分为一般预防和特殊预防（亦称个别预防）。虽然有法国学者认为前者属于后者范畴内的一个新原则，但笔者认为，二者存在重大差异，“précaution”（对应于我国的侵权预防责

〔17〕　按照埃利希的观点，从生活事实中形成的行为规范是法律更为本质的属性，而裁判规范不过是法律规则的次级属性、表层属性，它最终来源于联合体的内部秩序。参见［奥］埃利希：《法律社会学基本原理》，叶名怡、袁震译，九州出版社 2007 年版，第 171、255 页。

〔18〕　Hein Kotz, Gerhard Wagner, Deliktsrecht, Zehnte Aufl. Luchterhand, München, 2006, S. 26 ff.

任)宜翻译为“具体预防”,以区别于作为侵权法功能之一的抽象预防。当然,不可否认,侵权预防责任制度是侵权法预防功能的一个突出体现。

(四)激励有效率之行为的功能

所谓激励有效率之行为的功能,是指在某些领域,侵权法并不追求彻底预防侵权行为的发生,而是力图在侵权行为的发生与社会发展和进步之间达成一种平衡,使行为人的行为处于效率最优状态。随着侵权法的不断发展,侵权行为在很大程度上已经褪去了道德可责难性。侵权法甚至会容忍某些必定会导致侵权发生的行为或状态存在。在危险责任领域,侵权法的这一功能表现得尤为突出。如机动车事故致人伤亡,可以预见,这类事故比例绝不可能降低到零,但法律并没有禁止机动车制造和上路。类似的还有高温高压、易燃易爆的生产作业,这些高度危险活动导致事故的比例也绝不会是零。换言之,再怎么提高注意程度,一定数量的事故还是会发生。侵权法对此不是片面追求预防损害而将其干脆禁止,而是设立所谓危险责任来达到补偿受害人和认可危险作业存在发展二者之间的平衡。

按照侵权法对此领域行为人的要求,行为人只需要尽到效率上最优的注意,而不是尽最大限度的注意,更不是不再从事该危险行业的活动。从这个意义上说,侵权法具有激励有效率之行为的功能。

四、侵权责任法的发展趋势

侵权责任法在人类历史上已有两千多年,从前文对其历史演进的叙述可知,它绝非一成不变的。同理,未来的侵权责任法也绝不可能完全是今日的模样。事实上,当今的侵权责任法正经历着许多深刻的变化。以下本书将由近及远、由具体到一般对这些发展趋势进行简要分析。

(一)保护范围的扩大化

侵权责任法的保护范围经历了一个从窄到宽不断扩张的过程。《阿奎利亚法》最初的适用范围仅限于一些具体的侵害类型如杀害、焚烧、折断等,到后来才慢慢地扩大,并开始使用具有一般性、抽象性特征的损害概念。而精神损害赔偿和纯粹经济损失的赔偿直到近代之前才被认可——同样是对《阿奎利亚法》的扩张解释甚至是根本变革的结果。侵权责任法保护范围的这种扩张趋势在近现代仍在持续。这种趋势有如下具体表现形式:

1. 新型权利的不断生成。这在人格权领域表现尤为明显。《德国民法典》第823条规定:“因故意或过失不法侵害他人的生命、身体、健康、自由权或其他权利者,负有向该他人赔偿因此而发生的损害的义务。”这里面没有提到“名誉权”,更没有规定一般人格权。其原因一方面是思维严谨但较僵化的德国学者对私法中重新引入惩罚因素的恐惧,[19]另一方面也是社会发展及法学认识水平所限。隐私权的发展是另外一个典型的例子。在《侵权责任法》颁布以前,隐私权在我国不构成一种独立的民事权利,而是涵括在名誉权之中,但《侵权责任法》第2条明确将隐私权纳入侵权法保护的范围。另外,身份权特别是配偶权的保护日益获得重视,并在司法实践中获得确认。

2.债权这种相对权开始被纳入侵权法保护范围之内。传统侵权法原则上只保护支配权,债权作为相对权显然并不受侵权法的保护,而是一般由合同法或债法总则来调整。随着法学水平的提高和实践的需要,故意侵害债权这样一种新型的侵权类型逐渐得到各国司法实践的认可。由此推展开来,各种情形下的纯粹经济利益也受到了各国侵权法的保护(虽然侵权成立的要求较为严格)。

3.纯粹精神利益越来越受到侵权立法和司法实践的重视和承认。这种精神利益范围广泛,五花八门。试举一例,某乡村地区有一种根深蒂固的风俗,相邻两户的其中一户盖新房时,其地基不得高过邻居的地基,否则地基被高过的那一户就会觉得精神利益受到侵犯。[20]

4.财产利益或者说物的形态逐渐增多,其范围不断扩大。随着社会生产力的发展,新的财产利益不断出现,如汽车牌照、网络游戏中的游戏装备、QQ币等。这些附加值或虚拟财产具有实实在在的财产性,它们不断充实着“物”的内涵,使物权法中“物”的外延不断扩大。这些利益受到损害,侵权法同样不能置之不理,而这些“物”是以往根本不存在的。

(二)过失(标准)的客观化

过错侵权行为,亦即一般侵权行为,过去是现在仍是侵权责任法中最主要的内容——虽然其体系地位的重要性相对而言略有下降。在这个最主要的内容中,其自身最大的发展变化莫过于过失(标准)的客观化。为什么这里加一个括号呢?这是因为有一种观点(英美法观点)认为,所谓过失就是指对注意义务的违反,是

---

〔19〕 Hans Hattenhauer, Grundbegriffe des Buergerlichen Rechts, Muenchen, Beck, 1982, S. 110.

〔20〕 类似的还有一个实例。关中平原某乡村,甲户状告乙户,理由是后者未经同意擅自将其先人祖坟紧挨着前者先人的祖坟上头比邻而修建,这种做法被当地人视为大忌,因为这表明前者“软弱可欺、无用无能”,连先人都被压着,无法保护。本案中受损害的利益,从性质上说,就是一种纯粹的精神利益。它未必是普遍得到认可的,可能只是某一地区的观念,但这种利益,侵权法或者说司法不能弃之不理。它是一种现实的利益。

外在的、客观的(行为),它不是主观心理状态;另一种观点(大陆法系传统观点)认为,所谓过失就是指一种(行为人)应注意、能注意而未注意的主观心理状态。[21] 这两种观点虽然对过失的界定不同,但都不约而同地选择了一条客观化的道路,前者是过失本体客观化,后者是过失判断标准客观化(仍然坚持过失本体主观化)。

在英美法中,过失本身既是一种客观化的概念——对一般理性人注意义务的违反,其判断标准自然也是客观化的标准。判断行为人是否有过失,通常采取的方式是:首先设想一个一般理性人(通常谨慎的人)处于类似情势下会有怎样的注意程度,然后将行为人的注意程度与之相对照,从而判断行为人的注意程度是否达到了一般理性人的注意程度。而在大陆法系,在判断行为人过失时,以前着重于探求行为人主观上是否"能注意"而结果未注意,现在改为一般情况下,不再考虑行为人是否能注意,而是只要行为人达到了一定的年龄且无精神疾病,则推定行为人具有与"善良管理人"[22]同等的认知和控制能力;换言之,在大陆法系过错侵权法领域,越来越强烈的一个趋势是"应注意、能注意而未注意"转换为"应注意而未注意",即抛开了行为人自身的主观情况,代之以一个客观化的判断。

这种变化的深层原因,可以说是法律技术对于现实需求的回应。传统上过失的判断必须要探究行为人的具体生理及心理状况,难度可想而知;相反,一般理性人的要求是共同体对于行为人的合理要求,若将行为人的行为与一般理性人行为两相对照,无疑简便许多;另一个或许更重要的原因是,由于过失侵权不涉及惩罚性赔偿,损害赔偿的多少大抵根据实际损害而确定,因而在排除行为人故意或重大过失(二者皆主观过错)之后,判断行为人是否有过失,自然不必探究行为人的主观内心状态,而直接诉求于客观外在的标准。

(三)危险责任的一般化

侵权法体系内另一个引人注目的变化是危险责任的壮大和崛起,乃至于逐渐形成了类似于过错侵权一般条款的危险责任的一般条款。如前所述,侵权法原本是过错侵权一统天下的局面,但随着工业文明的不断发展,许多新型损害逐渐涌现。在这些损害事故中,行为人未必真的有过错,只是因为现有的技术手段或者根本不可能杜绝损害事故的发生,或者采取最高的注意程度可能成本代价实在太

---

〔21〕 参见曾世雄:《损害赔偿法原理》,中国政法大学出版社2001年版,第78~81页。

〔22〕 善良管理人,这个概念可以追溯至罗马法上的"善良家父",它的本质内涵与英美法上的"一般理性人"毫无二致。

大,而取得的实效可能非常的小。

以飞机飞行前的例行检查为例。飞机每次执行起飞任务之前,一般都要经过两次检查,以便提前排除可能存在的机器问题。从理论上说,当然检查的批次越多,就越能发现潜在的细小问题,也就越能够保障飞行安全。但是,即便是再多次数的检查,也不可能将飞行安全事故降低到零。可以说,一定的事故率是必然的,而每一次飞行事故都会造成巨大的人身和财产损害。法律一方面允许飞机运输的合法存在,另一方面也不要求飞行前的安全检查次数要达到五六次乃至十几次。其理论基础在于:第一,飞机运输对于现代生产和生活而言具有重要意义,这种正面的利益远远要比它带来的损害重大;第二,对于这些飞行事故所造成的损害,法律的态度是,行为人未必有过错,但受害人更加无辜,也更需要获得救济赔偿,因而行为人仍需承担赔偿责任;第三,当飞行前安全措施成本的提高所带来的边际收益(对减少事故发生率)很小时,法律并不要求行为人做这样没有效率的事情。

随着现代社会的深入发展,在许多领域都出现了类似上述场合的损害需要按照危险责任来处理。这就是危险责任扩大化、一般化的发展趋势。时至今日,在产品责任、高温高压、易燃易爆物品及其作业致害事故责任、环境污染责任、交通事故责任、工伤赔偿、医疗事故、航空器事故、原子能事故等领域,都能看到危险责任的身影。可以想见,随着后工业文明的发展,危险责任的重要性还会进一步增强。

基于危险责任这种不断发展扩大的趋势,欧洲侵权责任法团体所起草的《欧洲侵权法原则》第5:101条(异常危险活动)为危险责任规定了一般条款:“从事异常危险活动的人应当对因该独特风险而导致的损害承担严格责任。”在这里,危险责任不再限于具体列举的那几种(如我国《民法通则》所规定的那样),而是已经有了自己的一般条款。这样的规定表明危险责任的扩大化和一般化已经在很大程度上获得了侵权法学者的一致认可。

(四)损害的社会化

所谓损害的社会化(die sozialisierung des schadens),是指损害事故中受害人获得的损害赔偿不再仅仅局限于侵权人的赔偿,而是通过扩展到其他来源得以社会化,其中最主要的是商业责任保险、无过错赔偿机制(no - fault plan)以及社会保障制度。严格来说,后者本不属于侵权法内部的变化,但是,由于赔偿机制的多元,必然导致侵权法本身产生巨大的改变。

商业责任保险对于侵权责任法的影响是巨大的。它对于行为人和受害人的行为模式都会产生作用。对于落在责任保险范围内的侵权行为所致损害，侵权人实质上是无须自己支付赔偿金的。对于行为人而言，一方面固然摆脱了责任负担，另一方面也可能降低其保持合理注意水平的激励。对于受害人而言，责任保险的存在使其不再面临侵权损害赔偿实际上（由于侵权人无财力或其他原因）无法获得的风险；另外，很多时候法律甚至赋予受害人直接向保险人索赔的权利，大大方便了受害人。由于责任保险具有转移并分摊损害的功能，所以责任保险的蓬勃发展对于扩大危险责任的适用范围也起到了重要的推动作用。当然，危险责任的扩大也在客观上刺激了责任保险行业的发展。

关于无过错赔偿机制，[23]最引人注意的莫过于新西兰于1973年颁布施行的《事故赔偿法》（*Accident Compensation Act*），[24]该法规定，因车祸、医疗事故、劳动灾害等意外事故而导致生命、健康遭受损害的人，无论是否出于他人的过失，都能够请求补偿。该赔偿方案实际上是一种社会保障性质的补偿机制。在我国，类似性质的社会保障如《工伤保险条例》，也在发挥着补偿受害人损害的功能。

值得一提的是我国的机动车事故无过错赔偿制度。虽然从理论上说，机动车所有人投保的强制第三人责任险并非是一种商业保险，而是具有社会保障性质的保险，但实际上，由于保险费率的提高，这种无过错赔偿机制从本质上说仍然不是社会保障性质的，而是商业性的（只不过是强制性的商业保险），因为其资金来源不是第三方，而是机动车所有人。一方面，针对意外事故损害补偿的各种社会保障制度的健全需要国家经济实力的支撑；另一方面，这种社会保障机制的完善也将大大减少侵权诉讼的发生，进而对侵权法制度和规则产生深远的影响。例如，新西兰无过错补偿机制明显会导致民众对其传统普通法上相关侵权规则依赖的下降，其结果必然是相关侵权规则和制度日益式微，乃至于终有一天退出历史舞台。

还有一些纯粹的社会保障体制，如生育保险、基本医疗保险、社会救助等，也为社会中民众遭受的一些意外损害提供经济补偿，这些制度也在一定程度上分担

---

〔23〕 无过错赔偿机制（no – fault plan）与无过错责任（no – fault liability）不同，前者又称为无过错补偿，是侵权人之外的第三方对受害人的损害提供救济；后者是与过错责任相对的一个概念，是指无论行为人是否有过错，根据法律规定都要承担侵权赔偿责任。

〔24〕 这部法律在2001年被更完善的《侵害预防、康复和赔偿法》（*Injury Prevention, Rehabilitation and Compensation Act*）所取代。后者第3条规定了立法目的：通过规定一个旨在尽可能减少社会中侵害事故发生率、降低侵害事故对社会造成的负面影响、以人身侵害为调整对象的、公正且可维持运作的赔偿方案，以增进社会公共福利，增强首次事故赔偿方案（first accident compensation scheme）所展现的社会契约关系。

侵权法的补偿功能。

（五）价值目标的多元化

所谓侵权法价值目标的多元化，是指侵权法的价值不再局限于对受害人的损害填补这一个方面。其实，更准确地表述应当是"侵权法价值的再次多元化"。因为从前面的侵权法历史可知，从一开始，侵权法或者说侵权责任法就不仅在于填补受害人的损害，而是包含多种价值取向：惩罚侵权行为人、安抚受害人、威慑侵权行为人及其他潜在的侵权行为人、塑造良好的行为模式等。只不过从近代起，由于私法和公法的二分，许多法学家出于法律部门分工精细化的考虑，将侵权法的许多功能或价值目标转交由刑法或行政法来实现，这样逐渐形成了侵权法的唯一价值在于补偿受害人所受损害的观念。至于惩罚与威慑，则统统交给刑法。这种观念一旦建立，便即刻变得根深蒂固。归根结底，这是由于法律部门分化所带来的，或者说这是法学家对于法律部门分工的洁癖所导致的。

不过，一方面，随着损害的社会化，受害人获得补偿的机制逐渐增多，侵权责任法补偿受害人这一价值目标不可否认地有淡化的趋势——尽管损害填补仍然是侵权法最主要的价值目标。另一方面，出现了重新探讨刑罚和损害赔偿各自调整范围和机能的观点。这种观点认为，强调损害赔偿应该以救济受害人为目标，只依靠刑事制裁发挥抑制性功能，在防止侵权行为的发生方面不见得能够发挥有效的作用，也应该充分发挥民事责任的制裁作用以抑制侵权行为的发生。这种观点在日本学者中比较普遍。[25]

不仅如此，侵权法除了补偿受害人之外，同时也界定了合法行为边界，亦即从反面维护着行为自由。而行为自由对于发挥个人能动性、创造性，激发个人适当的冒险精神无疑具有重大意义，后者正是社会前进的动力源泉。这方面，危险责任是一个典型例子。侵权法通过对危险责任的规定，既保护了潜在的受害人，也促使相关行业的行为人尽可能从事一种有效率的行为（而不是要求行为人尽最大程度的注意），从而侵权法实际上也起到了有效整合社会资源的功能。

总而言之，侵权责任法价值目标的多元化，是一个引起越来越多人共鸣的命题。

（六）两大法系的融合一体化

大陆法系和普通法系之间的差别由来已久，而且这种差别是本质性的。这种

---

〔25〕 于敏：《日本侵权行为法》，法律出版社2006年版，第7页。

传统上的差异不是短时间能够消除的。但不可否认，两大法系正在相互影响、相互借鉴、相互吸收。特别是作为欧盟一体化进程重要内容的法律一体化，[26]对于法律包括侵权法的影响至为深远。到目前为止，已经分别由两个小组各自起草了两个学者建议稿。一个是维也纳大学法学院的 Helmut Koziol 教授所带领的欧洲侵权责任法团体（European Group on Tort Law）草拟的一个旨在谋求协调欧洲各国侵权责任法的建议稿，即《欧洲侵权法原则》（*Principles of European Tort Law*）；另一个是由德国奥斯纳布吕克大学法学院克雷斯蒂安·冯·巴尔教授主持起草的《欧洲非合同责任法》（*Non－Contractual Liability Arising out of Damage Caused to Another*）。这两个建议稿虽然侧重不同，但毫无疑问，它们都是在融合大陆法系侵权法和普通法系侵权法基础上形成的。

除上述指标性事件外，两大法系的融合还有许多其他表征。如英美两国在侵权法领域都制定并颁布了许多单行成文法，[27]这无疑是借鉴大陆法系的结果；与此同时，英美法系侵权法对大陆法系侵权法也有很大的影响，例如，惩罚性赔偿这种通常被认为是英美法系的规则，如今在大陆法系国家也获得或多或少、或明或暗的承认。我国《侵权责任法》第 47 条有关产品责任的规定中，首度确立了惩罚性赔偿的规则。

虽然两大法系完全融合的情景目前看来还非常遥远，或许它们的完全趋同永远都不可能实现，但由于经济全球化特别是欧盟一体化的趋势，两大法系侵权法相互吸收、相互融合的细流无疑会逐步汇成大河。

五、我国侵权责任法的立法目的

我国《侵权责任法》第 1 条规定："为保护民事主体的合法权益，明确侵权责任，预防并制裁侵权行为，促进社会和谐稳定，制定本法。"根据本条规定，侵权责任法的立法目的主要包括以下四个方面：

（一）保护民事主体的合法权益

侵权责任法是民法的重要组成部分，因此其主要目的就是对民事主体的合法

---

〔26〕 欧洲议会分别于 1989 年和 1994 年通过两个关于制定《欧洲民法典》的决议。在完成了《欧洲合同法通则》（PECL）之后，欧洲私法学者们开始认识到制定一部统一的欧洲民法典对于欧洲统一的重要性。到 20 世纪 90 年代末期，起草欧洲民法典的工作开始运作。

〔27〕 《美国侵权法重述》虽然不是有效力的制定法，只是一个由美国法律协会以成文法形式发布的法案，但实际上它受到了广泛的重视，并经常作为判决理由得到参引。《美国侵权法重述》目前已经发展到第三次重述（部分完成）。

权益进行充分保护。侵权责任法最主要的也是最基本的作用就是保护被侵权人的合法权益。《侵权责任法》第2条第2款规定:本法所称民事权益,包括生命权、健康权、姓名权、名誉权、荣誉权、肖像权、隐私权、婚姻自主权、监护权、所有权、用益物权、担保物权、著作权、专利权、商标专用权、发现权、股权、继承权等人身、财产权益。可见,民事主体的以上合法权益受到侵害时,侵权责任法应当给予保护。

需要注意的是,保护被侵权人在不同时期有不同的含义,呈现出一种阶段性和延续性。随着社会发展,人的价值认识在不断深化。因此,被侵权人的保护范围在不断扩大,保护水平在不断提高,保护方式也日趋多样。

侵权责任法基本的制度和规则都是"以被侵权人保护为中心"建立起来的,体现"以人为本"的精神。侵权责任法既要保护被侵权人的合法权益,使其遭受的损害得到补偿,也要充分尊重行为人的行为自由。《侵权责任法》第6条规定:行为人因过错侵害他人民事权益时,应当承担侵权责任……第7条规定:行为人损害他人民事权益,无论行为人有无过错,法律规定应当承担侵权责任的,依照其规定。《侵权责任法》还在第二章明确了侵权责任构成、承担侵权责任的方式、损害赔偿额的标准,在第三章和关于特殊侵权行为的规定中明确了行为人不承担责任和减轻责任的各种情形等。这些规定完整地体现了侵权责任法保护民事主体合法权益的精神。

(二)明确侵权责任

侵权责任,就是侵害民事权益后应当承担的民事责任。明确侵权责任,就是明确是否构成侵权责任和侵权责任如何承担的问题。是否构成侵权责任主要由归责原则解决。责任如何承担主要由责任方式解决。侵权责任法的基本内容和基本规范就是归责原则和责任方式。整部侵权责任法从不同角度回答了侵权责任是否构成和责任如何承担这两个问题。

明确侵权责任作为侵权责任法的立法目的之一,是实现侵权责任法其他立法目的的基础。只有明确了侵权责任,才能对民事行为人起到正确的引导作用,并鼓励行为人采取积极的预防措施,减少侵权行为的发生。同时,在侵权行为发生后,明确侵权责任能使侵权人认识到自己应当承担的责任范围并积极主动地履行应尽的义务,被侵权人也能够依法请求侵权人承担侵权责任,从而捍卫自己的合法权益,在此基础上达到双方利益的平衡,促进社会和谐稳定。

(三)预防并制裁侵权行为

侵权责任法通过对可归责的当事人科以责任,惩罚其过错和不法行为,对社会公众产生教育和威慑作用，从而可以预防侵权行为的发生，抑制侵权行为的蔓延。首先，侵权责任法要求一切人遵纪守法，尊重公民、法人的人身权和财产权，谨慎行事，避免差错，不得侵害国家、集体和他人的合法权益。其次，侵权责任法要求企业加强管理，提高科学技术水平。进入工业社会，侵权行为大量发生在企业生产经营中，如产品责任、环境污染、生产安全事故等。侵权责任法通过损害赔偿等方式，促使企业提高产品安全性能，保护人民群众生命财产安全；促进清洁生产，提高资源利用效率，减少环境污染；加强安全生产管理，减少安全生产事故。最后，侵权责任法还促使企业和个人权衡得失，不冒险进入可能给公民、法人带来高度危险的行业。侵权责任法要求行为人对自己的行为负责，促使侵权人吸取教训，其他人保持警惕，达到预防并减少侵权行为的目的。因此，侵权责任法规定的责任要有一定威慑力。

侵权行为是侵害他人民事权益的行为，具有一定的社会危害性，因此应受到法律的制裁。制裁侵权行为是法律对漠视社会利益和他人利益、违背义务和公共行为准则的行为的谴责和惩戒，它意味着侵权责任法依据社会公认的价值准则和行为准则对某种侵权行为所作的否定性评价。在有些情况下，侵权人实施侵权行为造成被侵权人的损害时，自己并没有因此获得利益，侵权责任法通过要求侵权人承担损害赔偿责任而使其财产利益减少，体现了侵权责任法对侵权行为的制裁。《侵权责任法》第47条规定的惩罚性赔偿制度更是侵权责任法制裁侵权行为的突出表现。

（四）促进社会和谐稳定

侵权责任法作为中国特色社会主义法律体系中的支架性法律，涉及广大人民群众日常工作、生活的方方面面，对整个社会的和谐稳定具有重大影响。侵权责任法的制定以邓小平理论和“三个代表”重要思想为指导，贯彻落实科学发展观，贯彻党的十六大和十七大精神，适应改革发展稳定的要求，妥善处理现实性与前瞻性、稳定性与变动性、原则性与可操作性的关系，坚持以人为本，着重解决与人民群众利益密切相关、矛盾突出、各方面意见又比较一致的问题。对现实生活中公民、法人受到的民事侵害，如产品缺陷、机动车交通事故、医疗损害、环境污染、网络侵权、动物致人损害等，要充分保护其合法权益，同时要考虑我国现阶段经济社会发展水平，公平合理地确定赔偿范围和赔偿标准。对存在争议、目前还没有把握的一些问题暂不作规定，根据实际情况进一步研究论证。从这些方面可以看出，在侵权责任法的立法过程中，促进社会和谐稳定的目的始终贯彻其中。

训 练

【案例一】李某在等红灯过马路时，被一辆疾驰而来的小轿车撞成重伤。交警赶赴现场后，发现该小轿车的司机王某酒后驾车。王某遂被公安机关带走，李某也被送进医院救治。请分析：

1. 王某是否构成侵权行为？

2. 王某的行为除侵权行为外，是否还构成其他违法行为？

【解析】

1. 王某酒后驾车并将李某撞成重伤，该行为具有过错且损害了李某的健康权，所以构成侵权行为。

2. 王某的行为除侵权行为外，还构成犯罪行为。参见《刑法》第133条交通肇事罪。

【案例二】某甲参加高考，被A大学录取。但由于该大学工作人员在填写新生报到须知的信封时，误填邮政编码，导致乙邮政所在分拣该信件时出现失误，致使某甲错过到校报到时间，未被A大学录取。某甲与A大学、乙邮政所交涉未果，于是向法院起诉，要求判令A大学、乙邮政所赔偿精神损失费、医疗费、生活补助费、学习培养费等。请结合侵权责任法的功能分析某甲的诉求是否能得到法院支持。

【解析】本案中，由于A大学和乙邮政所的重大过失，导致录取通知书未按时到达某甲手中，某甲不能入学深造，损害了某甲的合法权益。侵权责任法最大的功能就是补偿功能，虽然某甲受损的利益无法用经济价值进行衡量，但侵权责任法规定了精神损害赔偿来弥补受害人的损失。基于此，某甲的诉求可以得到法院支持。

思考题

1. 结合侵权行为的概念和特征理解侵权行为的性质。

2. 侵权行为的不同分类方法以及意义。

3. 如何认识侵权责任法的功能？

4. 如何理解侵权责任法的发展趋势？

阅读文献

1. 王利明:《侵权行为概念之研究》,载《法学家》2003 年第 3 期。

2. 王利明:《侵权行为法研究》(上),中国人民大学出版社 2004 年版。

3. 苏永钦:《再论一般侵权行为的类型》,载《侵权法评论》2004 年第 2 期。

4. 尹志强:《侵权行为概念分析》,载《比较法研究》2005 年第 4 期。

5. 杨立新:《侵权法论》,人民法院出版社 2011 年版。

6. 程啸:《试论侵权行为法之补偿功能与威慑功能》,载《法学杂志》2009 年第 3 期。

7. 程啸:《侵权行为法总论》,中国人民大学出版社 2008 年版。

8. 王利明:《走向私权保护的新时代——侵权责任法的功能探讨》,载《社会科学战线》2010 年第 9 期。

9. 尹志强:《侵权行为法的社会功能》,载《政法论坛》2007 年第 5 期。

10. 阳庚德:《私法惩罚论——以侵权法的惩罚与遏制功能为中心》,载《中外法学》2009 年第 6 期。

11. [美]彼得·凯恩:《侵权法解剖》,汪志刚译,北京大学出版社 2010 年版。

12. 李显冬:《侵权责任法典型案例实务教程》,中国人民公安大学出版社 2011 年版。

13. 何志:《侵权责任判解研究与适用》,人民法院出版社 2009 年版。

第二章　侵权责任法的归责原则

本章导语

归责原则是侵权责任法的核心问题，研究侵权责任法的归责原则，对侵权责任法理论的学习和司法实践处理侵权纠纷尤为重要。本章首先对归责原则做了初步的介绍，使读者对侵权责任法的归责原则有一个宏观的认识。其次通过介绍过错责任、无过错责任、过错推定责任、为他人行为之责任、公平责任等一系列具体的归责原则，使读者对归责原则有更深入的学习和理解。本章的学习重点在于对一系列具体归责原则的把握和运用。

第一节　归责原则概述

本节提要

通过学习本节，读者将了解到何为归责原则、归责原则的意义以及归责原则的体系。本节学习的重点在于归责原则的含义。

一、归责与归责原则

什么是归责原则？回答这个问题必须首先回答什么是归责，所谓归责（zurechnung，imputation），是指依据一定的准则，将发生的损害（或者说将损害赔偿责任）归结到某人名下，由其承担此不利后果。有的损失，受害人只能自己负担，如下雨路滑，受害人摔了一跤而受伤。有的损失，则可由侵权行为人来承担，如夜晚步行掉入施工队挖掘的、未设防护装置的坑内；又如，邻近的天然气站发生爆炸导致房屋受损。后两种情形，受害人的损害可以转嫁到施工队或气站管理人身上。这个损害转移的过程就是归责。

显然,归责不是任意而为的,相反,归责必须要遵循一定的标准或原则,建立在一定的基础上,或者说必须要有一定的理由或依据作支撑。这样的原则、基础、理由或依据,就被称为归责标准(criterion of imputation)或归责原则(principle of imputation)、归责基础(grounds of liability)、归责事由或依据(basis of liability),这些术语基本上同义,指的都是将损害(亦即赔偿责任)从受害人转移到责任人所依据的尺度。

二、归责原则的意义

归责原则被公认为侵权责任法的核心问题。它具有下列重要意义:

1. 归责原则是法律价值或者法律政策在侵权法领域的概括体现。法律价值依据不同的层次划分有许多种,最基本的是正义和效率,正义又可分为分配正义、矫正正义等;更为具体的法律政策还包括维护社会安宁和平、保障民众的行为自由、对社会弱势群体的保护等。归责原则正是这些法律价值或政策的概括体现。例如,过错责任主要实现矫正正义,同时也保障行为自由。危险责任,除了实现矫正正义的基本法律价值外,还有促进效率提升的重要功能。当然,有些法律价值是普适的,但有些法律政策并非在各国都是相同的,这也导致了各国侵权法的归责原则不完全相同。例如,对于医疗事故责任,有的国家将其纳入危险责任,有的国家将其纳入过错(推定)责任。这种差别是由于各国国情以及据此而制定的法律政策的不同而造成的。

2. 归责原则直接决定侵权责任是否成立,如何成立。如前所述,侵权法的基本任务是判断侵权是否成立以及侵权责任类型及范围大小。归责原则正是实现此两种任务中的关键一环。不同的归责原则决定不同的成立要件、不同的抗辩事由、不同的证明责任、不同的责任类型、不同的责任范围。例如,在一般过错责任中,索赔诉讼的原告通常要证明损害、因果关系和过错,而危险责任则不需要证明过错。又如,有些国家对危险责任有最高赔偿额限制,而对于过错责任则没有这样的限制。总而言之,归责原则是决定侵权责任成立及其具体内容的最重要的决定性因素。

三、归责原则的体系

所谓归责原则体系,是指一国或地区的法域内由数个归责原则组成的一个有逻辑联系的系统。所谓应然体系,是指归责原则体系应当是什么内容;所谓实然体系，是指我国现行法上的归责原则体系是怎么样的。

(一)归责原则的应然体系

依笔者之见，归责原则的应然体系应当是四元体系的，它包括故意责任原则、过失责任原则、危险责任原则、为他人行为之责任。理由简述如下：

1. 故意责任原则应当单列，因为它和过失责任、危险责任等在责任成立、抗辩事由(如共同过失的适用)、损害赔偿(如精神损害赔偿等)等方面均有不同。[1]英美法在这方面是一个典型。

2. 危险责任原则应当作为单独归责原则。笔者认为，无过错责任原则根本不是一种归责原则。我们说归责原则指的是“据以将受害人的损害转移到责任人头上的准则或尺度”，而所谓的“无过错责任原则”不能告诉我们这样的准则或尺度究竟是什么。其实，此处的准则或尺度，就是责任人制造或保有的异常危险，这才是此种责任的本质。《欧洲侵权法原则》和《欧洲非合同责任法》这两部代表侵权法最新走向的侵权法建议案均未采纳无过错归责原则这样的表述。

3. 为他人责任指的是之所以将损害从受害人处转移至责任人处，不是因为责任人有过错，也不是因为他制造或保有了某种异常危险，而是因为责任人和实际致害人之间存在的特殊关系。如雇主责任就是一种典型的为他人责任，雇主之所以承担责任，并不一定是因为他有过错(有些国家的法律不考虑其过错)，也不是因为他制造或保有了异常危险(受雇人本人不能说是一个异常危险)，而仅仅是因为他和实际致害的雇员之间的雇佣关系。这样一种归责原则，传统上并不承认。的确，它与过错归责和危险归责之间都可能存在交叉，但是考虑到无过错责任原则没有资格成为一项归责原则，同时危险责任又不足以覆盖无过错责任领域，因此，有必要承认这一新的归责根据。《欧洲侵权法原则》正是采取了这样的归责原则。

(二)归责原则的实然体系

关于归责原则的实然体系，即我国现行法上的归责原则体系是怎样的，存在许多争论。其中主要的争点包括：过错推定是否为一项独立的归责原则？[2]公平

---

[1] 参见叶名怡：《故意侵权论》，中国社会科学院研究生院2008年博士学位论文。此种归责原则的细分虽非当今通说，但赞成者大有人在。邱聪智：《从侵权行为归责原理之变动论危险责任之构成》，中国人民大学出版社2006年版，第35页。

[2] 认为过错推定责任是一项独立的归责原则的学者主要以杨立新教授为代表。参见杨立新：《侵权法论》，人民法院出版社2004年版，第117页。

责任是否为一项独立的归责原则?[3]以下分别予以讨论:

1. 过错推定不是一项独立的归责原则。理由很简单,所谓过错推定责任,其归责依据还是行为人的过错,只不过这种过错无须索赔诉讼的原告证明而已。过错推定责任实际上还是过错责任,变化的是诉讼双方的证明责任,没有变化的是归责依据或者说责任基础。正因为此等浅显的道理,所以在我国侵权法学者中,主流见解对此是持否定态度的。[4]

2. 公平责任也不是一项独立的归责原则。理由如下:第一,在公平责任之下,被告承担的并非都是侵权赔偿(damages)责任,更多的是一种损害补偿(compensation)责任;换言之,公平责任的场合下,根本就不存在侵权行为。《侵权责任法》第24条关于公平责任的规定中,使用的表述是"根据实际情况,由双方分担损失",而没有使用"责任"或"赔偿"等字样。第二,有的场合下,补偿义务人甚至不是实际致害人,而是受益人,这更加说明公平责任不是侵权归责原则,而仅仅是一项损失分摊的例外形式。《侵权责任法》第23条的规定即属此例。同时,《民法总则》第183条也规定,因保护他人民事权益使自己受到损害的,由侵权人承担民事责任,受益人可以给予适当补偿。没有侵权人、侵权人逃逸或者无力承担民事责任,受害人请求补偿的,受益人应当给予适当补偿。第三,归责依据必须是法定的,必须是具有确定性的具体准则,必须是当事人通过证据可以证明的法律事实,而不是公平或者衡平这样的抽象理念,不能是法官自由裁量的范围——这样一个对侵权责任成立及责任类型、范围具有决定意义的要素倘若完全委诸法官判断,则风险过大,定会伤害法律的安定性。

解决了这两个问题,我们可以正面总结一下我国现行法上的侵权归责原则体系:以过错责任为主,兼采危险责任。当然,在危险责任中,倘若受害人愿意选择证明责任人应负过错责任,法律也没有理由不予准许。

---

〔3〕 认为公平责任是一项独立的归责原则的学者主要以王利明教授为代表。参见王利明:《侵权行为法研究》(上),中国人民大学出版社2004年版,第208页。

〔4〕 在反对将过错推定作为一项独立的归责原则的阵营中,有的学者虽论点正确,但论据不当。如程啸博士认为:"我国法上的过错推定与英美、德国以及日本法上的相应规则存在较大的差别,它属于一项实体法上的规则……与国外法上有关规则的差别在于:对于推定的适用,法院没有选择的余地……原告无须证明'导致损害发生的事件是在被告没有过失的情形下通常是不会发生的'……该推定发生的效果并非证明程度的降低或者其他,而就是举证责任的转移……"这样的表述值得商榷。因为且不说英美法上的推定(广义)有很多种(分为presumption, inference, reasoning),因此应分而论之,单就德国、日本法而言,它们的推定如何就不是实体法了,就如何不是证明责任的转移而仅仅是证明程度的降低这一问题,作者缺乏论证。

第二节　过错责任原则

本节提要

过错责任不仅是侵权责任法中最重要、最基本的归责原则，同时也是处理侵权纠纷适用最广泛的归责原则。本节主要介绍了过错责任原则的含义、功能、理论基础以及分类。本节的学习重点在于对过错责任原则含义的理解。

一、过错责任原则的含义

所谓过错责任原则，是指由于行为人具有过错，因而要对因其过错行为而导致的损害承担赔偿责任的原则。过错责任原则既是一项历史悠久的归责原则，又是一项侵权法上最基本、最重要的归责原则。在大陆法系，几乎所有国家和地区的侵权法都将过错责任原则作为一项最一般的归责原则。在英美法系，从 18 世纪开始，过错责任原则开始代替旧有的 trespass 和 case 两分的侵权诉讼形式，占据了侵权法的核心舞台。

过错责任原则的具体内容包括以下几个方面：

1. 在实行过错责任的场合下，行为人倘若没有过错，则不承担侵权责任。换言之，过错是侵权责任成立的必要条件。

2. 过错包括故意、重大过失和过失。过错程度的差异或者说过错等级对于侵权行为的成立、责任类型和范围均可能有一定的影响。

3. 过错的判断标准原则上是客观的，即一般理性人的注意标准。

4. 在多人侵权的场合，过错是各侵权人内部责任分摊的主要考量依据。

5. 不仅行为人的过错要被考虑，受害人的“过错”也要被考虑，即所谓的“共同过失规则”。

二、过错责任原则的功能

过错责任原则的功能包括以下几个方面：

1. 过错责任原则具有设定行为标准的功能。它一方面要求行为人不得有意侵害他人合法利益，另一方面要求行为人保持一个一般理性人的谨慎程度。

2. 过错责任原则同时具有保障行为人行为自由的功能。行为人只有在其自身有过错的情况下才可能承担侵权责任，而除此之外的情形，行为人可以说具有极大的行为自由。近代工业革命时期，过错责任能够受到众多法律体的青睐，与过错责任的此项功能是分不开的。

3. 过错责任原则还是实现矫正正义、比例责任原则的最主要手段。这一点在"责任大小随过错程度大小不同而有所不同"这一命题上体现最为明显。举例而言，共同侵权中，侵权人内部责任比例分摊，主要就是依据各行为人的过错程度来确定的。

4. 过错责任原则具有一定的惩罚功能和威慑、预防功能。其惩罚功能可能体现在过失责任中，行为人必须为自己的过失付出代价；其惩罚功能更可能体现在故意侵权中，典型的如惩罚性赔偿的适用。[5] 其威慑功能很大程度上是通过其惩罚性来实现的。正因为行为人可能要承担不利的后果，故而实现对潜在侵权人的威慑，最终达到预防侵权事故的目的。

5. 过错责任原则具有塑造良好社会风尚的功能。故意侵权无疑具有明显的道德可谴责性，而过失侵权通常亦非理想的存在。过错责任原则的存在，宣示了法律的立场和态度，从而对民众起到了示范和教育作用，具有塑造良好社会风尚的功能。

三、过错责任原则的理论和现实基础

（一）过错责任原则的理论基础：自由意志理论

过错责任原则可以分解成两个部分来理解：自主决定，自负其责。这个意思是说，每个人都享有行为自由，享有选择权，可以按照其自身的意志来行事；但是如果其行为有过错而导致他人损害，则应当由行为人自己来承担不利后果。后者是前者逻辑上的必然结果。

过错责任原则的理论基础是康德的自由意志理论。在康德看来，"只有一种天赋的权利，即与生俱来的自由。自由是独立于别人的强制意志，而且根据普遍的法则，它能够和所有人的自由并存，它是每个人优于他的人性而具有的独一无二的、原生的、与生俱来的权利"。[6] 自主决定与自己负责正是自由意志的两大根本原则，并最终体现为近代民法典的法哲学基础，即意思自治（或私法自治）原

---

〔5〕 我国现行《消费者权益保护法》对于出卖人知假卖假的情形，设定了双倍罚的规则，这就是侵权法对故意侵权的惩罚性的集中体现。

〔6〕 [德]康德：《法的形而上学原理——权利的科学》，沈叔平译，商务印书馆 1991 年版，第 50 页。

则与过失责任原则。康德认为，要使这些道德信念有意义或有应用价值，我们至少要在是否行动这一问题上做出选择。如果不能做出选择，那么，说我应该做什么或不应该做什么，就是完全错误的，因为我从未在这一方面做出什么选择。

黑格尔对“故意[7]和责任”也曾有过精辟的论述：“凡是出于我的故意的事情，都可归责于我，这一点对犯罪来说是特别重要的。不过责任的问题还只是我曾否做过某事这种完全外部的评价问题；我对某事负责，尚不等于说这件事可归罪于我。”[8]这里显然指客观责任（responsibility）和主观责任（culpability）的区分。他接着说：“但是意志的法，在意志的行动中仅仅以意志在他的目的中所知道的这些假定以及包含在故意中的东西为限，承认是它的行为，而应对这一行为负责。行动只有作为意志的过错才能归责于我。这是认识的法。”[9]说到底，还是因为行为人意志有瑕疵，所以才应负责。

（二）过错责任的现实基础：经济自由主义的土壤

过错责任原则与契约自由原则、所有权神圣原则并奉为近代资本主义民法的三大基本原则。这三项基本原则之所以能够有这样的地位，一个很重要的原因是它们都服务于当时的社会经济发展现实。18世纪是资本主义自由竞争的时代，急速上升时期的资本主义奉行的是绝对的自由市场经济。为了最大限度地激励人们的冒险精神和创造力，法律必须将对人的自由的限制降到最低。过错责任原则恰好能够实现这样的目的。

依据结果责任原则，若有损害即应赔偿，“行为人动辄得咎，行为之际，瞻前顾后，畏缩不进，创造活动，甚受限制；反之，依过失责任原则，行为人若已尽相当注意，即可不必负责，有助于促进社会经济活动”。[10] 简言之，过错责任原则在近代能成为一般侵权归责原则的现实基础正是由于它和当时盛行的经济自由主义相契合，并服务于扩张的工业和崛起的中产阶级利益；它被认为提供了一种均衡而合适的保护，而没有对个体意志自由的不当限制或对企业活动的阻碍。

四、过错责任的法律规定及其成立要件

我国《侵权责任法》第6条第1款规定：行为人因过错侵害他人民事权益，应

---

〔7〕这里的故意，是最广义上的故意，亦即行为故意（并非结果故意），指的是行为人的一种自觉行为、自愿行为，是出于自己自主选择而从事的行为。

〔8〕［德］黑格尔：《法哲学原理》，范扬、张企泰译，商务印书馆1996年版，第118页。

〔9〕［德］黑格尔：《法哲学原理》，范扬、张企泰译，商务印书馆1996年版，第119页。

〔10〕王泽鉴：《侵权行为法》，中国政法大学出版社2001年版，第14页。

当承担侵权责任。该条规定是侵权责任法中归责原则的一般条款,确立了我国过错责任原则的法律依据。

在奴隶社会和封建社会,结果责任在归责原则中一直占据统治地位。结果责任不考虑行为人在实施行为时是否有过错,而仅仅以损害后果作为承担责任的依据,在责任方式上呈现同态复仇的特点。这种在任何领域不问行为人有无过错都要其承担责任的做法是不公平的,极大地限制了行为自由,且这种以野蛮的同态复仇作为责任方式的归责原则是人类文明不发达的表现。随着人类社会的发展和人类文明的进步,过错责任原则逐渐取代了结果责任原则,到19世纪末20世纪初,过错责任取得了统治性地位。

《民法通则》第106条第2款规定,公民、法人由于过错侵害国家的、集体的财产,侵害他人财产、人身的,应当承担民事责任。该规定确认了过错责任原则在我国的法律地位。我国现行《侵权责任法》第6条继承了这一规定的要旨,重申了过错原则作为我国侵权责任法一般归责原则的地位。这不仅是我国社会经济文化发展的需要,同时也是为了更好地保护民事主体的合法权益,预防和减少损害的发生,有效化解社会纠纷,促进社会和谐稳定。根据本条规定,在过错责任原则制度下,只要同时满足以下条件,行为人就应承担侵权责任:

1. 行为人实施了某一行为。若无行为人的行为,就不会有侵权责任的发生。在现代社会,"不侵害他人"是任何一个民事主体应普遍遵守的义务,没有合法理由不得损害他人的民事权益,否则就可能承担一定的法律后果。

这里的行为包括作为和不作为。在一般情况下,行为人都是实施了积极的加害行为侵害其他民事主体的合法权益而承担侵权责任,如殴打他人、毁坏别人的财产、散布别人的谣言等。本法规定的侵权责任大多也是因为行为人的作为而产生。

但是,在一些情况下,行为人不作为也有可能产生侵权责任,这是现代侵权责任法的一种发展趋势,即特定情形下行为人负有积极保护他人的义务,如根据《侵权责任法》第37条的规定,宾馆、商场、银行、车站、娱乐场所等公共场所的管理人或者群众性活动的组织者,未尽到安全保障义务,造成他人损害的,应当承担侵权责任。不作为侵权是行为人应当履行某种法定作为义务而未履行该义务而产生的,若没有法定作为义务,行为人的不作为并不构成侵权。这种法定作为义务可能是某一法律明确规定的,可能是某人先前的危险行为产生的,还可能是基于当事人约定而产生。

2. 行为人行为时有过错。在过错责任原则中,过错是确定行为人是否承担侵权责任的核心要件,也是人民法院审理侵权案件的主要考虑因素。行为人的行为造成损害并不必然承担侵权责任,必须要看其是否有过错,无过错即无责任。著名的法学家耶林曾说:“使人负损害赔偿的,不是因为有损害,而是因为有过错,其道理就如同化学上的原理,使蜡烛燃烧的,不是光,而是氧气一般的浅显明白。”过错是行为人行为时的一种应受谴责的心理状态。正是由于这种应受谴责的心理状态,法律要对行为人所实施的行为作否定性评价,让其承担侵权责任。需要注意的是,过错仅适用于过错责任原则制度下的侵权责任,对于一些法律明确规定的特殊侵权责任,过错并非其必要条件。

3. 受害人的民事权益受到损害。损害是指行为人的行为对受害人的民事权益造成的不利后果。根据《侵权责任法》第 2 条第 2 款的规定,这里的民事权益包括生命权、健康权、姓名权、名誉权、荣誉权、肖像权、隐私权、婚姻自主权、监护权、所有权、用益物权、担保物权、著作权、专利权、商标专用权、发现权、股权、继承权等人身、财产权益。不利后果通常表现为:财产减少、生命丧失、身体残疾、名誉受损、精神痛苦等。需要指出的是,这里的“损害”是一个比较广的概念,不但包括现实损害,还包括构成现实威胁的“不利后果”。实践中,受害人大多数情况下受到的是现实损害,这种损害相对容易被认定和证明。在一些情况下,行为人的行为也可能对受害人的民事权益造成现实威胁,为防止其转化成现实损害,行为人也应当承担侵权责任,这有利于保护受害人,体现了侵权责任法预防侵权行为的立法目的,也是现代侵权责任法的发展趋势。

4. 行为人的行为与受害人的损害之间有因果关系。因果关系是指行为人的行为作为原因,损害事实作为结果,在二者之间存在前者导致后者发生的客观联系。因果关系是侵权责任的重要构成要件,在行为与损害事实之间确定存在因果关系的,就有可能构成侵权责任,没有因果关系就必然地不构成侵权责任。

五、一般过错责任原则与特殊过错责任原则

过错责任原则,包括一般过错责任原则和特殊过错责任原则。前者是指由受害人证明行为人有过错而成立过错责任的原则,后者是指法律直接推定行为人具有过错而成立过错责任的原则。后者也通常被称为过错推定责任原则。

为什么会出现特殊过错责任呢?这是因为,很多情况下,由于自身知识、能力或者现有技术水平的限制,若令原告承担过错的证明责任,则无异于剥夺受害人获得补偿的权利。因此,过错推定原则令被告承担证明责任,证明自己无过错从而获得免责;倘若加害人不证明或不能证明自己不存在过错,则认定其有过错,再结合其他要件来判断责任是否成立。

过错推定责任原则仍然属于过错责任原则，因而不是一项独立的归责原则，不过它是过错责任原则适用中的一种特殊情形。我国《民法通则》第126条和《侵权责任法》第85条规定的高空坠物致害责任，即属于过错推定责任。

值得注意的是，在过错和过错推定之间，还存在所谓的过错推论。过错推论主要是诉讼法上的概念，但对于受害人而言，其有利程度介于一般过错责任和特殊过错责任之间。过错推论是一种情势证据或者称表见证明，它不是证明责任的法定移转，而是一种证明程度的降低（对受害人而言），具体结果取决于法官自由裁量。此点将在下一章过错要件部分详述。

第三节　无过错责任原则

本节提要

无过错责任原则是侵权责任法归责原则中一项独立的归责原则，有其存在的必要性和特殊性。通过学习本节，读者将了解到无过错责任的含义、功能、理论基础、类型以及适用。本节学习的重点在于无过错责任的含义类型以及适用。

一、危险责任的含义

所谓无过错责任，是指无论行为人有无过错，法律规定其应当承担民事责任的，行为人应当对其行为所造成的损害承担民事责任。[11] 我国也有学者在近似的意义上使用"严格责任"这样的表达，并认为这种表述比无过错责任的表述更恰当；该学者认为，所谓严格责任，是指依据法律的特别规定，通过加重行为人举证责任的方式，使行为人承担较一般过错责任更重的责任。[12] 笔者倾向于使用"危险责任"这样的词来表达近似的内容。关于此种选择的理由，以及危险责任与无过错责任、严格责任的细微区分，将在下文论述。

危险责任是德国学者创造的术语，在大陆法系国家获得普遍的接受。所谓危险责任（gefaehrgungshaftung），是指从事异常危险活动引起损害的人要对该损害

〔11〕 张新宝：《侵权责任法原理》，中国人民大学出版社2005年版，第35页。
〔12〕 王利明：《侵权行为法研究》（上），中国人民大学出版社2004年版，第245页。

承担赔偿责任。也就是说,制造或者控制异常危险的人,对于他人因该危险现实地受到损害时,应就所生损害负赔偿责任,至于制造或控制该危险的人对该事故的发生是否有过错,则无关紧要。这种异常危险,可能是从事特殊危险活动,如高温高压作业;也可能是特殊危险的物品或装置,如原子能反应堆。

理论和实务中,还经常出现无过错责任、严格责任、绝对责任等术语,它们与危险责任究竟有何差异呢? 下面一一来作分析。

1. 无过错责任。如前所述,无过错责任由于没有从正面明确什么是归责根据,因而不能充当归责原则。不过,这个术语可以作为过错责任之外的责任类型的总称。在学理上,可以用这个词来作一种概括,它泛指所有不以过错为归责根据的责任。

2. 严格责任(strict liability),这个术语一般用在近现代英美法语境下,作为过错责任的对称,意指一种相对于过错责任而言比较严格的责任。英美侵权法学者也常在无过错责任和严格责任之间互换使用。

3. 绝对责任(absolute liability)。这个术语通常是用来指早期普通法上盛行的结果责任。这种排除任何抗辩的责任,在当代几乎已经不存在了。

在不是十分严格的意义上,危险责任、严格责任、无过错责任可以视为同义,只不过其侧重点有所不同。在严格的意义上,无过错责任的外延要比严格责任和危险责任的外延更大。以下未作特殊说明的场合,视它们为同义。

二、危险责任的功能

危险责任的功能主要体现在以下方面:

1. 危险责任对于危险活动的容忍,对于社会经济的发展具有显著的正面意义。

2. 危险责任对于受害人而言具有更直接的重要意义。传统侵权行为归责理论要求受害人证明行为人必须有过错,但由于物质文明和科技的进步,许多损害事故中,受害人往往由于无法证明过错而导致无法获赔;同时,过错推定责任往往还是给行为人予以逃脱责任的机会,而危险责任却更进一步,在法律上省却了这个要件,为受害人获得救济提供了更可靠的保障。

3. 对于从事危险活动的人来说,危险责任为其提供了保持最优注意水平的激励。法律不仅追求正义,还追求效率。对于消除危险因素而言,危险设备的保有者或者危险活动的从事者,有可能根据现有技术水平根本没办法消除危险因素,还有一种可能是:花费高昂的预防成本,结果却并不能对危险事故发生率有可观的降低，这种情形也就是经济学上所谓的边际效益递减。对于这种情形，危险责任只要求行为人尽到一个最优的注意（即最有效率的注意），而不要求其尽最大限度的注意。换言之，危险责任在一定程度上解放了危险活动的从事者或者危险设备的保有者，可谓在行为自由与受害人保护之间取得了很好的平衡。

三、危险责任原则的理论基础

危险责任的出现以及近年来逐渐走向一般化的趋势，其背后的支撑理由大体上有这样一些学说。[13]

1. 原因责任主义。这种学说强调行为人所制造的危险状态与受害人所遭受的损害之间存在因果关系。基于有因才有果的观念，要求损害的原因方承担侵权赔偿责任。这种理论实际上没有揭示出危险责任的真正基础，因为在一般过错侵权中，为何还需要过错而不是仅仅根据因果关系来成立赔偿责任呢？

2. 衡平责任主义。这种学说认为，无过失损害的行为人之所以要承担责任，是基于衡平的考虑。所谓衡平，是让法官考虑个案具体情况，然后做出判断。这样的理论实际上与所谓的公平责任没有本质不同。它同样没有揭示危险责任真正的理论基础。

3. 报偿责任主义。这种学说认为，行为人之所以无过失也要赔偿，是因为“利益之所在，风险之所在”的观念。行为人既然在追求利益过程中致人损害，那么，他应当承担相关的不利损失。笔者认为，此学说有一定道理，但不足以独自支撑危险责任。因为在一般过错侵权中，行为人的行为也不是盲目的，通常他也是在为追求自己的利益而行为，为何对他还要求过错，而对于危险制造者或控制者就不要求有过错了呢？可见，这种理论还需要和其他理论相结合才能共同为危险责任提供理论支持。

4. 违法归责主义。这种学说认为，之所以让无过错的行为人承担损害赔偿责任，是因为行为人在法律价值判断上，具有“反社会之无价值”，也就是说具有违法性。这种理论其实是强调危险活动的客观违法，并因此忽略行为人的主观违法（即过错）。这种理论基本上没有什么市场，因为法律之所以判令危险责任的行为人承担损害赔偿责任，而不是干脆责令其停止危险活动，正是因为法律认可这些危险活动的价值，认为它们本身是合法的。

5. 危险归责主义。这种学说认为，危险活动的危险是损害发生的直接原因，

---

〔13〕 邱聪智：《从侵权行为归责原理之变动论危险责任之构成》，中国人民大学出版社2006年版，第261页。

其活动者即无异于危险之支配者或创造者，无论从其所应负担的防止损害义务，或从损害之合理分配或转嫁而言，活动者均应基于危险而负担赔偿责任。此学说实际上是“危险控制理论＋损失转化理论”的合成，具有较强的说服力，成为各国学说和判例上的通说。

6. 多元并立说。这种学说认为，危险责任的基础理论不是上述学说中的哪一种，而是要根据具体情况加以决定。我们认为，多元并立说这种折中综合的观念，能够为危险责任提供更充足的理论支持，说到底，危险责任的理论基础主要还是“危险控制＋经济上获益＋衡平理念”三者综合的思考。

四、危险责任的类型

危险责任的类型，根据产生的历史阶段不同，在理论上通常被分为古典危险责任和现代危险责任两大类。古典危险责任主要是近代之前就出现并存在的危险责任类型，一般包括动物致人损害责任和建筑物致人损害（或曰土地致人损害）责任。我国《民法通则》对这两种责任也有规定。不过，根据我国现行法，建筑物致人损害责任为过错（推定）责任，动物致人损害为危险责任。〔14〕

现代危险责任，主要是在近代工业革命之后出现的一些新型危险责任。这些责任按照致害原因可以分为危险物致害和危险活动致害。按照所属行业可以分为：交通事故责任（机动车、火车、飞机事故致害）、环境责任（环境污染事故致人损害）、产品责任、工业事故责任（矿山事故、石油开采、瓦斯爆炸等事故致害）、医疗责任、核能事故责任、化学品等有毒物质泄漏事故责任等。

我国《侵权责任法》第7条规定：“行为人损害他人民事权益，不论行为人有无过错，法律规定应当承担侵权责任的，依照其规定。”本条是关于无过错责任归责原则的规定。无过错责任原则的出现与科技的迅速发展密不可分。新技术为人类带来了巨大的财富，但同时也带来了许多难以预测的风险。这些危险往往带来的损失巨大且牵连众多，同时受害人难以证明行为人的过错，无过错责任原则便应运而生。由于无过错责任原则的核心在于预防危险和补偿损害，因此又被称为“危险责任”。

需要指出的是，无过错责任的适用必须严格依据法律的明文规定。《民法通则》第106条第3款规定：没有过错，但法律规定应当承担民事责任的，应当承担

---

〔14〕 各国的危险责任类型不完全一致。例如，德国法对于动物致人损害责任，区别动物性质和责任人而作不同处理。对于非家养动物致人损害的，对动物饲养人课以危险责任；对于非家养动物或家养动物致人损害，课予动物看管人过错推定及因果关系推定责任。

民事责任。结合《侵权责任法》第7条的规定,可见两个条文都使用了“法律规定”的表述,因此无过错责任仅适用于法律有特别规定的情况,如果没有法律的明文规定,不得随意扩大或者缩小无过错责任原则的适用范围。

我国《民法通则》规定的危险责任的主要类型有:产品责任(第122条)、高空高压易燃易爆作业和高速运输工具致害(第123条)、环境污染损害(第124条)、动物致害(第127条)。同时,我国《侵权责任法》也对危险责任做了规定。具体而言包括:(1)无民事行为能力人、限制民事行为能力人致人损害的,监护人承担无过错责任(第32条);(2)用人单位的工作人员因执行工作任务致人损害的,用人单位承担无过错责任(第34条);(3)提供个人劳务一方因劳务致人损害的,接受劳务一方承担无过错责任(第35条);(4)饲养的动物致人损害的,动物饲养人或者管理人承担无过错责任(但动物园承担过错推定责任)(第78~80、82~84条);(5)机动车与行人、非机动车驾驶人之间发生道路交通事故的,机动车一方承担无过错责任(第48条);(6)因环境污染致人损害的,污染者承担无过错责任(第65~68条);(7)高度危险责任中,从事高度危险作业者,高度危险物品的经营者、占有人承担无过错责任(第69~77条);(8)因产品存在缺陷造成他人损害的,生产者承担无过错责任(第41条);(9)建筑物倒塌致人损害的,建设单位与施工单位承担无过错责任(第86条)。

国家机关或其工作人员执行职务中致人损害不应当属于危险责任。[15]

五、危险责任的适用

危险责任的适用,其基本方法跟一般过错责任最大的差别在于受害人省却了证明行为人过错的环节,并且,与特殊过错责任不同的是,行为人不得通过证明自己(抽象意义上的)无过错来免责。原告仍然要证明损害和因果关系。

行为人虽然不能通过证明自己抽象意义上的无过错来免责,但是行为人可以通过证明一些具体的法定免责事由来免责。这些法定免责事由实质上有很多可以被视为“具体意义上的”无过错。例如,产品责任中生产者的三项免责条件:“未

---

〔15〕《民法通则》第121条规定:“国家机关或者国家机关工作人员在执行职务中,侵犯公民、法人的合法权益造成损害的,应当承担民事责任。”如果认为此类型侵权是危险责任或无过错责任类型,是很荒唐的。因为危险责任或者说无过错责任的本质在于法律对危险活动所具有危险性的容忍,是在(某种意义上的)不可避免的危险致害和受害人获得救济之间寻求平衡的一种制度。而国家机关或其工作人员的活动,显然不能认为是一种具有内在危险性的事业,而且必须要满足“违法”要件,才能构成侵权,否则,合法执行公法上职务属于侵权不成立的抗辩事由,根本不成立侵权。而“违法”致害,就相当范围内来说,属于本身即过失,本质上还是一种过错责任。

将产品投入流通的”、“产品投入流通时，引起损害的缺陷尚不存在的”以及“将产品投入流通时的科学技术水平尚不能发现缺陷存在的”，这三项无一不是在表明生产者无过错，只不过这种窗口开得很小，所以它还是危险责任，而不是过错推定责任。

有的免责条件（主要是一般性抗辩）不涉及致害人过错，而是关系到因果关系。例如，不可抗力、第三人过错等。这些抗辩并非是危险责任独有的，因而不是危险责任的重点。不同类型的危险责任，免责事由是不同的，这主要取决于法律的具体规定。

第四节　过错推定原则

本节提要

过错推定原则是否是一项独立的归责原则一直备受争议，学界普遍认为过错推定原则不是一项独立的归责原则，而是一种特殊的过错责任。本节主要介绍了过错推定责任的含义、特点及其存在的意义。本节的学习重点在于过错推定原则的含义以及特点。

一、过错推定责任概述

随着工业迅速发展，大量的工业事故、交通事故、医疗事故等频繁发生，这些事故本身的复杂性导致受害人的举证难度非常大。在许多案件中，由于现有科学技术水平的局限，使行为人是否存在过错难以确定，于是产生了适用于这类特殊侵权案件的过错推定责任。

关于过错推定责任原则是否构成我国侵权法上的一种归责依据，学者们见解并不一致。持肯定意见的学者较少，典型代表是杨立新教授。他认为，过错推定原则是指在法律有特别规定的场合，从损害事实的本身推定加害人有过错，并据此确定造成他人损害的行为人赔偿责任的归责原则。[16] 大多数学者认为，过错推定责任不是一种独立的归责依据。例如，王利明教授主张的侵权归责原则体系

〔16〕 杨立新：《侵权法论》，人民法院出版社2004年版，第127页。

中就没有过错推定原则这一项。[17] 张新宝教授认为,过错推定属于过错责任原则的一部分,是过错责任原则适用中的一种特殊情形,它仍然以加害人的过错为责任的根据或标准,因此不可将其与过错责任相提并论,更不可将其作为我国侵权责任法的归责原则之一。[18]

笔者认同多数学者的观点,即过错推定原则不是一项独立的归责原则。理由很简单,所谓过错推定原则,其归责依据还是行为人的过错,只不过这种过错无须索赔诉讼的原告证明而已。过错推定责任实际上还是过错责任,变化的是诉讼双方的证明责任,没有变化的是归责依据或者责任基础。赞成将过错推定原则作为独立归责原则的杨立新教授也承认,尽管过错推定原则在某些方面与一般的过错责任原则有所区别,但其(过错责任的)本质并没有改变。[19] 既然本质没有改变,就没有充足的理由将过错推定责任原则单独作为一项归责原则。

过错推定责任原则虽然不是一项独立的归责原则,但不妨碍使用这个词来表达一类责任,即特殊的过错责任。我国《民法通则》第126条规定了这种特殊过错责任。我国《侵权责任法》第6条第2款规定:根据法律规定推定行为人有过错,行为人不能证明自己没有过错的,应当承担侵权责任。该款是对过错推定责任的规定。在过错责任原则中,通常由受害人证明行为人是否有过错,但在一些情况下也适用过错推定。所谓过错推定,是指根据法律规定推定行为人有过错,行为人不能证明自己没有过错的,应当承担侵权责任。在传统的过错责任原则下,受害人向加害人行使请求权时必须证明加害人具有过错,但过错是行为人的一种主观心理状态,受害人证明起来比较困难。加之进入现代社会后,各种机器设备大量出现,专业分工亦极为细密,碍于专业知识所限,受害人证明加害人的过错就更为困难。为了既能维持过错责任原则的地位不被动摇,又能有效保护和救济受害人,一些国家和地区发展出了减轻受害人举证责任的规则,如英美法有"事实自证",德国法有"表见证明",而我国在司法实践中采用了"过错推定"。过错推定实质就是从侵害事实中推定行为人有过错,免除了受害人对过错的举证责任,加重了行为人的证明责任,更有利于保护受害一方的利益,也可更有效地制裁侵权行为。对此,《侵权责任法》第6条第2款在民法通则的基础上向前进了一步,明确规定了过错推定。过错推定虽说包含在过错责任原则中,但与一般过错责任有

---

〔17〕 王利明:《侵权行为法研究》(上),中国人民大学出版社2004年版,第209页。
〔18〕 张新宝:《侵权责任法原理》,中国人民大学出版社2005年版,第33页。
〔19〕 杨立新:《侵权法论》,人民法院出版社2004年版,第130页。

较大的不同。近百年来，过错推定总是与《侵权责任法》第7条规定的无过错责任原则共同发展的，虽说二者不完全相同，但从其他国家过错推定实施和发展的结果看，过错推定近似于无过错责任原则。因此，对行为人而言，这是一种较重的责任，不宜被滥用，需要由法律对适用范围作严格限定，否则就有可能限制人们的行动自由。从境外的立法经验看，基本上都由法律明确规定在什么情况下适用过错推定。《侵权责任法》第6条第2款也强调，法律规定行为人有过错，行为人不能证明自己没有过错的，才应当承担侵权责任。法律没有规定过错推定的，仍应由受害一方承担过错的证明责任。目前，本法规定的机动车交通事故责任、物件损害责任主要适用过错推定，对无民事行为能力人在幼儿园、学校或者其他教育机构内受到损害的责任也适用过错推定。

二、过错推定责任的定义和特点

过错推定就是利用已知的事实对行为人的主观心理状态进行推断，如果受害人能够证明其所受的损害是由行为人或行为人的物件所致，而行为人不能证明自己主观上不存在过错的话，那么就推定该行为人主观上有过错，应承担相应的民事责任。

虽然过错推定责任的实质依然是过错责任，但是其自身有很大的特殊性。具体分析如下：

1. 过错推定责任不区分过错的程度。在过错推定责任原则中，行为人的过错是被推定出来的，所以很难确定其过错承担程度的大小。

2. 过错推定责任采取举证责任倒置的方式。过错推定由被告举证证明自己没有过错，旨在加强被告的责任，从而增加受害人获得赔偿的可能性。

3. 过错推定责任以行为人不存在过错为抗辩事由。过错推定是对行为人主观存在过错的一种推定，这种推定具有或然性。如果被告能举证证明自己不存在主观过错，则可以免责。

4. 过错推定责任适用的范围比较窄。过错推定责任原则也仅适用于法律明确规定的情形，如建筑物致人损害责任以及共同危险致人损害的责任承担和医疗事故责任等。

第五节　为他人行为之责任原则

本节提要

本节首先介绍了什么是为他人行为之责任及其特征，继而分析了为他人行为之责任产生的理论基础，最后讲述了为他人行为之责任的类型及适用。通过学习本节，希望读者对为他人行为之责任有一个深入的了解。本节的学习重点在于为他人行为之责任的特征以及适用。

一、为他人行为之责任的含义

所谓为他人行为之责任，是指本人虽无不当行为，但受其支配或指挥或监督的附属者存在不当行为而构成侵权时，本人仍然必须基于他们之间的这种特殊关系而承担责任。这里没有使用替代责任或雇佣责任（虽然它们是其中最主要的一类），主要是出于这样的考虑：这种类型的责任不仅适用于商事领域，而且也适用于家事领域，即也适用于监护人与未成年子女、精神病患者之间。而在商事领域，这种责任不仅适用于雇员，也包括在他人指挥和监督下的帮忙者，甚至是偶尔的、不要求回报的帮忙者。

二、为他人行为之责任的特征

为他人行为之责任的特征主要包括以下几个方面：

1. 为他人行为之责任中存在三方主体，这与通常的过错侵权和危险责任场合下只有侵害人和受害人两方主体不同。在为他人行为之责任中，除了受害人之外，还有致害行为人和侵权责任人两方主体。

2. 这种责任与过错责任有别，呈现出某种严格责任的意味。换言之，在为他人行为之责任中，侵权责任人（赔偿义务人）本人是否有过错，对于赔偿责任的成立与否不具有法律意义。这从我国《民法通则》有关雇佣责任的规定可以明显看出。《人身损害赔偿司法解释》第 9 条规定：“雇员在从事雇佣活动中致人损害的，雇主应当承担赔偿责任……”这种表述显然是严格责任的规定。同样处理的，还有监护人对于未成年子女致害的侵权赔偿责任。我国《民法通则》第 133 条第 1 款规定：“无民事行为能力人、限制民事行为能力人造成他人损害的，由监护人承担民事责任。监护人尽了监护责任的,可以适当减轻他的民事责任。"《侵权责任法》第32条第1款规定:无民事行为能力人、限制民事行为能力人造成他人损害的,由监护人承担侵权责任。监护人尽到监护责任的,可以减轻其侵权责任。从文义看,这种责任显然也属于一种特殊的严格责任。[20]

3. 从另一个层面看,这种责任与严格责任有质的区别。因为为他人行为之责任是否成立,其前提条件是"该他人"的致害行为是否构成侵权行为。[21] 只有当该他人的行为系出于故意或过失,或者是制造或控制了某种危险而致人损害时,也就是说该他人的行为构成侵权时,"本人"才需要对这种侵权行为承担责任。[22] 正是由于为他人行为之责任实际上(通常)并不是无过错责任,所以,Filios甚至指出,雇佣人对其帮工的责任与严格责任"没有共性"。[23]

4. 为他人行为之责任的归责要点在于本人及其附属者之间的特殊关系既不是过错,也不是异常危险。这种特殊关系是为他人责任的关键点。它直接影响到此类责任的构成,容后详述。

5. 为他人行为之责任中,还可能存在本人向实际致害人追偿的情形。这个特点也是此类责任所独有的,符合将本人与实际致害人视为共同侵权人的理论逻辑。他们内部责任分摊的关键考量因素是实际致害人的过错程度。

上述特征也是为他人行为之责任可以被视为单独一类归责依据的理由,说到底,为他人行为之责任的归责,其本质既不是过错,也不是危险,而是在于本人(责任人)与该他人(致害人)之间的特殊关系,即那种在现代社会中越来越广泛存在、发挥越来越大影响力的特殊关系。

三、为他人行为之责任的理论基础

为他人行为之责任的理论基础,笔者认为,主要有以下几点:

---

〔20〕 当然,雇主责任和监护人对未成年子女致害的责任,也可以被处理成过错推定责任。德国法上,雇主责任就是过错推定责任。不过这种过错推定,实践中雇主极少有机会推翻,这就事实上决定了这种过错推定责任与严格责任相差无几。

〔21〕 虽然并非所有国家的立法都是如此,但欧洲绝大多数法院和学者的意见却是一致的:"该他人"的行为必须有过错。参见[德]克雷斯蒂安·冯·巴尔:《欧洲比较侵权行为法》(上),张新宝译,法律出版社2001年版,第252页。这里面的逻辑关系很明显,如果该他人行为没有过错或构成危险责任,则受害人根本无权转移损害。

〔22〕 从这个前提可以看出,为他人行为之责任中,实际上有两个侵权行为人(侵权责任人)。也正因为此点,普通法传统上将这类责任中的"本人"和实际加害人视为共同侵权人。

〔23〕 Filios, Enochiko Dikaio Ⅱ(2),第3版,第137页;转引自[德]克雷斯蒂安·冯·巴尔:《欧洲比较侵权行为法》(下),焦美华译,法律出版社2001年版,第406页注释25。

1. 利益理论。本人必须为他人行为负责,第一个理由在于本人在使用他人过程中的获益。既然在追求利益中,产生了那样的风险——并非对受害人而言的风险,而是对于本人而言须替代赔偿的风险,本人必须承受。这也是所谓“利益之所在,风险之所在”的固有含义。

2. 选任监督控制理论。本人可自由选择辅助人,并在行为人执行职务时可以给予指挥和监督,具有相当的控制力。这些都意味着,对于避免损害的发生,本人是有一定的支配作用的。从因果关系的角度而言,这些因素很大一部分是落在本人控制的领域范围内的。

3. 企业责任理论。现代社会,用人者很多时候是企业。企业被认为是新的历史条件下在支配和影响社会生活方面仅次于国家的实体,它的影响力可以说触及人类生活的方方面面,对于这样一个实体,赋予较重的责任也是符合逻辑的,即所谓“能力越大,影响越大,责任越大”。

4. 损害转化分摊理论。相对于实际加害人而言,作为使用者的公司、企业显然更有能力将赔偿成本转移到产品或者服务中去,最终将这部分损害予以社会化。

5. 弱者保护理论。一般来说,受他人雇用的人,即劳动者,相对于用人者而言,属于弱势群体。法律对于消费者、劳动者往往有特殊的保护。为他人行为之责任无疑属于这种法律政策的鲜明体现。这样的制度为劳动者消除了一种危险:为他人执行职务过程中由于自己的疏失致人损害,需要支付(与其劳动收入相比)很大一笔赔偿,从而导致生活上发生困难等。

6. 受害人救济理论。在为他人利益而行为的人由于过错造成他人损害的情形下,对受害人不能不给予救济;但由于直接加害人财力等问题上的实际情况,受害人很可能实际上无法真正获得赔偿救济。但是根据为他人行为之责任原理,受害人可以在很大程度上稳定地获得赔偿救济。这对于受害人保护具有现实的重要性。

四、为他人行为之责任的类型

为他人行为之责任,根据本人与该他人之间的关系不同,主要分为三类:雇主责任、监护人对未成年子女或不能辨认或不能完全辨认自己行为的成年人的责任,以及国家机关对其工作人员的责任。

1. 雇主责任是为他人行为之责任的原型和最主要类型,其准确适用并非是一件轻易之事。下文还将详细介绍雇主责任的适用。

2. 监护人对未成年子女或不能辨认或不能完全辨认自己行为的成年人的责任。这类责任的基础在于父母在子女身上所附着或者寄托的利益,同时也肩负着管教约束的职责。我国《民法通则》将这类责任处理成严格责任，同时规定了法官可以适用公平责任。这里存在的一个问题是，根据传统侵权理论，未成年子女或不能辨认或不能完全辨认自己行为的成年人不具有识别能力和控制能力，因而他们本身的行为不构成侵权行为，这里只存在一个侵权行为而不是两个侵权行为。对此，笔者认为，从纯粹过错客观化的角度来看，未成年人或不能辨认或不能完全辨认自己行为的成年人的致害行为也可以看成是有过错的；并且，由于监护人最终要承担侵权责任，因而这里是否是一个侵权行为或两个侵权行为，实际上只有理论上的意义，或者也可以将这种情形视为"两个侵权行为理论"的一个例外。当然，监护人的责任也可以设定成过错推定责任。依笔者之见，最好的办法是效仿荷兰法、意大利法，将未成年子女至少划分为有意思能力和无意思能力，从而课以父母不同程度的责任，子女越小，父母的责任越趋向严格。[24]

3. 国家机关对其工作人员侵权之责任。这一类责任与《侵权责任法》第 34 条第 1 款规定的雇主责任本质上并无不同，之所以单列，主要是因为涉及公权力的行使而变得有特殊性，同时还涉及国家赔偿法相关的问题。如前所述，关于国家机关对其工作人员侵权责任，我国学界对此有不同意见。有必要再次强调，它不是一种严格责任，而是一种为他人行为之责任，其工作人员侵害行为必须要有过错（法律用语是"违法"，实际上从违法可以推导出过错）。

五、为他人行为之责任的适用

为他人行为之责任的重点和难点都是雇主责任。[25] 这里主要就雇主责任的认定和适用进行简要的论述。雇主责任的认定要注意以下要点：

1. 原则上，受雇人的加害行为应当是在其执行其职务的活动中。这也是雇主责任之所以存在的核心基础。

2. 即使加害行为在职务范围外，但若该行为获得雇主的事先认可或事后追认，则也可能引发此等责任。换言之，雇主的同意是比职务行为更本质的关键要素。

3. 受雇人对其地位的滥用本身并不能作为排除此等责任的理由。如公司之经理或者主管会计，他们的行为可能是滥用其代理人之地位，但这不能成为排除

---

〔24〕 参见［德］克雷斯蒂安·冯·巴尔：《欧洲比较侵权行为法》（上），张新宝译，法律出版社 2001 年版，第 182 页。

〔25〕 雇主责任是为了称呼方便而使用的术语。精确地说是为自己利益而使用他人的人对前者有责的加害行为所承担的责任。

替代责任的抗辩。

4. 这里的雇佣关系不限于有偿的、稳固的雇主—雇员关系，而应当扩大解释为任何为他人利益、在他人指示或监督下的服务关系，包括自愿的协助帮忙这样的关系（长期或临时、有偿或无偿的本人和帮助人）。不过，这里需强调的是，独立的承揽人（independent contractor）不属于这里的帮助人（雇员）。这里的关键点是行为人是否独立地劳动。

5. 这里的指示或监督是二者择一的关系。在专业领域，如医生或律师，也可能成为他人的雇员，尽管该他人在业务上并不能提供任何专业性指示。例如，医院对于所属医生的责任。

第六节　公平责任原则

本节提要

本节首先介绍了公平责任的含义、特征及性质，其次介绍了公平责任产生的理论基础，最后介绍了公平责任的类型和适用。本节的学习重点在于公平责任的含义、特征以及适用。

一、公平责任的含义

关于公平责任，不同的学者有不同的见解。王利明教授认为，公平责任是指在当事人双方对造成损害均无过错，但是按照法律的规定又不能适用无过错责任的情况下，由人民法院根据公平的观念，在考虑受害人的损害、双方当事人的财产状况及其他相关情况的基础上，判令加害人对受害人的财产损失予以适当补偿。[26] 他认为，公平责任应当是一种归责原则。[27] 张新宝教授认为，公平责任要解决的是损害后果的承担问题，而不是归责原则的问题。[28] 杨立新教授认为，公平责任原则在立法中没有规定，适用范围过于狭小且不属于严格的侵权行为，实

[26] 王利明：《侵权行为法研究》（上），中国人民大学出版社 2004 年版，第 274 页。
[27] 王利明：《侵权行为法研究》（上），中国人民大学出版社 2004 年版，第 284 页。
[28] 张新宝：《侵权责任法原理》，中国人民大学出版社 2005 年版，第 43 页。

践中并非一律强制适用,因而不能作为一个独立的归责原则。[29]

笔者认为,所谓公平责任,是指在行为人和受害人均无过错,同时对行为人也不适用严格责任的场合下,基于案件具体事实,法律授权法官依据公平正义之理念,可以判令赔偿义务人就受害人的损害承担一定损害分摊责任的情形。《民法通则》第132条规定了公平责任。欧洲许多国家民法典也有类似规定。

二、公平责任的特征

根据公平责任的定义,我们认为,公平责任具有如下特征:

1. 行为人和受害人均无过错,即对行为人不适用过错责任原则。

2. 行为人未制造或保有异常危险,即对行为人不适用危险责任原则。

3. 公平责任的核心是依据公平正义的理念。

4. 公平责任不是单向公平,而是双向公平,即对赔偿义务人和受害人双方而言是公平的责任。

5. 公平责任是法律责任,而不仅仅是道德责任。

6. 公平责任不仅可能是一种侵权赔偿责任,而且也可能是一种法定情形下的补偿责任。

7. 公平责任不仅可以单独适用,也可以作为过错责任或严格责任的补充而合并适用。

8. 在符合法律规定的条件下,是否适用公平责任,法官有自由裁量权。

三、公平责任的性质

从性质上说,公平责任不是一种归责依据,而是一种损害分摊的辅助办法,它是民法公平原则在损害分摊领域的具体体现。理由如下:

1. 很多时候,承担公平责任的义务人并不存在侵权行为,因而让他分摊损害不可能是依据侵权归责依据做出的。

2. 在不存在侵权行为的场合下,赔偿义务人在这里承担的是损害补偿责任,而非损害赔偿责任。

3. 公平是一个空泛的概念,或者说它已抽象到可以成为民法基本原则的高度,这种抽象程度的原则是不可能成为具体侵权损害场合下的归责依据的,它只能是在无法适用现有归责依据下的一种补充调整,与其他归责依据的具体可适用

---

〔29〕 杨立新:《侵权法论》,人民法院出版社2004年版,第118~119页。

性有本质差别。

4. 公平原则的适用与否本质上属于法官裁量权范围内的事项。即在符合条件的情形下,法官可选择适用也可以选择不适用公平责任。这种确定性的缺乏也决定了它不宜成为归责依据。

公平责任虽然不是一种归责依据,但它的确是损害分摊的一种补充办法。在我国现行法上有明确的规定,同时也存在具体适用该责任分摊办法的若干场合。

四、公平责任的理论基础

公平责任之所以存在,最主要是因为民法公平的理念。具体地说,它要解决如下场合中的问题:

1. 受害人很贫穷,加害人或赔偿义务人很富有。这种情形下,加害人无过错无须承担过错侵权责任,同时,加害人也不用承担严格责任,但若不令加害人给受害人一定的补偿,则显然违背了一般的公平正义理念。这也正是《普鲁士普通邦法》规定公平责任的理由:"我们只需要对当时普鲁士人的生活有一点了解并想象一下地主的横行霸道的孩子们打碎雇农住房的窗子之情形,就能理解规定这些条文的理由了。"[30] 可见,这一类情形是为了矫正受害人的弱势地位而适用公平责任。

2. 加害人或赔偿义务人很贫穷,受害人很富裕。典型如一个穷人家的 4 岁幼儿,把富人家的一个 16 岁男孩手指咬伤了。如果前者的监护人尽到了监护义务,则根据公平原则,考虑到双方的经济状况,就可以让前者的监护人不再承担全额赔偿。可见,这一类情形是为了矫正加害人的弱势地位而适用公平责任。

3. 自然力致害或损害责任源头无法寻得的情形下,依公平理念对受害人的救济。典型的如登山过程中,游客甲看到一块大石头摇摇欲坠,马上就要砸到身后的游客乙,他即刻将石头猛地往旁边一推,砸到了身边的游客丙。这种因自然力引起的紧急避险,行为人没有过错,不承担过错侵权责任,但受益人乙可以适当补偿游客丙的损失。《民法通则司法解释》第 156 条规定:"因紧急避险造成他人损失的,如果险情是由自然原因引起,行为人采取的措施又无不当,则行为人不承担民事责任。受害人要求补偿的,可以责令受益人适当补偿。"

公平责任,除了对当事人各方而言做到了公平之外,同时还具有鼓励向善、提升道德的功能,这也可以看作公平原则的一个次要的理论基础。法律不是冷冰冰

---

〔30〕[德]克雷斯蒂安·冯·巴尔:《欧洲比较侵权行为法》(上),张新宝译,法律出版社 2001 年版,第 111 页。

的，它也要考虑人伦、人情、道德。公平责任的存在，无疑对于鼓励人们见义勇为、行善好施提供了很好的激励。

五、公平责任的类型

根据我国现行法，可能存在公平责任的场合有如下几类：

1. 未成年人或不能辨认或不能完全辨认自己行为的成年人致人损害。《民法通则》第133条第1款规定："无民事行为能力人、限制民事行为能力人造成他人损害的，由监护人承担民事责任。监护人尽了监护责任的，可以适当减轻他的民事责任。"《侵权责任法》第32条第1款规定："无民事行为能力人、限制民事行为能力人造成他人损害的，由监护人承担侵权责任。监护人尽到监护责任的，可以减轻其侵权责任。"这就是所谓的监护人对无民事行为能力人、限制民事行为能力人侵害行为的责任。对于这个责任究竟属于什么类型的责任，我国学者见解并不一致。一种有代表性的见解是，此条前一句规定是关于"过错和过错推定责任的规定"，后一句则是关于公平责任的规定。[31]

笔者认为，这种认识并不符合该条文义。该条第一句从表述上看，完全是严格责任的规定。第二句中关键的字眼是"可以"，即监护人尽了监护责任的，法官"可以"而不是"应当"适当减轻他的民事责任。另一个关键词是"适当减轻"，而不是"适当承担"——这意味着起算点是百分之百赔偿责任，而不是零起点（无责任）。两条结合起来看，答案很明显：该条规定乃是以严格责任为原则，以公平责任为补充的责任类型。有人可能会质疑，严格责任不是不问赔偿义务人有无过错，一律要承担赔偿责任吗？为何严格责任之下能有公平责任的存在？其实，问题的症结在于公平责任是双向的，即同时对于受害人和赔偿义务人而言的，它不仅仅是针对受害人而言确保公平。[32] 明白了此点，就可以理解公平责任完全可以作为严格责任的补充。

关于未成年人致人损害，我国《民法通则司法解释》第158条规定："夫妻离婚后，未成年子女侵害他人权益的，同该子女共同生活的一方应当承担民事责任；如果独立承担民事责任确有困难的，可以责令未与该子女共同生活的一方共同承担民事责任。"这里，未与该子女共同生活的一方所承担的民事责任，就纯粹是一种公平责任，而不是对严格责任补充的公平责任。

---

〔31〕 王利明：《侵权行为法研究》（上），中国人民大学出版社2004年版，第300页。

〔32〕 公平责任不仅仅可以作为诉因（作为原告的受害人一方提出），而且可以作为损害赔偿限制的依据或者说作为不完全抗辩（由作为被告的赔偿义务人一方提出）。

2. 紧急避险人的补偿责任。《民法通则司法解释》第156条规定:"因紧急避险造成他人损失的,如果险情是由自然原因引起,行为人采取的措施又无不当,则行为人不承担民事责任。受害人要求补偿的,可以责令受益人适当补偿。"《侵权责任法》第31条规定:因紧急避险造成损害的,由引起险情发生的人承担责任。如果危险是由自然原因引起的,紧急避险人不承担责任或者给予适当补偿。紧急避险采取措施不当或者超过必要的限度,造成不应有的损害的,紧急避险人应当承担适当的责任。《民法总则》第182条规定:因紧急避险造成损害的,由引起险情发生的人承担民事责任;危险由自然原因引起的,紧急避险人不承担民事责任,可以给予适当补偿;紧急避险采取措施不当或者超过必要的限度,造成不应有的损害的,紧急避险人应当承担适当的民事责任。这种情况可参见上述游客登山推石救人的例子。

3. 利他行为中受益人对遭受损害的行为人承担的补偿责任。《民法通则司法解释》第157条规定:"当事人对造成损害均无过错,但一方是在为对方的利益或者共同的利益进行活动的过程中受到损害的,可以责令对方或者受益人给予一定的经济补偿。"《侵权责任法》第23条规定:因防止、制止他人民事权益被侵害而使自己受到损害的,由侵权人承担责任。侵权人逃逸或者无力承担责任,被侵权人请求补偿的,受益人应当给予适当补偿。《民法总则》第183条规定:因保护他人民事权益使自己受到损害的,由侵权人承担民事责任,受益人可以给予适当补偿。没有侵权人、侵权人逃逸或者无力承担民事责任,受害人请求补偿的,受益人应当给予适当补偿。以上条款称得上是受益人补偿责任的一般性条款,完全可以涵盖紧急避险情况下受益人对于受害人的补偿责任。

4. 高楼来源不明抛掷物、坠落物致人损害场合下的公平责任。这种情况是指由于来源不明,诸如烟灰缸或者砖头掉下来(甚至不知道是抛掷物还是坠落物)砸到了他人,并造成了损害。这种情形下如何救济受害人存在争议。《侵权责任法》第87条规定:"从建筑物中抛掷物品或者从建筑物上坠落的物品造成他人损害,难以确定具体侵权人的,除能够证明自己不是侵权人的外,由可能加害的建筑物使用人给予补偿。"司法实践中,已有法院依据公平原则责令所有可能实施侵害行为的楼上住户共同承担赔偿责任。

六、公平责任的适用

我国《侵权责任法》第24条规定:受害人和行为人对损害的发生都没有过错的,可以根据实际情况,由双方分担损失。本条是关于公平分担损失的规定。

侵权责任的承担以行为人有过错为基本构成要件，行为人对损害发生没有过错的，除法律规定承担无过错责任外，一般不承担责任。但在现实生活中，对于有些损害的发生行为人虽无过错，但毕竟由其引起，如果严格按照无过错即无责任的原则处理，受害人就要自担损失，这不仅有失公平，也不利于和谐人际关系的建立，因此法律规定："受害人和行为人对损害的发生都没有过错的，可以根据实际情况由双方分担损失。"

公平分担损失的情况包括：(1)无民事行为能力人造成他人损害。按照《民法总则》规定，不满8周岁的未成年人和不能辨认自己行为的成年人是无民事行为能力人。无民事行为能力，意味着行为人不能进行有目的、有意识的民事活动，因此不能认为他们的行为有过错，当监护人尽到了监护责任，无民事行为能力人仍给他人造成损害时，可以根据实际情况由监护人分担损失。(2)完全民事行为能力人对自己的行为暂时没有意识或者失去控制没有过错，但造成他人损害。例如，出租车司机不知道自己患有疾病，在车辆行驶过程中突发心脏病发生交通事故造成他人损害，对于受害人超出机动车强制保险责任限额范围的损失，可以根据实际情况由出租车司机分担损失。(3)具体加害人不明，由可能加害的人分担损失。例如，建筑物内抛出一烟灰缸砸破楼下路人的头，找不到行为人，为了减轻受害人的损失，可以根据实际情况由可能加害的建筑物使用人给受害人补偿。(4)因意外情况造成损害。如一暴雨夜，某甲拦截并获准搭乘一辆运棺材的卡车，上车后，某甲为躲雨钻进棺材。不一会儿，某乙和某丙也搭上该车，上车后，他们只看到车上有一棺材，并不知某甲在棺材内。在车上，乙对丙说："我想抽烟，你有火吗？"丙答："没有。"甲在棺材内听到此，推开棺材盖伸手递出打火机。乙看到棺材里突然伸出一只手，以为诈尸，吓得跌下车去受了伤。甲对于乙的受伤并无过错，但乙受伤确因甲的行为引起，最终法院按照《民法通则》关于公平责任的规定，判甲承担乙的部分损失。(5)为对方利益或者共同利益进行活动过程中受到损害。如某甲主动帮某乙盖房，不小心从梯子上跌下受伤，可以根据实际情况由某乙分担某甲受到的损失。

适用公平责任时，要注意以下几点：

1. 必须在法律有明文规定时才可以适用。公平原则虽系民法的一般原则，但公平责任作为一项损害分摊制度，对于当事人利益有重大影响。因此，只有法律明确授权法官可以对损害分摊依公平理念作自由裁量时，法官才可以适用公平责任。倘若并非属于法定可适用公平责任的情形，则法官虽然可以在损害评估时实质性地作公平考量，确定损害额，但原则上不得在判决书中舍弃其他归责依据，而适用具有补充性质的公平责任。

2. 适用公平责任时，首要的考量因素是各方当事人的财产状况和经济能力。民事赔偿或补偿责任主要是金钱责任，因而，对公平责任的具体判罚，具有决定意义的乃是当事人的财产状况和经济能力。

3. 适用公平责任时，还需要考虑受害人实际获得救济的可能性。这一点在受益人承担公平责任时尤为重要。很多时候，受益人之所以承担补偿责任，是因为找不到侵权人或者侵权人经济能力有限，或者侵权人的有些财产不可强制执行，则受害人实际上无从救济。这种情况下，考察受害人实际可从侵权人处获得赔偿的可能性就非常重要，它对于受益人补偿责任的考量具有重要意义。

4. 适用公平责任时，还需要考虑所遭受损害的严重性、致害人的过错以及来自各方的原因力大小。这些一般要件对于公平责任的考量也具有参考意义。

5. 适用公平责任时，还需要考虑双方的保险情况，即受害人是否有保险、赔偿或补偿义务人是否有保险。更一般地说，还需要考虑受害人是否可以从第三方来源获得救济。这一点对于是否适用公平责任以及公平责任的考量也极为重要。

七、公平分担损失与归责原则的不同

公平分担损失的规定是侵权责任法根据实际情况做出的特别规定，与侵权责任的归责原则——过错责任原则和无过错责任原则不同。

（一）与过错责任的区别

1. 过错责任原则以行为人的过错作为承担责任的前提，而公平分担行为人并没有过错。

2. 承担过错责任以填补受害人全部损失为原则，公平分担只是根据实际情况适当给受害人以补偿。

（二）与无过错责任的区别

1. 无过错责任不问行为人是否有过错，其适用以法律的特殊规定为根据。也就是说，承担无过错责任，行为人既可能有过错，也可能无过错。而公平分担，行为人没有过错，也不属于法律规定的适用无过错责任的情形。

2. 无过错责任适用于法律明确规定的几种情形。而公平分担只是原则规定适用条件，没有具体界定所适用的案件类型。

3. 承担无过错责任，有的是填补受害人的全部损失，有的法律规定了最高责任限额。公平分担只是分担损失的一部分，没有最高额限制。

公平分担适用于行为人和受害人对损害的发生均无过错的情况。如果损害由受害人过错造成,应当由其自己负责;如果由行为人或者第三人过错造成,应当由行为人或者第三人负责;如果行为人和受害人对损害的发生都有过错,应当根据他们的过错程度和原因分配责任。也就是说,只要有过错责任人,都不适用本条规定。

确定损失分担,应当考虑行为的手段、情节、损失大小、影响程度、双方当事人的经济状况等实际情况,达到公平合理及时化解矛盾、妥善解决纠纷、促进社会和谐的目的。

——— 训　练 ———

【司考】甲忘带家门钥匙,邻居乙建议甲从自家阳台攀爬到甲家,并提供绳索以备不测,丙、丁在场协助固定绳索。甲在攀爬时绳索断裂,从三楼坠地致重伤。各方当事人就赔偿事宜未达成一致,甲诉至法院。下列哪种说法是正确的?(2006 年)

A. 法院可以酌情让乙承担部分赔偿责任

B. 损害后果应由甲自行承担

C. 应由乙承担主要责任,丙、丁承担补充责任

D. 应由乙、丙、丁承担连带赔偿责任

【答案】 A

【解析】本题考查的内容是,对于甲遭受的损害,乙、丙、丁以及甲自身是否具有过错。乙为甲提供绳索供甲冒险,但乙并未像理性人一样检查绳索的状况,同时,乙给甲出的主意亦不妥当。因此,乙对于甲所受损害是有过错的,构成侵权,应当对甲承担侵权赔偿责任。丙、丁并无过失,因其固定的绳索并未出现问题。最后,甲对自己的损失也有过错。综上,本题唯一正确答案为 A 项。

【司考】某化工厂排放的废水流入某湖后,发生大量鱼类死亡事件。在是否承担赔偿责任问题上,该化工厂的哪些抗辩事由即使有证据支持也不能成立?(2006 年)

A. 其排放的废水完全符合规定的排放标准

B. 另一化工厂排放的废水足以导致湖中鱼类死亡

C. 该化工厂主观上没有任何过错

D. 原告的赔偿请求已经超过 2 年的诉讼时效

【答案】 ABCD

【解析】由于环境污染侵权纠纷采用的归责原则是无过错责任，所以主观没有过错不能成为不承担侵权责任的抗辩事由。

【司考】甲、乙、丙按不同的比例共有一套房屋，约定轮流使用。在甲居住期间，房屋廊檐脱落砸伤行人丁。下列哪些选项是正确的？（2009年）

A. 甲、乙、丙如不能证明自己没有过错，应对丁承担连带赔偿责任

B. 丁有权请求甲承担侵权责任

C. 如甲承担了侵权责任，则乙、丙应按各自份额分担损失

D. 本案侵权责任适用过错责任原则

【答案】　ABCD

【解析】建筑物脱落致人损害适用过错推定原则，如果行为人不能证明自己没有过错，则应该对受害人承担赔偿责任；过错推定责任并不是一项独立的规则原则，而是一种特殊的过错责任。

【案例一】被告王某和原告张某均系某中学的学生。2006年10月24日，王某因不忍张某的欺凌，在教室里持刀猛砍张某头部。事情发生后，王某立即携带凶器逃离现场，学校领导发现后及时赶到现场，对张某的伤口进行包扎，拨打“120”将张某送往医院进行救治，并将王某带回学校询问。嗣后，张某在医院住院治疗30天，经鉴定为6级伤残，丧失劳动能力50%。

法院经审理认为，被告王某故意伤害原告并造成严重后果，应承担主要责任。原告张某在事发前多次挑衅王某，对伤害事件的发生亦有一定的过错。被告某中学在事件发生后，及时采取了抢救措施，尽到了保护未成年学生人身安全的合理义务，对本次事件没有过错，不应承担民事赔偿责任。遂判决被告王某赔偿原告张某的残疾赔偿金及其他财产损失96902.79元的95%既9.2万余元，其余5%由原告自己承担。被告某中学不承担责任。请结合侵权责任法的相关规定评析法院的裁判理由及结果。

【解析】法院的裁判结果是适当的。在本案中，王某持刀将张某砍成重伤的行为侵害了张某的健康权，王某对该行为具有过错，且因果关系也是显而易见的。所以王某构成过错侵权。同时，由于王某持刀砍伤张某的起因是由于经常受到张某的欺凌，因此张某对自己所受损害也有过错，所以法院在责令王某承担侵权责任的同时适当减轻了王某的责任。最后，由于某中学在事发后，尽到了及时救治王某的义务，对本次事件没有过错，不应承担民事赔偿责任。

【案例二】原告梅林公司所属鱼塘与被告某稀土公司的围墙相邻。被告的废水曾造成鱼塘污染。1992年，该稀土公司废水排放改道后，被告委托环境监测站调查结果表明：鱼塘周围土壤为酸性红壤，在正常值范围。据此，被告拒绝了原告1992年的赔偿要求。于是，原告起诉至法院。审理期间，环境专家论证：环境有一个动态变化的过程，一次测试结果不能说明整个环境现状。经重新鉴定，鱼塘里的多数水都不符合渔业标准。经法院主持调解，由被告承担原告的损失赔偿责任。请分析为什么稀土公司在对鱼塘污染没有过错的情况下还要承担

对梅林公司的损失赔偿责任?

【解析】本案是一起环境污染损害赔偿纠纷,环境污染损害赔偿纠纷是一种特殊的侵权责任,适用无过错责任的归责原则。

【案例三】小牛从甲小学放学回家的路上,将石块扔向路上正常行驶的出租车,致使乘客张某受伤,张某经治疗后脸上仍留下一块大伤疤。出租车为乙公司所有。请分析:

1. 张某是否有权要求乙公司赔偿医药费及精神损害?

2. 张某是否有权要求小牛的监护人赔偿医药费及精神损害?

【解析】

1. 张某无权要求乙公司赔偿医药费及精神损害。出租车在正常行驶,表明出租车司机对受害人的损害并没有过错,因此单位也无须为其承担责任。

2. 张某有权要求小牛的监护人赔偿医药费及精神损害。小牛的过错导致张某的损害,由于小牛是未成年人,所以应该由其监护人承担相应的损害赔偿责任。

【案例四】×年×月×日下午,原告某甲应案外人赵某之邀,自费作为W足球队队员,参加了某市举行的与Z足球队的业余足球比赛。当比赛进行到下半场时,原告某甲、被告某乙为争球在场地内发生腿部碰撞,原告受伤,导致胫骨骨折。法院审理认为,据已查明的事实,双方均无恶意犯规或重大过失等过错行为,根据《侵权责任法》第24条的规定,受害人和行为人对损害的发生均无过错的,可以根据实际情况,由双方分担损失,因此原告与被告某乙应对原告的损失分担责任。请结合所学知识评析法院的做法。

【解析】体育竞赛,特别是有人体之间冲撞接触的、激烈对抗性的足球体育竞赛,在双方比赛中球员间冲撞、抢夺足球的行为是基本的、必要的运动行为,该性质决定了参赛者难以避免地存在潜在的人身危险以及伤害他人的潜在危险。本案中原被告作为成年人,应当预知到这种危险。所以尽管发生了原告身体受伤的损害后果,但是双方对该损害均没有过错。因此,适用《侵权责任法》第24条,由双方分担损失是合理的。

思考题

1. 如何理解归责原则的意义?
2. 如何认识归责原则的体系?
3. 何为过错责任原则? 该原则在侵权责任法中有何意义?
4. 过错责任如何认定?
5. 在过错原则作为一般归责原则的情形下,是否有必要确立无过错责任原则?
6. 无过错责任适用的特殊性体现在哪些方面?
7. 过错推定原则是否是一项独立的归责原则?

8. 过错推定原则适用的特殊性体现在哪些方面?
9. 何为为他人行为之责任? 其产生的原因是什么?
10. 为他人行为之责任的特殊性体现在哪些方面?
11. 何为公平责任?
12. 公平责任中的"公平"是如何体现的?

阅读文献

1. 崔健远:《论归责原则与侵权责任方式的关系》,载《中国法学》2010 年第 2 期。
2. 王利明:《侵权行为法归责原则研究》(修订版),中国政法大学出版社 2003 年版。
3. 朱虎:《过错侵权责任的发生基础》,载《法学家》2011 年第 1 期。
4. 王卫国:《过错责任原则:第三次勃兴》,中国法制出版社 2000 年版。
5. [奥]科赫、考茨欧:《侵权法的统一:严格责任》,管红彦译,法律出版社 2012 年版。
6. 邱聪智:《从侵权行为归责原则之变动论危险责任之构成》,中国人民大学出版社 2006 年版。
7. 王卫国:《试论民事责任的过错推定》,载《法学研究》1982 年第 5 期。
8. 王利明:《论过错推定》,载《政法论坛》1991 年第 5 期。
9. 尹飞:《为他人行为侵权责任之归责基础》,载《法学研究》2009 年第 5 期。
10. 蓝承烈:《论公平责任原则》,载《学习与探索》1987 年第 3 期。
11. 米健:《关于公平归责原则的思考》,载《中外法学》1997 年第 1 期。

第三章　侵权责任的构成要件

本章导语

关于侵权责任构成要件的规范模式,学理和实务中一直存在很大分歧。本章首先对侵权责任构成要件的含义、特征以及规范模式展开介绍,在分析批驳的同时提出笔者的观点;其次对笔者所提出的三大构成要件分别展开讲述。其中,因果关系和过错是本章最为复杂也是极其重要的内容,需要读者重点学习和理解。

第一节　侵权责任构成要件概述

本节提要

本节首先介绍了侵权责任构成要件的含义、特征和种类,使读者对侵权责任构成要件有一个基本的认识;其次,通过介绍侵权责任构成要件的法律意义,突显了侵权责任构成要件的重要性;再次,介绍了一般侵权责任构成要件的各种学说观点,在分析批驳的同时提出笔者的观点;最后,介绍了各要件的互动与侵权构成之动态判断。本节的学习重点在于对侵权责任构成要件的理解和各要件互动的把握。

一、侵权责任构成要件的含义、特征及种类

(一)侵权责任构成要件的含义

人什么时候需要对他人遭受的损害承担赔偿责任?需要满足哪些必要条件?如何判断这些条件是否成立?全部要件的判断顺序是怎样的?这些问题是侵权行为构成要件所要考虑的问题。

所谓侵权行为构成要件，是指侵权行为得以成立的、法定的各种必要条件。笼统地说，侵权行为构成要件也是侵权责任构成要件，即行为人承担侵权责任的要件。本书未加说明时，均在等同意义上使用二者。

（二）侵权责任构成要件的特征

根据上述定义，侵权责任构成要件具有下列特征：

1. 侵权责任构成要件的存在目的是判断侵权行为是否成立。

2. 侵权责任构成要件不是单数的，而是复数的，即有多个要件。

3. 侵权责任各构成要件是必要条件，而非充分条件。换言之，必须全部要件均满足，才能成立侵权行为。

4. 侵权责任各构成要件是法定的，即必须由法律明确规定，而非属于法官自由裁量的范畴。

（三）侵权责任构成要件的种类

侵权责任构成要件按照不同侵权类型所需要件，可以分为核心必备构成要件和可选择构成要件。前者是所有类型侵权责任（过错责任、危险责任、为他人行为之责任）必须具备的必要条件，主要包括损害和因果关系；后者是不同类型侵权中各自须满足的构成要件。具体地说，在过错侵权中，可选择的构成要件是故意或者过失；在危险责任中，可选择的构成要件是异常危险；在为他人行为之责任中，可选择的构成要件包括直接加害人的行为须构成侵权行为；赔偿义务人与直接加害人之间的特殊关系。

二、侵权责任构成要件的法律意义

侵权责任构成要件的首要法律意义在于：就实体法层面而言，它在行为人和受害人之间保持了一个较好的利益平衡。通俗地说，由于侵权责任构成要件的存在，法律基本上做到了不纵不枉——“不放过一个坏人，也不冤枉一个好人”。详言之，一方面，确保使每一个实际导致他人损害并且可归责的行为人承担赔偿责任，从而保障受害人的利益；另一方面，确保每一个不应当对他人损害承担责任的行为人不至于遭受不应有的不利负担，从而保障行为人的利益。侵权责任构成要件之所以具有这样的功能，是因为侵权责任构成要件是在司法实践经过长期积累的基础上，经由法学家的理论化、抽象化、一般化，最终由立法加以确定的。可以说，它是经过不断摸索、总结、再摸索、再总结而得出的，具有相当高的真理性，可以大体上达到不纵不枉的目的。当然，侵权责任构成要件也是不断发展的，特别是当侵权归责原则因应社会生产生活实践而发生变动的时候,侵权行为构成要件也必然随之发展变化。

侵权责任构成要件的第二个法律意义在于:它使侵权纠纷的解决在程序上具有了重大的指引意义,使侵权诉讼程序具有显著的可操作性。诉讼无非是事实问题和法律问题,当事人提出一定主张,然后列出若干证据来证明一定的法律事实,之后再由法官对已确定的事实予以法律适用。当事人需要证明哪些事实,其实可以换成这样的问题:当事人需要证明哪些构成要件。侵权责任构成要件无疑为当事人的诉讼行为提供了关键性的指引。当然,它也为法官的裁判提供了平台和对象。

三、一般侵权构成要件的体系

一般侵权构成要件体系(过错侵权构成要件体系),究竟包括哪些构成要件,我国学者见解不一。有三要件说、四要件说、五要件说、六要件说、七要件说。[1] 后三种实际上是从四要件说细分而来,并加上所谓责任能力或侵权行为能力。由于侵权行为能力可以包含在过错要素中(将在后文予以讨论),因此,主要的争议发生在三要件说和四要件说之间。

所谓三要件说,即主张一般侵权构成要件体系包括损害、因果关系和过错。其主要依据是《民法通则》第106条第2款的规定。赞同三要件说的有王利明教授等学者。[2]

所谓四要件说,即主张一般侵权构成要件体系包括四个要件,如杨立新教授认为四要件分别是违法行为、损害事实、因果关系、主观过错;张新宝教授认为四要件分别是违法性(侵害行为)、损害、因果关系、过错。[3]

由于行为要素可以被因果关系涵盖(因果关系要件就是要判断某个行为或状态与损害之间是否存在因果关系),因而,关键分歧在于违法性是否应当成为构成要件。

张新宝教授认为坚持四要件说的理由在于:德国法渊源的传统、现行法尤其是司法解释的态度、我国民法学界多数人的主张。[4] 杨立新教授对此主张的理由在于"没有违法的要件,则无法确认侵权行为与法律之间的关系,因而使侵权责任无从认定";过错是主观的,而违法性是客观的,过错不能涵盖违法性;省却了违

---

〔1〕 参见王利明:《侵权行为法研究》(上),中国人民大学出版社2004年版,第345~346页。

〔2〕 王利明:《侵权行为法研究》(上),中国人民大学出版社2004年版,第347页。

〔3〕 张新宝:《侵权责任法原理》,中国人民大学出版社2005年版,第50页。

〔4〕 张新宝:《侵权责任法原理》,中国人民大学出版社2005年版,第50页。

法性导致无法处理因果关系这一客观要件；司法解释等现行法有对“违法性”的规定。[5] 笔者将逐一检视这些理由。

1. 德国法渊源的传统。笔者认为，这个理由缺乏说服力。物权行为理论（物权行为独立性和无因性）也是德国法特有的，可我国《物权法》也没有完全接受。我国大体上是德国法传统，但这并不意味着在每一个具体制度上，都要遵循德国法的模式，完全可以借鉴法国法乃至英美法的一些具体规定。同时还要看到，在欧洲侵权法的发展趋势上，违法性要素已经是没落的一个概念。前述《欧洲侵权法原则》和《欧洲非合同责任法》均没有规定这个要素。

2.《民法通则》和司法解释的规定。这方面双方其实各有根据。《民法通则》关于过错责任的一般条款中没有“不法”或“违法”字样，但2016年新修订的《环境保护法》第59条中规定“企业事业单位和其他生产经营者违法排放污染物……”中有违法字样。另外，《名誉权案件司法解答》第7项对侵害名誉权责任应如何认定的答复“是否构成侵害名誉权的责任，应当根据受害人确有名誉被损害的事实、行为人行为违法、违法行为与损害后果之间有因果关系、行为人主观上有过错来认定”中有违法字样。纯粹就立法规定而言，双方谁也不能占到便宜。那怎么看待立法规定呢？只能说有两种可能：一是立法者使用“违法或不法”的字眼并不等同于德国法上所谓的违法性要素，前者是一般术语，后者是专门术语、专有名词；二是立法者（包括司法解释的制定者）和坚持四要件说的学者可能并没有真正搞懂“违法性”或“不法性”在德国侵权法中的体系含义。说得更透一点，德国侵权法上的违法性是专有名词，指的就是满足三个条款[6]的情形——满足即违法，而不是一般意义上“违反法律”之称谓。[7]

3. 我国民法学界多数人的主张。这个理由更加站不住脚。原因有二：一是有没有问卷调查，多大范围内调查；二是即便多数人的主张，也不一定就是真理。至少在这方面，我国侵权法学者中还不存在所谓通说。

4. 没有违法要件，无从确定侵权责任。这种说法与现实相悖。不要说法国法、英美法可以，就连我国法院在侵权诉讼审判中，不依赖违法性要素的判断，也完全可以正确地判断侵权责任的有无。

5. 过错是主观的，违法性是客观的，过错不能涵盖违法性。这一条理由是片

---

〔5〕 杨立新：《侵权法论》，人民法院出版社2004年版，第146页。

〔6〕《德国民法典》第823条第1、2款和第826条。

〔7〕 普通法上虽然也有unlawfulness一词，但它远非一个严格的法律术语，更不是一个侵权构成要件。因此，不要误以为有违法这个表述，就是违法性要件。

面的,原因在于:一是过错有主观过错——故意和重大过失,也有客观过错——过失,并非都是主观的;二是故意或过失(违反注意义务)行为本身就包含了违法(法律明确规定的义务或者法定的注意义务)的意味。过错行为都是客观的,完全可以涵盖违法性。

6. 省却了违法性导致无法处理因果关系这一客观要件。这一点也是说不通的。因果关系是行为或者危险状态与损害之间的因果关系。没有了违法性(违法行为)要素,还可以有过错行为,还可以有危险状态或危险行为。〔8〕

在完成对上述支持方理由的反驳之后,笔者正面提出废除不法性的主要理由,即德国侵权法上的不法性要素纯粹是一个同义反复的术语,缺乏独立的价值。通过判断违法性这个要素,不能带给我们任何与损害、过错、因果关系等要素判断之结果不同的新结论。如果省却了这一判断过程,对侵权成立的判断结果不会产生实质性影响。或许换一种表达可以更明确地表达本书的立场:同时满足了损害、因果关系、过错要件的行为,就构成侵权行为,亦即构成一个违法行为——至少是一个违反侵权法的行为。但很显然,此违法不等于彼违法。

就过错判断而言,在以过失侵权为主的侵权法上,判断行为人有没有违反一般理性人的注意义务,通常是没办法通过判断行为人有没有"违反法律规定"来判断的。如果对违法的判断主要是对违反侵权法的判断,那不是同义反复是什么?其实,判断行为人有没有违反注意义务,有没有违法仅仅是其中的一个考量因素,这样的指标很多时候都是付之阙如的,因而,这个指标不是判断过失的必要因素。总而言之,违法性的判断对于侵权成立的判断不具有独立的意义。

四、各要件的互动与侵权构成之动态判断

侵权责任各要件虽各有内容,但它们不是孤立的存在,相反,它们是相互联系、相互影响的。以下简要分析各要件的相互影响。

1. 损害与因果关系。一方面,损害的判断离不开因果关系。因为损害是一个法律概念,有其特定的含义。例如,从山上滚落的石头砸中了某人,导致重伤。这个重伤是否构成法律上所称的损害,必须要查明这个石头的滚落是由自然力引起的,还是由人为原因造成的。如果是由自然力造成的,那么这里的"损害"

---

〔8〕 杨立新教授认为:"过错行为的主张不能避免另外一个错误,即无过错责任原则归责下,损害与谁构成因果关系?"参见杨立新:《侵权法论》,人民法院出版社2004年版,第150页。笔者的回答是,与损害构成因果关系的是危险状态或危险行为,它们是跟过错行为并列的一个术语。在不要求过错的责任下,指责过错行为这个术语不当显然是没找准攻击对象。

就不是侵权法上的损害,而是生活语言上的损害。另一方面,因果关系的判断离不开损害,因果关系一端连着过错行为或危险行为,另一端连着损害结果,因而判断因果关系必然涉及对损害结果的考察,无损害结果就不存在因果关系。

2. 损害和过错。一方面,损害的认定离不开对过错的分析。典型的例子是工厂因道路施工挖断电缆导致停电所遭受的经济上的损失。这种纯粹经济损失只有在故意或重大过失的情形下才能称为侵权法上的损害。另一方面,过错要素的判断离不开对损害的认定,没有损害,讨论有无过错是没有意义的。

3. 过错和因果关系。一方面,过错的严重程度会在很大程度上左右因果关系的判断。故意和重大过失往往更容易导致对因果关系存在的认定。另一方面,因果关系的判断恰恰要判断过错行为或者过错与损害后果之间的联系。很多时候,行为人虽然也有某种意义的过错,但导致损害的不是该过错,而是其他原因,这就没办法认定因果关系的存在。[9]

按照逻辑关系,侵权责任各构成要件的判断顺序大体上是这样的:第一步,判断是否存在损害;第二步,判断损害后果与行为人的行为是否存在因果关系;第三步,作为原因的行为是否为过错行为(或危险活动)。理论上虽如此,但由于侵权行为各构成要件不是彼此孤立的,因此,侵权构成的判断也不是机械地、一步一步地,而是来回往返地综合考察和判断。

以第一步损害的判断为例,第一步实际上能够做到的是查明某人是否遭受到不利,但并不能终局性地判定是否构成侵权法上的损害,因为其他要素还没有被考察。同样,在第二步因果关系的判断过程中,能够做到的也只是大致上的一种判断,要做精确的判断必须要联系行为人的过错程度来判断。总之,侵权构成的整个判断过程必定要经历数次往返,在各个要件之间穿梭,互相配合,互相支撑,从而得出是否成立侵权的结论。

---

〔9〕 司法实践中,往往有法官不能正确认识过错和因果关系的这种联系,而做出了错误的判断。例如,2008年广州市有这样一个案例:因招待所女厕所人多,广州某医院医护人员罗小姐到男厕所方便,不幸摔成伤残。罗小姐将招待所告上法庭,索赔8万余元。越秀区人民法院对此案做出判决认为:“根据查明的事实,原告罗小姐当时是未经批准擅自进入男厕所的。原告作为成年女性,应当遵守男、女厕所的使用规定,在被告的男、女厕所有明显标识的情况下,原告此行为属明显的自身过错在先,是造成其摔倒的前因。”该法院的上述见解正是没有弄清楚侵权法上所要求的过错是什么样的过错,要求的过错应当是作为因果关系原因的过错(未及时清除男厕地面积水),而不是生活语言中的过错(女性入男厕)。由于入男厕与摔倒受伤并不构成相当因果关系,因而这里的“过错”(不遵守男女厕所的使用规定)并非侵权法上的过错。

第二节 损 害

本节提要

法谚"有损害必有救济"。因此,损害事实是侵权责任必备的构成要件。本节主要介绍了何为损害、损害的特征、其与损失等相关概念的区分以及损害的法律意义和损害的类型。本节的学习重点在于对损害概念和类型的理解。

一、损害的概念、特征以及与相关概念的区分

(一)损害的概念

何谓损害?对此,有如下几种学说:

1. 利益说(差额说)。此学说乃德国学者蒙森(Mommsen)首创。其含义为:损害发生前受害人的总财产价值A,损害后总价值为B,则损害为A-B。这里的A和B都是以受害人为基点(而非以加害人或第三人的眼光)计算的。起初这种差额计算只能用于财产损害,后来也被扩展适用于非财产损害——实质上进行的一种观念上虚拟数值的比较。显然,这种方法的根本特征在于主观性,以及以财产总额为基准来计算。

2. 组织说。此学说由Oertmann、Neuner、Wilburg、Larenz等著名学者提出。他们都把损害分为两类,前一类是所谓的实际损害(realer schaden)、直接损害(unmittelbarer schaden)、法律目的旨在直接避免之损害、客观损害(objektiver schaden)、毁损损害(verlezungserfolge),后一类是所谓的计算之损害(rechnerischen schaden)、[10]间接损害、非属法律目的旨在直接避免之损害、主观损害、非毁损损害。两类损害的差别大体上是:前者是实际发生的,是某一对象遭受剥夺、毁损或被伤害的状态,是相关法律旨在直接防止的。这部分损害具有独立性,应单独计算,而不应纳入受害人总财产中予以比较,它是整个损害中最低限度应赔偿的部分。后一类损害(间接损害)当它大于实际损害时,仍应当赔偿;反之,就内含于

〔10〕 计算之损害,与实际损害相对,指的是整个损害中扣除实际损害的那部分。当然,有些场合下,这部分损害并不存在,实际损害就等于全部损害。按照组织说的观点,计算之损害的估算方法仍然借助于差额说,这也是计算之损害这个名称的由来。

实际损害中,不再单独计算。显然,其本质特征在于其客观性,以直接受损害之对象价值(非受害人的总财产)为基准来计算。

3. 规范说。针对差额说的弊病,德国学者提出了"规范的损害概念"(normativer schadenbegriff),其要旨为:损害不是一个单纯的事实概念,而是一个规范的概念,损害的认定也并不单纯是一个事实的认定和计算问题,而是规范评价所得之结果。损害赔偿的目的不仅在于填补损害,更在于保护权利。因此,只要受害人受法律保护的权利或利益地位受到侵害(法律保护地位说)或因损害事故产生了利益状态的差异(事实状态比较说),原则上就构成损害,至于差额是否存在,则在所不问。规范说的特色在于指出了损害概念的规范性,并经由与差额说的结合,构成了所谓的"双重的损害概念"(dualistscher scha - densbegriff)。

笔者认为,单纯的利益说(差额说)将损害这个法律概念等同于事实概念,显然不当。组织说在面临某一类损害(针对受害人整体财产利益或纯粹经济利益的侵害)时貌似无法直接适用,即适用场合有限。规范说实际上是对利益说的完善和整合,具有可适用性,不过在对损害的细化方面显然不如组织说。

笔者认为,所谓侵权法上的损害,又称损害后果,是指民事主体的权利或受法律保护之利益因受他人侵害而发生的法律上的不利后果。

(二)损害的特征

依据上述定义,损害具有如下特征:

1. 不利益性。损害首先是一种不利后果。这种不利外延很广泛,包括人身和财产完整以及纯粹的人格利益和经济利益遭到破坏或贬损。

2. 法律性、规范性。损害不是一个生活概念,而是一个法律概念。损害不仅是事实问题,更是法律问题。归根结底,它是法律对自然事态的一种规范性评价。

3. 涉他性。损害不是自己一个人遭受天灾而受到的损失,它必定是与他人的侵害行为相关。当然,这也意味着,损害的判定离不开因果关系的判定,它要求确认不利后果的产生原因。

4. 可救济性。侵权法原则上保护权利,例外情形下也保护利益。这意味着,只有在权利和受保护利益遭受不利后果时,法律才提供救济;非属于法律保护的利益遭受不利时,法律不提供救济。要成立损害,必须是法律保护的亦即可提供救济的权利和利益遭受不利。

(三)损害与相关概念的区分

1. 损害与侵害。损害与侵害既有联系,又有不同。这种差别存在历史之悠久,可以在拉丁语中获得明证。"damnum"表示"损害","iniuria"表示"侵害";"damnum absque/sine iniuria"意指"无法律侵害之损害",而"injuria absque/sine damno"则意指"无实际损害的侵害行为"。这种对比往往有两层含义:(1)iniuria是行为,damnum是后果;(2)iniuria是法律上的不法侵害行为,法律色彩浓厚,而damnum偏向于中性的客观事态描述。

在如今的大陆法系,所谓侵害是指对权利(法益)的侵犯(行为);而损害是侵犯权利而产生的后果。因此,可以简单地将它们理解成行为与后果的关系。当然,由于行为和行为之后果二者有时候存在难以区分的情形,[11]因而,侵害与损害有时候也能合二为一,出现二者混用的情形。

在英美法上,向来也存在injury与damage的区分,前者一般翻译为侵害,后者一般翻译为损害。英美法上还有所谓本身可诉的侵权行为,这类侵权诉因无须原告证明其存在实际损害(actual damage),只要证明被告从事了某种特定的侵权行为即可;本身可诉的侵权主要是各类侵害或侵入(trespass)以及侵扰侵权等。

综上,一般而言,侵害仅是指对权利或利益带来不利的行为本身,损害则是这种原因行为自然呈现的结果状态。不过,某些场合下,侵害本身也可以被视为损害。

2. 损害与损失(loss)。一方面,"损失"这个词一般用于财产性损害方面,指的是同一时间内受益小于支出的一种事态。而损害不仅包括财产性损害,还包括非财产性损害。因此,从这个意义上说,损害要比损失的外延大。另一方面,损失这个词相对于损害而言,更多的是一种事实描述,而不像损害那样为一个法律概念,因而存在大量的"非损害的损失"(如大多数场合下的纯粹经济损失),这部分损失是无法援用侵权法获得救济的。因此,从这个角度来说,损失的外延要比损害的外延大很多。简言之,损害和损失这两个概念犹如两个相交的圆,存在小部分的重叠,但各有自己独特的组成部分。

二、损害的法律意义和定位

侵权法上的损害在侵权行为成立的判定和侵权责任范围的界定上具有重要

---

[11] 史特司(W. T. Stace)曾精辟地指出:"严格来讲,区分行为本身与结果根本是不可能的。然而,在日常会话中我们的确作这样的区分,而且这样做也并非毫无理由。因为这种区分是一种实用的方便做法——尽管它在理论上站不住脚。在这个区分中,我们或多或少以某种任意的方式,在连续性的事件当中画一条线,然后称线的这边为'行为',线的那边为'结果'。切割点则由语言习惯及实用的方便所决定。"参见W. T. Stace, The Concept of Morals, Gloucester(Mass.), 1975, pp. 118–119。

意义。

1. 损害是侵权行为是否成立的首要考察因素。没有损害，就不构成侵权行为，同时，“无损害则无救济”，亦即不会产生侵权责任。之所以如此，是因为侵权法的首要目的和功能在于补偿受害人的实际损害，如果没有损害，当然就谈不上侵权行为和侵权责任。在这里，应注意区分损害和危险。我国《物权法》《民法通则》也规定了诸如“排除妨害”“消除危险”等民事责任形式，但这些责任形式实际上并非针对已经发生的损害，而是一种预防性行为，即对于即将现实可能发生的损害予以避免。但无论如何，这些责任形式所针对的不能说是侵权行为。

2. 损害是确定责任方式和赔偿范围的关键因素。一方面，不同的损害决定了侵权责任方式可能不同，如财产损害，可能要恢复原状，可能是损害赔偿；而非财产性损害主要是损害赔偿，也可能是赔礼道歉、恢复名誉、消除影响等。另一方面，损害的范围决定了赔偿额的大小。对于侵权损害赔偿，各国理论上均实行所谓的全部赔偿的原则，即有多少损害，就给予多少赔偿。因此，损害范围的明确对于确定判决中的赔偿额具有决定性的意义。

无论是侵权行为是否成立，还是侵权责任范围的确定，从某个意义上说，都是限制侵权损害赔偿责任的第一道“闸门”。只有过了这一道闸门，侵权责任的追索和确定之路才可以继续向前伸展。由于这一道闸门的存在，现实生活中许许多多的“损失”或“不适”被排除在侵权救济的范围之外。

三、损害的类型

（一）财产性损害与非财产性损害

依据能否通过金钱直接加以衡量，损害可以分为财产性损害和非财产性损害。所谓财产性损害（vermoegensschaden；pecuniary damage），又称物质性损害（material damage），是指受害人财产上所发生的一切不利变动。例如，汽车玻璃被他人砸碎；被他人殴打致伤后去医院治疗所花去的费用。所谓非财产性损害（nichtvermoegensschaden；non－pecuniary damage），又称非物质性损害（immaterial damage），是指并不导致受害人财产发生减少的损害，主要指生理上和心理上的不适与痛苦。例如，被他人推倒后导致骨折所产生的肉体上的痛苦；隐私遭到非法披露后精神上产生的苦闷和痛苦。在身体或健康遭受侵害时，往往既有财产性损害，又有非财产性损害。

区分财产性损害和非财产性损害的实益主要在于：二者的可赔偿性、赔偿计算标准和具体责任方式存在差异。

1. 二者的可赔偿性不同。各国法律对于非财产性损害的赔偿大都持谨慎态度，即只有在法律有明文规定的场合下，受害人才可以主张此类损害的赔偿；而财产性损害，一般都可以赔偿。

2. 二者的计算方式不同。财产性损害一般都有直接的费用支出数据，因而赔偿额的计算并不困难；而非财产性损害并不会带来财产价值的减少，因而其计算缺乏确定的标准，一般需要求助于行为人的主观过错程度、受害人痛苦的大小（尽量设身处地地想象）等因素。

3. 二者的具体责任方式不尽相同。财产性损害的责任方式主要是恢复原状（狭义）和金钱赔偿；非财产性损害的责任方式主要是金钱赔偿，还可能是赔礼道歉、恢复名誉、消除影响等。[12]

（二）直接损害与间接损害

依据损害是否直接存在于受损的对象上，可以将损害分为直接损害与间接损害。如前所述，这种分类实际上源于“组织说”。所谓直接损害，又称具体损害、有形损害，是指人身或财产本身受到侵害行为的直接作用所产生并存在的损害。如车子被砸毁、脚部受到踩踏致伤，这些损害是侵害行为直接作用造成的，是具体的、有形的。所谓间接损害，是指作为直接损害的自然后果而进一步产生的后续损害，它是间接的、概括的、无形的。例如，某甲的工作用车被毁，另行租车所花的费用。此外，间接损害还可以进一步区分为“寄生损失、附带损失”（parasitic loss）和纯粹经济损失（pure economic loss），前者总是与直接损害相伴而生，后者则是单独出现。

区分直接损害与间接损害的主要实益在于：

1. 责任成立因果关系上的不同。在判断责任成立因果关系时，只考虑行为人的行为与直接损害之间的联系。如果二者存在联系，则因果关系的要件即获得满足。此阶段，不需要考虑行为与间接损害之间的关系。

2. 责任范围因果关系上的不同。判断行为人在多大范围内对受害人承担赔偿责任时，必须考虑行为人的行为是哪些损害的原因。就直接损害而言，这种责任范围的因果关系判断一般不受假设因果关系的影响；就间接损害而言，则受影响。例如，庄稼地先遭火烧毁后又被洪水淹没，庄稼本身的价值属于直接损害，因

---

〔12〕 有学者认为，非财产性损害赔偿只能采取金钱赔偿的方式。参见程啸：《侵权行为法总论》，中国人民大学出版社 2008 年版，第 247 页。该表述显然值得商榷。非财产性损害并非只能诉诸金钱赔偿，有时候登报赔礼道歉等方式更能够安抚受害人。

而不管乙的庄稼是否能够顺利地获得丰收,甲都要为自己过失烧毁庄稼行为负责;但假设被烧毁的不是庄稼地,而是商店,则商店被毁后,乙原本可以通过商店所得营利的损失(间接损害)则不能要求甲赔偿,因为,若没有甲的过失行为,洪水也会将乙的商店冲毁,结果还是一样。为什么两种损害会有不同待遇呢?我们认为,归根结底,还是取决于法律旨在直接防止和避免的侵害行为。在过失烧毁他人的庄稼地或商店中,这种损害是侵权法首要予以直接防止和避免的,其保护等级相对要高得多,这种保护不因外力对受害人总财产额的同等不利影响而发生动摇。

3. 赔偿标准的客观性不同。直接损害或者物件损害的赔偿,基本上是客观化的评估赔偿,即立足于一般理性人的角度或依物的市场价值来确定赔偿额;间接损害,则往往要考虑受害人的实际情况加以确定。这也是"组织说"的固有内容:直接损害之外的损害按照"利益差额说"来计算,而差额说很大程度上主观色彩浓厚。

(三)本人损害(固有损害)与反射损害

依据受损害的主体是直接遭受行为人侵害行为作用的人还是间接遭受行为人侵害行为作用的人,损害可以分为本人损害与反射损害。典型的例子如妻子亲眼目睹丈夫遭受车祸重伤而深受刺激病倒。在这里,丈夫遭受的是本人损害(固有损害),妻子遭受的是反射损害。本人损害与反射损害这一对概念的区分与前述直接损害与间接损害的区分有交叉之处:本人损害大部分都属于直接损害,直接损害基本上全都属于本人损害。但它们还是有区别的,本人损害和反射损害主要是从受损害的主体上来区分的,而直接损害和间接损害主要是从受损害的对象上来区分的。在只有纯粹经济损失的场合下,本人损害并不属于直接损害。同时,反射损害必定涉及两个或两个以上的受害人,直接损害和间接损害往往是同一个受害人。

区分本人损害和反射损害的实益主要在于可赔偿性不同。本人损害一般均可获赔,而反射损害的赔偿有严格限制。例如,在英美法上,心理震惊(shock)损害的索赔,通常必须要证明行为人存在故意或轻率的心态,而且这种反射损害必须较为严重。

(四)积极损害(所受损害)与消极损害(所失利益)

依据损害所导致财产减少的具体变动方式,可以将财产性损害分为积极损害(所受损害)和消极损害(所失利益)。前者是指财产不该减少之处发生减少,如笔记本电脑被人为地摔坏;后者是指该增加之处没有增加,如即将生产的母牛被机动车撞死，这里即将出生的小牛就属于所失利益。

区分积极损害和消极损害的实益在于：

1. 证明上的不同。所失利益本质上是一种可期待利益，因而对它的证明不可能做到必定无疑的程度，而所受损害是现有财产价值的贬损，更容易证明，因而对受害人的要求相对较高。

2. 有些国家立法明确限定所失利益的赔偿条件。例如，《奥地利民法典》第1324条规定，在过失侵权中，侵权人只需要赔偿实际损害，而在故意侵权中，侵权人需要赔偿全部损害，包括所失利益。

（五）生理痛苦之损害与精神痛苦之损害

依据损害的具体表现形式，非财产性损害可以分为生理痛苦之损害和精神痛苦之损害。前者主要是指身体、健康或自由受到侵害而产生的一种肉体上的痛苦或不适。如某甲打破了某乙的头，某乙去医院缝了几针，这就是肉体上的痛苦。后者是指人格利益或身份利益受到侵害而产生的痛苦或不适。例如，名誉受到损害而痛苦（人格权受侵害），或者是父母看到孩子因被他人殴打受伤而痛苦（身份权受侵害）。一般说来，有生理上的痛苦也会伴随精神上痛苦，反之则不然。

这种区分的实益在于细化非财产性损害，厘清非财产性损害与精神损害之间的关系，增进对非财产性损害赔偿的理解和认识。

第三节　因果关系

本节提要

因果关系是侵权责任法中最为抽象的问题，同时由于侵权案件的复杂性，导致因果关系的判断成为实务中最为困扰法律工作者的问题。本节主要通过介绍因果关系的含义、特征、意义、两对基本范畴以及判断方法，为读者学习侵权责任法和处理实务问题提供帮助。

一、因果关系的含义、特征及意义

（一）因果关系的含义与特征

侵权法上的因果关系，是指侵权法所规定的并构成侵权责任要件的行为或危险状态与侵害或损害之间具有的原因、结果关系。换言之,行为或危险状态是原因,损害是后果。

据此,侵权法上的因果关系有如下特征:

1. 它是一种原因—结果关系。这是其客观性、技术性的基本要求。

2. 它是行为或危险状态与侵害或损害之间的一种因果关系。

3. 它是侵权责任的构成要件之一。

4. 它是侵权法上的因果关系,不是生活观念中的因果关系,也不是哲学上的因果关系。这是其规范性的本质特征。

与法律层面的因果关系相对,还有生活观念中的因果关系和哲学及宗教上的因果关系。生活观念中的因果关系具有朴素性、直观性,同时也具有欠准确性和欠规范性的特征。〔13〕 哲学与宗教上的因果关系旨在寻求或者解释无限联系的事物内在本质规律性。例如,佛教就有一整套的因果观念。所谓种瓜得瓜,种豆得豆;善有善报,恶有恶报,就是佛教"业报轮回"思想最简明的表达。侵权法上的因果关系既不是生活观念中的因果关系,也不是哲学宗教上的因果关系。它兼具科学性(事实)和规范性(价值)的特征。

(二)因果关系的法律意义

因果关系的法律意义主要体现于两点,即侵权行为成立的判断与侵权责任范围的确定。侵权法最主要的任务是判断侵权是否成立以及侵权责任的范围有多大。因果关系在这两个问题上都具有不可替代的重要作用,主要表现在以下几个方面:

(1)因果关系是侵权行为成立的构成要件。通过因果关系的判断,一方面,可以确定侵权行为的成立;另一方面,也排除了行为人构成侵权的可能。在这个意义上,因果关系是继损害要件之后,侵权责任的第二个闸门。

(2)因果关系是侵权责任范围大小确定的关键因素。在判断行为人存在侵权行为后,要确定受害人在多大范围内的损害要由行为人承担。现实的损害五花八门,形态各异,或许行为人只是开了个头,却引出了形形色色的甚至意想不到的损害,这些损害都要由行为人来承担,可能与公平观念不合。因此,要认真判断行为

---

〔13〕 哈特和郝诺里非常推崇生活观念中的因果关系。他们认为,侵权法意义上因果关系的判断要向人们的常识靠拢,决定性的判断标准并非由法律创造,而要在法律之外才能发现,它存在于普通人所积累的一般性观念之中。普通人的因果观念在法院思考所遇到的问题,以及寻找类似概念时,起着一种基本参照语的作用。参见 Hart, Honoré, *Causation in the Law*, 2nd ed., Oxford: Clarendon Press, 1985, pp. 1, 91。

人的行为究竟与哪些损害之间存在因果关系，从而为侵权人责任份额的最终确定提供法律依据。

二、因果关系的两对基本范畴

（一）事实因果关系和法律因果关系

事实因果关系和法律因果关系（近因）的划分，是普通法的传统。在普通法中，认定侵权责任法上的因果关系时分如下两步进行：第一步，判断行为人的行为（作为或不作为）在事实上是否构成损害结果的原因，亦即是否属于导致受害人损害发生之事件（events）之一；[14]第二步，对行为人的行为是否成为受害人所遭受损害的法律上的原因进行裁断。在这样二分的判断过程中，如果第一步得出的结论是否定的，则案件到此终结，原告依据侵权法将得不到救济；如果第一步得出的结论是肯定的，则再进行第二步判断。为什么要有近因（proximate cause）的判断呢？因为任何被告都不应该对其侵权行为所造成的一切结果——无论该损害结果在时间上距离被告的行为多么遥远，无论该损害结果与被告行为之间的因果联系多么间接——无止境地（ad infinitum）承担责任，否则，人类的活动将不合理地受到阻碍。[15]

在普通法上，事实因果关系的判断主要依靠“若非则”测试标准（but for test），实际上亦即必要条件说。法律因果关系判断的方法主要有直接结果理论[16]和可预见性理论。

英美法将因果关系划分为事实上原因和法律上原因还与它们的诉讼传统有关。陪审团一般裁断事实问题［故常被称作事实的发现者（finder of fact）］，法官一般审理法律问题。因此，这种划分有利于各司其职。这种划分还隐含了这样一个判断：事实上原因属于自然科学性的、技术性的，法律上原因属于法律政策的规范考量。其实，这种见解只能算大体正确，因为事实上原因之判断的基本方法“条件关系测试”并非纯然的技术性判断，其中仍有一定程度的规范性判断，而所谓法律因果关系判断中仍不乏客观化、科学性的因素存在。如大陆法系的相当性判断方法，就是以一定概率上的统计为原始基础的，而英美法上的可预见性标准也有

---

〔14〕 Rogers, Winfield & Jolowicz on Tort, 16th ed., London, 2002, p. 210.

〔15〕 Rogers, Winfield & Jolowicz on Tort, 16th ed., London, 2002, p. 223.

〔16〕 直接结果理论主张，侵权人应该为其侵害行为所造成的直接损害结果承担法律责任，无论该结果对侵权人而言是否具有可预见性，该侵害行为均成为损害结果发生之法律上原因。所谓直接原因与直接结果并非是指时空上远近，而是指在两者之间的因果运动中不存在其他介入因素。

客观化(一般理性人的视角)的趋势,因此,法律因果关系也不全然是规范性判断。综上,事实因果关系和法律因果关系二分的思考逻辑固然有很大的借鉴价值,但其概念却有欠精准。因此,本书主要选择责任成立因果关系和责任范围因果关系这样一对范畴展开论述。

(二)责任成立因果关系和责任范围因果关系

德国法上将因果关系区分为责任成立的因果关系和责任范围的因果关系。所谓责任成立的因果关系,是指可归责的行为与权利受侵害(或保护性法律被违反)之间具有因果关系;简言之,它是加害行为与侵害之间的因果关系。所谓责任范围的因果关系,是指权利被侵害与具体的损害后果之间是否存在因果关系,它是侵害与损害之间的因果关系。以甲披露乙影星私生活性质的不雅照片为例,甲的披露行为与乙的隐私权受到侵害之间是否有因果关系,这是责任成立因果关系的范畴;乙的隐私权受到侵害与乙不得不中断工作、避至海外从而收入显著下降之间有无因果关系,这属于责任范围因果关系的问题。显然,这种区分跟德国法严格区分侵害和损害有关系。如前所述,当行为与行为结果之间难以区分的时候,即侵害与损害合二为一的时候,责任成立因果关系和责任范围因果关系也就属于同一判断过程了。

究其实质来说,责任成立因果关系侧重于协调行为自由与法益(权利)保护之间的平衡。而责任范围因果关系侧重于解决在确定要负责任的侵权人与受害人之间损害究竟如何分配,亦即损害赔偿的边界问题。正因为责任范围因果关系具有这样一个特征,因而,有的国家认为这样一个有关限定责任范围的法律技术设计并非因果关系,而纯粹是政策考量的问题。不过,以什么名义并不重要,这两种看法的本质差异是非常有限的。

在责任成立因果关系上,一般要分两个阶段加以认定,即"先肯定条件关系,再判断其相当性"。〔17〕而在责任范围因果关系上,则需要考虑多重因素,既有相当性的判断,也可能有法规目的的探查,还可能有可预见性等其他因素的考量(其内容后详述)。

责任成立因果关系和责任范围因果关系的二分理论在日本〔18〕和我国台湾地区〔19〕也具有通说的地位。

---

〔17〕　王泽鉴:《侵权行为法》,中国政法大学出版社2001年版,第206页。

〔18〕　于敏:《日本侵权行为法》,法律出版社2006年版,第182页。

〔19〕　王泽鉴:《侵权行为法》,中国政法大学出版社2001年版,第187页。

(三)两对范畴的简单比较

对于这两对范畴,我国有学者认为它们实质上是一样的,“即便是作为大陆法系的德国也是承认事实因果关系与法律因果关系之区分的。无非在德国,‘事实因果关系’被称为‘责任成立的因果关系’,而‘法律因果关系’被称为‘责任范围的因果关系’”。[20] 这种说法值得商榷。笔者认为,这两对范畴有相似的地方,但也存在重大不同。相似的地方在于:在事实因果关系和责任成立因果关系方面,都会运用到“条件关系”测试标准;在法律因果关系和责任范围因果关系上,都会侧重于法律政策或价值的考量。它们不同的地方在于:

1. 区分的深层原因不同。事实因果关系和法律因果关系的区分着眼于事实问题和法律问题的区分;责任成立因果关系与责任范围因果关系的区分着眼于侵权责任之规范性判断结构的细化。英美法上之所以如此强调事实问题和法律问题的区分,与它们独特的审判机制即陪审团制度有关;事实问题原则上由陪审团审理,法律问题由法官审理,而因果关系中的确有侧重于客观性的事实因果关系和侧重于法律政策判断的法律因果关系。因此可以说,英美法上因果关系的二分法适合普通法审判机制的需要,是一种传统的力量作用的结果。相反,德国法对因果关系的区分并非着眼于事实问题和法律问题的区分,也不存在迎合陪审团制度的需要,它们的区分完全是侵权责任判断的结构性需要,是法益侵害与实际损害二者区分在因果关系领域的必然体现。应当说,它们的区分也是其独特传统(独特的判断结构)的力量所致。

2. 责任成立因果关系与事实因果关系的内容和功能不同。前者旨在判定行为与损害之间是否满足因果关系的成立要件,其判断包含条件说测试和相当性测试两部分,既有事实因果关系(客观性)的判断,也有法律因果关系(规范性)的判断。事实因果关系旨在判定行为与损害之间是否具有客观性的因果联系,只有条件说测试系单纯的事实判断。

3. 责任范围因果关系与法律因果关系的内容和功能不同。前者旨在确定责任范围,其中既有偏向于客观性的判断(相当性判断),也有纯然的价值考量(法规目的说);后者虽然也解决责任范围的问题,但同时也判定侵权行为在法律上(因果关系领域)是否成立,其内容在英美法学者看来是纯粹的法律政策考量。简言之,在英美法中,法律因果关系不成立,行为人就根本不是侵权人;在德国法中,责任范围因果关系不能确定的话,行为人的责任范围无从确定,但责任成立因果关

---

〔20〕 程啸:《侵权行为法总论》,中国人民大学出版社2008年版,第263页。

系(以及其他构成要件)满足的话,可以断定他仍然是侵权人。

综上,这两对范畴在区分原因、立足视角、功能和内容上是有本质差异的。因而,这两类区分实有必要。

三、责任成立因果关系判断:条件说及其修正

(一)条件说的基本含义和判断方法

条件说(bedingungstheorie),即必要条件学说,其含义是当某项行为构成损害结果之必要条件时,该行为被称作损害的原因。该学说在英美法上常用"若非则(不会)标准"(but for test)来检测,故有时也被称作"若非则(不会)"理论,其意思是:若无被告之行为(作为或不作为),则损害将不会发生,那么,该行为为损害之原因。反之,若无被告之行为,损害仍会发生,则被告之行为非损害之原因。举例来说,某甲受邀驱车赴友人酒宴,大醉后驾车而回,不料发生追尾,致他人重伤。此例中,条件说的运用如下:若非酒醉后驾车,则这次事故亦即损害原本不会发生;那么,酒后驾车就构成事故损害的必要条件,因此,酒后驾车这种行为即为事故损害的原因。设若某甲酒后驾车,正常行驶中,被他人不当超车而发生碰撞事故,双方均受伤。在这种情境下,条件说的运用如下:若非某甲酒后驾车,则此次事故损害仍然会发生;因而,酒后驾车的行为并非事故损害的必要条件,亦即前者并非后者的原因。

条件说的具体运用方法有两种:剔除法和替代法。剔除法的进路是:假定没有侵权人之行为,设想事件的结局是否有变化。如果(在观念上)"剔除"侵权人之行为,并不会影响事件的发生方式和发展序列,则侵权人之行为与损害结果不存在因果关系——有它无它都一样。如果剔除侵权人行为后,事件的结果和发展变化与现实情况有质的不同,则该行为构成损害结果的原因。以上述酒后驾车为例,剔除了醉酒这个因素,如果事故原本不会发生(第一种场景),则醉酒而驾车和事故损害之间就成立因果关系;倘若剔除了醉酒这个因素后,事件的发生发展仍然没有受到影响——因他人的不当超车而发生事故(第二种场景),则二者之间不存在因果关系。剔除法对于作为具有普遍的可适用性,不过对于不作为则不方便适用,因为剔除不作为,这样的想法不够直观。于是,就有了第二种方法:替代法。

替代法能够很好地适用于不作为。替代法的进路是:假定以一个积极的应有作为来替换侵权人之不作为,然后判断事物的发展进程是否会有质的不同。如果替换后,事物的发展变化没有什么不同,则行为人的不作为不构成损害结果的原因;如果事物的发展有了本质的不同,则该不作为构成损害结果的原因。本质上

说,剔除法也是替代法的一种,即以不作为替代作为。

举例来说,某村民承包了一块土地用作鱼塘,但他并未在鱼塘周围设置任何围护装置,也没有设立任何警示标志;后来,有三名中学生认为水不会很深,就下水游泳,不幸发生意外,其中一名学生溺水身亡。此案中,行为人属于典型的不作为,可运用替代法如下:假定该村民设置了围栏,并且设立了警示标志,则该不幸事故很可能就不会发生——这三名学生如果了解到鱼塘的水很深,就不会下水游泳;因此,替代后,事物的发展进程会发生重大变化,村民的上述不作为构成事故损害的原因。

(二)条件说的修正

条件说在一个行为和一个结果之间的判断上不存在问题,但在复数行为和结果之间的判断上就存在重大不足了。因此,条件说本身也在不断被修正和完善。以下分别论述几类特殊场合下条件说的修正。

1. 并存之原因(concurrent causes)。所谓并存的原因,是指如果存在多个行为,而其中每一行为单独地都足以同时引起损害,并且事实上每个行为都引发了同一个损害。这种情况下,如果运用标准的条件说,就无法得出正确的结论。举例来说,甲、乙、丙三个人同时向丁开枪射击,分别击中头部、颈部和心脏部位,三枪均为致命伤害。此时,运用标准条件说结果是这样的:对于甲行为来说,若非甲的行为,则同一损害结果(丁的死亡)仍然会发生(事件的发展进程不会有什么不同),因而,甲的行为不是丁死亡的必要条件,亦即不是其原因。同理可得,乙、丙的行为也不是丁死亡的原因。这样的结论是没办法让人接受的。对于并存之原因的情形,法律特别规定,每个行为人的行为都是损害的原因。可见,并存的原因是条件说的例外。[21]

2. 择一的原因(alternative causes)。所谓可选择的原因,意指两种场合:(1)有多个行为存在,其中每一行为单独地都足以引起全部损害,但不清楚事实上是哪一个行为引起了损害;(2)有多个行为存在,同时有多个损害存在,但不清楚哪一个行为对应哪一个损害。这两种情形下,行为总体与损害总体其实都构成条件关系(这是必然的),但是,具体到每一个行为或损害,运用条件说将会遇到不可克服的障碍。

---

〔21〕 并存的原因与所谓的共同的原因(combined cause)不同。后者中,每一个行为单独地都不足以造成实际发生的那种损害,必须结合起来共同作用才能发生那种损害。后者不是条件说的例外,标准的条件说判断规则完全可以照常适用。

先看第一种场合。假定甲、乙、丙三人同时开枪射击丁,结果有一颗子弹射中丁的头部,并导致其死亡。运用条件说,结果是这样的:对于甲行为而言,倘若没有甲的行为,则乙或丙都可能令丁死亡,因而甲的行为并非丁死亡的必要条件,亦即并非其原因。同理可得,乙、丙的行为也不是丁死亡的原因。这样的结果也是让人无法接受的。对于这类可选择的原因致害场合,法律一般会特别规定,各行为人要么承担连带责任,要么根据每个行为引起受害人损害的可能性来认定各自的原因力大小。共同危险行为场合即属于典型的择一原因情形。

再看第二种场合。甲、乙、丙三家公司生产同一种婴幼儿奶粉,各自奶粉的配料完全一致,并且都含有同一种慢性有毒物质,导致1000名消费者不同程度地受到损害,但由于时间久远,这些消费者无法证明他们到底是购买了哪一家公司生产的奶粉。这种情形下,运用条件说也无法得出满意结论:剔除了其中某一家公司的行为,还有其他两家公司的行为同样可能导致消费者损害。对此,法律可以根据每个行为因其受害人损害的可能性来认定各自的原因力大小,这里最简便并且可能最客观的方法是根据三家公司的市场占有份额比例来确定致损的可能性,亦即以此来确定各自的原因力大小。

3. 潜在的原因(potential causes)。假定某个行为稍早前导致了某个损害,之后,第二个行为再次作用于受害人,并且若没有第一个行为,第二个行为原本也足以造成与之前损害相同的损害;其中,第二个行为被称作损害之潜在的原因,也被称作假设的原因(hypothetischer ursachenzusammenhang)或修补因果关系(ueberholende kausalitaet)。例如,甲与乙的汽车相撞,乙汽车全损,几分钟之后丙车撞进乙车的残余物。若不是乙车已经丧失了其价值,第二个事故同样会造成乙车全毁。根据条件说,若没有第一个行为,损害同样会因为第二个行为而发生,因而,第一个行为不是损害的必要条件和原因。这样的结论与我们的直觉以及正义观念不符。因此,法律一般会对此种场合下的条件说运用做出修正,即规定如果某一行为明确地且不可避免地使受害人遭受损害时,其后发生的另一行为即使可单独引起同样的损害,也不予考虑,即潜在的原因不影响条件说的判断。

这种潜在的原因不过是前述"并存的原因"的一种变形,在并存原因的场合,各自均足以单独致害的行为是同时发生、同时致害,而在潜在的原因场合,各自均足以单独致害的行为是先后发生、先后致害(后一行为致害是设想中的情景)。正因为发生的次序不同,对它们的处理也不同。在并存原因的场合,每个具体行为都构成损害的条件和原因;而在潜在原因的场合,对前一行为进行条件说测试时,潜在的原因不被考虑,其结果是:只有前一行为被认为是损害的原因,而潜在的原因不被认为是损害的原因。

当然,如果后一行为导致了前一种损害的加重或扩大,则根据条件说,后一行为当然要对加重或扩大的损害单独承担责任。

4. 不确定部分的因果关系(uncertain partial causation)。不确定部分的因果关系是指这样一种情形:有多个行为,没有一个行为足以造成全部损害,但不清楚每个行为到底对应于哪一部分的损害。与可选择的原因相同的是:行为与损害的对应关系不明朗。二者的不同之处在于:在不确定部分的因果关系场合,每一个行为都不足以或者被证明不可能单独引发全部损害。

这种情况下,条件说的运用也存在障碍。因为若没有其中某一项行为,其他行为的综合作用也完全可以导致整个损害,因此,按照条件说,任何一个单个的行为,都不是整个损害的必要条件和原因。为了克服这种情况,法律需要对条件说做出修正,即法律一般会特别规定:这些行为被推定在相同比例的程度上构成损害的原因。

如前所述,在相当因果关系理论看来,相当性的判断在责任成立因果关系和责任范围因果关系中皆可适用。因此,基于体例上的考虑,本书将其置于责任成立因果关系和责任范围因果关系两部分之间。

相当因果关系理论(adaequanztheorie)是德国弗莱堡大学生理学家 Johamn Von Kries 教授于 1888 年在其著作《概率测算原理:论客观可能性之概念》一书中创设的,其理论基础是数学上的可能性理论与社会学上的统计分析方法。他认为,如果行为人的行为极大地增加了事件客观上发生的可能性,则该行为被视为损害的充分原因。该理论经过德国联邦法院的阐述,其内涵完善为:在一般情形之下,即并非仅在极其特殊、几乎不可能发生的情形下——因而按照事物发展的正常进程(nach dem regelmaessigen laufe der dinge)无须考虑这种特殊情形,行为足以发生某种损害时,该行为与损害之间具有相当性。例如,某甲爬上山后在林中空地上休息,吸完烟后将烟头丢在草地上,突然一阵罕见的狂风,将烟头吹至枯草上并使之燃烧。此例中,若无那种罕见的狂风,则空地上烟头通常不会导致火灾,但由于那天极其异常的天气,导致火灾还是发生了。按照事物发展的正常进程:将烟头扔在空地上,即便有一般的大风,也不会引发火灾。因而,此例中行为人的行为与损害之间没有相当性关系。

一般认为,相当因果关系理论包括两个阶段的判断:条件说判断和相当性判断。相当性判断实际上是为补充条件说判断的不足而存在的。

如前所述,条件说实际上是必要条件说,满足条件说的判断,只能表明行为是损害的必要条件。但我们知道,一个损害的发生往往不是一个必要条件,而是多个必要条件起作用的结果。是不是每个必要条件都要被视为损害的原因呢?按照条件说,回答是肯定的。举例来说,机动车所有人由于疏忽忘了锁好车,他人因此偷取了该机动车,并疯狂飙车引发交通事故致人损伤。按照条件说,机动车所有人的这种疏忽行为,也是事故发生的原因之一。这样一来,条件说的适用范围就极其宽泛了,但在实践中,它的实际用处很有限,因为它会将那些与损害极其遥远的行为也看作损害的原因。

这就需要进一步在必要条件中寻找那些能起到至关重要作用的条件作为损害发生的根本原因。相当性判断实际上就是在进行相当条件(或者说充分条件)的判断。

经过学说和司法实务的不断完善,如今,相当性的判断主要考虑两点:(1)统计上概率或者说人们一般经验认识中的事故发生率;(2)行为人的实际认知。前一个因素是客观化的,是基础;后一个因素是主观的、补充性的。因为行为人很可能有高于常人经验的认识,因此,没有理由对其适用较低的标准。[22]

就第一点而言,人们一般经验认识的事故发生率,通常只要有超过50%的概率,则认定行为与损害之间存在相当性关系,即行为是损害的相当条件(充分条件)。换言之,可以在法律上认为,有甲行为,则必定会有乙损害。反之,只要低于50%的概率,则在法律上认定行为不是损害的充分条件。[23] 简言之,相当性判断具有类似放大器的作用。就第二点而言,实际上,这里考虑的是主观意思归责。

由上述论述可知,相当性的判断兼具事实判断和法律价值判断两方面。所谓的概念或者人类一般经验认识上的事故发生率,属于事实判断问题,而在许多例外情形(特别是专业性领域的损害)中,相当性的判断则掺入了很大程度的法律价值的权衡。

在大陆法系,相当因果关系说自诞生以来,遭受到很多质疑和批判,但长期以来并且直到目前仍然是运用最广泛的因果关系判断方法。根据克雷斯蒂安·冯·巴尔教授的考察,在德国、希腊、奥地利和葡萄牙,相当性理论仍然是支配性

---

〔22〕 其实,这两个考量因素,可以转换地表述为客观的可预见性标准和主观的可预见性标准。当然,第二点很多学者并未提及。

〔23〕 正因为根据相当性理论,只要该行为导致此类损害的概率是51%,法律就会认定该行为构成此类损害的充分条件;哪怕概率是49%,法律也不会认定前者系后者的充分条件,因此,曾世雄认为相当性理论的这种“全有或全无原则”不合理。参见曾世雄:《民法总则之现在与未来》,中国政法大学出版社2001年版,第104页。

的理论。〔24〕在日本和我国台湾地区,学说和实务也都以相当因果关系说为通说。而在法国,大部分学者认为,司法判例主要倾向于相当因果关系理论。〔25〕

四、责任范围因果关系之判断:多种因素的综合考量

责任成立因果关系确定后,能够大致判断行为人构成侵权行为,需要承担一定的责任,即完成了"定性"工作;但行为人究竟需要承担多大的损害赔偿责任这样一个"定量"问题,则必须借助于第二个阶段的考量,即通过责任范围因果关系的判断,来确定行为人的行为与多大范围的损害之间存在对应关系。责任范围因果关系的判断,是一系列因素综合考量的结果。下面就简要论述这些考量因素。

(一)可预见性(foreseeability)

所谓可预见性,其具体含义是指假定一个理性人处于行为人的位置,当他在从事同样行为时对该损害结果所能预见的情形,特别是对如下内容的预见情况:致害活动与其结果在时空上的接近性,以及这种活动通常会导致何种程度的损害。

可预见性标准在两大法系侵权法因果关系判断上都或明或暗地存在。英美法上存在所谓的可预见性说,它是可预见性标准的明确表达。英美法将因果关系分为事实因果关系和法律因果关系(近因),而近因理论最主要的两种判断方法就是直接结果说和可预见说;可预见说实际上很大程度上已经取代直接结果说占据主流地位。在 Wagon Mound〔26〕一案中,英国枢密院(Privy Council)拒绝采用 Re Polemis 案所运用的直接结果说,而主张用合理可预见说来决定被告侵权责任的范围。其理由是:"既然对被告的评判是依据一般理性人应当预见的内容来进行的,而此等预见内容又与人类的一般良知相契合,为什么要拒绝适用合理预见说呢? 直接结果说没有任何实际用处,只会导向永无尽头、无法解决的因果关系问题,因而它应当被合理预见说所取代。"〔27〕

大陆法系的侵权法虽然没有规定可预见说,但实际上还是在运用可预见说。以相当性判断为例,相当性判断的重点在于社会对于行为会导致何等结果的一般

---

〔24〕［德］克雷斯蒂安·冯·巴尔:《欧洲比较侵权行为法》(上),焦美华译,法律出版社 2001 年版,第 527 页。

〔25〕张民安:《现代法国侵权责任制度研究》,法律出版社 2007 年版,第 138 页。

〔26〕Wagon Mound, the No. 1(1961); See Rogers, Winfield & Jolowicz on Tort, 16th ed., London, 2002, p. 224.

〔27〕Rogers, Winfield & Jolowicz on Tort, 16th ed., London, 2002, p. 226.

经验认识(发生概率),这种社会一般认识与一般理性人的认识(预见)之间的距离遥远吗?回答是:一点儿也不。一般理性人的预见无非是社会一般认识的另外一种表达。

(二)法规目的说(Schutzzweck der Hafungsnorm)

所谓法规目的说意指因侵权行为所生之赔偿责任,应就侵权责任法规之意义与目的探究之,尤其应该探讨侵权责任法规所意图保护的利益到底是什么。法规目的说被公认为由德国学者 Ernst RabeI 所创造的一种理论,但事实上,在英美法中,探究法规保护目的也是侵权责任判断的一个方法。[28]

举例而言,甲违规停车,并且没有熄火,只是挂了空挡,也没有锁车门,就下车办事去了;乙系一个正被人追赶的窃贼,在慌忙逃窜中看到甲的车,就窜上车驾车逃离,慌乱中过失地将丙撞伤。此案中,甲违反了交通法规,并且在事实上为损害制造了便利条件,那么,甲须为丙的损害承担赔偿责任吗?按照法规目的说,是否赔偿损害取决于交通法规的具体条款(如要求停靠在路边、离开车子时应当熄火、拔钥匙、关门等)的目的是什么。如果目的是确保机动车不被无资格的第三人轻易有机会驾驶并导致他人伤害,那么甲就要赔偿丙的损害;如果目的是维护交通管理秩序,并非旨在防止实际发生的那种损害,那么,尽管事实上甲的行为"方便了"丙之损害的发生,他也不必为丙的损害负责。

就其实质而言,法规目的说是"虚化因果关系",直接诉诸法律政策或规范价值的考量。径直依法规之内容及目的决定因果关系之有无。法规目的说之困难在于如何确定法规目的。《美国侵权法重述(第二次)》第 288 条为我们提供了重要参考。依据该条,确定法规的保护目的,主要考量以下几个指标:(1)法规的目的是否仅为保护行政机构的利益;(2)是否概括保护民众整体的利益,而不是个体的利益;(3)是否仅仅令行为人承担本应由行政机构向社会公众提供的服务;(4)是否保护某一个群体的整体利益而不是仅仅保护其中个别人(实际受害人)的利益;(5)保护另外一项利益而不是实际被侵犯的利益;(6)保护受害人免受其他损害而不是实际已发生的损害;(7)保护受害人免受其他危险的威胁而不是实际引发损害的危险的威胁。

简言之,法规的保护目的大体可以分为三个方面:一是受害人是否适格;二是

[28] 《美国侵权行为法重述(第二次)》第 288 条详细列举了探究法规保护目的的若干具体标准。该条虽然专门针对一般理性人的行为标准而规定的,即目的不同,但探究的对象(法规目的)和路径(如何判断)还是互通的。况且,过错和因果关系的重叠交叉原本就是很平常的事情。

被损害的利益是否适格；三是利益被侵害的方式（侵害方式）是否适格。

尽管有这些指标作为参考，但必须承认，这些指标的判断仍然具有很强的主观色彩，因而法规目的说实际上赋予了法官相当大的自由裁量权。可以说，从相当性判断到法规目的性判断，是从客观性（事实判断）到规范性（价值判断）的一次大跳跃。

（三）责任基础（the basis of liability）

所谓责任基础，是指行为人构成何种性质的侵权，即属于故意侵权、过失侵权还是危险责任侵权，不同的责任基础会影响责任范围的大小。

在英美法中，判断近因的可预见性理论一般只适用于过失侵权；在故意侵权中，即使行为人不能合理预见损害的范围，也必须对其行为直接造成的损害承担赔偿责任，因为这是吓阻和道德的需要。〔29〕而且，在考虑惩罚性赔偿数额时，行为人的过错程度也是重要考量因素。

在日本，平井教授认为，责任原因可以分为两类：以故意为中心的意思性侵权行为和过失侵权行为。在意思性侵权的情况下，加害人对意图的结果和对与意思性侵权行为处于事实性因果关系上的所有损害，原则上均应予以赔偿。对于过失侵权，保护范围的界定应该考虑被侵害的利益的重大性、行为之危险性和有用性的权衡等。〔30〕《奥地利民法典》第1324条明确规定行为人故意侵权或过失侵权，二者的赔偿范围是不同的。

同时，几乎在全部的法律制度中，精神损害赔偿范围的首要考量因素是行为人的过错程度。这也说明，过错程度即责任基础影响责任范围。而另一方面，相对于过错责任，严格责任往往在责任范围的因果关系上趋紧，而非从宽认定。〔31〕因此，可以大致得出结论，从故意侵权、过失侵权一直到危险侵权，责任范围的认定将从宽松到严格。

（四）生活中通常风险的范围

生活中通常风险的范围，对于责任范围因果关系的认定也有影响。举例而言，某日上午，甲驾车过失地撞上乙驾驶的车，乙受了轻伤；当天下午，乙因为该轻伤去医院，路上又被丙车撞上，遭受重伤。此例中，甲是否需要对乙的全部损害负

---

〔29〕 Rogers, Winfield & Jolowicz on Tort, 16th ed., London, 2002, p. 227.

〔30〕 于敏：《日本侵权行为法》，法律出版社2006年版，第209页。

〔31〕 European Group on Tort Law, Principles of European Tort Law: Text and Commentary, 2005, Springer (Vien na/New York), p. 58.

责。根据生活中通常风险的理论，第二次损害属于生活中的通常风险，因而甲不应该对后面的损害承担责任。假设第一次碰撞，乙受伤很严重，必须立刻送往医院急救，在送医过程中，由于车速过快而发生了第二次交通事故，乙遭受了更重的创伤。这样的情形下，由于甲的行为造成了某种紧迫的情势，第二次事故损害不能再被认为是生活中的通常风险。

实际上，生活中通常风险是一个较为模糊的概念，如何认定损害是否属于生活中通常风险，缺乏明确的标准。笔者认为，它与相当性的判断具有高度的重叠性。在上例中，完全可以从甲的第一次碰撞行为是否与乙的第二次损害具有相当性来获得正确答案，最后还是要诉诸社会一般性认识。

(五)受保护利益的性质与价值

受保护利益的性质与价值，对于责任范围因果关系的确定也有重要意义。法律对于不同的利益给予不同层级的保护。一般说来，生命、身体完整、健康、自由等基本人身权利益属于第一层级；名誉、隐私、人格利益等一般人格权属于第二层级；财产权利益等属于第三层级的保护。层级越高，责任范围的认定越宽松，反之，认定越严格。

在这方面，典型的例子为"蛋壳脑袋"规则。即受害人的特殊体质(脑袋容易破损)，不能成为行为人的行为与损害后果之间不存在因果关系的理由。举例而言，假定甲患有先天性疾病，皮肤极容易破损，乙对此不知情，友好地拍了拍甲的胳膊，结果导致甲皮肤破裂大出血。此例中，依据"蛋壳脑袋"规则，乙的行为与甲的损害之间存在因果关系。之所以如此，是因为甲的人身利益属于法律首要保护的利益，具有最高的价值，因而在认定责任范围时，采取极为宽松的认定。[32]

基本上，几乎所有国家的侵权法都认可"蛋壳脑袋"规则。正是受保护利益的位阶决定了责任范围因果关系采从宽的认定标准。

五、因果关系的推定

所谓因果关系的推定，是指法律在特别场合下直接推定行为与损害之间存在因果关系，从而免去原告(受害人)对因果关系的证明责任。

因果关系的推定与过错推定一样，都是立法直接规定的，而非法官的自由裁

---

〔32〕 当然，乙虽然要对甲承担侵权赔偿责任，但此类例子中也要考虑甲是否存在共同过失。例如，甲是否明知自己特殊的身体状况，以及是否采取了必要的预防措施(如穿上一件特制的防护外套等)。不过，即便存在共同过失，本案中责任范围因果关系的认定还是确定无疑的。

量。而法律之所以作因果关系推定，主要是因为某些场合下，证明某行为与损害之间存在因果关系非常困难甚至不可能，同时受害人如果因此被剥夺救济，显然又与一般的正义观念和常识常理相悖。

侵权法上的因果关系推定，一般都属于可推翻的推定，即行为人可以通过证明其行为与损害之间不存在因果关系而获得免责。这种证明既可能是一般性地证明不存在因果关系，也可能是具体性地证明，即只能证明存在法律规定的事项。

第四节　过　　错

本节提要

过错的概念、特征、类型、判断以及过错能力，是侵权责任法中非常重要的问题。本节将对这些问题进行详细的介绍，帮助读者进一步提高对侵权责任构成要件的学习和理解。

一、过错的概念、特征及法律意义

对于过错（verschulden，fault），不同立场的人会有不同的界定。本书认为，所谓过错，是指行为人可归责的主观心理状态或客观行为状态，它包含故意、重大过失和过失。

根据此定义，过错的特征包括以下几个方面：

1. 过错是可归责的依据。过错责任原则是最基本的一种归责原则。此点是过错的功能所在。

2. 过错包含故意、重大过失和过失。其中，故意是纯粹主观性的过错，其评价标准也是主观的；重大过失，是带有客观色彩的主观性过错；过失，即一般过失，是纯粹客观性的过错，其判断标准一般是客观的。

过错的法律意义主要在于它是最重要的一种归责依据。通过行为人有无过错的判定，我们可以在很大程度上断定行为人是否构成侵权。当然，过错仍然承载着一定的道德评判意义，对于社会民众而言，过错这个概念的存在也发挥着相当程度的警示和教育作用。

二、过错的类型及划分意义[33]

过错按其内容、性质以及过错程度可以分为故意、重大过失和过失。

作上述区分的理论意义在于：过错不同类型的内部构造不同、道德可责难性不同、可预见性、可避免性不同。作上述区分的实践意义在于：首先，有些侵权只能由故意构成，或者某些损失只有在故意造成时该行为才能被称为侵权，如诱使违约等。其次，在损害赔偿方面，无论是财产性损害赔偿还是非财产性损害赔偿，过错程度会影响到损害赔偿的具体数额。最后，惩罚性赔偿的必要条件之一是重大过错，其适用范围不包括一般过失侵权。

（一）故意

所谓故意（vorsatz，intentionally），是指行为人意图加害某人，或者虽不追求但明知其行为会导致他人损害、仍然接受此结果的心理状态。

从这个定义来看，故意包含两类：

1. 直接故意。直接故意又被称作“蓄意”（absicht，deliberately），是指行为人以致害他人为目的。它的要素是“意欲”（wollen，intent/desire）。

2. 间接故意。间接故意又被称作条件故意（bedingten vorsatz）、未必故意（eventualdolus）等，是指行为人虽然没有以致害他人为目的，但明知其行为会有致害他人的结果仍然接受此结果的。它的要素是“明知”（wissen，knowing）。

区分直接故意和间接故意在民法上意义不是很大，其实益主要是有助于对间接故意和重大过失的区分。

与故意相关但不完全相同的一个术语是恶意（malice）。恶意主要是指一种为害人而害人的坏动机。而故意是表征意图或“有认识”这样一种主观状态。可见，二者的深度不同，动机是要比目的更深的心理活动。

英美侵权法上将恶意分为实际恶意和法律（推定）恶意。前者主要体现在故意侵权中，后者则可能存在于重大过失（recklessness）侵权中。恶意在某些类型的侵权中作为构成要件，如诉讼程序滥用（malicious abuse of process）。另外，恶意还是惩罚性赔偿的必要条件。

在大陆法系，恶意也是一个常见的术语。在侵权法上，与恶意相关的场合包括许多国家民法典规定的“权利不得滥用”条款，以及类似于《德国民法典》第826条故意背俗侵权（也称恶意侵权）条款等。

---

〔33〕 参见叶名怡：《故意侵权论》，中国社会科学院研究生院2008年博士学位论文。

（二）重大过失

所谓重大过失（grosse fahrlaessigkeit，leichtfertigkeit，recklessness），[34] 是指不希望其行为导致他人损害的行为人明知其行为很可能会给他人带来巨大危险或造成严重损害，仍然从事该行为的心理状态。“有意地视而不见”（willful blindness）相关危险，也被认为一种重大过失。

根据该定义，重大过失的特征是：

1. 重大过失的行为人既不追求也不希望损害结果的发生。这是重大过失与故意最重要的区别。即在欲求的因素上，区分重大过失和故意。

2. 重大过失的行为人一般是明知其行为包含的巨大风险性，或者等同于“明知”的有意漠视，这个特点将重大过失与一般过失区分开来。一般过失是指行为人对法定义务和注意义务的一般性违反，它通常是“（善意地）没有认识的”过失。[35] 即在“知”的因素上，区分重大过失和一般过失。

3. 重大过失包含两个核心要素：行为人的行为异乎寻常地造成了巨大危险；其主观心态有严重瑕疵。[36] 即重大过失是包含有客观性的主观性过错。

典型的重大过失一般有醉酒后驾车、在普通道路上赛车等。

（三）过失以及一般理性人行为标准

各国关于过失的界定并不一致。笔者认为，所谓侵权法上的过失，是指行为人违反法定保护他人之义务或者应有注意义务的客观状态。

根据这个定义，过失包含以下特征：

第一，笔者认为，过失是客观过错，而故意和重大过失是主观过错。过失是客观过错，意味着过失的判定原则上不探究行为人的主观因素；换言之，只要行为人的外部行为达到一定的标准，行为人即被认定有过失。实质上，过失客观化与过失标准客观化的区分在理论上或许有意义，但在实务中差异是极其有限的。因为，对于侵权责任认定来说，重要的不是过失本身性质如何，而是过失的判定方法

---

〔34〕 英美法上对应大陆法“重大过失”的术语是 recklessness，它也可以翻译成轻率。另外，还有一个应用范围相当有限的词“gross negligence”，直译的话也是重大过失，但它的内涵不同。

〔35〕 传统民法理论将过失分为有认识的过失（过于自信的过失）和无认识的过失（疏忽大意的过失）。这种区分的实益并不大。

〔36〕 Vgl. BGH VersR 1985，730，731.

和判定标准。[37]

第二,过失的表现形式有两种。第一种是违反法定义务,即违反保护性法规的强行性规定从而给他人造成损害。第二种是违反应有的注意义务,即违反一般理性人的注意义务,从而给他人造成损害。其区分依据在于,法定义务的内容是立法明确规定的,而注意义务的内容是司法裁断确定的。

第三,笔者界定的过失是指普通过失或者说是一般过失(mittlere fahrlaessigkeit,negligence)。它与重大过失是平行并立的关系,彼此无包含关系。

作为一种客观性质的过错,过失的判定标准原则上当然也是客观的,即在判断行为人过错时,一般不考虑行为人的主观因素(除非在例外场合下[38]),而只考察行为人的外部行为是否达到了一定的标准。具体而言,判断过失时可以分为两个阶段,首先看行为人是否违反了保护性法律的强行性规定,其次看行为人是否违反了一般理性人应有的注意义务。关于违反法定义务,将在后文详述,这里先讨论一般理性人的注意义务。

一般理性人原本是英美法的概念,大陆法上对应的概念是"善良管理人"(源自罗马法上的"善良家父"),用词不同,但本质无二。一般理性人或善良管理人,都是一个假设的人、抽象的人[39](现实中或许根本没有那样一个人)。当然,一般理性人不可能是一成不变的形象,在不同的领域,他完全可能是不同的形象,此即"角色关系"决定他的面目。

一般理性人就是一个普通(谨慎)的人。"格里厄法官曾将此等'理性人'描述成'大街上的人'或是克拉彭市公共汽车上的人,或者按照我近来读的一个美国作者的说法是'带杂志回家,晚上卷起袖口,推割草机的人'。"[40]"'普通的'(ordinary)这一术语应该被给予真实的原意,即并不要求这是一个超乎寻常谨慎的人。这样一个'普通'人并不一定是这样一种人——没有人类弱点的、超常谨慎

---

〔37〕 德国法对过失的判断采客观标准,同时认为过失是主观的。这种立场与其侵权责任构成要件中有违法性这个要素有关。我国的侵权法体系与德国法并不相同,没有必须认定过失系主观过错的框架背景。

〔38〕 这种例外场合主要是行为人系未成年人时,判断过失需要考虑其个体的识别能力和控制能力。另外,当行为人具有高于一般人的知识、经验和技能时,当然也要考虑这种超出部分的个人因素。

〔39〕 苏永钦先生说:"当民法为分配责任,而定出'善良管理人'和处理'自己'事务的高低注意义务时,并不是把责任扣在必然不同的每个'自己'身上,而是根据不同的角色关系来决定,什么时候突出'自己'的差异,才是公平的。公平最终还是建立在抽象的'角色关系'上,而不是建立在'人'的不同上。"苏永钦:《无色无味的民法人——读谢鸿飞:"现代民法中的'人'"的一点感想》,载中国法学网:http://www.iolaw.org.cn/shownews.asp? id=435。

〔40〕 Hall v. Brooklands Club,[1933]1 K. B. 205,224.

的,且能常常预先想到无论何时他周围都潜藏着危险的人。我们理解,要求能经常感知到可能出自各种原因的危险确实是超出通常的行为,的确过于苛刻,因而无法成为一个标准。"〔41〕可见,一般理性人绝不是"完全没有人的弱点"〔42〕的人。

一般理性人在英美法上虽经常被称作普通谨慎的人(ordinarily prudential person),但却刻意地被避免表述成"平均(注意)水平的成员"(average member),"因为这字面上意味着有一半的成员无法达到标准"。〔43〕 确立理性人的行为标准,是为了拿行为人事实上的行为与理性人的行为标准对照,从而判定行为人究竟有无过失。

一般理性人的行为标准是指合理谨慎的人在行为人所处情势下应遵守的标准。确定该行为标准时应考虑下列因素:

1. 受保护利益的位阶和价值。在确定理性人行为标准时,首先要考虑行为人的行为可能侵害他人利益的位阶和价值。受危及或威胁的利益的位阶和价值越高,行为人的注意程度就要越高。换言之,必须更加小心和谨慎,以避免给前者造成任何损害。生命、身体完整、健康、自由等权益位列第一层次,名誉、隐私、精神利益等位列第二层次,支配性财产权等位列第三层次,债权等纯粹经济利益位列第四层次。一个理性人在行为时,可能危及他人生命安危时(如医生做手术,或是在闹市进行高楼爆破等),必定会尽到最高的注意;相对而言,如果仅仅可能损害他人财物(如搬家公司搬家、邮政公司运送包裹等),他的注意程度会显著降低。这种差异很好理解,符合社会一般民众的正常期待。

此考量因素的另一层含义还包括:行为人活动利益越高,其行为的正当性就越强,因而,可能对其适用较低的注意标准。过错责任的价值取向是要在行为自由(活动利益)和损害救济(人身、财产的完好利益)之间保持较佳的平衡;换言之,其中包含一种利益衡量。因此,"活动利益"的价值越高,为照顾他人"完整利益"而对其活动实施的限制就越要有节制,当然,活动利益要低于有关身体、精神之完整性及其他人格权等享有几乎绝对优先性的利益。〔44〕

2. 行为的危险性。在一个理性行为人的立场,当他从事的活动危险程度越高时,他就越会小心谨慎。这里的危险当然不限于危险责任中的"异常危险"(ab-

---

〔41〕 Whitman v. W. T. Grant Co. ,16 Utah 2d 81,395 p. 2d 918,920(1964).

〔42〕 参见程啸:《侵权行为法总论》,中国人民大学出版社 2008 年版,第 349 页。

〔43〕 Centman v. Cobb,581 N. E. 2d 1286(Ind. App. 1991).

〔44〕 European Group on Tort Law,Principles of European Tort Law:Text and Commentary,2005,Springer (Vienna/New York), §4:102,Para 7,p. 72.

normal risk)；相反，它应当在宽泛意义上来理解。

举例来说，一个理性人在荒野的道路上驾车与在人流涌动的街道上驾车，所具有的注意程度肯定是有很大不同的。在后者中，行为的相对危险性大大增高，因此，注意程度也要随之提高。再如，在一个场地有限的操场上，很多同学都在锻炼，其中，踢足球的同学所需要尽到的注意就应当高于散步的同学，因为他们所进行的锻炼项目的危险性不同。

理性人总是力求使其行为能够大体始终在自己的掌握和控制之中，而不会仓促地进行一项含有危险的活动。当然，理性人会预先防范，不意味着他必须采取一切可能的预防措施，只要求尽到与所从事活动的危险性相应的合理注意。

3. 行为人应具有的专业知识或技能。对于同样的活动，对于普通人和专业人员的要求肯定是不同的。例如，同样是包扎伤口，在事态紧急之下一个普通人也可能会为伤者包扎伤口，由于他不具备专业知识和技能，对其要求肯定不如对专业医师的要求高。前者包扎错了或者方式不当造成伤口感染或可原谅，但一名专业医师如果包扎的方式不当造成伤口感染却肯定要被认定为有过失，因为人们对他们的期待和要求存在不同。

许多国家的侵权法上，对于这些专业人员从事专业活动中由于行为不当造成他人损害的情形，往往单独做出规定。这种执业不当(malpractice)引发的侵权责任，在我国某些学者的著作中，被称作“专家责任”。这些专业人员一般包括医生、律师、会计师、税务师、评估师等。

在专业领域的活动中，一般理性人不再是社会中的一个普通人，而是行为人所在领域的一个普通执业人员。有时候，还要受到地区性的影响。例如，对西部地区一个县级卫生院的医师的期待，不可能与对北京三级甲等医院的医师的期待完全相同。总而言之，对行为人专业知识和技能的期待，需要考虑许多具体因素。

4. 损害的可预见性。确定理性人行为标准时，必须考虑损害的可预见性。如果一个人纵使尽一切应有的注意也不能预见损害，那么他就不应对其行为结果负责。

这里的可预见性原则上是一个客观考量因素而非主观考量因素，即依据社会一般观念，一个具有正常知识、经验和技能的人在行为人那种场合下，在保持适当注意的条件下，究竟能否预见损害；而不是说，依据行为人的知识、经验和技能，他能否合理预见。之所以采取客观标准而不是主观标准，一方面是有利于相对人的保护；另一方面是便于认定。

当然，例外场合下，如16岁以下的、有一定程度的识别和控制能力的青少年，在行为时对损害的可预见性应当采取主观标准。此例外的正当性基础在于保障未成年人的利益。

5. 当事人之间的关系远近或特殊性。当事人之间的关系不仅会影响到损害可预见性的判断,而且其本身也是确定理性人行为标准时一项独立的考量因素。

一般说来,行为人与潜在受害人之间的关系越密切,对行为人所要求的注意程度就越高。密切的关系往往产生于契约,也可能因为法律规定直接产生。产生于契约的密切关系最为常见,如顾客去餐馆就餐,顾客和餐馆经营者之间形成了事实上的契约关系,餐馆经营者对顾客的人身财产安全应当尽到的注意程度,显然要比他在街上行走时对于街上的路人所应有的注意程度高出许多。再如,医院对于没有财力的危重病人负有法定的医治义务。[45]

一般来说,长期的缔约关系、一次性契约关系、缔约磋商中的关系以及无契约关系,这样一个序列大体上是从密切到疏远的走向。长期的缔约关系,如当事人与其长期的私人法律顾问之间,这种亲密性是最强的,这种亲密性很可能产生一种不得被辜负的特定信赖。而在缔约磋商阶段,所谓缔约过失责任针对的正是对前合同义务的违反,这种前合同义务的产生基础恰恰是当事人之间形成的一种较紧密的关系。

股东和董事之间、咨询者与专业答复者之间、当事人和律师之间、债权人和破产管理人之间,都存在这样一种密切或特殊的关系。他们的关系越密切、越特殊,后者在从事涉及前者利益的活动时其应有的注意程度就应当越高。

6. 预防措施或者其他替代方法的可获得性及成本。侵权法从来不要求行为人在行为之前将所有的致害可能性都考虑到,并一一做出预防措施。这样的要求不仅成本高昂,而且很多时候根本办不到。侵权法对行为人的要求是:在行为时,尽量选择一个对他而言最有效率的行为方式。这里的最有效率可以分解为替代方法的便利性和成本。

所谓替代方法的便利性,是指行为人如果选择另外一种行为方式,实际上是否可行是依他的客观情况,他能否获得那样的方式。以机场安检设备为例,各国的检测水平肯定不同,不能指望一个第三世界国家的机场安检设备能够达到美国机场安检设备那种先进程度(花钱也不一定能买来),如果一种危险物质只有最先进的设备才能检测出来,那么这种危险物质通过了前者机场安检设备的检测,就不能认定前者的机场方面存在过失,因为它实在是无法获得那种尖端设备。

---

〔45〕 参见《中华人民共和国执业医师法》第24条规定:“对急危患者,医师应当采取紧急措施进行诊治;不得拒绝急救处置。”

所谓成本，是指采取预防措施在物质上的支出。如果预防措施花费甚巨，而收效甚微（边际效益递减），则法律并不强求行为人采取这样的预防措施。例如，不能指望每一个县级卫生院都要购置最先进的CT机器，因为这对于卫生院而言，在效益上是不划算的。因此，如果一个病人由于某县级卫生院缺乏这种机器而造成误诊或延迟治疗，则不能责备卫生院存在过失。

总之，当某种利益可以通过行为人的不同手段和方法来追求，想要实现的结果可以通过不同手段和方法来达成时，一个知道或应当知道其行为必然会对第三人造成损害的人，应当在可能与合理的范围内选择危险性较小的那种行事方式。这是诚信一般原则和比例性原则的适用。[46]

三、违反法定义务与过错认定

如前所述，过错极可能是违反一般理性人之注意义务而构成，也可能是违反保护性法规[47]设定的强行性义务而构成。在前者，行为标准是法官结合多项因素而确定的，在后者，行为标准是制定法直接规定的。此部分就专门讨论违反此种法定义务从而构成过错的情形。

（一）英美法上的"（违法行为）本身即过失"（negligence per se）规则

在美国，这方面最早的经典案例之一是1889年明尼苏达州最高法院终审的一个案例，即奥斯本诉克玛斯特斯案。[48] 该案中，原告因服用了被告雇佣的店员所卖的没有标签的毒药而死亡。由于该州制定法明确规定出售此类毒药必须贴上标签，而被告违反了此项强制性规定，因此，法院直接认定被告的违法行为构成过失。

法院在考虑是否将制定法中的规定直接采纳作为行为标准时，通常要考虑以下三个因素：

1. 受害人是否属于该制定法意图保护的群体成员之一。例如，在洛克哈特诉卢森案[49]中，原告在与被告发生婚外恋后被丈夫感染患上疱疹，她不能利用本身

---

〔46〕 European Group on Tort Law, Principles of European Tort Law: Text and Commentary, 2005, Springer (Vienna/New York), § 4:102, Para13, p. 74.

〔47〕 在侵权法上，保护性法规是一个很重要的概念，它指的是旨在具体保护特定群体成员的某类利益免受特定类型侵害的制定法或其规范。在确定行为标准或损害赔偿范围时，都可能要探求保护性法规的目的。在本书作相关论述时，违法行为或违反法定义务的行为，指的都是违反保护性法规或其所规定义务的行为，而不是一般意义上的违法行为。

〔48〕 Osborne v. McMasters, 40 Minn. 103, 41 N. W. 543.

〔49〕 Lockhart v. Loosen, 943 P. 2d 1074 (Okla. 1997).

过失侵权来证明她的主张,因为她不在禁止患病者结婚或使他人接触到性病的制定法所意图保护的群体成员之列。

2. 所发生的危害是否系立法意欲避免的。这方面的一个典型案子是格里斯诉斯科特案。[50] 该案中,原告放在被告船里的羊在暴风雨中被冲到船外,遭受了经济损失,事故的原因之一是被告并没有把这些羊圈起来。该州的一个传染病法案要求船运的动物必须被圈起来以避免疾病的传染。法院判定,违反该制定法并不使被告对羊群的损失承担法律责任。因为该(要求圈动物的)制定法意图防范的危害是传染病扩散致害,而不是避免动物被暴风雨冲走。

3. 对违反制定法行为课以侵权责任是否适当。如果某项法规过于概括,则很可能无法保证它能作为过失标准而被采纳。

当然,在美国,上述判断在很多时候也并不容易做出。因为州的立法之经过可能很欠缺,并且很难获得,所以法院有很大的自由裁量权,去裁判谁属于"群体"之内,或是判断立法所考虑的"风险"是什么。有时法院可能会依赖制定法的名称或前言。例如,在凯利诉亨利穆斯公司案[51]中,不允许对消防员适用"要求安装有防护设施的升降梯的"制定法,因为该制定法的名称和内容涉及的是雇员的安全;而在特雷克诉方斯恩案[52]中,则允许对消防员适用相似的制定法,因为制定法的名称是建筑安全法规,其保护对象不限于雇员。

从法律部门的角度来看,保护性法规可以分为刑事法、行政法、民商事法。从立法的制定部门看,美国的保护性法规可以分为联邦制定法和法规(federal statutes and regulations[53])、各州制定法和法规(state statutes and regulations)、地方性法令(ordinances)、行政规章(administrative regulations)。一般而言,对地方性法令的处理方式与对制定法的处理相同,不过,少数州认为地方性法令的效力低于制定法。行政规章的效力很多时候会低于制定法,因而违反行政规章很可能只构成认定过错的一个证据。

另外,还有一些倡导性准则(advisory codes)和非强制性行业标准。它们由政府部门颁布或者由自发性团体发布,均没有法律拘束力。不过,在过失侵权争议问题上,如果相关的专家证言能够证实,它们在该行业内被普遍接受,则它们可能

---

[50] Gorris v. Scott, L. R. 9 Ex. 125(1874).

[51] Kelly v. Henry Muhs Co., 71 N. J. L. 358, 59 A. 23(1904).

[52] Drake v. Fenthon, 237 Pa. 8, 85 A. 14(1912).

[53] 需注意,"违法行为本身即过失"(negligence per se)规则在美国仅州法院可以援用,联邦法院不能直接适用。但州法院也可能审理违反联邦制定的保护性法律的侵权案件。

被法院采信,作为行为标准。

违反制定法(此处系广义,并非仅限于违反保护性法规)与过错认定究竟是何关系?英美法上有如下三种回答:

第一,违反制定法被视为本身即过失。[54] 这意味着,被告不能通过一般性地证明自己无过错来推翻过失推定(此即不可推翻的过失推定)。被告若想免责,只能去证明存在法定的抗辩事由。显然,这非常类似于严格责任,其适用机械而严苛。因此,有学者强调指出:不管法院如何试图对本身即过失原则给予限制,倘若被告尽到了应有的注意和拥有一项合理的辩解却仍必须负有法律责任,则事实上就是严格责任而非过失侵权责任。[55]

第二,违反制定法被视为可推翻的(过错)推定(rebuttable presumption)。越来越多的州认为,违反被认定适用于一系列特定事实之制定法的行为,仅可以构成过失侵权表面诉由(prima facie case),这样一个推定可以由违反制定法的一方根据案件事实和具体情形证明存在特定抗辩事由而推翻。[56]

第三,违反制定法被视为过失侵权的证据(evidence of negligence)。在少数州,对地方性法令或行政规章的违反仅仅构成过失侵权的证据。从这种立场也透露出一个信息:被违反制定法的效力层次(是制定法还是地方性法令、行政规章),可能会影响法官的抉择。《美国侵权法重述》采取了两分的办法:在法院将制定法规定作为行为标准时,则违法本身即过失;在法院未将制定法规定作为行为标准时,则违法行为构成过失的证据。就其实质而言,法院是否把制定法规定作为行为标准,主要还是看该制定法规定是否构成保护性法规。如果不构成保护性法规,而仅仅是一般的强行性规定,则违反该规定可能只构成过失的证据;是否最终被确定为过失,还是要由陪审团来裁决。

(二)《德国民法典》第823条第2款“违反保护性法规之侵权”

《德国民法典》第823条第2款规定,违反保护性法规(schutzgesetz)给他人造成损害者,须承担损害赔偿责任,无过错也可能违反法律的,仅在有过错的情况下才发生赔偿责任。这一条款被认为是“违反保护性法规之侵权”。以下就规范功

---

〔54〕 在普通法上,过失一般被认为是事实问题,由陪审团审理裁决。但在违法本身即过失规则下,这种过失被称为法律上的过失,必须由法官来认定,而非陪审团裁决事项。

〔55〕 William L. Prosser, Handbook of the Law of Torts, 4th ed., West Publishing Co., p. 197.

〔56〕 这种可推翻的推定仍然可以并应当认为是法定的,即被告必须证明自己无过错来推翻此推定,否则法官也不能径自认定此推定不成立。这种推定跟大陆法(包括我国法)上的推定性质没什么两样。

能、保护性法规的辨别以及违法与过错之关系作简要论述。

1. 此条款的功能。该条的功能主要包括以下三个方面：

（1）充当侵权法以外法律部门中所设定之行为规范（亦即法律评价）在侵权法上体现的“传送带”。它尤其可以将数量固定的、成熟的公法上的行为标准延伸到民法中，并能够对违反这些行为规范的行为施以私法上的损害赔偿请求权。作为一种侵权法一般条款和列举原则之间的折中方案，该条款被引入德国侵权法体系。在《德国民法典》第823条第2款中，立法者自身已经有意保留了决定侵权法保护范围的权限。

（2）一般过失责任扩展到纯粹经济损失，只要该法律规范中的纯粹经济利益被法律认可为值得保护。实际上，第二种功能比第一种功能更重要。特别是在商事法（如公司法、破产法等）领域，该条款具有重要意义。

（3）此条款曾经还有保护名誉权的功能，因为名誉权最初并未包含在《德国民法典》第823条第1款所列举的法益中。[57]

2. 保护性法规的甄别和判定。被违反的法律是否属于保护性法规，构成了《德国民法典》第823条第2款责任的核心问题，同时对于法律实践中责任问题而言经常具有决定性的意义。法律规范本身不会直接指示出其保护性法规的特征，因此，在实践中判定责任法上受保护利益的范围是法官的职权。一般来说，判断过程包含如下内容：

（1）原告必须证明该法律属于保护性法规。其关键标准在于所涉及的法律规范的意图是对于援用《德国民法典》第823条第2款的人提供个人保护；因此单纯是对公众提供保护的条款并不符合要求。一项保护公众的条款，只有当它同时也试图对具体的受害人提供保护时，才可被视为保护性条款。例如，某州《土地建筑条例》要求工人在施工期间，对公共交通用地、水电供应等设施予以保护，必要时采取安全防护措施；某施工人在私人土地上挖掘作业时损坏了供电企业的电缆，导致某用电企业经济损失。此案例中，被违反的行政法规不能被视为保护性法规，因为此法规仅在一般意义上对公众予以保护，对用电人的个人保护不是该法规的主旨。[58]

（2）原告必须证明他属于被违反的法规想要保护的人之一。一项法律条款可能旨在保护私人利益，但是原告是否属于受保护之列却是要仔细加以甄别的。如《道路交通安全法》第21条第1款第2项，据立法说明，乃是为了保护他人免受无

---

〔57〕 Hein Kotz, Gerhard Wagner, Deliktsrecht, Zehnte Aufl. Luchterhand, München, 2006, S. 92.

〔58〕 ［德］马克西米利安·福克斯：《侵权行为法》，齐晓琨译，法律出版社2006年版，第144页。

证驾驶人驾车所产生的危险，而不是为了保护违反该项法律而无证驾驶的本人。[59]

(3)原告必须证明所发生的损害是该保护性法规想要避免的结果。如《德国刑法典》第319条“建筑危险罪”的事实要件只对他人的身体和生命予以保护，因此若只是房屋渗漏而导致的修缮费用则不能依据《德国刑法典》的这一条款追究《德国民法典》第823条第2款的侵权责任。

综上，在保护性法规的判断上，德国法和英美法并没有本质的区别。其判断点主要还是受保护的人、受保护的利益、针对的损害方式等方面。

在德国的司法实践中，迄今为止，被认定为保护性法规的条文大体有如下四类：[60]第一，民法典本身的条款。如《德国民法典》第226条(权利滥用之禁止)、第906条(不可量物的侵入)等。第二，数量众多的刑法典条款。如《德国刑法典》第123条(非法侵入他人住宅)、第142条(交通肇事逃逸)、第222条(过失杀人)等。第三，其他一些联邦法律和法规中的若干条款，这些法律法规包括股份法、职工保险法、工商业管理条例、反限制竞争法、食品法、城市交通法、民事诉讼法等。此大类法律范围极其广泛，不过大多数法律涵盖的保护性法规(条款)较少。第四，各州的规定，如巴伐利亚州的森林法、普鲁士的道路清洁法等法律法规的若干条款。这些只在各州领域内可作为保护性法规。

3. 违反保护性法规与过错的关系。

(1)在适用《德国民法典》第823条第2款时，过错同样为侵权责任构成要件。[61] 但依据通说，在《德国民法典》第823条第2款，过错必定只涉及对保护性法规的违反，而不是涉及除此之外更远的损害结果，只要该结果不属于保护性法规的事实构成要件。故而，行为人不必有“产生损害的意识”。[62] 换句话说，只要证明行为人过错地违反保护性法规即可，不需要证明行为人过错地造成了损害结果；这实际上是法律推定了违反法定义务与损害之间存在因果关系。当然，对此因果关系推定，被告可以通过反向证明来推翻。

(2)关于过错的认定。在德国的证据法上，违反保护性法规是直接推定存在

---

〔59〕［德］马克西米利安·福克斯：《侵权行为法》，齐晓琨译，法律出版社2006年版，第146页。

〔60〕Wagner, Münchener Kommentar zum Bürgerlichen Gesetzbuch, Band 5, Verlag C. H. Beck München 2004, S. 1657.

〔61〕这一点在英美法上也是同样的。英美法上的“违法行为本身即过失”，并不是说过失不再是侵权的构成要件，而只是说透过违法行为可以推导出过失的存在。

〔62〕Wagner, Münchener Kommentar zum Bürgerlichen Gesetzbuch, Band 5, Verlag C. H. Beck München 2004, S. 1670.

过错,还是仅仅作为过错推论(表见证明),迄今并没有确定答案。审判实践则是在表见证明和证明责任倒置(过错推定)之间摇摆。无论如何,在确定客观的保护性法规被违反时,如果该保护性法规实际上规定了此种被禁止的行为,法院倾向于过错推定。反之,如果保护性法规限于对被禁止行为所致后果的规定,如《食品和药品卫生法》禁止对有损健康之食品的生产和运输,则后果要件的原因行为还不能就此推定存在违反义务或过失行为,即法院倾向于认定是一种过失推论(表见证明)。

可见,在由违反法定义务向过错的认定方向上,英美法表面上看起来比德国法更激进,德国法相对而言趋于保守。英美法有三种态度:法定过失、过失推定和过失推论(证据之一)。德国法有两种:过失推定和过失推论(表见证明)。不过,二者的实际差别可能并不如想象中那么大。因为,即便在英美法中持法定过失说的立场上,被告仍然有多达近十种的合理辩解(excuse)。例如,不知道有守法的需要、尽了合理注意仍不能避免违法等。这些抗辩实际上大部分还是在辩称自己虽违法但仍不构成过失。换句话说,在所谓法定过失的场合下,被告(违法者)还是有很多机会证明自己无过失,也就是说,其实质效果与过错推定的效果差别不大。

英美法和德国法中都存在“违反法定义务导出过错推定或推论”的规则,这种“共识”不是一种偶然巧合。该规则具有如下重要意义:第一,它衔接了侵权法和其他部门法,使法律的协调性、整体性更强,侵权法因为其他部门法的内容而极大丰富和完整,其他部门法因为侵权法的参引而更加富有实效,更有“尊严”,更有活力。第二,它勾连了违法和过错这两个要素,使这两个原本有内在关联的要素在外观上显示出直接的联系,由此,法定义务成了过错的指示器,并且,违法(即违反保护性法规所确立的法定义务,而非德国侵权法上的“违法性”要素)也能够在很大程度上成为过错侵权判断上一个具有重要意义的指标性因素。第三,它在行为人违反法定义务的场合下,很大程度上减轻了受害人的证明责任,更有利于对受害人的保护。无论是过错推定,还是过错的表见证明,对于受害人而言,都是一种很大的有利情势,可以说为其胜诉奠定重要的基础。

正因为此种规则的重要意义,不仅普通法系和德国法有这样的规则,而且《欧洲侵权责任法原则》《欧洲非合同责任法》以及《奥地利损害赔偿法草案》也都不约而同地规定了这样的规则。我国现行法上没有这样的规定。司法实务中,关于违反法律规定的处理存在以下两个方面的问题:一是没有区分被违反的法律规定是否属于保护性法规;二是对违反法律规定是否认定为过错存在很大的随意性,缺乏统一标准。笔者认为,我国在制定侵权法时,应当借鉴这一重要制度。

四、不作为之过失

所谓不作为，系行为的一种形态，是指行为人没有采取任何积极的、有针对性的措施或行动。在罗马法上，受限于人们的认识水平，过错起初仅针对作为而言；不作为，不被视为过错。但随着时间的推移，人类认识能力逐渐提高，人们开始认为，不作为也可以构成过错。

为什么不作为可以构成过错呢？因为过错的界定本身就是对法定义务和注意义务的违反，如果预先存在的法定义务和注意义务是消极性的（如“不得侵害他人”），则过错必须是作为才能构成；但倘若预先存在的法定义务和注意义务是积极性的（如“对他人安全的照顾”），则消极的不作为也可能构成过错。由此看来，所谓不作为之过错，其前提条件是行为人有作为义务。具体而言，行为人存在作为义务、因不作为而构成过错的场合有如下两种：

1. 违反法定作为义务而构成的不作为过错。这种法定义务，可能是刑法上的，如玩忽职守导致重大生产事故中违反的义务；也可能是行政法上的，如歌厅的防火设施不符合建筑法规的规定，以至于失火酿成重大伤亡；当然也可能是侵权法上的，如学校的体育设施存在安全隐患，没有及时修缮，导致学生运动时受伤等。这种法定义务一般还必须是保护他人免受损害的义务，而不仅仅是行政办事程序之类。例如，发生三聚氰胺毒牛奶事件后，石家庄市政府没有及时向上级政府报告，这种消极的不作为显然违反了相关卫生行政法，但这种不作为仍然不能称为侵权法上的过错，因为这种行政法规定的义务，其目的不是保护受害人，而是行政管理的需要。

2. 违反先前行为所衍生作为义务之不作为过错。这主要是指行为人先前的行为制造或控制了某种对他人而言的危险情势，行为人此时负有保护他人的作为义务，如果违反此保护义务，则构成不作为过错。一般说来，对于他人即将遭受的危险或者不幸，旁人是没有法定义务去保护或者救助的，或许只有道德上的义务。例如，有人落水，旁观的人即便不下水救人，法律上也不会认定他们有过错，更谈不上侵权；当然，如果有人去援救，则被看作见义勇为的正面典型，救人者被认为是一个道德高尚之人。但如果那种危险情势本身就是行为人造成的，则行为人的施救就不仅仅是道德义务，而是法律义务了。例如，如果这个落水者不是自己失足掉下去的，而是被人恶作剧推下水的，那么推人者便有救人的法定义务。或者，如果一个成年男子带着邻居家 8 岁小男孩去水库游泳，如果小男孩在水中情况不妙，则这个成年男子同样有施救的法定义务。再如，被告合法地在他房前的公共道路中挖一个洞并用安全围栏围住它，过了一会儿，他得知破坏者移动了围栏，但他并没有及时恢复围栏，结果原告掉进洞中受伤。此例中，被告制造了危险，他有义务将这个危险控制在安全合理的范围内，他没有及时修复围栏，因此构成不作为过错。

这种积极保护他人的义务在所谓的场所责任中尤为明显。在商场购物由于地板太滑而摔跤，这也是商场由于未尽到保护他人的义务而构成不作为过错。这种行为人的作为义务在当代有日益扩张的趋势，它与民法上所谓的信赖原则或者诚信原则有关联，有时候也被认为构成缔约过失责任。

如果受害人的危险处境并非是行为人造成的，但行为人施救的成本极低乃至可以忽略不计，则此时，行为人是否负有积极作为义务是存在争议的。例如，在受害人已跌入洞中之后，行为人途经此地并听到原告的呻吟。但因他去一个约会要迟到，他没停下来救助或者呼请他人来救助，受害人死亡；能够确定的是，假如行为人施加帮助，受害人就会幸免于难。这种情况下，大多数法律制度并不认为行为人存在侵权法上的过错。不过，《欧洲侵权责任法原则》认为行为人有这样的作为义务。理由是：这种情形本身在相关人之间产生了一种"特殊关系"，并且对于过路人来说，对受害人提供帮助或者至少呼救是很容易的。[63] 应当说，这样的规定用意是好的，从法律的经济分析角度来看，其效益是显著的，但这种道德义务向法律义务的转化能否获得普遍的接受，还有待观察。

五、侵权行为能力与过错

所谓侵权行为能力，也称过错能力，是指行为人认识自己行为性质及其后果的认识能力和对行为本身的控制能力，以及独立承担侵权责任的能力。侵权行为能力是传统过错主观主义的产物。传统的过错说认为，过错是行为人能注意、应注意而未注意的主观心理状态。其中的"能注意"被认为是判断行为人有无过错的前提，倘若行为人根本就不能认识到危险，不能控制自己的行为，则根本谈不上有过失。因为行为人根本就"不能注意"。

但如前所述，由于过失（标准）的客观化，过错不再是"能注意、应注意而未注意"，而是"应注意却未注意"。也就是说，判断行为人有无过错时，一般不再考虑行为人的知识、技能、经验等主观因素。天生驽钝或者是业界新手，都不能作为过错不成立的抗辩理由。

---

〔63〕 European Group on Tort Law, % % Principles of European Tort Law: Text and Commentary, % % 2005, Springer(Vienna/New York), § 4:103, para. 8.

过失客观化的极致是法国法对幼儿和精神病患者侵权行为能力的肯定。根据法国法律，未成年人的民事责任不再依赖于其辨别能力(discernement)；民事过错完全取决于实施的客观行为，至于加害人的年龄、个性、智力和职业上的能力都是无关紧要的。[64]

但绝大多数国家的法律认为，年幼的儿童没有侵权行为能力，因而不构成过错。正如未成年人没有行为能力是为了保护未成年人一样，侵权责任能力最低年龄的设定也是为了维护年幼者的利益，但侵权行为能力和行为能力不是一回事，后者是独立从事法律行为的能力。

各国对侵权行为能力的最低年龄限制设定存在差异。德国规定的最低年龄是7岁，希腊规定满10岁，奥地利和荷兰规定儿童在满14周岁前受到保护，免予承担责任。[65] 有的国家没有规定低于多大年龄的人无侵权行为能力，而是规定在一定年龄之上的有侵权行为能力，如意大利(14岁)，这样，在该年龄之下的行为人是否有侵权行为能力，就需要诉诸个案考量。

我国新修订的《民法总则》将未成年人的年龄界定标准从10周岁降低到8周岁，可见随着社会发展，未成年人的思想意识会随之变化，其行为能力也会有所变化。在设定侵权行为能力时，应当考虑三分法，即8岁以下的未成年人不具有侵权行为能力，其行为不得被认定为有过错；8～18岁(或16岁)的未成年人，其侵权行为能力采取个案考察的办法(故意侵权应当有例外)；而18岁以上的人一律被认定有侵权行为能力。对于不能辨认或者不能完全辨认自己行为的成年人侵权，欧洲大多数法律制度相对于对待未成年人而言要严格一些，[66] 因为他们有财产的可能性更大，或是其制造的危害可能更大。并且，行为人要对自己缺乏侵权行为能力承担证明责任。

根据我国《民法通则》第133条的规定，无民事行为能力人、限制民事行为能力人造成他人损害的，由监护人承担民事责任。监护人尽了监护责任的，可以适当减轻他的民事责任。有财产的无民事行为能力人、限制民事行为能力人造成他人损害的，从本人财产中支付赔偿费用。不足部分，由监护人适当赔偿，但单位担任监护人的除外。《侵权责任法》第32条规定，无民事行为能力人、限制民事行为

---

〔64〕 [德]克雷斯蒂安·冯·巴尔:《欧洲比较侵权行为法》(上)，张新宝译，法律出版社2001年版，第101页。

〔65〕 [德]克雷斯蒂安·冯·巴尔:《欧洲比较侵权行为法》(上)，张新宝译，法律出版社2001年版，第90页。

〔66〕 [德]克雷斯蒂安·冯·巴尔:《欧洲比较侵权行为法》(上)，张新宝译，法律出版社2001年版，第123页。

能力人造成他人损害的，由监护人承担侵权责任。监护人尽到监护责任的，可以减轻其侵权责任。有财产的无民事行为能力人、限制民事行为能力人造成他人损害的，从本人财产中支付赔偿费用。不足部分，由监护人赔偿。

我国侵权法上的侵权行为能力实际上是与行为能力挂钩的，即未成年人没有侵权行为能力，但实际上，由于父母承担的是严格责任，因此，对于受害人而言，其地位并不比那些承认未成年人有侵权行为能力之国家中类似受害人的地位差。

——训　练——

【司考】兹有四个案例：①张某驾车违章发生交通事故致搭车的李某残疾；②唐某参加王某组织的自助登山活动因雪崩而死亡；③吴某与人打赌举重物因用力过猛致残；④何某心情不好邀好友郑某喝酒，郑某畅饮后驾车撞树致死。根据公平正义的法治理念和民法有关规定，下列哪一观点可以成立？（2013年）

A. 张某与李某未形成民事法律关系合意，如让张某承担赔偿责任，是惩善扬恶，显属不当

B. 唐某应自担风险，如让王某承担赔偿责任，有违公平

C. 吴某有完整的意思能力，其自担损失，是非清楚

D. 何某虽有召集但未劝酒，无须承担责任，方能兼顾法理和情理

【答案】 B

【解析】A项涉及好意施惠与侵权的关系，张某和李某之间搭便车的约定是好意施惠关系，不成立合同关系。但是好意施惠并不排除侵权之债的成立。在好意施惠行为中，如果构成侵权发生，应当承担侵权责任。张某违章驾驶发生交通事故致使李某致残的行为构成侵权，张某应当对李某承担侵权责任。B项涉及不作为侵权。唐某参加王某组织的登山活动，其与王某之间形成“危险共同体关系”，基于该关系，王某对唐某陷入险情具有救助的作为义务。唐某在登山活动中遭遇雪崩，王某虽有救助义务，但是没有救助能力，王某与唐某间不成立不作为侵权。C项考查过错侵权。虽然吴某对于自己遭受损失的行为也有过错，但是与吴某打赌的人对吴某遭受损害的行为也有过失，吴某有权请求与其打赌的人承担部分责任。D项也考查不作为侵权。何某邀请好友喝酒的先前行为给其带来了防范喝酒的郑某遭受损害的作为义务，何某违反作为义务致使郑某遭受损害，何某对损害的发生具有过错，应当承担侵权赔偿责任。

【案例一】被告某报社将原告刘翔的肖像用于其刊物的封面，在肖像下方有某公司第六届购物节的广告。原告认为被告未经同意使用其肖像作封面广告，要求停止侵权，赔礼道歉，赔

偿损失。一审法院认为，被告未构成对原告肖像权的侵犯。原告不服提起上诉。二审法院认为，前期专刊封面广告与原告肖像产生一定广告性质的关联性，构成对原告肖像权的侵犯。责令该报社赔礼道歉，赔偿原告精神损失2万元。请分析：为什么一、二审的裁判结果截然不同？

【解析】原告的肖像权属于人格权的内容，属于绝对权，可以对任何人主张。被告未经同意将原告肖像做广告性质的使用，构成对原告人格权的侵害。本案一二审的态度截然不同，究其根本是对侵权责任构成要件理解的不同。

【案例二】市民王某是某市移动公司的客户。2006年夏季以来，王某收到莫名其妙的短信，而短信内容大多是其不关心的一些事情。王某便到附近的移动公司询问，经查询得知，移动公司在原告不知情的情况下擅自为原告的手机设定了梦网短信业务，并自2005年11月起按每月15～17元不等的标准向原告收取梦网信息费，截至2006年9月共收取原告信息费135.5元。王某发现此情况后，向移动公司投诉，移动公司退回了2006年6月至9月的梦网信息费40元，并取消了王某手机的该项业务。王某对移动公司的做法还不满意，就将移动公司诉至法院，要求立即取消擅自为原告号码非法设定的梦网短信业务，退还不当收取的梦网信息费，并在当地新闻媒体向原告公开赔礼道歉，赔偿精神损失费1元。

法院审理后认为，原告要求被告立即取消其手机梦网短信业务的请求已经得以实现，该请求不再处理。被告未提供证据证明原告与梦网信息站存在短信服务合同关系，其代梦网信息站收费缺乏事实依据，应予返还。被告共代收原告11个月的梦网信息费135.5元，已退还4个月的费用40元，另7个月的费用95.5元应限期退还。原、被告之间属于电信消费服务纠纷，被告的代收费行为只造成原告预存话费的减少，并未给原告造成其他损害后果，故原告要求被告在当地新闻媒体向原告公开赔礼道歉并赔偿精神损失费1元的请求依据不足，不予支持。故判决被告移动公司退还代收原告的梦网信息费95.5元，驳回了原告的其他诉讼请求。王某认为，移动梦网的短信在其工作和休息时间突如其来，使其精神高度紧张，已经造成精神损害，移动公司应依法对其进行赔礼道歉，并赔偿精神损失费，因此提起上诉。二审法院审理后做出终审判决：驳回上诉，维持原判。请分析本案中王某遭受了何种损害及损害的类型。

【解析】本案中王某遭受的损害是其预存话费的减少，属于财产损害、固有损害、积极损害、直接损害。至于精神损害，由于缺乏依据，故不予认定。

【案例三】某年7月4日，沈某之子沈丙乘大客车时突然从车窗口跳下受重伤，经抢救无效死亡。7月5日，该车司机给沈某家属发出“沈丙在某市发生交通事故，速来人到某市交警支队”的电报一封。经由乙江市电信局和邮政局，沈甲于7月16日才收到此邮件。待家人赶到时，沈丙已于7月11日死于救治医院，并已被火化。故沈丙的家人没有见上死者最后一面。遂起诉电信局与邮政局。法院审理认为，沈某发生交通事故，该车司机发出电报后，乙江市电信局和邮政局均是按正常程序进行收发、分拣、投递，没有违反格式合同有关条款的行为，故不承担违约责任和侵权责任。该电报不管稽延与否都没有给沈甲造成直接经济损失和精神痛苦。沈甲要求乙江市电信局和邮政局赔偿的直接损失和精神损害均是由于其子因交通事故造成，与电信局和邮政局的业务没有法律上的因果关系，故对沈甲要求赔偿直接经济损失和精神损害的诉讼请求，依法不予支持，遂判决驳回原告沈甲的诉讼请求。[67] 请结合所学知识评析法院的裁判理由和结果。

【解析】本案法院的裁判理由和结果都是适当的。按民事侵权和民事赔偿的构成要件来看，结果和行为应有法律上的因果关系。本案欠缺因果关系来联系构成要件，所以原告的诉求不能得到支持。

【案例四】12岁的小学生陈某与林某在放学途中，发生争执，林某用手中串烧的签子将陈某刺伤。随后，医院用X线没有检查出插在陈某体内的竹签，导致陈某医治不当身亡。法院审理认为：医方未履行作为专家的注意义务，对患者死亡具有过错，其医疗行为与患者死亡之间存在因果关系。原告已知道陈某受伤，但在陈某因呕吐被送回家后未及时将陈某送医院检查治疗，延误了治疗时间，对陈某的死亡亦有一定责任。致害人林某因未成年，其赔偿责任依法由其监护人承担。法院判定医院、致害方、原告应各自承担陈某死亡损失50%、45%、5%的责任。[68] 请结合所学知识分析本案中的过错认定标准。

【解析】医疗者以自己的专门知识和技能向患者提供服务，从事专门的诊疗活动，对其执业活动负有高度的注意义务，民法上成为专家义务。在医生同意接诊以后，应当对患者进行全面详细询问、全面检查的诊断义务。本案中医生未尽到上述基本义务，违反专家的注意义务，故医院具有过错，应当承担相应的赔偿责任。

思考题

1. 侵权行为构成要件的法律意义是如何体现的？
2. 侵权行为各构成要件的互动是如何实现的？
3. 侵权责任法中的损害有何特征？
4. 请简述侵权责任法中损害的类型。
5. 何谓事实因果关系？何谓法律因果关系？
6. 因果关系如何判断？
7. “一般理性人”的行为标准如何判断？
8. 违反法定义务和过错认定有何关系？

---

〔67〕 沈先有诉洪江市电信局将收到其子出交通事故的电报，按普挂邮件交洪江市邮政局邮寄。《在乡邮中稽延致其不能在其子火化前见一面赔偿案》，载最高人民法院中国应用法学研究所编：《人民法院案例选》（2002年第4辑），人民法院出版社2003年版。

〔68〕 《陈某诉广州某大学附属医院人身损害赔偿纠纷案》，载最高人民法院中国应用法学研究所编：《人民法院案例选》（2008年第1辑），人民法院出版社2008年版。

阅读文献

1. 章正璋:《中德一般侵权行为立法之比较》,载《比较法研究》2005 年第 6 期。
2. 孔祥俊、杨丽:《侵权责任要件研究》(上)、(下),载《政法论坛》1993 年第 1、2 期。
3. [德]U. 马格努斯主编:《侵权法的统一:损害与损害赔偿》,谢鸿飞译,法律出版社 2009 年版。
4. 王泽鉴:《损害概念及损害分类》,载《月旦法学杂志》2005 年第 9 期。
5. 冯珏:《英美侵权法中的因果关系》,中国社会科学出版社 2009 年版。
6. [荷]J. 施皮尔主编:《侵权法的统一:因果关系》,易继明等译,法律出版社 2009 年版。
7. [英]哈特、[美]奥诺尔:《法律中的因果关系》,张绍谦、孙战国译,中国政法大学出版社 2005 年版。
8. [奥]海尔穆特 · 库奇奥:《替代因果关系问题的解决路径》,朱岩、张玉东译,载《中外法学》2009 年第 5 期。
9. 廖焕国:《假设因果关系与损害赔偿》,载《法学研究》2010 年第 2 期。
10. 王利明:《我国〈侵权责任法〉采纳了违法性要件吗?》,载《中外法学》2012 年第 1 期。
11. 黄海峰:《违法性、过错与侵权责任的成立》,梁慧星主编:《民商法论丛》(总第 17 卷),金桥文化出版社(香港)有限公司 2000 年版。
12. 程啸:《侵权行为中过错与违法性问题之梳理》,载《中外法学》2004 年第 2 期。
13. [奥]考茨欧主编:《侵权法的统一:违法性》,张家勇译,法律出版社 2009 年版。
14. 叶名怡:《论违法与过错认定》,载《环球法律评论》2009 年第 5 期。
15. 朱虎:《规制性规范违法与过错认定》,载《法学家》2011 年第 2 期。
16. 尹田:《自然人的行为能力、意思能力、责任能力辨析》,载《河南省政法管理干部学院》2001 年第 6 期。

第四章　侵权民事责任的承担方式

本章导语

侵权责任承担方式是解决侵权纠纷的终极路径。由于实务中侵权纠纷有很大的个案差异,所以有必要规定具体的侵权责任承担方式供被侵权人及法院选择。本章将对侵权责任法中关于侵权责任承担的各种方式作具体的讲述,进一步提高读者对实务中侵权纠纷的解决能力。

第一节　侵权民事责任的承担方式概述

本节提要

本节将从侵权责任承担方式的含义和特征入手,对我国《侵权责任法》相关法条对该问题的规定作类型化的划分研究,使读者对侵权责任承担方式有更好的理解和把握。

一、侵权民事责任承担方式的含义

所谓侵权民事责任,是指侵权人由于其侵权行为以及给他人造成的损害从而在法律上应当承受的不利后果。所谓侵权民事责任的承担方式,是指侵权人根据实际给他人造成的损害情况而应当承担之不利后果的具体形式、方式或类别。

二、侵权民事责任承担方式的类型

侵权民事责任承担方式的基本特征主要表现在以下几个方面:(1)其本质是

侵权人承担责任的具体形式；(2)它是法定的；(3)受害人的诉讼请求对侵权人最终承担的具体责任方式有重要影响。

根据我国《民法总则》第179条的规定，承担民事责任的方式主要有：(1)停止侵害；(2)排除妨碍；(3)消除危险；(4)返还财产；(5)恢复原状；(6)修理、重作、更换；(7)继续履行；(8)赔偿损失；(9)支付违约金；(10)消除影响、恢复名誉；(11)赔礼道歉。法律规定惩罚性赔偿的，依照其规定。本条规定的承担民事责任的方式，可以单独适用，也可以合并适用。

我国《民法通则》第134条第1、2款规定：承担民事责任的方式主要有：(1)停止侵害；(2)排除妨碍；(3)消除危险；(4)返还财产；(5)恢复原状；(6)修理、重作、更换；(7)赔偿损失；(8)支付违约金；(9)消除影响、恢复名誉；(10)赔礼道歉。以上承担民事责任的方式，可以单独适用，也可以合并适用。

我国《侵权责任法》继承了《民法通则》的精神，在第15条第1、2款中规定：承担侵权责任的方式主要有：(1)停止侵害；(2)排除妨碍；(3)消除危险；(4)返还财产；(5)恢复原状；(6)赔偿损失；(7)赔礼道歉；(8)消除影响、恢复名誉。以上承担侵权责任的方式，可以单独适用，也可以合并适用。

在不同的侵权案件中，侵权人承担的侵权责任类型是不同的。为了更加明确侵权责任的承担方式，有必要对侵权责任的承担方式作类型化的研究。根据不同的标准，可将侵权责任承担方式作如下类型的划分：

(一)防御型侵权责任承担方式和补救型侵权责任承担方式

该种责任类型的划分依据是侵权责任功能的不同。

防御型侵权责任承担方式，也称“事先的保护”，主要包括停止侵害、排除妨碍和消除危险。该种侵权责任承担方式主要适用于侵权行为已经构成侵害、妨碍和危险的程度，但尚未给被侵权人的人身、财产利益造成现实损害的情形。

补救型侵权责任承担方式，也称“事后的救济”，包括返还财产、恢复原状、赔偿损失、赔礼道歉、消除影响与恢复名誉。该种侵权责任主要适用于侵权行为已经给被侵权人造成损害的情形，旨在使被侵权人受到损害的权益重新恢复到侵权行为没有发生之前。

(二)绝对请求权与损害赔偿责任

该种责任类型的划分依据是侵权责任性质的不同。

绝对请求权，是指据以排除对物权、人格权、知识产权等绝对权的侵害、妨害或危险的侵权行为，从而确保这些绝对权之圆满状态的请求权。性质上属于绝对请求权的侵权责任承担方式有停止侵害、排除妨碍、消除危险、返还财产。[1]

损害赔偿请求权，是指侵权人请求被侵权人赔偿因侵权行为给其造成的财产和精神损害的请求权。恢复原状和赔偿损失是实现侵权损害赔偿请求权的两种最典型的途径。在我国法中，广义的恢复原状还包括赔礼道歉、消除影响与恢复名誉。

由于《侵权责任法》第 15 条第 1 款规定的侵权责任承担方式各有特点，所以该条第 2 款规定在不同案情中第 1 款的侵权责任承担方式可以单独适用，也可以合并适用。

第二节　损害赔偿

本节提要

损害赔偿在本节只作为侵权责任的方式之一概括介绍，主要是为了对侵权责任形式有完整的了解。限于本书结构安排，关于侵权损害赔偿制度的详细内容见第 21 ~25 章。

一、损害赔偿的意义

狭义的损害赔偿（schadensersatz，damages）仅指金钱赔偿，即侵权人通过给付一定的金钱作为赔偿金给受害人，以实现民事责任的功能和目的。侵权责任最主要的功能是救济受害人，使其尽可能地恢复到受害前的状态，“如同损害事故未曾发生者然”[2]（尽管这可能只是一个良好的愿望）。由于金钱本身具有的一般等价物的独特性，损害赔偿即金钱赔偿无疑是其中最主要也是最简明直接的一种责任方式。

二、损害赔偿的类型

1. 根据损害赔偿的对象，可以将损害赔偿分为财产损害赔偿和精神损害赔

---

〔1〕 崔健远：《绝对请求权或侵权责任方式?》，载《法学》2002 年第 1 期。

〔2〕 着眼于此目的而言，恢复原状无疑是最好的侵权责任方式。然而，在侵害人格权的场合，生命、身体完整、健康、自由甚至名誉等，一旦失去，或许根本无从恢复，此时，也不得不诉诸金钱赔偿的方式。

偿。前者针对的是受害人的财产性损害，后者针对的是受害人的非财产性损害（肉体和精神上的痛苦或不适）。此分类主要是源于损害本身的分类。

2. 根据损害赔偿的性质，可以将其分为补偿性赔偿和惩罚性赔偿。补偿性赔偿是指侵权人所支付的赔偿金仅仅并完全是补偿受害人的损失，其支付的赔偿额与受害人的损害在量值上被认为是等同的。由于补偿性赔偿包括财产性赔偿和非财产性赔偿，所以，在非财产性损害赔偿的场合下，这种所谓的"等值"也只不过是法律上的一种拟制。毕竟，肉体上和精神上的痛苦，是根本没有办法与具体的金钱数额画上等号的。在大陆法系，尤其是德国法中，这种用于非财产性损害赔偿的金钱，其功能被认为是一种对受害人的"安抚、抚慰"；有学者认为这种"安抚"既不同于对受害人的"补偿"，也不同于对侵权人的"惩罚"；但也有学者认为，"安抚"这种新创造的概念并没有什么新内涵，实质上还是对受害人的补偿。〔3〕

所谓惩罚性赔偿，是指侵权人给付的赔偿金超过受害人实际损害的金额。之所以如此，是因为有时候侵权人的主观心态极其恶劣，为了表示对其惩戒并威慑此类行为，有必要适用此等赔偿。

三、损害赔偿的适用范围

损害赔偿的适用范围很广，既可能是直接损害，也可能是间接损害，还可能是反射损害，最远的还包括纯粹经济损失。具体有多大范围，关键看责任范围因果关系的认定。不过，一般而言，直接损害基本上都要赔偿，因为责任范围因果关系肯定满足。而间接损害则要在考虑侵权人的过错程度等因素后再决定。至于间接损害中的纯粹经济损失，其赔偿则受到严格限制，只有在法律有明确规定的时候，损害赔偿的范围才会涵括它。

四、损害赔偿的原则

损害赔偿的基本原则是全部赔偿原则。换言之，只要法律认可的受害人损害都要赔偿。也就是说，通过损害赔偿，尽量使受害人恢复到如同没有遭受过他人侵害一样的状态。实际上，这只是一个良好愿望，因为受害人为获得救济的许多成本，如律师费、败诉风险、通信费用等是根本不能够纳入损害赔偿中去的。这种

---

〔3〕 曾世雄先生说得很形象：对非财产损害适用金钱赔偿，虽有反对声音，"但毕竟终受肯定，因为10元如不能去除痛苦，百元或可去除痛苦，要不然千元应可去除痛苦，再不然万元定可去除痛苦。问题在于金额之大小，非在于金钱不能去除痛苦"。参见曾世雄：《损害赔偿法原理》，中国政法大学出版社2001年版，第152页。

现状也促使人们不断思考如何完善侵权法的功能,使其具备应有的权威和力量,增加人们对法律的信赖感。

另外,还有所谓等额赔偿的原则,即侵权人赔偿的数额不得超过受害人的实际损害,以免受害人不当得利,甚至产生道德风险。在不承认惩罚性赔偿的法制下,这种等额赔偿原则当然是有道理的,但在承认惩罚性赔偿的法制中,此原则也就没有必要存在。

此外,我国《侵权责任法》第77条规定:承担高度危险责任,法律规定赔偿限额的,依照其规定。该条是对限额赔偿原则的规定。限额赔偿一般不作为侵权损害赔偿的一般原则,因为该原则主要适用于高度危险责任。高度危险责任属于无过错责任,其重要特点之一就是无论行为人对损害的发生是否具有过错,高度危险责任人都必须对损害承担责任,除非法律另有规定。因此,法律对于高度危险责任人的要求非常严格。但是,从行业的发展和权利义务平衡的角度来看,法律必须考虑在这种严格责任的前提下,有相应责任限额的规定,这也是许多国家在高度危险责任立法上的一致态度。我国现行法律对于高度危险责任赔偿限额问题也有比较明确的规定,对此,如果法律对不同类型的高度危险责任有赔偿限额规定的,要依照其规定。

关于损害赔偿原则的两项基本原则是损益相抵和过失相抵;另外,它们的适用顺序在法律上也具有重要意义。

所谓损益相抵,是指损害赔偿请求权人因为同一赔偿的原因事实受有利益时,赔偿义务人应当支付的损害赔偿额应当是受害人的实际损害减去该受益部分后的数额。

所谓过失相抵,又称受害人过错、共同过失,是指受害人对于损害的发生或扩大也有过错的,则侵权人的赔偿责任要根据受害人的过错大小和促成损害的原因力大小而相应扣减。其法理基础在于自己过失自己负责,即本质上还是过错责任的法理。

一般认为,损益相抵应当优先于过失相抵适用。因为,损益相抵属于损害有无的问题,过失相抵属于损害分配的问题,从逻辑层次上说,必先有损害,而后始能分配,故损益相抵应先于过失相抵而实行。[4] 这方面内容的详细论述参见本书分论的相关部分。

---

〔4〕 郑玉波:《民法债编总论》,中国政法大学出版社2004年版,第243页。

第三节 非损害赔偿的方式

本节提要

本节主要讲述了几种非损害赔偿的侵权责任承担方式，包括恢复原状、消除影响、恢复名誉、赔礼道歉。本节的学习重点在于对恢复原状的理解。

一、恢复原状

恢复原状，是指“重建赔偿权利人受侵害权利法益之原貌，如同损害事故未曾发生者然”。[5] 作为责任方式，恢复原状是指为让受害人恢复到未受损害情况下的应有状态所采取的一切必要的合法措施。从性质上说，它包括禁令，也包括强制令，前者如禁止侵扰行为的持续进行，后者如拆掉相邻人新建的阻碍通道、改变传统状态的设施。从内容上说，它包括返还财产，也包括消除影响、恢复名誉。

关于恢复原状，应注意两个问题：

1. 恢复应有状况，而不是恢复到损害前状况。例如，某商店被一帮人打砸后被迫关闭一周，若要对商店经营者给予恢复原状的救济，则不仅要恢复被损坏的物品价值，同时也要给予商店的营业收入损失，因为这是损害若未发生的情况下原本会有的。

2. 狭义的恢复原状通常是以“行为”面目存在的。即被告要么是作为，要么是不作为。但很多时候，“赔偿义务人单纯之行为不能强制执行……常见其最终必须转换为金钱赔偿之尴尬场面”。[6] 例如，汽车被损坏，侵害人不愿意修理，则最后只能是受害人自己去修理，令侵害人给付修理费。又如，某公司擅自使用某乙的肖像作广告用，法院判令该公司登报道歉，但该公司拒不执行，最后只能是某乙自己去联系登报道歉事宜，而费用由该公司承担。

二、消除影响、恢复名誉、赔礼道歉

消除影响、恢复名誉、赔礼道歉，这三种民事责任方式主要用于人格权利受侵

〔5〕 曾世雄：《损害赔偿法原理》，中国政法大学出版社2001年版，第148页。

〔6〕 曾世雄：《损害赔偿法原理》，中国政法大学出版社2001年版，第149页。

害的场合。典型的如名誉权受到侵害,隐私权受到侵害,或是著作权中的署名权受到侵害等。

所谓消除影响,是指由侵害人消除由其侵权行为而给受害人带来的不利影响。这种不利影响大多数还是有关受害人名誉方面的。所谓恢复名誉,顾名思义,就是恢复受害人被损害的名誉。所谓赔礼道歉,与生活语言中的同一概念没什么差别,即侵权人公开或私下向受害人表示歉意,以安抚受害人。

有学者将这三项民事责任方式视为我国《民法通则》的独创。《侵权责任法》和《民法总则》也延续了这一规定。法律做如此规定,其优点是直观易懂,便于司法人员适用;其缺点是不严谨,也不够妥当。

如果将“消除影响、恢复名誉”作为侵权责任要达到的“目的”或“效果”来看待,则它根本不能作为侵权责任“方式”;如果作为侵权责任方式,那么它们又是概括的描述——侵权人究竟采取何种措施才算是消除影响,语焉不详。而且,这种概括性的方式,与赔礼道歉这种具体方式相提并论,也是很不恰当的。

至于“赔礼道歉”能否作为一项民事责任方式,是很有疑问的。原因有二:一是此责任方式看似体现了我国礼乐之邦的优良传统,实际上其针对的是精神创伤,而非受侵害的人格权本身。[7] 二是赔礼道歉的执行难问题根本无法解决。侵权责任作为民事责任,其性质还是财产责任,而赔礼道歉具有人身性质,根本不能强制侵权人赔礼道歉。其结果往往演变为受害人在报上登载“向自己道歉的公告”,由侵权人支付费用。这种方式已经与赔礼道歉的精神相去甚远,其实质上还是金钱赔偿。对于侵权人而言,其心不诚的道歉如何算得上道歉,已名不副实。可见,赔礼道歉的实际效果极其有限。在报纸上刊载的一则胜诉判决,同样能起到前述操作方式的结果。

思考题

1. 侵权责任承担方式有哪些具体类型?
2. 侵权责任承担方式是如何适用的?
3. 损害赔偿有何法律意义?

---

〔7〕 参见崔建远:《债法总则与中国民法典的制定——简论赔礼道歉、恢复名誉、消除影响的定位》,载《清华大学学报》(哲学社会科学版)2003 年第 4 期。

4. 损害赔偿有哪些类型?
5. 何谓恢复原状?
6. “消除影响、恢复名誉、赔礼道歉”能否作为独立的民事责任方式?

阅读文献

1. 崔建远:《绝对请求权或侵权责任方式?》,载《法学》2002 年第 1 期。
2. 崔建远:《债法总则与中国民法典的制定——兼论赔礼道歉、恢复名誉、消除影响的定位》,载《清华大学学报》(哲社版)2003 年第 4 期。

第五章　侵权责任抗辩事由

本章导语

所谓抗辩事由，是指行为人获得免责或者减轻责任而可以主张的法定事由。本书所讲述的抗辩事由主要有两大类：正当理由的抗辩和外来原因的抗辩。前者包括依法执行公权力的行为、自助、正当防卫、紧急避险、受害人同意和自甘冒险、善意救助，后者包括受害人故意、第三人故意、不可抗力和意外事件。本章学习的重点在于对上述抗辩事由认定标准的理解和运用。

第一节　正当理由

本节提要

本节主要介绍了依法行使公权力、自助、正当防卫、紧急避险、受害人同意与自甘冒险和善意救助这六类正当理由的抗辩。本节学习的重点在于对正当防卫、紧急避险、受害人同意和自甘冒险这几种抗辩事由的判定。

在承认不法性作为侵权行为构成要件之一的德国法系，对自助、正当防卫、紧急避险和受害人之同意与其他抗辩事由作了明确的区分，它们在学理上自成独立的范畴，即所谓"正当理由"。正当理由的范畴是不法性概念的当然结果，甚至可以说，在将不法性作为侵权责任构成要件中独立要件之一的法律规定中，不法性概念不过是相关正当理由的指示器而已。正当理由的功能仅在于排除行为的"不法性"。[1] 换言之，在德国等少数国家，在符合自助、正当防卫、紧急避险、受害人

〔1〕［德］克雷斯蒂安·冯·巴尔：《欧洲比较侵权行为法》（下），焦美华译，法律出版社2001年版，第604页。

同意的场合下，行为人的行为将欠缺“不法性”的要素。而在其他大多数国家的法律中，这些抗辩理由主要是针对过错的抗辩，即在符合自助、正当防卫、紧急避险、受害人同意的场合下，行为人被认为是没有过错的。

为了与本书后面的分论内容衔接一致，这里我们采用正当理由和其他抗辩的分类方法。

一、依法行使公权力

行为人依法履行公法上的职务而给他人造成损害的，不承担侵权责任。此抗辩的具体特征表现在以下几个方面：

1. 只能限于公法上的职务履行行为，亦即公权力的行使行为。它主要包括行政职权和司法职权。前者如公安局对负隅顽抗的逃犯实施暴力拘捕；后者如法院的法警制服当庭咆哮的被告人。行使私法上的职务，如公司保安履行门卫的职务，不构成此项抗辩。

2. 必须是依法行使职务，即严格按照法律权限和法定程序来履行职务、行使职权，否则造成损害的话，仍然构成侵权。如城管执法，必须严格依照法律规定的程序在法律授权范围内履行职务，不得肆意罚款、没收或毁坏他人财物。负责城市拆迁的工作人员不得采用滥用暴力手段进行野蛮拆迁，否则造成损害的话，仍然构成侵权。

3. 援引该抗辩的法律效果是免责，即行为人完全不用承担侵权责任。

4. 此项抗辩在性质上，根据传统德国法系的理论，是违法阻却事由；根据普通法的见解，则是特权(privilege)。在坚持三要件的学者看来，它要么针对过错的抗辩，要么针对法定的免责事由。

二、自助

所谓自助，是指行为人在自身利益遭受不法侵害，且情况紧急来不及诉诸公力救济时，自身所采取的救济行动，该行动导致不法侵害人损害的，自助人不承担侵权责任。此项抗辩的特征包括以下几个方面：

1. 必须是行为人在自身利益遭受不法侵害的场合下。此项抗辩下的救济行动只能为自己而不能为他人的利益。例如，某甲偷了某乙的钱包就想跑，但被某乙发现，某乙奋力赶上将窃贼扑倒在地，导致窃贼受伤。此例中，某乙的行为构成自助。旁观的群众如果看到此情景，当然可以也应当见义勇为，积极捉贼，但他们的援手不能叫作自助。

2. 必须是情况紧急来不及诉诸公力救济。现代文明社会区别于野蛮社会的重要标志是私力救济的式微,公力救济一枝独秀,即原则上不允许私人使用暴力来解决纠纷,只能由国家授权的公权力机构运用暴力。但在情况紧急时,仍有私力救济存在的正当性。如上面列举的抓贼的例子,若不自助,则窃贼会逃跑,之后再救济会很困难。又如顾客在饭店吃“霸王餐”,不给钱还想溜,饭店经营者可以将其随身物品如手机、皮包之类扣下。这也是一种典型的情况紧急,因为如果不采取此等自助措施,则事后将很难寻人和取证。倘若顾客吃饭了没给钱,留下地址说第二天给,结果第二天没有给,则饭店经营者不得在第二天使用暴力强行索债。因为这种情况下,也不存在事态紧急来不及诉诸公力救济的情形。

3. 自助行为不能超过一定限度。自助人因自助超过必要限度而给不法侵害人造成损害的,应承担侵权责任。例如,在饭店经营者扣下不给饭钱之顾客的手机后,就不应再扣押该顾客,如果仍然限制顾客的人身自由,则构成非法拘禁,仍然要承担侵权责任。在抓贼场合,夺回钱包,即已达到自助的目的;如果再暴打一顿窃贼导致其重伤则显然超过必要限度,自助人要对此承担侵权责任。

三、正当防卫

刑法中,正当防卫是一项很重要的制度。在侵权法中,正当防卫同样也构成免责的抗辩,即行为人针对正在进行的不法侵害行为,进行正当防卫而给不法侵害人造成损害的,不承担侵权责任。《民法通则》第128条规定:因正当防卫造成损害的,不承担民事责任。正当防卫超过必要的限度,造成不应有的损害的,应当承担适当的民事责任。我国《侵权责任法》第30条规定:因正当防卫造成损害的,不承担责任。正当防卫超过必要的限度,造成不应有的损害的,正当防卫人应当承担适当的责任。《民法总则》第181条规定:因正当防卫造成损害的,不承担民事责任。正当防卫超过必要的限度,造成不应有的损害的,正当防卫人应当承担适当的民事责任。这些都是对正当防卫和防卫过当的规定。正当防卫本质上是一种以合法行为制止不法行为,从而保护行为人或者第三人合法权益的行为。相关规定可参见《刑法》第20条。

认定正当防卫时应考虑以下因素:

1. 必须是针对正在进行中的不法侵害,即侵害的现实性。如正在实施抢劫,正在破坏财产等。

2. 不法侵害行为既可能是针对防卫人本人,也可能是针对第三人。

3. 正当防卫的目的是保护自己或者第三人(包括社会公共)的合法利益。

4. 防卫不得超过必要限度。防卫超过必要限度造成不应有损害的，应承担相应的侵权责任。

四、紧急避险

行为人为避免现实的急迫危险，采取必要措施造成他人损害的，避险人不承担侵权责任，由制造险情的人承担侵权责任。我国《侵权责任法》第31条规定：因紧急避险造成损害的，由引起险情发生的人承担责任。如果危险是由自然原因引起的，紧急避险人不承担责任或者给予适当补偿。紧急避险采取措施不当或者超过必要的限度，造成不应有的损害的，紧急避险人应当承担适当的责任。《民法总则》第182条规定，因紧急避险造成损害的，由引起险情发生的人承担民事责任。危险由自然原因引起的，紧急避险人不承担民事责任，可以给予适当补偿。紧急避险采取措施不当或者超过必要的限度，造成不应有的损害的，紧急避险人应当承担适当的民事责任。就紧急避险的本质来说，紧急避险是一种"丢车保帅"的行为，即通过牺牲一个较小的利益来保护一个较大的利益。与正当防卫一样，紧急避险也具有普遍的正当性，大部分国家的法律都将紧急避险作为免除民事和刑事责任的抗辩事由。关于紧急避险应当注意以下问题：

1. 危险必须是现实的、紧迫的。如果是假想的或者并非紧迫的，则不可援用此项抗辩。例如，江堤决口、火灾等都属于现实而紧迫的危险。

2. 这种危险既可能针对人身，也可能针对财产。

3. 这种危险既可能是他人行为产生的，也可能是自然力导致的。二者都可能构成紧急避险中险情的原因。只不过二者处理的结果不同，在自然力导致险情时，采取的措施要适当，否则要承担责任；在他人制造险情的情况下，由制造险情的人承担责任，紧急避险人不承担责任。

避险人采取避险措施不当或超过必要限度造成不应有的损害的，应承担相应的民事责任。我国《民法通则》第129条规定，在自然力导致险情时，紧急避险人的避险措施不当或者超出必要限度，造成不必要损害的，紧急避险人应当承担适当的民事责任。那么，在由他人制造险情的场合下，是否有限度要求呢？法律没有明确说，但理当如此。是否超出必要限度，应当以一般理性人的行为标准去衡量。

在危险因自然力而引起时，紧急避险的受益人应在受益限度内对受害人的损害予以适当补偿。这是指紧急避险人为他人利益而采取紧急措施而导致他人受害时，紧急避险人如果措施适当，没有超出必要限度，则他不需要承担责任；但受害人的损害也不能白白承受，这时候，让受益人给予适当补偿，无疑是公平原则的恰当体现。

五、受害人同意与自甘冒险

(一)受害人同意

受害人同意这个抗辩,是指受害人明确同意行为人对其施加某种行为,并且自愿承担该行为所造成的损害后果的,行为人不承担侵权责任。

此抗辩的正当性基础是什么呢?从根本上说,其正当性基础是所谓的"禁反言"规则。即任何人的言行应当前后一致,这是诚信原则的基本要求。潜在受害人既然事先在了解到可能有风险的情况下仍然同意行为人实施某项行为,则当风险现实化之后不能再反悔,并指控行为人的行为系侵权行为。例如,外科手术是对人身的一种"侵入",没有病人同意的话,医生擅自为病人做手术,就是一种典型的人身伤害行为。如果病人事先对手术表达了同意,则医生的"身体伤害行为"就不构成侵权。

关于受害人同意,需要注意以下几点:

1. 受害人同意必须是真实意志的表达。如果是被迫的,或者是无意思能力人做出的,则不具有免责效果。一个 6 岁儿童"同意"一位大叔拿走他的小车,这里是不存在有效同意的。

2. 受害人同意的内容违反法律或者公序良俗的,不得免除行为人的侵权责任。例如,受害人预先同意他人故意侵权造成损害的,此同意无效。

3. 行为人的行为超出受害人同意范围的,行为人应对超出其范围的行为所造成的损害承担侵权责任。例如,患者同意医生拔掉他的坏牙,结果医生拔掉了两颗牙齿。没有获得同意的部分所存在的损害,医生要承担赔偿责任。

4. 同意既可以以明示方法做出,也可以以默示方法做出。例如,某私人停车位入口处树立一块牌子,写有"私人车位,不得停车,否则将通知市容监察部门拖走",这种情况下,如果某位外来者仍然把车停在了该车位上,则该停车行为就构成了默示的同意。

(二)自甘冒险

与受害人同意表面上看具有很大相似性的是所谓的风险自负(voluntary assumption of risk)原则,或者叫作"自甘冒险"规则。其意思是指,原告事先知道或应当知道自己将可能因为被告的行为而承受一定的风险,则当危险现实化后,不能就此风险演化的损害主张赔偿。例如,病人事先明白要做的手术有一定风险,但仍同意医生为其实施手术治疗,结果手术失败,并且并非因为医生的过错而失败,而是出现了意料中的风险损害,则医生不用承担责任。

风险自负与受害人同意二者的相似性在于:二者都存在受害人的“自愿”。不过,它们还是有实质性区别的。以医生为病人做手术为例。病人同意医生用手术刀打开其身体,这是受害人同意,这种同意使医生利用手术刀侵入自己身体这一行为从法律上说是合法的,根本就不是侵权行为。而病人明知道手术存在风险仍然愿意接受,并事实上后来真的因为发生了这种风险而受到损害,这里就是风险自负的范畴。可见,二者“自愿”的对象是不同的:前者是手术行为,后者是手术风险。

风险自负具有如下特征:

1. 风险自负并非独立的法律范畴,不是独立的一般抗辩事由,而是一种法律思想,仅仅是在损害赔偿领域需要考虑的因素。风险自负可能存在于受害人同意中,如拳击运动中;也可能存在于共同过错中,如搭车人明知司机属于酒后驾车,仍然欣然搭乘,后因司机过失遭遇交通事故受到损害;还可能存在于协议免责中,如超市自助寄存柜贴有告示:贵重物品切勿放在保险箱内,否则丢失概不负责。

2. 风险自负一般是针对行为人的过失行为而言的。与此相反,受害人同意一般是针对行为人故意行为(有意识的行为)而言的,因为“对未知的将来事件是很难谈得上同意的”。

3. 风险自负虽然也有作为绝对免责事由的时候,但绝大部分情况下仅仅是减轻行为人侵权责任的一个因素。例如,明知他人酒后驾车仍然搭乘。如果后来发生的交通事故与司机饮酒有关,则此案中存在风险自负的情形,但并非行为人可以完全免责,只不过行为人可以以此为由请求减轻赔偿责任。

4. 风险自负主要发生在体育比赛中的意外伤害场合。例如,足球运动员在场上被踢伤,绝大部分情况下,只要踢人者并非出于明显恶意,哪怕踢人者是故意犯规,也有风险自负规则的适用。其他如篮球、赛车〔2〕等比赛中,都可能有风险自负的存在。

六、善意救助

《民法总则》第184条规定:“因自愿实施紧急救助行为造成受助人损害的,救

---

〔2〕 为什么拳击比赛和篮球、赛车比赛在是否适用受害人同意或风险自负规则上有所不同呢？这是因为拳击比赛就是以打击对方(在可打击范围内)为目的的,因此,参赛者明知并接受这样的、必然存在的打击,并且接受很可能是很严重的伤害,这里是典型的受害人同意,也可以说是风险自负。但在篮球、赛车比赛中,参赛者接受的是比赛中可能有的风险,而不是接受其他参赛者的故意殴打或伤害,也不存在对比赛中受损害这种结果的同意,因此,这里只存在风险自负的问题,而没有受害人同意的问题。

助人不承担民事责任。"该规定为善意救助者责任豁免原则。

这一条文的法律价值在于保护善意救助者不受民事责任的追究。为鼓励公民对不负救助义务的他人实施救助，赋予善意施救者必要的责任豁免权，大大降低善意施救者所要承担的风险，保护善意施救者。善意施救者的责任豁免须具备以下要件；第一，行为人为善意救助者，即具有救助他人的善意；第二，行为人实施了救助行为，在他人处于危难或困境中时，采取了紧急救助措施；第三，善意救助者的救助行为不当，造成了被救助者的损害。具有上述三个要件，就可以依据本条规定，免除善意救助者的民事责任。

第二节　外来原因

本节提要

本节主要介绍了受害人过错、第三人过错、不可抗力、意外事件这几种外来原因的抗辩。本节学习的重点在于对受害人过错、第三人原因、不可抗力的理解。

所谓外来原因的抗辩，是指抗辩事由中除正当理由外的其他抗辩。它包括受害人过错、第三人过错、不可抗力和意外事件。这些抗辩理由主要是针对因果关系提出的，即行为人主张这些抗辩，其目的在于通过证明因果关系要件的不成立从而免责。[3]

一、受害人过错（共同过失）与第三人过错

（一）受害人过错（共同过失）

受害人过错，通常被称为共同过失、共同过错、与有过错等。此抗辩的意思是，受害人或其辅助人对同一损害的发生或者扩大有过错的，赔偿义务人的赔偿责任应根据双方过错程度和原因力大小相应减轻或免除。

我国《侵权责任法》第26条规定，被侵权人对损害的发生也有过错的，可以减

---

〔3〕　即便是受害人过错的抗辩，其实质也是对因果关系的破坏。因为由于受害人过错而导致或扩大的那部分损害，实际上是与行为人的行为不存在因果关系的，因而仅对于那部分损害而言，行为人获得了完全免责。但对于整个损害而言，行为人获得的是部分减轻责任，而不是完全免责。

轻侵权人的责任。本条是关于受害人过错的规定。根据法条规定，该抗辩存在以下要点：

1. 所谓受害人的过错，其实不是真正意义上的过错，因为侵权法上的过错是对他人利益未尽到注意义务，受害人过错实际上是违反了对本人的义务。但这种特殊意义的过错在计算侵权人的赔偿责任时必须被考虑进去。

2. 一般来说，受害人过错并不是一个免责抗辩，而是一个减轻责任的抗辩；除非受害人的过错远远大于被告的过错。

3. 侵权人因故意或者重大过失致人损害的，不适用前款规定，除非受害人对该损害的发生或扩大存在故意。这也是故意侵权的重要独特性之一。冯·巴尔教授对此评论道："故意侵权在某些方面需要独立的规则。将故意侵权放在过失侵权的层面上并将二者仅作为'过错责任'的两种表现形式对待是不公平的。"《侵权责任法》第27条规定："损害是因受害人故意造成的，行为人不承担责任。"但事实上，当受害人和行为人均系故意时，行为人仍然应按过错比例承担责任。因此，第27条的规定并不严谨。[4]

4. 赔偿义务人根据危险责任原则承担责任时，也可能有共同过错的适用。尤其是当受害人系故意或重大过失[5]时，共同过错规则在危险责任中的运用更加普遍。

5. 对未成年受害人过错的认定，要考虑其辨别能力。例如，显然不能认定4岁以下的儿童对自己遭受的损害存在共同过错。

6. 受害人过错的表现形式可能是受害人对损害的发生有部分促成作用，也可能是损害发生后，受害人没有尽到防止损失扩大的义务。身体受他人伤害时，受害人去医院医治，但没有遵守医生嘱咐，这就是典型的对于损害扩大没有尽到应有的预防义务。

7. 受害人过错，应当由行为人承担证明责任。

（二）第三人过错

第三人对同一损害的发生或者扩大有过错的，行为人于此部分不对受害人承担侵权责任，但法律规定行为人与第三人承担连带责任的除外。

---

〔4〕［德］克雷斯蒂安·冯·巴尔：《欧洲比较侵权行为法》（下），焦美华译，法律出版社2001年版，第655页。

〔5〕有的国家如荷兰也使用"明知的过失"，这也再次说明重大过失与明知的过失之间的亲近关系。参见［德］克雷斯蒂安·冯·巴尔：《欧洲比较侵权行为法》（下），焦美华译，法律出版社2001年版，第658页。

此抗辩实际上是针对因果关系而设定的。不能归责于行为人的损害当然不应该由行为人来承担，而应当由导致该部分损害的、有过错的第三人来承担。

我国《侵权责任法》第28条规定，损害是因第三人造成的，第三人应当承担责任。本条是对第三人原因造成损害的规定，可以从以下几个方面来理解：

1. 第三人是行为人与受害人之外的人，而不是原告或被告中的任何一方。同时，第三人与原告、被告之间不存在法律上应负责任的关系，如雇佣、婚姻血缘关系等。

2. 在法律有特别规定时，只要损害是由第三人造成的，并不考虑第三人是否存在过错，均应当承担侵权责任，如《侵权责任法》第73、86条。

3. 第三人的原因主要是由于第三人的过错造成损害的产生或者扩大。

二、不可抗力与意外事件

因不能预见、不能避免且不能克服的自然力造成损害的，行为人不承担侵权责任；但法律另有规定的除外。

所谓不可抗力，是指不能预见、不能避免且不能克服的客观情况。不可抗力之所以能让行为人免责，是因为行为人的行为与受害人损害根本没有因果关系。换言之，导致受害人损害的真正原因是突发的、不可控制的自然力，而非行为人的行为。不可抗力是一个绝对抗辩，即行为人可以完全免责，如地震、洪水等。

我国《侵权责任法》第29条规定，因不可抗力造成他人损害的，不承担责任。法律另有规定的，依照其规定。本条是关于不可抗力的规定。在不可抗力作为免责事由时，应当考虑以下几个方面：

1. 不可抗力的判断标准。该实践的发生属于不能预见、不能避免且不能克服，三大因素缺一不可。

2. 不可抗力的适用结果。行为人利用不可抗力来抗辩，一旦成立不可抗力，则行为人完全免责。

3. 法律另有规定的，依照其规定。在具体的侵权案件中，除了适用《侵权责任法》，还要考虑其他单行法的适用。

所谓意外事件，是指不可归责于行为人的突发事件。即此突发事件并非由于行为人的过错导致的，因而行为人对此不可避免之意外事件所造成的损害不承担责任。典型的意外事件，如驾驶员驾驶过程中突然失去意识。

—— 训　练 ——

【案例一】被告甲征稽所同丙派出所签订了联合进行路检路查偷漏养路费的协议。1996年6月24日，被告征稽所人员会同丙派出所民警在一路段设路卡进行路检路查工作。原告丈夫李某无证驾驶无牌照农用三轮车驶入设卡路段。发现前路口有路检，就调头向乡路行驶。参加路检的两名派出所人员发现后，立即驾车追查。李某由于车速快失控撞断路边水泥电线杆，电线杆倒下时砸碎李某头颅致其当场死亡。死者之妻王某诉至法院，要求征稽所赔偿。[6] 如果你是负责该案的法官，你会怎么裁判该案？

【解析】被告征稽所在路口设卡路检查稽偷漏养路费情况的行为，系正常执行公务行为。其工作人员在发现李某无牌照驾车，即驱车尾追查明情况，该行为并不违法。原告李某无证驾驶无牌照农用三轮车，理应主动停下接受检查，而其为规避被告征稽所的检查驾车而逃，导致车毁人亡的结果，责任理应自行承担。遂王某的诉求应当被驳回。

【案例二】2009年5月10日晚，某镇招商办主任邓某、副主任黄某等人，酒后到雄风宾馆梦幻城玩乐。黄某发现VIP5包房内正在洗衣的邓玉娇后，向邓玉娇提出陪其洗浴的要求，遭到邓玉娇拒绝。随后，邓某、黄某等对邓玉娇进行辱骂，并拿出一沓钱炫耀并朝邓玉娇面部、肩部搧击。经服务员罗某劝解，邓玉娇欲离开，邓某又将其拉回并推到在沙发上。邓玉娇站起来从斜挎包中拿出一把水果刀藏于身后。邓某再次将邓玉娇按倒在沙发上，邓玉娇挣扎不开时，持水果刀朝邓某刺击，致邓某左颈部、左小臂、右胸部、右肩部受伤。黄某上前阻拦，亦被邓玉娇刺伤右臂。邓某因伤势严重，经抢救无效死亡。

6月16日，湖北省巴东县人民法院一审结束。合议庭当庭宣判，邓玉娇的行为构成故意伤害罪，但属于防卫过当，且邓玉娇属于限制刑事责任能力人，又有自首情节，所以对其免除处罚。请结合抗辩事由对本案进行评析。

【解析】本案中邓玉娇的行为构成防卫行为，可以以此为抗辩阻却犯罪。

【案例三】杨某在家宴请朋友，最后一道菜是草乌炖猪肉。饭后席散，杨某和夏某送客人出来，遇到叶某。杨某去厕所，夏某就对叶某说他们在杨某家吃草乌，问叶某是否敢去吃，叶某说“要得”，二人即一同到杨某家。杨某回家后，问叶某是否敢吃，叶某说敢吃，杨某、叶某二人即入厨房。叶某在食用一小碗后，当即中毒。后经医院诊断为急性草乌中毒，叶某成植物

---

〔6〕《王云叶因其夫驾驶无牌照机动车行驶被追击中撞倒电线杆被砸死诉路检者旅顺口交通征稽所赔偿案》，载最高人民法院应用法研究所编：《人民法院案例选》（1999年第3辑），人民法院出版社2000年版。

人状态，已构成重伤。

法院经审理认为：杨某、夏某与叶某的对话足以说明三人对下面几个事实是明知的——草乌有毒，也有药用价值；可食用，但食用不当或食用人身体状况差异会导致中毒。叶某对自己的身体注意不够，不顾杨某的询问提醒，轻信自己能够避免中毒的危害结果，自行服用草乌炖肉而中毒，对该损害后果的发生存在过错，应负主要责任。杨某作为导致叶某草乌中毒的烹制者，夏某作为约请叶某吃草乌炖肉的人，对叶某服食草乌炖肉可能产生中毒的说明、劝阻不够，也存在一定的过错，应负次要责任。〔7〕请结合案情回答：

1. 本案的法律适用依据是什么？

2. 本案中被告是否存在抗辩事由？如果存在，是何种抗辩事由以及判定标准是什么？

【解析】

1. 本案的法律适用依据是《侵权责任法》第 6 条的规定，属于一般过错责任。

2. 被告存在抗辩事由。抗辩事由是受害人过错。依据是《侵权责任法》第 26 条的规定。判定标准是一般合理人的注意义务，对自己合理的照顾义务；若有违反，则构成对自己的过错，从而相应减少行为人的责任。

思考题

1. 侵权责任法中设置抗辩事由有何意义？
2. 第三人过错中的“第三人”应当如何界定？
3. 行为人援用不可抗力作为抗辩为何可以完全免责？

阅读文献

1. 程啸：《论侵权行为中的受害人的同意》，载《中国人民大学学报》2004 年第 4 期。
2. 王利明：《侵权责任法研究》（上册），中国人民大学出版社 2010 年版。
3. 刘凯湘、张海峡：《论不可抗力》，载《法学研究》2000 年第 6 期。
4. 杨立新、赵晓舒：《我国〈侵权责任法〉中的第三人侵权行为》，载《中国人民大学学报》2013 年第 4 期。

〔7〕《叶继荣诉杨开运等案》，载国家法官学院、中国人民大学法学院编：《中国审判案例要览》（2001 年民事审判案例卷），中国人民大学出版社 2002 年版。

第六章　责任竞合和聚合

本章导语

在实务中，如果一个案件中存在责任竞合或者责任聚合的问题，该如何处理呢？本章将从责任聚合与责任竞合的概念入手，进而分别讲述侵权责任与行政责任、刑事责任的聚合问题以及侵权责任与违约责任、不当得利责任的竞合问题。关于侵权责任与行政责任、刑事责任发生聚合，三者责任冲突时，法律明确规定民事责任应该优先承担。但侵权责任与违约责任、不当得利责任发生竞合时如何处理，法律并没有明确规定，而是赋予了受害人择一行使的自由。受害人如何才能选择对自己更为有利的救济方式，关键在于不同责任的赔偿范围、证明责任等。本章的重点在于侵权责任与违约责任、不当得利发生竞合时两种责任承担的区别。

第一节　责任竞合与聚合概述

本节提要

由于实务中个案的复杂性以及法律构成要件的重合性，责任的竞合与聚合频繁发生。本节将对责任竞合与责任聚合的基本概念、发生原因以及适用问题展开讲述，旨在提高读者处理实务问题的能力。

一、责任竞合

所谓责任竞合，是指行为人的同一行为或制造的同一事实符合多种民事责任的构成要件，从而构成多种责任形式的现象。对行为人而言属于责任竞合，对受害人而言则属于请求权竞合。所谓请求权竞合，是指以同一给付为标的的数个请求权并存，当事人可以选择行使，其中一个请求权因目的达到而消灭时，其他请求权亦因目的达到而消灭；反之，在一个请求权因目的达到以外的原因而消灭（如罹于时效）时，则仍可以行使其他请求权。[1] 例如，公交车发生交通事故，致使乘客受伤，这里，既存在侵权责任也存在违约责任。受害的乘客可以择一行使。请求权竞合的根本原因在于损害具有同一性。

在民法上最常见、最重要的责任竞合是侵权责任与违约责任的竞合。责任竞合的主要法律问题在于：行为人是应当承担所有种类的责任，还是只需承担其中某一种责任。

与责任竞合近似的概念是规范竞合（法条竞合）等。所谓规范（法条）竞合，是指同一事实同时满足多个规范，从而有多种法律效果并存的情形。有学者认为，责任竞合和规范竞合常常是相似的，它们是从不同的角度来研究竞合现象的。[2] 从法规范的结构（事实构成＋法律效果）来看，同一行为能够满足不同法规范的事实构成，自然能引发不同的法律效果。因此，责任竞合（实际就是法律效果竞合）与规范竞合的确是相似的。在规范竞合的场合下，常常有特别法优先于一般法适用的问题。

二、责任聚合

与责任竞合不同但容易混淆的一个概念是责任聚合（责任重合）。所谓责任聚合，是指数种性质不同、内容不同、目的不同的责任同时并存的情况。责任聚合既可能发生在同一法律部门之间，如物品遭人侵占，侵害人既负有返还原物的责任，也负有赔偿因此而给受害人造成损失的责任；责任聚合也可能发生在不同法律部门之间，如民事赔偿责任与刑事责任、行政责任的聚合。责任聚合的根本原因是损害结果的多重性、责任目的的多样性。一种责任往往只针对一种损害，为了对受害人进行全方位救济，必须多种责任合并使用。另外，法律规范的责任目的可能有的重在补偿，有的重在惩罚，有的重在抚慰，为了完全实现法律规范的价值目标，也有必要同时对行为人施加多种责任，这就是责任聚合存在的根本原因。

---

〔1〕 王泽鉴：《法律思维与民法实例》，中国政法大学出版社2001年版，第166页。

〔2〕 张新宝：《侵权责任法原理》，中国人民大学出版社2005年版，第93页。

第二节 侵权责任与行政责任、刑事责任的聚合

本节提要

侵权责任与行政责任、刑事责任是三种不同性质的责任,各有其发生原因的适用范围,然而在某些特殊的场合会发生责任的聚合。本节主要讲述了侵权责任与行政责任、刑事责任发生聚合的相关问题。本节的关键问题在于侵权责任、行政责任与刑事责任三者聚合时,责任人财产不足以同时履行三种责任时的民事责任优先原则,需要读者重点学习理解。

一、责任聚合适用原则

同一个违法行为,可能同时满足多种性质不同的责任构成。例如,一次盗窃行为,可能成立侵权责任、行政责任或刑事责任。之所以有这种责任聚合的情形出现,是因为违法行为的严重性不同。当侵权行为并未导致严重后果时,它可能构成侵权责任与行政责任聚合。例如,村民甲因为稻田用水问题将村民乙打伤,村民甲的行为既违反了《侵权责任法》,又违反了《治安管理处罚法》,即侵权赔偿责任和行政责任的聚合。如果村民乙的伤势不轻,已达到了“轻伤”的标准(而并非仅仅是轻微伤),则村民甲的行为还可能触犯刑律,要承担刑事责任。《民法总则》第 187 条的规定:民事主体因同一行为应当承担民事责任、行政责任和刑事责任的,承担行政责任或者刑事责任不影响承担民事责任;民事主体的财产不足以支付的,优先用于承担民事责任。我国《侵权责任法》第 4 条第 1、2 款规定,侵权人因同一行为应当承担行政责任或者刑事责任的,不影响依法承担侵权责任。因同一行为应当承担侵权责任和行政责任、刑事责任,侵权人的财产不足以支付的,先承担侵权责任。以上规定确立了民事责任优先原则。民事责任、行政责任和刑事责任是三种不同性质的法律责任,各有其不同的发生原因和适用范围。三种责任一般情况下都是独立存在,不会发生冲突。但是在特定场合下,同一行为可能既触发民事责任,也触发行政或刑事责任。此时,责任主体的财产不足以同时承担民事赔偿责任和缴纳罚款、罚金等行政或刑事责任,便会产生何种责任应该优先获得清偿的问题。民事责任优先原则的确立为该种冲突的情形指明了解决路径。

侵权责任法确立民事责任优先原则的目的在于优先保护受害人所受到的民事损害。究其根本，行政责任和刑事责任都是责任承担者向国家承担的责任，而民事责任是向受害人所承担的责任，在责任人财产有限的情况下，优先承担民事责任更加有利于救济受害人的权利。

二、侵权责任与行政责任的聚合

所谓行政责任，是指行为人违反行政法律规定，应当依法承担的并且由国家行政机关强制其接受的、行政法上的不利后果。行政法是一个松散的、庞大的法律部门。在中国，由于官本位的思想根深蒂固，政府乐于建立数量庞大、种类繁多的行政责任。目前，我国现行法如公司法，就有很多条款都是既涉及民事责任也涉及行政责任。

在我国，行政责任的承担方式主要可以分为行政处罚和行政处分两类。行政处罚具体方式包括：警告、罚款、没收违法所得或者没收非法财物、责令停产停业、暂扣或者吊销许可证、暂扣或者吊销执照、行政拘留、法律行政法规规定的其他行政处罚。行政处分主要包括：警告、记过、记大过、降级、降职、撤职、留用察看、开除八种形式。狭义的行政责任主要是指行政处罚。行政责任的目的主要是在于维护社会管理秩序，同时规范人们的行为。这与民事责任重在救济受害人、预防侵权行为的功能可以说各有侧重，这也是二者能够同时并存、互不抵触的根本原因所在。

行政责任与侵权责任聚合的条件是：(1)行为人实施了一个行为；(2)该行为既违反侵权法又违反行政法；(3)行为人应当既承担侵权责任也承担行政责任。

对侵权责任与行政责任重合案件的处理，分情况大致有如下几种情形：(1)行政诉讼（或行政处罚程序）与民事诉讼程序（或仲裁程序）分别进行，这种情形最普遍；(2)行政处理的结果对加害人过错的认定、损害范围的确定具有重大影响，如交警部门对事故责任的认定；(3)行政处理程序是民事诉讼的前置程序，这方面的一个典型例子是证券公司对投资者的民事责任要以其受到行政处罚为前提；[3] (4)行政诉讼附带民事诉讼。

三、侵权责任与刑事责任的聚合

民事责任还可能与刑事责任聚合。所谓刑事责任，是指依照刑事法律的规定，行为人因其犯罪行为而应当接受刑罚的不利后果。侵权责任与刑事责任的聚

---

〔3〕 即股民状告上市公司一定先要有中国证监会及其派出机构对该公司的处罚决定。这就意味着，如果没有中国证监会的处罚决定，即便公司造假，投资者也无法起诉。

合,是指行为人的同一行为既构成(狭义上)侵权行为,又构成犯罪行为,从而同时应当承担侵权责任和刑事责任的情形。刑事责任的功能主要在于惩罚犯罪人、预防犯罪行为的发生。它与民事责任重在补偿受害人的功能也是有很大不同的,因此,侵权责任与刑事责任一般来说可以同时存在,互不抵触。

基本上所有侵犯自然人人身或财产、侵害法人团体财产的犯罪行为,同时也都构成侵权行为。因为除去犯罪行为侵害的一些特殊客体如国家安全之外,犯罪行为与侵权行为的差别仅仅在于后果的严重性不同。因此,造成人身或财产严重损害的犯罪行为必然是侵权行为,即同时存在两种责任。

侵权责任与刑事责任聚合的情形有如下几种:(1)刑事诉讼和民事诉讼(或仲裁)分别进行,互不发生联系;(2)刑事处罚作为侵权责任的前置程序;[4](3)刑事诉讼中对行为人过错、损害的认定对于民事诉讼中过错及损害的认定具有重大影响;(4)刑事附带民事诉讼。

目前,犯罪行为受害人的民法救济既是一个热点问题,也是一个至今尚未有满意解决的问题。特别是最高人民法院司法解释禁止对犯罪行为受害人在刑事附带民事诉讼或另外的民事诉讼中提起精神损害赔偿非常不合理。

如果我国未来侵权法引入惩罚性赔偿制度,那么其惩罚功能和刑事责任中的惩罚功能可能存在竞合的情形,这就存在避免重复惩罚的问题。

第三节 侵权责任与其他责任的竞合

本节提要

侵权责任和违约责任是民事责任中两种常见的责任形态,由于两者构成要件有极大的重合性,所以,实践中侵权责任和违约责任频繁发生竞合。另外,侵害型不当得利作为不当得利的一种,也与侵权行为常发生竞合。本节主要讲述了侵权责任和违约责任竞合的含义、类型及法律对策,介绍了侵害型不当得利和侵权责任发生竞合的原因、具体形态以及两种责任的区别。侵权责任和违约责任竞合的类型和法律对策是本节的关键问题,也是学习的重点。

---

[4] 最高人民法院《关于审理证券市场因虚假陈述引发的民事赔偿案件的若干规定》规定,司法机关对上市公司的刑事判决也可作为证券民事诉讼受理的条件。

一、侵权责任与违约责任的竞合

（一）侵权责任与违约责任竞合的含义

侵权责任与违约责任的竞合，是指行为人实施的某一行为，同时构成侵权行为与违约行为，从而在法律上同时产生侵权责任和违约责任。从民法总论中关于法律事实的分类可知，法律事实分为事件和行为，而行为分为适法行为与违法行为。违法行为则分为侵权行为与债务不履行行为，后者最主要的就是违约行为。可见，侵权责任与违约责任之所以频繁地发生竞合，一个边缘性原因也在于侵权行为和违约行为所具有的同质性。当然，侵权责任与违约责任竞合的根本原因还是同一行为同时满足侵权构成和违约构成。

（二）侵权责任与违约责任竞合的类型

有学者列举了侵权责任与违约责任竞合的如下几种具体类型：〔5〕

1. 合同当事人的违约行为同时侵犯了法律规定的强行性义务，如保护、照顾、通知、忠实等附随义务或其他法律规定的不作为义务。

2. 某些情况下，侵权行为直接构成违约的原因，即所谓的“侵权性的违约行为”，如借用人非法转让使用物。另外，违约行为也可能造成侵权的后果，即所谓的“违约性的侵权行为”，如供电部门因违约中止供电，造成用电人的财产损失。

3. 不法行为人侵害他人权利并造成他人损害〔6〕的侵权行为中，在加害人和受害人之间事先存在一种合同关系，这种合同关系的存在使加害行为同时可以作为违约行为对待。例如，医生执业过失造成病人伤害或死亡。

4. 一种违法行为虽然只符合一种责任要件，但法律从保护受害人的利益出发，要求合同当事人根据侵权行为制度提起请求和提起诉讼，或者将侵权行为责任纳入合同责任的适用范围。例如，产品瑕疵致人损害的场合，受害人可以向与其没有合同关系的生产者提起侵权之诉。

笔者认为，这样的细分的确有助于对侵权行为与违约行为竞合的感性认识，但此种分类在逻辑上存在问题，即它们并非是依据同一标准而划分的，它们存在交叉情形。例如，在第三种类型中，医生执业过失致人伤害或死亡，同样也属于第一种，即合同当事人的违约行为同时侵犯了法律规定的强行性义务。属于第四类

---

〔5〕　王利明：《侵权行为法研究》（上），中国人民大学出版社2004年版，第660～661页。

〔6〕　原文是“不法行为人实施故意侵犯他人权利并造成他人损害的侵权行为时……”后面列举的例子却是“医生因重大过失造成病人伤害和死亡”。这里显然存在问题，出处同上。

产品责任，同样可以归到第一类。因此，笔者认为，侵权责任与违约责任竞合的具体类型只有两种：侵权行为同时构成违约（侵权性违约）；违约行为同时构成侵权（违约性侵权）。前者以侵权为主，如借用人非法出卖借用物，其本意重在通过侵权获利，违约只不过是附带的结果；后者以违约为主，如供电部门停止供电，其本质是违约行为，侵权只不过是违约的自然结果。〔7〕一般在故意或重大过失致人损害时，侵权色彩更为浓厚。

（三）侵权责任与违约责任竞合的法律对策

对于侵权责任和违约责任竞合，法律上一般有如下三种对策：

1. 禁止竞合。此种立场认为，在当事人之间存在合同的情况下，应当优先适用合同责任，只有在当事人之间不存在合同的情况下才有可能产生侵权责任。法国法是禁止竞合的典型代表。

2. 允许竞合。此种立场认为，合同关系的存在并非是侵权责任产生的障碍，在当事人之间存在合同关系的情形下，也可能存在一方对另一方侵权的情形。德国法是允许竞合的典型代表。

3. 限制竞合。此种立场认为，受害人有两种请求权，但这两种请求权的行使存在一定限制。这些限制包括以下几个方面：〔8〕（1）选择之诉当事人必须与加害人之间存在有偿合同关系，受害人若系无偿合同一方的当事人，则不拥有选择权；（2）合同关系之外的第三人不得提起违约之诉，即严格奉行合同相对性原则；（3）合同一方当事人的疏忽行为或非暴力行为所造成的财产损失，一般不构成侵权行为，应依违约处理；（4）只有在加害人既违反合同法也违反侵权责任法时才有双重请求权，并且只能选择一次。

我国《合同法》第122条和《民法总则》第186条均规定，因当事人一方的违约行为，损害对方人身权益、财产权益的，受损害方有权选择请求其承担违约责任或者侵权责任。这表明我国立法采取的是第二种立场，即允许竞合。受害人可以选择违约之诉或侵权之诉。这两种责任形式在归责原则、证明责任、义务内容、诉讼时效、构成要件和免责条件、责任形式、责任范围、诉讼管辖以及对第三人责任方面有明显的不同。〔9〕因此，受害人选择何种责任诉讼，对其自身利益有重大影响。

根据我国《合同法》和《民法总则》的规定，侵权责任与违约责任竞合的适用

---

〔7〕在用电人没有实际损害的情形下，供电人的中止供电不构成侵权，但同样构成违约。从这一点也可以看出，在二者竞合的情形下，侵权和违约的确是存在主次之分的。

〔8〕张新宝：《侵权责任法原理》，中国人民大学出版社2005年版，第99页。

〔9〕参见王利明主编：《民法·侵权责任法》，中国人民大学出版社1993年版，第225~229页。

条件如下:(1)当事人之间必须存在有效的合同关系,并且一方已经构成违约;(2)由于该违约行为,给对方当事人造成人身、财产损害;(3)受害人享有选择权。

有学者认为对于责任竞合应当给予限制,如不法行为造成受害人人身伤亡和精神损害的,当事人之间虽然有合同关系,但应按照侵权责任而不能按合同责任处理。[10] 这种观点过于武断,实质上构成了对受害人选择权的限制。如果当事人愿意选择违约责任之诉,法律或司法又以什么正当理由禁止当事人的选择呢?毕竟,违约责任大多不需要证明致害人有过错,选择违约责任之诉对受害人而言或许更有利。

二、侵权责任与不当得利的竞合

所谓不当得利,是指没有合法根据,取得不当利益,造成他人损失的,应当将取得的不当利益返还给受损失的人。由此可见,不当得利的要件是:一方获利;一方受损;利益和损失之间有因果关系;没有合法根据。

不当得利,从发生原因上区分主要有两种:一是非债清偿型不当得利;二是侵害型不当得利。前者如某甲误以为尚欠某乙 10000 元,于是"偿还"了这笔债,但实际上这笔债务并不存在,此例中某乙构成非债清偿型不当得利,某甲可以提起不当得利之诉,要求某乙返还 10000 元。后者如物业管理公司未经业主大会或业主委员会同意,擅自在业主大楼的楼顶上树立广告牌,此例中,物业管理公司的行为侵害了全体业主的权利,其所获得的利益也构成了不当得利,并且属于侵害型不当得利。

关于侵权责任和不当得利责任竞合的具体形态,有学者总结为五种:(1)无权处分;(2)非法出租他人财产;(3)非法使用他人质物并获取收益;(4)侵害知识产权而获取利益;(5)侵害人身权。[11] 笔者认为,这样的归纳区分仍然存在标准不一、不周延的问题。事实上,所有类型的侵权行为(即侵害任何权利或受法律保护之利益的行为),只要侵权人在经济上获得了利益,这样的行为都属于侵害型不当得利。例如,侵害所有权如非法占有、拒不返还他人之物以及非法将他人之物出租、有偿设质、转让等;侵害用益物权,如在他人享有使用权的土地树立广告谋取利益等;侵害担保物权,如窃取他人享有质权的笔记本电脑并出售,构成对他人质权的侵害;侵害他人知识产权、继承权等其他财产权的,也可能产生不当得利的情形;侵害人格权、身份权,故意侵害债权或纯粹经济利益而获取利益,同样可以构成侵害型不当得利。

---

〔10〕 王利明:《侵权行为法研究》(上),中国人民大学出版社 2004 年版,第 671 页。

〔11〕 王利明:《侵权行为法研究》(上),中国人民大学出版社 2004 年版,第 674 ~ 676 页。

侵害型不当得利的范围如此广泛,主要是因为不当得利的构成要件与侵权的构成要件在很大程度上是重合的,并且前者相对而言更加宽松。因此,二者发生竞合的情形极为常见。加害人的行为只要同时构成侵权和不当得利,就会导致侵权责任和不当得利责任发生竞合,其条件为两种责任的构成要件之和,即(1)受害人有损害,这是二者共同的构成要件;(2)加害人获得了收益,这是不当得利的独特要件,必须满足;(3)加害人存在过错,这是一般侵权责任的构成要件,必须满足;(4)加害人的行为、收益与受害人的损害之间有因果关系,这也可以说是二者共同的构成要件,只不过具体内容稍有不同;(5)无法律上的根据,这是不当得利独特的构成要件。

由上可知,凡是侵权人因侵权而获益的侵权行为都同时构成不当得利。同时,也可以说,凡是不当得利人有过错的情形下,通常也同时构成侵权行为。

侵权责任与不当得利责任竞合虽如此普遍,但这两种责任对于受害人而言有不同的意蕴,因此,受害人在自由选择时要格外小心。

1. 关于赔偿或者返还范围。就不当得利而言,其重点在于加害人获取的、没有正当根据的利益,这部分利益必须返还,但也仅限于现存的这部分利益。因此,受害人选择不当得利之诉,其将要获得的补偿范围是有根本限制的,即加害人获得的现存利益。而侵权损害赔偿范围则要大得多,也不限于加害人是否仍保有不当利益。尤其是在侵权之诉中,还有精神损害赔偿的可能。

2. 关于证明责任。在不当得利之诉中,受害人最大的有利条件是不需要证明相对方存在过错。而在侵权之诉中,一般情况下受害人要证明相对方存在过错。这也是影响受害人选择的关键点。

3. 关于民事责任方式。不当得利只有一种责任方式,即财产利益返还。而侵权的责任方式有多种,例如停止侵害、赔礼道歉、消除影响、恢复名誉等。因此,受害人可以视需要选择对其最有利的一种诉讼事由。

—— 训　练 ——

【案例一】某晚被告人闪甲盗走其姐夫的白色“猎豹”汽车。被告人联系曾受雇于其姐夫的司机张某,要将所盗车辆以35000元卖掉,同时还与闪乙联系用车换现金,再让闪乙向其姐夫提出拿钱赎车,后司机张某打电话通知失主并报警,被告人闪甲被当地派出所抓获。案发后,赃车已追退失主,经市物价局评估该车价值134199元。法院经审理判决被告人闪甲盗窃罪。但考虑到被告人与失主系近亲属，且属初犯，作案时实际控制车辆时间短，且归案后认罪悔罪，未给失主造成实际损失，以及失主要求对被告人减轻处罚等实际情况，故对闪甲在法定刑以下处罚。[12] 请结合本案分析民事责任和刑事责任的不同。

【解析】本案体现了民事责任和刑事责任的不同之处。受害人的财产已被退还，并未造成实际损失，故无侵权责任的承担。但是被告人的行为触犯了刑法，构成犯罪，犯罪行为不因受害人损失已经恢复原状而消灭。可见民事责任的目的是恢复原状，刑事责任的目的在于惩罚犯罪。

【案例二】1998 年 5 月 12 日，原告陆红乘坐被告美国联合航空（以下简称美联航）的 UA801 班机，由夏威夷经日本飞往香港。该机在日本东京成田机场起飞时，飞机左翼引擎发生故障，机上乘客紧急撤离。陆红在紧急撤离过程中受伤。陆红受伤后，美联航曾向其致函，表示事故责任在于美联航，美联航承担了陆红两次手术的医疗费用计人民币 86748.10 元。另查明，原告陆红所购被告美联航的机票，在"责任范围国际旅客须知"中载明：对于旅客死亡或人身伤害的责任，在大多数情况下对已探明的损失赔偿责任限度为每位乘客不超过 7.5 万美元。到达这种限度的责任，与公司方是否有过失无关。上述 7.5 万美元的责任限度包括法律收费和费用。

法院认为：原告陆红因乘坐被告美联航的班机受伤致残，而向美联航索赔，索赔请求中包括精神损害赔偿。乘坐班机发生纠纷，通常是旅客运输合同纠纷，解决的是违约责任。但因乘坐班机受伤致残，违约行为同时侵犯了人身权利，就可能使违约责任与侵权责任竞合。《合同法》第 122 条规定："因当事人一方的违约行为，侵犯对方人身、财产权益的，受损害方有权选择依照本法要求其承担违约责任或者依照其他法律要求其承担侵权责任。"由此可见，违约责任与侵权责任不能在同一民事案件中并存，二者必居其一，应由受损害方选择。陆红在请求美联航承担违约责任的同时，又请求精神损害赔偿，应视为对责任选择不明。在这种情况下，如何确定责任的选择，对为受害当事人提供必要的司法救济尤为重要。违约责任与侵权责任的重要区别在于两者的责任范围不同。合同的损害赔偿责任严格按合同的约定执行，主要是对财产损失进行赔偿；侵权的损害赔偿责任按侵权造成的损害后果确定，不仅包括财产损失的赔偿，还包括人身伤害和精神损害的赔偿。从最大限度保护受害人利益的角度出发，法院依职权为受害当事人选择适用侵权损害赔偿责任。[13] 请结合本案分析：当侵权责任和违约责任发生竞合时应该如何选择权利救济方式？

【解析】首先要明晰侵权责任和违约责任是竞合的关系，同一个案件中不可能既主张侵权请求权，又主张违约救济。在选择何种救济途径的时候应考虑两者损害赔偿范围的大小、证明责任的难易。如果受害人有精神损害，则最优的救济途径为侵权损害赔偿责

---

〔12〕《闪国润盗窃近亲属财产数额特别巨大被在法定刑以下减轻处罚案》，载最高人民法院中国应用法学研究所编：《人民法院案例选》（2006 年第 2 辑）。

〔13〕《陆红诉美国联合航空赔偿纠纷案》，载《最高人民法院公报》2002 年第 4 期。

任。考虑到上诉因素，法院依职权为受害当事人选择适用侵权损害赔偿责任，以最大限度保护受害人利益。

【案例三】1994年12月，一审原告果品公司、欧锦霞以375000元向中汽专用汽车厦门公司购买诉争车辆本田雅阁小轿车一部。1999年1月6日，被告远华公司以讼争车与被告华西公司相抵工程款35万元。1999年3月9日，华西公司又以讼争车与第三人水泥厂相抵水泥款35万元。原告诉称：华西公司和水泥厂的行为已构成不当得利，应当将取得的不当利益返还原告。请求被告华西公司和第三人水泥厂将讼争车辆返还原告，并赔偿原告经济损失65625元。另查明：水泥厂于2000年向厦门市湖里区人民法院提起诉讼。请求华西公司返还水泥款35万元，湖里区人民法院以（2000）湖经初字第077号民事判决，华西公司应支付水泥厂货款35万元，水泥厂应同时将讼争车辆返还华西公司。水泥厂于2001年8月15日将该讼争车辆返还华西公司。被告华西公司辩称：原告的讼争车已与远华公司交换了宝马牌小轿车，因远华公司拖欠我公司工程款35万元，故以讼争车折抵债务。我公司未侵犯原告的权利。第三人水泥厂辩称：因被告华西公司拖欠第三人水泥款，被告华西公司以讼争轿车抵其债务，故第三人并未侵犯原告权利。

一审法院认为：果品公司、欧锦霞作为本案讼争车辆所有人，对其所有的讼争车辆享有占有、使用、收益、处分的权利，该权利具有排他性。远华公司、华西公司并非讼争车辆所有权人，也未取得所有权人的授权擅自处分讼争车辆。水泥厂明知华西公司非讼争车辆的所有权人，而接受讼争车辆以抵水泥款。远华公司、华西公司和水泥厂的行为侵犯了讼争车辆的所有人，属无效的民事行为，应承担返还讼争车辆及相应的赔偿责任。故判决：被告远华公司、华西公司、第三人水泥厂将诉争车辆返还果品公司、欧锦霞，并支付相应的经济损失（自1999年2月1日起至轿车返还之日按讼争车辆10年使用期折旧每年375002元计算）。

华西公司不服，上诉称：被上诉人是以上诉人不当得利为由提起诉讼，一审却将该案变更为侵权纠纷。因被上诉人以讼争车辆与远华公司交换宝马牌轿车，而远华公司又以讼争车辆折批其欠上诉人工程款35万元，上诉人既无受益也无违法，请求撤销一审判决。

二审法院认为：当发生侵权损害请求权和不当得利返还请求权竞合时，应尊重权利人选择请求权的行使，果品公司和欧锦霞作为原审原告选择的是不当得利请求权。因此，本案所审理的应是不当得利的法律关系，原审将本案案由定为“侵权纠纷”不当，应变更为“不当得利纠纷”。讼争车辆的法定车主是果品公司和欧锦霞，华西公司主张果品公司、欧锦霞以讼争车与远华公司交换宝马牌轿车，无相关证据，本院不予采纳。华西公司和水泥厂在明知讼争车辆不属其债务人所有的情形下，接受以讼争车辆折抵债务，其所占有讼争车辆没有合法根据，该行为构成不当得利，因此应将取得的不当利益返还果品公司、欧锦霞。不当得利发生之债，各共同不当受益人仅以其所受利益为限承担返还不当得利的义务，各受益人之间不产生连带责任。所以，华西公司和水泥厂应各自返还所受的利益，即华西公司和水泥厂应各自承担占有讼争车辆期间的使用费；讼争车辆现在华西公司处，应由华西公司承担返还讼争车辆的义务。原审在审理中偏离当事人的诉讼请求不当，应予更正。

二审撤销一审判决，判决华西公司将诉争车辆返还给果品公司、欧锦霞并支付车辆使用费（自1999年2月1日至1999年3月9日，2001年8月16日至2002年1月9日，按讼争车辆10年使用期折旧每年以37500元计算）。水泥厂亦应支付果品公司、欧锦霞车辆使用费（自1999年3月10日至2001年8月15日止，按诉争车辆10年使用期折旧每年以37500元计算）。[14]

请回答：

1. 侵权责任和不当得利发生竞合的原因是什么？

2. 侵权责任和不当得利发生竞合时怎么处理？

【解析】

1. 侵权责任和不当得利发生竞合的原因是两者责任构成上有很多重合的要件。

2. 在侵权责任和不当得利发生竞合时，应当充分考虑受害人选择的权利。一旦当事人选择了其中一种救济方式，就算没有获得全部赔偿，也不能再主张另外一种。

思考题

1. 何谓责任竞合？何谓责任聚合？二者有何区别？
2. 请分别简述民事责任与刑事责任及民事责任与行政责任发生聚合的条件。
3. 请分析我国侵权责任法规定民事责任优先原则的原因。
4. 简述侵权责任和违约责任发生竞合的构成要件。
5. 侵权责任和违约责任发生竞合时如何处理？
6. 简述侵权责任和不当得利责任竞合的具体形态。
7. 侵权责任和不当得利责任的区别有哪些？

阅读文献

1. 张新宝：《侵权责任法原理》，中国人民大学出版社2005年版。
2. 杨立新：《论侵权请求权的优先权保障》，载《法学家》2010年第2期。
3. 王利明：《违约责任与侵权责任的区分标准》，载《法学》2002年第5期。
4. 王利明：《侵权行为研究》（上），中国人民大学出版社2004年版。
5. 王泽鉴：《不当得利》，北京大学出版社2009年版。

---

〔14〕 厦门航空果品有限公司等诉华西企业厦门建筑工程公司等案，福建省厦门市中级人民法院（2001）厦民终字第697号。

第七章　侵权责任形态

本章导语

在侵权法律关系中，根据不同的侵权行为类型的要求，侵权责任在不同的当事人之间进行分配的表现形式为侵权责任形态。侵权责任形态是侵权法体系中的关键一环，它连接着行为、责任与责任具体方式和责任的承担。没有侵权责任形态，即使侵权责任已经构成，但是由于没有具体落实到应当承担责任的当事人身上，因此具体的侵权责任方式和内容无法实现，侵权责任法的救济、补偿功能无法实现。

第一节　侵权责任形态概述

本节提要

侵权责任形态是指在侵权法律关系中，根据不同的侵权行为类型的要求，侵权责任在不同的当事人之间进行分配的表现形式。侵权责任形态的主要特征是直接表明侵权行为后果最终应由谁来承担、侵权责任在当事人之间如何分配。侵权责任形态主要分为直接责任和替代责任、单方责任和双方责任、单独责任和共同责任三种类型。学习本节内容重点要掌握侵权责任形态的三种基本形式。

一、侵权责任形态的概念和特征

侵权责任形态，是指在侵权法律关系中，根据不同的侵权行为类型的要求，侵权责任在不同的当事人之间进行分配的表现形式，即侵权责任由侵权法律关系中的不同当事人按照侵权责任承担的基本规则承担责任的基本形式。[1] 侵权责任形态研究的是侵权责任构成后，侵权责任在各个不同的当事人之间的分配问题，其与侵权行为类型、侵权责任构成以及侵权责任方式是既相互联系又相互区别的概念。侵权行为类型研究的是侵权行为的各种表现形式，是以侵权责任归责原则为基础，规制侵权行为的各种表现形式；侵权责任构成解决的是侵权责任的归责原则和侵权责任构成要件；侵权责任方式研究的是侵权责任的具体承担方式。这几个概念之间的逻辑顺序应当是：一个行为造成损害以后，首先应当判断其是否属于侵权行为，然后依据侵权责任的构成判断对该行为是否应当承担侵权责任。如果答案是肯定的，则要进一步判断应由谁来承担侵权责任，如果是多数人责任，还要分析如何在许多人之间分配应承担的责任，这其实就是侵权责任形态的问题。最后在确定了承担责任的主体以后，落实其具体的责任承担方式。

侵权责任形态并不是简单的责任形式问题，而是一个复杂的系统。在罗马法时期，人们就注意到了侵权责任承担的不同形式。在法国法中，近代侵权责任法确立了侵权责任的两种一般形态，即自己责任和替代责任。德国法建立了侵权责任的连带责任以及过失相抵原则。在现代，随着侵权责任法的发展，产生了公平分担损失，并日益扩大了公平分担损失的适用，使侵权责任形态更加复杂。

侵权责任形态的法律特征主要体现在以下几个方面：

第一，侵权责任形态直接表明侵权行为的后果最终该由谁来承担。侵权责任形态所关注的不是行为的表现，而是行为的后果，即发生了侵权行为并判断出该侵权行为符合侵权责任的构成要件之后，由应当承担责任的当事人承担行为的后果。它与侵权行为类型的不同在于侵权行为类型研究的是行为本身，概括的是侵权行为的具体表现形式，适用不同的归责原则就有不同的侵权行为表现形式；而侵权责任形态研究的是侵权行为的后果，即侵权行为责任构成之后的法律后果由谁承担以及如何分配责任的问题。同时，它也与侵权责任构成不同。侵权责任构成研究的是行为依据什么样的准则、符合什么样的条件才能够构成侵权责任；侵权责任形态则是责任构成之后责任由谁承担的问题。

第二，侵权责任形态重点强调侵权责任在当事人之间如何分配。侵权责任形态与侵权责任方式不同。侵权责任方式研究的也是侵权行为的法律后果，但是它研究的不是侵权责任在不同的当事人之间的承担形式，而是侵权行为后果的具体表现形式，即损害赔偿、停止侵害、赔礼道歉等责任本身的形式。侵权责任形态研

[1] 杨立新：《侵权责任形态研究》，载《河南省政法管理干部学院学报》2004年第1期。

究的不是这些责任的具体形式，而是应由什么人来承担这些责任形式。因此，侵权责任形态也就是侵权责任方式在不同的当事人之间的分配。尽管“分配”这个概念具有极为主观的色彩，但是它基本上准确地表明了侵权责任形态的含义。

第三，侵权责任形态是法定的责任形态。侵权责任形态必须经过法律的确认，不是随意的、任意的形式。这是责任法定原则在侵权法领域应用的必然结果。同时，它只是承担侵权责任的基本形式，而不是具体的责任方式。它只规定责任应当由当事人自己承担，还是由他人承担；是连带承担，还是按份承担等。至于由当事人具体承担什么样的责任，承担责任的程度是什么，侵权责任形态都不关心，这些都是侵权责任方式和侵权责任具体内容所要解决的问题。

二、侵权责任形态的基本形式

（一）侵权责任形态的基本形式

侵权责任形态所研究的内容，就是侵权责任在不同当事人之间的分配。依据不同的层面、角度可以将侵权责任形态分为直接责任和替代责任、单方责任和双方责任、单独责任和共同责任三种类型。直接责任和替代责任是侵权责任形态的一般形态，单方责任和双方责任是侵权责任的另一种表现形态，单独责任和共同责任是行为人一方承担侵权责任的表现形态。

1. 直接（自己）责任和替代责任。侵权责任的直接（自己）责任和替代责任区分的依据是，侵权责任是由行为人自己承担还是由与其有一定关系的他人代为承担抑或物件的管领人代为承担。这是侵权责任形态最一般的表现形式，是侵权责任法规定的侵权责任的最基本的责任形态。

2. 单方责任和双方责任。侵权责任的单方责任和双方责任区分的依据是，侵权责任究竟是由侵权法律关系中的一方负责还是双方负责。双方责任是指一个完整的侵权责任应当由加害人和受害人双方分担的责任形态。

3. 单独责任和共同责任。在不同的侵权行为中，侵权人的人数可能存在差异，基于到底是由一个人承担责任还是由其中的数人或者全体共同承担责任的不同，即相应地产生了单独责任与共同责任。如果只存在单独的加害人，就是自己负责或者替代负责的单独责任。如果存在两个以上的加害人，此时承担的就是共同形态的侵权责任，可能是连带责任，可能是按份责任，还可能是补充责任。

（二）各种侵权责任形态之间的关系

三种侵权责任形态之间并不是并列的关系，而是呈现出一种纵横交错的关系。这三者中的每一个都是一个严密的逻辑体系，完美地体现了概念之间的层次与对应关系。而从整体上来看,这三者一起又完整地概括了侵权责任形态所包含的各个方面。

1. 侵权责任中的直接责任和替代责任形态是侵权责任形态的最基本形态,它是任何侵权行为都要面临的责任形态,是必不可少的。任何侵权行为所承担的责任无非是直接责任或者是替代责任,除此没有别的选择。

2. 侵权责任中的单方责任和双方责任形态也是一种完全划分,是所有的侵权行为都要面临的选择,不是单方责任,就是双方责任。在第一种侵权责任形态的关系上,无论是单方责任还是双方责任,都存在是直接责任还是替代责任的选择。在单方责任中,单方当事人承担的责任或者是直接责任,或者是替代责任。在行为人和受害人都应当承担责任的双方责任中,加害人一方的责任有可能是直接责任,也有可能是替代责任。如果行为人一方是多人,则还可能发生侵权责任的共同责任形态,即连带责任或者按份责任或者补充责任。与双方责任形态相对应的,不是一般责任形态,也不是复数责任形态,而是单一责任形态,或者是加害人单一承担侵权责任,或者是受害人单一承担责任,它们才是双方责任相对应的侵权责任形态。

3. 侵权责任中的单独责任和共同责任形态不是完全划分,而是仅仅就行为人一方承担侵权责任时的责任形态所做的划分。单独责任的加害人是一个人,他自己应当承担责任,或者是直接责任或者是替代责任。共同责任则必须是多人的时候才发生的责任形态。侵权责任的共同责任形态也必须是直接责任或者是替代责任,那就是直接责任的共同责任形态和替代责任的共同责任形态。共同责任形态所直接对应的不是一般形态,而是单独责任形态,也就是侵权责任的加害人只有一个人,由他自己独自承担责任。

第二节 直接责任和替代责任

本节提要

直接责任和替代责任是侵权责任的一般形态。在侵权责任中,最基本的责任形态就是直接责任和替代责任。学习本节内容重点要掌握直接责任的归责原则及免责事由,替代责任的免责事由和举证责任。

一、直接责任

（一）直接责任的概念和特点

直接责任就是行为人对自己实施的行为所造成的他人人身损害和财产损害的后果由自己承担侵权责任的侵权责任形态。直接责任是一般侵权行为的法律后果，是为自己的行为负责的侵权责任。在理论上，承认一般侵权行为的直接责任为普遍共识。一般侵权行为是相对于特殊侵权行为而言的，它是指侵权责任法的一般条文规定的侵权行为，即行为人因自己的过错而实施的、适用过错责任原则和侵权责任一般构成要件的侵权行为。它的侵权民事责任形态是直接责任。所以一般侵权行为的责任主体也就是行为主体。一般侵权行为的行为人必须是具有民事行为能力人，即具有能够辨认自己的行为目的、性质及其后果的能力和支配、控制自己行为的能力的自然人。

一般侵权行为适用过错责任原则，并适用统一的责任构成要件，《德国民法典》第823条、《法国民法典》第1382条、《日本民法典》第709条以及我国《民法通则》第106条第2款都对一般侵权行为的责任构成规定了一般的构成要件。依照我国《民法通则》的规定，所有的一般侵权行为都必须具备违法行为、损害后果、因果关系和主观过错四个构成要件，否则不能构成一般侵权行为的民事责任。一般侵权行为的侵权责任形态是直接责任，而特殊侵权行为的侵权责任形态则是替代责任，这就是一般侵权行为与特殊侵权行为之间的最显著区别。

直接责任就是违法行为人对自己实施的行为所造成的他人人身损害和财产损害的后果由自己承担侵权责任的侵权责任形态。直接责任的特点是：(1)是违法行为人自己实施的行为；(2)是违法行为人自己实施的行为造成的损害；(3)行为人对自己实施的行为所造成的损害，由自己承担责任。这三个特点都突出了一个概念，就是“自己”，因此，直接责任就是自己的责任，是为自己的行为负责的侵权责任形态。即便在共同侵权行为中，如果这种共同侵权行为被认定是一般侵权行为时，它的责任形式也不会因为侵权行为人为多数而有所变化，只不过是所有的共同加害人都为自己的侵权行为后果负责，共同承担连带责任。

（二）直接责任的归责原则

直接责任适用过错责任原则，这也决定了在我国侵权责任法中，过错责任原则是一般的归责原则。按照这一基本的归责原则，在一般侵权行为中，行为人必须具备主观过错的要件，无过错就无责任。由于一般侵权行为适用过错责任原则，因此它的特点是：(1)直接责任不仅应以过错为行为的构成要件，而且应以过错为责任的最终构成要件。(2)直接责任实行普通的举证责任,即采取“谁主张,谁举证”原则,受害人必须就加害人的过错问题举证,否则不能获得赔偿。(3)由于直接责任适用过错责任原则,因此,这种形态的侵权责任充分体现了民事责任的教育和预防作用,而不像特殊侵权行为的替代责任那样注重对受害人所受损害的单纯补偿。

在一般侵权行为责任构成中,在一般情况下,过错的有无对责任构成具有决定性作用,过错程度则不具有决定作用;但在特殊情况下,对于某些特定的侵权行为责任的构成,要求行为人必须具有较高的过错程度,如故意或者重大过失,才能构成侵权责任。那么,过错程度对侵权责任赔偿范围是否会产生一定的影响呢?学界对此有不同的看法。一般认为,侵权行为民事责任既然是一种财产责任,其责任范围的大小不取决于行为人的过错程度,而以行为人违法行为造成的财产损害的大小为依据,承担全部赔偿责任。[2] 在一般的损害赔偿中,据以确定赔偿范围的是损失的范围,过错程度对赔偿范围没有影响。侵权民事责任主要强调的是对受害人的补偿和救济,不可能像刑事责任那样,根据主观恶性决定责任的大小,强调的是制裁和惩罚。但在有些情况下,过错对一般侵权行为的责任范围还是有一些影响的,诸如在对一般人格权和名誉权等精神性人格权造成侵害的精神损害赔偿中,应根据行为人的过错程度来决定损害赔偿的数额;在共同侵权行为中,在确定共同加害人各自应当承担的内部赔偿数额时,过错程度具有决定作用;在与有过失中,双方当事人根据各自的过错程度决定双方各自应当承担的责任等。

(三)直接责任的抗辩事由

直接责任和替代责任在抗辩事由上有所区别。侵权责任法的抗辩事由总是与一定的责任构成要件和归责原则相联系的,由于直接责任和替代责任适用不同的归责原则和责任构成要件,因此它们所适用的抗辩事由也不相同。

侵权责任法规定的一般抗辩事由和特别抗辩事由一般都适用于直接责任,没有特别的限制性规定。从我国的立法和司法实践来看,侵权行为直接责任的抗辩事由包括:正当防卫、紧急避险、依法执行职务、受害人同意、自助行为、受害人的故意和重大过失、第三人的过错、不可抗力、意外事故等。

---

〔2〕 佟柔主编:《民法原理》,法律出版社1987年版,第249页。

二、替代责任

(一)替代责任的概念和特征

替代责任是指责任人为由于自己的过失致他人的行为和他人之行为以外的自己管领下的物件所致损害负有的侵权赔偿责任。替代责任是特殊侵权行为的法律后果。替代责任有不同的称谓,在大陆法系一般称作替代责任或者间接责任[3](我国台湾地区"民法"称之为间接责任,其实是指替代责任,以与一般侵权行为的直接责任相对应);在英美法系称作转承责任、替代责任、间接责任;在东欧的民事立法中,则称为延伸责任。

对于替代责任,有学者则只承认为他人负责的侵权责任是替代责任,不承认为自己管领下的物件致害承担的侵权责任是替代责任。[4] 但是,在法国法中,为自己管领下的物件致害后果负责是典型的替代责任,因为在物件致害的情形下,实际上并不是为行为人的行为负责,只是由于该致害的物件归属于责任人所管领,因而由其承担责任。因此,它的责任形态还是替代责任。还有学者认为产品责任和污染环境侵权责任无法归入替代责任。实际上,这也是物件致人损害责任,是替代责任。因为产品是物件,污染物也是物件,只不过其是不可量物而已。

替代责任的特征是指:

1. 赔偿责任人与侵权行为人或致害物相分离。与直接责任不同的是,责任人不是为自己的行为负赔偿责任,替代责任的前提是责任人与致害人并非一人,或与致害物并无直接联系,责任人的本来意图并无致害他人的直接意图。在这里,致害的直接原因是责任人以外的致害人,或是人之行为以外的对象。这种责任人与致害人、致害物相分离的情形,是产生赔偿责任转由责任人替代承担的客观基础,责任人替代行为人或物承担责任。[5]

2. 责任人为致害人或致害物承担责任须以他们之间存在特定关系为前提。这种特定关系在责任人与致害人之间表现为隶属、雇佣、监护、代理等身份关系;在责任人与致害物之间表现为所有、占有、管理等物权关系。从致害的角度来看,这些关系并不表现为直接的因果关系,但却具有特定的间接联系。没有这种特定的间接联系或者超出这种特定的间接联系,就失去了责任人承担替代责任的前提。

---

〔3〕 参见刘清波:《民法概论》,台湾开明书店1979年版,第234页。

〔4〕 梁慧星主编:《中国侵权行为法专家建议稿》,法律出版社2003年版,第316~318页。

〔5〕 参见杨立新:《侵权法论》,人民法院出版社2013年第5版,第864页。

（二）替代责任的理论基础

侵权替代责任大致有以下理论根据：

1. 侵权责任的财产赔偿性质决定了侵权赔偿可以替代。民事责任主要是财产责任，这与刑事责任截然不同。刑事责任的基本原则是罪责自负，不能让没有罪过的人承担刑事责任。民事责任由于其财产性质，能够使责任人为行为人的行为承担责任。这在罗马法的准私犯中就已经确定了。在早期的罗马法中，马厩主人、旅馆、船主对其雇用的人在执行职务中所造成的他人损害，承担民事责任。这是典型的替代责任。在未成年人（包括精神病人）致他人损害的情况下，监护人未尽监护职责，应当承担赔偿责任。如果没有民事责任是财产责任这一前提，这种替代责任就没有存在的基础。民事责任的财产性决定了侵权赔偿责任可以替代。

2. 权利义务相一致的原则。无论任何民事主体，既然享有民事权利，就应当承担相应的民事义务。因此，行为人的行为或者责任人管领下的物件是为责任人带来利益的，那么，享有这种承受利益的权利就应对其所造成的损害承担义务。在近现代，建筑物危险责任、工作物危险责任都是以权利义务相一致原则作为理论基础。

3. 社会公平的理念。公平原则是替代责任的重要基础。公平正义是民法的基本精神。行为人的行为造成他人损害而行为人无力赔偿或物件造成他人损害，如果不归责于责任人，那么受害人就无法得到赔偿，这对受害人是不公平的，有违民法公平、正义原则。从公平原则出发，确定由对造成损害具有过失的责任人承担赔偿责任，不仅符合过错责任的理念，而且符合公平正义的原则。替代责任反映了现代社会对人的生存的人文关怀，体现了富者救济贫者这一伦理道德规范，旨在建立一种有利于社会弱者的调整规则，发挥侵权责任法填补损失的职能，实现分配不幸损害的正义，从而维护社会的安定团结。

4. “大钱袋”理论。“大钱袋”理论为替代责任提供了新的理论依据。当造成损害的一方是组织或国家以及他们的工作人员时，应当着重由社会承担责任，由组织或国家承担赔偿责任。正如西方学者所指出的那样：“对受害者来说，法人责任比雇员个人责任所提供的保证大得多。企业是一个‘大钱袋’和一个‘不具名的有偿付能力的集体’。”〔6〕另外，以保险为中介的损失分担形式使组织或国家能更有效地承担责任。组织或国家对某些意外风险通过支付相对固定的保险费形式，可以将责任转移到保险公司。这种社会保险形式更进一步保障了对受害人损害的合理补偿。

---

〔6〕 转引自《外国民法论文选》，中国人民大学1984年内部教材，第82～83页。

5. 危险控制理论。从法律上看，替代责任的确立是基于推定被告具有注意义务，但由于其疏于监督而没有尽到这种注意义务。现代侵权法律制度规定因他人的行为而承担替代责任，是建立在行为人有控制他人行为的义务的基础上，也是建立在加害人与责任人之间的特殊关系基础之上的。任何人均有控制他人行为的一般义务，当被控制的人实施了对他人有危险性的行为并导致他人损害时，对此人承担控制义务的人就应当对受到损害的第三人承担侵权责任。

这一理论在雇主责任中表现得最为典型。让雇主承担责任，可以促使雇主更加谨慎地选任雇员，并对雇员的行为加强监督，采取更有利的预防措施，避免或减少损害的发生，进而维护社会的安全。因物件和危险作业致人损害而承担侵权责任也是这个道理：物件和危险作业致人损害是因监管人未尽注意义务以致损害后果的发生，故责任人须为此承担未尽注意义务的责任。

（三）免责事由和举证责任

1. 替代责任的免责事由。替代责任的免责事由，分为一般免责事由和特殊免责事由。一般免责事由适用于所有的侵权行为，除非法律做出了特别的规定。而特殊免责事由只适用于特殊侵权行为领域。一般免责事由在我国只有不可抗力。我国《民法总则》第 180 条作了明文规定，因不可抗力不能履行民事义务的，不承担民事责任，但法律另有规定的除外。

特殊免责事由主要有以下几个方面：

第一，受害人的故意。损害是由受害人故意所为或受害人的原因造成的，应由受害人自己承担损失。《侵权责任法》第 27 条规定："损害是因受害人故意造成的，行为人不承担责任。"如果在过错责任中，受害人的故意与加害人的过错相结合造成了损害后果，构成与有过失，加害人只能减轻而不能免除责任。

第二，行为人没有过错。在推定过错责任中，行为人证明自己没有过错，即可免责。

第三，第三人过错。如果损害是由于第三人的过错造成的，则应由第三人承担民事责任。《侵权责任法》第 28 条规定："损害是因第三人造成的，第三人应当承担侵权责任。"

2. 举证责任。在替代责任中，实行举证责任倒置，由被告负证明某些案件事实的举证责任。举证责任倒置，就是按照举证责任分担的一般原则，因某种原因，将本属于原告一方当事人应负的举证责任转移给被告一方当事人承担。在替代责任中，实行举证责任倒置是因为对某些案件事实，受害人由于所处的受害地位的局限性，无法或者难以举证证明。这种举证责任倒置可以使受害人处于更为优越的地位，使其合法权益受到法律保护。

实行举证责任倒置，被告须举证证明的范围并非整个案件的事实，只包括因实行过错推定和无过错责任原则而免除原告举证责任的那一部分事实。对实行推定过错的事实，例如，依《侵权责任法》第 85 条的规定，被告需承担证明自己对损害无过错的举证责任。对实行因果关系推定的事实，例如，环境污染致害的侵权案件，被告需对其排污行为不是造成该损害事实的原因举证证明，如《侵权责任法》第 66 条的规定。对适用无过错责任原则案件，被告需证明损害是由受害人故意造成的事实或存在其他免责事由。

第三节　单方责任和双方责任

本节提要

单方责任，就是由一方当事人承担责任的侵权责任形态。双方责任是指侵权责任在双方当事人之间进行分担的责任形态。学习本节内容重点要掌握过失相抵的构成要件、适用范围及适用方式，公平分担损失的适用范围。

一、单方责任

单方责任，就是由一方当事人承担责任的侵权责任形态。在侵权法律关系中，如果只有一方当事人承担侵权责任，而另一方当事人不承担侵权责任的，就是这种侵权责任形态。

单方责任有两种形式：一种是加害人责任；另一种是受害人责任。

（一）加害人责任

加害人的单方责任是指由侵权法律关系中的加害人一方承担责任的侵权责任形态。在这种侵权责任形态中，承担责任的只有加害人一方，受害人一方不承担责任。因此，加害人的单方责任是一种单独的侵权责任形态。在侵权行为中，加害人单方责任是最常见的侵权责任形态。加害人责任的主要特点是受害人没有过错，其对损害的发生既无故意也无过失。如果受害人有过错，则构成与有过失或受害人引起损害的发生。在受害人为数人时，受害人可共同向加害人提出请求，加害人有义务对每个受害人的损害负赔偿责任。加害人赔偿了某一受害人的损害，不影响其他受害人提出请求，而某一个受害人放弃其请求，也不影响其他受害人提出请求。加害人一方的责任主要基于普通过错构成,可能是一人承担的单独责任,也可能是数人承担的共同责任。

在过错推定责任和无过错责任的情形中,是否构成加害人责任呢?由于普通过错为一般侵权行为的典型形态,适用一般过错责任原则,而过错推定则采取推定方式确认过错,且在推定中常常并不考虑过失程度问题;在免责要件方面,法律对过错推定责任设有特殊的规定,所以,过错推定责任应为特殊侵权行为责任。笔者认为,推定过错只是确定过错的一种不同的形式。当适用过错推定责任原则时,若侵权行为系加害人所为,并且受害人并没有过错,那也应当构成加害人责任。

在适用无过错责任原则的时候,由于不考察行为人的过错,因此,就无法确认普通过错。但是,如果侵权行为人的行为构成侵权行为,而受害人一方并没有过错的,对这种侵权行为仅仅是由侵权人单方承担侵权责任时,应适用加害人责任。即无过错责任条件下的行为人单方责任,也会构成加害人责任形态。

(二)受害人责任

受害人责任是指损害的发生,是由于受害人的过错所引起的,加害人根本没有过错,应当由受害人自己承担全部责任的侵权责任形态。如果加害人也有过错,则不属于受害人责任的情形,而属于与有过失的侵权行为形态。受害人过错,亦称非固有意义上的过失、非真正意义上的过失、对自己的过失。与加害人的过错相比较,受害人的过错强调受害人应当预见并且能够预见自己可能遭受损害,而未采取措施避免或防止损害的发生,即为过失。而加害人的过错意味着加害人违反了法定的不得侵害他人权利的义务,因而具有违法性,该行为具有一定的社会危害性,故应受法律制裁。受害人的过错只是对自身利益的不注意状态,只是导致加害人不承担赔偿责任,损害责任由自己负担。

二、双方责任

在侵权责任形态中,双方责任是相对于单方责任而言的,是指侵权法律关系的双方当事人都有责任,侵权责任在双方当事人之间进行分担的责任形态。这种侵权责任形态分为两种:一是过失相抵;二是公平分担损失。

(一)双方责任中的过失相抵

所谓过失相抵,是指就损害的发生或者扩大,受害人也有过失,法院可依其职权,按一定的标准减轻或免除加害人赔偿责任,从而公平合理地分配损害的一种制度。[7] 日本法上将过失相抵称为“过失相杀”，英美法称之为“与有过失”，但值得注意的是，过失相抵并非是指赔偿权利人与赔偿义务人之间的过失互相抵消，而是在责任确立后，在明确赔偿范围时将受害人的过错抵除部分损害赔偿，因此，适用过失相抵时并不涉及加害人的过错问题。

理论上，构成过失相抵需要具备以下两个要件：其一，必须是被害人与侵权人的行为，均为损害后果发生的原因，且损害结果具有同一性；其二，被害人主观上必须具有过失，若被害人之行为虽然是损害后果的共同原因，但被害人并无过失，则不能据此减轻加害人应负的赔偿责任。但必须明确的是，过失相抵只是表明，受害人的过失只能减轻加害人的赔偿责任，而不能免除其赔偿责任，因此过失相抵不是加害一方用于免责的抗辩而是其减责的抗辩。

过失相抵的基础是与有过失。

1. 过失相抵的基础——与有过失

(1)与有过失的概念。在侵权责任法上，与有过失是一种重要的侵权行为形态。侵权责任法上所说的与有过失，是指对侵权行为所造成的损害结果的发生或扩大，受害人有过错，受害人的行为和行为人的行为对损害的发生均具有原因力的侵权行为形态，它的法律后果是过失相抵。

与有过失是大陆法系的称谓，《德国民法典》第 254 条规定：“损害的发生，被害人如与有过失，赔偿义务和赔偿范围，应根据情况，特别是根据损害主要是由当事人的一方还是他方造成的来确定。”《日本民法典》第 722 条第 2 款规定：“受害人有过失的，法院可以斟酌其情事，确定损害赔偿额。”其在英美法系则称为共同过失。共同过失的法律后果是减少损害赔偿数额。我国《侵权责任法》第 26 条规定：“被侵权人对损害的发生也有过错的，可以减轻侵权人的责任。”与有过失既是侵权法的概念，也是合同法的概念。与有过失的后果既包括侵权损害赔偿，也包括违约损害赔偿，还包括缔约过失的损害赔偿。

从本质上分析，与有过失制度是过错责任原则的发展，体现了过错责任提出的应依据过错确定责任的有无和责任范围的要求。根据受害人的过错而相应减少加害人的赔偿数额，意味着无论是加害人还是受害人，最终都应对自己的过错行为负责，对他人的过错不负责任。它不仅体现了公平正义的要求，也体现了责任自负的精神。我国侵权责任法确认与有过失制度，对于督促和教育当事人合理行为，特别是促使受害人采取合理措施注意自身的财产和人身安全，从而预防和

[7] 朱卫国：《过失相抵论》，载梁慧星主编：《民商法论丛》(第 4 卷)，法律出版社 1996 年版，第 400 页。

减少损害的发生,具有重要的作用。

(2)与有过失的法律特征。第一,受害人对于损害的发生或扩大有过错。与有过失的最基本特点,就在于受害人对于损害的发生或者扩大具有过错。与共同侵权行为不同,共同侵权行为虽然也是数人均有过错,都构成侵权责任,但过错只存在加害人一方的当事人,并不要求受害人一方也有过错。与有过失一般情况下不仅加害人一方构成侵权责任,受害人一方也有过错。当然,在无过错责任原则情况下,对加害人不考察过错,当然就不是双方都有过错。从这一点来讲,将与有过失称为混合过错是不妥当的。我国民法依苏联的民法将与有过失称为混合过错。由于混合过错难以涵盖无过错责任原则领域中的与有过失情形,因此,我国的侵权责任法应放弃混合过错的概念,采用与有过失的概念。

第二,损害发生的原因事实相混合。在与有过失中,双方当事人的行为是损害后果发生的共同原因,都对损害事实的发生具有原因力。双方当事人实施的两种行为互相配合,混合在一起,造成了损害后果的发生或者扩大。

第三,受害人一方受有损害。与有过失是双方当事人的过错不法行为或者不当行为导致一方当事人遭受损害,而不是双方受有损害。在实践中,有相互致损的情况,即双方当事人因各自的过错相互造成对方损害,这实际上是两个侵权行为交织在一起,而不是与有过失,不能适用与有过失的原理处理。

2. 与有过失的法律后果——过失相抵

(1)过失相抵的概念。过失相抵既是与有过失的法律后果,也是一种侵权责任形态。而过失相抵的概念,则可定义为在侵权行为中,如果存在与有过失的情形,则按照过失比较和原因力比较,将损失赔偿责任分摊给双方当事人的责任形态。过失相抵是债法的概念,通常被称为损害赔偿之债的原则,与损益相抵原则并列。在这里使用过失相抵概念,是将其作为一个侵权责任形态的概念。无论是在侵权法中,还是在合同法中,只要成立与有过失,便发生过失相抵的法律后果。在侵权法中,只要对损害的发生或者扩大,受害人也有过错,即发生过失相抵的法律后果。应强调的是,过失相抵只产生减轻责任的法律后果,我国立法并不采用免除责任的办法。

从过失相抵制度的历史沿革来看,其着眼点在于减轻加害人所应负担的赔偿责任。[8] 同时,基于此历史沿革的考察,笔者认为,过失相抵制度的法理依据不在于加害人行为的违法性或可谴责性,而应是以受害人为自己的过错负担责任的

---

〔8〕 王利明:《侵权行为法归责原则研究》,中国政法大学出版社2001年版,第331页。

过错责任原则作为立论依据。过失相抵或比较过失,意味着依据各方当事人过错程度分担责任,这标志着过错责任原则归责功能得以更为精致、更为充分地发挥,使过错责任原则发展到一个新的阶段。

(2)过失相抵的构成要件。第一,受害人的行为是损害发生或扩大的共同原因。所谓共同原因,是指受害人的行为与加害人的行为共同作用,促成了一个损害后果的发生,或者是受害人的行为作用于已经发生的损害后果,使其继续扩大。对于损害后果的发生或损害的扩大,受害人的行为是必不可少的共同原因之一,才能构成过失相抵。《侵权责任法》第26条规定仅规定了受害人对损害的发生也有过错的,适用过失相抵,没有对损害扩大也有过错应如何处理做出规定。过失相抵中的因果关系应有两种类型:一是受害人的过错行为与加害人的行为相互结合共同导致同一损害后果的发生;二是受害人的过错行为只是导致了损害后果的进一步扩大。当受害人的行为是损害发生或扩大的共同原因时,就具备了过失相抵的第一个构成要件。理论和实践均认为,损害的发生与扩大都是过失相抵的事由。

第二,受害人实施了不当行为。构成过失相抵,受害人的行为不要求必须违法。只为不当即可。所谓不当行为,就是对自己的利益或在伦理的观念上为不当的行为,所以阻却违法的行为如正当防卫、紧急避险等适法行为,不构成过失相抵。这种不当行为既可以是积极的行为,也可以是消极的不作为。消极的不作为构成过失相抵,分为三种情况:一是对可能的重大损害未促其注意;二是怠于避免损害;三是怠于减少损失。这三种情况都是受害人的消极行为,都构成过失相抵的要件。前者如受害人患有心脏病与加害人玩摔跤游戏,未告知其注意而致其心脏病发作;怠于避免损害是未造成损害时受害人已发现可能造成损害并可以采取措施避免却未加避免;最后一种情况为损害已经发生,可以采取措施减少损失但怠于采取措施减少其损失。

第三,受害人须有过错。受害人为自己的行为负责的基础是自己有过错;如果受害人的行为虽然是损害发生或扩大的共同原因,但其主观上无过错,仍然不构成过失相抵。判断受害人过错的标准,是受害人对于自己受害的危险应当预见或可能预见,即就其行为可生的权利侵害或发生损害的扩大必须有预见,或者以善良管理人的注意应当预见。前者为故意,后者为过失。过失相抵中的过失应当作过错理解,包括受害人故意与受害人过失。受害人故意是指受害人明知其行为将导致对自己造成某种损害而仍然有意为之的一种主观心理状态。

受害人的代理人对于损害的发生或扩大有过失时,可以视为受害人的过失。受害人如果是无责任能力人,虽无法确定其有无过失,但仍可确定其法定代理人对此有无过失,法定代理人的过失亦构成过失相抵。

在加害人应负无过错责任的场合中,如果受害人有过错,亦构成过失相抵。在机动车致害非机动车驾驶人或者行人,机动车一方应当承担无过错责任时,若非机动车驾驶人或者行人有违反道路交通法律法规行为的,应当实行过失相抵。《道路交通安全法》第 76 条第 1 款第 2 项规定:“机动车与非机动车驾驶人、行人之间发生交通事故,非机动车驾驶人、行人没有过错的,由机动车一方承担赔偿责任;有证据证明非机动车驾驶人、行人有过错的,根据过错程度适当减轻机动车一方的赔偿责任;机动车一方没有过错的,承担不超过 10% 的赔偿责任。”

(3)过失相抵的适用范围。对于适用过错责任的一般侵权行为自然应该适用过失相抵。在过错推定责任场合,由于它本身是基于过错责任的,只是在举证责任的分配上考虑到实际操作的公平性,让加害人承担举证责任,所以将过错推定作为一种独立的归责原则的形式意义大于实际意义,对过错推定责任场合的过失相抵制度的适用应该比照过错责任场合进行。

对于严格责任场合过失相抵制度的适用,理论界曾存在一定的争议,否定说认为严格责任作为一种无过错责任不应该考虑受害人的过错,而应直接追究加害人的责任,因为严格责任本身就存在对受害人保护的倾向,而过失相抵制度违背了这个价值取向。另外,在体系划分上,由于严格责任对于加害人是无过错追究责任,所以从形态上看不具有过失相抵的问题,所以也有学者曾针对此点主张过失相抵只于过错责任场合适用,在特殊侵权场合适用独立的免责法则。[9] 肯定说认为严格责任作为一种无过错责任其出发点是加害人的无过错,而并不是不考虑受害人的过错。对于保护受害人的问题应该在维护公平的基础上进行,故于严格责任场合也应该适用过失相抵。笔者认为,过失相抵以受害人与有过失为法律基础,受害人理应为其过失承担一定的后果。在无过错责任所强调的高危等情况中,受害人应对自身安全加以必要的注意,对其行为进行约束,而不能任由损害的发生与扩大。既然过失相抵制度的本质是基于受害人自己责任的一种损害赔偿规则,就没有必要过于纠缠是否存在两相抵消的过错的问题。因为从抵消的意义上说,过错本身是不可抵消的。在受害人与有过失的场合,基于受害人之过失的客观存在重新界定赔偿责任的分担才是过失相抵的最终目的。此时,主要依据加害人与受害人的过错行为对损害发生的原因力大小确定责任的分担。《侵权责任法》第 72 条等条款的规定表明我国立法也认可了无过错责任原则下可以适用过

---

〔9〕 杨立新:《具体侵权行为的法律界定暨实例评析》,吉林人民出版社 2001 年版,第 1030 页。

失相抵。

在公平分担损失的适用场合，通说认为，公平分担损失是在双方当事人均无过错的情况下如何合理分担责任的问题。过失相抵既然以受害人与有过失为基础，自然并不适用于公平分担损失的场合。[10]

（4）过失相抵的适用方式。过失相抵的责任分担是在过失相抵具备要件时，法院可以不待当事人主张，而依职权减轻加害人的赔偿责任。国外通行的做法也是采取职权主义。过失相抵的效力是仅仅减轻加害人的赔偿责任，还是也包括免除加害人的责任？国外侵权法多数规定既包括减轻，也包括免除加害人的赔偿责任。我国民国时期的立法采用这种立法例，我国的相关司法解释也采用这种立法例。如《精神损害赔偿司法解释》第 11 条规定："受害人对损害事实和损害后果的发生有过错的，可以根据其过错程度减轻或者免除侵权人的精神损害赔偿责任。"《人身损害赔偿司法解释》第 2 条规定："受害人对同一损害的发生或者扩大有故意、过失的，依照民法通则第 131 条的规定，可以减轻或者免除赔偿义务人的赔偿责任。但侵权人因故意或者重大过失致人损害，受害人只有一般过失的，不减轻赔偿义务人的赔偿责任。适用民法通则第 106 条第 3 款规定确定赔偿义务人的赔偿责任时，受害人有重大过失的，可以减轻赔偿义务人的赔偿责任。"但我国《民法通则》和《侵权责任法》采纳只减轻加害人赔偿责任的立法例，即不得因受害人的过错而免除加害人的赔偿责任。

（二）双方责任中的公平分担损失

公平分担损失的基础是造成损害双方当事人均无过错。

1. 公平分担损失的概念

公平分担损失，也称衡平责任，是指加害人和受害人都没有过错，在损害事实已经发生的情况下，以公平考虑作为标准，根据实际情况和可能，由双方当事人公平地分担损失的侵权责任形态。《民法通则》第 132 条规定："当事人对造成损害都没有过错的，可以根据实际情况，由当事人分担民事责任。"《侵权责任法》第 24 条规定："受害人和行为人对损害的发生都没有过错的，可以根据实际情况，由双方分担损失。"这是我国民法对公平分担损失在法律上的确认。

在《侵权责任法》中对公平分担损失做出明文规定，是符合社会利益和广大人民群众的意志和愿望的。它既能有效地保护当事人的合法利益，又能及时地解决侵权损害赔偿纠纷，防止事态扩大和矛盾激化，促进安定团结。公平分担损失属

---

〔10〕　李晶：《侵权法过失相抵制度若干问题探讨》，载《山东省青年管理干部学院学报》2006 年第 5 期。

于道德范畴,其公平观念是道德观念,它表达的是社会的某种道德要求。即法官在适用公平分担损失时,往往表达的是对受损人的一种同情心,或者一种济贫救危的道德观。

公平分担损失的适用是有条件的,它是在特定场合,基于人与人之间的共同生活规则的需要,在适用过错责任原则与无过错责任原则之外,由法官根据公平的要求,斟酌双方的财产状况和其他情况,确定合情合理的责任分担。因此,公平分担损失弥补了侵权责任法理论的一个缺陷,有重要的社会意义。

2. 公平分担损失的适用

公平分担损失的适用范围,应当限制在当事人双方均无过错,不属于过错责任原则、过错推定责任原则和无过错责任原则调整的那一部分侵权损害赔偿法律关系。超出这个范围的,不能适用《民法通则》第132条和《侵权责任法》第24条的规定。例如,高度危险作业人证明了损害是由受害人故意造成的,那么,被告由于他的举证责任完成而免除侵权责任;然而,在被告不能证明原告具有故意或者重大过失的情况下,不能因为被告也没有过失,便转而适用公平分担损失,由双方当事人分担损失。因为这样的领域是无过错责任原则调整的范围,不是公平分担损失调整的范围。

在公平分担损失的适用范围上,有学者认为,公平分担损失是普遍的责任,凡是双方当事人对于损害的发生均无过错的,都可以适用。笔者认为,根据我国的相关立法,公平分担损失的适用范围《侵权责任法》第23、24、31、32、87条等;《民法总则》第182条规定的紧急避险、第183条规定的见义勇为及第184条新增的紧急救助情形下的见义勇为行为。公平分担损失原则仅适用于侵犯财产权的案件。由于公平分担损失原则的目的在于平衡当事人之间的财产损失,并对不幸的损失在当事人之间进行合理的分配,故只有在造成受害人财产损失的情况下才能适用公平分担损失。在侵害人格权的情况下,可能产生精神损害赔偿责任,但公平分担损失原则并不适用于精神损害赔偿。因为精神损害的目的在于制裁不法行为人,并抚慰受害人的精神痛苦,它应适用过错责任。同时,精神损害本身就难以确定,而弹性较大的公平分担损失原则更不利于精神损害的确定。[11]

适用公平分担损失应公平考虑的因素,按照《侵权责任法》第24条的规定,是"根据实际情况"。这里的"实际情况",应当包含以下两个主要内容:

(1)受害人的损害程度。损害程度直接决定当事人分担损失的必要性。损害

〔11〕 岳红强:《论侵权行为法的公平责任原则》,载《安阳工学院学报》2007年第2期。

的事实，是指财产上的损失。损害达到相当的程度，不分担损失则受害人将受到严重的损害，且有悖于民法的公平、正义观念，因而必须对受害人的损失采取分担的方法予以补救。

(2)当事人的经济状况。这是确定公平分担损失所要考虑的基本因素。当事人的经济状况，主要是指双方当事人各自的实际经济负担能力。在考虑当事人双方的经济状况时，应当有所侧重，考虑加害人的经济状况，即加害人的经济负担能力究竟达到什么程度。负担能力强的，可以多赔；负担能力弱的，可以少赔。在考虑受害人的经济状况时，是考虑其对财产损失的承受能力。经济状况好、承受能力强的，可以让加害人少赔；经济状况不好、承受能力弱的，则令加害人多赔。

其他需要考虑的因素还有损害发生时的环境、当事人的收益情况、社会的舆论和同情等，这些因素对损失分担也有一定的影响。适用公平分担损失，就是要根据这些实际情况综合考虑，确定双方各自所应承担的民事责任。

第四节　单独责任和共同责任

本节提要

单独责任和共同责任的侵权责任形态，是在确定侵权责任由被告一方承担时，根据加害人的人数和侵权行为的性质所决定的侵权责任形态。共同责任中存在连带责任、按份责任与补充责任的区分，相较单独责任形态而言更为复杂。学习本节内容重点要掌握共同责任中的各种具体表现形态及不真正连带责任的相关知识。

一、单独责任

单独责任是一个人实施侵权行为的责任形态，是指单独一个人作为加害人实施侵权行为，并由其承担损害赔偿等责任的责任形态。简言之，就是单独侵权行为所承担的侵权责任形态。

最典型的单独责任是为自己的侵权行为负责，即自己为自己的侵权行为承担责任。这是一般侵权行为的单独责任。在特殊侵权中，为他人实施的行为承担侵权责任的，或者是为自己管领的物件致人损害负责的，只要行为人为单独的个体，亦为单独侵权行为，由单独行为人的责任人承担侵权责任，或者由单独物件的所有人、占有人等承担侵权责任。

二、共同责任

共同责任是两人或两人以上共同实施的侵权行为的责任形态，是指数人为加害人实施侵权行为，并对其承担损害赔偿等责任的责任形态。根据加害人所实施的侵权行为的性质，确定共同责任人究竟应当承担连带责任、按份责任、不真正连带责任还是补充责任。如果数人的行为构成共同侵权行为，包括共同危险行为，则应当承担连带责任；如果数人的加害行为在行为人之间没有过错联系，仅仅是行为的巧合而发生共同的损害后果，则成立按份责任。在特殊情况下，受害人可能基于一个侵权行为造成的损害同时产生两个请求权。如果是数人的行为造成了一个损害，受害人同时产生两个侵权请求权，且两个请求权具有先后顺序的成立补充责任。

（一）共同责任中的连带责任

1. 连带责任的概念和特征

共同侵权的连带责任是指受害人有权向共同侵权人中的一人或数人请求赔偿全部损失，共同加害人中的一人或数人已全部赔偿了受害人的损失，则免除其他共同加害人对受害人应负的赔偿责任。《民法通则》第 130 条规定：“二人以上共同侵权造成他人损害的，应当承担连带责任。”共同侵权连带责任的各行为人对外承担整体责任；对内则依其主观过错程度和行为的原因力不同，对自己的责任份额负责。当部分共同侵权行为人承担了超出自己责任份额的责任后，有权向没有承担应承担的责任份额的其他共同行为人求偿。各行为人各自承担自己的责任份额，是连带责任的最终归属。《民法总则》第 178 条规定：“二人以上依法承担连带责任的，权利人有权请求部分或者全部连带责任人承担责任。连带责任人的责任份额根据各自责任大小确定；难以确定责任大小的，平均承担责任。实际承担责任超过自己责任份额的连带责任人，有权向其他连带责任人追偿……”《侵权责任法》第 14 条规定：“连带责任人根据各自责任大小确定相应的赔偿数额；难以确定责任大小的，平均承担赔偿责任。支付超出自己赔偿数额的连带责任人，有权向其他连带责任人追偿。”共同侵权连带责任是法定责任，不因共同行为人内部责任份额或内部约定而改变其连带责任性质。连带责任的共同行为人内部基于共同协议免除或减轻某个或某些行为人的责任，对受害人不产生效力，不影响连带责任的适用。

连带责任的主要特征有：

(1)连带责任是一种共同责任。即连带责任主体必须为两个或两个以上的能独立承担民事责任的人。

(2)连带责任是一种牵连责任。在民法理论中,连带责任是与按份责任相对应而存在的。按份责任是各责任人按一定的标准和原则对自己应承担的份额承担责任,即不得令某个行为人负全部赔偿责任,同时,也不存在行为人内部的求偿关系。而连带责任的根本特征则在于其对外责任的非按份性,即每一债务人都单独对债权人负担为全部给付的责任。共同责任人没有预先对应承担的对外责任进行划分的权利,相互之间在承担对外责任时是一种牵连关系,即如果权利人要求责任人承担责任,他可向其中之一人、数人或全部责任人请求承担一部或全部责任,这其中的选择权完全掌握在权利人手中,而共同责任人则毫无抗辩权,这就是连带责任的牵连性。不管承担责任以后责任人之间按何种原则分配责任,责任人在对权利人承担责任时都没有优先选择权,这也是连带责任制度的立法价值所在。

(3)连带责任的数个独立责任具有共同目的。所谓共同目的,即同为确保债权人债权的满足。连带责任虽有数个责任,其根本目的在于确保债权满足,一个责任人的责任承担虽然仅为自己的单独行为,但债权人权利已经满足,债权人的目的已经实现,其他责任人的责任已失去存在的理由,其他责任人的责任因此消灭。因此,数个独立责任因共同目的而互相牵连,各个责任只不过是达到同一目的的手段而已。需要说明的是,此共同目的是立法者在立法设计时所确立的目标,既非债权人的主观上的目的,也非各责任人的主观上的共同目的。更何况,任何一个债务人主观上都不存在承担责任或承担连带责任的预期与希望。因此,在连带责任中,多个责任是为此共同目的而存在,但此共同目的并不是各责任人的共同意愿与目的。

2. 承担侵权法上连带责任的具体侵权行为类型

(1)典型的共同侵权行为,即共同加害行为,也就是数人共同侵害他人造成损害的行为,应当由加害人共同承担连带责任,其加害人包括实行行为人、教唆行为和帮助行为人。

(2)共同危险行为,二人以上共同实施危及他人人身、财产安全的行为并造成损害后果,不能确定实际侵害行为人的,应当依照《民法通则》第130条的规定承担连带责任。共同危险行为人能够证明损害后果不是由其行为造成的,不承担赔偿责任。《侵权责任法》第10条规定:“二人以上实施危及他人人身、财产安全的行为,其中一人或者数人的行为造成他人损害,能够确定具体侵权人的,由侵权人承担责任;不能确定具体侵权人的,行为人承担连带责任。”

(3)无意思联络的共同侵权行为。《侵权责任法》第11条规定:“二人以上分别实施侵权行为造成同一损害,每个人的侵权行为都足以造成全部损害的,行为人承担连带责任。”

3.连带责任的效力

(1)连带责任的内部效力。债权人可以依自己的选择对任何一个连带债务人采取行动,但这并不意味着以此种方式被请求给付的债务人在自己与其他共同债务人的关系上必须最终负担以此给付为内容的牺牲。因为,在对债权人的关系上,连带债务人各有清偿全部债务的义务。因此,连带债务人之一人即使是对债权人进行了全部清偿,也不过是清偿自己的债务而已。可是在与其他债务人的内部关系上,各自有其应负担的部分。当清偿超过了自己的负担部分而使全体债务人共同免责时,就可请求其他债务人各按其负担部分而共同分担,这就形成了连带责任的内部求偿关系问题。《民法总则》第178条、《民法通则》第87条及《侵权责任法》第14条明确了债务人之间的求偿权:履行了义务的人,有权要求其他负有连带义务的人偿付他应当承担的份额。但对于偿付义务人应当承担的份额具体应如何确定却没有明确的规定。一般情况下,在责任人内部债务份额分担方面,应以平均分担为原则,以法律或者当事人的特别约定为例外。

求偿权成立的条件包括:第一,债务人有清偿或者其他财产支出行为。一般情况下债务人的清偿行为都是积极的财产支出,但也可以是消极地负担新的债务,所以可以是清偿、代物清偿、提存、抵销,也可以是更改、混同。因为免除或者时效完成是相对效力事项,只在应当负担的部分范围内产生效力,所以不能成立求偿权。第二,其他债务人能够共同免责。免责是指连带债务的一部分或者全部消灭的意思。共同免责是为清偿或其他行为的债务人使债权消灭或者减少,其他债务人也同时免除了全部或一部分债务。第三,清偿行为和共同免责之间存在因果关系。其他债务人的免责事实是由债务人的清偿或者其他行为引起的,两者之间存在因果关系,才可以在债务人之间产生求偿权。第四,共同免责的数额超出其应承担的部分。关于求偿权的行使是否要以免责数额超出其应承担的部分为条件,学理上存在两种不同的观点:一种为积极说,认为免责数额须超出分担额才能求偿,因为未超过分担额的部分,就对内关系而言,仅仅是履行自己的债务,其他债务人并未因此而得利,故不应对他人行使求偿权;[12]另一种为消极说,认为免责额即使在自己的应分担额以下,对其他债务人也可行使求偿权,因为清偿数

〔12〕 陈界融编著:《中国民法学·债法学原论》,人民法院出版社2006年版,第408页。

额虽然在应当分担的数额内,但是其他债务人也因清偿行为获得了利益,免除了部分责任,所以清偿人可以向其他债务人行使求偿权。比较两种学说,消极说虽然是从公平的角度出发,在理论上有依据,但在实践中会使债务关系复杂化,债务人之间循环求偿,不利于操作。因此,笔者认为应当采纳积极说的观点,如果清偿未超过自己应分担的部分,对其他债务人没有求偿权。

对于责任人之间求偿权的基础,存在以下几种学说:第一,不当得利说。在连带责任中,各债务人就外部关系固然各负全部给付义务,但对于内部关系,则仍各有其分担部分,因而一债务人之给付如超过其应分担之部分,致他债务人同免其责任时,法律上自应使该债务人对他债务人,依其各自应分担之部分,请求偿还。求偿权乃不当得利返还请求权之别一形态。[13] 第二,无因管理说。虽负有义务,如超过其义务之范围而处理事物时,就其超过部分仍属于无义务,故为无因管理。在连带债务中,虽在对外关系有为全部清偿之义务,对内关系唯就自己负担部分负有责任,如超过自己负担部分而为清偿时,对于其他债务人仍为无义务而为之清偿,故亦为无因管理。[14] 第三,公平说。各连带债务人非无义务而为他人清偿或为其他行为,其不属于无因管理甚为明显。他债务人因一债务人之为清偿或其他行为而免其债务,乃基于法律上之原因,其免责亦非不当得利。故求偿权之发生非理论之问题,乃由于法律使各债务人为公平负担之政策之规定。[15] 第四,相互保证说。该说认为连带债务中的全部义务是担保义务,债务人之间负担部分是其固有义务。不过连带债务的相互保证性质的学说还没有得到普遍承认。[16] 第五,连带责任性质说。各债务人就其与债权人之间关系,虽负全部给付义务,然在其对于他债务人之关系,唯各就其负担部分负其债务,超过自己负担部分而为清偿或其他行为之债务人,对于他债务人之关系乃为他债务人债务之清偿,从而理论上当然发生求偿权。[17]

以上各学说各有侧重点,综合来看,不当得利说更具有说服力,其他观点各有不足之处。就内部关系来说,求偿权人虽然超出自己的义务承担了他债务人的责任,但这样做的出发点并不是为了他人的利益,因此无因管理说不成立;用公平说来解释求偿权并没有错,但如此解释太过宽泛,法律的所有问题最终都是公平正

---

〔13〕 郑玉波:《民法债编总论》,陈荣隆修订,中国政法大学出版社 2004 年版,第 401 页。

〔14〕 史尚宽:《债法总论》,中国政法大学出版社 2000 年版,第 61 页。

〔15〕 史尚宽:《债法总论》,中国政法大学出版社 2000 年版,第 664 页。

〔16〕 [日]於保不二雄:《日本民法债权总论》,庄胜荣校订,台北五南图书出版有限股份公司 1987 年版,第 225 页。

〔17〕 史尚宽:《债法总论》,中国政法大学出版社 2000 年版,第 664 页。

义问题,因此,可以采公平说,但不够确切;相互保证说试图以担保义务解释连带义务,但两者毕竟不同,担保义务有主债务和从债务之分,而连带债务则没有,各债务人以自己的份额承担责任;连带责任性质说使问题陷入循环论证的境地,本就在考察连带责任各责任人之间求偿权的基础,不能以连带责任本身来解释。因此,在连带责任中各责任人内部存在限额划分的情况下,某一责任人因他人清偿或其他行为而免除债务的,是没有法律上的原因而受有利益的情况,按照不当得利的原理,应当予以返还。

(2)连带责任的外部效力。从连带责任的对外效力来看,它体现的是各个连带责任人与权利人之间的关系,主要是权利人对数个连带责任人的请求权问题。各个连带责任人都应当向权利人履行债务,权利人享有对各连带责任人的请求权。权利人的这种请求权有两层含义:第一,请求权的行使对象具有连带性,权利人的请求权可以向数个连带责任人中的一个、数个或全部提出;《民法总则》第178条规定:"二人以上依法承担连带责任的,权利人有权请求部分或者全部连带责任人承担责任……"各个被请求的连带责任人之间相互牵连,存在连带关系。被请求的责任人不得以未向其他责任人请求承担责任而相互推诿。而且,债权人可以向连带责任人进行同时或先后之请求,后被请求的责任人不得以债权人已向其他责任人请求为理由拒绝承担责任。第二,请求权的内容具有选择性,权利人可自由选择向连带责任人请求全部或部分之给付,被请求之责任人不得以超出自己应该负担的份额为由而提出抗辩。

(二)共同责任中的按份责任

1. 按份责任概念及其责任承担

所谓按份责任,是指无过错联系的数人实施的行为结合在一起,造成一个共同的损害结果,每个人按照自己的过错程度和原因力,按份额承担各自责任的侵权责任形态。《民法总则》第177条规定:"二人以上依法承担按份责任,能够确定责任大小的,各自承担相应的责任;难以确定责任大小的,平均承担责任。"《侵权责任法》第12条规定:"二人以上分别实施侵权行为造成同一损害,能够确定责任大小的,各自承担相应的责任;难以确定责任大小的,平均承担赔偿责任。"无意思联络的各行为人没有共同的过错,行为没有共同性,不具备共同侵权行为的本质特征,不应该承担共同侵权行为所应承担的连带责任,因此,在责任承担上应该由各行为人分别承担责任,即承担按份责任。由于无意思联络的共同致害所造成的损害后果为同一结果,在责任的分割和承担上难以操作,因此,按份责任的责任分配方式应遵循以下原则:

(1)各行为人对各自的行为所造成的后果承担责任。无意思联络的共同致害属于单独侵权而非共同侵权,各行为人的行为是独立的,因此只对自己行为所造成的损害负责。在损害结果可以单独确定的情况下,法官应当责令各行为人就其行为的损害承担赔偿责任。

(2)按份各自承担责任。各行为人在共同损害后果无法明确分割的情况下,应该按照各自实施的行为的过错程度和对造成损害后果的原因力,各自承担责任。连带责任是共同侵权行为的责任承担方式,无意思联络的共同致害虽然在致害人和损害后果上都有“共同性”,但其本质属于单独责任,因此不能令各致害人承担连带责任。

(3)对于原因力无法明确分割的,按照公平原则区分各行为人的责任份额。

2. 按份责任的功能

按份责任的本质特点是行为人之间没有共同过错,责任人仅就自己所造成损害的份额承担责任。它并没有连带责任人之间的担保关系,不为他人的过错行为负责,也没有加重行为人的责任。它体现了侵权法所一贯坚持的自己责任原则,即每个人只能也只应对自己行为所造成的损害后果负责,而无须对他人行为的后果负责。因此按份责任和其他的共同责任相比,对行为人的惩罚程度最轻。但行为人承担按份责任可能造成当部分责任人无支付能力时,受害人无法得到完全赔偿的情况。因此,按份责任从对受害人保护的力度上看比其他共同责任弱。我们应当看到,侵权行为法虽然是以实现受害人损失补偿为首要目的,但是侵权责任法并不以损害侵权行为人的利益来满足对受害人损失的补偿。它除了要保障受害人的利益外,还应保障行为人的权利,并在有数个行为人时平衡各行为人之间的利益。如前所述,按份责任人之间没有任何关系,行为人不为他人的行为负责,即使当部分加害人没有赔偿能力并造成受害人不能获得完全补偿时,侵权责任法也不应牺牲其他行为人的利益而责令该行为人承担超过自己份额的责任,否则这种责任就违背了公平原则和等价有偿的原则。因此,按份责任是在行为人没有共同过错的情况下,对受害人权利和行为人利益的平衡性保护,是公平原则和等价有偿原则的体现。加重行为人的责任是侵权责任法的例外,令行为人承担其份额内的责任才应当是侵权责任法的原则,按份责任正是这一原则的体现。

3. 按份责任的效力

按份责任中各个责任人仅就自己的份额承担责任,各责任人之间并没有任何关系,因此按份责任人之间不存在一种共同的对外效力或对内效力,即发生在某责任人身上的事项的效力不及于其他责任人,责任人之间也不存在追偿的问题。

也就是说在按份责任中，受害人只能请求每个责任人就其责任份额承担责任，而不能请求责任人承担超出其份额的责任。当受害人请求责任人超出其责任份额承担责任时，责任人可以以其份额抗辩受害人的请求。责任人履行了自己份额的责任，该效力对其他责任人不产生影响，即不导致他人责任的消灭。其他责任人也不能以责任人已履行的赔偿责任对抗受害人的请求。

(三)共同责任中的补充责任

1. 补充责任的概念

侵权行为补充责任是实践的产物，可以说补充责任是司法部门在实践中针对我国民事法律关系的复杂性以及债务清偿困难的现状，用司法解释或法院内部办案规则等形式总结出来，在审判实践中逐步得到推行的一项制度。《人身损害赔偿司法解释》中规定了安全保障义务人的"补充赔偿责任"，首次对侵权补充责任进行了规定。该解释第 6 条第 2 款规定："因第三人侵权导致损害结果发生的，由实施侵权行为的第三人承担赔偿责任。安全保障义务人有过错的，应当在其能够防止或者制止损害的范围内承担相应的补充赔偿责任。安全保障义务人承担责任后，可以向第三人追偿。赔偿权利人起诉安全保障义务人的，应当将第三人作为共同被告，但第三人不能确定的除外。"《侵权责任法》第 34 条第 2 款规定了劳务派遣单位的补充责任，《侵权责任法》第 37 条修改了《人身损害赔偿司法解释》对安全保障义务人的补充责任，《侵权责任法》第 40 条规定了教育机构的补充责任。

补充责任是指多数行为人就基于不同原因而产生的同一给付内容的数个责任，其中直接造成损害的人是直接责任人，其应当负终局责任；违反法定或约定的义务造成损害的行为人就是补充责任人。

2. 补充责任特征

补充责任包括两个要点：一是程序意义上的补充。即补充责任的顺序是第二位的。直接责任人承担的赔偿责任是第一顺序的责任。二是实体意义上的补充。补充责任的赔偿范围是补充性的。其赔偿范围的大小取决于直接责任人承担的赔偿责任的大小。直接责任人赔偿不足的，补充责任人承担的赔偿责任就是其不足部分。基于此，我们可以将补充责任的特点归纳为以下几方面：

(1)补充责任属于广义的请求权竞合，[18]受害人对同一给付可以分别单独地

---

[18] 狭义请求权竞合是指同一债权人与债务人之间对同一法律后果享有数个请求权。例如，购买商品受到损害的债权人既可以请求违约损害赔偿，也可以请求侵权损害赔偿。我们在这里所说的补充责任属于广义请求权竞合。

向多个行为人即责任主体行使请求权,并因为其中一个请求权的满足而使其余的请求权归于消灭。

(2)各个行为人基于不同的原因造成了同一损害后果,对受害人都负有侵权责任。各责任主体承担责任的原因就是救济受害人所遭受的损害。

(3)在责任的承担上具有补充性。补充责任在责任的承担上有一定顺序,受害人必须首先要求直接侵权行为人承担损害赔偿责任,只有侵权行为人不明或无力承担责任时,补充责任人才对未予给付的部分进行赔偿。

3. 补充责任与连带责任

补充责任与连带责任一样,都是侵权共同责任的表现形式,因而有许多相似之处。这些相似表现为:各债务人都可能负全部给付的义务;给付的内容相同;债务人都为多数;因某一债务人的给付而使全体债务归于消灭等。这就使人们容易将补充责任与连带责任相混淆,但实际上二者之间存在显著区别:

(1)产生原因不同。补充责任的产生是因为不同的原因引起了同一损害后果,即各个行为人的行为引起受害人损害的原因是不同的,行为人实施的并不是同一个行为,而是各自不同的行为。以违反安全保障义务为例,第三人侵权导致受害人损害,安全保障义务人有过错的,应当在其能够防止或制止损害的范围内承担补充赔偿责任。直接侵权行为是造成损害的全部原因,负有安全保障义务的一方的疏于注意而未尽安全保障义务的行为也是发生损害的全部原因。补充责任是基于不同的法律事实而产生的,而连带责任却是基于共同的原因发生的责任形态。

(2)行为人的主观状态不同。补充责任的数个行为人之间没有共同的过错,行为人各自具有单一的主观状态,没有任何意思上的联系。损害后果的发生纯属偶然,各行为人侵权责任的产生相互并无关联,纯属相关的法律关系发生巧合,使责任竞合在一起。而连带责任的各债务人之间具有共同的过错,在主观上也有互相联系。

(3)行为人之间的求偿关系的性质不同。补充责任的行为人之间不存在内部份额的分担关系,负有补充责任的人承担了赔偿责任,有权向加害人求偿,但是这种求偿并不是基于责任份额的分担关系,而是基于最终的责任承担。因此,补充责任人与直接责任人之间不是责任份额的关系,也不是共同侵权人之间的内部求偿关系。而连带责任侵权人之间存在潜在的内部责任份额关系,依据这种关系,共同加害人之间存在内部求偿权。在一个或者数个共同加害人承担了全部责任之后,对其他没有承担侵权责任的共同加害人有权追偿其应承担的份额。

4. 补充责任的具体类型

在侵权责任法中，补充责任有以下几种类型：

(1)法定的义务不履行行为与他人的侵权行为发生竞合而产生的补充责任。依照法律规定，行为人负有对他人的安全保护义务，这种义务是法定的义务。行为人违反这一法定义务造成损害，与他人的侵权行为所造成的损害发生巧合，产生责任竞合，负有法定义务的行为人的行为构成补充责任。这是侵权补充责任的最基本类型。

(2)约定的债务不履行行为与他人的侵权行为发生竞合而产生的补充责任。在债权人和债务人之间的合同中，约定有损害赔偿义务。当侵权行为人实施侵权行为，造成合同债权人的损害时，侵权行为人产生侵权损害赔偿责任，合同债务人产生合同约定的损害赔偿义务。合同债务人的责任是补充责任。这种类型的补充责任最典型的是保险人与侵害被保险人权利的第三人之间的责任竞合。[19]

(3)数个侵权行为偶然竞合而产生的补充责任。数人因分别的侵权行为使他人遭受同一损害，又不构成共同侵权行为，各人对此损害均负全部责任，互为补充责任。例如，定作人的指示有过失，对受害人负赔偿责任，这是替代责任；而承揽人同时也有过错，对受害人负赔偿责任时，定作人与承揽人成立补充责任。[20]

5. 补充责任的基本规则

根据《人身损害赔偿司法解释》及《侵权责任法》的相关规定，我们可以看出补充责任的承担有一定的顺位。

(1)赔偿权利人(受害人)首先应当向直接责任人请求赔偿，在直接责任人承担了全部的赔偿责任后，补充责任人的赔偿责任就归于消灭，赔偿权利人不得向其要求赔偿，直接责任人也不得向其追偿。

(2)在赔偿权利人请求直接责任人承担赔偿责任，但直接责任人不能承担全部赔偿责任，而由补充责任人承担了部分赔偿责任的，补充责任人对于自己承担的部分，有权请求直接责任人清偿。

(3)在直接责任人无法确认的时候，受害人可以向补充责任人请求赔偿，补充责任人应当满足受害人的请求。但仅仅限于在其能够制止或者防止损失发生的范围内承担责任。一旦直接责任人确定，补充责任人可以向其追偿。

如前所述，补充责任是共同责任的一种特殊形式。在这种责任形态中存在“终局责任人”，即直接责任人。因此，在补充责任的对内效力上，其中一个责任人

---

〔19〕 杨立新：《侵权法论》，人民法院出版社 2004 年版，第 561 页。

〔20〕 杨立新：《论侵权责任的补充责任》，载《法律适用》2003 年第 6 期。

承担了赔偿责任之后，是否有权向没有承担责任的终局责任人（直接责任人）请求赔偿，如何求偿等问题成为学界争论的焦点。《侵权责任法》第34、37、40条规定的补充责任都未规定追偿权。

在法国法中，认为对那些没有尽到安全保障义务或者安全照顾义务的经营者、其他活动的组织者或者学校而言，正是由于其没有尽到合理限度范围内的安全保障义务，才导致了侵权行为人实施侵权行为或者导致侵权行为的后果扩大，说明其违反安全保障义务的行为与受害人的损害之间也存在一定的因果关系。因此，该义务人本身就应当承担一定的赔偿责任，而不能将其本身应承担的赔偿责任转嫁给第三人。于是规定了安全保障义务人应当承担危险责任，只有在安全保障义务人承担的责任超过其能够防止或制止第三人损害的赔偿范围时，才有权向第三人追偿。

我国补充责任人具有追偿权是源于《人身损害赔偿司法解释》第6条第2款中"安全保障义务人承担责任后，可以向第三人追偿"的规定。我国在制定该司法解释时，立法者主要考虑的是经营者的利益。因为在第三人侵权导致损害发生的过程中，负有安全保障义务的经营者在某个程度上确实有过错，理应承担一定的责任。但我们也知道，即使经营者在安全保障方面存在一定的漏洞，但若没有侵权行为人的直接加害行为，受害人的损害后果也有可能根本不会发生。若在此情况下要经营者承担责任，对经营者就显得不公平了。于是，司法解释为了平衡经营者的利益就赋予了经营者追偿权。

补充责任既然可以追偿，那究竟如何求偿？各国立法和学说对此见解不一。一种主张认为，求偿关系是基于让与请求权，让与请求权是指履行了债务的债务人可以请求债权人让与其对终局责任人的请求权。另一种主张认为，求偿关系是基于赔偿代位，赔偿代位则指法律直接规定履行了债务的债务人当然地取得债权人对终局责任人的请求权，不需经当事人的意思表示。德国及我国民国时期民法基本上采取让与请求权的立法例，仿德国立法例的我国民国时期的《民法》第228条规定："关于物或权利之丧失或损害，负赔偿责任之人，得向损害赔偿请求权人请求让与基于其物之所有权或基于其权利对于第三人之请求权。"日本等国家采取赔偿代位的立法例，如《日本民法典》第422条规定："债权人因损害赔偿而受领其债权标的之物或权利价额之全部时，债务人就该物或权利，当然代位债权人。"

我国《民法通则》对此没有规定。在实践中，有些求偿关系采用赔偿代位说理论，有的则采用请求权让与说理论。例如，《国内渔船保险条款》第17条规定："保险渔船发生保险责任范围内的损失，如果依法应由第三者负责赔偿的，经被保险人提出要求,保险人可按照本条款的有关规定先代为赔偿。被保险人应当将追偿权转给保险人,并与保险人共同向第三者追偿。"这就是明显的请求权让与说立场。而《保险法》第45条第1款规定:"因第三者对保险标的的损害而造成保险事故的,保险人自向被保险人赔偿保险金之日起,在赔偿金额范围内代位行使被保险人对第三者请求赔偿的权利。"可见此规定采取的是赔偿代位说的立场。

(四)不真正连带责任

1. 不真正连带责任的概念

不真正连带责任,是民法理论中一种重要的责任形态。学理的通说认为,不真正连带责任是指多数债务人就基于不同的发生原因而偶然产生的对于同一债权人负有以同一给付为标的的数个债务,各负全部履行的义务,并因债务人之一的履行而使全体债务人的债务均归于消灭的责任形态。即数个债务人不具有主观的共同关联性,不具有共同的目的,其行为偶然结合对债权人造成了同一的不可分的损害后果,其实质仍是数个债务人数个不同的单一的债务。其目的都具有单一性,债务人对债权人所负的债务是由于他们各自与债权人所发生的法律关系而造成的自己的债务。其给付标的虽然同一,但他们之间并不存在法律关系,所负的债务性质也有可能不同,也并不具有共同的目的,只是由于法律规范关于此债务的规定发生了竞合,债权人有权或然地选择不同的债权实现方式,他们之间才偶然地形成了外观上的"连带之债"。

不真正连带责任的债权人和各债务人之间的债务各自相互独立,互不牵连,不具有共同的目的,从实质上看,是数个单一主体之债而非多数人之债。但因债权实现的结果使其在事实上发生了牵连关系,本着纠纷处理的合目的性原则和一次解决原则,将它们合并起来作为一个类型进行处理则是合理而且恰当的选择。

不真正连带责任从更大的程度上来说是对数个损害行为的偶然结合造成同一的损害后果这一事实,从保护债权人和便于解决纠纷的角度进行了技术化的处理,使数个单一之债合并起来,对外以连带之债的外观与形式要求债务人中的一人或数人向债权人同时或先后承担一部分或全部债务,使不真正连带责任具有了连带债务的外观。不真正连带责任在对外关系上不存在问题,但在对内关系上迥然不同于连带债务的内部关系,连带债务内部一般为数个债务人平均承担债务,一人或数人向债权人为全部履行后会产生对其他债务人的追偿权,这是因为连带债务人之间具有共同的目的,具有共同的主观关联性。不真正连带责任则不同,通说认为各债务人之间不具有内部债务分担关系,不存在债务人之间的求偿权,只有在存在终局责任人时,其他债务人向债权人履行了全部债务,使此不真正连带责任归于消灭,才会在内部发生向终局责任人追偿的情形,但是此种追偿权不同于连带债务中的求偿权。问题是在不真正连带责任中,一个或数个债务人向债权人履行了全部债务后,履行了债务的债务人的单一之债即归于消灭,但同样也会使其他债务人免责,脱离责任承担。这样就在债权人的债权得以实现的情形下,债务人之间出现了利益不均衡和不公平的问题。对此问题,不真正连带责任并没有涉及,这也是各个国家在立法上不认可不真正连带责任的重要原因。

不真正连带责任制度最早由德国学者阿依舍雷于19世纪下半叶提出,距今已逾百年。它是建立在德国普通法时期对连带之债二分论的基础上,并由连带之债中的单纯连带逐步引申、演化而来的。不真正连带责任作为一项民法理论与制度,主要为德国法系国家的判例和学说所认可,但是目前各国民法对不真正连带责任并无明文规定。在法国法系和英美法系国家的立法、判例和学说上不存在不真正连带责任的规定,但在这些国家中,有关德国法系所谓的不真正连带责任的现实情形同样大量存在,这些国家运用其他制度也完好地解决了这一问题。从一定程度上说,不真正连带责任制度是德国法学概念化、抽象化、体系化的产物和结果,是学说汇纂学派抽象思维的成果。

通说认为,不真正连带责任的本质是广义的请求权竞合。不真正连带责任内部为多数人,貌似多数人之债,但实质上属于单一之债,应为一独立的债的类型。不真正连带责任作为债的一种独立的类型,原因在于其发生原因的不同。对于该债务的发生,数个债务人之间没有主观上的共同关联,而是因为其行为偶然结合造成了不可分的同一的损害后果。产生不真正连带责任的情形在现实生活中广为存在,需要建立不真正连带责任制度从法律技术上对此类法律现象加以立法上的规定与司法上的解决。

2. 不真正连带责任的性质

究其发生原因而言,不真正连带责任是单一债务,各个债务人基于不同的发生原因,其数行为偶然结合致生同一的损害后果而发生数个内容相同的给付;就其实质而言,不真正连带责任是由于数个单一债务因法条竞合的关系而发生的广义的请求权竞合,只是为了便于债权人及时实现债权,法律制度赋予了不真正连带责任同连带债务相同的外观。但是二者的内部却迥然不同:连带债务内部存在求偿关系,不真正连带责任内部则没有求偿关系。原因在于在不真正连带责任中,各债务人各对债权人负有单一之债,债务人履行了自己的债务就使自己对债权人的债务归于消灭。虽然单一债务人全部履行债务的行为客观上使不真正连带债务全部消灭,使其他债务人也基于该履行而全部免于债务的承担,但出现这种后果的原因在于法律基于债务人优先实现债权而赋予其对数个债务人享有全部的债权请求权,并为防止债权人重复得利而规定一个债务人的全部履行就使其他债务人的履行义务也一并免除的考虑,是法律的一种技术化处理手段。实质上,各个债务人对债权人的债务都是基于其自己的原因而产生的完全责任,他们彼此之间的责任是相互独立的。所以某个债务人履行债务后,不存在向其他债务人求偿的问题,即不真正连带责任人之间没有债务上的分担关系。

关于不真正连带责任,德国学者有两种反对的见解:一是认为不真正连带责任也是连带债务的一种,应纳入连带债务之中,无须另行处理;二是认为不真正连带责任不过为偶发的竞合债务而已,与连带债务全无关系,故不得以"连带"字样表示。但通说均认为,在连带债务之外实有不真正连带责任的存在,因为二者内部关系迥然有异,即在是否具有共同的目的、债务人之间是否具有主观上的共同关联、在内部关系上数个债务人之间是否具有求偿权等方面有很大的不同,所以从现实的角度考虑,不真正连带责任由于其自身的特殊性具有独立存在的理论与实践价值。

在我国的立法中,具有不真正连带责任性质的规定有:《保险法》第45条、《海商法》第252~254条、《消费者权益保护法》第40条第2款;以及《侵权责任法》第41、42、43、68、83条的规定。

3. 不真正连带责任的产生类型

(1)数人分别就自己债务的不履行,发生同一损害赔偿债务。如为债权人建造房屋,甲负责设计,乙负责提供材料,丙负责施工。后因甲的设计不合格,乙提供的材料有瑕疵,丙的施工质量低劣,使房屋不适宜使用。甲、乙、丙三者均违反了各自的履行义务,各负赔偿全部损害的义务。

(2)数人分别因各自的侵权行为,使他人遭受同一的损害。即无意思联络的数人侵权行为造成同一的且不可分的损害后果,在这种情形下,数侵权人应履行不真正连带责任,因为这种情形不属于共同侵权行为,不能从法律上要求数侵权人承担连带债务,其本质上应是单一之债。

(3)一人债务不履行,与他人的侵权行为竞合。如保管人疏于注意,致使保管物被他人盗窃。在这种情形下往往存在终局责任人,侵权人往往是终局责任人,则数个债务人之间存在追偿关系。

(4)合同上的损害赔偿债务与侵权行为的损害赔偿债务的竞合。如已加入保险的财产被他人不法损坏,保险人与侵权行为人同时承担损害赔偿责任。

(5)两个合同上的债务竞合。如甲、乙对债权人各负寻找遗失物的义务。

4. 不真正连带责任的效力

(1)外部效力。与连带债务的外部效力相同,债权人可以同时或先后向一个或者数个债务人主张一部分或全部的债权,债务人为一部分或全部的给付后不真正连带责任也相应地归于消灭。此为学界的通说。即不真正连带责任形式上具有连带债务的外观,这是为了优先保证债权人利益的实现,针对此种法条竞合现象而做出的人为技术化处理,这大大增强了债权足额实现的可能性。

(2)内部效力。不真正连带责任的内部效力往往是不真正连带责任的重点和难点。不真正连带责任的债务人之间没有债务上的分担关系,通说上认为债务人之间不存在求偿权关系,一个或者数个债务人向债权人履行了全部债务之后,不真正连带责任统归消灭,未履行债务的债务人其债务也归于消灭,失去了履行的必要性与可能性,这样就在债务人之间造成了新的利益不平衡的问题。在债务消灭的情况下,有些债务人履行了债务,有些债务人没有履行债务而因不真正连带责任的消灭而免责。对这种在债务人之间产生的新的不公平与利益分配不均等问题,不真正连带责任制度并没有予以解决。

不真正连带责任的内部效力有两种情形:一种是存在终局责任人;另一种是无终局责任人。

第一,不真正连带责任人之间存在终局责任人时,非终局责任人清偿了全部债务致使不真正连带责任归于消灭后,在债务人之间的内部关系中产生了一种特殊的求偿关系,即债务人之一或部分清偿了全部或者部分的债务之后,产生了向终局责任人的求偿权。这种求偿权的性质不同于连带债务中的求偿权,一般学理上认为不真正连带责任中内部求偿权的性质应为让与请求权,即履行了债务的债务人向债权人请求让与其对终局责任人的债权。更具体来说,该种让与请求权的内部关系中应为先赔偿后让与抑或是先让与后赔偿,学理与实务上从保护债权人利益与便利实现债权的角度认为,应为先赔偿后让与,即债务人先向债权人履行了债务之后,方得向债权人请求让与其对终局责任人的债权。如果实行先让与后赔偿则不利于债权人债权的实现与赔偿范围的划定。但是在不真正连带责任中存在保险责任的情况下,其让与请求权应认定为赔偿代位,即在不真正连带责任中,保险人履行了保险责任后可径行以债权人的身份向终局责任人求偿,而不必请求债权人让与其对终局责任人的债权请求权。这在保险责任中是例外,这一点在我国的法律中也有所体现。

第二,在不真正连带责任的内部关系中不存在终局责任人,例如在无意思联络的数人侵权造成同一不可分的损害后果的情况下,或者在数个债务不履行造成同一损害后果的情形下，不存在终局责任人，各债务人内部也就不存在向终局责任人求偿的问题。这种情况下，各债务人对损害后果的发生都有过错或者原因力，都不应该为此免责。然而，根据不真正连带责任的债务实现机制，其中一个或者数个债务人同时或者先后向债权人履行了全部债务之后，该不真正连带责任即告消灭，同时其他债务人由于不真正连带责任的消灭也免责。这样就造成了债务人间利益的失衡问题。对于这一问题，不真正连带责任制度并没有深入予以规制和解决。在司法实践中，法院往往通过判决的形式，按照数债务人对造成损害后果的过错和原因力的大小确定适当的比例，要求数债务人按照确定的比例承担损害赔偿责任，以衡平债务人之间的利益关系。这不是一种学理上的解决措施，而是根据民法中的公平原则在司法实践中采取的方法，用以弥补学理上的缺陷和解决现实中的问题。

5. 不真正连带责任与连带责任的区别

（1）发生原因不同。连带责任往往是一种法律上的强制规定或者因数人实施的法律行为而客观产生的法律关系；不真正连带责任的产生是基于法律的竞合，即广义的请求权竞合，是数个债务人实施的数个行为或者不同的发生原因偶然结合，造成了同一的损害后果而向债权人为相同内容的给付。

（2）内部关系不同。连带责任人之间具有主观的共同关联与共同的目的，他们之间具有债务的分担关系，是多数人之债的一种；而不真正连带责任人之间没有主观的共同关联，各人具有单一的目的，他们之间不具有债务上的分担关系，实质上为单一之债，只是由于法条竞合的关系使其呈现出多数人之债的外观。

（3）是否具有求偿权不同。连带责任的数个债务人之间一般具有求偿权的法律关系；不真正连带责任的数个债务人之间一般不具有求偿权法律关系，因为他们的债务是单一之债，相互之间没有共同的关联，互不牵涉。只是在存在终局责任人时才会产生求偿权问题，但这种性质的求偿权与连带债务中的求偿权在性质上完全不同。

（4）法律结果不同。连带责任是一种加重责任，也是法律强制地施加于所有债务人的共同法锁；不真正连带责任则不是一种加重责任，应理解为是把数个由于法律竞合而产生的债务人人为技术化地捆绑在一起的单独责任。

（5）法律地位不同。连带债务作为一种最为普遍与典型的多数人之债已为世界各国立法所认可；而不真正连带责任由于其存在未能解决的债务人内部关系的制度缺陷，至今仍不为各国的立法所认可。

6. 有关不真正连带责任的诉讼问题

通说认为,从有利于实现债权和解决纠纷的角度考虑,债权人为了实现自己的债权可以向数个债务人同时行使请求权,提起非必要的共同诉讼,即普通的共同诉讼,但是应当限制债权人在各诉中的诉讼请求在给付内容和责任形式上不得重叠。这样做的目的是避免日后执行上的混乱和债权人双重或多重获利的发生。应当允许债权人在法律规定的条件下对数个债务人先后行使诉权。当一个诉权的行使能完全实现债权人的债权时,债权人不得再向其他债务人行使诉权;当一个诉权的行使不能满足债权人的债权时,为补偿其损失,充分实现其债权,债权人可以适当地再向其他债务人行使诉权。

7. 与不真正连带责任相关的其他民法制度

(1)不真正连带责任与第三人侵害债权的关系。第三人侵害债权是由英美法系的判例产生的一项制度,指第三人以故意侵害债权为目的,致使债权人的债权不得实现或不得完满实现,由此而对债权人所负有的侵权损害赔偿之债。第三人侵害债权是英美法系中的一项制度,多为坚守债的相对性原理的大陆法系学者所反对。承认第三人侵害债权的学者认为,以债权人的债权不得实现为目的,故意致使债务人履行不能、履行迟延、不完全履行、侵害债权人或债务人的人身等,即可认为债权受到了侵害。如何侵害债权方能认定为侵权责任,这是一个学理界与实务界一直在讨论的问题。王泽鉴认为应将"债权"作为一般法益进行保护,须故意以悖于善良风俗方法加害于债权人时,才负赔偿责任,即在这种情形下方构成侵权责任。需要注意的是,第三人侵害债权必须以第三人具有侵害债权的实现与债的履行的主观故意为必要。

在第三人侵害债权中,若因第三人的侵权行为致使债务人违约时,则该第三人与债务人须向债权人承担不真正连带责任,在这种情形下不真正连带责任与第三人侵害债权制度有了重合与交叉,不真正连带责任制度可用来解决第三人侵害债权时的法律问题。

(2)不真正连带责任与补充责任的关系。补充责任与不真正连带责任最大的不同是就由此而产生的数个请求权存在行使顺序上的区别。在补充责任中,实施侵权行为的数个行为人的法定义务有轻有重、有主有从,因此应当承担的责任也就有轻有重、有主有从。这种情形下的数个责任有直接责任与间接责任的区别,直接侵权人的责任是直接责任,间接侵权人的责任是间接责任,间接责任是从属的第二位的责任,为了体现这种责任性质和关系的不同,立法者采取补充责任形态加以区别。即权利人必须首先行使顺序在先的请求权,在顺序在先的请求权不能实现或者不能全部实现债权的情况下,始能要求补充责任人根据实际情况承担部分或者全部的补充赔偿责任。

而在适用不真正连带责任时,受害人对多个责任人享有选择权,可以任意选择不真正连带责任人承担责任,而不必遵循顺序的规则。另一方面的区别是补充责任要求责任人根据其过错程度和实际情形承担部分或者全部责任,即要求补充责任人在其过错的范围内承担部分责任或者全部责任。而不真正连带责任中的债权人可要求债务人中的一人或者数人同时或者先后履行全部债务。由此可见,不真正连带责任与补充责任在责任的内容上存在很大的不同。

综上所述,补充责任是不真正连带责任的一种特殊形式,其基本性质仍然是不真正连带责任,只是在表现方式上和不真正连带责任有一定的不同。

(3)不真正连带责任与共同过失侵权责任的区别。共同过失是指共同疏忽或共同懈怠的消极的共同意志状态,产生出不作为或错误作为的共同行为。共同过失侵权行为导致连带债务的产生,其与不真正连带责任的区别除具有连带责任与不真正连带责任的区别外,还具有如下区别:

第一,发生原因上的差异。不真正连带责任基于各自不同的发生原因,而共同过失侵权责任则基于共同的过失。

第二,责任的分担不同。不真正连带责任在各债务人之间不存在责任分担问题,一债务人承担了全部债务,不发生求偿权。在共同过失导致的侵权责任情形下,行为人应当承担真正的连带责任,但在其内部可按过错大小确定责任范围。

(4)不真正连带责任与共同危险行为责任的区别。共同危险行为又称为准共同侵权行为,是共同过错的另一种形式,是指二人或二人以上共同实施有侵害他人权利之危险的行为,并且已造成损害后果,但不能判明其中谁是真正加害人的侵权行为。其侵权人所承担的也是连带责任,在这种对比中,同样应适用连带责任与不真正连带责任的区别,但也具有区别:

第一,在有无共同行为上,共同危险行为必为数人共同实施同一加害行为,而不真正连带责任各债务的发生相互之间必无任何共同原因。

第二,在加害人是否确定上,在共同危险行为中,加害人具有不确定性。即在数个加害人中并不能确定某人是加害人,让他们共同承担损害赔偿责任只是为保护受害人的利益而由“法律将他们视为一个整体”,推定他们共同实施了侵权行为。而在不真正连带责任中加害人是确定的,如不能确定,就不成立不真正连带责任。

(5)不真正连带责任与按份责任的区别:

第一,不真正连带责任各债务人应对债权人的全部债权承担给付义务,债务人之一履行债务,则所有的债务人对债权人的债务都随之消灭;而按份责任之债务人只对自己承担的债务份额负责清偿,债权人亦无权请求各债务人清偿全部债务。

第二,在不真正连带责任中,如有终局责任人存在,在其他债务人履行债务后,虽然债权人与债务人之间的权利义务关系随之消灭,但是,履行给付义务的债务人可向终局责任人追偿,即在债务人的内部存在终局责任的承担问题;而在按份责任中,任一债务人履行了给付义务之后,与债权人及其他债务人均不发生任何权利义务关系。

第三,不真正连带责任之债务履行人对终局责任人的追偿请求,表面上是各债务人内部对同一给付义务的分担,如同按份责任的按比例份额承担债务,虽然都有协调利益平衡之意味,但实际并非如此。因为终局责任人应对债权人与各债务人间权利义务关系的发生负最终责任,履行债务之债务人向终局责任人进行追偿,事实上是终局责任人对终局责任的承担,而不是与其他债务人的按份分配。在没有终局责任人的情况下,履行了不真正连带责任的债务人并不能请求其他的债务人补偿和分担。

第四,在不真正连带责任中,债权人对债务人债务的免除,对其他债务人都有同等效力(对终局债务人除外);按份责任之债权人对某一债务人之债务予以免除,效力并不及于其他债务人。

第五,不真正连带责任存在同一损害后果,但后果的产生系基于不同的法律事实所引起的,各个行为具有独立性质,这是认定不真正连带责任的重要条件;而按份责任的各个行为则是间接地发生了结合而产生同一损害事实。

训　练

【司考】甲在某酒店就餐,邻座乙、丙因喝酒发生争吵,继而动手打斗,酒店保安见状未出面制止。乙拿起酒瓶向丙砸去,丙躲闪,结果甲头部被砸伤。甲的医疗费应当由谁承担?(2016年)

A. 由乙承担,酒店无责任

B. 由酒店承担,但酒店可向乙追偿

C. 由乙承担,酒店承担补充赔偿责任

D. 由乙和酒店承担连带赔偿责任

【答案】 C

【解析】《人身损害赔偿司法解释》第6条规定:"从事住宿、餐饮、娱乐等经营活动或者其他社会活动的自然人、法人、其他组织,未尽合理限度范围内的安全保障义务致使他人遭受人身损害,赔偿权利人请求其承担相应赔偿责任的,人民法院应予支持。因第三人侵权导致损害结果发生的,由实施侵权行为的第三人承担赔偿责任。安全保障义务人有过错的,应当在其能够防止或者制止损害的范围内承担相应的补充赔偿责任。安全保障义务人承担责任后,可以向第三人追偿。赔偿权利人起诉安全保障义务人的,应当将第三人作为共同被告,但第三人不能确定的除外。"本题中酒店对甲负有安全保障义务,但是造成甲损害的是乙的行为,即第三人行为,酒店保安未出面制止的行为具有过错,因此应由乙承担赔偿责任,酒店承担补充责任,所以C项正确。

【司考】甲在乙承包的水库游泳,乙的雇工丙、丁误以为甲在偷鱼苗将甲打伤。下列哪一说法是正确的?(2009年)

A. 乙、丙、丁应承担连带责任

B. 丙、丁应先赔偿甲的损失,再向乙追偿

C. 只能由丙、丁承担连带责任

D. 只能由乙承担赔偿责任

【答案】 A

【解析】《人身损害赔偿司法解释》第9条规定:"雇员在从事雇佣活动中致人损害的,雇主应当承担赔偿责任;雇员因故意或者重大过失致人损害的,应当与雇主承担连带赔偿责任。雇主承担连带赔偿责任的,可以向雇员追偿。前款所称'从事雇佣活动',是指从事雇主授权或者指示范围内的生产经营活动或者其他劳务活动。雇员的行为超出授权范围,但其表现形式是履行职务或者与履行职务有内在联系的,应当认定为'从事雇佣活动'。"本题中丙、丁在从事雇佣活动中将甲打伤,雇主乙应承担赔偿责任,丙、丁有重大过失,应与乙承担连带责任,所以A项正确。注意:《侵权责任法》中未规定《人身损害赔偿司法解释》的雇主责任和法人责任,而是规定了用人单位责任和个人劳务关系中的侵权责任。本题应适用《侵权责任法》的用人单位责任,由乙承担责任,丙、丁不须对甲承担赔偿责任。当然,乙承担赔偿责任后,可以向丙、丁追偿。

思考题

1. 如何理解侵权责任形态的概念?

2. 试述侵权责任形态的基本形式及内容。

3. 试述双方责任中的过失相抵责任形态的构成要件。
4. 试述不真正连带责任的效力。
5. 简述不真正连带责任与连带责任的区别。

阅读文献

1. 杨立新:《侵权责任形态研究》,载《河南省政法管理干部学院学报》2004 年第 1 期。
2. 岳红强:《论侵权行为法的公平分担损失原则》,载《安阳工学院学报》2007 年第 2 期。
3. 李晶:《侵权法过失相抵制度若干问题探讨》,载《山东省青年管理干部学院学报》2006 年第 5 期。
4. 杨立新:《中国侵权行为形态与侵权责任形态法律适用指引——中国侵权责任法重述之侵权行为形态与侵权责任形态》,载《河南财经政法大学学报》2013 年第 9 期。

第二编 | 侵权损害赔偿

第八章 损害赔偿概述

本章导语

损害赔偿之债的债务人不履行债务时，就要承担损害赔偿的民事责任。侵权损害赔偿应当遵循全部赔偿原则、财产赔偿原则、损益相抵原则、过失相抵原则、衡平原则。

第一节 损害赔偿的概念和性质

本节提要

对损害赔偿概念的不同界定反映出人们对损害赔偿性质的不同认识。学习本节重点要掌握损害赔偿的性质。

一、损害赔偿的概念

何为损害赔偿，学术界主要有三种观点：《中国大百科全书·法学》将其解释为："损害赔偿，按照一般的理解，是指当事人一方因侵权行为或不履行债务而对他方造成损害时应承担补偿对方损失的民事责任，对权利人来说，损害赔偿是一种重要的保护民事权利的手段，对义务人来说，它是一种重要的承担民事责任的方式。"《法学词典》将其解释为："致害人或加害人因侵权行为或债务不履行使受害人财产、人身遭受损害而产生的债权债务关系。"杨立新教授认为："损害赔偿是指当事人因侵权行为或违约行为等对他方当事人造成损害时，在当事人之间产生请求赔偿权利和给付赔偿义务的债权债务关系，当债务人不自觉履行赔偿义务时，该种债务即转化为损害赔偿民事责任。"从上述三个概念中我们可以看出，《中国大百科全书·法学》将损害赔偿界定为一种民事责任，《法学词典》将损害赔偿界定为一种债，而杨立新教授将损害赔偿首先界定为一种债，然后是一种民事责任。对损害赔偿概念的不同界定反映出人们对损害赔偿性质的不同认识。

二、损害赔偿的性质

主张损害赔偿是债权债务关系的学者认为，损害赔偿的实质是在受害人和加害人之间因加害人的侵权行为或违约人的违约行为，产生以赔偿损失为标的的债权债务关系。权利人即债权人享有损害赔偿请求权，而义务人即债务人负有履行损害赔偿的义务，当事人之间是一种损害赔偿之债。

主张损害赔偿是民事责任的学者认为，损害赔偿是一方当事人不履行法定或约定的义务而致对方当事人损害时，对受害人所应承担的民事责任。他们认为，《民法总则》将侵权行为和违约行为规定在“民事责任”一章中，是确认侵权行为的法律后果是民事责任的有力佐证。

杨立新教授认为，损害赔偿的性质具有双重性，将损害赔偿先界定为债，然后界定为民事责任。[1]

笔者更倾向于这种观点，原因在于将损害赔偿界定为债或者民事责任都是不完整的，没有全面剖析损害赔偿的法律关系。将损害赔偿界定为债，没有反映侵权立法在于制裁侵权行为，保护公民合法权益的立法宗旨；将损害赔偿界定为民事责任则忽略了损害赔偿债的特性。在损害赔偿法律关系中，主体是相对的，内容是一方享有权利，另一方负有义务，标的是对损害的赔偿，这些特性符合《民法通则》第84条关于债的规定。更深入地说，损害赔偿的这两个性质实质上是两个阶段：侵权行为首先产生了债的关系，当债务人履行债务时，损害赔偿之债转化为了损害赔偿民事责任，法律予以强制保护。

第二节　损害赔偿的原则

本节提要

关于损害赔偿的原则，不同学者有不同的观点。学习本节要重点掌握损害赔偿的损益相抵原则与过失相抵原则。

---

〔1〕 杨立新：《侵权法论》，人民法院出版社2013年第5版，第1028页。

一、全部赔偿原则

（一）全部赔偿原则的概念

全部赔偿原则是损害赔偿的基本原则，是指侵权行为的加害人所承担的赔偿责任应该以其给受害人造成的实际损失为标准，即赔偿以所造成的实际损失为限，损害多少，赔偿多少。确立全部赔偿为损害赔偿的基本原则，系立足于侵权法的立法要旨：补偿受害人所受到的损失。

（二）适用全部赔偿原则时应注意的问题

1. 区分全部赔偿与全额赔偿两个概念。全部赔偿是以受害人造成的实际损失为标准，损失多少就赔多少，全部赔偿包括人身损害、财产损害和精神损害的赔偿范围和责任；全额赔偿只是对财产损失予以全部赔偿，全额赔偿包含于全部赔偿中。

2. 在确定损害赔偿的数额时，应以实际损害作为标准，全部予以赔偿，而不能依据加害人的主观过错程度和侵权行为的社会危害性来确定损害赔偿的数额。这两个标准作为认定加害人是否承担赔偿责任有很重要的作用，但不能把它们当作认定实际损害的标准。不过，在确定精神损害责任的大小时，加害人的主观过错程度却有很重要的作用，加害人主观上的故意或者重大过失，是承担赔偿责任的重要根据。在确定损害赔偿的数额时，应以实际损害作为标准，全部赔偿原则存在例外的情形，如在侵权双方当事人均没有过错的情况下，赔偿数额是依照公平原则在双方之间进行分配的。因而在司法实践中我们在适用全部赔偿原则时，不能一概而论，而应区别对待。

3. 注意区分直接损失和间接损失。在财产损害和人身损害赔偿中，应区分直接损失和间接损失。在财产损害中，直接损失是指现实财产的减少，而间接损失是指可得利益的丧失；在人身损害中，治疗身体的损伤所支付的医疗费是直接损失，而受害人因误工而减少的损失则是间接损失。全部赔偿原则既要求赔偿直接损失，也要求赔偿确定的间接损失。《民法通则》第117条第3款规定："受害人因此遭受其他重大损失的，侵害人并应当赔偿损失。"这里所说的间接损失，是指在正常情况下，受害人本应得到的利益由于加害人的侵害，使这些可得利益没有得到。因此间接损失应当是当事人已经预见或者能够预见，并且可以期待、必然得到的利益。

4. 全部赔偿包括受害人为了恢复权利、减少损害而支出的必要费用。对于此项必要费用是否要进行赔偿，我国《民法通则》和《侵权责任法》都未做出相应的规定，笔者认为，受害人为了恢复权利、减少损害而支出的必要费用应该由加害人予以赔偿。受害人的行为在一定程度上减少了加害人赔偿的数额，对于受害人因恢复行为而支出的费用由加害人来承担，是毋庸置疑的。2017 年 11 月修订的《反不正当竞争法》第 17 条第 3 款规定："因不正当竞争行为受到损害的经营者的赔偿数额，按照其因被侵权所受到的实际损失确定；实际损失难以计算的，按照侵权人因侵权所获得的利益确定。赔偿数额还应当包括经营者为制止侵权行为所支付的合理开支。"《保险法》第 57 条第 2 款规定，保险事故发生后，被保险人为防止或者减少保险标的的损失所支付的必要的、合理的费用，由保险人承担。《商标法》第 63 条第 1 款也有类似的规定，侵犯商标专用权的赔偿数额，包括权利人为制止侵权行为所支付的合理开支。

二、财产赔偿原则

（一）财产赔偿原则的含义

财产赔偿原则，是指侵权行为无论造成财产损失、人身损害还是精神损害，都可以适用财产赔偿的方法。我国《民法通则》第 120 条规定了公民的姓名权、肖像权、名誉权、荣誉权，法人的名称权、名誉权、荣誉权受到侵害的，有权要求停止侵害，恢复名誉，消除影响，赔礼道歉，并可以请求赔偿损失。《精神损害赔偿司法解释》第 8 条第 2 款规定："因侵权致人精神损害，造成严重后果的，人民法院除判令侵权人承担停止侵害、恢复名誉、消除影响、赔礼道歉等民事责任外，可以根据受害人一方的请求判令其赔偿相应的精神损害抚慰金。"《侵权责任法》第 22 条规定："侵害他人人身权益，造成他人严重精神损害的，被侵权人可以请求精神损害赔偿。"这些规定都是财产赔偿原则在立法中确立的标志。法院可以根据受害人一方的请求判令加害人赔偿相应的精神损害抚慰金。

（二）财产赔偿原则在适用中应注意的问题

1. 对于人身损害采用财产的方式予以赔偿。采用这一原则的原因在于：（1）加害人对受害人造成了伤害，我们不能让受害人也给加害人造成同样的伤害，以抚平受害人的身体和内心的创伤，这样势必回归到原始社会同态复仇的野蛮境况，这种补偿方式不仅是极端野蛮、愚昧的，而且也不能很好地解决纠纷。而采用财产赔偿的原则可以清楚地与同态复仇原则划清界限。（2）对人身损害，如致死、致伤、致残，应以财产的方式补偿医治伤害所造成的财产损失，损失多少，就应当赔偿多少。这不但符合公平、正义的理念，也有利于司法实践的操作。

2. 对于精神损害采用财产的方式予以赔偿。在适用时应当注意，不是造成了人身和财产损害的所有情形都可以请求精神赔偿,对于一般的侵权致人伤害,受害人不能要求进行精神损害赔偿,只有侵权致人损害,造成严重后果的,受害人才能请求精神损害赔偿。

对于人身造成的损害中"人身"的界定,我国《民法总则》第109、110条规定了生命权、健康权、身体权、姓名权、肖像权、名誉权、荣誉权、隐私权、婚姻自主权、人格尊严权、人身自由权等人身权利;第111条规定了自然人的个人信息受法律保护;第112条又概括规定了"自然人因婚姻、家庭关系等产生的人身权利受法律保护",但是对于自然人因婚姻、家庭关系等产生的何种人身权利应受法律保护,现行立法缺乏明确规定,有待后期立法的进一步明确。对于因财产侵害而引起的精神损害赔偿,我国最高人民法院的司法解释仅规定了具有人格象征意义的特定纪念物品,因侵权行为而永久性灭失或者毁损时的精神损害赔偿。对于精神损害用财产的方式进行赔偿时的数额,《精神损害赔偿司法解释》第10条中规定:依据侵权人的过错程度,法律另有规定的除外;侵害的手段、场合、行为方式;侵权行为所造成的后果;侵权人的获利情况;侵权人承担责任的经济能力;受诉法院所在地平均生活水平来确定。

三、损益相抵原则

(一)损益相抵原则的概念

损益相抵又称为损益同销,是指受害人在遭受损失的同时也得到利益的情况下,应将其所得到的利益从应得的赔偿金额中扣除。受害人得到的利益只能是经济利益和可以用金钱衡量的财产利益。

损益相抵原则具有以下法律特征:第一,损益相抵原则是损害赔偿之债的原则,适用于一切损害赔偿责任的确定,不仅是侵权损害赔偿应当遵循的原则,也是违约损害赔偿应当遵循的原则。第二,损益相抵原则是确立侵权损害赔偿责任范围大小及责任分配的原则。第三,损益相抵所确定的赔偿额不是全部损害额,而是在全部损害额内扣除因为同一原因而产生的利益额。第四,损益相抵原则是法官依法行使职权的表现。在诉讼中法官可以直接依据其职权,根据证据而适用该原则,而不要求当事人主张。

(二)损益相抵原则的理论依据

损益相抵原则的确认有两种理论依据:

1. 利益说。该理论认为,损害即被害人对于损害事故所感受到的利害关系,也就是对于损害事故的利益。而利益的计算,则以被害人两种财产状况的差额为准,所谓两种财产状况,一是指损害事故如未发生,被害人财产应有的状况;二是指损害事故发生后,被害人财产实有的状况。损害事故发生后,被害人财产所剩多少,其计算应将被害人所受损害与所得利益全部计列相抵始可求得。如被害人因一损害原因而受有利益者,该利益亦应列入。

2. 禁止得利说。这种理论认为,损害赔偿旨在填补损害,故赔偿应与损害大小相一致,不可少亦不可多。基于这一原则,对于损害赔偿的结果,受害人不得较无损害事故发生时更为优越。据此,凡因一损害原因受损害并受利益者,则无所谓损害,仅存于损害及利益两者间的差额。

对于上述理论,我国采用了第二种理论,我们也倾向于第二种理论,赔偿不过是为了使受害人得到补偿,使其恢复到受害前的状况,而不是使受害人得到更大的利益。采取这种理论不仅符合民法公平、正义的理念,而且能够体现侵权法的补偿功能,易于为人们接受,在实务操作中也便于理解和掌握。

(三)损益相抵原则的适用条件

在侵权损害赔偿责任中损害相抵原则的适用必须具备三个要件:

1. 须有侵权损害赔偿之债的成立。只有在侵权法律关系当事人之间产生损害赔偿之债时,才有可能适用损益相抵原则,侵权损害赔偿之债的产生是适用损益相抵原则的前提条件。

2. 须受害人受有利益。这是损益相抵的必备条件:(1)受害人受有的利益是由造成损害的同一原因引起的。(2)这种利益既包括积极利益,也包括消极利益。积极利益为受害人现有财产的增加,消极利益是应当减少的财产而未减少。一般认为,应当扣减的利益包括:因物的毁损而发生的新生利益;实物赔偿新旧相抵的利益;原应支出因损害事实的发生而免于支出的费用;原无法获得因损害的发生而获得的利益;将来的多次赔偿给付改为现在的一次性给付的中间利息等。

3. 须有构成损害赔偿之债的损害事实与所得利益之间的因果关系。受害人受有的利益必须与造成损害的原因属于同一原因,即利益与损害系同一事实造成的。这一条件已为我国理论界和司法实践所公认。

(四)损益相抵原则的计算与折抵方法

损益相抵的计算与折抵应当根据不同的情况选择适用不同的方法,主要有以下几种:

1. 损害造成的损失与利益均可以用金钱计算时直接相减,扣除利益,赔偿差额。计算公式为：

赔偿数额 = 原有价值 − 原有价值/可用价值 × 已用时间 − 新生利益

2. 实物赔偿时，新旧物的差价应由赔偿权利人退还给赔偿义务人，否则差价将构成赔偿权利人的不当得利。

3. 返还原物中对赔偿权利人应该减少的费用，应该在赔偿义务人的赔偿费用中扣除。

4. 在人身损害致残、致死的情况下，赔偿义务人对丧失劳动能力的人或者其他间接受害人应定期给付生活费的，假如要将多次给付变为现在的一次给付，应该扣除中间利息。在我国司法实践中，有些部门提出“定期支付损害赔偿金的，应以其每一期的实际支付数额为基数，加上该期银行存款利率”，这种建议是不科学的，我们所计算的这些损害赔偿金是针对将来发生的费用进行赔偿，每年赔偿多少，固定数额即可，不应加利息。如果是针对现在的损失，要判决将来分批赔偿，可能需要加利息；但是要把将来发生的费用变成现在的一次性给付，则应当减去利息。

四、过失相抵原则

实行过失相抵原则，应当在比较侵权双方当事人过失的基础上确定双方当事人各自的责任比例，以分担责任。比较过错，是指在受害人有过失的侵权损害中，通过确定并比较加害人的过错程度，以决定责任的承担和责任的范围。具体做法是将双方当事人的过错程度具体确定为一定的比例，从而确定责任范围。例如，我们将对损害后果应负全部责任者的过错比例确定为95%；对应负主要责任者的过错比例确定为51%以上；对损害后果负同等责任者的过错比例确定为50%；对损害后果应负次要责任者的过错程度确定为49%以下；对过错比例不足5%的，免除其赔偿责任。但是对于双方当事人过错比例的确定，我国立法上没有明确的规定，造成了这一原则在适用上的任意性。

五、衡平原则

衡平原则作为赔偿原则一开始被称为“考虑当事人经济状况的原则”，是指在适用全部赔偿、财产赔偿、损益相抵和过失相抵原则之后，为了使赔偿责任的确定更加公正，而考虑侵权法律关系双方当事人的经济状况、社会风俗、习惯、社会舆论等各方面的要素，以确定赔偿责任的分担。有学者将衡平原则界定为：“在当事人双方对造成损害均无过错情况下，法官衡量当事人的情况决定是否分担责任以及如何分担责任,衡量的依据是社会公平观念。”很显然,这一界定混淆了衡平原则与公平分担损失原则,所谓的公平分担损失原则是指当事人双方对造成损害均没有过错,但是按照法律的规定又不能适用无过错责任的情况下,由人民法院根据公平的观念,在考虑受害人的损害、双方当事人的财产状况及其他相关情况的基础上,判令加害人对受害人的财产损失予以适当的补偿。两者的区别有以下三个方面:(1)适用的前提不同。公平分担损失原则的前提是赔偿责任尚未归责,而衡平原则的前提则是赔偿责任已经确定,只是考虑具体责任的大小。(2)过错状况不同。公平分担损失原则是在双方当事人都没有过错的情形下适用的,而衡平原则是在一方或者双方具有过错的情形下适用的。(3)性质不同。公平分担损失原则是分担损失,而衡平原则却是赔偿原则。

在司法实践中,衡平原则的适用相当广泛,法官在适用衡平原则时应该注意以下问题:(1)在适用衡平原则时应当考虑各方面的因素,如当事人的经济状况、风俗习惯、社会舆论、当事人的自身状况,在对这些因素进行综合分析判断后考虑双方当事人的赔偿额度。(2)在适用衡平原则时,应该为加害人及其家属保留必要的生活费用。衡平原则的适用本质上是由法官的自由裁量权决定的,面对我国现有的司法环境,建议由最高人民法院的司法解释规范衡平原则的适用,以使其更好地体现司法的公平与正义。

—— 训 练 ——

【司考】某小学组织春游,队伍行进中某班班主任张某和其他教师闲谈,未跟进照顾本班学生。该班学生李某私自离队购买食物,与小贩刘某发生争执被打伤。对李某的人身损害,下列哪一说法是正确的?(2009 年)

A. 刘某应承担赔偿责任

B. 某小学应承担赔偿责任

C. 某小学应与刘某承担连带赔偿责任

D. 刘某应承担赔偿责任,某小学应承担相应的补充赔偿责任

【答案】 D

【解析】《人身损害赔偿解释》第 7 条规定:“对未成年人依法负有教育、管理、保护义务的学校、幼儿园或者其他教育机构,未尽职责范围内的相关义务致使未成年人遭受人身损害,或者未成年人致他人人身损害的,应当承担与其过错相应的赔偿责任。第三人

侵权致未成年人遭受人身损害的,应当承担赔偿责任。学校、幼儿园等教育机构有过错的,应当承担相应的补充赔偿责任。”本题中造成李某伤害的是第三人刘某,刘某应承担赔偿责任。班主任张某未尽管理职责,存在过错,其过错视为学校过错,所以学校应承担相应的补充责任,D项正确。注意:《侵权责任法》第40条规定了教育机构的补充责任。根据《侵权责任法》的规定,本题也应选D项。

【案例】甲老太在一公交站台等车,人来人往中,甲老太被撞倒,摔成了骨折,鉴定后构成8级伤残,医药费花了不少。甲老太指认撞人者是刚下车的小伙乙。甲老太告到法院索赔13万余元。乙小伙表示无辜,并解释说,当天早晨三辆公交车同时靠站,甲老太要去赶第三辆车,而自己从第二辆车的后门下来,一下车他就看到甲老太跌倒在地,赶忙去扶她,不一会儿,另外一个人看到也来扶了,甲老太不停地表示感谢,后来大家一起将她送到医院。接下来,事情就发生了戏剧性变化,甲老太及其家属一口咬定乙小伙是“肇事者”。法院审理后认为,本次事故双方均无过错,按照公平分担损失原则,乙小伙对甲老太的损失应当给予适当补偿,判决乙小伙承担甲老太损失的40%,共计4万余元。

【解析】这个案件当时引起了社会上的广泛讨论,笔者认为本案的争议焦点是乙小伙与甲老太究竟是否相撞,判决书这样写道:“原告到达前一辆公交车后门时和刚从该车第一个下车的被告瞬间相撞,发生事故。原告在乘车过程中无法预见将与被告相撞;同时,被告在下车过程中因为视野受到限制,无法准确判断车后门左右的情况,故对本次事故双方均不具有过错,因此本案应根据公平分担损失合理分担损失。”判决书的说法对案件事实的描述太过笼统,对原告、被告是否有过错的审查太过粗漏。本案适用公平分担损失原则是不对的,审理案件的法官太过于依赖这个原则,把公平分担损失原则当成一把万能钥匙。笔者认为,本案应严格按照“谁主张,谁举证”原则和“证据盖然性优势”原则,要么支持原告诉讼请求,要么驳回,这样才能真正体现出法律规范的社会价值。

思考题

1. 如何理解损害赔偿的性质?
2. 试述损害赔偿原则中的损益相抵原则。
3. 试述损害赔偿原则中的过失相抵原则。
4. 简述损害赔偿的原则。

阅读文献

1. 倪同木、夏万宏:《违约非财产损害赔偿问题研究——以〈德国民法典〉第253条之修改为中心》,载《法学评论》2010年第3期。
2. 张春普、张剑锋:《违约责任中适用非财产损害赔偿探讨》,载《天津财经学院学报》2005年第4期。
3. 余延满、冉克平:《违约行为引起的非财产损害赔偿问题研究》,载《法学论坛》2005年第1期。

第九章　财产损害赔偿

| 本章导语 |

损害赔偿是以恢复或填补他人所受损害为目的,发生在加害人与受害人之间的以金钱给付或实物补偿为内容的一种债权债务关系,财产损害赔偿作为损害赔偿的表现形式之一,具备损害赔偿的本质性特点,但同时还具有不同于人身损害赔偿、精神损害赔偿的特点。财产损害赔偿采用全部赔偿原则,既包括直接损失也包括间接损失,对财产损害赔偿的计算也主要是从直接损失和间接损失两方面来处理。财产损害赔偿的方法仅包括折价赔偿和实物赔偿。

第一节　财产损害赔偿概述

| 本节提要 |

财产损害赔偿最基本、最主要的性质为补偿受害人的损失,同时坚持以全部赔偿为原则。学习本节内容重点要掌握财产损害的特征与财产损害赔偿的范围。

一、财产损害的概念

财产损害,是指侵权行为侵害财产权而造成的受害人的经济损失。

财产概念有广义、狭义之分。狭义的财产,从一般意义上来讲,指有体物。但是,财产并不仅仅包括有体物,还包括他物权、占有权、债权、知识产权中的无形财产利益等,此即广义的财产。此外,基于对财产概念的不同理解,财产权也有广义、狭义之分,狭义的财产权仅指所有权,广义的财产权还包括他物权、债权和知识产权中的财产权利。一般情况下,财产和财产权均采广义。依据侵权行为的表现形式,可以将财产损害分为因损坏财产而造成的损害和因侵占财产而造成的损害。前者是指侵权行为使权利客体遭到破坏,财产的使用价值和价值贬损、减少或者完全丧失;后者是指侵权行为人使财产权客体脱离了财产权人的掌控,从而导致权利人拥有的财产价值减少和可得财产利益丧失。但是,从广义的财产来看,这种划分仅仅是以有体物为侵害对象而进行的,并不能涵盖全部财产权受损害的客观后果,例如,对于知识产权中著作权的侵害,侵权行为人并非对著作权客体进行直接的损坏或者占有,而是通过剽窃或者篡改等方式予以侵害,这样的情况下,如果仍然用损坏和侵占作为行为人侵权的形式来界定著作权人所受损害的话,对受害人而言是不利的。因此,从确定赔偿方法的意义上说,还应当考虑其他财产利益受到损害时的情形。

二、财产损害的特征

财产损害的法律特征主要表现在:

1. 财产损害是财产权受侵害所造成的客观后果。损害后果是侵权行为的构成要件之一,因此,造成财产损害也是侵害财产权行为的构成要件之一,它的存在决定着侵权行为的构成。换言之,如果不存在财产损害,则一定不构成侵权;此外,财产损害的范围大小决定了侵权赔偿责任范围的大小。财产损害是其客观存在形态和客观损失的大小相互对立又相互统一的整体,在财产损害赔偿中起着重要而且是决定性的作用。[1]

2. 财产损害是指财产价值量的改变。侵害财产权的结果即造成财产损害,但是这里的损害并不是指对财产形态的改变或者造成财产灭失,其实质在于财产价值量的减少或者消亡。在狭义的财产概念中,财产形态的改变或者财产的灭失与其价值量的关系是显而易见的。但是,财产不仅仅局限于有体物,还包括其他财产利益,而这些财产利益都是无形的,因此,用形态的变化来判断是否造成财产损害是不可取的。从法律意义上看,无论是有体物还是无体物都是具有一定价值量的客观存在,对财产权的侵害,实质上就是对受害人所能支配的财产自有的价值和即将产生的价值的侵害,因此,以价值量的减少为衡量尺度的财产损害,既包括有形财产的损害,也包括无形财产的损害;既包括积极财产的损害,也包括消极财产的损害。

3. 财产损害表现在受害人特定财产的价值量的改变。财产损害的表现方式

[1] 杨立新、叶军、孔玲编著:《财产损害赔偿》,人民法院出版社1999年版,第3页。

是财产价值量的贬损、减少和灭失。其中,贬损,是指财产利益遭受贬值、毁损等不利益;减少,是指财产价值量的降低;灭失,是指一定范围内财产价值量的全部消失。然而,财产价值量的改变并不以受害人全部财产的损失为标准,而是以受害人特定财产的损失作为计算的标准。例如,甲的花瓶被乙摔碎,则赔偿标准以花瓶减少的价值量来计算;再如,甲未经乙同意,在其产品上使用乙的专利号进行营利,则以乙的专利权受到侵害而造成的损失为计算标准。

三、财产损害赔偿的概念和特征

财产损害赔偿,是指当事人一方因侵害财产权造成对方财产利益损失,在无法返还原物、恢复原状或者采用其他方式弥补对方受损利益时,所产生的以请求财产赔偿权利和给付财产赔偿义务为内容的债权债务关系。

财产损害赔偿的法律特征表现为以下几个方面:

第一,财产损害赔偿以救济损害为根本目的。赔偿损失最基本的目的就是补偿受害人的损失,同时,损害赔偿也是最直接弥补受害人损失的方法。除此之外,财产损害赔偿还具有制裁民事侵权行为和抚慰受害人的作用,但是这并不是其根本目的。

第二,财产损害赔偿当事人之间是债权债务关系。财产损害赔偿作为损害赔偿的一种,具有损害赔偿的一般特性。损害赔偿可以作为债而存在,也可以作为民事责任而存在,但是,其首先表现的是债的关系,在财产损害中,就表现为侵害财产权之债,只有当债务人履行财产赔偿义务时,这种债务才转化为财产损害赔偿民事责任。

第三,财产损害赔偿以给付金钱或者实物补偿为主要方式。侵权行为人造成受害人财产损害,在无法恢复原状、返还原物或者采用其他方式弥补财产损失时,行为人可以以金钱或者实物补偿的方式进行赔偿,因此,也可以说,损害赔偿是弥补受害人利益的最终方式。

四、财产损害赔偿的范围

学术界无论是主张损害赔偿具有纯粹补偿性还是主张损害赔偿兼具补偿性和惩罚性的学者,均承认损害赔偿最基本、最主要的性质为补偿受害人的损失。基于损害赔偿的补偿性,赔偿的范围就只能以财产损失的多少为依据,无论补偿小于或者大于损失,都不能达到补偿的目的;只有全部客观的补偿,才能完全体现损害赔偿的补偿性质。对于全部赔偿财产损害,应注意以下几点:

1. 财产损害赔偿以全部赔偿为原则,坚持客观标准。财产损害的赔偿范围应以财产实际损失为依据,而不考虑实际损失以外的其他因素。在刑法上,犯罪行为的社会危害程度、犯罪行为人的主观过错及认罪态度的好坏均是确定刑事责任的依据;而在民法上,损害赔偿的范围完全是根据损害的大小来确定的,不能认为故意造成的损害应该全赔或者多赔,过失造成的损害就可以少赔等。

2. 全部赔偿包括直接损失和间接损失。全部赔偿包括直接损失和间接损失,直接损失是行为人的加害行为直接造成的受害人财产减少,即积极损失,如对他人物品的毁坏等属直接损失;间接损失是行为人的加害行为所造成的受害人可得利益的损失,即消极损失,如甲致乙参与营运的卡车毁坏,修理10天,此期间的经营损失即为间接损失。不能将实际损失简单地理解为直接损失,而忽略对受害人间接损失的赔偿。

在理论和实践中,也有学者主张对间接损失不能予以全部赔偿,只能予以适当补偿。对此,笔者认为,间接损失也是客观的、实际的损失,同直接损失一样,是有切实根据的可得利益的损失,并不是主观臆想的。因此,对于这样的损失必须予以全部赔偿,否则,受害人的权利就不能得到全面的保护。

3. 赔偿合理损失。应合理地适用全部赔偿原则,实事求是,公平合理,凡不合理的损失一概不予赔偿。例如,李某借孙某自行车使用,使用期间不慎将车毁坏,经修理后车完好,李某还车给孙某,孙某拒收,并将车置于露天造成新的损失,此后,孙某向法院起诉,要求李某赔偿全部损失。在此案中,财产损害主要由两部分构成:一为李某不慎造成的损害;二为车置于露天造成的损害。在侵权责任法中,因受害人的原因致使损害扩大的损失,加害人不承担赔偿责任,而应当由受害人自己承担。因此,李某只应承担由于其不慎所造成的财产损失,而另一部分损失应由孙某承担。

4. 实行损益相抵。财产损害实行全部赔偿原则,应该从全部损失中扣除新生利益,实行损益相抵。在实践中应运用该原则进行科学、准确地计算,对相抵以后的损失额予以全部赔偿。

第二节　财产损害赔偿数额的计算

本节提要

财产损害赔偿采用全部赔偿原则，既包括直接损失也包括间接损失，因此，财产损害的计算也主要是从直接损失和间接损失两方面来处理，而对于其他财产利益的计算则可以使用推算的方法。学习本节重点要掌握财产损害赔偿间接损失的界定与计算方法。

一、直接损失的计算

（一）直接损失的界定

直接损失，是指加害人的侵权行为致使受害人现有财产价值量的实际减少。直接损失是客观的、直观的，容易计算。造成直接损失的侵权行为主要表现为侵占财产和损坏财产。其中，侵占财产表现为侵权行为人使特定财产脱离权利人的控制，使权利人丧失对特定财产的占有，此时，该物的全部价值就是直接损失；损坏财产表现为侵权行为人通过改变财产的物理形态等方式，使其价值减少或灭失，此时，所减少或者所灭失的财产价值就是直接损失；此外，即使可以返还原物和恢复原状，但如果返还原物或者恢复原状物的价值和使用价值较原物的价值和使用价值发生减损，那么两者之间价值量的差额也应属于财产的直接损失。

（二）直接损失的计算方法

由于直接损失是财产自身价值量的减少或者灭失，因此，计算直接损失的赔偿范围，首先应明确原物的价值。原物价值的计算，必须根据原物的原有价格、可以使用时间、已经使用时间等因素综合判断。一般来说，公式如下：

原物价值＝原物价格－（原物价格/可用时间）×已用时间

其中，“原物价格／可用时间”，是指财物单位时间的折旧。在实践中，财产有固定折旧率的也可以按照折旧率来计算。由于原物价格并不是一成不变的，往往会因为各种原因而出现高于或者低于购买时价格的情况，因此，在计算直接损失时，“原物价值”的确定存在一定难度。对此，通常的解决方式是，无论是原价高于现价，还是现价高于原价，都应以现价为准，因为财产损害赔偿的目的在于弥补受害人所有的损失，尽力使受到损害的权利恢复到未受损害的状态，因此，应当实事求是，按现价处理。但在特殊情形下，对有些原价高、现价低的特殊物品如贵重首饰、珍珠等的损害，则应当按照受害人购进的价格计算，因为此类物品具有高价值性、保值性、唯一性，虽然现价低于原价，但是在市场上难以买到。对此类物品价格的确定必须有证据证明，避免受害人趁机虚报被损害物的价格。

在原物全部毁损的情况下，直接损失就等于原物价值本身；在原物部分毁损的情况下，直接损失就等于原物价值与残存价值之间的差额。因此，直接损失的计算公式可表述如下：

财产直接损失=原物价值-残存价值

例如，甲以10万元购买轿车一辆，耐用年数为20年，已使用6年。某日甲驾车与乙车相撞，甲车毁损，事故责任认定为乙负全责，此时，乙应就轿车赔付甲：如果甲车报废，那么残存价值为0，则财产直接损失是7-0=7万元；如果甲车未报废，残存价值为5万元，则财产直接损失是7-5=2万元。

计算财产直接损失的过程也是损益相抵的过程，其中原物价值就是全部损失，残存价值就是新生利益。但是，需要注意的是，残存价值仅存在于原物没有全部灭失的场合，或者原物已经不存在但其残存物仍有价值形成新生利益时。如牲畜被打死，其骨、肉、皮还具有价值等。如果原物全部灭失，并且毫无残存价值，那么原物的价值就是直接损失的价值和赔偿范围。

二、间接损失的计算

（一）间接损失的界定

间接损失是指由于受害人受到侵害而发生的可得财产利益的丧失。[2] 财产损害造成间接损失的情况比较复杂，无论是理论上还是实践中，都颇有争议。我国《民法通则》第117条第3款规定："受害人因此遭受其他重大损失的，侵害人并应当赔偿损失。"这里所说的"其他重大损失"，即间接损失。

间接损失不同于直接损失，它是一种未来的可得利益的损失，在侵权行为实施时，这种利益并未现实存在，而只是具有取得财产利益的可能性。但是，间接损失同直接损失一样，又都是具体的、客观存在的，而不是抽象的、主观臆想的，它也是可以通过计算确定的。

直接损失与间接损失的关系是：（1）直接损失表现为受害人现有财产价值量

---

〔2〕 张新宝：《中国侵权行为法》，中国社会科学出版社1998年版，第98页。

因侵权行为而减少,而间接损失表现为受害人应当得到的财产利益因侵权行为的实施而未得到。(2)间接损失具有依附性,其依附于直接损失而存在。间接损失依据直接损失的发生而发生,其不能独立存在。因此,可以说没有直接损失就不可能产生间接损失。(3)间接损失和直接损失都具有客观性,但是间接损失不像直接损失那样直观,必须通过对比或者推算等方法才能确定,这也是由其自身特点所决定的。

(二)间接损失的计算方法

间接损失实际上是受害人的财产增值利益的损失,损失的不是物自身价值的减少,而是受害人利用该财物在经营中应创造出新价值而因遭受侵害未创造出来的可得利益的减少或者灭失,如财产的法定或者天然孳息的丧失、受害人可得的经营利润的丧失、受害人可得收入的丧失等。因此,不能将财产损害本身计算在间接损失当中。增值状态的财物是指正常生产、经营过程中以生产、经营资料的面目出现的财物。例如,如果房屋供自己居住,不会发生增值,但是将房屋出租收取租金,房屋就成为增值状态的财物。同时,间接损失并不是指一切可以期待的利益的损失,而是指确定可以得到的期待利益的损失,例如,甲将某物出租获取租金,乙将该物毁损,则乙除了应赔偿甲该物的直接损害外,还应该赔偿甲因该物毁损而丧失的租金,即间接损失。再如,如果该物只是供甲自己使用,后被乙毁损,此时,甲就不可以以日后不能取得租金为由主张乙赔偿间接损失,因为这里的租金是不确定的。

三、其他财产利益损失的计算

直接损失和间接损失主要出现在对有体物损害的情况下,尽管间接损失并非财产本身的损失,但也是由于财产的直接损失而导致的结果。然而,其他财产利益损失的计算,如侵害债权所造成的损失、侵害知识产权所造成的损失等,侵权行为侵害的客体不像有体物那样直观,因此,不能采用直接损失的计算方法,但是,由于该部分损失与间接损失在性质上都属于可得利益的损失,因此,在实践中,多采用计算间接损失的方法来估算这部分利益。一般方法为首先必须准确地确定预期利益的数额,在此基础上,减去已经取得的利益数额和必要支出的费用,所得余额即所应赔偿的数额。但是,在计算其他财产利益损失的时候,有一点需要注意,即此种利益与间接损失还是有区别的:间接损失虽然是预期利益的损失,但是这种预期利益是有一定参照标准的,通过计算平均收益或者类比同类收益计算出来;然而,其他财产利益有时是不能确定的,如对商标权的侵害,由于此类权利所产生利益的广泛性，实践中要证明受损利益的多少是很困难的。因此，在其他财产利益的损害赔偿中，还有一种损失数额的计算方法，即其他财产利益损失的推算。《商标法》第63条第1款规定了对侵害商标权的赔偿方法："侵犯商标专用权的赔偿数额，按照权利人因被侵权所受到的实际损失确定；实际损失难以确定的，可以按照侵权人因侵权所获得的利益确定。赔偿数额应当包括权利人为制止侵权行为所支付的合理开支。"这一条文规定的两种损失计算方法，前一种实际上就是计算间接损失的方法，后一种是运用推算这一计算方法。《著作权法》也有类似的规定。

第三节 财产损害赔偿的方法

本节提要

当财产遭受侵权行为侵害时，受害人可以要求行为人承担停止侵害、返还原物、恢复原状、折价赔偿或者实物赔偿的民事责任，但是其中只有折价赔偿和实物赔偿才是财产损害赔偿的方法。学习本节重点要掌握财产损害赔偿方法。

一、折价赔偿

严格地说，折价赔偿是在实物损害不能恢复原状、返还原物的情形下，将财物所遭受的损害折合成现金，以金钱予以赔偿。折价赔偿不仅可以概括实物损害的金钱赔偿，也能够概括各种财产利益损失的赔偿问题。对于实物损害的金钱赔偿，在前面直接损失和间接损失的计算方法中已作介绍，但是对于其他财产利益的损失如何折价赔偿，仍是一个值得研究的问题。对此，如果已确定造成了直接损失或间接损失，则可分别按照直接损失和间接损失的计算方法计算损失数额，予以金钱赔偿；如果某些财产利益的损害既不属于直接损失，又不属于间接损失，则只能确定一个概略的财产利益损失数额，依此予以赔偿。例如，甲、乙两建筑相邻，甲建筑严重影响了乙建筑的采光，这是对相邻权的侵害，但是由此所导致的财产利益的损害既不是直接损失也不是间接损失，故不能运用直接损失和间接损失的计算方法来计算，而只能估算损失数额。

二、实物赔偿

实物赔偿是赔偿直接损失的另一种方法。这种方法简便易行,只要用同种类、同等质量的实物进行赔偿,就可达到全部赔偿的目的。但必须注意的是,被侵害的财产往往是已经被使用过的,所以存在折旧的问题,而赔偿的实物往往是新购置的种类物,于是,赔偿时往往会存在赔偿范围过大的情况。在这种情况下,通常解决的方法是考虑被损物品的折旧,计算出其中的差价,由受害人按照差价退回多赔偿的部分。如果双方争议过大,一般不考虑实物赔偿的方法,而采用折价赔偿。

三、对已投保财产的损害赔偿

受害人在财产受到侵害之前,已经向保险公司投保,订立了保险合同,当该财产被侵害时,如果被保险的财产发生保险合同规定的损坏、灭失的结果,投保人有权要求保险公司按照约定的保险价值予以赔偿。如果对投保财产的损害是由他人的侵权行为所致,受害人就产生了两个请求权:一个是依保险合同产生的赔偿请求权;另一个是依侵权行为产生的损害赔偿请求权,形成请求权竞合。此时,受害人只能两者择其一,要么依保险合同请求保险公司赔偿保险金,要么依损害赔偿请求权请求侵权人赔偿损失。在第一种情况下,保险公司向受害人支付保险金之后,相应的赔偿请求权就由受害人方转移到保险公司,由保险公司向侵权人行使赔偿请求权,并且除非赔偿金不足以弥补受害人的损失,否则受害人对侵权人的赔偿请求权灭失。在这种情况下,在保险人赔付保险金之前或者已赔付保险金未追偿之前,受害人均不能未经保险人同意而放弃对侵权人请求赔偿的权利,否则,该行为无效。《保险法》第 60 条规定:“因第三者对保险标的的损害而造成保险事故的,保险人自向被保险人赔偿保险金之日起,在赔偿金额范围内代位行使被保险人对第三者请求赔偿的权利。前款规定的保险事故发生后,被保险人已经从第三者取得损害赔偿的,保险人赔偿保险金时,可以相应扣减被保险人从第三者已取得的赔偿金额。保险人依照第一款行使代位请求赔偿的权利,不影响被保险人就未取得赔偿的部分向第三者请求赔偿的权利。”第 61 条规定:“保险事故发生后,保险人未赔偿保险金之前,被保险人放弃对第三者的请求赔偿的权利的,保险人不承担赔偿保险金的责任。保险人向被保险人赔偿保险金后,被保险人未经保险人同意放弃对第三者请求赔偿的权利的,该行为无效。被保险人故意或者因重大过失致使保险人不能行使代位请求赔偿的权利的,保险人可以扣减或者要求返还相应的保险金。”

第四节 侵害财产权的精神损害赔偿

本节提要

我国《侵权责任法》未确立侵害财产权的精神损害赔偿制度。在理论和实践中,确定侵害财产权的精神损害赔偿责任必须坚持必要、严格与依法原则。学习本节重点要掌握侵害财产权的精神损害赔偿中特定财产权益的范围。

一、确立侵害财产权精神损害赔偿制度的必要性

(一)精神损害赔偿制度的发展

救济人格权和身份权受到的损害是精神损害赔偿制度从产生之日起就具有的功能,在侵权责任法的发展历史上,精神损害赔偿制度仅仅是为了保护人身权利而产生和存在的。在最早的侵权责任法中,即使是受害人的人身权利受到损害造成伤害的结果,也只能请求人身伤害所引起的财产损失,对于超出该财产利益以外的损失,受害人不能请求赔偿。这实际上就是因拘泥于损害赔偿的补偿性原则而产生的结果。然而,侵权行为对人身权利的侵害不仅仅给受害人造成财产上的损失,在很多情形下还给受害人及其近亲属造成严重的精神创伤和损害,使他们受到极大的精神打击和痛苦。随着社会的发展,人们逐渐认识到仅仅让加害人赔偿受害人在财产上的损失,并不能完全抚慰受害人受到的精神创伤,也不能使受害人的心灵得到慰藉,尤其是在侵害精神性人格权时,大多数受害人并没有财产利益的损失,而只是遭受了精神利益的损失,如果不准许精神性人格权受到侵害的受害人请求精神损害赔偿,那么,受害人的损害就无法得到救济。因此,精神损害赔偿制度应运而生,各国纷纷开始在侵权责任法中准许被侵害人身权利并造成精神痛苦和精神创伤的受害人,在请求侵权人赔偿所造成的财产损失的基础上,请求精神损害赔偿,以期达到完全补偿受害人全部损害的目的。

从精神损害赔偿制度产生的由来,可以看出该制度本身是为救济人格权和身份权而存在的,原本不具有救济财产损害的功能。在传统侵权责任法中,救济财产权利的损害,如当所有权、用益物权、担保物权等财产性权利受到侵害时,受害人只能请求财产上的损害赔偿,而不能请求财产损失之外的非财产的损害赔偿,

这曾经是作为一个通例而存在的,各国法律都规定不准许财产权利的受害人请求精神损害赔偿。

直至《日本民法典》的修订,这样的通例才被打破。在这之前,大陆法系国家的民法典在规定侵权责任法关于精神损害赔偿适用范围时均采用列举法,即将可以请求精神损害赔偿的具体适用范围一一列举出来,如仅仅规定"身体权、健康权、生命权、自由权"等人身权利受到侵害时,受害人可以请求精神损害赔偿,而《日本民法典》改变了这一立法模式,明确规定适用精神损害赔偿的范围是"权利"。该法第709条规定:"因故意或过失侵害他人权利时,负因此而产生损害的赔偿责任。"第710条规定:"不问是侵害他人身体、自由或名誉情形,还是侵害他人财产权情形,依前条规定应负赔偿责任者,对财产以外的损害,亦应赔偿。"第710条特别规定了"侵害他人财产权的情形"可以请求精神损害赔偿。侵害财产权精神损害赔偿制度由此产生,这是《日本民法典》的一项创举。尽管这项制度在实际应用中还有许多限制,对财产权受到损害场合认定抚慰金赔偿请求的判例并不多,[3]但是,这说明对侵害财产权完全排斥精神损害的适用是不适当的。这一突破,开辟了精神损害赔偿适用的新领域。

(二)确认侵害财产权精神损害赔偿制度的必要性

《精神损害赔偿司法解释》第4条规定:"具有人格象征意义的特定纪念物品,因侵权行为而永久性灭失或者毁损,物品所有人以侵权为由,向人民法院起诉请求赔偿精神损害的,人民法院应当依法予以受理。"该司法解释确立了我国关于侵害财产权精神损害赔偿制度,但依《侵权责任法》第22条的规定:"侵害他人人身权益,造成他人严重精神损害的,被侵权人可以请求精神损害赔偿",并未明确规定侵害他人财产权益可以请求精神损害赔偿,这不能不说是一种遗憾,笔者认为,侵权责任法规定侵害特定财产权益可以主张精神损害赔偿不仅是非常重要的,也是十分必要的。

第一,对侵害财产权完全排斥精神损害赔偿的适用是不适当的。一般来说,对于侵权行为造成的财产权损失,是不必采用精神损害赔偿制度进行救济的,因为侵权行为的客体是财产本身,其造成的损害就是财产利益的损失,只需按照其损失全面赔偿就可以使受害人的利益得到补偿。但是,对侵害财产权的侵权行为完全排斥精神损害赔偿制度的适用,并不能完全涵盖侵害财产权的全部情况。因此,在某种程度上,适当地在侵害财产权的场合扩大精神损害赔偿的适用范围,可以更好

---

〔3〕 参见于敏:《日本侵权行为法》,法律出版社1998年版,第355页。

地发挥精神损害赔偿制度的作用,可以对侵害财产权的行为进行更全面的调整。

第二,对某些侵害财产权的行为予以精神损害赔偿,可以更好地保护受害人的合法权益。财产自身的价值并不能决定其存在的价值,因为有些财产对于财产所有人而言,有比财产本身价值更为重要的精神价值。例如,孤儿珍藏的唯一一张父母的照片被人毁损,一张照片自身的价值微不足道,但是对于该孤儿来说因照片毁损所带来的痛苦可能不亚于自己身体被侵害而带来的痛苦。所以,全面保护受害人的合法权益,对这样的侵害不仅要赔偿财产的损失,而且要赔偿受害人的精神损害,使受害人的精神痛苦得以慰藉。

第三,对某些财产权的损害采用精神损害赔偿方式进行救济,实际上还是保护受害人人格利益的需要。在某些侵害财产权的场合使用精神损害赔偿制度,其实是因为这些财产中凝聚着人格利益,[4]正因如此,受害人所有的这些财产受到侵害以后,才会造成受害人的精神损害。在这种情况下,只有对受害人采用精神损害赔偿方式救济,才能对受害人的人格利益进行完全的救济。因此,对这些财产的损害进行精神损害赔偿救济本质上仍然是补偿受害人人格利益的损害,并没有脱离精神损害赔偿制度的基本宗旨,仍然发挥着保护人格利益的作用。

二、侵害财产权精神损害赔偿责任的适用

(一)确定侵害财产权精神损害赔偿责任的原则

在理论和实践中,确定侵害财产权精神损害赔偿责任必须坚持如下原则:

1. 必要原则。所谓必要原则是指要坚持肯定侵害财产权精神损害赔偿责任存在必要性的原则。在实践中,要坚持这一原则,首先要肯定侵害财产权精神损害责任存在的必要性,在此基础上再对确有必要的损害给予赔偿。

2. 严格原则。所谓严格原则是指要坚持侵害财产权精神损害赔偿不得滥用的原则。坚持该原则首先必须严格坚持这种责任的构成要件,不能轻易、随意认定这种赔偿责任,同时,也要求在决定精神损害赔偿数额的时候,应严格掌握赔偿范围,不能判决过高的赔偿数额。

3. 依法原则。所谓依法原则是指在确定侵害财产权的精神损害赔偿责任时,应严格按照法律规定的条件予以认定,主要包括主张事由、权利主体、主张程序、主张范围、诉讼时效,以及举证责任等均应符合法律规定。法律没有明确规定的情形,法院不得支持当事人侵害财产精神损害赔偿的主张。

---

〔4〕 杨立新主编:《民商法理论争议问题——精神损害赔偿》,中国人民大学出版社2004年版,第225页。

(二)侵害财产权精神损害赔偿责任的适用

构成侵害财产权精神损害赔偿责任的前提条件,就是某一违法行为构成侵害财产权的侵权责任。侵害财产权责任的构成除了应当按照侵权责任法关于侵害财产权侵权行为的责任构成要件予以把握外,还必须具备以下特别要件:

1. 侵权行为所侵害的财产不是普通财产,须是一种特定的具有纪念意义的物品,具有不可替代性,并且,这样的特定物并不是相对于个人而言的,而是相对于所有人来讲都是特定的。例如,与初恋情人的定情信物,该信物是对特定情感和特定环境的见证,具有一定的纪念意义,不可替代。

2. 受到侵害的特定纪念物品须具有人格利益因素。这种人格利益因素就是在特定的物品中渗入了人的精神利益和人格价值,使这个特定的物具有了不同寻常的人的意志或者人的品格,成为人的精神寄托。例如,父母去世后留下的唯一一张照片,对于所有人而言,该照片均是其对父母思念的精神寄托。

3. 该财产所具有的这种人格利益因素来源于与其相对应的人的特定关系。正是这一特定关系赋予了该特定物一定的人格利益因素。应当指出的是,这种人格利益因素仅仅体现了所有人对自己所钟爱的物品的情感,而不是说该特定物自身产生了人格利益。

——训　练——

【司考】周某将拍摄了其结婚仪式的彩色胶卷底片交给某彩扩店冲印,并预交了冲印费。周某于约定日期去取相片,彩扩店告知:因失火,其照片连同底片均被焚毁。周某非常痛苦,诉至法院请求彩扩店赔偿胶卷费、冲印费损失及精神损害。下列哪些选项是正确的?(2007年)

A. 彩扩店侵害了周某的财产权和肖像权

B. 彩扩店的行为构成违约行为和侵权行为

C. 彩扩店应当赔偿胶卷费并返还冲洗费

D. 周某的精神损害赔偿请求应当得到支持

【答案】　BCD

【解析】《合同法》规定违约责任适用严格责任归责原则。周某与彩扩店之间成立承揽合同关系,彩扩店负有交付照片及底片的义务。对于照片及底片被焚毁,彩扩店应对周某承担违约责任。由于彩扩店的违约行为,周某的损失包括胶卷费和冲洗费,彩扩店均应赔偿,所以C项正确。周某对照片及底片享有财产权,即所有权,因失火,照片及底片被焚毁,周某的财产权被侵害,题目中未明确告知失火原因,如果彩扩店对失火有过错,彩扩店的行为构成侵权行为,应对周某承担侵权责任。如果彩扩店对失火没有过错,笔者认为彩扩店不承担侵权责任,但是根据司法考试历年题目来看,出题人的观点一直认为存在违约责任和侵权责任竞合的情况下,侵权责任的产生不需要侵权人(合同一方当事人)的过错,因此司法部给出的答案包括B项。肖像,是指以一定物质形式表现的自然人的形象,肖像权是自然人享有的以自己肖像所体现的人格利益为内容的人格权。肖像权的内容包括肖像制作权、肖像使用权和维护肖像所体现的精神利益的权利。本题中照片及底片被焚毁,损害的是周某的财产权,彩扩店并未擅自使用或利用周某的照片,也没有侵害肖像中体现的精神利益,因此周某的肖像权并未受侵害,A项错误。《精神损害赔偿司法解释》第4条规定:"具有人格象征意义的特定纪念物品,因侵权行为而永久性灭失或者毁损,物品所有人以侵权为由,向人民法院起诉请求赔偿精神损害的,人民法院应当依法予以受理。"本题中拍摄了结婚仪式的照片属于具有人格象征意义的特定纪念物品,周某有权要求精神损害赔偿,所以D项正确。

【案例】2007年6月2日,张某驾驶二轮摩托车送母亲陈某(1953年8月10日)到某汽车用品公司(以下简称汽车公司)上班,6时25分,与对向驶来的王某驾驶的二轮摩托车发生碰撞,造成陈某受伤经送医院救治无效死亡及王某受伤的交通事故。交通事故认定书认定张某与王某应承担此次事故的同等责任,陈某应承担此次事故中自身伤害后果的次要责任。2007年8月16日,张某父子按事故认定书确认的责任比例,并考虑到王某的实际承受能力和陈某的自身过错,向王某提出交通事故人身损害赔偿之诉,主张死亡赔偿金、丧葬费、精神损害抚慰金、被抚养人生活费等损失合计人民币10万余元。法院经审理于2008年1月28日判决支持张某父子的诉讼请求。但因王某的偿付能力极差,判决书确定的赔偿款至今分文未付。2008年3月20日,张某父子以雇员损害赔偿纠纷向汽车公司提出起诉,要求汽车公司赔偿抢救治疗费用、交通费、死亡赔偿金、丧葬费、被抚养人生活费等共计人民币约13万元。

最终法院支持了原告的诉讼请求。

【解析】案件审理过程中,对该雇员损害赔偿案件的处理意见有三种:

第一种意见是:本案的损失是由交通事故引起,既然张某父子已选择了对王某的侵权之诉,那么张某父子就无权再提出雇员损害赔偿之诉,应予驳回诉讼请求。该观点认为《人身损害赔偿司法解释》第11条规定:雇员在从事雇佣活动中遭受人身损害,雇主应当承担赔偿责任。雇佣关系以外的第三人造成雇员人身损害的,赔偿权利人可以请求第三人承担赔偿责任,也可以请求雇主承担赔偿责任。雇主承担赔偿责任后,可以向第三人追偿。既然雇主承担责任后可以向侵权人追偿,那么赔偿权利人也只能在第三人侵权之诉与雇主损害赔偿之诉中选择其一行使。我国《合同法》第122条规定违约责任与侵权责任的竞合选择即是如此。

第二种意见是：本案陈某的损害系交通事故侵权引起，赔偿权利人已就交通事故损害赔偿提出起诉，雇主应对交通事故赔偿不足部分承担责任。该意见的依据是受害人陈某虽然不能认定为工亡，但可参照工伤待遇标准处理。受害人在从事雇佣活动中受伤，雇主应承担类似用人单位的工伤事故损害赔偿责任。故应支持赔偿权利人工伤待遇与交通事故差额部分损失。

第三种意见是：第三人王某的侵权责任和雇主的责任为不真正连带责任。本案的发生前因虽是交通事故侵权所引起，但张某父子作为赔偿权利人，有权在主张交通事故损害赔偿之诉未全面履行的情况下，另基于雇佣关系向雇主要求承担全部的赔偿责任。交通事故侵权之诉与雇员损害赔偿之诉的赔偿范围、法律责任是相互独立的。依据是《人身损害赔偿司法解释》第 11 条既然规定赔偿权利人可以请求第三人承担赔偿责任，也可以请求雇主承担赔偿责任。雇主承担赔偿责任后，可以向第三人追偿。这说明《人身损害赔偿司法解释》第 11 条的本意即为保障赔偿权利人的权益切实得到解决。因此该种意见认为应支持由雇主承担全部的赔偿责任，雇主承担责任后，有权向第三人追偿其交通事故侵权赔偿责任。

笔者赞同第三种观点。近年来，司法实践将本案雇主汽车公司应承担责任的形式称为雇主的不真正连带责任。《人身损害赔偿司法解释》第 11 条首次以司法解释的形式对雇主的不真正连带责任作了界定，至此，对雇员在因第三人侵权案件中的赔偿问题有了明确法律依据。雇主的不真正连带责任是指雇主和实际侵权人分别基于雇佣关系和侵权事实而对受害雇员负有以同一给付为标的的两个债务，雇主和侵权人均负有对雇员的赔偿责任，并且因雇主和侵权人任何一方的履行而使两个赔偿责任均归于消灭。

思考题

1. 如何理解财产损害赔偿的概念？
2. 试述财产损害赔偿的范围。
3. 简述财产损害赔偿数额的计算。

阅读文献

1. 王利明、杨立新：《民商法理论争议问题——精神损害赔偿》，中国人民大学出版社 2004 年版。
2. 王军：《侵权损害赔偿制度比较研究》，法律出版社 2011 年版。

第十章　人身损害赔偿

本章导语

自然人的生命、健康、身体遭受侵害，造成伤害、残疾、死亡的后果以及其他损害，要求赔偿义务人以财产赔偿的方法进行救济和保护的侵权法律制度为人身损害赔偿。人身损害赔偿所保护的权利范围主要包括自然人的生命权、健康权和身体权三项人格权。由于《侵权责任法》第16条未明确规定被扶养人生活费，人身损害赔偿常规赔偿项目中的被扶养人生活费如何适用，死亡赔偿金、残疾赔偿金的性质如何界定与如何计算是本章的重点和难点。

第一节　人身损害赔偿概述

本节提要

自然人的生命权、健康权和身体权是自然人最重要的权利，理应得到侵权法的周全保护。学习本节重点要掌握人身损害的请求权主体和赔偿主体及项目范围。

一、人身损害赔偿所保护的权利范围

按照《民法通则》的规定，人身损害赔偿制度所保护的人格权，就是生命健康权。生命健康权不是一个具体的人格权，而是包括了生命权、健康权和身体权这三个人格权。

（一）生命权

生命权是指不受他人妨害，而对于生命的安全享受利益之权利。[1] 享有生

〔1〕 龙显铭编著：《私法上人格权之保护》，台湾中华书局1958年版，第42页。

命是自然人具有民事权利能力的前提和基础。生命权是自然人首要的和基本的人格权。生命权为法律所保护的独立的人格权。

对生命权的侵害构成民事侵权,侵权责任人应当承担相应的民事责任。侵害生命权,以自然人的生命丧失作为标准,侵权行为作用于人体,使人的生命活动能力丧失,使受害人的主体资格消灭,这是侵害生命权的最直接的后果。

(二)健康权

健康指维持人体生命活动的生理机能的正常运作和功能的完善发挥。简言之,健康即人体生理机能的完善性。健康权是指自然人以其机体生理机能正常运作和功能完善发挥,维持人体生命活动的利益为内容的人格权。[2] 它的基本功能是维护人体机能和功能发挥的完善性。

侵害健康权,是指侵权行为作用于人体,使人的机体生理机能的正常运作和功能的完善发挥受到了破坏,使受害人的人体生理机能、发育、体质等综合发展状况在原有的水平上有所下降。侵权行为造成了这种后果,就构成侵害健康权。侵害健康权的直接损害就是破坏人体生理机能的正常运作和身体功能的完善发挥,其表现形式如前述的一般伤害、造成残疾和其他疾病。

侵害健康权与侵害生命权的区别在于,侵害健康权造成丧失人体功能完善性发挥的后果对生命权的侵权行为造成生命丧失后果。

(三)身体权

身体指自然人生理组织的整体,即人的躯体,包括:(1)主体部分,即头颅、躯干、肢体的总体构成;(2)附属部分,即毛发、指(趾)甲等附属于身体的其他人体组织等组成的整体。因此,身体的基本特征在于其组成的整体性和完全性。身体权就是自然人维护其身体组成部分的完整、完全并支配其肢体、器官和其他组织的人格权。

侵害身体权,就是侵害身体组成部分的完整性,包括身体组成部分的实质性完整和形式性完整。侵害身体权可能造成两种损害:(1)人体完整性的实质损害,例如,擅自剃除人的毛发,擅自剪除人的指(趾)甲,擅自抽取人的血液、脊髓以及其他体液,而没有造成健康权损害后果的,都是对人体组成完整性的侵害;(2)对人体形式完整的侵害,例如,没有造成伤害的殴打,擅自搜查身体,对他人的身体进行戏弄等。这两种损害,都可能伴随着产生以下损失或者损害:一是财产利益

---

〔2〕 杨立新:《人身权法论》,人民法院出版社2002年版,第425页。

的损失。例如,以手作为模特的人,必须保证手的健美,包括指甲的完整和美观,侵权行为造成其指甲的损害,使其在一定时期内不能从事专业工作,就会造成预期财产利益的损失,这种损失是财产损失。二是财产利益的其他损失。例如,强行抽取人的血液、脊髓、精液等体液,虽然没给受害人造成健康的损害,但是恢复体力需要一定的经济力量,因而,会造成财产利益的损失。三是精神损害,即侵害身体对受害人造成精神痛苦或者人体疼痛的损害。

侵害身体权和侵害健康权的侵权行为都以人体作为侵害的对象,这是相同的。两者的区别在于:侵害身体权的侵权行为侵害的是人体组成的完整性,破坏的是人体实质上和形式上的完整性;侵害健康权的侵权行为侵害的是人体功能的完善性发挥,破坏的是人体功能的完善性。如果一个侵权行为既破坏了人体组成的完整性,又破坏了人体功能的完善性,那么应当从重而论,认定为侵害健康权的侵权行为。[3]

二、人身损害赔偿的主体

在侵权损害赔偿法律关系中,当事人为特定的双方主体,有权请求损害赔偿或者主张其他救济方式的一方当事人为赔偿权利人,有义务做出赔偿或承担其他方式的侵权责任的一方当事人为赔偿义务人。《人身损害赔偿司法解释》第1条规定:"因生命、健康、身体遭受侵害,赔偿权利人起诉请求赔偿义务人赔偿财产损失和精神损害的,人民法院应予受理。本条所称'赔偿权利人',是指因侵权行为或者其他致害原因直接遭受人身损害的受害人、依法由受害人承担扶养义务的被扶养人以及死亡受害人的近亲属。本条所称'赔偿义务人',是指因自己或者他人的侵权行为以及其他致害原因依法应当承担民事责任的自然人、法人或者其他组织。"

(一)赔偿权利人

赔偿权利人又称赔偿请求权人,是指基于损害事实有权请求损害赔偿的受害人。《侵权责任法》第3条规定:被侵权人有权请求侵权人承担侵权责任。《国家赔偿法》第6条规定:"受害的公民有权要求赔偿。受害的公民死亡,其继承人和其他有抚养关系的亲属有权要求赔偿。"根据《人身损害赔偿司法解释》及《国家赔偿法》的规定,赔偿权利人包括因侵权行为或其他致害原因直接遭受人身损害的受害人以及由被害人承担扶养义务的被扶养人以及死亡受害人的近亲属。直接遭受人身损害的受害人是直接受害人,由被害人承担扶养义务的人以及死亡受

---

〔3〕 杨立新:《侵权法论》,人民法院出版社2004年版,第618~619页。

害人的近亲属统称为间接受害人。

1. 直接受害人

因侵权行为或其他致害原因直接遭受人身损害的受害人是人身损害的直接受害人。直接受害人原则上应为赔偿权利人,但由于损害后果的不同,直接受害人能否在法律上取得赔偿权利人的地位,则需要具体分析。

按照损害后果的形态划分,直接受害人包括生命受侵害的人以及身体、健康受侵害的受害人等不同情形。其中,身体权、健康权受到侵害,直接受害人即是赔偿权利人。而在生命权受侵害的情况下,直接受害人不是赔偿权利人。理论上认为生命权受到侵害致使受害人权利主体资格已消灭,不能就其生命权受侵害请求损害赔偿。实务中人们往往直观地认为死亡赔偿金就是对侵害生命的损害赔偿,而实际上,死亡赔偿金并非基于对生命价值的衡量而计算的赔偿。生命是无价的,不能用金钱来计算和评价;赔偿只能就生活实态上可以计算的利益进行填补,因此所谓死亡赔偿金实质是对赔偿权利人收入损失的赔偿。这里的赔偿权利人不是死亡受害人,而是其近亲属。这说明,死亡受害人就生命丧失本身并不享有赔偿请求权,也非赔偿权利人。此时需要填补的利益损失,乃是受害人的近亲属因受害人死亡导致生活资源的减少和丧失的损失。因此,在立法上所认可的死亡赔偿中,赔偿权利人无论在理论上还是在事实上都应当是死亡受害人的近亲属(继承人)以及被扶养人。

当然,在受害人因伤致死的情形中,其因抢救治疗支出医药费或者因误工减少收入,受害人本人就是赔偿权利人。受害人虽最终不治身亡,但其就抢救治疗所发生财产损失的损害赔偿请求权可以为其继承人所继承,但应区别的是,此时其作为赔偿权利人,是就其身体权受侵害主张权利,而非就生命权受侵害主张权利。

2. 间接受害人

间接受害人是指侵权行为侵害直接受害人的人身权或财产权而间接受到反射性财产利益或非财产利益损害的人。根据《人身损害赔偿司法解释》的规定,间接受害人包括由受害人承担扶养义务的被扶养人以及死亡受害人的近亲属。

根据我国《人身损害赔偿司法解释》第 17 条第 2 款规定,受害人因伤致残的,间接受害人即被扶养人就扶养费享有损害赔偿请求权。但并未明确是由被扶养人独立主张赔偿,还是由受害人本人作为自己损失与其他损失一并主张。理论上则有不同的观点。否定的观点认为,有关司法解释系根据“劳动能力丧失说”确定赔偿范围和标准,劳动能力丧失导致收入减少或者丧失的损害赔偿请求权当然就是直接受害人的固有权利,被扶养人基于法定义务关系享有反射性利益,从而对该项反射性利益损害有附从的间接的损害赔偿请求权，其请求权不具有独立性。肯定的观点认为，如果严格按照“劳动能力丧失说”，赔偿请求权应当由直接受害人独立行使，即使直接受害人怠于行使，按照《合同法司法解释(一)》第12条的规定，由于人身伤害赔偿请求权是专属于债务人自身的债权，被扶养人也不能行使代位权。显然，这将使被扶养人陷入不利处境。即使不考虑直接受害人怠于行使请求权的潜在道德危险因素，仅就《产品质量法》第44条等相关立法规定来看，被扶养人也在实体上获得了分配的正义——基于扶养人的扶养费给付义务发生的直接的损害赔偿请求权。因此，在诉讼法上，被扶养人也当然享有独立的诉讼请求权，可以以原告的身份起诉。

(1)致人伤残丧失劳动能力时间接受害人的损害赔偿。根据《人身损害赔偿司法解释》第17条第2款的规定：“受害人因伤致残的，其因增加生活上需要所支出的必要费用以及因丧失劳动能力导致的收入损失，包括残疾赔偿金、残疾辅助器具费，以及因康复护理、继续治疗实际发生的必要的康复费、护理费、后续治疗费，赔偿义务人也应当予以赔偿。”可以看出，此种情形下，间接受害人是因加害人的行为侵害直接受害人的生命健康权造成受害人劳动能力丧失，因而导致其扶养请求权间接受到侵害并丧失的受害人，即被扶养人。这里的扶养关系是广义的扶养，包括我国民法中的赡养、抚养、扶养三种法律关系。

受扶养的人是限于有法律规定义务的近亲属，还是应包括事实上有扶养关系的人，《人身损害赔偿司法解释》第28条第2款规定：“被扶养人是指受害人依法应当承担扶养义务的未成年人或者丧失劳动能力又无其他生活来源的成年近亲属……”该条规定将间接受害人的范围限定于法定扶养，只包括法定扶养关系，不包括事实扶养关系，这有利于从严确定有请求权的间接受害人的范围，防止任意扩大请求权人范围以加重赔偿义务人的负担。但是，我国民间社会生活比较复杂，可能还大量存在一些事实上依靠受害人扶养而又无其他生活来源的人，如果因其与受害人无法律上的扶养义务，而不将其列入有权请求赔偿扶养费的间接受害人的范围显然是不合情理的。因此，有学者认为在确定侵权致人死亡或伤残时请求赔偿扶养费损失的被扶养人范围时，既要坚持以受害人对其有法定的扶养义务为原则，又要有例外情形的灵活规定，应将受害人没有法定的扶养义务但事实上对其尽扶养义务而又无其他生活来源的无劳动能力的被扶养人，在符合善良风俗习惯的原则下，列入有权请求扶养费损害赔偿的被扶养人范围。[4]

---

〔4〕 韩松：《人身侵权损害赔偿中的第三人损害及其赔偿请求权》，载《法学论坛》2006年第3期。

未出生的胎儿是否享有扶养损害赔偿请求权？按传统民法理论，胎儿尚未出生，并不具有民事权利能力，不享有被扶养的权利。但是，胎儿在其出生之前，已经在事实上存在，并且终究要出生成为一个人。如果其扶养人被侵害丧失劳动能力或死亡，胎儿出生后的扶养权利无疑就被侵害了。我国《民法总则》第16条规定："涉及遗产继承、接受赠与等胎儿利益保护的，胎儿视为具有民事权利能力。但是胎儿娩出时为死体的，其民事权利能力自始不存在。"因此，为了保护受害人所应扶养的胎儿出生后的扶养权利，应当承认胎儿是间接受害人，享有扶养损害赔偿请求权。

(2)致人死亡时间接受害人的损害赔偿。依《人身损害赔偿司法解释》第1条的规定，在侵权行为致人死亡时，死者为直接受害人，死者生前负有扶养义务的被扶养人和近亲属为间接受害人。与致人伤残不同的是，直接受害人因侵权损害死亡的情形下，间接受害人的范围不仅有被抚养人还有近亲属，死者的近亲属作为间接受害人享有独立的损害赔偿请求权，而在伤残损害赔偿中，间接受害人的范围只有被扶养人，没有近亲属。

《人身损害赔偿司法解释》第17条第3款规定："受害人死亡的，赔偿义务人除应当根据抢救治疗情况赔偿本条第一款规定的相关费用外，还应当赔偿丧葬费、被扶养人生活费、死亡补偿费以及受害人亲属办理丧葬事宜支出的交通费、住宿费和误工损失等其他合理费用。"可见，在直接受害人因侵权事故死亡的情形下，其近亲属作为间接受害人享有独立的损害赔偿请求权，就其办理丧葬事宜支出的费用以及死亡赔偿金和精神损害抚慰金，有权作为赔偿权利人请求损害赔偿。《国家赔偿法》第6条规定："受害的公民死亡，其继承人和其他有抚养关系的亲属有权要求赔偿。"可见，在国家机关及其工作人员违法行使职权造成受害公民死亡的，直接受害人的继承人和其他有抚养关系的亲属有权要求赔偿。

根据《精神损害赔偿司法解释》第7条的规定，自然人因侵权行为致死，或者自然人死亡后其人格或者遗体遭受侵害，死者的配偶、父母和子女有权提出精神损害赔偿。没有配偶、父母和子女的，死者的其他近亲属可以提起精神损害赔偿。死者的近亲属要求加害人赔偿的精神损害不是死者的精神损害，而是近亲属因为损害事实遭受的精神损害。

(3)近亲属赔偿请求权的顺位。关于近亲属享有的赔偿请求权的顺位，应分别根据请求赔偿的客观内容予以确定。第一，死亡赔偿金，因司法解释采取继承丧失说，应当由配偶、父母和子女作为第一顺位权利人享有损害赔偿请求权。没有配偶、父母、子女的，由配偶、父母、子女以外的近亲属享有赔偿请求权。即死亡赔偿金原则上应由父母、配偶、子女共同取得。第二，办理丧葬事宜支出的费用，实际支出费用的近亲属依前述继承顺序享有赔偿请求权。近亲属以外的第三人支出有关费用的，按照《侵权责任法》第18条第2款规定："被侵权人死亡的，支付被侵权人医疗费、丧葬费等合理费用的人有权请求侵权人赔偿费用，但侵权人已支付该费用的除外"。第三，精神损害抚慰金请求权，按照《精神损害赔偿司法解释》第7条规定，死者的配偶、父母、子女是提起精神损害赔偿的第一顺位的权利人，配偶、父母、子女以外的其他近亲属是第二顺位的权利人，有第一顺位的权利人的，第二顺位的权利人不能提起精神损害赔偿。

（二）赔偿义务人

侵权损害赔偿法律关系中，因侵权或违约行为侵害他人人身或财产权利而承担赔偿义务的人为加害人。赔偿义务人主要分为直接加害人、替代责任人和补充责任人。

1. 直接加害人

所谓的直接加害人是指直接实施侵权或违约行为，造成受害人损害的人。直接加害人一般分为以下三种情形：

（1）单独的直接加害人。直接加害人为一人时为单独的直接加害人，由其单独承担损害赔偿责任。

（2）共同加害人。由数人共同侵害他人合法的人身或财产权利的，加害人为共同加害人。共同加害人应承担连带赔偿责任，诉讼为必要共同诉讼，应合并审理。

（3）共同危险行为人。共同危险行为人不同于共同加害人，是指两个或者两个以上的行为人分别同时实施相同的危险行为，发生了一个危险后果，但无从判定后果是由哪一个人的行为所引发的，故法律推定各个行为人之间成立共同侵权行为。共同危险行为人应承担连带责任，他们在诉讼中为共同被告。

另外，我们不得不提及无意思联络的数人侵权，即两个或两个以上的行为人分别实施不同的行为，如果每个人的侵权行为都足以造成全部损害的，构成共同侵权，行为人承担连带责任。能够确定责任大小的，各自承担相应的责任；难以确定责任大小的，平均承担赔偿责任。

2. 替代责任人

一般情形下赔偿的义务主体是直接加害人，有些情形下，直接加害人没有赔偿责任能力，他们的赔偿责任只能由他们的替代责任人来承担，一般为无民事行为能力或者限制民事行为能力人的法定代理人。《民事诉讼法司法解释》第 67 条规定:“无民事行为能力人、限制民事行为能力人造成他人损害的,无民事行为能力人、限制行为能力人和其监护人为共同被告。”另外,在物件致人损害时,物的所有人、占有人为赔偿义务人。

替代责任人具体可以分为以下两种情形:第一,对人的替代责任人。一般侵权中,直接加害人是赔偿义务的主体,在一些特殊侵权情形下,赔偿义务的主体为直接加害人的替代责任人。例如,受雇人在执行雇佣活动中致人损害,雇主承担赔偿责任;国家机关工作人执行职务致人损害,国家机关承担赔偿责任;法人工作人员执行职务致人损害,法人承担赔偿责任;无民事行为能力或者限制民事行为能力人致人损害,其法定代理人承担赔偿责任等。这些承担民事责任的主体即为侵权损害赔偿关系中的义务主体。第二,对物的替代责任人。特定物件致人损害应由物件所有人、管理人承担赔偿责任,这是侵权行为法一贯遵循的规则。例如,动物的所有者、管理者,建筑物或其他设施以及建筑物上的搁置物、悬挂物的所有人、管理人,不合格产品的制造者、销售者等都是赔偿义务的主体。

3. 补充责任人

对他人负有法定安全保护义务的人,由于没有尽到安全保护的义务,而使在其场所内的人遭受人身损害或者财产损害,在直接加害人不能赔偿或者赔偿数额不足时,应当承担补充的赔偿责任,这种违反安全保护义务而承担补充责任的人就是补充责任人。

三、人身损害赔偿的项目

人身损害赔偿的项目,就是人身损害赔偿法律关系中的客体。人身损害赔偿客体是人身损害赔偿主体权利义务指向的对象,即因侵权损害而给付的赔偿,也就是人身损害赔偿的客体范围。《人身损害赔偿司法解释》第 17 条规定:“受害人遭受人身损害,因就医治疗支出的各项费用以及因误工减少的收入,包括医疗费、误工费、护理费、交通费、住宿费、住院伙食补助费、必要的营养费,赔偿义务人应当予以赔偿。受害人因伤致残的,其因增加生活上需要所支出的必要费用以及因丧失劳动能力导致的收入损失,包括残疾赔偿金、残疾辅助器具费、被扶养人生活费,以及因康复护理、继续治疗实际发生的必要的康复费、护理费、后续治疗费,赔偿义务人也应当予以赔偿。受害人死亡的,赔偿义务人除应当根据抢救治疗情况赔偿本条第一款规定的相关费用外,还应当赔偿丧葬费、被扶养人生活费、死亡补偿费以及受害人亲属办理丧葬事宜支出的交通费、住宿费和误工损失等其他合理费用。"第 18 条第 1 款规定:"受害人或者死者近亲属遭受精神损害,赔偿权利人向人民法院请求赔偿精神损害抚慰金的,适用《最高人民法院关于确定民事侵权精神损害赔偿责任若干问题的解释》予以确定。"这些规定是我国现行人身损害赔偿制度关于赔偿客体范围的完整规定。《侵权责任法》第 16 条规定:"侵害他人造成人身损害的,应当赔偿医疗费、护理费、交通费等为治疗和康复支出的合理费用,以及因误工减少的收入。造成残疾的,还应当赔偿残疾生活辅助具费和残疾赔偿金。造成死亡的,还应当赔偿丧葬费和死亡赔偿金。"2014 年修订的《消费者权益保护法》第 49 条规定:"经营者提供商品或者服务,造成消费者或者其他受害人人身伤害的,应当赔偿医疗费、护理费、交通费等为治疗和康复支出的合理费用,以及因误工减少的收入。造成残疾的,还应当赔偿残疾生活辅助具费和残疾赔偿金。造成死亡的,还应当赔偿丧葬费和死亡赔偿金。"2012 年修订的《国家赔偿法》第 34 条规定:"侵犯公民生命健康权的,赔偿金按照下列规定计算:(一)造成身体伤害的,应当支付医疗费、护理费,以及赔偿因误工减少的收入。减少的收入每日的赔偿金按照国家上年度职工日平均工资计算,最高额为国家上年度职工年平均工资的五倍;(二)造成部分或者全部丧失劳动能力的,应当支付医疗费、护理费、残疾生活辅助具费、康复费等因残疾而增加的必要支出和继续治疗所必需的费用,以及残疾赔偿金。残疾赔偿金根据丧失劳动能力的程度,按照国家规定的伤残等级确定,最高不超过国家上年度职工年平均工资的二十倍。造成全部丧失劳动能力的,对其扶养的无劳动能力的人,还应当支付生活费;(三)造成死亡的,应当支付死亡赔偿金、丧葬费,总额为国家上年度职工年平均工资的二十倍。对死者生前扶养的无劳动能力的人,还应当支付生活费。前款第二项、第三项规定的生活费的发放标准,参照当地最低生活保障标准执行。被扶养的人是未成年人的,生活费给付至十八周岁止;其他无劳动能力的人,生活费给付至死亡时止。"2010 年修订的《工伤保险条例》第 39 条规定:"职工因工死亡,其近亲属按照下列规定从工伤保险基金领取丧葬补助金、供养亲属抚恤金和一次性工亡补助金:(一)丧葬补助金为 6 个月的统筹地区上年度职工月平均工资;(二)供养亲属抚恤金按照职工本人工资的一定比例发给由因工死亡职工生前提供主要生活来源、无劳动能力的亲属。标准为:配偶每月 40%,其他亲属每人每月 30%,孤寡老人或者孤儿每人每月在上述标准的基础上增加 10%。核定的各供养亲属的抚恤金之和不应高于因工死亡职工生前的工资。供养亲属的具体范围由国务院社会保险行政部门规定;(三)一次性工亡补助金标准为上一年度全国城镇居民人均可支配收入的 20 倍……"2009 年修订的《产品质量法》第 44 条规定:"因产品存在缺陷造成受害人人身伤害的,侵害人应当赔偿医疗费、治疗期间的护理费、因误工减少的收入等费用;造成残疾的,还应当支付残疾者生活自助具费、生活补助费、残疾赔偿金以及由其扶养的人所必需的生活费等费用;造成受害人死亡的,并应当支付丧葬费、死亡赔偿金以及由死者生前扶养的人所必需的生活费等费用……"

根据人身损害的内容的不同,人身损害赔偿的项目包括:

1. 人身损害的常规赔偿。这种赔偿是指侵害身体权、健康权、生命权,造成人身损害的一般赔偿范围,即造成人身损害一般都要赔偿的项目。无论致伤、致残、致死,凡有常规赔偿所列项目的费用支出的,均应予以赔偿。

2. 致人伤残丧失劳动能力的损害赔偿。这种赔偿是指因人身损害致残,造成劳动能力丧失所应赔偿的范围。该项赔偿是在常规赔偿的基础上,对因伤害致残而丧失劳动能力的受害人赔偿残疾赔偿金以及相关项目。

3. 致人死亡的损害赔偿。这种赔偿是侵权行为致受害人死亡所应赔偿的项目。它不仅包括常规赔偿项目还包括丧葬费、死亡赔偿金等。

4. 被扶养人的生活补助费赔偿。虽然《侵权责任法》第 16 条和《消费者权益保护法》第 49 条均未规定被扶养人的生活补助费的赔偿项目,但该种赔偿应涵括其中。

5. 人身伤亡的精神抚慰金赔偿。侵害身体权、健康权、生命权,给受害人造成精神痛苦和精神创伤的,应当予以抚慰金赔偿。

四、赔偿方式

人身损害赔偿多是金钱赔偿。给付赔偿金通常采用两种方法:一种是现在的一次性终身赔偿,即把将来的多次赔偿一并计算,现在作一次性赔偿;另一种是将来的多次(终身)赔偿,在理论上称为定期金赔偿,即对受害人的损害赔偿,按照一定的期间计算并按照一定的期间赔偿,直至赔偿期限届满或受害人死亡时止。长期以来,由于社会经济条件差、民事主体的经济承受能力弱和立法不完善等原因,司法实践中的人身损害赔偿总额较小,多采用第一种赔偿方式,极少采用第二种方式。

第二节 人身损害赔偿的常规赔偿

本节提要

人身损害的常规赔偿也称人身损害的一般赔偿，是指侵害身体权、健康权、生命权造成人身损害的一般赔偿范围，即造成人身损害一般都要赔偿的项目。学习本节重点要掌握各种赔偿项目的赔偿计算标准。

一、医疗费赔偿

受害人的人体遭受损害，最主要的损失就是为治疗人身损害而支付的金钱。这是一种财产上的损失，这种损失是侵害健康权所造成的直接财产损失后果。医疗费赔偿包括医药费和治疗费。医疗费赔偿的目的在于对侵害人身造成伤害所致财产损失的补偿。在这项赔偿上，实行的是全部赔偿原则，即损失多少就赔偿多少，赔偿应当与损失相一致。只有这样，才能够恢复受害人的权利，救济受害人的损害。《人身损害赔偿司法解释》第 19 条第 1 款规定："医疗费根据医疗机构出具的医药费、住院费等收款凭证，结合病历和诊断证明等相关证据确定。赔偿义务人对治疗的必要性和合理性有异议的，应当承担相应的举证责任。"医疗费的赔偿数额，按照一审法庭辩论终结前实际发生的数额确定。器官功能恢复训练所必要的康复费、适当的整容费以及其他后续治疗费，赔偿权利人可以待实际发生后另行起诉。但根据医疗证明或者鉴定结论确定必然发生的费用，可以与已经发生的医疗费一并予以赔偿。《民法通则司法解释》第 144 条规定："医药治疗费的赔偿，一般应以所在地治疗医院的诊断证明和医药费、住院费的单据为凭。应经医务部门批准而未获批准擅自另找医院治疗的费用，一般不予赔偿；擅自购买与损害无关的药品或者治疗其他疾病的，其费用则不予赔偿。"

二、误工费赔偿

受害人遭受人身损害，不能正常进行身体没有遭受损害之前所进行的工作，就会造成预期财产利益的损失。这是侵害人身造成健康损害所必然引起的结果。从性质上说，这种财产损害是一种间接损失，是应当得到但由于遭受损害而没有得到的财产利益。但是在人身损害赔偿中,区别直接损失和间接损失没有特别意义,因此,一般不强调这种损失的间接性质。

误工费损失的赔偿,实际补偿的是受害人由于人身受到伤害,耽误工作而造成的财产损失。这也是由人身损害赔偿财产损失理论决定的。《人身损害赔偿司法解释》第20条规定:"误工费根据受害人的误工时间和收入状况确定。误工时间根据受害人接受治疗的医疗机构出具的证明确定。受害人因伤致残持续误工的,误工时间可以计算至定残日前一天。受害人有固定收入的,误工费按照实际减少的收入计算;受害人无固定收入的,按照其最近三年的平均收入计算,受害人不能举证证明其最近三年的平均收入状况的,可以参照受诉法院所在地相同或者相近行业上一年度职工的平均工资计算。"《国家赔偿法》第34条规定:"侵犯公民生命健康权的,赔偿金按照下列规定计算:(一)造成身体伤害的,应当支付医疗费、护理费,以及赔偿因误工减少的收入。减少的收入每日的赔偿金按照国家上年度职工日平均工资计算,最高额为国家上年度职工年平均工资的五倍……"

按照财产损失全部赔偿原则,误工费的计算方法是:单位时间的实际收入乘以误工时间。误工的时间,是计算误工费的最主要问题,可以由负责治疗的医疗机构出具的证明确定,也可以由法医鉴定确定,还可以按照受害人的实际损害和恢复情况确定,还可以将这三个办法结合起来确定。《民法通则司法解释》第143条第1款规定:"受害人的误工日期,应当按其实际损害程度、恢复状况并参照治疗医院出具的证明或者法医鉴定等认定。赔偿费用的标准,可以按照受害人的工资标准或者实际收入的数额计算。"例如,若对医疗机构的证明有怀疑,可以经过法医结合损害情况、受害人的实际损害和恢复情况进行鉴定,做出确切的判断。受害人致残的,有一个致残前赔偿误工费与致残后赔偿生活费的衔接问题。对此,应当以定残之日为准,之前赔偿误工费,之后赔偿生活费,不再赔偿误工费。

受害人因伤害死亡的,也要对实际的误工费进行赔偿,误工费的计算从侵权行为开始计算,至受害人死亡之时止。

受害人在受到损害前,有的有固定收入,有的没有固定收入,因而应当分为两个标准:第一,对有固定收入的,受害人受到损害后,应当按照其实际减少的损失计算误工费损失赔偿。固定收入在实际生活中有很大差异,例如一般的工薪阶层,收入相对均衡;但对于高收入阶层者而言则很悬殊。在《国家赔偿法》中,对误工实际损失规定了一个上限,即不超过全国年平均工资5倍的,只赔偿5倍。但其合理性值得怀疑,因为误工损失就是实际损失,实际造成了多大的损失就是多大的损失,赔偿应当按照这样的范围确定。至于受害人能否负担得起,则是执行的问题。第二,对无固定收入的,可以考虑适用两种方法:一种是确定固定的收入计算标准,如以受诉法院所在地的市、县上一年度平均收入为标准,计算误工损失;另一种是根据受害人的上一年度的平均收入计算。《民法通则司法解释》第143条第2款规定:“受害人是承包经营户或者个体工商户的,其误工费的计算标准,可以参照受害人一定期限内的平均收入酌定。如果受害人承包经营的种植、养殖业季节性很强,不及时经营会造成更大损失的,除受害人应当采取措施防止损失扩大外,还可以裁定侵害人采取措施防止扩大损失。”

实践中,还有的受害人没有工作,因此在受到损害后没有工资收入的损失。对此,应当在赔偿生活补助费中考虑,不必赔偿误工损失。

三、护理费赔偿

护理费损失也是侵害健康权所造成的直接财产损失后果,是人身损害的财产损失。护理费赔偿,补偿的是受害人因为受损害生活不能自理,需要有人进行护理而造成的财产损失。护理费赔偿的前提是受害人受到损害,生活不能自理或者不能完全自理,需要有人进行护理。这种情况应当有医疗单位或法医的证明,确属需要陪护的,予以赔偿;没有必要的,则不予赔偿。《人身损害赔偿司法解释》第21条第1款规定:“护理费根据护理人员的收入状况和护理人数、护理期限确定。”

护理费计算的办法:一是根据护理人员的实际收入,参照误工损失的赔偿办法确定;二是护理人员没有收入或者受害人没有雇佣护工的,可以按照当地上一年度居民平均收入计算,或者参照当地护工从事同等级别护理的劳务报酬标准计算。如果是雇用小时工进行护理,则支出的小时工工资即为护理费损失。护理人员原则上为一人,但医疗机构或者鉴定机构有明确意见的,可以参照其意见确定护理人员的人数。《民法通则司法解释》第145条规定:“经医院批准专事护理人,其误工补助费可以按收入的实际损失计算。应得奖金一般可以计算在应赔偿的数额内。本人没有工资收入的,其补偿标准应以当地的一般临时工的工资标准为限。”

护理期限应计算至受害人恢复生活自理能力时止。受害人因残疾不能恢复生活自理能力的,可以根据其年龄、健康状况等因素确定合理的护理期限,但最长不超过20年。

受害人定残后的护理,应当根据其护理依赖程度并结合配制残疾辅助器具的情况确定护理级别。

四、交通费赔偿

如果受害人遭受人身损害之后需转院治疗的，要支出转院治疗的交通费。即使是没有转院治疗的，受害人在受到伤害以后到医院进行治疗，也会有一定数量的交通费支出。这些支出的交通费也是人身损害的直接后果，是一种财产上的损失。对于救治人身损害需要支出交通费的，应当赔偿交通费损失。这种赔偿是赔偿受害人因人身损害而支出的实际财产损失。救治人身损害需要支出交通费的情形，一是在救治人身损害的当时，送到医院时的交通费用；二是在转院治疗或者到外地治疗时支出的交通费。对于没有就近治疗，但是选择的医院是合理的、必要的，其交通费也应当赔偿。

交通费赔偿的范围，一是受害人的交通费；二是参加救护的人的交通费；三是护理人的交通费。《人身损害赔偿司法解释》第 22 条规定："交通费根据受害人及其必要的陪护人员因就医或者转院治疗实际发生的费用计算。交通费应当以正式票据为凭；有关凭据应当与就医地点、时间、人数、次数相符合。"交通费赔偿应当根据实际支出确定。应当以正式的交通费的票证、收据为准，票证、收据记载的时间、地点、人数要与实际救治的时间、地点、人数相一致。对于不合理的支出，不应当予以赔偿。

五、住宿费赔偿

受害人在转院治疗中，以及护理人员在护理中，如果需要住宿，则要支付住宿费。住宿费的损失，也是人身损害所造成的财产损失。人身损害赔偿中的住宿费赔偿，是对受害人在治疗期间需要住宿，以及护理人员需要住宿，而实际支出的住宿费的赔偿。这里不仅仅是对需要去外地治疗的情况赔偿住宿费，在本地治疗确实需要住宿的也应当赔偿。住宿费的赔偿标准，原则上是按照公务员出差住宿标准，但是，由于实际的出差住宿标准过低以及实际住宿费用过高的原因，赔偿标准可以适当高于公务员出差的住宿标准。

六、住院伙食费和必要的营养费赔偿

受害人遭受人身损害需要住院的，在住院期间支出一定的伙食补助费和营养费是必需的。这些损失也是侵害健康权所造成的财产损失后果，是侵害健康权的直接损害后果。《人身损害赔偿司法解释》第 23 条规定："住院伙食补助费可以参照当地国家机关一般工作人员的出差伙食补助标准予以确定。受害人确有必要到外地治疗,因客观原因不能住院,受害人本人及其陪护人员实际发生的住宿费和伙食费,其合理部分应予赔偿。”该解释第 24 条规定:“营养费根据受害人伤残情况参照医疗机构的意见确定。”其中伙食补助费是必要的,营养费则要根据实际情况确定。伙食补助费应当按照住院的天数确定,每天按照一定的标准计算,具体而言,一般认为应当比照公务员出差的伙食补助标准确定。如果受害人的伤势严重,根据医疗单位的意见,可以适当高于这个标准计算赔偿数额。营养费赔偿要根据实际需要确定,医疗单位认为或者根据实际情况判断确有必要补充营养的,可以按照适当的标准确定。

七、侵害身体权所造成的财产利益损失的赔偿

对于侵害身体权,造成难以计算的财产利益损失的,应当参照相应的标准计算。例如,侵害身体、非法抽血等形式的侵权行为应当依据所抽取的血的数量和价格为标准,适当高于这个标准确定赔偿数额。没有办法计算的,则可以以估价作为赔偿计算的标准。在侵害身体权所造成的受害人的间接利益损失的场合,还要考虑对其所损失的间接利益给予赔偿。例如,对手模特(即以手作为展示首饰的模特)的手指甲等造成损害,并不造成健康权损害的是侵害身体权,在赔偿时应当计算受到侵害以后损失的间接利益。

第三节　丧失劳动能力的赔偿

本节提要

受害人因伤致残的结果使劳动能力的部分丧失或者全部丧失,其结果是不能劳动以维持生计,或者只能通过劳动维持部分生计,因而必须予以赔偿。劳动能力丧失的赔偿范围除了常规项目以外,包括残疾赔偿金、残疾辅助器具费、康复费、后续治疗费等相关费用。学习本节内容重点要掌握劳动能力丧失的残疾赔偿金和被扶养人的生活补助费。

一、劳动能力丧失赔偿的理论依据

劳动能力丧失是受害人健康权遭受侵害所导致的严重后果,使其无法继续劳

动以维持生计,因而必须予以赔偿。《民法通则》第119条确认了该项人身损害赔偿。

在理论上确认劳动能力丧失赔偿,有以下不同学说:

1. 所得丧失说。这种理论认为,损害赔偿制度的目的是填补被害人实际所受的损害,具有填平的功能,因而被害人纵然丧失或减少劳动能力,但如未发生实际损害,或受害前与受害后的收入并无差异,就不能请求得到赔偿。所得丧失说在计算损害赔偿额时,是以受害人受害前收入与受害后收入的差额为损害赔偿额,所以又称为差额说。德国民法采此说。

2. 劳动能力丧失说。这种理论认为,受害人因身体或健康受到损害,使劳动能力减少或丧失就是受到损害,并不限于实际所得的损失。劳动能力实际上是一种能力资本,依个人能力而有一定程度的收益。所以丧失或减少劳动能力本身就是一种损害。依这种理论,即使受害人为未成年人、失业者、家庭主妇等,如果其丧失劳动能力,也应当认定为有损害,而可以请求加害人赔偿。英美法系国家和我国台湾地区均采用这一理论。

3. 生活来源丧失说。这种理论认为,劳动能力是人赖以生存的技能,受害人劳动能力丧失或减少,必然导致其生活来源丧失,因而应当赔偿受害人的生活补助费,使其生活来源能够恢复。赔偿所救济的既不是劳动能力丧失,也不是受害人致残前后的收入差额,而是受害人致残前后生活来源的差额。

上述三种学说各有利弊。就所得丧失说而言,该学说将劳动能力丧失视为一种可期待收入的损失,其着眼点在于侵害发生前后依据该能力所获得的实际收入的多少,遵循的是"赔偿间接损害后果"的思路。这种学说最突出的优点在于容易确定损害的标准,且便于计算赔偿额。但其也有明显的缺陷:在劳动能力的直接损害与收入减少的间接后果之间并不存在必然的联系时,就产生了一些所得丧失说不能解释的问题,如受害人依靠出租房屋为生,当劳动能力受损后,只要其仍保有收取房租的基本能力,其实际收入就不会减少。若依所得丧失说,将得不到赔偿,这显然不公平。此外,所得丧失说以实际收入为衡量标准,无业者、未成年人没有实际收入,不能得到赔偿,排除了他们将来取得收入的可能性。

就劳动能力丧失说而言,该说将劳动能力视为一种具体的"物",当其全部或部分丧失后,计算其丧失的程度以确定赔偿额。这种学说的主要优点是:体现了"有损害即有赔偿"的原则,将劳动能力价值化,使受害人能获得较为全面的赔偿。尤其是劳动能力丧失说不以减少的收入为赔偿对象,突破了实际收入的限制。我国台湾地区的判例认为:"身体或健康受侵害,而减少劳动能力者,其减少及残存劳动能力的价值，不能以现有的收入为准，盖现有收入每因特殊因素之存在而与实际所余劳动能力不相等者，现有收入高者，一旦丧失其职位，未必能自他处获得同一待遇，故所谓减少及残存劳动能力之价值，应以其能力在通常情况下可能取得之收入为标准。”“被害人因身体健康被侵害而丧失劳动能力所受之侵害，其金额应就被害人受侵害前之身体健康状态、教育程度、专业技能、社会经验等方面酌定之，不能以一时一地之工作为准。”劳动能力丧失说的缺点在于损失的具体衡量标准难以确定。

就生活来源丧失说而言，该学说存在如下缺点：第一，该说以补偿受害人的生活来源为目的，其赔偿的标准过低，仅仅以某一特定标准补足受害人劳动收入中的生活费部分，对受害人极为不利。第二，该说几乎完全忽略了受害人的个体差异。第三，我国各地区的生活水平差异巨大，却依同一标准予以补偿，也不公平。第四，从法律实施的效果来看，我国也不宜采用该说，法律对加害人和受害人的利益应当一体保护，如果过多地考虑加害人一方的经济状况而制定较低的赔偿标准，无疑是对加害行为的纵容，不利于法律指引与教育功能的实现，反而会助长不良风气，危害社会稳定。

我国立法和实务原来采生活来源丧失说。依据《民法通则》第 119 条的规定：“侵害公民身体造成伤害的，应当赔偿医疗费、因误工减少的收入、残废者生活补助费等费用；造成死亡的，并应当支付丧葬费、死者生前扶养的人必要的生活费等费用。”《民法通则》规定的就是赔偿“残废者生活补助费”；《民法通则司法解释》第 146 条规定：“侵害他人身体致使其丧失全部或者部分劳动能力的，赔偿生活补助费一般应补足到不低于当地居民基本生活费的标准。”采用这种主张作为赔偿依据，其优点是标准明确、易掌握，但赔偿标准较低，对保护受害人不利，不能救济其全部损失。《人身损害赔偿司法解释》改变了这种做法，在理论上采用“所得丧失说”作为根据，将残废者生活补助费改为残疾赔偿金。以劳动能力丧失说为原则，同时吸收收入丧失说的合理成分，考虑职业因素对受害人未来收入的影响，作为决定残疾赔偿金的因素以平衡当事人双方的利益。根据该解释第 25 条的规定，残疾赔偿金根据受害人丧失劳动能力程度或者伤残等级，按照受诉法院所在地上一年度城镇居民人均可支配收入或者农村居民人均纯收入标准，自定残之日起按 20 年计算，就是以劳动能力丧失程度作为评价收入减少程度的标准和参数，显然是采取劳动能力丧失说。但同时该条第 2 款又规定：“受害人因伤致残但实际收入没有减少，或者伤残等级较轻但造成职业妨害严重影响其劳动就业的，可以对残疾赔偿金做出相应调整。”这实际上又吸收了收入丧失说的合理成分。《侵权责任法》第 16 条规定造成残疾的,应当赔偿残疾赔偿金,是对《人身损害赔偿司法解释》规定的充分肯定。

二、劳动能力丧失的赔偿范围

《人身损害赔偿司法解释》第 17 条第 2 款规定:"受害人因伤致残的,其因增加生活上需要所支出的必要费用以及因丧失劳动能力导致的收入损失,包括残疾赔偿金、残疾辅助器具费、被扶养人生活费,以及因康复护理、继续治疗实际发生的必要的康复费、护理费、后续治疗费,赔偿义务人也应当予以赔偿。"《工伤保险条例》第 35 条规定:"职工因工致残被鉴定为一级至四级伤残的,保留劳动关系,退出工作岗位,享受以下待遇:(一)从工伤保险基金按伤残等级支付一次性伤残补助金,标准为:一级伤残为 27 个月的本人工资,二级伤残为 25 个月的本人工资,三级伤残为 23 个月的本人工资,四级伤残为 21 个月的本人工资;(二)从工伤保险基金按月支付伤残津贴,标准为:一级伤残为本人工资的 90%,二级伤残为本人工资的 85%,三级伤残为本人工资的 80%,四级伤残为本人工资的 75%。伤残津贴实际金额低于当地最低工资标准的,由工伤保险基金补足差额;(三)工伤职工达到退休年龄并办理退休手续后,停发伤残津贴,按照国家有关规定享受基本养老保险待遇。基本养老保险待遇低于伤残津贴的,由工伤保险基金补足差额。职工因工致残被鉴定为一级至四级伤残的,由用人单位和职工个人以伤残津贴为基数,缴纳基本医疗保险费。"第 36 条规定:"职工因工致残被鉴定为五级、六级伤残的,享受以下待遇:(一)从工伤保险基金按伤残等级支付一次性伤残补助金,标准为:五级伤残为 18 个月的本人工资,六级伤残为 16 个月的本人工资;(二)保留与用人单位的劳动关系,由用人单位安排适当工作。难以安排工作的,由用人单位按月发给伤残津贴,标准为:五级伤残为本人工资的 70%,六级伤残为本人工资的 60%,并由用人单位按照规定为其缴纳应缴纳的各项社会保险费。伤残津贴实际金额低于当地最低工资标准的,由用人单位补足差额。经工伤职工本人提出,该职工可以与用人单位解除或者终止劳动关系,由工伤保险基金支付一次性工伤医疗补助金,由用人单位支付一次性伤残就业补助金。一次性工伤医疗补助金和一次性伤残就业补助金的具体标准由省、自治区、直辖市人民政府规定。"第 37 条规定:"职工因工致残被鉴定为七级至十级伤残的,享受以下待遇:(一)从工伤保险基金按伤残等级支付一次性伤残补助金,标准为:七级伤残为 13 个月的本人工资,八级伤残为 11 个月的本人工资,九级伤残为 9 个月的本人工资,十级伤残为 7 个月的本人工资;(二)劳动、聘用合同期满终止,或者职工本人提出解除劳动、聘用合同的,由工伤保险基金支付一次性工伤医疗补助金,由用人单位支付一次性伤残就业补助金。一次性工伤医疗补助金和一次性伤残就业补助金的具体标准由省、自治区、直辖市人民政府规定。"《国家赔偿法》第34条第1、2项规定:"侵犯公民生命健康权的,赔偿金按照下列规定计算:(一)造成身体伤害的,应当支付医疗费、护理费,以及赔偿因误工减少的收入。减少的收入每日的赔偿金按照国家上年度职工日平均工资计算,最高额为国家上年度职工年平均工资的五倍;(二)造成部分或者全部丧失劳动能力的,应当支付医疗费、护理费、残疾生活辅助具费、康复费等因残疾而增加的必要支出和继续治疗所必需的费用,以及残疾赔偿金。残疾赔偿金根据丧失劳动能力的程度,按照国家规定的伤残等级确定,最高不超过国家上年度职工年平均工资的二十倍。造成全部丧失劳动能力的,对其扶养的无劳动能力的人,还应当支付生活费。"

根据上述规定,劳动能力丧失的赔偿范围除了常规赔偿范围以外,还包括残疾赔偿金、残疾辅助器具费、被扶养人生活补助费和必要的康复费、护理费、后续治疗费。

(一)残疾赔偿金

残疾赔偿金是指受害人因伤致残使劳动能力部分丧失或者全部丧失,不能劳动以维持生计,或者只能通过劳动维持部分生计而应得到的赔偿。人身损害造成受害人部分丧失或者全部丧失劳动能力,因而,受害人遭受人身损害以后,会减少或者丧失自己的收入。这种损失是人身损害的直接后果,是一种财产损失。对于这种财产损失,应当由赔偿义务人给予赔偿。《人身损害赔偿司法解释》第25条规定:"残疾赔偿金根据受害人丧失劳动能力程度或者伤残等级,按照受诉法院所在地上一年度城镇居民人均可支配收入或者农村居民人均纯收入标准,自定残之日起按二十年计算。但六十周岁以上的,年龄每增加一岁减少一年;七十五周岁以上的,按五年计算。受害人因伤致残但实际收入没有减少,或者伤残等级较轻但造成职业妨害严重影响其劳动就业的,可以对残疾赔偿金作相应调整。"

1.残疾赔偿金的性质

在我国,残疾赔偿金的性质争议源于对造成丧失劳动能力损害赔偿的立法变迁。我国《民法通则》第119条规定:"侵害公民身体造成伤害的,应当赔偿医疗费、因误工减少的收入、残废者生活补助费等费用。"《民法通则》的规定没有明确规定残疾赔偿金,而仅明确规定造成公民身体伤害的,应赔偿残废者生活补助费。其中的残疾者生活补助费,即是对受害人因受损害而导致生活资源减少或者丧失的财产损害性质的赔偿。《精神损害赔偿司法解释》第9条规定:“精神损害抚慰金包括以下方式:(一)致人残疾的,为残疾赔偿金;(二)致人死亡的,为死亡赔偿金;(三)其他损害情形的精神抚慰金。”该解释规定的残疾赔偿金明确认为是精神损害抚慰金。《消费者权益保护法》是最早明确规定残疾赔偿金的法律,该法和《产品质量法》都在生活补助费之外明确规定了残疾赔偿金,但没有规定残疾赔偿金的赔偿标准,倾向于将残疾赔偿金的性质定位为精神损害抚慰金。《精神损害赔偿司法解释》将残疾赔偿金明确界定为精神损害抚慰金。《国家赔偿法》规定了残疾赔偿金,但没有规定残疾者生活(补助)费,将残疾赔偿金的性质归于对财产损失的赔偿。《人身损害赔偿司法解释》则以《国家赔偿法》的规定为依据,最终将残疾赔偿金确认为因丧失全部或者部分劳动能力而导致收入减少的财产赔偿。

2. 残疾赔偿金的计算方法

残疾赔偿金的计算采用劳动能力丧失说,从理论上说,残疾赔偿金作为对丧失劳动能力这一损害的填补,应根据受害人的个体素质、工作能力、教育程度等主观因素,估测其具备完整的劳动能力的情况下在未来能够取得的收入,并以此作为确定赔偿数额的依据。但是,这种预测没有客观的标准,而且其无法预测的不确定因素很多,当事人对此很难达成一致认识,不利于纠纷的解决。因此,《人身损害赔偿司法解释》采取了“定型化赔偿”的方式,即通过固定的计算标准和期限来确定赔偿数额。定型化赔偿方式不考虑具体受害人个人财产损失的差额,而是从损害赔偿的社会妥当性和社会公正性出发,确定一个固定标准,通过固定的计算标准和期限来确定赔偿数额。

(1)计算标准。《人身损害赔偿司法解释》对残疾赔偿金的计算确立了两个标准:“城镇居民人均可支配收入”以及“农村居民人均纯收入”。城镇居民人均可支配收入是根据城镇居民家庭可支配收入除以平均负担系数计算出的个人年均收入。城镇居民家庭可支配收入指被调查的城镇居民家庭在支付个人所得税、财产税及其他经常性转移支出后所余下的实际收入,平均负担系数是指每一就业者负担的人数,是全部人口除以就业人口所得出的。

农村居民人均纯收入是根据农村居民家庭纯收入除以平均负担系数计算出的农村居民人均年纯收入。农村居民家庭纯收入是指农村常住居民家庭总收入中,扣除从事生活和非生产经营费用支出、缴纳税款和上交承包集体任务金额后剩余的,可直接用于生产性、非生产性建设投资、生活消费和积蓄的收入,取自在外人口寄回、带回的收入和国家财政救济、各种补贴等非经营性收入;既包括货币收入,又包括自产自用的实物收入,但不包括向银行、信用社和亲友借款等借贷性收入。

(2)计算期限。按照《人身损害赔偿司法解释》第25条第1款的规定计算,残疾赔偿金的计算期限为20年。但是60周岁以上的,年龄每增加1岁减少1年;75周岁以上的,按5年计算。指向未来的一次性赔偿有很多不确定因素,计算期限过长难免会发生实际赔偿与生活实态不一致的情形,过分加重赔偿义务人的负担,并有可能使一次性高额赔偿转化为不当利益。为避免因期限过长导致不确定因素的发生概率相应增大,确定适当期间的赔偿年限是必要的。20年期限多数情况下较按平均寿命计算的赔偿期限为短,并且在过去的立法和审判实践中都已经被社会所接受,故其在心理上、社会效果上和当事人双方的利益均衡上都是一个较为恰当和适中的期限。

(3)确定残疾赔偿金的斟酌因素。计算残疾赔偿金时,应当考虑丧失劳动能力程度或者伤残等级等因素。丧失劳动能力程度或者伤残等级的不同,不仅说明侵权行为的程度不同,而且也证明受害人受损程度的不同。不考虑丧失劳动能力程度或者伤残等级,不仅对受害人不公,而且对赔偿义务人也不公。在此基础上,考察受害人丧失劳动能力的程度,全部丧失劳动能力的,全部赔偿;部分丧失劳动能力的,按其丧失的程度,赔偿相应的数额。在具体受害人劳动能力丧失程度或伤残等级的确定上,可以参照《工伤保险条例》的有关规定。但是,现实生活中的实际人身损害赔偿更具有复杂性,如受害人虽然因伤残疾,但可能实际收入没有减少;也可能伤残等级较轻但造成职业妨害严重影响其劳动就业。故《人身损害赔偿司法解释》第25条第2款对此规定:"受害人因伤致残但实际收入没有减少,或者伤残等级较轻但造成职业妨害严重影响其劳动就业的,可以对残疾赔偿金作相应调整。"由于收入来源的不同,有的受害人的实际收入受劳动能力的影响不大,即使残疾后,收入也并不减少。有的特殊职业或者工种不受某种特定残疾的影响,即使残疾等级很高,仍具有完全的或者大部分的劳动能力。也有的受害人在受损害之前,职业性质特殊,较轻的残疾等级就可能造成严重的职业妨碍,以致严重影响其就业和收入,如模特因车祸受到伤害,虽然是轻伤,但影响了其在舞台上进行表演。这些不同案件的具体情况,是法官在确定赔偿金额时应当予以斟酌的因素。此条司法解释赋予了法官考虑实际情况适当调整残疾赔偿金的自由裁量权。

(二)残疾辅助器具费赔偿

受害人遭受伤害致残需要配置残疾用具的,对购置、安装残疾用具的费用应当予以赔偿。《人身损害赔偿司法解释》第 26 条规定:“残疾辅助器具费按照普通适用器具的合理费用标准计算。伤情有特殊需要的,可以参照辅助器具配制机构的意见确定相应的合理费用标准。辅助器具的更换周期和赔偿期限参照配制机构的意见确定。”因此,残疾辅助器具费赔偿的方法是:(1)残疾辅助器具标准为普通型,费用应当合理;(2)如果受害人的伤情有特别需要的,上述赔偿标准可以变通,但是要合理,应参照器具配置机构的意见;(3)残疾辅助器具的更换周期和赔偿期限,参照器具配置机构的意见确定。

(三)必要的康复费、护理费和后续治疗费

《人身损害赔偿司法解释》第 17 条第 2 款规定:“受害人因伤致残的,其因增加生活上需要所支出的必要费用以及因丧失劳动能力导致的收入损失,包括残疾赔偿金、残疾辅助器具费、被扶养人生活费,以及因康复护理、继续治疗实际发生的必要的康复费、护理费、后续治疗费,赔偿义务人也应当予以赔偿。”对于丧失劳动能力的受害人的上述三项赔偿,应当按照实事求是的原则,根据实际情况,按照有关规定确定赔偿数额。

1. 康复费。康复费,是指对残疾受害人进行康复治疗所需的费用。在人身损害赔偿中,有些受害人需要进行康复治疗,因为此损害也是由赔偿义务人的原因所致,赔偿义务人有义务予以赔偿。但是,康复费的赔偿必须以实际发生的为限,未发生的不予赔偿,而且还应该是必要的康复费,才能进行赔偿。尽管康复费发生在康复护理、继续治疗过程中,但在权利的实现方面,可以另行提起诉讼请求赔偿义务人赔偿。

2. 护理费。护理费,是指因残疾受害人需要有人进行护理而造成的财产损失。该项护理费与人身损害常规赔偿中的护理费有所不同,人身损害常规赔偿的护理费发生在受害人的治疗中,而《人身损害赔偿司法解释》第 17 条中规定的护理费只能发生在康复护理、继续治疗中,两者在发生时间上是不同的。

需要注意的是,对该项护理费的赔偿必须以实际发生的为限,未发生的不予赔偿,而且还应该是必要的护理费,才能给予赔偿。因此,对该项护理费权利的实现,残疾受害人可以再次向法院起诉,请求赔偿义务人赔偿。

3. 后续治疗费。后续治疗费,是指残疾受害人有必要进行后续治疗而产生的财产损失。《人身损害赔偿司法解释》对后续治疗费用作了规定。后续治疗费必须在康复护理、继续治疗中实际发生,只有实际发生才会产生此项权利,而且必须以实际发生的为限,未发生的不予赔偿;另外,此项费用还必须是必要的,如果超出必要的范围,赔偿义务人也无义务赔偿。对于后续治疗费的赔偿,操作方法有

三种:(1)一次性赔偿,即将今后可能发生的治疗费用全部计算、一次赔偿,这种情况必须根据医疗证明或鉴定结论确定所应该赔偿的费用;(2)今后发生的费用另行起诉,不在本次诉讼中解决,赔偿权利人可以待实际发生后另行起诉;(3)即使确立了一次性赔偿,但是今后实际治疗所发生的费用超过了一次性赔偿确定的数额的,对于超出的部分,受害人有权另行起诉请求赔偿。

(四)被扶养人的生活费

《侵权责任法司法解释》中的第4项规定:"人民法院适用侵权责任法审理民事纠纷案件,如受害人有被抚养人的,应当依据《最高人民法院关于审理人身损害赔偿案件适用法律若干问题的解释》第二十八条的规定,将被抚养人生活费计入残疾赔偿金或死亡赔偿金。"该解释表明,被扶养人的生活补助费的赔偿应当支持。但该解释中"应当计入残疾赔偿金或死亡赔偿金"的表述又引起不同的理解:计入是将被扶养人的生活补助费单独计算还是合并计算呢?司法实践中法院审判又产生了不同的判决结果,人为导致混乱。笔者认为,在立法未将残疾赔偿金的计算依据和方法做出新的规定之前,不应简单地取消被扶养人的生活补助费,否则,会出现社会越发展,经济水平越来越高,但对伤残受害人的赔偿反而越来越少的倒退现象,不能体现法律的公平性。因此,被扶养人的生活补助费应当赔偿,并且应当单独计算。

在确定赔偿被扶养人的生活费时,要结合受害人丧失劳动能力的程度,这要以伤残等级评定或者劳动能力丧失程度鉴定为依据,劳动能力丧失的因素导致的是抽象评价的未来收入损失的减少,还要结合受理案件的人民法院所在的省、自治区、直辖市或者经济特区以及计划单列市上一年度城镇居民人均消费性支出或者农村居民人均年生活消费支出。这两个因素结合起来就是被扶养人生活费的标准。

受害人丧失劳动能力的程度是评价受害人收入减少的标准和参数。在确定被扶养人生活费时,根据扶养人丧失劳动能力的程度,按照受诉法院所在地上一年度城镇居民人均消费性支出和农村居民人均生活消费支出标准计算。

被扶养人为未成年人的,计算至18周岁;被扶养人无劳动能力又无其他生活来源的,计算20年。但60周岁以上的,年龄每增加1岁减少1年;75周岁以上的,按5年计算。被扶养人还有其他扶养人的,赔偿义务人只赔偿受害人依法应当负担的部分。被扶养人有数人的,年赔偿总额累计不超过上一年度城镇居民人均消费性支出额或者农村居民人均年生活消费支出额。

第四节　造成死亡的赔偿

本节提要

造成死亡损害赔偿的范围除人身损害的常规赔偿项目外，还存在丧葬费、死亡赔偿金、被扶养人的生活补助费。学习本节重点要掌握造成死亡损害赔偿项目中的死亡赔偿金和被扶养人的生活补助费。

一、造成死亡损害赔偿的理论依据

自然人生命的丧失，必然导致其民事主体资格的灭失及权利能力的消灭，这是民法不可动摇的基本理念。当自然人的生命因可归责于他人的原因而丧失时，死者无法向加害人主张赔偿的权利，死者近亲属依据什么取得对加害人的赔偿请求权，则成为构建侵害生命权的损害赔偿请求权制度所必须解决的问题。对此问题，学者们提出了多种不同观点，归纳起来有如下几种：(1)民事权利能力转化说。公民死亡是其民事权利能力终止的法律事实，这两件事是同时发生的。但民事权利能力由存在到不存在，有一个转化的过程，在这个转化的过程中，产生损害赔偿请求权。如日本学者末川博先生认为，死亡与民事权利能力固然系同时丧失，但在"同时"之中，在质量上存在由民事权利能力的存在趋于不存在的转化过程，故被害人可以因生命权被侵害而享有赔偿请求权。[5] (2)加害人赔偿义务说。史尚宽先生认为，民法创设不法侵害他人之权利者负损害赔偿之责任的规定，"系就加害人赔偿义务而为规定。加害人赔偿之义务，不因被害人之死亡而消灭，则被害人受赔偿之地位，当然由继承人继承。盖侵权行为之制度，与其谓为被害人之损害之填补，不如谓为加害人损害之担任也"。[6] (3)同一人格代位说。该说认为继承人与被继承人两者的人格在纵向上相连结，而为同一人格，故被害人因生命遭受侵害而产生的赔偿请求权可由其继承人取得。日本学者采用此主张。[7] (4)间隙取得请求权说。该说认为被害人从受伤到生命丧失之时，理论上总有一

〔5〕 杨立新：《人身权法论》，中国检察出版社1996年版，第411页。

〔6〕 史尚宽：《债法总论》，台湾地区荣泰印书馆1978年版，第141页。

〔7〕 [日]杉之原舜一：《评释判例民事法》，中国政法大学出版社1993年版，第74页。

个或长或短的间隙,在这个间隙中,被害人是有民事权利能力的,故可取得损害赔偿请求权并由继承人继承。[8]

上述四种学说有一个共同点,都认为侵害生命权的损害赔偿请求权存在一个继承的问题,即受害人享有赔偿请求权,在其死后由其继承人继承。这些学说忽视了一个客观事实,就是在侵害生命权的法律关系中实际存在双重受害人。于是出现了双重受害人说,即在侵害生命权的行为造成受害人生命权丧失的过程中,侵权行为既侵害了生命权人的权利,同时由于对受害人的伤害进行抢救及丧葬,受害人的近亲属在财产上和精神上都受到了损害,死者的近亲属也成为侵害生命权的受害人,即财产损失和精神损害的受害人。这样,在侵害生命权的场合就存在双重受害人:一是生命权丧失之人;二是因救治、丧葬受害人而受到财产损失和精神损害的死者的近亲属。这两种受害人均为侵害生命权的直接受害人。[9] 按照该种理论,死者的近亲属是因为侵害生命权的事实直接取得赔偿请求权,而不是由于继承而取得该种请求权。[10] 《侵权责任法》第 18 条规定:"被侵权人死亡的,其近亲属有权请求侵权人承担侵权责任。被侵权人为单位,该单位分立、合并的,承继权利的单位有权请求侵权人承担侵权责任。被侵权人死亡的,支付被侵权人医疗费、丧葬费等合理费用的人有权请求侵权人赔偿费用,但侵权人已支付该费用的除外。"该条规定表明立法采纳了双重受害人理论作为解决侵害生命权赔偿请求权的理论基础。

二、造成死亡赔偿的范围

《民法通则》第 119 条规定:"侵害公民身体造成伤害的,应当赔偿医疗费、因误工减少的收入、残废者生活补助费等费用;造成死亡的,并应当支付丧葬费、死者生前扶养的人必要的生活费等费用。"《人身损害赔偿司法解释》第 17 条第 3 款:"受害人死亡的,赔偿义务人除应当根据抢救治疗情况赔偿本条第一款规定的相关费用外,还应当赔偿丧葬费、被扶养人生活费、死亡补偿费以及受害人亲属办理丧葬事宜支出的交通费、住宿费和误工损失等其他合理费用。"《侵权责任法》第 16 条规定:"侵害他人造成人身损害的,应当赔偿医疗费、护理费、交通费等为治疗和康复支出的合理费用,以及因误工减少的收入。造成残疾的,还应当赔偿残疾生活辅助具费和残疾赔偿金。造成死亡的,还应当赔偿丧葬费和死亡赔偿金"。

---

[8] 胡长清:《中国民法债编总论》,商务印书馆 1946 年版,第 129 ~ 130 页。

[9] 王利明、杨立新、姚辉:《人格权法》,法律出版社 1997 年版,第 51 ~ 54 页。

[10] 杨立新:《人身权法论》,中国检察出版社 1996 年版,第 412 ~ 414 页。

《国家赔偿法》第34条规定:“……造成死亡的,应当支付死亡赔偿金、丧葬费,总额为国家上年度职工年平均工资的二十倍。对死者生前扶养的无劳动能力的人,还应当支付生活费。前款第二项、第三项规定的生活费的发放标准,参照当地最低生活保障标准执行。被扶养的人是未成年人的,生活费给付至十八周岁止;其他无劳动能力的人,生活费给付至死亡时止。”《工伤保险条例》第39条规定:“职工因工死亡,其近亲属按照下列规定从工伤保险基金领取丧葬补助金、供养亲属抚恤金和一次性工亡补助金:(一)丧葬补助金为6个月的统筹地区上年度职工月平均工资;(二)供养亲属抚恤金按照职工本人工资的一定比例发给由因工死亡职工生前提供主要生活来源、无劳动能力的亲属。标准为:配偶每月40%,其他亲属每人每月30%,孤寡老人或者孤儿每人每月在上述标准的基础上增加10%。核定的各供养亲属的抚恤金之和不应高于因工死亡职工生前的工资。供养亲属的具体范围由国务院社会保险行政部门规定;(三)一次性工亡补助金标准为上一年度全国城镇居民人均可支配收入的20倍……”

根据上述规定,造成死亡的赔偿范围如下:

(一)常规赔偿项目

侵害生命权的加害人应该承担人身伤害的常规赔偿项目。受害人受到人身损害,但是没有立即造成死亡结果的,会发生抢救、治疗等财产的损失,还包括医疗费、护理费、交通费等为治疗和康复指出的合理费用,以及因误工减少的收入。这些损失与侵害健康权造成的此类损失是一样的。

需要注意的是,赔偿这些常规治疗的费用时,必须根据抢救治疗的情况确定应当赔偿的数额。如受害人当场死亡的,可能就不会发生这些常规治疗的费用,赔偿义务人对此无须赔偿;受害人在被送往医院抢救的途中死亡,可能只会发生交通费、医疗费,赔偿义务人不必赔偿未发生的住院伙食补助费、护理费等;当然,如果受害人是被送往医院治疗一段时间后死亡的,由此产生的所有的常规治疗费用,赔偿义务人都应当予以全部赔偿。

(二)丧葬费赔偿

丧葬费赔偿有两种不同的理论依据:第一,赔偿实际损失理论。该理论认为丧葬费是侵权行为造成的一种财产损失,因此应予全部赔偿,此类赔偿额较高,为通行理论。第二,提前支付丧葬费利息理论。该理论认为人早晚皆难免于死,其殡葬费用,习惯上是由其遗族支付。侵权行为致人死亡,死者的殡葬费用不能认为系侵权行为所生损害,而是早晚要支出的,充其量仅相当于比本来死期提前支出的费用的利息之损害而已，因此这种赔偿金应以赔偿提前支付丧葬费的利息为合理，此类赔偿数额很低。该观点忽视了加害行为给受害人造成的机会利益（选择权）的损失，另外，考虑到一般的生命伦理和社会道德观念，对丧葬费应当按照实际和合理的损失予以全部赔偿。依据《工伤保险条例》第39条第2项的规定，丧葬补助金为6个月的统筹地区上年度职工月平均工资。《人身损害赔偿司法解释》第27条规定："丧葬费按照受诉法院所在地上一年度职工月平均工资标准，以六个月总额计算。"这个司法解释实际上只规定了一种赔偿办法，就是定额赔偿。根据该规定，应当赔偿的项目是：第一，寿衣费。受害人死亡的寿衣支出应当赔偿。寿衣的购置费应当是一般的寿衣，受害人家属采用高级寿衣装殓的，只赔偿一般标准的寿衣损失。第二，运尸和火化费。这是必须支出的费用，应当全额赔偿。第三，骨灰盒（棺材）费。在有火化场所的地区，只赔偿骨灰盒的购置费用，标准是中等的费用。如果受害人家属采用高级骨灰盒，则按照中等的购置费用计算。在没有火化场所的地区，则应当赔偿棺木购置费。第四，骨灰存放费用。对此只赔偿一期骨灰盒放置费用。必须采用土葬的，则适当赔偿安葬费。对以上赔偿如果当地有关机关有赔偿标准的，依照该规定标准赔偿，没有标准的，按照实际支出和上述合理标准计算。

（三）死亡赔偿金

死亡赔偿金是指侵权行为人因侵害他人生命权所应支付的赔偿额，与残疾赔偿金不同的是，死亡赔偿金的赔偿权利人是死者的近亲属即间接受害人。

1. 死亡赔偿金的性质

在死亡赔偿金问题上，各国法律都有共识，即死亡赔偿金绝非对死者的财产损害的赔偿，而是对受害死者有关近亲属的赔偿。关于死亡赔偿金的性质，有"扶养丧失说"和"继承丧失说"两种立法例。

"扶养丧失说"认为，由于侵权人的行为断绝了死亡赔偿金请求权人扶养费用的来源，使其受到财产损害，因此，侵权人赔偿的内容为支付死者生前扶养人的生活费。按照扶养丧失说，赔偿义务人赔偿的范围就是被扶养人在受害人生前从其收入中获得的属于自己的扶养费的份额。至于因受害人的死亡而导致对受害人享有法定继承权的那些人从受害人处将来所继承财产减少的损失，不属于赔偿之列。[11] 另外，依照抚养丧失说赔偿时，如果受害人没有受其供养的被扶养人，则

---

〔11〕 王利明主编：《人身损害赔偿疑难问题——最高法院人身损害赔偿司法解释之评论与展望》，中国社会科学出版社2004年版，第567页。

不存在损害,赔偿义务人不承担该项损害赔偿。

率先在立法上确认“扶养丧失说”的是德国,《德国民法典》第844条第2款规定:“如果死者在被害当时对第三人有扶养义务或者有可能负扶养义务的关系,而第三人因死者被害致死而被剥夺其受扶养的权利,赔偿义务人应当向第三人支付定期金作为损害赔偿,如同死者有可能生存期间有义务提供扶养一样……”这一立法例后来为许多国家和地区效仿。

“继承丧失说”认为,因侵权行为致人死亡导致死者所失利益应为死者在正常的余命年限中可以留给其继承人的财产。侵害他人生命致人死亡,不仅生命利益本身受侵害,而且造成受害人余命年岁内的收入“逸失”,使这些原本可以作为受害人的财产为其法定继承人所继承的未来可以取得收入,因加害人的侵权行为所丧失,对于这种损害应当予以赔偿。该说的优点在于被害人可得到较多的赔偿,缺点在于如果被害人为卑亲属时,由尊亲属继承者,因卑亲属生存余命较长,结果反而比尊亲属死亡时利益更多,其不合理甚为明了。多数国家和地区如德国、英国、我国台湾地区等采取的是“扶养丧失说”。在这种立法例下,赔偿义务人应当赔偿的范围为受害人死亡而丧失的未来可得利益。

在我国,死亡赔偿金的性质争议源于立法对造成死亡损害赔偿的变迁。笔者认为,在我国目前的情况下采取“继承丧失说”是比较合理的。理由在于:首先,我国法律法规以及司法解释明确规定了致人死亡时赔偿义务人应当承担被扶养人生活费的赔偿责任,如果《人身损害赔偿司法解释》仍然采取“扶养丧失说”,将使死亡赔偿金与被扶养人生活费的规定相冲突。其次,虽然我国现行法已经规定了被扶养人生活费,但是其给付的数额都非常低,不足以弥补受害人亲属因此遭受的财产损害,所以需要再规定死亡赔偿金。同时,对死亡赔偿金采取“继承丧失说”可以弥补被扶养人生活费的不足。再次,既然我国法律法规及司法解释在受害人因身体权或健康权受侵害而全部或部分丧失劳动能力时,规定了对其未来可得收入减少或丧失的残疾赔偿金。因此,将死亡赔偿金界定为对受害人未来预期收入的赔偿也与残疾赔偿金的性质保持了一致。最后,不法致人死亡不仅属于民事侵权行为,还构成犯罪行为。但是由于目前法院对于刑事案件的被害人或其近亲属拒绝给予精神损害赔偿。因此,为了能够使死亡受害人的近亲属得到合理救济,必须对死亡赔偿采取“继承丧失说”。唯其如此,方能在一定程度上纠正死亡赔偿的利益失衡,使死亡受害人的近亲属获得相对公正的司法救济。修订后的《国家赔偿法》和《工伤保险条例》均采用“继承丧失说”。

2. 死亡赔偿金的标准

有关死亡赔偿金的赔偿，在理论上有两种赔偿标准：第一，“差额赔偿说”，以受害人发生损害前后费用增加或者减少的差额作为赔偿依据的学说，又称为“利益说”。[12] 第二，“定额赔偿说”，于 20 世纪 60 年代末由日本民法学者西原道雄提出，不考虑具体受害人的个人差别，为损害赔偿确定一个固定的标准。[13] “定额赔偿说”从某种程度上维护了社会的公正性，但又有悖于民法填平损失和实际赔偿的损害赔偿理论。“差额赔偿说”与个人的收入状况紧密联系，客观上容易导致损害赔偿的两极分化和贫富差距，在现代损害赔偿理论中受到一定的责难。

我国曾采取“差额赔偿说”的赔偿标准，按照继承丧失说，受害人死亡导致的财产损失应当以家庭整体收入的减少为标准进行计算。其理由在于受害人的个人收入并非全部用于个人消费，除其中个人消费部分以外，其余的收入应当用于家庭共同消费或者家庭积累。受害人因人身损害死亡，家庭可以预期的其未来生存年限中的收入因此丧失，实际是家庭成员在财产上蒙受的消极损失。依据损害赔偿法原理，消极损失同样应当予以赔偿。最高人民法院《关于审理涉外海上人身伤亡案件损害赔偿的具体规定（试行）》对“收入损失”的计算方法是差额赔偿和主观计算，即以死者生前的年收入为依据按余命年岁计算赔偿额。但《人身损害赔偿司法解释》采用了定额化赔偿说，按照“人均可支配收入”的客观标准，并以 20 年固定赔偿年限为计算的时间。该解释本意在于与过去的法律、法规相衔接，又不致因主观计算导致两极分化，而且符合民法的填平原则。但是，赔偿标准的城乡二元标准也在理论界、舆论界、社会各阶层引发了一个话题——“同命不同价”。《侵权责任法》试图修正《人身损害赔偿司法解释》城乡二元赔偿标准的规定不足，在该法第 17 条中做了专门的规定：“因同一侵权行为造成多人死亡的，可以以相同数额确定死亡赔偿金。”但该规定并未彻底解决城乡二元标准，只限定在“同一侵权行为造成多人死亡”的情形，且并不明确“以相同数额”是按城市还是农村标准。

（四）被扶养人生活费损害赔偿

我国司法解释规定既要按收入标准赔偿死亡赔偿金，又要赔偿靠死者扶养的人的扶养费，这两笔赔偿项目重复计算。对此，《人身损害赔偿司法解释》予以技术性处理，即将“收入损失”分解为“人均可支配收入”及“被扶养人生活费”两个部分。“人均可支配收入”按职工人均工资除以平均负担系数计算，代表的是人均

[12] 曾世雄：《损害赔偿法原理》，中国政法大学出版社 2001 年版，第 118 页。
[13] 邱聪智：《新订民法债编通则》（上），中国人民大学出版社 2003 年版，第 273、303 页。

工资的2/3,因为“平均负担系数”一般是1.5(即工资标准一般按能够养活1.5个人测算),另外1/3则以“被扶养人生活费”的方式体现,按“平均生活费”指标计算。“平均生活费”是指“城镇居民人均消费性支出”或者“农村居民人均年生活消费支出”。分解的结果既体现了“继承丧失说”的赔偿理念和标准,又避免了与现行法律、法规相冲突。《国家赔偿法》第34条第1款第3项中明确规定了造成死亡的,应当支付死亡赔偿金、丧葬费,总额为国家上年度职工年平均工资的20倍。对死者生前扶养的无劳动能力的人,还应当支付生活费。该条第2款规定了生活费的发放标准,参照当地最低生活保障标准执行。被扶养的人是未成年人的,生活费给付至18周岁止;其他无劳动能力的人,生活费给付至死亡时止。《工伤保险条例》第39条第2项规定供养亲属抚恤金按照职工本人工资的一定比例发给由因工死亡职工生前提供主要生活来源、无劳动能力的亲属。标准为:配偶每月40%,其他亲属每人每月30%,孤寡老人或者孤儿每人每月在上述标准的基础上增加10%。核定的各供养亲属的抚恤金之和不应高于因工死亡职工生前的工资。供养亲属的具体范围由国务院社会保险行政部门规定。因此,加害人对死亡受害人被扶养人的生活补助费应当赔偿,并且应当单独计算。

第五节　定期金赔偿

本节提要

在人身损害赔偿中定期金赔偿是指法院判决加害人在未来的一段时间按照一定的期限向受害人支付赔偿金额,主要适用于残疾赔偿金、被扶养人的生活费等。学习本节重点要掌握可以实行定期金赔偿的赔偿项目。

一、可以实行定期金赔偿的赔偿项目

国际上,一些国家和地区对于人身损害赔偿金的给付方法一般有两种:一种是给付定期金;另一种是一次性给付赔偿总额。德国采用的是以定期金给付为原则,一次性给付为例外。而我国台湾地区“民法”则采用一次性给付为原则,定期金支付为例外。

我国立法在人身损害赔偿中,有些赔偿项目可以实行定期金赔偿,也可一次

性赔偿。死亡赔偿金和精神损害抚慰金以一次性赔偿为原则。一次性赔偿的好处是尽快解决纠纷,消灭现存的法律关系,有利于稳定社会。《侵权责任法》第25条规定:“损害发生后,当事人可以协商赔偿费用的支付方式。协商不一致的,赔偿费用应当一次性支付;一次性支付确有困难的,可以分期支付,但应当提供相应的担保。”依照《人身损害赔偿司法解释》第31条的规定,人民法院应当按照《民法通则》第131条以及本解释第2条的规定,确定第19条至第29条各项财产损失的实际赔偿金额。前款确定的物质损害赔偿金与按照第18条第1款规定确定的精神损害抚慰金,原则上应当一次性给付。依照《人身损害赔偿司法解释》第33条的规定,在法院一审法庭辩论终结前已经发生的费用、死亡赔偿金以及精神损害抚慰金,应当一次性给付。

定期金赔偿是指法院判决加害人在未来的一段时间按照一定的期限(或年或季或月)向受害人支付赔偿金额,主要适用于残疾赔偿金、被扶养人的生活费等。在人身伤害终身赔偿中,定期金赔偿方式是最为合理的赔偿方式。因为定期金赔偿的期限是不确定的,而是按照受害人的实际寿命,不是一次性赔偿方式中按平均寿命赔偿。

定期金赔偿具有以下特征:第一,定期金赔偿的存续期间是以赔偿权利人的生存期为标准,由赔偿义务人在赔偿权利人的生存期内按期给付(被扶养人是以其受扶养年限);第二,定期金赔偿的数额由法院根据法律对于各项费用赔偿的规定确定;第三,定期金赔偿的给付期是由法院根据赔偿义务人的支付能力、赔偿金总额、赔偿权利人可能生存年限等因素来确定给付;第四,定期金赔偿的终止是基于赔偿权利人的死亡。

可以实行定期金赔偿的项目是:

1. 残疾赔偿金。残疾赔偿金,就是赔偿劳动能力的损失。依据《人身损害赔偿司法解释》第25条第1款的规定,应根据受害人丧失劳动能力程度或者伤残等级,按照受诉法院所在地上一年度城镇居民人均可支配收入或者农村居民人均纯收入标准,自定残之日起按20年计算,但60周岁以上的,年龄每增加1岁减少1年,75周岁以上的,按5年计算。这个办法的好处是标准固定,容易计算,但问题是赔偿的时间固定,不能兼顾全部情况。

2. 被扶养人生活费。对于侵权行为造成受害人死亡或者残疾,对其原来扶养的人扶养损害的赔偿。这个赔偿项目是赔偿间接受害人的扶养损害,具体应依据《人身损害赔偿司法解释》第28条的规定。

3. 将来的残疾辅助器具费。对于将来的残疾辅助器具费赔偿,也可以实行定期金赔偿。因为身体残疾的受害人需要残疾辅助器具的辅助，但并非余生只需要一次残疾辅助器具费就足够，在以后的生活中可能需要多次更换残疾辅助器具。对此，采取定期金赔偿的方式对保护残疾受害人更为有利。

但是，一次性赔偿有很多不公平的因素，适用定期金赔偿，更符合公平、正义的理念。因其可以避免加害人因一次性支付过多的赔偿金而破产或支付不能、避免通货膨胀等给受害人带来的可能不利、避免受害人提前花费赔偿金而使其未来生活发生重大困难、避免受害人近亲属得到重大不当得利等好处。[14]

二、定期金赔偿方法

《人身损害赔偿司法解释》第34条规定："人民法院应当在法律文书中明确定期金的给付时间、方式以及每期给付标准。执行期间有关统计数据发生变化的，给付金额应当适时进行相应调整。定期金按照赔偿权利人的实际生存年限给付，不受本解释有关赔偿期限的限制。"

对于定期金的赔偿可以根据数额的大小、受害人需求程度、当事人的履行能力等因素确定支付时间和方式，确定适用定期金方式赔偿。定期金赔偿还应该确定一个合理的赔偿期限，实践中一般有按月支付、按半年支付或按1年支付等方式。笔者认为，按月和按半年赔偿支付周期太短，过于繁琐，按年支付较为合理并容易执行。法院判决应当确定每年的赔偿数额，每年年终或者年初一次赔偿1年应当赔偿的数额，直到执行完毕或者受害人死亡为止。同时，对于残疾赔偿金、被扶养人生活费、残疾辅助器具费是适用一次性给付还是适用定期金给付，需要赔偿义务人经过选择后提出申请，然后由人民法院根据义务人的实际经济水平、给付能力、提供担保的情况及定期给付的现实性决定给付方式。如果赔偿义务人不能提供担保，或者不具备定期给付的现实性，如侵权行为地、赔偿义务人住所地或经常居住地与权利人的住所地或经常居住地不一致，采取定期金方式给付将会实际增加赔偿权利人的负担，人民法院不应采取定期金方式给付，即人民法院不能不经赔偿义务人申请，依职权主动决定适用定期金赔偿方式。另外，在已采用定期金给付的场合，如果赔偿义务人发生了影响其履行义务的原因，如可能破产或被撤销等，赔偿权利人可以请求一次性给付，法院可以将定期金给付改为一次性给付。

---

〔14〕　张新宝：《侵害公民健康权、身体权的民事责任》，载《人民法院报》2001年8月12日。

第六节 死者和未出生的胎儿受到损害的赔偿

本节提要

自然人的民事权利能力始于出生终于死亡，未出生的胎儿和生命已终止的尸体不具有民事权利能力，他们的利益受到保护的理论依据何在？自然人人身利益的完整性和先期的以及延续的人身利益与人身权利的系统性，决定了法律对自然人人身权利的保护必须以人身权利的法律保护为中心向前延伸和向后延伸，保护先期人身利益和延续人身利益。只有全面保护自然人的人身权利和人身利益，才能够维护自然人人格的完整和统一。

一、死者人格利益的保护

公民死亡后，虽然已经丧失了权利能力，但是其生前存在的身体利益在其死亡后再延伸保护一段时间，保护的权利转由其近亲属行使。对身体权延伸保护的理论，应当是对死者进行保护的准确诠释。《精神损害赔偿司法解释》第 3 条规定："自然人死亡后，其近亲属因下列侵权行为遭受精神痛苦，向人民法院起诉请求赔偿精神损害的，人民法院应当依法予以受理：（一）以侮辱、诽谤、贬损、丑化或者违反社会公共利益、社会公德的其他方式，侵害死者姓名、肖像、名誉、荣誉；（二）非法披露、利用死者隐私，或者以违反社会公共利益、社会公德的其他方式侵害死者隐私；（三）非法利用、损害遗体、遗骨，或者以违反社会公共利益、社会公德的其他方式侵害遗体、遗骨。"该解释采用了人格权延伸保护的理论，对死者遗体、遗骨作了保护性规定。《民法总则》第 185 条规定："侵害英雄烈士的姓名、肖像、名誉、荣誉，损害社会公共利益的，应当承担民事责任。"该条是对死者人格利益保护的规定，特别强调了对侵害英雄烈士死者人格利益的保护。

（一）关于死者人格利益保护的期限

既然保护死者生前的人格法益和禁止以违背善良风俗的方法非法利用、损害四肢之遗体（遗骨）或其他侵害遗体（遗骨）的行为的意义承载于保护死者近亲属的利益，那么死者的近亲属在多长时间内享有损害赔偿请求权，法律不能不加以限制。关于对死者人格利益的保护是否应有期限限制，学说上存在两种不同的观点：

一种观点认为,对死者人格利益的保护是不能有期限限制的。因为,既然死者的人格利益体现了法律保护的正当性,无论经过多长时间,都应当受到保护。况且,对死者人格利益的保护进行时间限制在实践中也是很难操作的,因为界定限制的时间是很困难的。

另一种观点认为,对死者人格利益的保护应该有期限限制。因为,“后人对其先人之‘孝思忆念’事涉主观,若拘泥于此,亦将使法律陷于被动。因此,必须明白,法律有关死者的规范,并非专就某人而定,而是本于社会公益的考量,所以应求其普遍客观。”〔15〕如果对死者的利益无期限地进行保护,必然将引发千百年前的死者的人格利益保护问题,并引发一系列争议,最典型的就是 1976 年发生在我国台湾地区的“诽韩案”。〔16〕

此外,还有学者认为,一方面,死者如果年代久已,涉及其隐私、名誉等问题已经无从考证,从法律角度看,其人格利益已经进入公共领域。如果法律要对其进行保护,则失去保护的正当性。另一方面,对死者人格利益进行保护的正当性在于要维护其与近亲属间的感情,如果死者的年代久已,也就谈不上近亲属,因此从近亲属保护的角度就没有必要。尤其应当看到,年代已久对死者人格利益仍然进行保护,从诉讼的角度来看,也存在一定的困难。究竟谁有资格提起诉讼本身就存在问题。《名誉权案件司法解答》第 5 条规定:“死者名誉受到损害的,其近亲属有权向人民法院起诉。近亲属包括:配偶、父母、子女、兄弟姐妹、祖父母、外祖父母、孙子女、外孙子女。”从我国的实践来看,也采纳了以近亲属为标准的期限限制。所谓近亲属,是指三代以内的亲属。这些亲属只要存在,即可提起诉讼,其他亲属不得起诉。这本身就构成对死者人格利益保护期限的限制。但在没有三代以内近亲属的情况下,如果确有必要提起公益诉讼,也可允许第三人提出,但要考虑死者人格利益是否直接关系到社会公共利益。如果侮辱死者将构成对历史的玷污、伤害全体国民的感情,即使死者年代久远,也应当允许有关国家机关或者个人提出诉讼。〔17〕

笔者认为应以死者近亲属的范围确定对死者人格利益的保护期限,不宜采用直接规定保护期限的做法。这样做既符合实际情况,同时在保护期限上也更为适当。对于死者近亲属不存在但是确有必要保护的死者人格利益,法律可以规定公

---

〔15〕 杨仁寿:《诽韩案之启示》,载杨仁寿:《法学方法论》,中国政法大学出版社 1999 年版,第 3 ~ 8 页。

〔16〕 所谓“诽韩案”是指有人撰文认为韩愈“曾在潮州染风流病,以致体力过度消耗”。其第 39 代孙(该案原告)以“孝思忆念”为由提起了“名誉毁损”之诉。

〔17〕 王利明:《人格权法研究》,中国人民大学出版社 2005 年版,第 203 页。

益诉讼保护人的制度，用公益诉讼的方法解决。对于死者人格利益保护的期限，除了死者肖像利益应当适当限制之外，其他的死者人格利益保护应当一视同仁。死者肖像利益保护的限制主要针对死者肖像的著作权人，可以参照德国法的做法，只保护10年，超过10年，死者肖像的著作权人可以不经其近亲属的同意而使用。

（二）死者生前精神损害赔偿请求权的继承问题

受害人就其生前因身体、健康受侵害所生的精神损害赔偿请求权能否被继承，学界有两种学说：(1)限制说，即限制抚慰金请求权的让与或继承。该说从精神损害赔偿请求权的专属性立论，认为精神损害本来是以抚慰受害者蒙受的精神损害为目的的，因此与财产损害不同，应该是受抚慰的受害者感受到了损害而请求赔偿，并且抚慰金支付给受害者本人才有意义。因此，如果受害者死亡，不仅对于死亡本身的抚慰金，而且对于受害者生前精神损害的抚慰金也与受害者一同消灭。但是如果在现实上抚慰金得到支付已成为受害者财产的一部分，或经确定判决已明确了抚慰金额时，可以作为金钱或通常的金钱债权构成继承的对象。[18] 立法例中德国民法采用了限制说，《德国民法典》第847条第1项规定："侵害人的身体或健康，或侵夺人的自由者，被害人亦得给予非财产上的损害赔偿请求相当的金钱赔偿。此项请求权不得让与或继承之；但以契约承认其请求权或已就该请求权提起诉讼者，不在此限。"我国台湾地区现行"民法"亦采此种立法例。(2)当然继承说，即主张受害人之继承人对受害人生前的精神损害赔偿请求权当然继承，该说从精神损害赔偿的功能立论。此说为日本通说。我国《人身损害赔偿司法解释》第18条第2款规定："精神损害抚慰金的请求权，不得让与或者继承。但赔偿义务人已经以书面方式承诺给予金钱赔偿，或者赔偿权利人已经向人民法院起诉的除外。"由此可以看出我国采纳了限制说。

（三）侵害尸体的赔偿责任

依《精神损害赔偿司法解释》第3条的规定，自然人死亡后，其近亲属因下列侵权行为遭受精神痛苦，向人民法院起诉请求赔偿精神损害的，人民法院应当依法予以受理：非法利用、损害遗体、遗骨，或者以违反社会公共利益、社会公德的其他方式侵害遗体、遗骨等。

1. 非法利用尸体。非法利用尸体的，应当适当赔偿。这种赔偿应分为两种情

---

〔18〕 于敏：《日本侵权行为法》，法律出版社1998年版，第390～391页。

况:一是非法移植死者器官的,应当按照当地移植该种器官的一般补偿标准予以赔偿。二是非法利用尸体进行教学,或者采集尸体器官、骨骸以及用尸体制作标本的,应当按照利用尸体的一般补偿标准予以赔偿。

2. 非法损害尸体。非法损害尸体以及其他侵害尸体的行为,应当予以精神损害赔偿。此种赔偿应当包括两项内容:一是赔偿死者人格利益损害,即延续身体利益的损害;二是赔偿死者近亲属因此而造成的精神痛苦、感情创伤的抚慰金。

侵害尸体造成死者近亲属财产利益直接损失的,应按照全部赔偿的原则,对全部财产利益的损失予以赔偿。关于追究侵权人侵权责任的请求由谁提出,应当依据司法解释的规定办理,由死者的近亲属提出,死者的近亲属作为尸体的保护人和管理人享有诉权,有权向人民法院起诉,请求保护死者的身体法益。对尸体侵害情节严重,影响到社会公共利益,又没有近亲属的,人民检察院可以以法律监督机关的身份向人民法院起诉。

二、对胎儿利益的保护

对自然人的人身权予以法律保护,在受到侵权行为损害的时候,应当予以损害赔偿救济,这是不成问题的。但是,在自然人出生前,其人格权受到侵权行为的侵害,能否得到侵权责任法的救济,在理论上不无疑问。侵害胎儿人身利益的侵权行为,是很长时间以来没有受到重视的一种侵权行为。其原因就在于,对胎儿人格利益是否应当受到保护的理论问题没有得到解决。

其实,对胎儿人身利益的保护并不是一个新问题。在古老的罗马法时期,法学家保罗就指出:“当涉及胎儿利益时,母体中的胎儿像活人一样被对待,尽管在她出生以前这对他毫无裨益。”罗马法认为,胎儿从实际的角度上讲不是人,但由于他是一个潜在的人,人们为保存并维护其自出生之时即归其所有的那些权利,而且为对其有利,其权利能力自受孕之时起产生,而不是从其出生之时起计算。

在近现代的民事立法中,规定胎儿在其母体中受到侵权行为的侵害,自其出生时始,享有损害赔偿请求权。国外的这些理论、立法和司法实践都确定了一个基本的原则,即胎儿在母体中受到侵权行为的侵害,身体、健康受到损害的,有权在其出生后,就其损害请求损害赔偿。

对胎儿的人身利益进行保护,就是对自然人的先期人身利益的保护。如果认为胎儿不具有权利能力,还不是一个真正意义上的人,因而对胎儿的人身利益不进行保护,就会导致对人的人身利益无法进行完整的保护。在自然人出生前,其虽然没有成为一个享有权利能力的人,但是,他(她)在母体中已经成为一个实体,并在将来的一定时间内会出生,如果成为一个活体,就享有了人的权利。如果在其以胎儿的形式存在时,身体受到了损害,在其出生以后,就可以对这种在胎儿时期造成的损害请求损害赔偿。这是对身体利益向前延伸保护的一种形式。因此,身体权的延伸保护理论就是对胎儿的身体进行保护的准确解释。在美国,辛德尔案件就是对身体权向前延伸保护的实际案例。美国辛德尔案中,辛德尔罹患乳腺癌,在她出生前,其母服用了当时许多化学工厂都在生产的、被广泛用于防止流产的乙烯雌酚。后来的有关实验研究表明,服用这种药物与患乳腺癌有很大关系,辛德尔被证实就是服用此药的受害者。但辛德尔提起的损害赔偿诉讼初审法院却不予受理,原因就是当时生产此药的工厂有 11 家,辛德尔无法明确指出她服用的药物是由哪家工厂生产的。在上诉审理中,上诉法院判决生产此药的 11 家工厂对原告的损害负连带责任。

对侵害胎儿身体利益的侵权行为,应当认定为侵害胎儿的身体健康的侵权行为,加害人应当承担侵权责任。侵害胎儿身体健康的侵权行为有两种形式:

一是直接侵害胎儿人身。直接侵害胎儿身体健康的侵权行为,行为人的行为直接指向胎儿的身体健康。行为人的意图是造成胎儿的健康受损,行为是直接指向胎儿,就是针对胎儿的侵权行为。这种侵权行为较为少见。

二是间接侵害胎儿人身。间接侵害胎儿人身的侵权行为,是行为人的行为侵害了怀孕的母亲的身体健康,导致了胎儿的身体健康受损。这种侵权行为是最常见的侵害胎儿身体健康的侵权行为。

事实上,在我国司法实践中早已出现涉及侵害胎儿利益的案例,正因为我国早期立法未明确胎儿在民法上的地位,同样性质的案例判决结果却大相径庭。而影响判决结果的关键问题就是胎儿在未出生时能否成为法律上的“人”;胎儿在母体内受到他人不法侵害的,在出生后可否作为受害人向侵害人请求赔偿。

关于上述问题我国现行立法虽未做出明确规定,但是依据《民法总则》第 16 条之规定:“涉及遗产继承、接受赠与等胎儿利益保护的,胎儿视为具有民事权利能力。但是胎儿娩出时为死体的,其民事权利能力自始不存在。”该条文并未将适用情形限定为遗产继承和接受赠与这两类,而是在满足胎儿利益保护这一条件时,便可以将胎儿视为具有民事权利能力。而民事诉讼权利能力又是同民事权利密切相关的,拥有民事权利能力的主体同时一并享有民事诉讼权利能力。胎儿诉请赔偿属于纯获利益的行为,其正是对胎儿利益保护的体现,因此,在上述情形下,胎儿可以作为民事权利主体诉请被告赔偿。《民法总则》第 16 条之规定充分体现了对胎儿利益的保护,权利能力的拟制也使胎儿能够在自身权益受到侵害时获得救济的权利，这也凸显了《民法总则》的人文关怀。根据《民法总则》上述规定，笔者认为确定侵害胎儿身体健康的侵权责任的基本规则是：

1. 胎儿的人格利益受到法律的保护，其在母体中受到身体损害或者健康损害，法律确认其产生损害赔偿的请求权。胎儿的这种损害赔偿请求权，在胎儿还没有出生之前是一种潜在的权利，因为他（她）还没有享有这种权利的权利能力。因此，这种损害赔偿请求权应待其出生后依法行使。这时，胎儿就不再是胎儿，而是一个具有民事权利能力的主体，行使损害赔偿请求权就不再存在任何障碍了。《德国民法典》第 884 条规定："在受害人被害当时第三人虽为尚未出生的胎儿，亦发生损害赔偿义务。"《日本民法典》第 721 条规定："胎儿，就损害赔偿请求权，视为已出生。"

2. 如果胎儿出生时为死体，无论是侵权行为致死，还是由其他原因所致，胎儿都不能产生损害赔偿请求权，而由受害人即怀孕的母亲享有损害赔偿请求权。这是因为，胎儿是母体的组成部分，伤害胎儿就是伤害母亲的身体健康，其母亲享有损害赔偿请求权。

3. 关于这种案件的损害赔偿诉讼时效问题，原则上还是按照权利人知道或者应当知道权利被侵害之时起计算。胎儿受到伤害的索赔也应当从知道或者应当知道权利受到侵害，即损害能够确定之时计算。若出生时即可确定损害的，即出生时起计算；若以后的时间才能确定的，在伤害确定之时计算。

至于侵害胎儿人身利益的侵权责任的范围和方式，则依照人身损害赔偿的一般方法进行。

训　练

【司考】某"二人转"明星请某摄影爱好者为其拍摄个人写真，摄影爱好者未经该明星同意将其照片卖给崇拜该明星的广告商，广告商未经该明星、摄影爱好者同意将该明星照片刊印在广告单上。对此，下列哪一选项是正确的？（2010 年）

A. 照片的著作权属于该明星，但由摄影爱好者行使

B. 广告商侵犯了该明星的肖像权

C. 广告商侵犯了该明星的名誉权

D. 摄影爱好者卖照片给广告商，不构成侵权

【答案】 B

【解析】《著作权法》第 17 条规定:“受委托创作的作品,著作权的归属由委托人和受托人通过合同约定。合同未作明确约定或者没有订立合同的,著作权属于受托人。”本题中该明星聘请摄影爱好者为其拍摄个人写真,属于受委托创作的作品,当事人没有约定,著作权属于受托人,即该摄影爱好者,所以 A 项错误。该明星对照片上体现的人格利益享有肖像权,只有经过该明星同意,才能使用其肖像。广告商未经该明星的同意将其照片刊登在广告上,侵害了该明星的肖像权,所以 B 项正确。广告商将明星的照片刊登在广告上,未降低该明星的社会评价,没有侵害该明星的名誉权,所以 C 项错误。照片上同时存在该明星的肖像权和该摄影爱好者的著作权,摄影爱好者不能擅自处分照片,须经过该明星的同意,所以摄影爱好者未经同意将照片卖给广告商的行为侵害了该明星的肖像权,D 项错误。

【司考】甲为父亲祝寿宴请亲友,请乙帮忙买酒,乙骑摩托车回村途中被货车撞成重伤,公安部门认定货车司机丙承担全部责任。经查:丙无赔偿能力。丁为货车车主,该货车一年前被盗,未买任何保险。关于乙人身损害的赔偿责任承担,下列哪一选项是正确的?(2010 年)

A. 甲承担全部赔偿责任

B. 甲予以适当补偿

C. 丁承担全部赔偿责任

D. 丁予以适当补偿

【答案】 B

【解析】《侵权责任法》第 52 条规定:“盗窃、抢劫或者抢夺的机动车发生交通事故造成损害的,由盗窃人、抢劫人或者抢夺人承担赔偿责任。保险公司在机动车强制保险责任限额范围内垫付抢救费用的,有权向交通事故责任人追偿。”本题中丙为盗窃人,丙应承担全部赔偿责任,丁不承担责任,所以 C 项与 D 项错误。《人身损害赔偿解释》第 14 条第 2 款规定:“帮工人因第三人侵权遭受人身损害的,由第三人承担赔偿责任。第三人不能确定或者没有赔偿能力的,可以由被帮工人予以适当补偿。”本题中乙为甲无偿帮工,乙由第三人丙致害,丙无赔偿能力,被帮工人甲应予以适当补偿,所以 B 项正确、A 项错误。

【案例】大学生李某要去 A 市某会计师事务所实习。此前,李某通过某租房网站租房,明确租房位置和有淋浴热水器两个条件。张某承租了王某一套二居室,租赁合同中有允许张某转租的条款。张某与李某联系,说明该房屋的位置及房屋里配有高端热水器。李某同意承租张某的房屋,并通过网上银行预付了租金。李某入住后发现,房屋的位置不错,卫生间也较大,但热水器老旧不堪,不能正常使用,屋内也没有空调。另外,李某了解到张某已拖欠王某 1 个月的租金,王某已表示,依租赁合同的约定要解除与张某的租赁合同。李某要求张某修理热水器,修了几次都无法使用。再找张某,张某避而不见。李某只能用冷水洗澡并因此感冒,花了一笔医疗费。无奈之下,李某去 B 公司购买了全新电热水器,B 公司派其员工郝某去安装。在安装过程中，找不到登高用的梯子，李某将张某存放在储藏室的一只木箱搬进卫生间，供郝某安装时使用。安装后郝某因有急事未按要求试用便离开，走前向李某保证该热水器可以正常使用。李某仅将该木箱挪至墙边而未搬出卫生间。李某电话告知张某，热水器已买来装好，张某未置可否。另外，因暑热难当，李某经张某同意，买了一部空调安装在卧室。当晚，同学黄某来A市探访李某。黄某去卫生间洗澡，按新装的热水器上的提示刚打开热水器，该热水器的接口处迸裂，热水喷溅不止，黄某受到惊吓，摔倒在地受伤，经鉴定为一级伤残。另外，木箱内装的贵重衣物也被热水器喷出的水流浸泡毁损。对于黄某的损失，郝某、B公司是否应当承担赔偿责任？为什么？

【解析】郝某不应当承担赔偿责任。B公司应当承担赔偿责任。因为郝某是B公司的工作人员，执行B公司的工作任务，故无须承担侵权责任。因热水器是缺陷产品，缺陷产品造成损害，被侵权人（黄某）既可向产品的生产者请求赔偿，也可向产品的销售者请求赔偿。故B公司需承担侵权责任。

思考题

1. 试述人身损害赔偿的常规赔偿项目。
2. 试述对死者损害赔偿的理论依据。
3. 试述对死者人格利益保护的依据。
4. 简述对死者损害赔偿的范围。

阅读文献

1. 王利明：《人身权法研究》，中国人民大学出版社2005年版。
2. 韩松：《人身侵权损害赔偿中的第三人损害及其赔偿请求权》，载《法学论坛》2006年第3期。
3. 刘国涛：《死者生前人格利益民法保护的法理基础——读〈死者生前人格利益的民法保护〉后的再思考》，载《比较法研究》2004年第4期。
4. 朱晔：《论人身损害赔偿请求权与继承》，载《环球法律评论》2006年第3期。
5. 涂克明：《同命不同价的法律思考》，载《湖北经济学院学报》2010年第9期。

第十一章　精神损害赔偿

本章导语

权利主体因其人身权利或其他权利受到不法侵害使其遭受精神痛苦或精神利益的丧失时要求一定的财产赔偿，以进行救济和抚慰的制度为精神损害赔偿制度。精神损害赔偿的民事权利适用范围包括人格权、身份权及具有人格象征意义的特定纪念物品。确定精神损害赔偿金的方法由法官按照本省法院系统制定的具体规则，综合各项精神损害的赔偿数额，酌定损害赔偿金额。

第一节　精神损害与精神损害赔偿

本节提要

精神损害是指不法侵害他人人格权，受害人因此而蒙受的生理上或心理上的痛苦。法人不存在精神损害。精神损害赔偿是指权利主体因其人身权利或其他权利受到不法侵害使其遭受精神痛苦或精神利益的丧失，因此得要求一定的财产赔偿以进行救济和抚慰的制度。

一、精神损害与精神损害赔偿

（一）精神损害

对于精神损害的概念，学术界一直存在两种对立的观点：一为狭义说；二为广义说。

狭义说又称精神痛苦说，是指公民因人格受到损害而遭到的生理、心理上的痛苦，致使公民的精神活动产生了障碍。[1] 这种观点认为，只有当侵害人格权的

〔1〕 刘风景、管仁林：《人格权》，中国社会科学出版社1999年版，第237页。

行为使受害人在精神上感到痛苦，即受害人产生了愤怒、绝望、恐惧、悲伤、沮丧、焦虑不安等不良情绪时，受害人才得向侵害人主张精神损害赔偿。而且此处的受害人只限于自然人，不包括法人或非法人团体。

广义说的精神损害，是指加害人的侵权行为给受害人造成精神上的痛苦或致其精神利益受到损害。[2] 该观点认为，侵权行为侵害公民、法人的人身权，造成的公民生理、心理上的精神活动和公民、法人维护其精神利益的精神活动的破坏，最终导致精神痛苦和精神利益丧失或减损。精神损害的最终表现形式，就是精神痛苦和精神利益的丧失或减损。其中的精神痛苦产生于两个来源：(1)侵害公民人体的损害。当侵权行为侵害身体权、健康权、生命权时，使其在精神上产生痛苦。(2)侵害公民心理的损害。当侵权行为侵害公民的人身权利时，侵害了人的情绪、感情、思维、意识等活动，导致人的上述精神活动的障碍，使人产生愤怒、恐惧、焦虑、沮丧、悲伤、抑郁、绝望等不良情绪，造成精神痛苦。其中的精神利益丧失或减损，是指公民、法人维护其人格利益、身份利益的活动受到破坏，因而导致其人格利益、身份利益造成损害。这种损害，不以民事主体是否具有生物形态而有所不同，而是对公民、法人均可造成这种损害。在广义说之下，精神损害赔偿请求权的主体不限于自然人，法人和非法人团体亦得享有。

广义说的学者认为精神痛苦说的不妥之处在于：精神痛苦说以受害人感到精神痛苦作为判断精神损害的标准，实质上是把精神痛苦当作精神损害的客体。而《精神损害赔偿司法解释》所确定的精神损害法律关系的客体包括生命权、健康权、身体权、姓名权、肖像权、名誉权、荣誉权、人格尊严权、人身自由权、隐私权、亲属权、亲权等以及特定财产权。这些客体都不是受害人的痛苦，相反正好是他们的利益，或是直接的人格利益，或是附着于特定财产上间接的人格利益，概言之，是一种精神利益。精神痛苦只是这些利益受到侵犯后受害人的心理反射，是它们受到损害的外在表现形式。由此可见，精神痛苦说混淆了精神损害的客体与其表现形式之间的界限，将本不相同的事物同一化。相应地，有的学者指出，精神痛苦说还曲解了《民法通则》第120条的规定，该条是以精神利益为前提，而不是以造成受害人精神痛苦为要件。[3] 另外，从社会效果来看，以精神痛苦说来指导司法实践，不利于保护侵权人的合法权益，也使法人的精神利益游离于法律保护的范

---

〔2〕 于敏：《我国现行法律规定与精神损害赔偿》，载梁慧星主编：《民商法论丛》（第9卷），法律出版社1998年版，第238页。

〔3〕 于敏：《我国现行法律规定与精神损害赔偿》，载梁慧星主编：《民商法论丛》（第9卷），法律出版社1998年版，第238页。

围之外。精神痛苦说容易使法官对案情的判断陷入主观主义;而在原告为植物人、幼儿、精神病人及痴呆患者等特殊主体的案件中,精神痛苦说又不能直接作为这些主体请求精神损害赔偿的理论依据。

上述两种学说的区别在于:狭义说主张精神损害与财产的增减无关,法人不存在精神损害问题;广义说则认为精神损害不但包括精神痛苦还包括人格利益的减损,因此法人也有精神损害。

笔者不同意广义说,理由如下:(1)精神损害(身体上、精神上的痛苦)是人格利益或者精神利益遭受侵害后所产生的一种损害后果,而侵害人格利益则是受害人产生精神损害并请求精神损害赔偿的原因和前提。作为精神损害赔偿责任构成要件上的精神损害,是受害人人格利益蒙受不利益的事实,属于事实认定问题;而受害人精神痛苦的大小和程度,则是精神损害的范围,即"法律的价值判断"问题。事实上许多国家如比利时、法国、意大利、德国以及英国,其法院对那些遭受损害而不能感受到人生快乐的人,甚至是没有知觉的人,也是承认其精神损害赔偿请求权的。(2)广义说认为精神损害包括精神痛苦和人格利益的丧失或减损。事实上人格利益作为人格权的客体,一般不具有财产价值,不能以金钱加以直接计算,如果将精神损害等同于人格利益的损害,实际上就是将人格商品化了,这是对人格价值和人格尊严的贬损。(3)精神痛苦说虽然否定了对法人的精神损害赔偿,但并未否定法人在名称权、名誉权、荣誉权受到侵害时的损害赔偿请求权。法人诚然存在一些人格方面的利益,但这样的利益并不需要适用精神损害赔偿的方法加以救济,而可以以商誉权等方式进行救济。[4] 而且,司法解释已明确否定了法人精神损害赔偿请求权。

实际上民法上的精神损害概念是一个特定的概念,法律设定精神损害赔偿制度之目的在于保护公民的人身权。因此,并不是各种原因造成的所有的精神痛苦都是法律上的精神损害。民法上的精神损害概念,是指不法侵害他人人格权,受害人因此而蒙受的生理上或心理上的痛苦。

(二)精神损害赔偿

精神损害赔偿,亦称精神损害补偿或精神损害物质赔偿。各国民法对其有不同的称谓,在德国民法上称为"相当金额赔偿",在瑞士民法上称为"慰抚"或"金钱给付之慰抚",在日本判例学说上称为"慰谢料",[5]它原义是一种慰抚金,指对精神损害即精神痛苦以货币(金钱)估计而构成的损害赔偿,赔偿原则上应支付货

---

〔4〕 张新宝:《名誉权法律保护》,中国政法大学出版社1997年版,第141页。

〔5〕 参见 http://www.66wen.com/03fx/faxue/faxue/0694/37031.html。

币。精神损害赔偿,是民事主体因其人身权利受到不法侵害,使其人格利益和身份利益受到损害或遭受精神痛苦等无形损害,要求侵权人通过财产形式的赔偿等方法,进行救济和保护的民事法律制度。[6] 其含义包括以下几层:(1)自然人的人身权(包括人格权和特定的身份权)受到侵害;(2)由此而造成自然人除财产以外的非财产上损害;(3)此种非财产上损害不能以金钱加以计量,但可以通过金钱赔偿获得慰藉和心理满足,也可以通过纯精神的形式(如赔礼道歉)获得慰藉和心理满足。

精神损害赔偿制度,是指加害人因其侵权行为侵害了他人的非财产利益而应承担的赔偿责任。当人们受到精神损害时除通过停止侵害、消除影响、赔礼道歉等方式获得救济外,受害人请求金钱损害也是一种途径。精神损害赔偿就是权利主体因其人身权利或其他权利受到不法侵害使其遭受精神痛苦或精神利益的丧失,因此得要求一定的财产赔偿以进行救济和抚慰的制度,但不等同于财产损害赔偿中以等量的价值填补等量的损失。因为精神损害是难以用金钱额度进行计算的,所以这种"赔偿"不是单纯的财产补偿,而是对受害人所遭受的精神痛苦给予的物质抚慰和对精神利益减损的填补,当然,作为一种民事权利救济手段,精神损害赔偿也具有惩罚性,能对侵害人施以制裁和警示。

二、精神损害赔偿的性质和功能

《民法通则》第120条规定:"公民的姓名权、肖像权、名誉权、荣誉权受到侵害的,有权要求停止侵害,恢复名誉,消除影响,赔礼道歉,并可以要求赔偿损失。法人的名称权、名誉权、荣誉权受到侵害的,适用前款规定。"这里的赔偿损失,主要是指精神损失的赔偿。我国精神损害赔偿包括赔偿损失、停止侵害、恢复名誉、消除影响、赔礼道歉,其中最主要、最基本的救济方式是赔偿损失。精神损害赔偿仍然以财产方式作为主要救济手段。精神损害是无形损害,无法用财产的标准加以衡量。但是,确立精神损害赔偿的目的,就是以财产的方式补偿受害人所遭受的精神损害。对受害人的精神利益损失和精神痛苦的赔偿具有明显的填补作用,以达到使该损害得到平复的功能。因此,我国精神损害赔偿的性质应该定性为财产赔偿责任。

精神损害赔偿具有补偿功能、慰抚功能、惩罚功能、调整功能等,但是作为财产赔偿,其基本功能是填补损害功能。

---

〔6〕 杨立新:《侵权法论》,人民法院出版社2004年版,第688页。

三、精神损害的责任形式

(一)精神损害责任的体系

一般所讲的精神损害赔偿,是指狭义的精神损害赔偿,仅仅指精神损害的金钱赔偿方式。从广义上讲,精神损害除包括狭义的精神损害赔偿以外,还包括停止侵害、赔礼道歉、恢复名誉、消除影响等非财产责任形式。这些责任方式结合在一起,构成精神损害赔偿完整的责任形式。其中,精神损害赔偿形式对受害人的救济、对加害人的制裁是最为有效和直接的。当然,其他非财产责任形式所起的作用也是精神损害赔偿责任形式所不能替代的。《精神损害赔偿司法解释》第8条第1款规定:"因侵权致人精神损害,但未造成严重后果,受害人请求赔偿精神损害的,一般不予支持,人民法院可以根据情形判令侵权人停止侵害、恢复名誉、消除影响、赔礼道歉。"

精神损害赔偿责任实际上包括对精神利益的损害赔偿和对精神痛苦的赔偿。前者称为精神利益损害赔偿,后者称为抚慰金赔偿。在司法解释中,将上述两种精神损害赔偿都称为精神损害抚慰金。这种做法当然有其根据,但不利于区分两种不同的精神损害赔偿。应当看到,精神损害赔偿中的精神利益损害赔偿和精神痛苦损害赔偿,虽然都是精神损害赔偿,但是它们的性质有所不同。精神利益的损害赔偿,是对精神性人格权中的精神利益受到损害的赔偿;精神痛苦损害赔偿则是对受害人因为身体权、健康权和生命权受到侵害,在心灵上造成的创伤所进行的救济。

(二)抚慰金赔偿

1. 抚慰金赔偿的作用

侵害物质性人格权,造成精神痛苦损害的,也应当进行精神损害赔偿。这种精神损害赔偿就是抚慰金赔偿。物质性人格权,包括身体权、健康权和生命权。在这三种权利中,最主要的利益是非财产性的利益,即人之所以作为民事主体所应当具备的物质性人格基础。当人的物质性人格基础受到损害,造成残缺,其人格就会受到严重损害,甚至丧失。因此,侵害物质性人格权所造成的损害,不是一般的财产上的损失,也不是精神利益上的损害。对于这样的侵权行为所造成的后果,必须认识到其严重性,用强制的手段予以制裁,以保护受害人的人格利益。

2. 抚慰金赔偿的范围

抚慰金赔偿适用的范围是:(1)死亡赔偿,侵害生命权造成受害人死亡的,抚慰金赔偿的是死者近亲属的精神痛苦。应当指出,由于《人身损害赔偿司法解释》

将“死亡赔偿金”的性质确定为收入损失的赔偿，而非“精神损害抚慰金”，所以，不宜再将死亡赔偿金纳入抚慰金赔偿范围中。（2）残疾赔偿，侵权行为造成了受害人残疾丧失劳动能力的，抚慰金赔偿的是受害人的精神痛苦。（3）一般伤害赔偿，对于侵权行为造成健康权损害，即造成人身损害但是还没有造成残疾的，应当给予抚慰金赔偿。（4）对于侵害身体权没有造成伤害后果的，如果需要赔偿，也给予这种抚慰金赔偿。（5）侵害特定纪念物品，造成受害人的人格利益损害的，采用抚慰金赔偿予以救济。

（三）对精神损害的其他救济方式

对侵权行为造成精神损害应当承担的民事责任，还可以用停止侵害、消除影响、恢复名誉、赔礼道歉等责任方式予以救济。

第二节　精神损害赔偿的权利适用范围

本节提要

根据我国目前的学界通说，精神损害赔偿的民事权利适用范围，包括人格权（一般人格权和具体人格权）、身份权以及具有人格象征意义的特定纪念物品。学习本节内容重点要掌握我国精神损害赔偿的民事权利适用范围。

一、我国精神损害赔偿范围的立法进程

在《民法通则》颁布之前，我国对精神损害赔偿的规定是空白的。直至1986年，《民法通则》第120条第1款规定：“公民的姓名权、肖像权、名誉权、荣誉权受到侵害的，有权要求停止侵害，恢复名誉，消除影响，赔礼道歉，并可以要求赔偿损失。”这一规定在我国立法史上首次确定了精神损害赔偿制度，是我国立法史上的一次大变革。但也存在很多不完善之处，如其采用列举主义的立法体例，仅列举了有限的几种人格权。随着时代的发展，精神损害赔偿的范围明显受到极大限制。《精神损害赔偿司法解释》对《民法通则》做出进一步补充，扩充了精神损害赔偿的适用范围。将生命权、健康权、身体权纳入适用精神损害赔偿的范围，确认了人格尊严权的一般人格权的最高地位，确认了人身自由权是独立的人格权，对隐私权的保护从间接保护方式改为直接保护方式。更重要的是，规定亲权和亲属

权受侵害也可以请求精神损害赔偿，弥补了《民法通则》对身份权保护的缺失，这无疑是对人身权认识进一步深化的结果。另外还规定了一些例外情况，如死者人格利益和具有特定纪念意义的物品的精神损害赔偿保护等。该司法解释第1条第2款规定："违反社会公共利益、社会公德侵害他人隐私或者其他人格利益，受害人以侵权为由向人民法院起诉请求赔偿精神损害的，人民法院应当依法予以受理。""其他人格利益"就是一个兜底条款，尽可能地把所有的人格利益都包含进来，相对于《民法通则》的列举主义，这是一个明显的进步。《侵权责任法》第22条规定："侵害他人人身权益，造成他人严重精神损害的，被侵权人可以请求精神损害赔偿。"

二、精神损害赔偿的权利适用范围

精神损害赔偿有其独特的适用范围，这体现在对人格权益和身份权益侵害的救济上。对于精神性人格权和身份权的损害救济，基本的责任方式就是精神损害赔偿。在某些侵害具有人格利益因素的财产权的场合，对于造成精神利益损害或者精神痛苦的，也可以请求精神损害赔偿救济。

（一）侵害人格权益的精神损害赔偿

人格权是民事主体依法所固有的，以人格利益为客体，为维护主体的独立人格所必备的专属权利。保护人格权，是维护个人尊严和人身价值，保障主体人格独立和平等的需要。为全面保护民事主体的人格权利，将精神损害赔偿作为侵害人格权的一种责任方式是损害赔偿的应有之义。《精神损害赔偿司法解释》第1条规定："自然人因下列人格权利遭受非法侵害，向人民法院起诉请求赔偿精神损害的，人民法院应当依法予以受理：（一）生命权、健康权、身体权；（二）姓名权、肖像权、名誉权、荣誉权；（三）人格尊严权、人身自由权。违反社会公共利益、社会公德侵害他人隐私或者其他人格利益，受害人以侵权为由向人民法院起诉请求赔偿精神损害的，人民法院应当依法予以受理。"以法律对特定人格利益是否做出明确、具体规定为标准，人格权分为具体人格权和一般人格权。

1. 具体人格权。我国《民法总则》第110条明确规定的具体人格权有生命权、身体权、健康权、姓名权（名称权）、肖像权、名誉权、荣誉权、隐私权、婚姻自主权等权利。对物质性人格权的侵害，造成了人身的伤害，要承担人身损害赔偿责任，但是，侵害物质性人格权造成受害人精神痛苦的，也应当予以精神损害赔偿救济。

2. 一般人格权。《精神损害赔偿司法解释》第1条规定人格尊严权、人身自由权作为人格权利，但依据《民法总则》第109条："自然人的人身自由、人格尊严受法律保护"的规定来看，否定了该司法解释中人格尊严权和人身自由权为人格权利。

一般人格权是相对于具体人格权而言的。作为民事主体的基本民事权利，一般人格权是法律采用高度概括的方式赋予自然人和法人享有的具有权利集合性特点的人格权。它的基本内容是人格尊严、人格独立、人格自由等。该权利具有解释、创造和补充三大功能。如果将其基本作用概括为一句话，就是支配和指导所有的具体人格权。一般人格权与具体人格权相比，具有主体普遍性、权利客体的高度概括性、权利内容的广泛性和权利性质的基本性等特点。具体人格权与一般人格权不能相互替代。如以具体人格权类推方法救济一般人格权，就不能保护内容宽广的一般人格权，从而使受害人无法得到民法保护和救济。因此对于侵害一般人格权应予精神损害赔偿，以维护受害人的人格独立、人格自由和人格尊严。保护一般人格权就是发挥一般人格权的补充功能，对尚未被具体人格权确认的人格利益进行法律救济。一般人格权制度在性质上为一般条款，是加强人格利益保护的技术措施。实务中它授予法官自由裁量权，由法官通过价值补充，确立个案应予保护的人格利益，寻求个案正义，并推动法律的发展。运用此种方式还可以有效地避免法官抛开现有法律、完全根据自己的价值判断进行司法裁判的现象。

（二）侵害身份权益的精神损害赔偿

1. 侵害身份权益的精神损害赔偿的国内外立法

身份权是指民事主体以特定身份为客体而享有的权利。身份权并非任何民事主体都平等享有，只有当某一主体因某种亲属关系或特定行为取得特定身份时才享有。《民法总则》第 112 条规定："自然人因婚姻、家庭关系等产生的人身权利受法律保护。"由于身份权的特性，对身份权进行民法保护，最好的方式就是精神损害赔偿制度。《精神损害赔偿司法解释》第 3 条规定："自然人死亡后，其近亲属因下列侵权行为遭受精神痛苦，向人民法院起诉请求赔偿精神损害的，人民法院应当依法予以受理：（一）以侮辱、诽谤、贬损、丑化或者违反社会公共利益、社会公德的其他方式，侵害死者姓名、肖像、名誉、荣誉；（二）非法披露、利用死者隐私，或者以违反社会公共利益、社会公德的其他方式侵害死者隐私；（三）非法利用、损害遗体、遗骨，或者以违反社会公共利益、社会公德的其他方式侵害遗体、遗骨。"《侵权责任法》第 22 条没有像《侵权责任法（草案）》（第 2 稿）第 24 条规定那样将人身权益分为人格权和亲属身份权。我国立法并未明确规定配偶权、亲权和亲属权这些亲属身份权。因此，对这些亲属身份权侵害的精神损害赔偿的救济更是奢求。对亲属身份利益的侵害能够主张精神损害赔偿的立法体现，目前只在《婚姻法》中夫妻一方侵害配偶身份利益，无过错一方要求过错一方承担精神损害赔偿的规定，以及《精神损害赔偿司法解释》中非法使被监护人脱离监护，导致亲子关系或者近亲属间的亲属身份利益被严重侵害，可以要求精神损害赔偿的规定。

我国现行立法针对亲属身份权益受到侵害的其他情形，如第三人侵权致亲属身份权人的反射损害和震惊损害，能否援用精神损害赔偿制度对受害人进行救济没有进行明确规定。而德国、日本和我国台湾地区的“立法”是明确规定或认可亲属身份权精神损害赔偿的。我国台湾地区“最高法院”1996 年台上字第 2957 号“抱走他人婴儿案件”的判决，推动了我国台湾地区“民法”的最终修正。我国台湾地区“民法”把侵犯亲属身份权可以请求精神损害赔偿正式纳入“民法典”。因此，只要是他人的合法权利或利益就应承担责任。这样的修正无疑是在认清了亲属身份权和人格权具有同样的地位后做出的进步的立法选择。我国台湾地区在亲属身份权精神损害赔偿方面的“立法”进程，体现了社会生活切实需要亲属身份权精神损害赔偿的调整。日本学者认为确实存在由于某人负重伤，一定范围的近亲属受到很大打击，遭受到可以与直接受害人死亡时相类比的精神痛苦的事实，这正是直接受害人的近亲属本身的法益受到侵害，如果认为应该把这种损害置之不理的话，是非常有疑问的。[7]

德国联邦最高法院在 1971 年的一则判例中确立了以下原则：不管受害人是死亡还是仅仅健康权受到侵害，受害人近亲属的非财产损害要获得赔偿，必须是其损害程度已经达到“病理上的效果”，即精神上的疾病，如官能症或精神病，从而构成对其健康权的损害，才可以依法获得赔偿；而对于受害人的近亲属因受害人死亡或健康受损所遭受的未构成身体或精神健康上的“损伤性”伤害的悲伤、忧郁、挫折感等精神上的损害，则通常不予赔偿。这个原则至今仍然被德国各级法院所坚守。[8]

法国有很多判例认为，在受害人幸存时其近亲属也可能获得精神损害赔偿，只要该损害是个人的、直接的和确定的。意大利、希腊、西班牙等国也有相关判例对这个问题做出了肯定的回答。

《欧洲侵权行为法草案》第 5 条（反射性损害）第 1 项规定：“在造成人身伤害时，与受害人有特别亲密关系的人有权就因受害人的人身损害或死亡而使自己所遭受到的非财产损害提出适当的赔偿。”[9] 由此可见，未来的欧洲侵权行为法在

---

〔7〕 于敏：《日本侵权行为法》，法律出版社 1998 年版，第 165 页。

〔8〕 [德]克里斯蒂安·冯·巴尔：《欧洲比较侵权行为法》（上），张新宝、焦美华译，法律出版社 2001 年版，第 73 页。

〔9〕 《欧洲侵权行为法草案》，刘生亮译，载张新宝主编：《侵权法评论》（第 1 辑），人民法院出版社 2003 年版，第 200 页。

理论上已经认同了侵害健康权情形下受害人近亲属的非财产损害赔偿。

2. 目前我国司法实践中请求精神损害赔偿的身份权

(1)亲权、监护权。亲权是指父母基于其身份对未成年子女以教养、保护为目的而享有的权利和承担的义务。亲属权是指自然人因血缘、收养等关系产生的特定身份而享有的民事权利,具体又分为父母与成年子女间的权利、一定条件下的祖孙间的权利及一定条件下的兄弟姐妹间的权利。对非财产上的损害赔偿(精神损害赔偿)采非限定主义立法模式的法国以及英美法系国家,均将侵害身份权作为诉请非财产上的损害赔偿的请求权基础。在我国,《精神损害赔偿司法解释》第2条规定:“非法使被监护人脱离监护,导致亲子关系或者近亲属间的亲属关系遭受严重损害,监护人向人民法院起诉请求赔偿精神损害的,人民法院应当依法予以受理。”因医院过错导致的“串子案”,即为对当事人亲权的侵害。

对于第三人故意侵害未成年子女致父母震惊损害我国立法也未规定。国外关于震惊损害的含义及构成要件则规定较具体。承认震惊损害的国家基本上都认为父母可以作为精神损害赔偿请求权的主体。但是,在是否应亲眼目睹或耳闻以及是否对父母造成病理上的损害则有很大区别。本书认为,在亲眼目睹或耳闻与嗣后知悉相比,前者震惊损害对受害人的精神打击更加明显,影响更加恶劣且与我国明确规定的精神损害是明显不同的。因此,父母在亲眼目睹或耳闻第三人故意侵害未成年子女时,构成震惊损害。英国法基本上要求原告当场或在附近目睹或耳闻侵害事故,且父母所遭受的精神损害已经达到了一定程度。但美国各州法院在审理震惊损害案件时的标准不完全一样。大多数州采用可预见的危险区理论救济受伤害的人。但加利福尼亚州、夏威夷等州并不采用危险区理论。[10]我国审判实践中已有支持震惊损害精神损害赔偿的判例。2007年5月23日北京晚报报道的清华大学晏教授女儿被公交中巴售票员掐死一案中,法院最终判决侵权人给受害人父母30万元的高额精神损害赔偿在我国是首例该类判决。在这笔精神损害赔偿金中,有一部分是我国《精神损害赔偿司法解释》第7条所规定的近亲属的精神损害赔偿,而另一部分则是对父母亲眼目睹了女儿被活活掐死的惨烈过程的震惊损害的精神损害赔偿。此案中法院首次将同情语写进了判决书。该案对于震惊损害精神损害赔偿的支持,切实地体现了人文关怀,有良好的社会反响效果。综上,本书认为,我国立法有必要明确规定父母的震惊损害。并且,只要符合上述震惊损害的构成要件,父母即可主张震惊损害赔偿。当然,震惊损害赔

---

〔10〕 Palsgraf v. Long Island R. R. Co. ,162N. E. 99(N. Y. 1928).

偿的构成要件和适用的主体范围尚有待理论深入研究，但至少应当包括受害人的父母、子女和配偶。

（2）配偶权。配偶权是指在合法有效的婚姻关系存续期间，夫妻双方基于夫妻身份所互享的民事权利。其主要内容包括夫妻间的同居、忠诚及生活协助等方面的权利义务。《婚姻法》对侵害配偶权的行为规定了有条件的精神损害赔偿制度。但是，司法实践中，第三人侵害配偶一方生命权、健康权、身体权，同时会给配偶另一方造成非财产性的反射损害，主要包括反射致配偶震惊损害、配偶"性福权"损害以及配偶生育权损害等情形。这些案件中，配偶一方以侵害其权益为由向法院提起诉讼要求精神损害赔偿，是否该受理以及是否该赔偿，各地法院的做法不一致，很遗憾我国立法目前在这方面尚属空白。

按照现行的法律、法规和司法解释的规定，直接受害人因伤致残丧失劳动能力，间接受害人均不享有精神损害抚慰金请求权。这一规定显然不合理。从侵害健康权所造成的损害事实来看，除受害者本人会因此遭受生理上和心理上的痛苦以外，其近亲属也会不同程度地承受精神上的压力与痛苦，如导致他人失明、失聪、丧失生育能力、截肢、容貌被毁等损害时，直接受害人固然遭受到严重的损害，其配偶、子女和父母通常也会遭受到严重的损害。甚至在有些情况下，受害人近亲属所承受的精神痛苦会比直接受害人本人更为严重，如致人丧失思维成为植物人或致人精神完全失常，精神受损的主要是直接受害人的近亲属。因此，在这种情况下，法律如仍然漠视受害人近亲属所承受的精神痛苦，就有悖于民法公平正义的原则。有鉴于此，国外有不少立法和判例对这种情况下近亲属的精神损害赔偿请求权给予了有条件的肯定。

（3）亲属权。亲属权是指父母与成年子女、祖父母与孙子女、外祖父母与外孙子女，以及兄弟姐妹之间的身份权。[11] 亲属权是在婚姻家庭关系中除了配偶权、亲权之外的独立亲属身份权，是亲属身份权的一种具体的权利形态。关于祭奠权是否作为亲属权的权利内容，学术界多数学者建议我国应该针对祭奠权这一项新的权利建立相应的法律制度，主张应当增加关于近亲属亲属悼念权与遗体瞻仰权的规定。[12] 审判实践中，对是否支持对祭奠权侵权保护的请求，多数法院以祭奠权非法定权利为由直接判决驳回原告的诉讼请求。如 2013 年 5 月 3 日新浪新闻报道的《祭奠无权尴尬了谁》一文中，报道了南京市的弟弟诉姐姐墓碑落款权的案件，一审法院认为，在墓碑上署名体现了一种身份权，故判决原告胜诉但没有支持

---

〔11〕 张俊浩：《民法学原理》，中国政法大学出版社 1991 年版，第 162 页。

〔12〕 杨遂全：《现行婚姻法的不足与民法典立法对策》，载《法学研究》2003 年第 3 期。

其精神损害赔偿的请求。但二审法院却以墓碑落款权并非法律确认权利为由驳回了原告的请求。又如2001年12月26日《法制日报》报道的《法律应否给道德留下空间"悼念权"案引发的思考》一文中,报道了北京市的史广清诉史广文悼念权的案件,宣武区人民法院主要以对死者进行悼念和哀思的权利和义务法律并未规定为由,判决驳回了原告的诉讼请求。该案作为国内首例因"祭奠权"引发的赔偿案件,虽然判决原告败诉,但却以判决形式认可了"祭奠权"的存在和合理性。因而,既然"祭奠权"是被认可的,则当其受到不法侵害时,就理应受到法律的保护。[13] 但也有法院认为祭奠权是亲属身份权,判决支持原告的精神损害赔偿请求。如2010年2月1日《人民法院报》报道的《父亲墓碑上没有我——女儿索要祭奠权》一文中,报道了上海市的李女士诉其母亲和哥哥祭奠权的案件,普陀区人民法院法官认为李女士对父亲的祭奠权被侵害了,经调解哥哥承诺协助办理墓碑补刻事宜,母亲承担费用。又如,河南省漯河市源汇区人民法院的(2011)源民四初字第150号民事判决书中,就"韩文革诉张恩惠、高小柳、朱清钰"一案,因被告没有通过适当途径及时向原告报丧,导致原告错过了对死者的悼念,原告将三被告告上法庭,要求法院判决三被告向其承担精神损害赔偿,法院判决支持原告的诉讼请求。笔者认为,祭奠是死者亲属表达对已逝去亲人的哀思、怀念之情而举行的活动。祭奠权的内容一般包括参加追悼会、遗体告别、瞻仰遗容等悼念活动,在墓碑上刻近亲属的名字,参加清明节上坟、扫墓活动等生者对死者表达追思的行为。祭奠权属于亲属身份权益,我国法律应该确立祭奠权,使法官在处理侵害祭奠权案件时不再无所适从,能够依据明确的法律规定做出准确的判断,更进一步巩固法律的权威性。

对于第三人侵害他人的人身权导致死亡或伤残,如果受害人的亲属目睹或者事后知道发生在身边的噩梦般的事故,精神上遭受巨大伤害,法律应当予以救济。我国现行法律的不完善使这些遭受精神损害的受害人得不到应有的赔偿。值得欣慰的是,近亲属主张震惊精神损害赔偿的案件,我国司法审判实务中已有法院判决支持了原告的请求。如福建省厦门市思明区人民法院(2006)思民初字第5968号民事判决书裁判的案件。福建厦门市的黄某因经济纠纷用铁棍殴打成年的曾某致八级伤残,曾某的母亲林某亲眼目睹殴打过程后精神受到严重刺激,昏倒在地,与儿子一起被紧急送医。后原告林某向法院起诉,请求被告赔偿医疗费、护理费、住院伙食补助费、营养费,同时请求被告赔偿其精神损害抚慰金1万元。

---

〔13〕 黄晓庆:《公民的"悼念权"应受法律保护》,载《法学研究》2010年第5期。

法院判决被告支付原告人身损害赔偿金以及精神损害抚慰金2000元。该案中，法院除了判决侵权人黄某赔偿致受害人曾某身体受伤的损害以外，还判决侵权人对曾某母亲林某的震惊损害给予精神损害赔偿。林某的儿子曾某作为身体已残疾的受害人，基于残疾的事实自己有权向第三人黄某主张精神损害赔偿，这个精神损害赔偿是抚慰他自己的，精神损害赔偿司法解释已明确规定伤残者有权向加害人主张精神损害赔偿。需要强调指出的是，本案是以曾某的母亲作为原告而判决支持其精神损害赔偿的。母亲的精神损害赔偿是因为母亲亲眼目睹了儿子被人殴打致残的这个过程后精神严重受刺激，这就是震惊损害。尽管该精神损害赔偿的数额不多，但标志着司法的进步。审判实践已开启了第三人侵权致亲属震惊损害赔偿的先河，为立法完善亲属身份权法律保护制度打下了良好的基础。未来立法至少应当明确规定与受害人有扶养关系的父母或成年子女的亲属权主体可以向侵权人主张震惊损害的精神损害赔偿。当然，应当对赔偿的数额加以限制。否则，可能与侵权人的过错程度完全不成比例，给侵权人带来过重的负担，这会造成另外一种不公平。

（三）侵害财产权益的精神损害赔偿

《精神损害赔偿司法解释》第4条规定："具有人格象征意义的特定纪念物品，因侵权行为而永久性灭失或者毁损，物品所有人以侵权为由，向人民法院起诉请求赔偿精神损害的，人民法院应当依法予以受理。"该解释表明，我国司法机关确立了侵害财产权的精神损害赔偿制度。但《侵权责任法》第22条仅规定侵害他人人身权益，造成他人严重精神损害的，被侵权人可以请求精神损害赔偿，并不包括侵害财产权益。

在大多数国家的侵权法中，对侵害财产权的侵权行为不适用精神损害方式救济受害人财产的损害，精神损害不具有救济财产损害的功能。但对某些凝聚人格利益因素的财产权受到侵害予以精神损害赔偿可以更好地保护受害人的合法权益。当然，审判实务中，法官要把握有必要和严格原则。

第三节　精神损害赔偿金的算定

本节提要

学习本节内容重点要掌握我国算定精神损害赔偿金的原则与具体规则。

一、精神损害赔偿请求的提出

对于精神损害赔偿的提出，是基于受害人的请求，还是依据法院的职权，有不同看法。多数学者主张基于受害人的请求，也有少数学者主张法院基于职权确定。

一般认为，产生这一分歧的原因在于对损害赔偿性质认识的不同。如果认定损害赔偿的性质是义务，其赔偿的权利则由受害人支配，应当由受害人提起损害赔偿的请求；如果认定损害赔偿的性质是责任，则应由法院依职权确定。

侵权损害赔偿的性质是债权债务关系，权利人行使权利，当然采当事人主义，而非职权主义。对此，《名誉权解答》第 10 条第 4 款和《民法通则司法解释》第 150 条的规定，都强调公民、法人要求赔偿和公民提出精神损害赔偿要求的，人民法院可以依情节酌定。这表明最高司法机关也承认精神损害赔偿的提出，须依当事人主义，由受害人提出请求。当事人不提出精神损害赔偿请求的，人民法院不能依职权责令加害人承担精神损害赔偿责任。

至于受害人向人民法院提出精神损害赔偿的请求之后，加害人应否承担精神损害赔偿责任，应当在何种范围内进行精神损害赔偿，以及精神损害赔偿金的具体数额，则由法院依据案情判定，而不是当事人主张赔多少就责令加害人赔多少。

二、算定精神损害赔偿金的原则

(一)外国算定精神损害赔偿金的方法

由于精神损害无法用金钱衡量，因此，在司法实践中计算精神损害赔偿金的方法也不尽相同，归纳起来主要有以下几种方法：

1. 酌定方法。酌定方法是指不制定统一的赔偿标准，而是由法官根据案件的具体情况自由裁量。法国、德国、瑞士都采用这种方法。这种方法的优点在于自由、灵活，可以根据具体情况酌定，但缺点是缺乏算定精神损害赔偿金的统一标准，导致法院在相似的案件上对同样的精神损害做出赔偿数额悬殊的判决。

2. 日标准赔偿方法。这种方法是指精神损害赔偿数额以日来计算。丹麦是采用日标准赔偿方法的典型国家。丹麦法规定，致害人对躺在床上的病人每日给付精神损害赔偿金 25 丹麦克朗，给付其他病人的精神损害赔偿金数额为每日 10 丹麦克朗。[14]

---

〔14〕　杨立新：《人身权法论》，中国检察出版社 1996 年版，第 266 页。

3. 比例赔偿原则。这种方法是通过确定有关医疗费的一定比例而使痛苦和遭遇赔偿的数额标准化。德国、秘鲁均采此方法。

4. 固定赔偿方法。这种方法即制定固定的精神损害赔偿金赔偿表,就不同性质的精神损害规定赔偿的最高限额和最低限额。英国、日本均采此方法。固定赔偿方法有一个最大的优点就是法官只要对照赔偿表,就可以很快地算出赔偿数额,效率很高。

5. 限额赔偿方法。这种赔偿方法规定精神损害赔偿的最高限额,法官可在最高限额下酌定具体数额。如埃塞俄比亚法律规定精神损害赔偿数额最高不能超过1600埃塞俄比亚元,哥伦比亚规定不得超过2000比索。

(二)我国算定精神损害赔偿金的原则

我国算定精神损害赔偿金的原则归纳起来有三种,即以法官自由裁量原则为主,以区别对待原则和适当限制原则为辅。

1. 法官自由裁量原则。法官自由裁量原则是指赋予法官在处理精神损害赔偿案件时,依自由裁量算定精神损害赔偿金的具体数额。金钱赔偿本质上是从现代社会的价值观念出发,对精神损害的程度、后果和加害行为的可归责性及其道德上的可谴责性所做出的主观评价,因此在精神损害赔偿案件中发挥法官自由裁量权是客观需要。

依照《精神损害赔偿司法解释》第10条的规定,自由裁量时的酌定因素有:侵权人的过错程度(但法律另有规定的除外);侵害的手段、场合、行为方式等具体情节;侵权行为所造成的后果;侵权人的获利情况;侵权人承担责任的经济能力;受诉法院所在地平均生活水平等。

2. 区别对待原则。区别对待原则是指对精神性的不同利益因素的损害予以区别对待,根据其不同特点,依据其不同的算定规则,分别计算出应赔偿的数额,最后酌定总的赔偿金数额。如对于财产利益的直接损失,应当参照财产损害赔偿的计算规则计算;对于精神利益中财产利益的损害,应当依照精神利益中财产利益损害的计算法和某些权利转让使用费的计算规则计算;对于纯精神利益损害和精神痛苦的损害,按照酌定规则和抚慰金算定规则计算;对于侵害自由权的,可依照《国家赔偿法》第33条规定:“侵犯公民人身自由的,每日赔偿金按照国家上年度职工日平均工资计算。”实行区别对待原则有利于克服自由酌定原则的不利因素,使精神损害赔偿金的算定更为准确、可行。

3. 适当限制原则。实行适当限制原则可以弥补法官自由裁量原则的不足,防止误导人们盲目追求高额赔偿。适当限制原则把精神损害赔偿范围仅限定在侵害人有过错，且造成财产利益损失或精神损害情节较重的情况。主要以地区为单位，考虑当地居民负担能力和生活水平等情况，确定一个适当的一般额度标准。

从司法实践来看，精神损害赔偿金算定的基本方法是综合法，即由法官按照本省法院系统制定的具体规则，综合各项精神损害的赔偿数额，酌定损害赔偿金额。

三、算定精神损害赔偿金的具体规则

算定精神损害赔偿金的具体规则，也就是计算精神损害赔偿金所遵循的方法。国外一般采用三种方法：(1)概算法，使用这种方法不对精神损害的各种情况分门别类，不列出精神损害的各个项目，而是一揽子提出精神损害赔偿的总数额。美国等国家使用此法，其优点是计算简便迅速，缺点在于受害人对计算的依据无从了解。(2)分类法，将精神损害按项目进行明确的分类，分别计算出赔偿数额，然后相加得出赔偿总额。法国等用此法，优点是计算较为精确，缺点是比较繁琐，不易操作。(3)折中法，先将精神损害所要考虑的项目列出，法官在此基础上加以综合考虑，提出赔偿金总额。瑞士等国采用此法，较前两种方法为优。[15]

我国法院在算定精神损害赔偿金时究竟采用何种规则，依据《民法通则司法解释》第15条和《名誉权解答》第10条第4款中有关算定精神损害赔偿金的规定来看，采用的是概算法。但是，这些司法解释并不能概括司法实务中算定精神损害赔偿金的全部规则，而只是纯精神利益损失和精神痛苦赔偿数额的计算规则。

根据司法实务部门的实践，我国精神损害赔偿金算定的基本办法是综合法，即由法官按照具体规则，综合各项精神损害的各个赔偿数额，酌定损害赔偿金总额。综合法是前述算定精神损害赔偿金三项原则的具体体现。

应当遵循的具体规则如下：

(一)概算规则

对于纯精神利益损害的赔偿和精神痛苦的抚慰金赔偿的算定，适用概算规则，法官应将案件情况分为加害人过错程度的轻重、受害人被侵害的精神利益损害后果及所受精神痛苦程度、双方的经济负担能力及经济状况和受害人的资力这四种因素，其中前三种是着重考虑的因素。在计算时，首先按照当地精神损害赔偿金的一般限额，分成低、中、高三个档次，按前三种着重考虑的因素确定适用哪一个档次；然后再按照其他因素在这一档次的幅度中上下浮动，最后确定具体赔偿数额。具体办法是把上列三种着重考虑的因素列为两类情况，一类是提高赔偿

---

〔15〕　王利明主编：《人格权法新论》，吉林人民出版社1994年版，第700页。

的情况,如损害后果严重、加害人出于故意、加害人生活水平高而受害人生计困难等。另一类是降低赔偿的情况,如侵害结果较轻、加害人出于过失、加害人经济状况不佳而受害人经济状况良好等。具备前一类情况的,可以给予较多的赔偿;具备后一类情况的,可以给予较少的赔偿;两类情况兼有的,可以给予中等水平的赔偿。在确定了三种赔偿幅度中的一种之后,再斟酌当事人的身份、地位、年龄、职业以及案件的其他因素,确定具体的数额。

(二)比照规则

现行立法对于精神损害赔偿金算定已有明确规定的,应当比照该规定算定赔偿数额。目前只有《国家赔偿法》对由国家行为造成的对人身自由权侵害、生命权侵害和扶养请求权侵害有具体的赔偿规定。对于人身自由权损害的精神损害赔偿金,该法第26条规定:"侵犯公民人身自由的,每日的赔偿金按照国家上年度职工日平均工资计算。"这虽然是国家赔偿标准,但在关于人身自由权侵害的精神损害赔偿没有正式标准的情况下,可以比照这一规定执行。

(三)参照规则

当确定精神利益中财产利益损失的数额时,可以参照其他标准确定赔偿金数额:(1)参照受害人在被侵权期间可得利益的损失数额。这种方法对于侵害名称权、名誉权、信用权等场合,均可适用。(2)参照侵权人在侵权期间因侵权而获得的财产利益数额。侵权人因侵权行为所获得的利益是不法所得,可视为受害人所受到的损失。这种参照规则适用于营业组织为侵权人侵害他人人身权的场合。(3)参照某些人格权转让使用的一般费用标准。在肖像权、名称权使用和转让中,可以约定一定的使用费。对此,有约定使用费数额标准的,依其约定标准计算,没有约定标准的,参照类似使用费的一般标准,确定赔偿金数额。

(四)全部赔偿规则

对于因侵害精神性人格权和身份权而造成的直接财产损失,应当比照侵害财产权的全部赔偿原则,以全部财产损失作为赔偿金数额。所应注意的是,其财产损失应是合理的、必要的费用支出。

在依据上述四项具体规则分别计算出纯精神利益损害、精神痛苦损害、精神利益中间接财产利益损失和直接财产利益损失的具体数额以后,法官可依自由酌定原则,经综合评断来确定精神损害赔偿金的总额,并依此做出判决。

在算定精神损害赔偿金时,还有几个问题必须注意:

1. 一个行为侵害数个精神性人格权的,应以所侵害的主要人格权为准,在计算赔偿金时应将一并侵害人格权的事实作为加重情节，适当提高赔偿金总额。

2. 对于抚慰金的算定，如果是侵害精神性人格权和身份权，可以与纯精神利益损害一并按概算规则计算，适当提高赔偿数额，不必分别计算。如果是侵害身体权、健康权、生命权和财产权，则应单独计算抚慰金。

3. 单一民事主体的数个行为侵害一个权利，应作为一个侵权行为计算赔偿金数额。单一主体数个行为侵害数个权利是数个侵权行为，应分别计算，最后综合确定赔偿金总额。

4. 综合评断精神损害赔偿金总额，应以各种损害所应赔偿数额相加的总和为标准，依据案情作适当的调整，但不应与总和数额相差过于悬殊。当一个侵权行为只造成一项利益损害时，则按该项利益损害计算赔偿金数额，并综合评断。

—— 训　练 ——

【司考】张某旅游时抱着当地一小女孩拍摄了一张照片，并将照片放在自己的博客中，后来发现该照片被用在某杂志的封面，并配以“母女情深”的文字说明。张某并未结婚，朋友看到杂志后纷纷询问张某，熟人对此也议论纷纷，张某深受困扰。下列哪些说法是正确的？（2010 年）

A. 杂志社侵害了张某的肖像权

B. 杂志社侵害了张某的名誉权

C. 杂志社侵害了张某的隐私权

D. 张某有权向杂志社要求精神损害赔偿

【答案】 ABD

【解析】张某对照片中体现的人格利益享有肖像权，未经张某同意，除有法定事由，他人不得使用。该杂志擅自使用张某照片的行为侵害了张某的肖像权，A 项正确。张某未婚，杂志社的行为使人误以为张某已婚，侵害了张某的名誉权，B 项正确。本题中不存在张某的隐私及隐私被侵害的问题，所以 C 项错误。《精神损害赔偿解释》第 1 条规定，侵害自然人肖像权、名誉权的，受害人有权要求精神损害赔偿，所以 D 项正确。

【司考】张某因病住院，医生手术时误将一肾脏摘除。张某向法院起诉，要求医院赔偿治疗费用和精神损害抚慰金。法院审理期间，张某术后感染医治无效死亡。关于此案，下列哪些说法是正确的？（2010 年）

A. 医院侵犯了张某的健康权和生命权

B. 张某继承人有权继承张某的医疗费赔偿请求权

C. 张某继承人有权继承张某的精神损害抚慰金请求权

D. 张某死后其配偶、父母和子女有权另行起诉，请求医院赔偿自己的精神损害

【答案】 ABCD

【解析】本题中医生手术时误将张某的肾脏摘除，侵害了张某的健康权，张某术后感染医治无效死亡，侵害了张某的生命权，医生的行为由医院承担侵权责任，所以A项正确。根据《侵权责任法》第16条的规定可知，张某有权要求医院赔偿医疗费。根据《民事诉讼法》第136条第1项的规定，在张某死亡的情况下，法院应当中止诉讼，等待继承人表明是否参加诉讼。本题中，张某的继承人有权继续参加诉讼，如果其决定继续参见诉讼，便是继承了张某在诉讼中的权利，即继承了张某的医疗费赔偿请求权。因此，B项正确。根据《侵权责任法》第22条可知，张某有权要求医院赔偿精神损害。《人身损害赔偿解释》第18条规定："精神损害抚慰金的请求权，不得让与或者继承。但赔偿义务人已经以书面方式承诺给予金钱赔偿，或者赔偿权利人已经向人民法院起诉的除外。"本题中张某向法院起诉时已经提出了精神损害抚慰金的赔偿请求，所以其继承人有权继承，C项正确。《精神损害赔偿解释》第7条规定："自然人因侵权行为致死，或者自然人死亡后其人格或者遗体遭受侵害，死者的配偶、父母和子女向人民法院起诉请求赔偿精神损害的，列其配偶、父母和子女为原告；没有配偶、父母和子女的，可以由其他近亲属提起诉讼，列其他近亲属为原告。"本题中张某因医院的侵权行为致死，其配偶、父母和子女有权以自己为原告起诉请求医院赔偿自己的精神损害，所以D项正确。

思考题

1. 如何理解精神损害赔偿的性质?
2. 试述精神损害赔偿责任的形式。
3. 试述精神损害赔偿的权利适用范围。
4. 简述算定精神损害赔偿金的具体规则。

阅读文献

1. 叶金强:《精神损害赔偿制度的解释论框架》，载《法学家》2011年第3期。
2. 陆青:《违约精神损害赔偿问题研究》，载《清华法学》2011年第5期。
3. 周琼、陈晓红:《侵害"其他人格利益"精神损害赔偿的限制——一种比较法的视角》，载《法商研究》2011年第3期。

第十二章　惩罚性赔偿

本章导语

依据《侵权责任法》第 47 条的规定，明知产品存在缺陷仍然生产、销售，造成他人死亡或者健康严重损害的，被侵权人有权请求相应的惩罚性赔偿。由于惩罚性赔偿是超出财产损失、人身损害和精神损害范围之外的金钱赔偿，其制度意义在于惩罚侵权人而不是救济补偿被侵权人，所以，其适用范围有严格的限定。学习本章内容重点掌握产品责任惩罚性赔偿的特点、适用条件，并认真思考惩罚性赔偿的功能。

第一节　惩罚性赔偿概述

本节提要

两大法系对惩罚性赔偿的态度不一致。大陆法系对惩罚性赔偿从近代以后逐渐淡化，原则上不承认惩罚性赔偿。我国立法确立了惩罚性赔偿但适用范围有限。本节重点理解惩罚性赔偿的特点。

一、惩罚性赔偿的概念

我国《侵权责任法》第 47 条规定："明知产品存在缺陷仍然生产、销售，造成他人死亡或者健康严重损害的，被侵权人有权请求相应的惩罚性赔偿。"《消费者权益保护法》第 55 条规定："经营者提供商品或者服务有欺诈行为的，应当按照消费者的要求增加赔偿其受到的损失，增加赔偿的金额为消费者购买商品的价款或者接受服务的费用的三倍；增加赔偿的金额不足五百元的，为五百元。法律另有规定的,依照其规定。经营者明知商品或者服务存在缺陷,仍然向消费者提供,造成消费者或者其他受害人死亡或者健康严重损害的,受害人有权要求经营者依照本法第四十九条、第五十一条等法律规定赔偿损失,并有权要求所受损失二倍以下的惩罚性赔偿。"《食品安全法》第148条第2款规定:"生产不符合食品安全标准的食品或者经营明知是不符合食品安全标准的食品,消费者除要求赔偿损失外,还可以向生产者或者经营者要求支付价款十倍或者损失三倍的赔偿金;增加赔偿的金额不足一千元的,为一千元。但是,食品的标签、说明书存在不影响食品安全且不会对消费者造成误导的瑕疵的除外。"《民法总则》第179条规定:"法律规定惩罚性赔偿的,依照其规定。"《民法总则》亦以基本法的形式对惩罚性赔偿给予了明确认可。据此,惩罚性赔偿责任亦为我国民法规定的民事赔偿责任的一种。

所谓惩罚性赔偿,是指侵权人给付的赔偿金超过受害人实际损害的金额。之所以如此,是因为有时候侵权人的主观心态极其恶劣,为了表示对其惩戒并威慑此类行为,有必要适用此等赔偿。惩罚性赔偿的性质实际上是一种私人罚款,是对民事违法行为的惩罚,与私法的补偿性质不相容。

惩罚性赔偿原本在罗马法上很常见。近代以后,大陆法系逐渐淡化私法中的惩罚性色彩,故原则上大陆法系侵权法不再承认惩罚性赔偿,仅在极其例外的场合下允许其个别存在。在大陆法系,无论是侵权损害赔偿还是违约损害赔偿,都是奉行单纯的补偿性民事法律责任制度。[1] 而在英美法系中,惩罚性赔偿虽然也一直有反对声音,但仍然根深蒂固。由于这种原因,惩罚性赔偿现在被认为是英美法系所独有的东西。尽管大陆法系目前基本上不情愿承认惩罚性赔偿制度,只是将其作为例外,由于社会的发展和现实的需要,这种例外越来越多,以至于有学者认为,这再也不能称为"例外",而是损害赔偿中双轨制(补偿性赔偿和惩罚性赔偿)中的一轨。事实的确如此,现在大陆法系大多数国家都承认的一个原则是:在侵权人因侵权的获益大于受害人的实际损害时(尤其在侵犯知识产权场合),侵权人支付的损害赔偿金数额不仅根据受害人的实际损害计算,而且还要参考侵权人的实际收益。这种侵权人支付的金钱额大于受害人实际损害额的赔偿形式,已经不能再叫作"补偿性赔偿"了。

惩罚性赔偿是为了惩罚加害人的严重不法行为,并预防其本人或者其他人发生类似行为而判定其在向受害人承担实际损失之后,作为对加害人的惩罚与威慑而由其向受害人额外承担的赔偿金。惩罚性赔偿不同于精神损害赔偿,精神损害

---

[1] 参见谢怀栻:《外国民商法精要》,法律出版社2006年版,第186页。

赔偿是对受害人精神痛苦的抚慰与补偿，而不是为了惩罚加害人，故适用精神损害赔偿时对加害人的主观过错并没有要求，无论故意或过失，只要确实因为加害人的行为造成了受害人的精神痛苦，就应当赔偿，这表明精神损害赔偿的基本功能仍是对损失的填补，而惩罚性赔偿的适用则要求加害人主观上具有恶意，对其实施惩罚性赔偿，就是要遏制其将来再做类似行为，同时对社会上的其他人亦起到示范警戒作用。惩罚性赔偿亦不同于罚金、罚款，虽然三者之间具有相似之处，即都是对不法行为者给予的一定财产处罚，但他们性质根本不同，罚款、罚金均属于国家公权力机关进行的公法行为，而惩罚性赔偿则是私法性质的，带有惩罚因素的民事责任方式。

二、惩罚性赔偿责任的特点

与传统的补偿性赔偿责任相比，惩罚性赔偿责任具有以下特点：

1. 惩罚性赔偿责任的目的是惩罚、制裁故意加害的侵权行为人。作为侵权责任的一种特殊承担方式，惩罚性赔偿不仅仅是要弥补受害人的损害，更重要的是要惩罚和制裁故意加害人，即通过惩罚故意侵权人以达到遏制不法行为的目的。

2. 惩罚性赔偿责任范围的确定不以实际损失为限。惩罚性赔偿责任的立法目的是遏制、惩罚严重不法行为，惩罚性赔偿的数额往往远远高于补偿性损害赔偿数额。在许多情况下，惩罚性赔偿的适用，是在受害人的实际损害不能准确确定，补偿性赔偿难以真正弥补受害人的损失为发生前提的。

3. 惩罚性赔偿数额的确定具有法定性。惩罚数额的确定通常是由法律法规直接规定的，这与补偿性赔偿责任可以由当事人自由约定有本质的不同。

4. 惩罚性赔偿具有从属性和附加性。惩罚性赔偿的适用必须在补偿性赔偿基础上，换言之，惩罚性赔偿不是独立的请求权，而是在判令加害人支付补偿性赔偿的同时，向受害人另行支付的赔偿。

5. 惩罚性赔偿责任的适用范围有限。无论是《消费者权益保障法》中对欺诈消费者的销售者的双倍惩罚性赔偿责任，还是《食品安全法》中对生产、销售不符合食品安全的生产者、销售者的价款 10 倍的惩罚性赔偿规制，乃至《侵权责任法》第 47 条对生产者、销售者的惩罚性赔偿规定，均涉及的是与“产品”或是消费有关的责任的惩罚性赔偿问题，这表明惩罚性赔偿责任在我国的适用范围是极其有限的。

三、惩罚性赔偿的功能

传统侵权责任法将补偿受害人的损失作为其主要目标，通过让加害人承担赔偿责任来实现弥补受害人损失的救济功能，以使当事人之间受到破坏的民事关系恢复到损害发生之前的状态。简言之，传统侵权责任法补偿功能的目的即是对受害人损失的补救，所谓“同质补偿”，其重在关注受害人与加害人之间失衡的利益关系的修复与稳定，而忽略或是极少关注侵权赔偿责任的承担对于预防或是遏制类似侵权行为的再次发生所应具有的积极功能。相较于补偿性损害赔偿的这种单一或是消极的功能，惩罚性赔偿则具有更为全面的积极功能，即惩罚、遏制（或预防）和充分的补偿功能。下面分别述之：

1. 惩罚功能。补偿性赔偿与民法的公平、等价有偿调整方法相一致，遵循损失多少赔偿多少的原则，这种简单的“对价交换”，对于不法行为人来说就如同一项交易，只要付出与其行为所致损害等量的赔偿金，就可以任意为不法行为，这对于主观恶性极大、经济殷实的加害人来说，特别是其加害行为并不构成刑事责任时，无疑似乎享有了一项利用金钱购买损害他人利益的“权利”，这是传统的补偿性赔偿不关注加害人的主观过错而致的现实尴尬，而通过惩罚性赔偿，让主观恶性极大的不法行为人负担远远高于其不法行为所致损害或其所获利益的高额赔偿金，才能使其刻骨铭心，不敢轻易再范，从而达到惩罚的效果。因此，惩罚功能是惩罚性赔偿制度最主要的功能之一。

2. 充分的补偿功能。惩罚性赔偿所具有的补偿功能主要体现在依补偿性赔偿不能得到正常补救的那些损失。一般说来，因加害人的致害行为而给受害人造成的损失包括三部分，即财产损失、非财产损害（人身伤害与精神损害）以及受害人为诉讼而支出的费用及丧失的利益。依照补偿性赔偿规则，受害人可以就财产损失以及人身损害引发的财产损失获得等量赔偿，但对于人身权损害和精神损害而言，人身权本身不具有财产性，无法用金钱衡量价值大小，而精神损害的范围实践中又难以确定，因此，人身权和精神损害的等量赔偿实际很难实现，特别是受害人为维护自身合法权益进行诉讼支出的费用以及因此丧失的利益更无法通过补偿性赔偿得到相应的补救，而上述所有这些损失的救济在补偿性赔偿无能为力时，可以借助于惩罚性赔偿制度使受害人得到充分的补偿。

3. 遏制功能。遏制功能也称为预防功能或教育功能，是指通过惩罚加害人的不法行为来遏制、防止类似行为再次发生。一方面通过对不法行为人的经济惩罚，使其不仅不能通过实施不法行为获得任何利益，而且还会为此付出高额的代价，从而对其产生威慑作用，防止其再次进行类似侵权行为；另一方面，通过惩罚性赔偿对社会一般人进行遏制，防止潜在的加害人从事与加害人相同或相类似的不法行为。

第二节　惩罚性赔偿的适用

｜本节提要｜

本节重点学习惩罚性赔偿的适用条件和范围。惩罚性赔偿不仅适用于产品欺诈与服务欺诈违约的惩罚性赔偿，恶意商品侵权和恶意服务侵权造成损害的，也适用惩罚性赔偿。但精神损害不适用惩罚性赔偿，惩罚性赔偿仅适用财产损害。

一、适用惩罚性赔偿的条件和范围

根据《侵权责任法》第47条的规定：明知产品存在缺陷仍然生产、销售，造成他人死亡或者健康严重损害的，被侵权人有权请求相应的惩罚性赔偿。《消费者权益保障法》第55条第2款的规定：经营者明知商品或者服务存在缺陷，仍然向消费者提供，造成消费者或者其他受害人死亡或者健康严重损害的，受害人有权要求经营者依照本法第49、51条等法律规定赔偿损失，并有权要求所受损失两倍以下的惩罚性赔偿。可以看出，惩罚性赔偿不仅适用于产品欺诈与服务欺诈违约的惩罚性赔偿，恶意商品侵权和恶意服务侵权造成损害的，也适用惩罚性赔偿。侵权责任适用惩罚性赔偿应具备以下条件：

1. 商品或者服务存在缺陷致人死亡或者健康严重损害。如果仅是造成财产损失不适用惩罚性赔偿金，或者虽然造成健康损害但后果不严重，都不得适用惩罚性赔偿。

2. 侵权人明知商品或者服务存在缺陷仍然生产、销售。明知即侵权人存在主观故意。在举证责任分配上，对于是否明知产品存在缺陷应由生产者、销售者举证，受害人只需就其使用该产品造成损害这一客观事实进行证明即可。

3. 精神损害不适用惩罚性赔偿。《消费者权益保护法》和《食品安全法》规定的惩罚性赔偿是针对造成的财产损害，并不包括精神损害。《食品安全法》规定的是消费者可以向生产者或者经营者要求支付价款的10倍或者损失的3倍的赔偿金。《消费者权益保护法》规定的是消费者要求增加赔偿的金额为消费者购买商品的价款或者接受服务的费用的3倍。

二、惩罚性赔偿数额的确定标准

《侵权责任法》对于惩罚性赔偿金数额没有明确标准。只规定"被侵权人有权请求相应的惩罚性赔偿"，至于究竟赔偿数额是多少，或以什么标准来确定惩罚数额，均未提及。笔者认为，惩罚性赔偿金的确定标准是否合理，直接决定着该制度的功能以及设立目的能否实现，因此，确立一个合理的赔偿标准对于惩罚性赔偿制度的落实显得尤为重要。对于我国而言，应该充分借鉴英美国家的先进制度，结合我国实际情况，制定一个切实可行的惩罚金数额标准。

惩罚性赔偿数额在英美法系中的规定大体采取两种方式：一种是比例性原则，即惩罚性赔偿的数额应当与补偿性损害赔偿数额之间保持某种合理的比例关系，前者不应比后者高出太多；另一种是对惩罚性赔偿的最高数额做出限制。例如，美国佛罗里达州规定惩罚性赔偿数额为补偿性损害赔偿的 3 倍，而弗吉尼亚州则规定惩罚性赔偿金最高限额为 35 万美元。而在惩罚性赔偿金量定因素上，美国法院主要以被告不法行为的非难程度与其获利可能性、原告受害之性质与程度、被告之财务状况，以及被告遭受其他处罚之可能性为考量的标准。

上述两种做法，显然第二种更适合我国国情，也与我们惯常的法律思维相符。结合我国在消费者权益保障领域已经实行了十多年的惩罚性赔偿规定的实践经验，我国完全可以借鉴上述美国的规定，在立法上设置一个惩罚性赔偿的最低限额与最高限额。

在具体确定惩罚金数额时，法官可以考量下列因素：(1)被告过错行为的性质及被告的主观状态（如是否存在故意、重大过失等）；(2)该行为对原告和其他人造成的影响；(3)补偿性赔偿的数额；(4)被告因为其行为已经或将要支付的任何罚款、罚金等；(5)该赔偿数额能否有效地起到威慑作用；(6)被告的经济状况；(7)对照由该行为引起行政或刑事处罚的数额等。总之，在确定惩罚性赔偿金时，一定要保持一个合理的度，既要切实维护受害者的利益，又要保证惩罚性赔偿制度的惩罚遏制功能有效实现。

—— 训　练 ——

【司考】甲系某品牌汽车制造商，发现已投入流通的某款车型刹车系统存在技术缺陷，即通过媒体和销售商发布召回该款车进行技术处理的通知。乙购买该车,看到通知后立即驱车前往丙销售公司,途中因刹车系统失灵撞上大树,造成伤害。下列哪些说法是正确的?(2011年)

A. 乙有权请求甲承担赔偿责任

B. 乙有权请求丙承担赔偿责任

C. 乙有权请求惩罚性赔偿

D. 甲的责任是无过错责任

【答案】 ABD

【解析】 《侵权责任法》第43条第1款规定,因产品存在缺陷造成损害的,被侵权人可以向产品的生产者请求赔偿,也可以向产品的销售者请求赔偿。据此可知,乙有权请求生产者甲承担赔偿责任,也有权要求销售者丙承担赔偿责任。A、B项正确。

《侵权责任法》第47条规定,明知产品存在缺陷仍然生产、销售,造成他人死亡或者健康严重损害的,被侵权人有权请求相应的惩罚性赔偿。本题中,甲、丙并不存在明知该汽车存在缺陷而故意生产、销售的情况,而且甲在发现汽车存在缺陷后及时通过媒体和销售商发布召回该款车的通知,说明其在主观上不存在恶意,乙无权请求惩罚性赔偿。C项错误。

甲的责任是产品责任,属于无过错责任,不以有过错为承担责任的前提条件。D项正确。

【案例一】2014年4月,范建武在广东省文物总店购买了一只手镯,发票载明的商品为“yqgda－0765翡翠手镯”,经广东省地质科学研究所鉴定为“水钙铝榴石手镯”。范建武认为文物总店构成欺诈,向广东省广州市越秀区人民法院起诉,请求退一赔三。一审法院、二审法院都认为,该行为构成欺诈,支持消费者请求。

【解析】广东省文物总店以普通石榴玉石手镯冒充翡翠手镯出售,构成对消费者的欺诈,消费者有权请求向销售者退货,销售者向消费者退还货款并支付价款3倍赔偿。

【案例二】2013年9月,王毅向天津中进沛显汽车服务有限公司购买欧蓝德JE3A2693小型越野客车一辆,2014年2月,中进汽车公司通知王毅该车辆应当被召回。而在2013年6月4日,三菱汽车销售(中国)有限公司已经公开发布召回部分进口欧蓝德汽车公告,召回车辆范围包括王毅所购车辆。王毅向天津市滨海新区人民法院起诉,请求退还汽车,并3倍赔偿购车款。一审法院未支持消费者诉求,二审法院认为,中进汽车公司隐瞒车辆瑕疵而销售,构成商业欺诈。本案车辆销售行为发生在《消费者权益保护法》修订前,故中进汽车公司应当承担“退一赔一”的法律责任。

【解析】经营者销售已公告召回的汽车,构成商业欺诈。消费者有权请求退还所购汽车,并由经营者退还购车款并赔偿1倍的购车款。

思考题

1. 为什么精神损害不适用惩罚性赔偿?
2. 惩罚性赔偿适用具备什么条件?

阅读文献

1. 朱广新:《惩罚性赔偿制度的演进与适用》,载《中国社会科学》2014 年第 3 期。
2. 孔东菊:《论惩罚性赔偿在我国立法中的确立和完善——从〈消费者权益保护法〉到〈侵权责任法〉》,载《法学杂志》2010 年第 8 期。
3. 艾尔肯、张榆:《论〈食品安全法〉中的惩罚性赔偿制度——兼评〈食品安全法〉第 96 条》,载《辽宁师范大学学报》2011 年第 5 期。
4. 李响:《我国食品安全法"十倍赔偿"规定之批判与完善》,载《法商研究》2009 年第 6 期。
5. 杨立新:《〈消费者权益保护法〉规定惩罚性赔偿责任的成功与不足及完善措施》,载《清华法学》2010 年第 3 期。
6. 关淑芳:《惩罚性赔偿制度研究》,中国人民公安大学出版社 2008 年版。

第十三章　附带民事诉讼损害赔偿

本章导语

附带的损害赔偿，是指在刑事诉讼和行政诉讼中，因刑事犯罪和行政违法行为侵害公民、法人人身权利和财产权利，在确定刑事责任或者行政责任时一并确定的损害赔偿责任。附带民事诉讼分为刑事诉讼附带民事诉讼和行政诉讼附带民事诉讼。

第一节　刑事附带民事诉讼中的损害赔偿

本节提要

现行相关刑事立法规定刑事附带民事诉讼损害赔偿责任范围仅限于“由于犯罪行为而使被害人遭受的经济损失”。学习本节内容重点要掌握刑事附带民事诉讼中损害赔偿责任的赔偿范围中是否应当包括精神损害赔偿。

一、刑事附带民事诉讼中的损害赔偿的概念

刑事附带民事诉讼中的损害赔偿是指司法机关在刑事诉讼过程中，在追究被告刑事责任的同时，一并责令其因该犯罪对被害人人身或者财产利益所造成的物质损失承担损害赔偿的民事责任，是由于法规竞合所致。

《刑法》第 36 条规定：“由于犯罪行为而使被害人遭受经济损失的，对犯罪分子除依法给予刑事处罚外，并应根据情况判处赔偿经济损失。承担民事赔偿责任的犯罪分子，同时被判处罚金，其财产不足以全部支付的，或者被判处没收财产的，应当先承担对被害人的民事赔偿责任。”第 37 条规定：“对于犯罪情节轻微不

需要判处刑罚的，可以免予刑事处罚，但是可以根据案件的不同情况，予以训诫或者责令具结悔过、赔礼道歉、赔偿损失，或者由主管部门予以行政处罚或者行政处分。"《刑事诉讼法》第99条规定："被害人由于被告人的犯罪行为而遭受物质损失的，在刑事诉讼过程中，有权提起附带民事诉讼。被害人死亡或者丧失行为能力的，被害人的法定代理人、近亲属有权提起附带民事诉讼。"第101条规定："人民法院审理附带民事诉讼案件，可以进行调解，或者根据物质损失情况做出判决、裁定。"第102条规定："附带民事诉讼应当同刑事案件一并审判，只有为了防止刑事案件审判的过分迟延，才可以在刑事案件审判后，由同一审判组织继续审理附带民事诉讼。"

二、刑事附带民事诉讼中的损害赔偿责任的构成

刑事附带民事诉讼中的损害赔偿责任在具备一般侵权责任构成要件的同时，还应满足以下条件：

1. 刑事责任已经构成是附带民事诉讼成立的前提。在刑事附带民事诉讼中，民事责任是由刑事诉讼所追究的犯罪行为引起的，只有在该行为满足犯罪的构成要件，并且已经被提起公诉或者被提起自诉的情况下，才有可能出现刑事附带民事诉讼的情形；如果该行为并未满足犯罪的构成要件，或者在侦查起诉阶段被认定为不用承担刑事责任，则刑事附带民事诉讼的情形就不可能出现，而只能通过民事诉讼等程序请求行为人承担侵权责任。

2. 被害人因人身或者财产遭受损害而产生了物质损失和精神损害。犯罪行为使受害的公民、法人造成物质损失，被害人才能以附带民事诉讼原告的身份提出损害赔偿的诉讼请求。因为，损害赔偿的前提是损害，没有损害，就无所谓赔偿。至于造成损害的原因，可以是侵害财产的犯罪造成的财产利益损失，也可以是侵害人身权利的犯罪造成的被害人因医疗、丧葬等造成的财产利益损失。

按照现行刑事立法的规定，刑事犯罪侵害人格权益造成精神损害的，受害人依照刑事诉讼程序予以刑事附带民事损害赔偿或者单独提起民事诉讼要求赔偿精神损失的，人民法院不予受理。《刑事诉讼法司法解释》第138条规定："被害人因人身权利受到犯罪侵犯或者财物被犯罪分子毁坏而遭受物质损失的，有权在刑事诉讼过程中提起附带民事诉讼；被害人死亡或者丧失行为能力的，其法定代理人、近亲属有权提起附带民事诉讼。因受到犯罪侵犯，提起附带民事诉讼或者单独提起民事诉讼要求赔偿精神损失的，人民法院不予受理。"该解释规定限制了在刑事案件致人损害时，受害人附带民事诉讼中提出精神损害赔偿的权利或者在该

刑事案件审结以后,被害人另行提起精神损害赔偿民事诉讼的,人民法院不予受理。笔者认为,这些规定是有问题的:

(1)该规定不符合法律的公平原则。我国刑事立法中,被害人在附带民事诉讼中仅可以就其所遭受的物质损失请求赔偿,然而实践中,刑事案件被害人同样会因为犯罪行为而遭受精神痛苦,而且这种精神损害较民事侵权所造成的损害程度更甚。同时,相对于受害人所遭受的精神损害,其物质损失往往是微不足道的,所以,立法将损失的范围局限于物质损失,而忽略被害人遭受的精神损失,违反了法律的公平原则和人文精神。有观点认为既然被告已经承担了刑事责任,就已经达到了抚慰被害人精神痛苦的作用,而不需要再次制裁被害人。对此,笔者认为,追究犯罪行为人的刑事责任是国家对严重违法行为的一种制裁,其代表的是国家的利益,对于受害人来说不具有直接性,因此,刑事责任尽管对受害人可以起到抚慰的作用,但这远远不够。

(2)该规定与刑事附带民事诉讼设立的初衷不符。设立刑事附带民事诉讼的本意在于考虑到犯罪行为既造成了受害人民事损害又破坏了社会关系,并且该民事损害后果与犯罪事实之间存在一定的联系,因此,将刑事诉讼和民事诉讼合并审理,既方便了诉讼,简化了诉讼程序,减少了当事人的讼累,又有利于及时、正确地处理纠纷。换句话说,刑事附带民事诉讼本质上是诉的合并,其目的仅仅是节省成本,提高效率,而我国如此立法,将民事诉讼中的精神损害赔偿剔除掉,则违背了刑事诉讼与民事诉讼合并的主旨。同时,尽管附带民事诉讼中损害赔偿的归责原则是以刑事案件的归责原则为准的,即采用过错责任原则,但是,这些都不能改变该诉讼中损害赔偿的民事性质,因此,附带民事诉讼中的民事部分依照民事法律法规请求精神损害赔偿是可以的,并不与刑事诉讼的宗旨相违背。

(3)该规定不利于充分保护受害人的权利。刑事方面限制精神损害赔偿的司法解释反映了重打击轻保护的刑事审案理念。如此规定不仅引导了法院片面追求刑事案件的结案率,而放弃刑事附带民事诉讼中对民事诉讼被害人及其近亲属重大权益的保护,而且会导致审判实践中出现对一般的民事侵权行为受害人尚可通过法律获得精神损害抚慰金,但因刑事犯罪而致害的被害人及其近亲属却无权请求精神损害赔偿的奇怪现象,这对受害人非常不公平,也严重违反了司法追求公正与效率的宗旨,与基本的社会正义观念不符。如果仅仅因为已经对犯罪分子判处了刑事处罚,而忽略对受害人的抚慰与赔偿,则对受害人的利益并未起到全面保护的作用。尤其是在法院最终判决被告不构成犯罪的情形下或者不承担刑事责任的情形下更是如此,此时,所谓的刑事附带民事诉讼则更趋近于民事诉讼,若不允许受害人请求精神损害赔偿,则受害人的利益就无法得到保障。

(4)该规定破坏了法律之间的和谐统一。我国民事立法已经确立了精神损害赔偿制度,并且经过实践检验取得了良好效果,尽管民事法律与刑事法律所规定的范畴不同,但是二者统一在一个法律体系当中,因此在存在法律交叉使用的情形下,应保持法律体系的一致性。这些刑事方面的司法解释也与民事方面的《精神损害赔偿司法解释》和《名誉权案件司法解答》的基本精神相悖。

(5)从法律责任角度分析,被告人的刑事责任与被告人精神损害赔偿的民事责任是并列关系而不是主从关系,不能用被告人的刑事责任来替代被告人精神损害赔偿的民事责任。要求犯罪行为人精神损害赔偿对其具有惩罚的功能,对社会公众又能起到警示作用,这与刑事责任所具有的惩戒、教育功能也是相通的。刑事案件限制精神损害赔偿的规定明显与《民法通则》第110条、《侵权责任法》第4条以及《民法总则》第187条第1款的基本法律规定相抵触。《民法总则》和《侵权责任法》作为基本法律的效力要高于最高人民法院的司法解释效力。这两部法律的规定标志着我国在法律层面上再一次表明了一部基本法律的立法态度,承担刑事责任,不影响依法承担侵权责任。这其中不仅包括了提起附带民事诉讼,同时,包括附带提起精神损害赔偿,人民法院应当在刑事附带民事诉讼案件适用。在刑事附带民事诉讼中应允许受害人提起精神损害赔偿,以更好地保护受害人的利益。

3. 被害人的损失由被告人的犯罪行为引起。这里所说的犯罪行为是指被告人在刑事诉讼过程中被指控的犯罪行为,而不是人民法院最终以生效裁判确定构成犯罪并承担刑事责任的行为。只要该行为被公安司法机关追诉,受害人就可以提起附带民事诉讼。即使被告人的行为最终没有被人民法院以生效裁判确定为实体意义上的犯罪行为,也不影响附带民事诉讼的提起和进行。

三、刑事附带民事诉讼中损害赔偿的归责原则

刑事附带民事诉讼中的损害赔偿与民事侵权损害赔偿一样,其性质都是民事责任。民事侵权行为的归责原则因情况不同,可分别适用过错责任原则、过错推定原则、无过错责任原则,然而,由于刑事附带民事诉讼中的损害赔偿中受害人的经济损失是由被公安司法机关追诉的违法行为所造成的,且附带民事诉讼成立的前提是刑事诉讼已经成立,所以此类案件中,民事责任的归责原则应与刑事责任相同。过错是犯罪的构成要件之一,行为人如果无过错,就不构成犯罪,因此,刑事附带民事诉讼中的损害赔偿必须是在行为人具有过错的前提下方可产生。过

错责任原则是刑事附带民事诉讼中损害赔偿责任的唯一归责原则。

此外,共同行为人致人损害,违法行为受到公安司法机关的追诉,但是部分行为人构成犯罪而部分行为人不构成犯罪的情形下,不构成犯罪的行为人也应负附带民事损害赔偿责任。因为,在刑法中没有过错的共同行为人是不存在的,因此,追究不构成犯罪的附带民事诉讼被告的损害赔偿责任是符合法律规定的,但必须以过错责任原则为前提。

四、刑事附带民事诉讼中损害赔偿的主体

(一)权利主体

刑事附带民事诉讼中损害赔偿的权利主体,是指犯罪行为侵害其财产权利、人身权利,从而导致受有损害而享有损害赔偿请求权的人,也就是受到财产损失的被害人,但是在被害人死亡的情形下,由其近亲属作为权利主体。

刑事附带民事诉讼中损害赔偿的权利主体应具备的条件是:(1)必须是因犯罪而受损害的人;(2)必须是因犯罪行为而使其民事权利受到损害的人;(3)必须是在刑事诉讼中依法提出民事赔偿诉讼请求,并由司法机关认可的人。

刑事附带民事损害赔偿的权利主体主要包括:(1)遭受损害的被害人;(2)被害人的法定代理人、近亲属;(3)被害人死亡的,其法定继承人;(4)遭受侵害的国家、集体单位及其他社会组织;(5)当国家财产、集体财产遭受损失而由人民检察院提起附带民事诉讼时,检察机关具有权利主体的身份。

(二)义务主体

刑事附带民事损害赔偿的义务主体,是指对犯罪行为造成的物质损害负有赔偿责任的人,一般是指违法行为人。

刑事附带民事损害赔偿的义务主体应具备的条件是:(1)刑事被告人的犯罪行为必须造成被害人民事权利的损害;(2)刑事被告人必须对损害负有赔偿责任;(3)附带民事损害赔偿的权利主体已提出赔偿的诉讼请求,并经司法机关认可。

刑事附带民事损害赔偿的义务主体不限于刑事被告人本人,还包括:(1)刑事被告人是未成年人的,其法定代理人作为附带民事诉讼被告;(2)与没有民事赔偿能力的刑事被告人共同生活的近亲属同意承担赔偿责任的,也可以成为附带民事诉讼被告;(3)有义务为刑事被告人承担赔偿责任的法人,按照《民法通则》的规定,工作人员在执行职务过程中的犯罪行为造成物质损失的赔偿,应由法人承担;(4)与刑事被告人的犯罪行为负有连带赔偿责任的人。

五、刑事附带民事诉讼中损害赔偿的责任范围

按照我国《刑法》第36条的规定，刑事附带民事诉讼中损害赔偿的责任范围仅限于“由于犯罪行为而使被害人遭受经济损失”，主要包括以下内容：(1)侵害财产权利的犯罪所造成财产损失的赔偿；(2)侵害生命权、健康权、身体权的犯罪而使被害人遭受财产损失的赔偿；(3)侵害人身权构成犯罪所造成人身利益损害的精神损害赔偿。

确定刑事附带民事诉讼中的损害赔偿责任，应注意以下几个问题：

1. 违法行为所造成的损害赔偿，其责任范围是否应包括未构成犯罪的其他共同行为人的赔偿责任。对此，通说认为应当视起诉情况而定。如果只追究刑事被告人的损害赔偿责任，而未起诉其他未构成犯罪的共同行为人的，仅就刑事被告人的赔偿责任进行判决。

2. 刑事附带民事诉讼中损害赔偿的范围是否应包括间接损失。从性质来看，刑事附带民事诉讼中损害赔偿仍然是侵权民事责任，因此，应当按照《民法通则》的规定处理，直接损失与间接损失均应该赔偿。

3. 对于财产犯罪造成的损失，是依附带民事赔偿办法解决，还是依追赃退赔办法解决。对此，在实务中，对于盗窃、诈骗、贪污等侵害财产的犯罪，采取追赃办法，将追回的赃款赃物返还被害人，刑事被害人不得提起刑事附带民事诉讼。[1]这样一来，将产生两方面的问题：(1)追赃、退赔和附带民事赔偿都是法律规定的刑法救济手段，所以也应准许提出附带民事赔偿请求。(2)追赃、退赔往往不能满足受害人财产损害赔偿的请求，被害人财产损害无法得到民事审判提供的救济。

4. 在刑事附带民事诉讼中没有赔偿全部损失，被害人可否依民事诉讼程序另行起诉？对此，一种意见认为，准许被害人另行提起民事诉讼，违背一事不再理原则；另一种意见认为，应依特例处理，不受一事不再理原则拘束。一事不再理是诉讼程序的一般原则，不应当有例外，但是，对于一事的审理，应当就当事人的全部诉讼请求进行审理并做出判决，如果刑事附带民事判决仅赔偿了被害人部分损失，其余损失就等于没有审理，如果与刑事被告人造成这一损失的还有其他连带责任人，则被害人可就未获赔偿的部分另行起诉，这并不违反一事不再理原则。

---

〔1〕 刘金友：《附带民事诉讼的理论与实践》，中国展望出版社1990年版，第71页。

第二节　行政附带民事诉讼中的损害赔偿

本节提要

行政附带民事诉讼中的损害赔偿,是指人民法院通过行政诉讼程序,在审理解决行政违法行为人行政责任的同时,一并审理解决与引起该案件的行政争议相关的民事纠纷,并且确定对各自受害人因此受到损害的赔偿责任。

一、行政附带民事诉讼概述

《行政诉讼法》第61条第1款规定"在涉及行政许可、登记、征收、征用和行政机关对民事争议所作的裁决的行政诉讼中,当事人申请一并解决相关民事争议的,人民法院可以一并审理。"《行政诉讼法司法解释》第17条第1款规定"公民、法人或者其他组织请求一并审理行政诉讼法第六十一条规定的相关民事争议,应当在第一审开庭审理前提出;有正当理由的,也可以在法庭调查中提出。"第18条规定:"人民法院在行政诉讼中一并审理相关民事争议的,民事争议应当单独立案,由同一审判组织审理。审理行政机关对民事争议所作裁决的案件,一并审理民事争议的,不另行立案。"第19条规定:"人民法院一并审理相关民事争议,适用民事法律规范的相关规定,法律另有规定的除外。当事人在调解中对民事权益的处分,不能作为审查被诉行政行为合法性的根据。行政争议和民事争议应当分别裁判……"上述规定正式将行民交叉问题纳入法律规范,被学界统称为"行政附带民事诉讼制度"。

(一)行政附带民事诉讼的概念和特征

我国行政诉讼法没有对行政附带民事诉讼具体定义,结合刑事附带民事诉讼的定义和所表现的特征,我们不妨这样界定行政附带民事诉讼:在行政诉讼过程中人民法院根据当事人或利害关系人的请求,对与引起该案件的行政争议相关的民事纠纷一并审理的诉讼活动和诉讼关系的总称。

行政附带民事诉讼的特征主要体现在诉讼标的、诉讼主体和诉讼程序三个方面:

1. 诉讼标的具有双重性,即行政争议与民事争议。一方面,行政附带民事诉讼是将行政争议和民事争议一并审理的诉讼,涉及行政与民事两种法律关系和诉讼标的。行政相对人就多个相关行政争议或多个民事争议提起诉讼,仅产生同类性质诉的合并,而不会产生行政附带民事诉讼。如行政争议与行政赔偿争议诉讼,虽然诉讼标的是两个,但行政赔偿争议本质上仍然是行政争议,因此仅成立行政诉讼合并之诉,而不成立行政附带民事诉讼。而行政诉讼或民事诉讼均只有一种实体法诉讼标的,即行政法律关系或民事法律关系。另一方面,行政争议与民事争议应当具有事实上或法律上的相关性。事实上的相关性,是指行政争议与民事争议均源于同一事实。主要表现为两种情况:一种是行政主体的行政行为既导致行政争议产生,又导致行政相对人之间民事争议产生。如规划部门为行政相对人颁发建房规划许可证,引起行政相对人之间采光权、通风权等相邻权之争。行政相对人在提出撤销规划许可证请求的同时,又提起相邻权侵权之诉讼请求。另一种是民事主体行为既导致民事争议,又导致行政行为,进而引发行政争议。如民事主体违反治安管理的行为,引起公安机关对其治安处罚的行政行为,进而导致针对该行政处罚的行政争议,同时又引起加害人与受害人之间的民事损害赔偿争议。法律上的相关性,是指行政争议对民事争议的解决具有先决作用,行政争议解决是民事争议解决的前提。如不服土地所有权权属确认行政裁决争议的解决是解决其他土地所有权纠纷如占有土地的迁出、损害赔偿等民事争议的前提。

2. 诉讼主体具有双重性。在行政附带民事诉讼中,行政诉讼的原告又是附带民事诉讼的当事人(原告或被告),行政诉讼的第三人又为附带民事诉讼的当事人(被告或原告),审理行政争议和审理民事争议的审判主体(组织)、审判法庭具有同一性,即法官既是行政诉讼的审判者,又是民事诉讼的审判者,均由行政审判庭审理。在行政诉讼或民事诉讼中,当事人的身份是单一的(民事诉讼中,被告提起反诉的除外),并且行政争议由行政审判庭审理、民事争议由民事审判庭审理。

3. 程序适用具有双重性。在行政附带民事诉讼中,行政争议的审理与裁判主要适用行政诉讼程序,民事争议的审理主要适用民事诉讼程序,从整体上看,行政附带民事诉讼是融合行政诉讼和民事诉讼机理的特别程序,较行政诉讼、民事诉讼单纯适用不同。

(二)行政附带民事诉讼的适用条件

行政诉讼一并审理民事诉讼并非所有的民事诉讼都可以在行政诉讼一并解决,更不是可以在任何审级、任何时候、随意提起。根据《行政诉讼法》第 61 条及《行政诉讼法司法解释》第 17 条的规定,笔者认为,在行政诉讼中一并解决民事争议必须具备以下几个条件:

1. 以行政诉讼首先能够成立作为先决条件。在行政附带民事诉讼案件中,两个诉讼的关系当然不是并列的,而是以行政诉讼为主,民事诉讼为辅。民事诉讼必然地受到行政诉讼的制约。只有当行政诉讼成立时,行政附带民事诉讼方能成立,否则,民事诉讼就失去了赖以存在的依托和基础,或者不能成立,或者只能形成单独的民事诉讼。简言之,作为附诉的民事诉讼必须依附于作为主诉的行政诉讼而存在。

2. 行政诉讼与民事诉讼必须有内在的相关性。即基于同一行政行为引起了性质不同的行政争议和民事争议。行政相对人一方面不服行政机关的行政行为,提起行政诉讼;另一方面又认为行政机关的行政行为对自己的民事合法权益产生了影响,从而提起附带民事诉讼。如行政机关的某一行政行为、某项处罚或处理决定,除引起当事人对行政处理的行政行为不服外,还在民事法律关系中损害了行为相对人的合法权益,从而引起了两种同一起因性质有别的争议。

3. 行政诉讼与民事诉讼的诉讼请求必须具有内在联系。行政附带民事诉讼中有两种不同性质又相互联系的诉讼请求,一种是行政法性质的诉讼请求,行政相对人不服行政机关的行政行为,认为该具体行政行为侵犯了自己的合法权益,请求人民法院予以撤销或变更该具体行政行为;另一种是民法性质的诉讼请求,行政相对人认为行政机关的该行政行为对自己的民事权益产生了影响,请求人民法院判令对方当事人停止侵害、赔偿损失等。这两种不同性质的诉讼请求可以在同一时间由同一人提出,也可以在不同时间由不同人提出。

4. 两种不同性质又相互联系的诉讼请求符合可以并案审理的要件。如果当事人只对行政机关的行政行为不服提起诉讼,人民法院只能就被诉的行政行为进行审理裁判,而不能解决民事争议的实体问题。只有当事人既对行政机关的行政行为不服,提起行政诉讼,又对民事争议不服申请解决民事争议的,人民法院才可以并案审理,一并解决行政争议和民事争议。但行政诉讼的被告不能成为附带民事诉讼的原告,也不能成为附带民事诉讼的被告。

5. 行政附带民事诉讼还要符合民事诉讼法规定的起诉条件、人民法院主管和管辖权等条件。

(三)行政诉讼一并解决的民事争议范围及例外

1. 行政诉讼中可一并解决的民事争议的范围。依据《行政诉讼法》第 61 条之规定,笔者认为,在行政诉讼中可以一并解决的民事争议范围包括:

第一,行政许可类案件。并非所有行政许可案件均可适用行政附带民事诉讼,应限定于行政相对人实施行政机关已经许可的某种行为时,第三方认为其侵犯了自己的民事权益而产生争议,而行政相对人以其行为经过行政机关许可为抗辩的情形。

第二,行政登记类案件。我国行政登记包括房屋、婚姻、工商、著作权登记几大类,可能因登记行政行为引发民事争议的案件多发生在房屋、著作权登记类。如房屋的错误登记影响物权的使用效能,行政相对人在申请确认登记错误、纠正行政登记行为的同时可能要求第三人赔偿无法使用或处分物权的经济损失。

第三,行政征收、征用类案件。行政征收是指为了公共利益的需要,根据法律、法规的规定,以强制方式取得行政相对人财产所有权的行政行为,它包括有偿和无偿两种方式。行政征用是指为了公共利益和公共目的,依法强制获得公民、法人财产的使用权,并给予其合理补偿的法律制度。行政征收、征用行政行为的发生极可能影响第三人的利益。如征用已经租赁使用的厂房、仓库等。在租期未满、装饰装修的补偿、租金支付等方面极可能因征收补偿引发行政争议,也可能因欠付租金支付、返还主体导致租赁合同纠纷。

第四,行政机关对民事争议做出的裁决类案件。即一方当事人不服行政机关就民事争议部分所作的行政裁决,在提起以行政机关为被告,请求法院撤销行政裁决的行政诉讼的同时附带提起以对方当事人为被告请求法院重新就民事争议做出行政裁决的民事诉讼。行政裁决不同于一般行政行为,需以存在民事争议为前提,而行政相对人诉请撤销行政裁决的本意在于解决其民事争议,其中包括权属纠纷裁决、侵权纠纷裁决、损害赔偿裁决等。

第五,行政确认类案件。行政确认是指行政主体依法对行政相对人的法律地位、法律关系、法律事实等事项依据职权或者依当事人的申请进行判断、甄别,并在此基础上做出证明、认可、确定的一种具体行政行为。当事人不服行政机关的确认决定,认为应归属于自己的某项权利被行政机关确认给他人而提起诉讼,另一方则要求获得民事赔偿的诉讼;或是一方当事人不服行政机关的确认决定,要求撤销行政确认决定并责令对方当事人承担民事责任的诉讼。

第六,行政处罚类案件。并不是所有行政处罚案件均可适用,只有存在侵权行为被害人的行政处罚案件方可适用行政附带民事诉讼。被处罚的行政相对人的行为既违反了相关法律法规又构成民事侵权,既要承担行政法律责任也要承担民事责任,两种责任基于同一行为产生。如被处罚人不服行政处罚决定和行政机关要求其承担的民事责任而提起诉讼;或是受害人不服该处罚决定所涉及的民事赔偿内容,要求增加赔偿而提起诉讼;或是被处罚人和被害人均不服而提起诉讼。

2. 民事争议解决的例外。根据《行政诉讼法司法解释》第 17 条第 2 款之规定,法律规定应当由行政机关先行处理的民事争议、违反民事诉讼法专属管辖规定或者协议管辖约定的民事争议、已经申请仲裁或者提起民事诉讼的民事争议以及其他不以一并审理的民事争议，不能在行政诉讼中一并处理。

二、行政附带民事诉讼中的损害赔偿

（一）行政附带民事诉讼中损害赔偿的概念及特征

行政附带民事诉讼中的损害赔偿，是指人民法院在审理行政案件的同时，一并审理与引起该案件的行政争议相关的民事纠纷，并且确定该民事纠纷当事人之间的损害赔偿责任。行政附带民事诉讼损害赔偿亦源于法规竞合理论。发生在不同法律部门的法规竞合，产生不同性质的法律后果，行为人应当承担不同性质的法律责任。行政损害赔偿由违法的行政行为产生，是由国家行政机关承担的损害赔偿责任，由行政赔偿程序解决。行政附带民事诉讼损害赔偿是由行政违法行为产生，由行政违法行为人向其行为的受害人承担损害赔偿。

行政附带民事诉讼中损害赔偿的法律特征是：

1. 行政附带民事诉讼中损害赔偿中的民事赔偿是附带于行政责任的民事责任方式。无行政责任的确定则无民事赔偿责任的确定。附带民事仍然是民事责任，是侵权的具体责任方式。

2. 行政附带民事诉讼中损害赔偿的当事人是行政法律关系中有侵权损害赔偿权利义务关系的人，是行政违法行为的受害人和加害人。在他们之间既存在行政法律关系，又存在侵权损害赔偿的权利义务关系。

3. 行政附带民事诉讼中损害赔偿的两个诉讼请求具有内在的关联性，产生于同一个法律事实。

（二）行政附带民事诉讼损害赔偿的主体

行政违法行为附带的民事赔偿，其权利主体和义务主体分别是行政违法行为人和受害人。受害人与行政机关没有实体法上的权利义务，行政机关不是该赔偿关系的主体。

实施行政违法行为的管理相对人，既是违反行政管理的行为人，又是侵权行为人。行政违法行为人因行政具体行政行为提起行政诉讼，受害人又向其提出民事损害赔偿诉讼时，该行政违法行为人既是行政诉讼当事人，又是附带民事诉讼当事人。行政诉讼请求由行政违法行为人提出，以做出具体行政行为的行政机关为被告。民事损害赔偿请求是由受害人提出的，以行政违法行为人为被告。行政诉讼请求指向做出具体行政行为的行政机关，民事赔偿的诉讼请求指向行政违法行为人。

训 练

【案例】王某某是某房屋修缮队职工,2014 年 1 月在该房屋修缮队承揽的停车场工地从事泥水工作时左胸部受伤。伤后送到当地医院救治,被诊断为左第七根肋骨骨折。2014 年 2 月,王某某向万盛经开区人力社保局提出工伤认定申请。2014 年 3 月,万盛经开区人力社保局做出了工伤认定决定书。该房屋修缮队对工伤认定决定书不服,于 2014 年 7 月初向綦江区人民法院提起行政诉讼,请求法院撤销工伤认定决定书。綦江区人民法院在审理万盛经开区某房屋修缮队诉被告万盛经开区人力社保局、第三人王某某劳动社保行政确认案件过程中,王某某以万盛经开区某房屋修缮队为被告、万盛经开区人力社保局为第三人提起工伤保险待遇行政附带民事诉讼。王某某向重庆市綦江区人民法院提起了工伤保险待遇行政附带民事诉讼,要求某房屋修缮队赔偿工伤待遇赔偿金 45000 元。审理中,该院依法组织双方当事人开展调解,并自愿达成了协议。调解书约定王某某与某房屋修缮队解除劳动关系,某房屋修缮队支付王某某伤残补偿金、就业补助金、医疗救助金、停工留薪期工资等工伤待遇 28000 元。调解协议达成后,某房屋修缮队撤回了起诉,法院依法裁定准许其撤回起诉。这是该院试点行政附带民事诉讼工作开展以来审结的首例行政附带民事诉讼案件。

【解析】本案中,王某某是行政附带民事诉讼的受害人,房屋修缮队是行政管理的相对人,万盛经开区人力社保局是做出工伤认定决定书的具体行政行为的行政机关。

思考题

1. 试述刑事附带民事诉讼中的损害赔偿责任的构成。
2. 试述刑事附带民事诉讼中损害赔偿的责任范围。
3. 简述行政附带民事诉讼损害赔偿的特征。

阅读文献

1. 马怀德:《行政诉讼原理》,法律出版社 2009 年版。
2. 刘福泉:《行政诉讼附带民事诉讼研究》,载《宪行天下》2011 年第 5 期。
3. 肖建华:《刑事附带民事诉讼制度的内在冲突与协调》,载《法学研究》2001 年第 4 期。
4. 谢佑平、江涌:《质疑与废止:刑事附带民事诉讼》,载《法学论坛》2006 年第 3 期。

第三编 | 具体侵权责任

第十四章　共同侵权责任

本章导语

两人以上共同侵害他人合法权益，造成他人财产或人身损失，依法应当承担连带责任的侵权行为为共同侵权行为。依据共同侵权行为的性质，共同侵权行为可以分为狭义共同侵权行为、共同危险行为、视为共同侵权行为以及无意思联络的共同侵权行为等类型。构成共同侵权，要求施加侵害的主体须为两个或两个以上，且主观上存在共同过错或数个行为具有直接结合性，造成的损害后果具有统一性，其中关于共同侵权行为的共同性标准如何认定是共同侵权行为的本质问题。各共同侵权行为人对受害人要承担连带赔偿责任，向受害人承担了全部赔偿责任的某一共同侵权人可以向其他共同侵权人行使追偿权。

第一节　共同侵权行为概述

本节提要

共同侵权行为是指两人以上共同侵害他人合法权益，造成他人财产或人身损失，依法应当承担连带责任的侵权行为，理论上可以划分为狭义共同侵权行为、共同危险行为、视为共同侵权行为和无意思联络的共同侵权行为。共同侵权人对受害人承担连带责任，各行为人彼此之间存在追偿关系。学习本节重点要掌握共同侵权行为的内涵、构成要件以及责任的承担。

一、共同侵权行为的概念与特征

共同侵权行为是指两人以上共同侵害他人合法权益，造成他人财产或人身损失,依法应当承担连带责任的侵权行为。《侵权责任法》第 8 条规定:“二人以上共同实施侵权行为,造成他人损害的,应当承担连带责任。”该条是就狭义共同侵权行为进行的规定。与《民法通则》第 130 条“二人以上共同侵权造成他人损害的,应当承担连带责任”的规定相比,《侵权责任法》的规定更加强调共同侵权行为的“共同性”,即共同实施侵权行为。《人身损害赔偿司法解释》第 3 条第 1 款规定:“二人以上共同故意或者共同过失致人损害,或者虽无共同故意、共同过失,但其侵害行为直接结合发生同一损害后果的,构成共同侵权,应当依照民法通则第一百三十条规定承担连带责任。”该款是从广义上对共同侵权行为进行的规定,而所谓数个行为“直接结合”与“间接结合”的模糊规定,不但在理论界招致学者批评,也在实务上造成了混乱。因此,《侵权责任法》在第 11 条和第 12 条有关“二人以上分别实施侵权行为造成同一损害”的情况进行了明确规定,修改了《人身损害赔偿司法解释》的有关数个行为“直接结合”和“间接结合”的规定。对《侵权责任法》关于共同侵权行为的规定进行体系考察可以看出,《侵权责任法》第 8 条属于狭义共同侵权行为的规定,突出的是狭义共同侵权的主观共同性。与单独侵权行为相比,共同侵权行为具有以下特征:

其一,行为主体的复数性。与仅是一个人侵害他人合法权益的单独侵权行为不同,共同侵权行为是两个或两个以上的人侵害他人受法律保护的合法权益。实施共同侵权行为的多数人可以是自然人,亦可以是法人或其他社会组织。

其二,主观过错的共同性或侵权行为的关联性。主观过错的共同性是指共同侵权行为人具有共同致人损害的故意或过失,此为狭义的共同侵权行为,包括共同故意或共同过失,所谓共同故意的共同侵权也称为有意思联络的共同侵权,数个侵权行为人之间存在主观上的联络,共同追求侵权行为的损害后果。共同过失的共同侵权,是指数人共同实施某种侵权行为时,各行为人对行为所造成的共同损害结果应该预见或认识,但因疏忽大意或过于自信而造成损害结果的发生。

所谓侵权行为的关联性是指在共同侵权行为中,每个加害人都实施了侵权行为,且各加害人的行为之间因其关联性而构成了一个统一的不可分割的行为整体,每个加害人的行为均构成损害后果发生原因不可或缺的一部分。[1] 如《侵权责任法》第 11 条规定:“二人以上分别实施侵权行为造成同一损害,每个人的侵权行为都足以造成全部损害的,行为人承担连带责任。”此规定强调的就是数个行为之间的关联性。换言之,侵权行为的关联性强调的是数个加害行为与损害结果之

---

〔1〕 参见张新宝:《侵权责任法原理》,中国人民大学出版社 2005 年版,第 78 页。

间的客观关联性,并不要求各侵权行为主体之间具有主观共同性。因此,广义的共同侵权行为既包括共同过错的共同侵权行为,也包括数个行为客观关联的共同侵权行为。

其三,损害结果的同一性。根据《侵权责任法》第 8 条以及第 11 条的规定,在共同侵权行为中,数个侵权行为人的加害行为共同造成了同一个损害结果,若数个行为是针对不同的受害人实施或是虽然针对同一受害人但是针对不同对象所实施,从而能够将损害后果在事实上和法律上区别开来,则不构成共同侵权。

其四,侵权责任承担的连带性。在共同侵权行为中,数个侵权行为人彼此之间对受害人的损害承担全部赔偿责任,即每个加害人都负有对受害人的损害承担全部赔偿责任的义务。这种责任承担的连带性具有法定性,即共同侵权行为人之间对受害人承担连带责任是基于法律的强制性规定,当事人不得以约定排除。

二、共同侵权行为的类型

传统民法中,共同侵权行为主要有以下三种类型:其一,狭义共同侵权行为,即数人共同实施不法加害行为侵害他人合法权益的行为,这是最为典型的共同侵权行为;其二,准共同侵权行为,即共同危险行为;其三,视为共同侵权行为,即有教唆人、帮助人参加的共同侵权行为。鉴于我国《侵权责任法》中有关共同侵权行为的相关规定,这种传统上的分类已不足以涵盖所有共同侵权行为的类别,因此,依据共同侵权行为的性质,共同侵权行为可以分为:

1. 狭义共同侵权行为。狭义共同侵权行为,是指共同侵权行为人基于共同的意思联络,而共同实施损害他人人身或财产权益的侵害行为,这是最为典型的共同侵权行为。

2. 共同危险行为。共同危险行为,亦称为准共同侵权行为,是指数人均实施了有危害他人合法权益的危险性行为,但仅其中一人或部分人的行为致人损害,谁为损害后果的实际加害人难以判明,鉴于各个参与人都实施了危险行为,从充分救济受害人角度出发,法律推定各行为人之间构成共同侵权行为,对受害人承担连带赔偿责任。《侵权责任法》第 10 条对此类共同危险行为做出了明确的规定。该条规定:“二人以上实施危及他人人身、财产安全的行为,其中一人或数人的行为造成他人损害,能够确定具体侵权人的,由侵权人承担责任;不能确定具体侵权人的,行为人承担连带责任。”此规定较《人身损害赔偿司法解释》第 4 条的规定有重大的改进,即在免责事由上做了更严格的限制,强化了对受害人的救济。

3. 视为共同侵权行为。视为共同侵权行为,即教唆、帮助他人实施的共同侵权行为,简称为教唆、帮助行为。教唆行为是指以损害他人为目的,利用言语说服或利益诱导、怂恿被教唆者去实施侵害他人权益的加害行为,但教唆者本人并不直接参与侵害行为。由于教唆者本身具有过错,且大多都是故意而为,并导致了损害结果的发生,故应当与直接实施加害行为的行为人共同承担侵权责任。帮助行为,是指帮助人通过提供工具、技术或制造条件等途径,为侵权行为人(即被帮助者)实施侵害他人权益行为提供帮助,致使受害人财产或人身权益遭受损失,因而由帮助者与被帮助者共同对受害人损失承担赔偿责任的侵权行为。构成帮助行为,通常要求帮助人主观上具有故意,即与实行行为人具有共同致人损害的意思联络,但在特殊情况下,不知他人的行为为侵权行为而提供帮助,对加害行为起到了辅助作用的,亦构成共同侵权。[2] 我国《民法通则》对此类教唆、帮助行为未做出规定,《民法通则司法解释》第148条则对此进行了明确规定,该条第1款规定:"教唆、帮助他人实施侵权行为的人,为共同侵权人,应当承担连带民事责任。"第3款规定:"教唆、帮助限制民事行为能力人实施侵权行为的人,为共同侵权人,应当承担主要民事责任。"从而明确了因被教唆人民事行为能力的不同,责任承担应有所区别。而《侵权责任法》第9条则未再区分教唆、帮助无行为能力人和限制行为能力人的责任,而是统一教唆者、帮助者的侵权责任。该条第2款规定:"教唆、帮助无民事行为能力人、限制行为能力人实施侵权行为的,应当承担侵权责任;该无行为能力人、限制行为能力人的监护人未尽到监护责任的,应当承担相应的责任。"

4. 无意思联络共同侵权行为。无意思联络共同侵权行为,即行为人之间事先没有共同的意思联络,但他们各自的侵权行为都足以造成同一损害结果的发生,因而构成共同侵权行为。《侵权责任法》第11条规定:"二人以上分别实施侵权行为造成同一损害结果,每个人的侵权行为都足以造成全部损害的,行为人承担连带责任。"在美国法中,将此类侵权行为称为"个别的竞合的侵权行为",即多个行为人并无主观上的共谋而个别实施的侵权行为在竞合的情形下造成受害人不可分割的、单一的损害,此时,任何一个行为人都必须就受害人的全部损害承担赔偿责任。[3] 此处的"个别的竞合的侵权行为"与《侵权责任法》中的无意思联络的数人侵权行为极为类似。当然,并非所有无意思联络的数人侵权均构成共同侵权,只有在各行为都足以造成同一损害后果时,才按照共同侵权行为对待,由各个行为人承担连带赔偿责任,否则,仍属于各个独立的单独侵权行为,由各行为人根据各自的过错大小或原因力的比例承担各自应负的赔偿责任。如《侵权责任法》第

---

〔2〕 魏振瀛主编:《民法》,北京大学出版社、高等教育出版社2000年版,第707页。

〔3〕 程啸:《侵权行为法总论》,中国人民大学出版社2008年版,第378~379页。

12 条规定:“二人以上分别实施侵权行为造成同一损害结果,能够确定责任大小的,各自承担相应的责任;难以确定责任大小的,平均承担赔偿责任。”

伴随社会生活的不断发展,侵权责任法也在不断发生改变。相应的,共同侵权行为的类型也处在不断扩张变化中,在此不可能穷尽所有共同侵权行为的类型。特别是信息网络时代的快速发展,使传统侵权责任法面临更多的考验。与此相适应,最高人民法院通过相关的司法解释分别确认的新闻媒体的共同侵权、网络提供者的共同侵权等都可以看作对共同侵权行为的发展。

三、共同侵权责任的构成

共同侵权行为作为侵权行为的一种,理应具备普通侵权行为所具有的一般构成要件,但共同侵权行为毕竟要复杂于单独侵权行为,其构成要件亦不同于单独侵权行为:

1. 侵害主体的复数性。共同侵权行为的侵害人必须为两个或两个以上。通常,侵害人本身均有独立承担民事责任的主体资格,因此,教唆无行为能力人实施加害行为的,应当由教唆人单独承担民事责任,被教唆的无行为能力人本身不是侵权人。另外,各侵害人彼此之间应不存在任何替代关系,如数个雇员在执行公务中共同对第三人造成了损害,亦不构成雇员的共同侵权,而仍属雇主的单独侵权行为,因为根据我国法律规定,雇员的过错是由雇主来承担的。

2. 主观过错的共同性或者数个行为的客观关联性。共同侵权的复杂性主要表现在共同侵权行为中的“共同”上,即共同侵权行为的共同性标准如何认定,这是共同侵权行为的本质问题。对此,理论界一直有不同的认识,归纳起来,主要存在以下三种学说:

其一是主观说。该说认为,共同侵权行为的本质在于行为人的主观过错的共同性,即共同的主观过错是构成共同侵权的重要条件。与此同时,因对行为人主观过错理解的不同,主观说又有意思联络说和共同过错说。意思联络说认为行为人之间必须有共同的故意,才能构成共同侵权行为。共同过错说则认为,共同侵权行为的本质在于行为人对损害结果具有共同的过错,既包括共同的故意,也包括共同的过失。因此,共同侵权也可称为共同过错。显然,在认定共同侵权行为的构成上,意思联络说要比共同过错说严格。目前,共同过错说已经在主观说中取得了绝对主导的地位。〔4〕

〔4〕 参见黄松有主编:《最高人民法院人身损害赔偿司法解释的理解与适用》,人民法院出版社 2004 年版,第 52 页。

其二是客观说。该说认为,共同侵权行为的本质并不在于行为人之间有无意思联络或共同过错,而在于行为人在客观方面的关联性或者行为与损害结果的关联性。客观说又有“行为共同说”“关联共同说”和“结果共同说”之分。行为共同说认为,共同行为是共同侵权的本质特征,各行为人的行为之间相互依存或者相互结合,既是造成损害发生的共同原因,也是各加害人承担连带责任的基础;关联共同说认为共同侵权行为是一种关联共同的违法行为,即共同侵权行为人中每个人的行为都构成同一损害结果的相关联的原因。该学说所关注的实际上是各个加害人的行为与损害结果在因果关系上的客观关联。共同结果说认为应以同一损害结果的不可分性作为确定共同侵权行为的必备要件,即各加害人的加害行为只要相互结合发生同一损害结果就构成共同侵权并承担连带责任,各加害人有无意思联络在所不问。

其三是折中说。折中说实际上是主客观并用的学说,该学说认为,构成共同侵权既不能单纯只考虑行为人的主观过错,也不能片面只看到行为之间的客观联系,而应将二者联系起来同时并用,诚如我国台湾学者王泽鉴所言,共同侵权行为,无论采主观说或客观说,对被害人利益的保护利弊兼具。为确实保护被害人,其最佳之途径,系对“共同”采取广义解释,认为兼指意思共同或者行为共同。换言之,即数行为人具有意思联络者,就行为分担所生不同之损害,故构成共同侵权行为;行为人虽无意思联络,但数人之行为客观上造成同一损害结果者亦同。[5]

笔者认为,对共同侵权行为应采取主客观结合的折中说观点更有利于保护受害人,而且也符合我国《侵权责任法》的主旨。从《侵权责任法》第11条的规定来看,实际上即采取了此观点,该条明确规定,二人以上分别实施侵权行为造成同一损害,每个人的侵权行为都足以造成全部损害的,行为人承担连带责任。显然此处数个侵权行为人之间并无共同故意或共同过失,但由于每个人的侵害行为都足以造成同一损害后果,因而承担连带责任,属广义的共同侵权行为的一种。

3. 损害结果的统一性。共同侵权行为导致的损害后果是一个统一的不可分割的整体,任何一部分损害后果都不能从整体损害后果中独立出来,而且侵害行为与作为一个整体的损害后果之间具有因果关系,即受害人的损失是由数个侵害主体的共同行为造成的,各加害人对受害人之损失要承担共同侵权责任。

四、共同侵权责任的承担

共同侵权行为的责任承担是指共同侵权行为人对受害人应当承担何种责任

---

〔5〕 王泽鉴:《民法学说与判例研究》(3),中国政法大学出版社1998年版,第13页。

及如何承担责任的问题。根据立法以及司法实践,共同侵权行为的责任承担包括以下两方面内容:

1. 共同侵权人对受害人承担连带赔偿责任。共同侵权人对受害人承担连带责任,这是世界各国有关共同侵权责任的原则规定,即只要构成共同侵权,各侵权行为人对受害人之损失承担连带责任。具体言之,共同侵权人因共同故意或者共同过失致人损害,或者虽无共同故意、共同过失,但每个人的侵害行为都足以造成同一损害后果发生的,共同侵权行为人中的任何一个侵权主体都有义务就受害人的全部损失承担赔偿责任,受害人也可以要求所有的加害人或任何一个加害人赔偿全部损失。一个或部分加害人对受害人承担了全部赔偿责任后,即解除了全体加害人的赔偿责任。另外,连带责任作为一种法定责任不因任何内部约定而受对抗或者变更。《侵权责任法》第13条对此作了明确了规定:"法律规定承担连带责任的,被侵权人有权请求部分或者全部连带责任人承担责任。"该规定修订了《人身损害赔偿司法解释》第5条规定,按照该第5条规定,赔偿权利人在诉讼中放弃对部分共同侵权人的诉讼请求的,其他共同侵权人对被放弃诉讼请求的被告应当承担的赔偿额不承担连带责任。这样的规定显然不符合共同侵权连带责任原理,因为共同侵权行为人之间就被害人的损失承担连带责任是法律的强制性规定,任何一方当事人都不得擅自更改,赔偿权利人放弃对部分共同侵权人的诉讼请求,不意味着其放弃了对其他共同侵权人的诉求。司法解释的规定显然是越俎代庖,是对权利人合法权益的一种干涉。

2. 共同侵权行为人之间的责任分担。共同侵权行为中,其中一个或几个加害人向受害人承担了全部赔偿责任后,则承担了赔偿责任的加害人有权要求其他共同加害人支付一定金额以补偿其承担全部赔偿责任而受到的损失,简言之,承担了全部赔偿责任的加害人对其他共同加害人享有追偿权。追偿权的赋予实际上是为了更加合理地在加害人之间进行赔偿责任的分配。至于如何在加害人之间分配责任,目前学界有三种学说:第一种是过错程度说,也称为过错比较原则,即根据各加害人的过错程度分别确定他们各自应当承担的赔偿份额。过错大则分担较大赔偿数额,反之则少分担。第二种是平均分担说,即在确定共同侵权行为人对全部侵权责任的份额时,不考虑各加害人的过错程度,在无特殊事由的情形下,通常由各加害人平均分担受害人的损失。第三种是公平考虑原则,即在确定各加害人之间最终分配责任份额时,应适当考虑各加害人的经济状况和其他相关因素。

以上学说各有利弊,过错程度说符合侵权责任法的过错原则,有利于调整加害人之间的利益冲突,但不易操作,一方面囿于共同侵权行为本身的复杂性;另一方面,过错作为一种主观心理状态,很难用一种客观标准加以判明。平均分担说虽然为司法实务提供了一种客观的可操作标准,但因其过于绝对化而有可能发生责任失衡。因此,我们认为不能片面地采取过错说或平均说,而应当将上述学说结合起来,依据共同侵权行为的不同类型来确定不同的处理原则:首先,各加害人之间对责任的承担份额有约定的,从其约定;其次,若各加害人的过错程度或者其行为与损害结果的原因力比例大小能够判明,则按照侵权行为人在共同侵权中的作用,结合其注意程度,确定过错的大小,进而决定其责任比例。最后,在依照前两种方法都无法确定时,则由共同侵权行为人平均分担。《侵权责任法》第 14 条的规定显然是上述各种学说的结合,该条规定:“连带责任人根据各自责任大小确定相应的赔偿数额;难以确定责任大小的,平均承担赔偿责任。支付超出自己赔偿数额的连带责任人,有权向其他连带责任人追偿。”该规定不失为一种合理的规定。

第二节　共同危险行为

本节提要

共同危险行为是指数人均实施了侵害他人合法权益的危险行为,但不能判明损害后果究竟由谁造成,因而由数行为人对受害人承担连带责任的一种侵权行为。共同危险行为的主要特点是数行为人均实施了危险行为,但只有一人的行为致人损害,而该责任人却不能明确,法律为充分保护受害人的利益,要求所有实施危险行为的行为人承担连带责任,除非共同危险行为人能够证明损害不是由其行为造成的。学习本节内容重点要掌握共同危险行为的特点、构成要件以及责任的承担。

一、共同危险行为的概念及其特征

共同危险行为又称准共同侵权行为,是指数人均实施了侵害他人合法权益的危险行为,但不能判明损害后果究竟由谁造成,因而由数行为人对受害人承担连带责任的一种侵权行为。我国《民法通则》及其意见均未规定共同危险行为,最早涉及共同危险行为的是《民事诉讼证据规定》第 4 条第 1 款第 7 项的规定:因共同危险行为致人损害的侵权诉讼,由实施危险行为的人就其行为与损害结果之间不存在因果关系承担举证责任。该规定并未解释何为共同危险行为,而仅从举证责任的角度对共同危险行为做出了规定。直到《人身损害赔偿司法解释》的出台,有关共同危险行为的实体法规则才出现。该司法解释第 4 条明确规定:“二人以上共同实施危及他人人身安全的行为并造成损害后果,不能确定实际侵害行为人的,应当依照民法通则第一百三十条规定承担连带责任。共同危险行为人能够证明损害后果不是由其行为造成的,不承担赔偿责任。”《侵权责任法》第 10 条则对上述规定进行了修订:“二人以上实施危及他人人身、财产安全的行为,其中一人或者数人的行为造成他人损害,能够确定具体侵权人的,由侵权人承担责任;不能确定具体侵权人的,行为人承担连带责任。”比较二者规定的不同,主要在免责事由的规定上,依司法解释规定,能证明其行为与损害后果无因果关系即可免除责任,而依《侵权责任法》规定,只有在确定了具体侵权人的情况下才能免除责任,显然,《侵权责任法》的规定更加强化了对受害人的保护,有利于受害人合法权益的保障,不失为一个进步的规定。从《侵权责任法》有关共同危险行为的规定可以看出,共同危险行为具有以下四个特征:

其一,共同危险行为的主体为二人或二人以上。这是共同危险行为的数量特征,也是共同危险行为成立的前提。

其二,数人实施的行为均具危险性。这里首先要明确危险行为不同于致害行为。前者是指具有造成某种损害可能性的行为,后者是指已经给他人合法权益造成实际损害的行为,但危险行为极有可能转化为致害现实。其次要明确数人实施的行为只是具有致人损害的可能性,且数危险行为人之间并无主观的意思通谋,否则将成立共同加害行为。

其三,数人实施的危险行为大多具有时间上和空间上的同一性。所谓时间上的同一性是指各个共同危险行为人在同一时间内均实施了该可能加害行为;所谓空间上的同一性是指各个共同危险行为人实施该可能加害行为时是在同一空间场所。当然,这不具有绝对性,不排除在现实中发生共同危险行为是在不同时间或不同空间。强调共同危险行为在时间、空间上的同一性,主要是为了说明共同危险行为造成损害时具体加害人的不确定性,因为通常在同一时空内数人实施的危险行为才无法具体明确侵权行为人,而在不同时间、不同地域实施的侵权行为,除非特殊情形,往往比较容易确定侵权人,也就无所谓共同危险行为之说。

其四,共同危险行为的损害结果非由共同危险行为人全体所致,而是由一个或部分行为人的行为所致,但无法判明谁是加害人。诚如史尚宽先生所言:“其与纯粹之共同侵权行为不同者,非因全体之行为使其发生损害,唯因其中之某人之行为而使其发生结果,然不知其为谁之时也。”[6]换言之,在共同危险行为中,从行为与损害结果之间的关系看,数个危险行为人的行为只是有可能造成了损害后果,具体加害人只是其中一个或部分人,但为了救济受害人,要求所有实施了危险行为的可能加害人承担连带责任。因此在学说上,将数个行为人实施的危险行为与损害后果之间的因果关系解释为推定因果关系,或称为择一的因果关系,即被告的损害是由两个或两个以上的有过失的被告中某一个造成的,但是又无法查明究竟是哪一个被告造成的,数人的行为都具有造成损害的可能。[7]

二、共同危险行为的构成条件

共同危险行为作为一种侵权行为,除了要具备侵权行为的一般成立要件外,还需具备以下特殊要件:

1. 数人共同实施了危及他人人身安全或财产安全的行为。若加害人仅是一人或者数人的行为并非在同一时间或同一场所实施,则不存在任何时间或空间上的关联性而不构成共同危险行为。

2. 数人实施共同危险行为并无主观上的通谋。即虽然数人共同实施了危及他人人身安全或财产安全的行为,但数人之间并不存在主观上的意思联络,各行为人彼此之间并无致害他人的共同故意或共同过失,否则,就构成共同加害行为。

3. 数人的行为与损害后果之间的因果关系属于择一的因果关系。所谓择一的因果关系也称为“不确定的因果关系”,系指数人的行为均具有致权利人损害的可能性,但不能判明究竟谁是真正加害人的一种情形。在择一的因果关系中,其加害人称为择一行为人,实务中,其所涉及的不是因果关系是否存在,而是因果关系证明的问题。[8] 但是否能够证明其行为与损害后果之间不存在因果关系就可以免除责任的承担呢?依照《人身损害赔偿司法解释》第 4 条的规定可以做如此解释,但随着《侵权责任法》的出台,则不可以再做如此解释。因为《侵权责任法》为了强化对受害人的保护,预防共同危险行为的发生,对共同危险行为的责任免除做了严格限制,共同危险行为人虽然能够证明损害后果不是由其行为造成的,

---

〔6〕 史尚宽:《债法总论》,中国政法大学出版社 2000 年版,第 175 页。

〔7〕 程啸:《共同危险行为》,载王利明主编:《人身损害赔偿疑难问题》,中国社会科学出版社 2004 年版,第 224 页。

〔8〕 参见王泽鉴:《侵权行为法》(第二册),2006 年自版,第 44 页。

仍不能免除其赔偿责任,除非其能够明确举出证据证明具体加害人。

三、共同危险行为的责任承担及其免责事由

(一)共同危险行为的责任承担

共同危险行为的责任问题,涉及行为人对受害人的连带责任关系和共同危险行为人之间的责任分担关系。就前者而言,意味着共同危险行为人要对受害人所受到的损失承担连带责任,这一点与共同加害行为没有区别。对此,《侵权责任法》第10条做出了明确规定。但对于后者,即各行为人之间责任如何分配,没有明确立法规定。根据连带责任的原理,共同危险行为人中的一人或者部分人承担了全部赔偿责任以后,有权向其他应负责任而未负责任的行为人追偿。此时要探讨的问题是,共同危险行为人之间承担责任的比例应该如何确定,对此,学说上存在"过错程度说"与"平均分担说",依照过错说,各危险行为人的责任份额根据其过错程度确定。依照平均分担说,各危险行为人之间平摊受害人之损失,不考虑相关过错程度。本书认为平均分摊损失更合理。因为行为人在实施共同危险行为的过程中,其潜在的致人损害的概率大体相当,很难确定过失程度,各行为人以相等的份额对损害结果负责,既能充分保护受害人利益,亦便于司法操作。已有学者经调查指出,实践中,人民法院基本上采取的是平均分摊的方法。[9]《侵权责任法》第14条规定,连带责任人根据各自责任大小确定相应的赔偿数额;难以确定责任大小的,平均承担赔偿责任。该规定显然亦是共同危险行为人之间分配责任的法律依据。

(二)共同危险行为人的免责事由

由于共同危险行为中损害后果实质上为一人或部分人所为,因此存在未为实际致害人的免责问题。对此,共同危险行为人当然可以举证免责,但免责事由为何,学术界却存在两种观点,一种观点认为共同危险行为人只要能够证明自己没有实施危险行为即可免除责任;另一种观点则认为,共同危险行为人不仅应证明自己没有实施危险行为,还应证明他人为真正的加害人,方可免责。我国《人身损害赔偿司法解释》采取了第一种观点,即"共同危险行为人能够证明损害不是由其行为造成的,不承担赔偿责任"。而《侵权责任法》则采取了第二种观点,即不能确定具体侵权人的,行为人承担连带责任。

另外,在共同危险行为中,若受害人明确表示免除部分共同危险行为人的民

---

〔9〕 参见程啸:《侵权行为法总论》,中国人民大学出版社2008年版,第404页。

事责任,并不意味着对全体共同危险行为人的连带民事责任的免除。此时受害人仍然有权就损害的某一部分向全体或部分共同危险行为人提出请求。

——训　练——

【案例一】2003 年 12 月 8 日 4 时许,被告林华东无证驾驶无牌照二轮摩托车自安溪县龙门镇往官桥镇方向行驶,行至 5206 线 241km + 0.85km 处,撞到自路左侧走往右侧的行人白双鑫,造成林华东、白双鑫不同程度的受伤后果。肇事后,白双鑫又被一辆驶往官桥镇方向的大货车碾压致死,大货车驾驶人驾车逃逸。事故经安溪县公安局交警大队认定:第　起事故林华东与白双鑫负同等责任;大货车驾驶人对第二起事故负全部责任。该事故经交警部门调解,双方当事人未能达成协议。2004 年 3 月 2 日,白双鑫的父母白建金、陈素珠向安溪县人民法院提起诉讼,请求判令被告赔偿死亡补偿费 30045 元、丧葬费 2250 元,合计 32295 元。

【解析】本案属无意思联络的数人侵权的责任承担问题。被告林华东与肇事大货车司机在本案中并无共同的意思联络,但是二人的行为互相结合导致了同一受害人白双鑫死亡的后果。但本案中二人行为的互相结合属于"间接结合",或可看作多因一果的行为。"多因一果行为"通常是几个与损害结果有间接因果关系的行为与一个与损害结果有直接因果关系的行为间接结合导致同一损害结果的发生。在此行为中,数个行为对损害结果而言并非全部都是直接或者必然导致损害结果发生的行为,其中有些行为或者原因只是为另一个行为或者原因直接或必然导致损害结果发生创造了条件,而其本身并不会也不可能直接或必然引发损害结果。本案中,被告林华东将受害人白双鑫撞倒在地的行为并不必然直接导致或必然引发白双鑫死亡的后果,但却给大货车司机碾压受害人的发生创造了条件,故应当认定被告的肇事行为与白双鑫的死亡之间存在相当因果关系,因此,两起肇事属于间接结合。根据《人身损害赔偿司法解释》第 3 条之规定,被告林华东与逃逸大货车司机驾驶人应依据各自原因力比例大小承担相应的赔偿责任,同时,大货车司机的逃逸并不影响被告林华东在其过失责任范围内承担相应的责任。

【案例二】2004 年 5 月 13 日下午 5 点 30 分左右,被告陆玫驾驶车牌号为京 EN0584 的灰色捷达轿车,从郡王府广场东侧的机动车单行道北段的桥上驶下后,自东向西行驶于道路两旁均划归有停车泊位的机动车道上。当行至郡王府正门口附近时,站在路南侧停车地带的被告南金成所放的风筝突然从空中落下,该风筝的风筝线缠绕在陆玫所驾驶车辆前挡风玻璃上的雨刷器上。陆玫所驾车辆以不低于每小时 20 公里的速度继续向西行使,后南金成呼喊,陆玫停下车辆,并与南金成一同解下缠在雨刷器上的风筝线,后将车辆开走。此时,原告王静霞找到南金成，称其刚从郡王府正门口的人行天桥上从南向北走下时，被缠在陆玫雨刷器上的风筝线挂绕并造成其所穿长袖 T 恤的双袖及休闲包肩带破损、双臂及腰部划伤，要求协商解决。后王静霞与南金成一同找到陆玫协商赔偿事宜，期间王静霞曾报警，麦子店派出所出警并主持三方协商解决，但三方未能达成一致意见。次日，王静霞到北京朝阳区化工路医院就医，被诊断为“左右前臂外侧割伤，背部划伤”，医嘱建议休息一周。之后，王静霞先后四次到该医院门诊换药，共支付 221.40 元。事后，王静霞诉至法院，诉请判令二被告南金成、陆玫赔偿其医疗费 221.40 元、衣物损失费 195 元、女士休闲包损失费 80 元、误工费 807.69 元、交通费 150 元、继续治疗的疤痕费 2000 元、继续治疗的误工费及交通费 500 元、精神损害抚慰金 7000 元，共计 10954.09 元，并赔礼道歉。

【解析】本案两被告对于原告的损失均存在过错，根据《道路交通安全法》第 31 条规定：“未经许可，任何单位或个人不得占用道路从事非交通活动。”第 119 条规定所谓“道路，是指公路、城市道路和虽在单位管辖范围但允许社会机动车通行的地方，包括广场、公共停车场等用于公众通行的场所。”而本案第一被告南金成在郡王府门口的停车场放风筝违背了上述法律规定，属违法行为，其作为风筝及风筝线的管理、控制人，在放风筝的过程中，应该能够预见其风筝及风筝线可能会对附近他人造成损害，但却疏于防范，导致损害后果发生，因此，其具有明显主观过错。本案第二被告陆玫对于风筝突然落地且风筝线缠绕在其车上的情形难以预见，但由于其车速过快（停车场要求车速为每小时 5 公里），不能立即采取有效措施防止或减少原告损失发生，故其超速行驶行为也存在一定的主观过失，构成侵权。正是由于被告南金成违反法律规定和疏于管理、控制风筝及风筝线的行为与被告陆玫驾驶中的车速过快行为在同一时间、同一地点相互结合，成为致原告王静霞人身及衣物等财产损失这一同一损害后果的唯一的、无法分割的原因，因此，二人构成共同侵权。基于此，法院判决二被告对原告承担连带责任，其中，第一被告南金成承担 70% 的责任，第二被告陆玫承担 30% 的责任。

思考题

1. 试述共同侵权行为的构成要件。
2. 简述共同侵权行为的概念及特征。
3. 简述共同侵权行为的分类。
4. 谈谈你对共同侵权行为中“共同”含义的理解。
5. 试述共同侵权责任的承担。
6. 试述共同危险行为责任的构成与承担。

阅读文献

1. 叶金强:《解释论视野下的共同侵权》,载《交大法学》2014 年第 1 期。

2. 杨立新:《共同侵权行为及其责任的侵权责任法立法抉择》,载《河南省政法管理干部学院学报》2006 年第 5 期。

3. 王利明:《论共同危险行为中的加害人不明》,载《政治与法律》2010 年第 4 期。

4. 陈聪富:《因果关系与损害赔偿》,北京大学出版社 2006 年版。

第十五章　监护人责任

本章导语

监护人责任是一种替代责任，是指因未成年或者患精神病而处于监护人监督、保护之下的无行为能力人、限制行为能力人致人损害时，由监护人承担的民事责任。我国立法对监护人规定的归责原则是无过错责任。在责任的承担上，监护人责任还是一种补充责任，被监护人有财产的，则由其从本人财产中支付赔偿费用；对于不足部分，由监护人予以赔偿。学习本章内容重点要掌握监护责任的构成要件以及监护人责任的承担，并认真思考监护人责任的归责原则。

第一节　监护人责任概述

本节提要

监护人责任是被监护人致人损害时由监护人承担责任的一种特殊侵权责任，根据《民法通则》及其意见规定，被监护人造成他人损害的，由监护人承担民事责任。监护人尽了监护责任的，可以适当减轻他的民事责任。有财产的被监护人造成他人损害的，从本人财产中支付赔偿费用。不足部分，由监护人适当赔偿。学习本节内容重点要掌握监护人责任的概念，理解我国立法上的相关规定。

一、监护人责任的概念

监护人责任，即被监护人致损的责任，亦称为无行为能力人或限制行为能力人致人损害的民事责任，是指因未成年或者患精神病而处于监护人监督、保护之下的无行为能力人、限制行为能力人致人损害时，由监护人承担的民事责任。无行为能力人和限制行为能力人不能理解自己行为的后果及影响，缺乏审慎地处理事务的能力，因而不能对自己的行为负责，当给他人造成损害时，要由其监护人对受害人的损失承担赔偿责任。我国《侵权责任法》第32条第1款明确规定："无民事行为能力人、限制民事行为能力人造成他人损害的，由监护人承担侵权责任。监护人尽到监护责任的，可以减轻其侵权责任。"从而在立法上明确了监护人在被监护人致人损害时要承担的侵权赔偿责任。由于监护人并非是为自己的直接侵权行为承担责任，而是对被监护人致人损害的行为承担赔偿责任，因此，监护人责任属于为他人的行为承担赔偿责任的一种替代责任。

二、监护人责任的历史沿革

监护人责任制度最早可溯及罗马法中的委付之诉。《十二铜表法》中规定："家属或奴隶因私犯而造成损害的，家长家主应把他们委付被害人处理或赔偿所致的损失。"[1]其中有关赔偿损失的规定被认为是现代监护人责任制度的真正历史源头。古日耳曼法亦规定家长对未成年人造成的损害，不管其履行监督义务时是否有过错，对损害赔偿要承担无限责任。[2] 中世纪的欧洲，家长和子女之间的关系是身份的支配关系，子女不能对自己的行为负责，认为未成年人不过是他人用来达到自己目的的一种工具。[3] 因而，理所当然地由家长对家属的行为包括未成年子女致他人损害的侵权行为承担赔偿责任。近代民法上过错责任原则的确立，为确立监护人责任提供了更加明确的理论依据，同时亦表明确立监护人责任的现实必要性。因为未成年人受制于年龄及智力状况的影响，在实施行为时往往不具备识别能力，无法确定其有过错，因此对其行为造成的损害应不负责任，而由对其负有监督义务的父母或监护人承担责任。《德国民法典》第832条、《法国民法典》第1384条以及《日本民法典》第712～714条等均对监护人的责任作出详细规定。我国清末修律时，《大清民法草案》第951条也对监护人责任作了具体规定。国民政府时期法律对监护人责任制度作了重大修改，并在我国台湾地区一直沿用至今，后虽小有变动，但内容基本未变。该"法"第187条规定："无行为能力人或者限制行为能力人，不法侵害他人之权利者，以行为时有识别能力为限，与其法定代理人连带负损害赔偿责任。行为时无识别能力者，由其法定代理人负损害赔偿责任。""前项情形，法定代理人如其监督并未疏懈，或纵加以相当之监督，而仍不免发生损害者，不负赔偿责任。"

---

〔1〕 周枏：《罗马法原论》附录《十二表法》，商务印书馆2001年版，第234页。

〔2〕 刘士国：《现代侵权损害赔偿研究》，法律出版社1998年版，第292页。

〔3〕 王利明、杨立新：《民法·侵权行为法》，中国人民大学出版社1993年版，第499～500页。

我国现行监护人责任制度的规定主要见于《侵权责任法》第32条之规定，依该条规定，无民事行为能力人、限制民事行为能力人造成他人损害的，由监护人承担侵权责任。监护人尽了监护责任的，可以减轻他的侵权责任。有财产的无民事行为能力人、限制民事行为能力人造成他人损害的，从本人财产中支付赔偿费用。不足部分，由监护人赔偿。

第二节 监护人责任的归责原则与构成要件

本节提要

监护人责任的归责原则，即赖以确定监护人承担责任的根据或原则。我国立法对监护人规定的归责原则是无过错责任，即责任的承担不以监护人存在监督、教育过失为前提，但监护人尽到监护职责的，可以减轻其赔偿责任。学习本节内容重点要掌握我国立法上监护人责任的归责原则，把握其构成要件。

一、监护人责任的归责原则

监护人责任的归责原则，即赖以确定监护人承担责任的根据或原则。对于监护人责任的归责原则，我国学界分歧较大，有学者认为适用无过错责任，[4]理由是监护人不是就自己的侵权行为承担责任，所以，他们承担监护责任不以主观上存在过错为条件，即使监护人在履行监护职责过程中没有过错，也要对受其监护的未成年侵权行为人对他人造成的损害承担赔偿责任。还有学者认为，监护人责任既适用过错责任，也适用无过错责任，[5]具体言之，根据《民法通则》第133条第1款的相关规定，监护人承担过错责任，而根据该条第2款的规定，监护人则承担无过错责任。还有学者主张适用过错推定责任原则，[6]认为监护人的赔偿责任从主观上说是对自己的过错负责任，但受害人一方无须证明监护人有过错，而监护人可以证明自己尽了监护职责和义务而免责。此外，还有学者主张监护责任

---

〔4〕 江平主编：《民法学》，中国政法大学出版社2000年版，第767页。

〔5〕 柳经纬主编：《民法》，厦门大学出版社2003年版，第657页。

〔6〕 杨立新：《侵权法论》，人民法院出版社2013年版，第614页。

是过错责任与公平责任的混合，[7]对于无民事行为能力人来说，监护人的替代责任是过错推定责任，对于限制民事行为能力人来说，监护人的责任是过错责任，两者都可适用公平责任原则来减轻监护人的责任。

笔者认为，根据我国《侵权责任法》的规定，我国立法对监护人规定的归责原则是无过错责任，理由如下：

首先，我国《侵权责任法》第32条并没有将无民事行为能力人与限制民事行为能力人的监护人的责任作不同的规定，因而也就对无民事行为能力人和限制民事行为能力人的监护人并没有分别适用过错推定责任和过错责任原则的立法要求，而是适用统一的归责原则，即无过错责任原则。

其次，监护人责任也不是过错责任或推定过错责任，因为从《侵权责任法》第32条的规定可以看出，原则上只要无民事行为能力人、限制民事行为能力人造成他人损害的，无论监护人有无过错都要承担责任，至于“监护人尽了监护职责的，可以减轻其侵权责任”。可以减轻而非免于侵权责任的承担。换言之，即使监护人能够证明其已经尽到了监护职责，仍应负赔偿责任，即只要在其监护之下的被监护人造成他人损失，作为监护人就要对此负侵权赔偿责任。即监护人承担的是无过错责任，而非过错推定责任。

最后，将监护责任理解为过错责任原则与公平责任原则的混合实际上是对《侵权责任法》第32条的曲解。完整地理解我国《侵权责任法》第32条规定，可以看出监护人既不是承担过错责任，也不是承担公平责任，更非过错责任与公平责任的混合，而是明确的无过错责任。

二、监护人责任的构成要件

构成监护人责任，要具备以下条件：

1. 必须有无行为能力人或限制行为能力人致人损害的事实发生。即必须有第三人受损害的事实。所谓损害即因某种事实的发生致使权利人失去对其财产、人身或其他权益上所应享受的利益，包括财产损害和人身损害以及精神损害。将精神损害包括在内，可以更好地保护第三人的合法权益。

2. 无行为能力人或限制行为能力人的行为是造成他人损害的唯一原因。如果被监护的无行为能力人是受有责任能力人的教唆、威胁、操纵所为，通常由该教唆、威胁、操纵人直接承担侵权的责任，监护人不承担责任。如果限制行为能力人是

〔7〕 魏振瀛主编：《民法学》，北京大学出版社、高等教育出版社2003年版，第685页。

受有责任能力人的教唆、帮助实施加害行为致人损害的,教唆人、帮助人承担主要赔偿责任,监护人承担次要赔偿责任。总之,只有行为人基于自己的意思,不受他人意思的影响而独立实施的行为,才构成被监护人致人损害责任的要件。

3. 行为客观上具有违法性。无行为能力人或限制行为能力人无正当理由而侵犯他人合法权利,致他人损失,即其行为客观上具有违法性。行为人由于民事行为能力的欠缺,在主观上不能意识到自己行为的法律后果,但就其客观行为而言,必须具有违法性。

4. 因果关系。被监护人的加害行为与损害事实之间须具有因果关系,两者之间须有引起与被引起的客观联系。无民事行为能力人、限制民事行为能力人即被监护人的行为与损害事实之间须有因果关系。因果关系的存在也是被监护人致人损害责任的必要条件。如果受害人的损害后果与被监护人的行为无关,则不发生被监护人致人损害责任。

5. 监护关系的存在。要使监护人负担被监护人致人损害的民事责任,必须首先确定他与造成损害的无行为能力人、限制行为能力人之间存在监护关系,无监护关系即无监护责任。

第三节　监护人责任的承担

本节提要

在我国立法上,监护人责任的承担方式是按被监护人有无财产来做出区分的,如果被监护人有财产,此时被监护人的责任是首位的,监护人承担补充责任甚至不承担责任;如果被监护人无财产,则由监护人承担全部的赔偿责任。从社会现实来看,被监护人很少拥有财产,拥有相当数额的财产足以承担侵权责任的更少,所以多数情况下还是由监护人来承担责任。学习本节内容重点要掌握在不同的情况下,监护人应承担何种责任。

一、被监护人致人损害的责任承担方式

在我国,监护人对被监护人所致损害承担民事责任的立法主要见于《民法通则》第133条,以及《民法通则司法解释》第148、158、159、161条。《侵权责任法》

第32条和《侵权责任法》第9条第2款基本上承袭了《民法通则》及其《民法通则司法解释》的相关规定。《侵权责任法》第32条规定："无民事行为能力人、限制民事行为能力人造成他人损害的，由监护人承担侵权责任。监护人尽到监护责任的，可以减轻其侵权责任。有财产的无民事行为能力人、限制民事行为能力人造成他人损害的，从本人财产中支付赔偿费用。不足部分，由监护人赔偿。"《侵权责任法》第9条第2款规定："教唆、帮助无民事行为能力人、限制行为能力人实施侵权行为的，应当承担侵权责任；该无行为能力人、限制行为能力人的监护人未尽到监护职责的，应当承担相应的责任。"从以上规定来看，有关无民事行为能力人、限制民事行为能力人致人损害时，责任的承担方式有以下四种情形：

其一，被监护人本人的单独责任，即被监护人本人有独立财产，并足以支付由其行为所造成的损失赔偿费用时，则该赔偿责任实际上是由行为人，即被监护人本人单独承担责任，而无论监护人是否已尽到监护职责。

其二，被监护人的部分责任与监护人的补充责任，即被监护人本人虽有独立财产，但其财产不足以支付由其行为所致的损害赔偿费用时，首先由行为人即被监护人从其财产中支付赔偿费用，不足部分由监护人承担补充责任。此时，无论监护人是否尽到监护义务都要承担此补充的监护责任，如果监护人已经尽到了监护义务，其补充责任可以适当减轻。

其三，监护人的单独责任，即被监护人因其加害行为造成他人损失，而其自己又无独立财产支付损害赔偿费用时，则由监护人承担全部赔偿责任。在夫妻离婚的情形下，若发生未成年子女侵害他人合法权益的侵权行为，原则上由同该子女共同生活的一方承担侵权责任，若该监护人独立承担侵权责任确有困难，人民法院可以责令未与该子女共同生活的一方共同承担侵权责任。

其四，无行为能力人、限制民事行为能力人受他人教唆、帮助实施侵权行为致人损害的，由教唆人、帮助人承担侵权责任；监护人未尽到监护职责，承担相应的责任。该"相应"责任应考虑监护人的过错程度、被监护人的自身状况、侵害行为的性质等综合因素，确定一个合理的赔偿责任。另外应注意的是，监护人尽到监护职责，即对于被监护人受人教唆、帮助施加侵害行为并无监护职责上的过错，并不意味着其不承担责任，而只是减轻其相应的责任。

二、监护人的补充责任

监护人的补充责任是指被监护人违法行为致人损害时，先由被监护人从其财产中支付赔偿费用，不足部分由其监护人承担。如果被监护人的财产已足够支付赔偿费用,则监护人实际上可以不承担责任。这里,监护人承担的责任具有"补充"或是"贴补"的性质。如《民法通则司法解释》第161条第1款规定:"侵权行为发生时行为人不满十八周岁,在诉讼时已满十八周岁,并有经济能力的,应当承担民事责任;行为人没有经济能力的,应当由原监护人承担民事责任。"

需要指出的是,"被监护人有财产"不是指其少量的零花钱、价值不大的日常生活用具等,而是指其价值较大的动产和不动产,如存款、贵重首饰或是房产等。[8]

三、抚养人的垫付责任

《民法通则司法解释》第161条第2款规定:"行为人致人损害时年满十八周岁的,应当由本人承担民事责任;没有经济收入的,由扶养人垫付,垫付有困难的,也可以判决或者调解延期给付。"因此,尽管因被监护人的成年致使监护关系消灭,但作为抚养人的原监护人仍就已满18岁的行为人致人损害后果承担垫付责任。如此规定主要是为了全面保护受害人利益。

—— 训　练 ——

【司考】甲的儿子乙(8岁)因遗嘱继承了祖父遗产10万元。某日,乙玩耍时将另一小朋友丙的眼睛划伤。丙的监护人要求甲承担赔偿责任2万元。后法院查明,甲已尽到监护职责。下列哪一说法是正确的?(2015年)

A. 因乙的财产足以赔偿丙,故不需用甲的财产赔偿

B. 甲已尽到监护职责,无须承担侵权责任

C. 用乙的财产向丙赔偿,乙赔偿后可在甲应承担的份额内向甲追偿

D. 应由甲直接赔偿,否则会损害被监护人乙的利益。

【答案】 A

【解析】《侵权责任法》第32条第2款明确规定:"有财产的无民事行为能力人、限制行为能力人造成他人损害的,从本人财产中支付赔偿费用。不足部分,由监护人赔偿。"根据题意,被监护人乙的财产显然足以赔偿,监护人甲无须对丙承担赔偿责任,故只有A项正确。

【案例】2000年2月18日上午,王萍欲到医院看望住院的同事,遂将其6岁的女儿王小

---

〔8〕 参见张新宝:《侵权责任法原理》,中国人民大学出版社2006年版,第211页。

萍委托给邻居宋秀代为看管。下午1点左右，王小萍在宋秀家吃过午饭后，和宋秀4岁的女儿宋小秀一起在自家院落中玩耍，宋秀则在屋中为王小萍缝补划破的外衣。不一会儿，两小孩在宋秀不注意时爬过两家院落之间的矮墙来到被告王萍家玩耍，误将王萍放在院落中央已稀释的农药当作自来水饮用。约下午2点，宋秀在寻找两个孩子时发现女儿和王小萍口吐白沫、瘫软在王萍家的院落中，便急送卫生院抢救。王萍的女儿王小萍被救脱险，宋秀的女儿宋小秀因抢救无效死亡。事发后，宋秀作为原告向当地法院起诉要求王萍赔偿由此造成的经济损失。王萍答辩并提起反诉：被告王萍将女儿委托给原告看管，委托关系成立。原告未尽委托监护责任、致使原告女儿意外死亡，责任在于原告，后果应由原告自负。同时，因原告未尽委托监护之责，也给被告王萍的女儿王小萍造成了损害，为此，特提起反诉，要求原告赔偿被告为此付出的王小萍的全部医疗费用。

【解析】本案涉及监护责任的委托、转移后的责任分担问题。

在本案存在的两个诉讼请求中，从原告宋秀对其女儿宋小秀的死亡赔偿费、埋葬费和医疗费的赔偿请求来看，原告宋秀作为宋小秀的母亲，与宋小秀是法定监护关系。宋秀作为法定监护人，应当履行监护职责，保护被监护人的人身安全，教管孩子注意饮食，远离危险物品。但因其未看管好被监护人，导致被监护人离开监护人的监护范围到王萍家玩耍，并误饮农药中毒身亡。对此，原告宋秀应负主要责任，并应承担主要的经济损失。被告王萍家有小孩，明知农药可能会使孩子误饮死亡，却仍未将农药放置在安全位置，导致了原告女儿宋小秀的死亡，主观上存在过失，因此，被告对原告女儿宋小秀之死也应负一定的责任。因此，对于宋小秀死亡赔偿费、埋葬费和医疗费，应当主要由原告自己承担，被告承担部分数额。

而被告王萍对其女王小萍的医药费的赔偿请求则涉及委托监护的问题。所谓委托监护，是指根据法律规定享有监护权，承担监护义务的监护人，因有正当理由而委托他人在一定期限内代为履行监护职责的情况。监护人欲履行监护职责，尤其是履行对被监护人的人身保护责任，则要求被监护人在其监护范围之内，而实际生活中，监护人却不可能一直将被监护人带在身边，此时，在不影响甚至更利于保护被监护人安全和权益的情况下，应当允许监护人将监护的职责委托他人代为行使。这不仅减轻了监护人的负担，也更有利于保护被监护人的安全和权益，维护社会正常秩序，从而更好地实现设置监护制度的目的。我国《民法通则》并未规定委托监护这一形式，但在实践中确有监护人由于各种原因不与被监护人共同生活，或无法将精力分散到被监护人的日常生活、行为的每一处，于是委托亲属、朋友、邻居或者有关单位如幼儿园、学校等代为行使全部或部分监护职责。对此，应表示理解和承认，我国在司法解释上也确认了委托监护这种监护形式。《民法通则司法解释》第22条规定："监护人可以将监护职责部分或全部委托给他人。因被监护人的侵权行为需要承担民事责任的，应当由监护人承担，但有约定的除外；被委托人确有过错的，负连带责任。"

本案中，因被告王萍欲到医院看望住院的同事，不能履行对其女王小萍的监护责任，故委托原告宋秀代为照管，形成了暂时的委托监护关系，意在使王小萍处在有监护能力人的监护范围内，身体健康不受侵害。在此期间，宋秀对王小萍应承担相当于王萍的监护责任。由于王小萍只有6岁，而其女宋小秀也年仅4岁，原告的监护责任更主要的是保护两人的人身安全，这也是王萍委托原告代为监护的最主要目的所在。然而，原告宋秀却疏于自己的监护职责，使王小萍脱离自己的监护范围，与宋小秀回王萍家玩耍并致其误饮农药中毒。对此，原告应基于主观上的过失承担未妥善尽到监护责任的后果。根据《民法通则》第18条第3款的规定："监护人不履行监护职责的或者侵害监护人合法权益的，应当承担责任；给被监护人造成财产损失的，应当赔偿损失。"因此，原告宋秀应当承担王小萍医疗费用的赔偿责任。考虑到本案中被告王萍放置农药不当与王小萍的中毒有直接的因果关系，作为王小萍的法定监护人，被告也应承担未尽合理监护职责的过失责任，负担部分王小萍的医疗费用。

思考题

1. 简述监护人责任的归责原则。
2. 试述监护人责任的构成要件。
3. 试述监护人责任的承担。
4. 如何理解"抚养人的垫付责任"？

阅读文献

1. 刘宝玉：《监护人责任若干争议问题探讨》，载《法学论坛》2012年第3期。
2. 王利明：《自然人民事责任能力制度探讨》，载《法学家》2011年第2期。
3. 周友军：《侵权法学》，中国人民大学出版社2011年版。
4. 曾祥龙：《教育机构侵权责任的确定》，载《司法论坛》2015年第17期。

第十六章　用人者责任

本章导语

用人者责任即为雇主责任，是建立在雇佣关系基础上的由雇主对雇员致害行为承担的一种侵权责任。我国用人者责任采用无过错归责原则。学习本章内容要重点掌握用人者责任的构成要件及责任承担方式。

第一节　用人者责任概述

本节提要

本节需要识记用人者责任的概念，理解用人者责任的法律特征，掌握用人者承担责任的理论基础，以及用人者责任确定的依据。

日常生活中以劳动供给为内容的法律关系众多，典型的如劳动关系、承揽关系、雇佣关系、劳务关系等，但由此产生纠纷所适用的法律以及承担的责任截然不同。《人身损害赔偿司法解释》以及《侵权责任法》对上述问题进行了区分，做出了回应。《侵权责任法》第 34 条所规定的“用人单位”包括但不局限于《劳动合同法》领域的用人单位，不再区分是否存在劳动关系而统称为用人单位，除个人、家庭、农村承包经营户等外，统称为用人单位。与此相对应，“工作人员”应当包括但不局限于劳动者，还包括公务员，以及参照公务员进行管理的其他工作人员、事业单位实行聘任制的工作人员等；该工作人员不仅包括一般的工作人员，还包括用人单位的法定代表人、负责人、公司董事、监事、经理和清算人等，不仅包括正式在编人员，也包括临时雇佣人员。

一、用人者责任的概念

用人者也称为雇主,是指任用被使用者(也称为雇员),并能通过其指示权有计划地控制该被使用者的人。[1] 据此,用人者责任亦可称为雇主责任,是建立在雇佣关系基础上的由雇主对雇员致害行为承担的一种侵权责任。《侵权责任法》第 34 条第 1 款规定:用人单位的工作人员因执行工作任务造成他人损害的,由用人单位承担侵权责任。该条第 2 款规定:劳务派遣期间,被派遣的工作人员因执行工作任务造成他人损害的,由接受劳务派遣的用工单位承担侵权责任;劳务派遣单位有过错的,承担相应的补充责任。该法第 35 条规定:个人之间形成劳务关系,提供劳务一方因劳务造成他人损害的,由接受劳务一方承担侵权责任。提供劳务一方因劳务自己受到损害的,根据双方各自的过错承担相应的责任。结合上述规定,我国已确立了较为完整的用人者责任制度。

《侵权责任法》颁布之前,我国对用人者责任的规定基于主体性质和所有制的不同而分别立法。《民法通则》第 43 条规定:企业法人对它的法定代表人和其他工作人员的经营活动,承担民事责任。第 121 条规定:国家机关或者国家机关工作人员在执行职务中,侵犯公民、法人的合法权益造成损害的,应当承担民事责任。《民法通则司法解释》第 58 条规定:企业法人的法定代表人或其他工作人员,以法人名义从事的经营活动,给他人造成经济损失的,企业法人应当承担民事责任。《人身损害赔偿司法解释》根据主体所有制的不同进行了区别规定,该解释第 8 条规定:法人或者其他组织的法定代表人、负责人以及工作人员,在执行职务中致人损害的,依照《民法通则》第 121 条的规定,由该法人或者其他组织承担赔偿责任。第 9 条规定:雇员在从事雇佣活动中致人损害的,雇主应当承担赔偿责任;雇员因故意或者重大过失致人损害的,应当与雇主承担连带赔偿责任。雇主承担连带赔偿责任的,可以向雇员追偿。上述分散模式的规定在侵权法领域饱受质疑,既造成法理上的模糊,亦导致法律适用上的困惑。为此《侵权责任法》采用统一的由用人者责任制度取代以往的分散规定,不失为一种科学、合理、简洁、进步的规定。

二、用人者责任的法律特征

用人者责任作为一种特殊的侵权责任,与一般侵权行为责任相比,具有以下

[1] 王利明、周友军、高圣平:《中国侵权责任法教程》,人民法院出版社 2010 年版,第 480 页。

法律特征：

1. 责任承担的替代性。这是用人者责任与一般侵权责任最显著的区别。一般侵权责任奉行自己责任原则，而在用人者责任中，实施具体侵权行为的雇员并不承担赔偿责任，承担赔偿责任的是并未直接实施侵权行为的雇主，从而体现了替代责任的最本质的特征：责任主体与行为主体相分离。依照雇主责任，受害人不是向作为行为主体的雇员请求赔偿，而是向作为责任主体的雇主请求赔偿。

2. 责任人与行为人之间关系的特定性。在用人者责任中，作为责任主体的雇主，即用人者既未直接实施加害行为，也没有致害他人的主观过错，而使其承担赔偿责任的根本原因在于用人者与行为人之间存在特定的关系，即雇佣关系。基于雇佣关系的存在，雇员受雇主的支配和管理，依照雇主的指示进行雇佣活动，并在执行雇佣活动中接受雇主的控制、监督和管理，这些都表明在雇主与雇员之间存在一种身份上的依附关系，这是雇主承担雇主责任的前提。此外，雇主与雇员之间还存在一种特定的经济利益关系，即雇员通过执行雇佣活动为雇主提供服务和创造经济利益，雇主当然地享受该利益，雇员则因其受雇活动而获取报酬。正因如此，雇员在雇佣活动中致人损害，尽管雇主本人并未直接施加侵害，但雇主却要对受害人的损失承担赔偿责任。

3. 用人者责任是对自己责任原则的突破。自己责任原则意味着个人仅对自身过错造成他人损害的加害行为承担责任，不对他人行为负责。但在用人者责任中，用人者是对他人行为负责，突破了传统侵权法中的自己责任原则。

三、用人者责任的理论基础

关于用人者责任的理论基础，即用人者（雇主）为什么必须对其雇员在执行雇佣活动中致第三人损害的侵权行为承担赔偿责任，学界对此并未形成统一认识。大体上存在以下几种学说：

1. 控制和监督理论。该理论认为，雇主之所以对其雇员的侵权行为承担责任，是因为雇主一旦选任雇员并委托他去从事其职责范围内的活动，则应当对其雇员的行为加以控制和监督，防止其雇员损害他人行为的发生，如果雇主没有控制和监督其雇员的行为，致使该雇员在从事雇佣活动时损害了第三人的利益，即应对那些遭受此损害的人承担侵权责任。[2] 根据控制和监督理论，雇主责任并不是对他人的侵权行为承担责任，而是雇主自身懈怠了对受雇人选任监督的过失

---

〔2〕 张民安：《雇主就其雇员的行为所承担的侵权责任》，载梁慧星主编：《民商法论丛》（第22卷），金桥文化出版社2002年版，第74页。

责任。[3] 控制和监督理论与现代私法上的“自己责任、过失责任”思想联系在一起，雇主责任的承担正是因为雇主没有履行或过失履行对其雇员监督与控制的义务所致。

2. 危险分担理论。该理论认为，制造危险的人应当对结果负责，雇主之所以对其雇员的侵权行为承担责任，因为对雇主来说，雇佣他人执行职务本身就意味着存在因雇员的行为损害他人利益的危险。雇主是危险的制造人，同时也是最有能力防范和转嫁的人，雇主可以通过选任雇员和对雇员的行为加以控制来避免这种风险的发生，也可以通过提高商品或劳务价格，或者通过保险合同将因此风险所受的损失转嫁于他人，分散于社会，与受害人和雇员相比，雇主是最适当的风险吸收者。危险分担理论为雇主承担替代责任提供了新的理论依据，强调了对损害给予填补的同时，也应着眼于对损害的转移和分散。同时，该理论亦为雇主承担无过失责任提供了较为有力的理由。

3. 报偿责任理论。报偿责任理论通常与“风险与收益相一致”或“权利与义务相一致”学说并论。该理论认为，雇主通过雇佣他人来处理自己的事务，使雇主获得了更高的利润或取得了更大的利益的机会，因此，雇主也应当承担由此带来的更大的风险。所谓“受其利者任其害”，[4] 正是报偿责任理论核心思想的体现。根据这一理论，在雇主责任中，雇主之所以对其雇员的侵权行为承担责任，是因为雇主为了实现自己的利益而雇佣他人，雇员为雇主“手足之延伸”，扩展了雇主的行为范围，创造了更多获利机会，也应对雇员在执行雇佣活动中致人损害承担赔偿责任。

4. 注意义务理论。注意义务理论是在雇主对第三人具有注意义务的基础上所提出的一种理论。该理论认为，雇主之所以要就雇员的侵权行为对第三人承担侵权责任，是因为雇主直接对第三人承担注意义务，他在通过雇员的行为而侵害第三人时，即违反了对该第三人的注意义务。[5] 根据这一理论，雇主为了自己的利益而雇佣他人工作，就应注意到雇员对第三人可能发生侵权的危险；如果雇员在执行雇佣活动中给他人造成损害，就说明雇主对第三人违反了该注意义务；遭受损害的第三人在要求雇主对其雇员的行为承担责任时，无须考虑雇员是否承担注意义务和是否实施了侵权行为，即便雇员没有实施侵权行为，雇主也应对第三人的

---

〔3〕 于敏：《日本侵权行为法》，法律出版社 1998 年版，第 212 页。

〔4〕 史尚宽：《债法总论》，中国政法大学出版社 2000 年版，第 187 页。

〔5〕 张民安：《雇主就其雇员的行为承担的侵权责任》，载梁慧星主编：《民商法论丛》（第 22 卷），金桥文化出版社 2002 年版，第 77 页。

损害承担赔偿责任。

5.“深口袋”理论。该理论认为在雇员和雇主之间,通常情况下,雇主是一个具有相当实力的经济实体,他所拥有的财产远远多于雇员的财产,更有能力承担雇员的侵权行为所带来的损害,而相对雇主来说,雇员赔偿能力比较小,甚至可能没有赔偿能力。基于此,雇员的侵权行为不会被潜在诉讼的威胁所阻止,最好的阻却手段是要求雇主承担责任,这样他们会对雇员实施更为严格的控制。[6]

上述理论均从不同的角度对雇主责任存在的合理性、正当性进了阐释。但笔者认为,雇主责任的理论基础很难归结为单独一种理论,应综合多种理论加以考虑。设立雇主责任的根本目的是保护受害人的利益,雇主承担替代责任的本质是令雇主在特定情况下替雇员承担责任,并不等于完全免除雇员对侵权责任的承担。所以,在考察雇主责任制度的理论依据时,应把充分保护无辜受害人的合法权益作为其出发点,把雇主对雇员的控制和监督作为确立雇主责任的基本因素。

第二节 用人单位责任

本节提要

有关用人者责任的归责原则学界尚无定论,学习本节要了解目前学界关于用人者责任的三种归责原则并重点掌握我国有关用人者责任的归责原则。在此基础上了解用人单位承担责任的条件以及承担责任的形式。

一、用人者责任归责原则的立法例

用人者对其雇员因执行职务而致害他人负赔偿责任已成为现代法律发展的趋势,各国规定并没有多少分歧。但其归责原则问题却是一个尚无定论的问题,各国和各地区的立法及学界的相关学说仍存在差别,大致可概括为以下类型:

1. 过错推定归责原则。该模式的特点是:以雇主选任、监督雇员的过错来确

[6] Clarence Morris, Torts of an independent contractor, 29ILL. L. REV. 339(1935). 转引自官松:《美国法中雇主转承责任研究》,载中国期刊网优秀博硕士论文库。

定雇主责任,该过错由法律推定,无须由受害人举证。换言之,雇主可以通过证明对雇员已尽选任、监督义务而免于责任的承担。如《德国民法典》第 831 条规定:"雇佣他人执行事务的人,对受雇人在执行事务时违法施加于第三人的损害,负赔偿的义务。雇佣人于任命受雇人时,并在其应提供设备和工具器械或者应当监督事务的执行时,对装备和监督已尽必要的注意,或即使尽必要注意仍难免发生损害的,不发生赔偿义务。"

2. 无过错责任原则。该模式的特点是:无论雇主对雇员是否尽到选任、监督或是指示上的注意义务,只要雇员在雇佣活动中造成他人损失,雇主都应对此承担赔偿责任。如《法国民法典》第 1384 条规定:"主人与雇主,对其家庭佣人与受雇人在履行他们受雇的职责中造成的损害,负赔偿责任。"《荷兰民法修正案》第 8 条规定,受雇人于执行职务,因其过失加损于他人时,雇用人应连带负责,受雇人因精神或身体缺陷等事由而免责时,对雇用人之责任不生影响。

3. 过失责任原则与衡平原则相结合。该模式的特点是:确定雇主对其雇员的行为承担赔偿责任以雇主的过失为归责前提,但在雇主提出免责证明时应免责,受雇人又因赔偿能力薄弱而使受害人不能受损害赔偿时,法院可以根据受害人的申请依照衡平原则判令雇主承担全部或者部分赔偿责任。

我国台湾地区"民法"第 188 条分两款对雇主责任的归责原则进行了规定,其第 1 款规定:受雇人因执行职务不法侵害他人之权利者,由雇佣人与行为人连带负损害赔偿责任,但选任受雇人及监督其职务之执行已尽相当注意,或纵加以相当之注意仍不免发生损害时,雇佣人不负赔偿责任。该项责任就其性质来说,属于过失责任,在举证责任的承担上与德国法、日本法相同,实行的是过失推定原则。其第 2 款规定:如被害人依前项但书之规定不能受损害赔偿时,法院因其声请,得斟酌雇佣人与被害人之经济情况,令雇佣人为全部或一部之赔偿。显然,该项责任是衡平责任。在归责原则上将过失责任与衡平责任相结合,是我国台湾地区雇主责任制度的特色。

二、用人者责任的归责原则

我国《民法通则》中对雇主责任没有明确规定,《人身损害赔偿司法解释》根据审判实践和社会各界意见,对雇主责任采取严格的无过错责任原则。《侵权责任法》沿袭了无过错责任的规定。该法第 34 条第 1 款规定:用人单位的工作人员因执行工作任务造成他人损害的,由用人单位承担侵权责任。

用人者承担无过错责任的规定既符合民法理论,适应经济发展需要,也有利于切实保护受害人,并与我国审判实践保持一致。具体言之,在用人者责任中实行无过错责任原则,首先是现代民法中报偿责任理论的体现,根据报偿责任理论的要求,享受利益者亦应承担由该利益活动所引发的损害赔偿责任。雇佣他人从事劳务活动,本质上是通过使用他人劳动扩大雇主的事业范围或者活动范围,雇主在因此获得利益的同时,理应承担由此带来损害的风险,即风险与利益相一致。其次,奉行无过错责任原则是为了更好地保护受害人的利益。众所周知,受制于雇员本身的赔偿能力,受害人往往很难从雇员处获得财产赔偿,若在雇佣活动中发生损害时,雇主可以通过主张其主观上没有过错,即其已经尽到了对受雇人的选任监督义务而免于责任的承担,则受害人的受损利益将无法得到保障。规定雇主承担严格的无过错责任,不仅有利于给予受害人及时和充分救济,也有利于雇主加强对企业的管理和对雇员的监督教育,提高自身的风险防范意识。最后,规定雇主承担无过错责任,也为实践中一直奉行的雇主严格责任提供了法律依据。实体法上明确雇主无过错责任,无疑为司法实践提供了有利的立法依据。

三、用人者承担责任的条件

1. 用人者与被使用者之间存在雇佣关系。替代责任产生的前提是特定关系的存在,雇主之所以代雇员承担责任,正是因为二者之间存在雇佣关系。可以说,雇佣关系的存在是雇主责任的基础。雇佣关系是指受雇人(被使用者)利用雇佣人(用人者)提供的条件,在雇佣人的指示和监督下,以自身的技能为雇佣人提供劳务,并由雇佣人提供报酬的法律关系。在雇佣法律关系中,雇员的主要权利为报酬请求权,主要义务为提供劳务的义务;雇主的主要权利为劳务供给请求权,义务为报酬支付义务和保护义务。

关于雇佣关系的判断,学说上有不同的判断标准,主要表现在以下两种学说:

其一,社会契约标准说。这是早期判断雇佣关系的标准。该学说认为,认定雇佣关系的存在,须以雇佣契约作为前提,雇佣契约的存在是雇佣关系存在的标志。雇佣关系虽然经常因雇佣合同产生,但也可以因其他关系产生,对于没有订立雇佣合同的事实上的雇佣关系,雇主仍要承担替代责任。该原则不是构建于双方当事人的合同关系基础之上,而是构建于他们的依赖关系之上。[7] 现今雇佣关系复杂多样,仅仅依靠雇佣合同来判断已不符合实际要求。因此,此学说已被废止。

---

〔7〕 [德]克雷斯蒂安·冯·巴尔:《欧洲侵权行为法中的替代责任》,张新宝译,载梁慧星主编:《民商法论丛》(第15卷),法律出版社2000年版,第519页。

其二,控制标准说。该学说认为雇员完全处于雇主的直接控制和监督之下,服从雇主的命令,雇主有权指示雇员何时、何地、用何种方法完成工作。雇主责任的决定因素不在于是否存在雇佣合同,而在于是否存在控制、指示性的依附关系及以工作性质为特征的依赖关系。[8] 并且,无论采取怎样的控制方式,只要雇主对其雇员予以控制且可保证雇员的行为符合雇主的利益要求即可。

结合我国理论与司法实践,借鉴其他国家相关规定,雇佣关系的存在与否主要应参考以下几方面内容:一是双方有无雇佣合同,口头或者书面的均可以;二是雇员有无报酬;三是雇员有无提供劳务;四是雇员是否受雇主的监督。其中最重要的是后两项内容,它决定着事实上雇佣关系的存在与否。判断是否是雇佣关系不应以雇佣合同为限,有无报酬也不是关键之所在,除了合同,特定的行为也可作为雇佣关系存在的依据,因此,只要雇主对雇员具有明显的控制与监督管理,雇员向雇主提供劳务,那么雇佣关系便存在。此外,雇员在雇主的组织或事业中所占地位也是确定雇主地位的重要标准。[9]

2. 被使用者(雇员)的行为是执行工作任务的行为。并非工作人员的所有行为用人单位均承担责任。用人单位仅对执行工作任务的行为承担责任,因此执行工作任务的判断是用人者承担责任的前提条件和核心因素。用人者不是对被使用者的所有行为都承担赔偿责任,仅对被使用者的职务行为造成的损害后果承担责任,确定被使用者(雇员)的行为是否属于执行职务行为,是用人者对该雇员的行为承担责任的决定性因素。

然而,对雇员的行为是否为执行职务行为的判断,除了应确定一般的原则外,在具体的情形中,还需综合各种因素加以决定,如行为的内容、时间、地点、场合、行为的名义以及行为的受益人,以及是否与用人单位的意志相关联等。有些工作人员在执行职务的过程中,以执行职务的方法实施加害行为,但是以达到个人不法利益为目的,虽然内在动机与单位利益无关,但行为与职务有内在关系,也应认定为执行职务的行为。

学说上有关职务行为的认定标准存在“主观说”与“客观说”两种学说。主观说是以主观为标准判断是否属于执行职务,又有“雇主主观说”与“雇员主观说”两种观点。“雇主主观说”是指以雇主的主观意思为标准,职务范围仅限于雇主所要求雇员办理的事项,没有雇主指示或超出雇主指示范围的行为都不属于执行职

---

〔8〕［德］克雷斯蒂安·冯·巴尔:《欧洲侵权行为法中的替代责任》,张新宝译,载梁慧星主编:《民商法论丛》(第15卷),法律出版社2000年版,第522页。

〔9〕杨立新:《类型侵权行为法研究》,人民法院出版社2006年版,第580页。

务。按照此观点，雇员在没有依照雇主指示而擅自行动时，虽然有利于雇主，仍然不能认定为执行职务。该学说完全依照雇主的主观意思来判断，把执行职务牢牢限定在雇主命令办理的事项范围内，显然不利于公平地判定雇主责任的承担，也不利于被害人的保护，因而在理论与实务中极少被采纳。

“雇员主观说”认为雇主命令办理的事项固然属于执行职务，但是雇主没有命令办理的事项并非就不属于执行职务，还应以雇员的主观意思来判断。如果雇员的主观意思是为雇主的利益，那么该行为也属于执行职务。该说克服了“雇主主观说”范围过窄的不足，将雇员超出雇主指示范围但主观为雇主利益的行为也认定为执行职务，是一大进步。然而，该说与“雇主主观说”如出一辙，始终将执行职务的认定局限在主观判断上，因此很难作为一般标准。

客观说突破了以主观意思来判断的模式，而以行为的外观为判断标准，如果雇员的行为在外观上看是执行职务的行为，无论雇主与雇员的主观意思是什么，都可以认定为执行职务。这种学说克服了主观说难以确定主观意思的不足，以第三人的角度来考察，客观上扩大了雇主责任的适用范围，也更加有利于对被害人的保护。我国司法解释实际上就采取了客观说。《人身损害赔偿司法解释》第9条第2款规定：“从事雇佣活动”，是指从事雇主授权或指示范围内的生产经营活动或其他劳务活动。雇员的行为超出授权范围，但其表现形式是履行职务或与履行职务有内在联系的，应当认定为从事雇佣活动。可见，该解释对“从事雇佣活动”进行了扩大解释，对雇佣活动的范围也采用了客观标准，雇员的行为即便超出雇主的授权范围或不是出于雇主的利益，只要该行为与履行职务有内在的联系，亦可以认为是执行职务的行为。

实践中，还有两种情况需要继续深入研究。第一，工作人员超越职权范围以用人单位名义实施的行为致人损害的，用人单位是否承担责任？即使工作人员的行为超出职权范围，但从行为的客观表现形式上受害人无法识别，仍构成用人单位责任。第二，工作人员以用人单位名义实施的超出用人单位经营范围致人损害的行为，用人单位是否承担责任？一般认为，超出用人单位经营范围的行为已经不是合法行为，而侵权行为本身就是违法行为，不能以经营范围限定。因此，这种情况下，同样可以构成用人单位的侵权行为，用人单位承担侵权责任。

3. 被使用者（雇员）在从事职务活动中对第三人造成损害。损害事实的发生是民事赔偿责任产生的前提条件，无损害则无赔偿责任，损害可以是财产损失，亦可以是人身利益损失。

4. 第三人损害的发生是由被使用者（雇员）的侵权行为所致。雇主只对雇员实施的侵权行为承担责任,雇员的行为构成侵权行为是雇主承担民事责任的必要条件,倘若雇员的行为虽造成了第三人损失,但并非侵权行为,则不会产生雇主的民事责任问题。

四、用人单位承担责任的方式

(一)雇主责任的承担方式

世界各国有关雇主责任承担方式主要有以下三种情形:

其一,用人者即雇主单独向受害人承担赔偿责任。雇主是雇主责任的唯一主体,发生雇员在雇佣活动中致他人损失时,受害人只能向雇主请求赔偿,不得向行为人即雇员请求赔偿。但雇主承担责任后可以向雇员追偿。这种立法规定主要体现在德国、日本以及英美法系等国的民法中。

其二,用人者即雇主和雇员共同向受害人承担连带赔偿责任,受害人可以向两者请求赔偿。采用此规定的是我国台湾地区,体现在其"民法"第188条第1款规定中。

其三,受害人选择向雇主或雇员分别单独或是共同请求承担赔偿责任。具体言之,在受害人因雇员执行雇佣活动而遭受损害时,受害人既可以单独对雇主提起诉讼,亦可单独向雇员提出诉求,还可以将雇主与雇员作为共同被告,提起一个共同侵权诉讼。法国民法即采取此种立法模式。

《人身损害赔偿司法解释》第9条第1款规定:"雇员在从事雇用活动中致人损害的,雇主应当承担赔偿责任;雇员因故意或者重大过失致人损害的,应当与雇主承担连带赔偿责任。雇主承担连带赔偿责任的,可以向雇员追偿。"该规定通过区分雇员的过错状态来确定不同的赔偿义务主体,即在雇员非因故意或重大过失致人损害时,雇员对受害人不承担赔偿义务,而是由雇主单独作为赔偿义务主体向受害人承担赔偿责任,且雇主事后不能向雇员进行追偿;在雇员因故意或重大过失致人损害时,则由雇员与雇主承担连带赔偿责任,此时雇员与雇主共同作为赔偿义务主体承担对受害人的损失赔偿责任。实务操作中,作为赔偿权利人的受害人实际上享有了一种选择权,即受害人既可以向雇主提起诉求,亦可向雇员提起诉求,但这种选择权仅仅限定在雇员具有故意或者重大过失的情形之下发生的损失。

(二)用人者对雇员的追偿权

用人者对雇员在雇佣活动中的致害行为向第三人承担了赔偿责任后,对受雇人即雇员享有追偿的权利。根据《人身损害赔偿司法解释》第9条的规定,雇主对雇员行使追偿权,仅限于雇员因故意或重大过失致人损害的情形,而且必须是在雇主已经对受害人承担了连带赔偿责任后才可对雇员进行追偿。《侵权责任法》

第34条规定用人单位责任时并没有吸收《人身损害赔偿司法解释》有关追偿权的规定,对此是否可以得出结论,用人者即不再享有追偿权?笔者认为,《侵权责任法》虽未规定追偿权,并不影响用人单位依照法律规定,或者根据双方的约定来行使追偿权,如果用人单位和工作人员对于能否追偿或者追偿多少有争议的,可以向人民法院提起诉讼,由人民法院根据具体情况公平解决。

第三节 劳务派遣责任

本节提要

本节学习的重点是掌握劳务派遣和雇佣活动中承担侵权责任的规则原则,侵权责任的承担方式。

劳务派遣是指劳务派遣机构受特定企业委托招聘员工,并与之签订劳动合同,将员工派遣到企业工作,其劳动过程由企业管理、其工资、福利、社会保险等由企业提供给派遣机构,再由派遣机构支付给员工,并为员工办理社会保险登记和缴费等事项的一种特殊用工方式。劳务派遣法律关系中存在三方主体:用人单位、实际工作单位和被派遣的劳动者。换言之,“用人”和“用工”发生了分离,产生了“有关系没劳动、有劳动没关系”的局面,增加了劳务派遣关系的复杂性。

一、《侵权责任法》第34条第2款的理解

《侵权责任法》第34条第2款规定:“劳务派遣期间,被派遣人的工作人员因执行工作任务造成他人损害的,由接受劳务派遣的用工单位承担侵权责任;劳务派遣单位有过错的,承担相应的补充责任。”该规定明确了以下四点:其一,在劳务派遣的情况下,用工单位承担雇主责任。当然,用工单位承担雇主责任的必须满足雇主责任的构成要件。其二,劳务派遣单位并不作为用人单位承担雇主责任,而是只有存在过错时,如对派遣员工的管理存在故意或过失,导致他人损害时,才承担责任,即派遣单位承担过错责任;如果劳务派遣单位就损害行为并不存在管理上的过错,则不承担责任。其三,派遣单位的责任仅是补充责任,即只有在用工单位无力赔偿或是找不到用工单位时,才由劳务派遣单位承担赔偿责任。其四,

派遣单位的补充责任是与其过错相适应的赔偿责任,而非全部责任。

我国《劳动合同法》规定,劳务派遣中被派遣劳动者合法权益受损后,劳务派遣单位与实际用工单位承担连带赔偿责任,但是对于被派遣者在工作中给他人造成损害的情形,劳务派遣单位和实际用工单位如何承担侵权责任不属于《劳动合同法》规制范围。

二、用工单位与派遣单位承担侵权责任的归责原则

侵权责任法并未采纳用工单位和派遣单位承担连带责任的观点,而是明确规定派遣单位承担人事管理方面的过错责任。换言之,工作人员在劳务派遣期间造成第三人损害的侵权案件中,用工单位是承担责任的首要主体,在责任认定上承担无过错责任原则;派遣单位以过错责任原则为归责原则。理由是:在劳务派遣的被派遣劳动者实际工作中,派遣单位的监督、控制力不强甚至没有,劳动控制权由用工单位掌握,被派遣劳动者需要遵守用工单位的工作规则、规章制度,即用工单位对工作人员进行实际的管理、指挥和控制。

派遣单位仅仅负责劳动者的招聘、选任派遣、档案管理、支付报酬、购买社会保险、解聘等事宜,如需要了解工作人员的身体健康状况、能力、资格,以及对能否胜任用工单位所任职务进行详细的调查。其行使的是人事管理方面的雇主权利,但失去了对劳动者的实际指挥、控制和监督的权力。因此,劳务派遣单位相当于用工单位的人事部门,对如果派遣单位在人事管理事项中存在过错或违法行为导致劳动者权益受到侵害应当承担补充责任。"补充责任"既包括程序意义上的补充,也包括实体意义上的补充。程序意义上的补充是指顺位上的补充,目的是赋予补充责任人一种先诉抗辩权。实体意义上的补充是数额的补充,赔偿数额的大小取决于补充责任人的过错程度。

三、用人单位是否享有追偿权

尽管《侵权责任法》第 34 条第 2 款没有规定用人单位的追偿权,但立法者倾向于肯定用人单位的此项权利。如果用人单位能够举证证明侵权行为是由于其工作人员故意或者重大过失造成的,且行为超出了法律赋予的职权或者单位授权范围,此时的用人单位可以向造成侵权后果的工作人员进行追偿。平衡用人单位和工作人员的经济实力以及对比双方的关系,应当限制用人单位的追偿数额。用人单位对外承担责任是侵权责任,但追偿则是根据双方之间的合同关系。因此,需要根据工作人员对于损害发生的过错程度和行为性质来判断其承担的责任范

围。防止用人单位将全部侵权责任转嫁给有过错的工作人员，或者用人单位监管失职的情形下，让有过错的工作人员承担大部分责任。

实践中存在劳务派遣单位和用工单位在工作人员侵权行为产生的责任分配上进行事前或事发后约定的情形。该约定为双方真实意思表示，反映了劳务派遣的实际情况，也利于纠纷的解决，但该约定仅在劳务派遣单位和用工单位之间发生效力，不能对抗第三人。

第四节　个人劳务责任

本节提要

通过本节学习，掌握个人劳务的特属性，以及造成他人损害或者自己受到伤害的责任主体的确定规则。

实践中雇佣保姆、装修等事项，经常在个人之间形成劳务关系。个人劳务责任是指在个人之间形成的劳务关系中，提供劳务一方因劳务造成他人损害，接受劳务一方应当承担赔偿责任的用人者责任。《侵权责任法》第35条规定："个人之间形成劳务关系，提供劳务一方因劳务造成他人损害的，由接受劳务一方承担侵权责任。提供劳务一方因劳务自己受到损害的，根据双方各自的过错承担责任。"前段规定的是个人劳务责任，后段规定的是个人劳务的工伤事故责任。各国侵权法都将用人单位责任和个人劳务责任包括在雇主责任中。我国由于用人体制的区别，对用人者责任做出区分，将个人劳务责任单列。

一、接受劳务一方应承担无过错责任

第35条规定接受劳务一方承担无过错责任，与第34条精神基本相同。但在侵权责任认定的过程中，需要综合考虑如下因素：(1)因为致害行为发生在雇员从事雇佣活动中，为雇主提供服务，设备、工作的时间和地点均由雇主决定。整个劳动过程是在雇主的监督和指示下完成，此时雇主可以对雇员的行为进行防控，雇主对雇员的职业活动负有安全注意和劳动保护的职责义务。(2)雇员的行为可以看作雇主权利的扩张，根据报偿理论，雇员从事雇佣活动是为雇主的利益，雇佣活

动产生的风险应当由雇主承担,而不是由雇员承担。(3)雇主承担无过错责任,有利于督促雇主监督和催促雇员依法工作,提高风险意识。(4)雇主的经济能力强于雇员,其承担无过错责任原则,有利于对被害人的保护和救济。

另外,需要注意《侵权责任法》第35条与《人身损害赔偿司法解释》第9条的关系。《人身损害赔偿司法解释》第9条第1款规定:"雇员在从事雇佣活动中致人损害的,雇主应当承担赔偿责任;雇员因故意或者重大过失致人损害的,应当与雇主承担连带赔偿责任。雇主承担连带赔偿责任的,可以向雇员追偿。"该条区分了提供劳务一方和接受劳务一方的主观状态,以及接受方向提供方的追偿。

二、提供劳务一方劳务致使自己受到伤害

提供劳务一方因劳务致使自己受到伤害适用过错责任,即提供劳务的一方和接受劳务的一方按照各自的过错承担相应的责任。《人身损害赔偿司法解释》第2条规定:"受害人对同一损害的发生或者扩大有故意、过失的,依照民法通则第131条的规定,可以减轻或者免除赔偿义务人的赔偿责任。但侵权人因故意或者重大过失致人损害,受害人只有一般过失的,不减轻赔偿义务人的赔偿责任。适用民法通则第一百零六条第三款规定确定赔偿义务人的赔偿责任时,受害人有重大过失的,可以减轻赔偿义务人的赔偿责任。"《侵权责任法》第26条规定:"被侵权人对损害的发生也有过错的,可以减轻侵权人的责任。"第27条规定:"损害是因受害人故意造成的,行为人不承担责任。"因此,若提供劳务一方因故意或者重大过失致使自己受到伤害的,可以免除或者减轻接受劳务一方的赔偿责任,若提供劳务一方仅存在一般过失,则不减轻接受劳务一方的责任。提供劳务一方不能与接受劳务一方过失全部相抵,除非有确凿的证据证明提供劳务一方为自杀等故意伤害自己的行为,接受劳务一方不得免责。需要注意的是,《人身损害赔偿司法解释》第11条规定,雇员在从事雇佣活动中受到人身损害,雇主应当承担赔偿责任。此时雇主的责任为无过错责任,而《侵权责任法》第35条的规定已经取代了《人身损害赔偿司法解释》第11条的规定。

三、"因劳务"行为的理解

《侵权责任法》仅表达"因劳务"的字样,没有详细解释,但《人身损害赔偿司法解释》第9条第2款对此进行了说明。其规定,前款所称"从事雇佣活动",是指从事雇主授权或者指示范围内的生产经营活动或者其他劳务活动。雇员的行为超出授权范围,但其表现形式是履行职务或者与履行职务有内在联系的,应当认

定为"从事雇佣活动"。该条的判断依据是主观上要求雇员的行为以雇主的授权或指示为基础,雇主有对雇员的行为在雇佣工作期间加以控制的权力,雇员主观上也是为了雇主的利益而工作;从客观而言,即使行为超出了授权的范围,但表现形式是履行职务或与履行职务有内在联系,也可视为职务行为。《人身损害赔偿司法解释》第9条第2款是一个主客观相结合的标准,合理划分了雇佣关系的范围,也顾及对受害者利益的保护。

四、帮工人致人损害的责任承担

帮工行为也是常见的个人劳务行为,分为有偿帮工和无偿帮工,帮工人在提供劳务的过程致人损害的,责任承担状况较为复杂。根据《人身损害赔偿司法解释》第13条规定:"为他人无偿提供劳务的帮工人,在从事帮工活动中致人损害的,被帮工人应当承担赔偿责任。被帮工人明确拒绝帮工的,不承担责任。帮工人存在故意或者重大过失,赔偿权利人请求帮工人和被帮工人承担连带责任的,人民法院应予支持。"第14条规定:"帮工人因帮工活动遭受人身损害的,被帮工人应承担赔偿责任,被帮工人明确拒绝帮工的,不承担赔偿责任;但可在受益范围内予以适当补偿。帮工人因第三人侵权遭受人身损害的,由第三人承担赔偿责任。第三人不能确定或者没有赔偿能力的,可以由帮工人予以适当补偿。"

帮工人责任问题需要区分被帮工人的意愿。无论帮工人致人损害还是致己损害,若帮工人接受帮工行为,则产生的责任为被帮工人承担;若被帮工人明确拒绝,此时帮工人需要责任自负,被帮工人仅在受益范围内承担适当补偿的责任;帮工人若存在故意或者重大过失致第三人损害,则被帮工人与帮工人承担连带责任;在帮工人遭受第三人侵害的场合,只有在第三人无法确定或者没有赔偿能力的情形下,才由帮工人承担责任。因此,被帮工人承担的是补充责任。

第五节　定作人指示过失责任

本节提要

通过本节学习,了解雇佣与承揽的区别,并确定定作人、承揽人的责任以及法律适用。

一、承揽合同工与雇佣合同的区别

从合同给付的标的、双方当事人的关系以及风险的承担角度，可以区分雇佣和承揽的区别。前者以直接提供劳动为给付内容，风险由接受劳务的雇佣人承担，雇佣合同的受雇人在一定程度上要受雇佣人的支配，工作中要受到雇佣人的安排和指挥。承揽合同以完成工作成果为目的，提供劳务仅仅是完成工作成果的手段，承揽合同中所生风险由完成工作成果的承揽人承担，当事人之间不存在支配与服从的关系，承揽人在完成工作中具有独立性。

由于有的雇员在实际工作中也具有相对的工作自主性和独立性，有的定作人也会对承揽人做出具体的指示并现场指挥，为了准确区分二者的关系，人民法院可以参考如下因素：(1)当事人之间是否存在控制、支配和从属关系；(2)是否由一方指定劳动场所、提供劳动工具和设备，限定工作时间；(3)是定期给付劳动报酬还是一次性结算劳动报酬；(4)是继续性提供劳动服务，还是一次性提供工作成果；(5)当事人一方所提供的劳动是其独立的业务或者经营活动，还是构成合同向对方提供的业务或者经营活动的组成部分。[10]

二、定作人指示过失责任

定作人指示过失责任是指承揽人在执行承揽合同过程中，因执行定作人有过失的定作内容或指示而不法侵害他人权利造成损害，应由定作人承担损害赔偿责任的特殊侵权责任形式。定作人在定作物的制作方法上所做出的指示有明显的过错，如指示承揽人用危险的方法或者违法的方法完成承揽任务；选人过错是指定作人对承揽人的选择具有明显过错，如明知承揽人没有资格而选任。《侵权责任法》没有规定定作人指示过失的侵权行为及其责任。《人身损害赔偿司法解释》第10条规定："承揽人在完成工作过程中对第三人造成损害或者造成自身损害的，定作人不承担赔偿责任。但定作人对定作、指示或者选任有过失的，应当承担相应的赔偿责任。"在认定具体责任时，有如下注意事项：

1. 当事人之间的合同必须是承揽性质的合同。构成定作人指示过失责任，须当事人之间的合同为承揽性质的合同，这是区分定作人指示过失责任和用人单位责任的基本界限。定作人指示过失责任的基础是承揽性质的合同，而用人单位责任则必须是劳务合同。如雇佣带驾驶员的出租汽车就是承揽合同，而非用人单位

---

〔10〕 黄松有主编：《最高人民法院人身损害赔偿司法解释的理解和适用》，人民法院出版社2004年版，第169页。

的劳务合同。

2. 侵权行为是在执行承揽合同过程中发生的。执行承揽合同即完成承揽事项。造成承揽人损害或者承揽人损害他人的行为，必须是在完成承揽事项的过程中发生的行为。如果超出了执行承揽事项范围，不存在定作人指示过失的侵权责任。

3. 侵害的是第三人的民事权益。这种侵权行为侵害的权益分为两个方面，一个是承揽合同以外的第三人的民事权益，如生命权或者健康权的损害；另一个是承揽人自己权利的损害，是承揽人在执行承揽事务之中，造成了自己的损害。对此，《人身损害赔偿司法解释》第10条规定不仅包括致第三人损害，而且还包括造成自己的损害。造成承揽人自己损害不是定作人指示过失责任，而属于工伤事故责任。

4. 造成损害的行为人是承揽人。造成损害的直接行为人是承揽人而不是定作人，是承揽人在执行承揽事项中，以自己的行为造成他人损害，或者造成自己的损害，并不是定作人的行为造成他人损害或者承揽人的损害。

5. 承担责任的是定作人。侵权责任的承担者是定作人，定作人为自己过失的定作、指示或者选任所造成的后果承担损害赔偿责任。《侵权责任法》中没有规定定作人、承揽人和帮工人的责任，但可以根据《人身损害赔偿司法解释》第10条规定，承揽人在完成工作过程中对第三人造成损害或者造成自身损害的，定作人不承担赔偿责任。但定作人对定作、指示或者选任有过失的，应当承担相应的赔偿责任。因此，定作人承担责任的条件是对承揽人的工作进行了指示或者选任，并且上述行为存在过错。

第六节　工伤事故责任

本节提要

通过本节学习区分工伤事故的成因，掌握工伤职工或劳动者的救济途径，重点在于确定工伤保险与民事赔偿之间的关系，以及适用上的先后顺序。

一、第三人原因所致工伤事故的责任

《侵权责任法》没有对工作人员因执行工作任务而被第三人造成伤害的情形

予以规定,实际上此问题涉及第三人侵权与工伤事故竞合时的责任承担问题。《劳动争议解释》和《人身损害赔偿司法解释》虽有涉及,但未明确如何适用法律。《人身损害赔偿司法解释》第 11 条规定:“雇员在从事雇佣活动中遭受人身损害,雇主应当承担赔偿责任。雇佣关系以外的第三人造成雇员人身损害的,赔偿权利人可以请求第三人承担赔偿责任,也可以请求雇主承担赔偿责任,雇主承担赔偿责任后,可以向第三人追偿。雇员在从事雇佣活动中因安全生产事故遭受人身损害的,发包人、分包人知道或者应当知道接受发包或者分包业务的雇主没有相应资质或者安全生产条件的应当与雇主承担连带赔偿责任。属于《工伤保险条例》调整的劳动关系和工伤保险范围的,不适用本条规定。”第 12 条规定:“依法应当参加工伤保险统筹的用人单位的劳动者,因工伤事故遭受人身损害,劳动者或者其近亲属向人民法院起诉请求用人单位承担民事赔偿责任的,告知其按《工伤保险条例》的规定处理。因用人单位以外的第三人侵权造成劳动者人身损害,赔偿权利人请求第三人承担民事赔偿责任的,人民法院应予支持。”工伤事故的责任确定应根据事故的成因确定责任人。

1. 应当参加工伤保险统筹的雇员遭受工伤。因用人单位以外的第三人遭受工伤,受害人可获得双重救济:请求第三人承担侵权责任,同时请求义务人支付工伤保险金。非因第三人遭受工伤,只能请求义务人支付工伤保险金,不能对用人单位提起侵权之诉。

2. 不属于应当参加工伤保险统筹的雇员因从事雇佣遭受人身损害。因用人单位以外的第三人遭受人身损害,用人单位与第三人承担不真正连带责任。用人单位承担责任后,可全额向第三人追偿。非因第三人遭受人身损害,用人单位(雇主)承担无过错侵权责任。因安全生产事故遭受人身损害,发包人、分包人知道或应当知道接受发包者分包业务的雇主没有相应资质或安全生产条件的,应当与雇主承担连带责任。

3. 保险机构和用人单位对因第三人侵权引起的工伤的侵害享有代位求偿权。用人单位和保险机构不能要求工伤职工必须先向侵害人索赔后才能申请工伤保险待遇,也不能从工伤职工应享有的保险中扣减其从侵害人处获得的赔偿款项。公务员、事业单位的工作人员等不请求工伤保险和公务员抚恤待遇而直接向本单位请求人身损害赔偿,单位或医保部门报销后对因第三人侵权引起工伤的第三人享有代位求偿权。

二、自己原因所致工伤事故的责任

工作人员在执行工作中导致自己受到伤害的情形不同,适用的法律也不同。

第一,用人单位无过错,工作人员因工作而导致自己受伤发生工伤事故的原因是自身的保护意识不强或工作违反操作规程,如违反劳动纪律、疲劳作业等,此时劳动者仅能按照工商待遇标准获得赔偿。对于用人单位而言,此工伤保险为强制性保险,直接目的为用人单位设立的责任保险,另外工伤保险遵循无过错责任原则,工伤职工可以受益人的身份获得赔付。

第二,用人单位对于工伤事故的发生存在重大过错,如强制加班。此时劳动者不仅构成工伤,用人单位也对劳动者构成一般的侵权责任。此时,劳动者享有工伤保险待遇以及民事赔偿的权利。此时工伤保险赔偿结束,用人单位并不能免除赔偿责任。用人单位同时满足工伤保险和民事侵权,根据工伤保险赔偿优先的原则,劳动者应当先请求工伤赔偿,工伤保险与民事赔偿的差额部分以及精神损害赔偿等向用人单位主张。此时劳动者不享有请求权。

——— 训　　练 ———

【司考】甲搬家公司指派员工郭某为徐某搬家,郭某担心人手不够,请同乡蒙某帮忙。搬家途中,因郭某忘记拴上车厢挡板,蒙某从车上坠地受伤。下列哪一选项是正确的?(2007 年)

A. 应由郭某承担赔偿责任　　B. 应由甲公司承担赔偿责任

C. 应由甲公司与郭某承担连带责任　　D. 应由甲公司与徐某承担连带责任

【答案】 C

【解析】 《人身损害赔偿司法解释》第 9 条规定,雇员在从事雇佣活动中致人损害的,雇主应当承担赔偿责任;雇员因故意或者重大过失致人损害的,应当与雇主承担连带赔偿责任。雇主承担连带赔偿责任的,可以向雇员追偿。本题中,郭某作为甲公司的雇员,在从事搬家活动中致人损害的,应该由甲公司承担赔偿责任;但是因为郭某本身也有重大过失,所以应该和甲公司一起承担连带责任,C 项正确。

【司考】甲公司为劳务派遣单位,根据合同约定向乙公司派遣搬运工。搬运工丙脾气暴躁常与人争吵,乙公司要求甲公司更换丙或对其教育管理,甲公司不予理会。一天,乙公司安排丙为顾客丁免费搬运电视机,丙与丁发生激烈争吵故意摔坏电视机。对此,下列哪些说法是错误的?(2010 年)

A. 甲公司和乙公司承担连带赔偿责任

B. 甲公司承担赔偿责任,乙公司承担补充责任

C. 甲公司和丙承担连带赔偿责任

D. 丙承担赔偿责任,甲公司承担补充责任

【答案】 ABCD

【解析】 根据《侵权责任法》第34条第2款的规定,劳务派遣期间,被派遣的工作人员因执行工作任务造成他人损害的,由接受劳务派遣的用工单位承担侵权责任;劳务派遣单位有过错的,承担相应的补充责任。结合本题,丙作为被派遣人员在执行工作任务时造成他人损害,由接受劳务派遣的用工单位即乙公司承担侵权责任。乙公司要求甲公司更换丙或对其教育管理,甲公司不予理会。因此,劳务派遣单位甲也有过错,应当承担相应的补充责任。因此,本题的四个选项的表述都是错误的。

【司考】甲聘请乙负责照看小孩,丙聘请丁做家务。甲和丙为邻居,乙和丁为好友。一日,甲突生急病昏迷不醒,乙联系不上甲的亲属,急将甲送往医院,并将甲的小孩委托给丁临时照看。丁疏于照看,致甲的小孩在玩耍中受伤。下列哪一说法是正确的?(2012年)

A. 乙将甲送往医院的行为属于无因管理

B. 丁照看小孩的行为属于无因管理,不构成侵权行为

C. 丙应当承担甲小孩的医疗费

D. 乙和丁对甲小孩的医疗费承担连带责任

【答案】 A

【解析】 《民法通则》第93条规定,"没有法定的或者约定的义务,为避免他人利益受损失进行管理或者服务的,有权要求受益人偿付由此而支付的必要费用。"甲聘请乙负责照看小孩,乙对甲急病昏迷并无法定和约定义务,但乙为了避免甲的利益受损,而将甲送往医院,属于无因管理。A项正确。

《合同法》第400条规定:"受托人应当亲自处理委托事务。经委托人同意,受托人可以转委托。转委托经同意的,委托人可以就委托事务直接指示转委托的第三人,受托人仅就第三人的选任及其对第三人的指示承担责任。转委托未经同意的,受托人应当对转委托的第三人的行为承担责任,但在紧急情况下受托人为维护委托人的利益需要转委托的除外。"甲聘请乙负责照看小孩,属于委托合同,在紧急情况下乙将之转委托丁,构成转委托,因存在约定义务而不构成无因管理,B项错误。

《侵权责任法》第35条规定:"个人之间形成劳务关系,提供劳务一方因劳务造成他人损害的,由接受劳务一方承担侵权责任。提供劳务一方因劳务自己受到损害的,根据双方各自的过错承担相应的责任。"丙聘请丁做家务,丁致使甲的小孩受伤并非因约定劳务造成,丙无须负责,C项错误。

《合同法》第406条第1款规定:"有偿的委托合同,因受托人的过错给委托人造成损失的,委托人可以要求赔偿损失。无偿的委托合同,因受托人的故意或者重大过失给委托人造成损失的,委托人可以要求赔偿损失。"丁作为转委托的受托人,因重大过失造成甲之小孩受伤,理应承担责任,乙作为受托人并无过错,不须承担责任,D项错误。

【案例】李某为某农业大学农学专业的研究人员，其雇用了孙某驾驶收割机收割学校试验田中的稻谷，80岁的聋哑农民钱某擅自进入该片试验田捡拾稻谷，该片试验田有与普通农田相区分的明显标志。因收割机驾驶位较高，孙某在驾驶的过程中视野受限，没有看到正在拾稻谷的钱某，导致钱某卷入收割机死亡。请问本案中钱某的损失由谁来承担？

【解析】　李某为农业大学的研究人员，雇用孙某对试验田中的稻谷进行收割，其行为代表了该农业大学，代表学校雇佣孙某属于职务行为。收割机为机动车的类型之一，行驶中的机动车导致行人受损，机动车一方承担无过错责任。因此钱某的损失由孙某以及该农业大学承担。由于事发地点为农业大学自有的试验田，有管理和警示标志，并且收割机在作业时声响巨大，一般人听到收割机的声音后会选择迅速避开，因钱某的特殊体质导致其无法意识到收割机作业的危险，其自身也有过错，应当减轻农业大学和孙某的责任。

—— 思考题 ——

1. 如何认识用人者责任的理论基础？
2. 论述用人者责任的构成要件及责任承担方式。
3. 试述劳务派遣关系中工作人员因执行工作致人损害时的责任承担。

—— 阅读文献 ——

1. 张民安：《雇主替代责任在我国未来侵权法中的地位》，载《中国法学》2009年第3期。
2. 陈现杰：《最高人民法院关于审理人身损害赔偿案件适用法律若干理论与实务问题解析》，载《法律适用》2004年第2期。
3. 潘杰：《〈侵权责任法〉上用人者责任制度的司法适用　立法与司法解释的比较与适用衔接》，载《法律适用》2012年第2期。
4. 魏文斌：《用工者责任制度之完善》，载《人民司法》2012年第5期。

第十七章　网络侵权责任

本章导语

随着互联网的普及，网络侵权案件频发，为维护网络安全，《侵权责任法》特规定了网络服务提供者的侵权责任。网络侵权行为人主要包括两类：用户和网络服务提供者。其中用户及网络服务提供者利用网络侵害他人民事权益应依法承担连带责任。学习本章内容应重点掌握网络侵权的各种责任形态。

第一节　网络侵权侵害的客体范围

本节提要

通过学习网络侵权侵害的客体，了解网络侵权行为的特殊性。网络侵权行为所侵害的民事权益主要包括人格权益、财产权益。学习本章内容应重点掌握网络侵权行为的特殊性以及其所侵害的客体范围。

《信息网络传播权司法解释》第2条规定："本规定所称信息网络，包括以计算机、电视机、固定电话机、移动电话机等电子设备为终端的计算机互联网、广播电视网、固定通信网、移动通信网等信息网络，以及向公众开放的局域网络。"因此，网络已经渗透到人们日常生活的每一个细节，人们可以进行网络直播、网络购物、网络下载、网络聊天等。网络信息发布的匿名性和传播的快速性，导致网络侵权行为与传统侵权行为相比更难规制。从网络侵权行为侵害的客体即可看出此类特点。网络侵害的客体主要包括三类：传统民法所保护的合法权益、在网络中得到拓展的传统权利、网络领域新生财产权。

一、传统民法所保护的民事权益

侵权行为人仅仅是通过网络手段实施侵权行为，所侵害的客体依然是传统民法所保护的民事权益，如人肉搜索、网络实施诈骗、利用电子邮箱发送广告、病毒，通过网络实施侵害他人名誉、隐私等人格权的行为。此时被侵害客体并无特殊之处，但侵权人以网络为工具实施侵权行为导致损害的扩大化。利用网络发泄情绪，指责谩骂他人，捏造事实等也可构成侵害名誉权。2008 年中国人肉搜索第一案，31 岁的白领姜岩，因丈夫有婚外情跳楼自杀，并在自杀那天开放了自己的"死亡博客"，顿时在网上引起轩然大波。丈夫王菲不仅在网上遇到声势浩大的声讨和追杀，还在现实中被解雇、被电话骚扰、被"大字报"讨伐，甚至有网友在王菲以及父母家门口围堵。因此王菲起诉判决张乐奕和北京凌云互动信息技术有限公司侵犯其隐私权和名誉权，判令上述两被告赔偿王菲精神损害抚慰金 9367 元；海南大涯在线网络科技有限公司因在合理期限内及时删除了相关内容，被判免责。

网络对于隐私权的侵害是最为常见的。网络服务商为了争夺市场份额，泄露、廉价转让用户隐私。2010 年，360 公司开发隐私保护器专门收集 qq 是否存在收集用户数据的行为，而腾讯则指责 360 浏览器借助色情网站推广；后 2012 年，360 公司将 360 浏览器默认搜索引擎从已经退出中国的谷歌搜索改为 360 搜索，百度起诉 360 公司不正当竞争；2013 年，百度起诉 360 公司抄袭百度百科，并且指责 360 搜索泄露用户隐私。2017 年 6 月 1 日，菜鸟网络声明顺丰关闭淘宝平台物流信息回传，建议商家停发顺丰；顺丰回应称是由于菜鸟要求丰巢提供与其无关的客户隐私数据，从腾讯云转移到阿里云，因此切断接口；同年 6 月 2 日，京东参战，宣布全面接入顺丰丰巢自提柜；国家邮政局加入调解纷争。

《民法总则》第 111 条规定："自然人的个人信息受法律保护。任何组织和个人需要获取他人个人信息的，应当依法取得并确保信息安全，不得非法收集、使用、加工、传输他人个人信息，不得非法买卖、提供或者公开他人个人信息。"这是个人信息民法保护的依据。

二、网络领域中得到拓展的传统权利客体

此类传统民事权利借助网络的特点在网络世界中展现了新的特点，如当红网络小说《特工王妃》《醉玲珑》《三生三世十里桃花》的网络作品著作权等。知识产权法对作品著作权等规定已经无法满足网络社会的需要，网络成为作品的载体，

使其具有新的内容和特点。

信息网络传播权是著作权保护的重要内容，在网络时代获得了最大化。2013年我国修改了《信息网络传播权保护条例》，保护了表演者、著作权人、录音录像制作者的信息网络传播权。

三、网络领域新产生的财产权益

网络服务商所提供的用户账号以及其所对应的服务往往具有一定的商业价值，成为一种新型财产。如网络游戏中的装备、网络直播中的打赏、网络购物评价所获得的"京东豆"、网络购物中买家的评级等。《民法总则》第127条规定，法律对数据、网络虚拟财产的保护有规定的，依照其规定。而在《民法总则》明确保护其之前，司法实务中已有判例对网络虚拟财产加以肯认和保护。北京市第二中级人民法院民事判决书(2004)二中民终字第02877号"李宏晨与北京北极冰科技发展有限公司娱乐服务合同纠纷案"，对网络虚拟财产给予了肯定和保护。

四、公共利益

因网络传播速度快，影响范围广，在满足一定条件时则可能侵害到公共利益。特别是互联网、通信网、广播电视传输覆盖网"三网合一"趋势明显的背景下，网络信息的发布行为并不单纯地构成侵权责任，也有可能构成刑事责任，此时侵害的客体就包括"公共利益"。因此，《利用信息网络实施诽谤等刑事案件司法解释》规定了"利用信息网络也可以实施诽谤、寻衅滋事、敲诈勒索、非法经营等刑事案件的法律适用条件"。其中，当网络行为的点击、转发、浏览的次数超过一定数量，即可构成犯罪，其侵害了国家所保护的公共利益。还有一些非法网络公司提供为他人在网络上发布、删除信息的有偿服务，按照营业额度也会满足非法经营罪的构成要件。若利用信息网络实施敲诈、勒索、诈骗、寻衅滋事、非法经营罪的，同时还满足《刑法》第221条损害商业信誉、商品声誉罪，第278条规定的煽动暴力抗拒法律实施罪，第291条之1规定的编造、故意传播虚假恐怖信息罪等犯罪的，依照处罚较重的规定定罪处罚。

根据《利用信息网络实施诽谤等刑事案件司法解释》第3条规定，"严重危害公共秩序和国家利益"的表现为：引发群体性事件的；引发公共秩序混乱的；引发民族、宗教冲突的；诽谤多人，造成恶劣社会影响的；损害国家形象，严重危害国家利益的；造成恶劣国际影响的。

第二节 网络侵权责任形态

本节提要

通过学习网络服务提供者直接网络侵权责任和间接网络侵权责任的构成要件来判别网络侵权的责任形态,包括用户自己责任、服务提供者责任和用户与服务提供者的连带责任。其中重点掌握认定用户与服务提供者的连带责任的条件,了解网络服务提供者的义务、提示规则、反提示规则等内容。

一、用户自己责任

我国《侵权责任法》第 36 条第 1 款规定:"网络用户、网络服务提供者利用网络侵害他人民事权益的,应当承担侵权责任。"该条实际上规定的是网络服务提供者利用网络实施侵害他人权益的直接侵权责任。所谓直接侵权责任,即自己责任或自负责任,是侵权行为人对自己实施的侵害他人合法民事权益的不法行为承担的侵权责任。网络用户利用网络传播速度快的特点,发布、传播侵权信息,其行为本身就构成了侵权责任。例如,用户利用个人微博发布诋毁某人名誉或披露个人隐私的信息,其行为成立直接责任。

用户自己责任的构成要件如下:

1. 用户通过网络实施侵权行为。用户利用网络实施侵权行为的表现多种多样。捏造损害他人名誉的事实,在信息网络上散布,或者组织、指使人员在信息网络上散布的;将信息网络上涉及他人的原始信息内容篡改为损害他人名誉的事实,在信息网络上散布,或者组织、指使人员在信息网络上散布的;明知是捏造的损害他人名誉的事实,在信息网络上散布、传播的。上述行为体现了发布者、散布者的主观故意。

2. 用户侵权行为导致受害人的利益损害。用户的侵权行为导致受害人的财产利益和精神利益的损害,如因网络用户侵害他人隐私,或利用网络侵害他人名誉,被点击、浏览、转发多次,造成被害人或者其近亲属精神失常、自残、自杀等严重后果的。次数多、情节严重者,可以构成犯罪。或者编造虚假信息,或者明知是编造的虚假信息,在信息网络上散布,或者组织、指使人员在信息网络上散布,起哄闹事，造成公共秩序严重混乱。不法利用他人个人信息谋取利益，造成他人财产损失。

3. 用户实施的侵权行为与损害结果之间具有因果关系。因用户实施的侵害他人名誉、隐私、泄露或不法利用他人个人信息等行为，直接导致了损害结果的发生，两者存在因果关系。

4. 网络用户实施侵权行为主观上具有过错。目前我国针对网络环境的监管有多部法律法规，网络服务商已经将其转化为与用户的在线协议内容。用户可以通过在线协议了解到行为的合法性，在实施上述侵权行为时，其知道或者应当知道行为本身的违法性，以及可能给他人造成的损失，但是依然希望或者放任损害结果的发生，说明实施加害行为的用户主观上具有过错。如在网络上发布侵害他人隐私、名誉的言论。

二、网络服务提供者的责任

就网络服务提供者而言，其提供的网络服务一般有两类：一类是为网络用户提供信息通道服务或信息平台服务（ISP）；另一类是为网络用户提供内容或产品服务（ICP）。根据《侵权责任法》第 36 条第 1 款的规定，网络服务提供者也可承担直接侵权责任。即在为网络用户提供内容或产品服务时实施侵害他人权益的侵权行为，对此造成的损害后果自然由该网络服务提供者直接承担，如网络服务提供者自己主动编辑、组织、修改或是提供侵害他人著作权的作品，或是利用提供网络服务之便侵害他人名誉、隐私，或者利用客户的个人信息掌握了用户的手机号码、电子邮箱地址后，定期或不定期地发送相关推介信息等。此时网络服务提供者的责任为直接侵权责任。

《侵权责任法》第 36 条第 2 款规定，满足条件时网络服务提供者与用户承担连带责任。用户实施了侵害他人合法权益的行为时，网络服务者没有履行事后审查义务，或者接到通知后没有及时采取措施，与用户构成共同侵权，承担连带责任。根据 2016 年生效的《互联网信息搜索服务管理规定》第 6 条规定，互联网信息搜索服务提供者应当落实主体责任，建立健全信息审核、公共信息实时巡查、应急处置及个人信息保护等信息安全管理制度，具有安全可控的防范措施，为有关部门依法履行职责提供必要的技术支持。网络服务提供者的直接侵权行为具体表现为直接以链接、摘要、快照等方式提供含有法律法规禁止的信息内容，或者互联网信息搜索服务提供者及其从业人员，不得通过断开相关链接或者提供含有虚假信息的搜索结果等手段，牟取不正当利益。上述行为均构成侵权行为。

（一）网络服务提供者的义务

《侵权责任法》第36条第2款规定：网络用户利用网络服务实施侵权行为的，被侵权人有权通知网络服务提供者采取删除、屏蔽、断开链接等必要措施。网络服务提供者接到通知后未及时采取必要措施的，对损害的扩大部分与该网络用户承担连带责任。该款规定是借鉴美国1998年《数字千年版权法》（DMCA）中的“通知与取下”程序。被侵权人在获知侵权事实后，可以向提供信息存储空间和信息定位服务的网络服务提供者发出符合DMCA规定的侵权通知，网络服务提供者在接到侵权通知后，应当迅速移除或屏蔽对侵权信息的访问。学界称其为“避风港原则”，其原适用于数字版权领域，现在延伸至所有的网络侵害民事权益的案件，在网络服务提供者采取必要措施后则可以进入避风港，获得免责事由。

按照“提示规则”的逻辑，客观情况可以分为四种：

1.“未通知就取下”。此种情形是网络服务提供者已经了解网络用户的行为构成侵权的场合，或者其他情况接到通知之前，立即采取行动而避免侵权结果的发生或扩大。此时需要对网络服务提供者的已知范围进行界定，其中常人可以判断为侵权的信息，网络服务提供者当然需要知悉。

2.“通知后取下”。还有些用户的行为构成侵权，但是并不属于网络服务商的已知范围，因此需要被侵权人通知后才能采取措施制止侵权。

3.“通知后未取下”。网络服务者事前不知或不当然得知网络用户利用网络服务实施侵权行为，但在事后发现网络用户行为侵权，而于接到通知后依然没有采取措施。这种情况并不必然承担侵权责任。前两种情形下，网络服务提供者在取下后可以免责，但不取下需要进一步判断。如果用户发布的并非侵权信息，则不成立侵权行为，网络服务提供者也不成立侵权行为下的连带责任；若用户的行为构成侵权责任，则其承担连带侵权责任。

4.“未通知不取下”。该种情形最值得讨论，用户发布了侵权资信，但被侵权人并未通知，此时网络服务提供者是否要承担侵权责任？《侵权责任法》第36条第2款规定的意思通知行为具有一定的特殊性，即虽然能够产生《侵权责任法》“采取必要措施”义务，但这种义务实际上是不真正义务，即只有网络用户的侵害行为在诉讼中被法院认定为侵权行为，而网络服务提供者没有履行这种义务，才可能承担侵权责任。而其中蕴含的风险并不能通过自我判断来规避，即只有法院的事后审判行为才能确认这种侵害行为是否应当“承担侵权责任”。

第一，审查义务。在传统的作品传播、发行中，出版社都需要尽到事前审查的义务。但是由于网络技术的去中心化和便捷性，要求网络服务商承担事前审查义务是不可能的，也是不经济的，因此法律没有规定网络服务者对网络用户承担事先审查和普遍审查的义务。网络用户发布了侵权资信后，其本身承担直接侵权责任，网络服务商只有在接到通知后及时删除才能免除责任。

网络服务商承担何种责任，直接影响到公众言论自由保护、互联网发展环境，而且对社会风气、文化道德亦生影响。过分的苛刻要求其承担该义务，必将导致网络萎缩式发展的结局。其一，提供网络平台的网络服务者主要是为网络用户发布资信提供虚拟平台和技术支持，并不干涉网络用户的行为，更无权对其行为是否侵权做出具有法律意义的判断。其二，在无证据的情况下对资信是否涉嫌侵权做出判断，带有主观性，难以设定统一评断标准。其三，从技术角度看，网络服务者对资信的审查一般是以某些词汇为目标设定相应筛查程序，而非人工对资信进行逐一阅读并核实其真实性。事前审查对于互联网法发展不利，互联网技术即便发展再快，也无法实现事前审查海量的信息任务。如果要求网络服务者承担严格的审查义务，将涉嫌侵权的信息在发布前就先予筛除，最大程度上防止网络侵权行为发生，但却有侵犯公众言论自由。因此，网络服务提供者不可能承担严格的事前审查义务，定义为针对性审查较为科学、合理，且具有可操作性。

根据《互联网信息搜索服务管理规定》第 8 条规定："互联网信息搜索服务提供者提供服务过程中发现搜索结果明显含有法律法规禁止内容的信息、网站及应用，应当停止提供相关搜索结果，保存有关记录，并及时向国家或者地方互联网信息办公室报告。"根据一般人的理解和常识即可判断的违法内容，不需要以权利人提交申请为前提，若网络服务者未能发现此类信息，不能免责。《互联网服务信息管理办法》第 15 条规定的九种情况即为一般人的认知水平：一是反对宪法所确定的基本原则的；二是危害国家安全，泄露国家秘密，颠覆国家政权，破坏国家统一的；三是损害国家荣誉和利益的；四是煽动民族仇恨、民族歧视，破坏民族团结的；五是破坏国家宗教政策，宣扬邪教和封建迷信的；六是散步谣言，扰乱社会秩序、破坏和平稳定的；七是恐怖或者教唆犯罪的；八是侮辱或者诽谤他人，侵害他人合法权益的；九是含有法律、行政法规禁止的其他内容的。此时，网络服务提供者应当主动采取措施防止损害的发生或扩大。因此，对于普通人能够理解并定性为侵权的行为，网络服务提供者理应具有辨识能力。

第二，提示规则。《侵权责任法》第 36 条第 2 款规定了"提示规则"。网络服务者在"提示规则"和"已知规则"的要求下，对于可能发生的网络侵权行为采取必要的措施，提示规则为网络服务提供者规定了免责事由。其中《信息网络传播权司法解释》第 14 条规定："人民法院认定网络服务提供者采取的删除、屏蔽、断开链接等必要措施是否及时，应当根据权利人提交通知的形式，通知的准确程度，采取措施的难易程度，网络服务的性质，所涉作品、表演、录音录像制品的类型、知名度、数量等因素综合判断。”《信息网络传播权保护条例》第15条规定：“网络服务提供者接到权利人的通知书后，应当立即删除涉嫌侵权的作品、表演、录音录像制品，或者断开与涉嫌侵权的作品、表演、录音录像制品的链接，并同时将通知书转送提供作品、表演、录音录像制品的服务对象；服务对象网络地址不明、无法转送的，应当将通知书的内容同时在信息网络上公告。”《信息网络传播权司法解释》第13条规定：“网络服务提供者接到权利人以书信、传真、电子邮件等方式提交的通知，未及时采取删除、屏蔽、断开链接等必要措施的，人民法院应当认定其明知相关侵害信息网络传播权行为。”因此，在提示规则下，以权利人的通知为启动程序，以网络服务提供者取下措施为结果。

其一，权利人的通知。权利人发现网络上有侵害其合法权益的信息，有权向网络服务提供者发出通知，告知其网络中存在侵权信息，如《信息网络传播权保护条例》第14条规定：“对提供信息存储空间或者提供搜索、链接服务的网络服务提供者，权利人认为其服务所涉及的作品、表演、录音录像制品，侵犯自己的信息网络传播权或者被删除、改变了自己的权利管理电子信息的，可以向该网络服务提供者提交书面通知，要求网络服务提供者删除该作品、表演、录音录像制品，或者断开与该作品、表演、录音录像制品的链接……”但是对于通知权利的形式也有一定的要求。

通知书应当包含下列内容：一是权利人的姓名（名称）、联系方式和地址；二是要求删除或者断开链接的侵权作品、表演、录音录像制品的名称和网络地址；三是构成侵权的初步证明材料。权利人应当对通知书的真实性负责。

其二，网络服务者采取必要措施。这些措施表现为删除侵权信息，或者切断侵权信息传播的手段，如断开链接。目的就是及时地、准确地终止用户的侵权行为继续存在。

其三，网络服务提供者为用户提供存储空间，借此向公众提供作品、表演、录音录像制品的，满足条件时不承担赔偿责任。根据《信息网络传播权保护条例》第22条规定，网络服务提供者为服务对象提供信息存储空间，同时满足以下五种情形之一，即可构成免责：一是明确标示该信息存储空间是为服务对象所提供，并公开网络服务提供者的名称、联系人、网络地址；二是未改变服务对象所提供的作品、表演、录音录像制品；三是不知道也没有合理的理由应当知道服务对象提供的作品、表演、录音录像制品侵权；四是未从服务对象提供作品、表演、录音录像制品中直接获得经济利益;五是在接到权利人的通知书后,根据本条例规定删除权利人认为侵权的作品、表演、录音录像制品。

(二)反提示规则

所谓"反提示规则",是指网络服务提供者根据被侵权人的提示而采取必要措施之后,发布信息的网络用户认为其发布的信息不构成侵权,而要求网络服务提供者予以恢复的规则。美国《千禧年数字网络版权法》(DMCA)在第512(c)条第3款中赋予侵权用户反通知的权利。《千禧年数字网络版权法》在第512(g)条第2款中规定网络服务提供者在收到反通知后,应及时通知被侵权人或其代理人,除非法院认定侵权网络用户行为确为侵权行为,否则涉及侵权的信息将在10个工作日内被恢复。日本《特定电气通信提供者损害赔偿责任之限制及发信者信息揭示法》规定,被害者可以向服务提供者发出包括侵权信息、受侵害的权利以及权利受侵害的理由等信息的侵权通知,要求采取防止散布的措施,服务提供者在接获侵权通知后,应首先询问发信者(网络用户)是否同意采取防止散布措施,发信者在接到通知后7日内未表示反对的,服务提供者方可采取相应措施。尽管美国规定为10日,日本规定为7日,本质都在规定反提示有效的期限。由此也可以看出反提示规则赋予了网络用户一种程序性的通知的权利,以有效"提示通知"为前提,同时应当提供证据证明个体的网络行为并非侵权行为,以供网络服务提供者审查。这些证据包括资信所侵害的权利证明等。

《侵权责任法》第36条第2款仅规定了"通知—取下"规则,未明示"反通知—恢复"规则,但《信息网络传播权保护条例》中也有类似反通知恢复措施的规定,可以在一定程度上作为我国"反通知—恢复"规则的立法依据。其中第16条规定:"服务对象接到网络服务提供者转送的通知书后,认为其提供的作品、表演、录音录像制品未侵犯他人权利的,可以向网络服务提供者提交书面说明,要求恢复被删除的作品、表演、录音录像制品,或者恢复与被断开的作品、表演、录音录像制品的链接……"服务对象应当对书面说明的真实性负责。

反提示规则的目的是保护网络用户的合法网络行为,但网络服务提供者对于用户"反提示"的真实性和合法性均无从做出判断。如果收到提示侵权的通知即刻删掉用户的信息,无疑侵害了用户的言论自由,但若不立即采取措施,则可能面临侵权损害扩大,并且承担连带责任的风险。如何权衡用户、网络服务商、权利人之间的关系,应当设定"缓冲带"。我国未来可以采用类似规定方法,为"反提示"规定设定时间,其同样适用于"提示"的起诉时间。这样可以使可能成立侵权关系的双方当事人直接对话,网络服务商发挥信息通道的功能,既不影响网络信息发布的速度和安全，也为网络服务商的责任划定了合理的范围。

（三）已知规则

《侵权责任法》第36条第3款规定，网络服务提供者知道网络用户利用其网络服务侵害他人民事权益，未采取必要措施的，与该网络用户承担连带责任。该款规定了网络服务提供者承担连带责任的“已知规则”。

我国立法对“已知规则”的解释经历了从“明知”到包括“应知”的过程，对网络服务商的主观要求越来越高。2000年最高人民法院《关于审理涉及计算机网络著作权纠纷案件适用法律若干问题的解释》第5条对认定网络服务提供者侵权责任的主观要求是“明知”。然而在2006年《信息网络传播权保护条例》颁布后，其对网络服务提供者主观要求为包括“应知”。而《信息网络传播权保护条例》中第23条规定网络服务提供者主观状态不仅包括“明知”，也包括“应知”。在《侵权责任法》通过后，《信息网络传播权司法解释》第8条的规定全面接受了以“应知”来认定网络服务提供者的主观过错。“明知”当然为“已知规则”的内容，但是对于“应知”，则应所有限制。

综上所述，当网络服务提供者未尽到审查义务，接到被侵权人通知后未采取积极措施的情形下，网络服务提供者就成为网络侵权的连带责任人。

训　练

【司考】甲、乙是同事，因工作争执甲对乙不满，写了一份丑化乙的短文发布在丙网站。乙发现后要求丙删除，丙不予理会，致使乙遭受的损害扩大。关于扩大损害部分的责任承担，下列哪一说法是正确的？（2010年）

A. 甲承担全部责任　　B. 丙承担全部责任

C. 甲和丙承担连带责任　　D. 甲和丙承担按份责任

【答案】 C

【解析】 《侵权责任法》第36条第2款规定，网络用户利用网络服务实施侵权行为的，被侵权人有权通知网络服务提供者采取删除、屏蔽、断开链接等必要措施。网络服务提供者接到通知后未及时采取必要措施的，对损害的扩大部分与该网络用户承担连带责任。本题中，甲作为网络用户，在网络上发布丑化乙的短文，甲有权通知网络服务提供者丙采取删除、屏蔽、断开链接等必要措施。但是，丙接到甲的通知后不予理会，致使损失扩大，对损害的扩大部分与甲承担连带责任。

【案例】拾全影源影像公司是一家专业摄影图片公司,以将所拍摄图片许可给商业用户使用作为收入来源。某日拾全公司发现网易雷火公司在其主办的域名为 lofter. com 网站上使用的 8 幅图片与其所享有著作权的摄影图片一致。拾全公司以雷火公司为被告,提起诉讼要求其承担停止侵权、赔偿损失民事责任。

诉讼中,原告提交了其享有 8 幅图片著作权的相关证明,以及该网站上传 8 幅图片的证据。网易雷火公司答辩称案涉 8 幅图片均由网络用户自行发布上传,被告在本案的法律地位为仅提供存储空间的平台服务商。并且网易 LOFTER 是一款为用户提供分享、展示平台的轻博客产品,用户在注册前必须勾选同意《网易 LOFTER 内容发布须知》,该须知中明确要求用户承诺发布到 LOFTER 的内容真实、合法。另外,根据拾全公司提交的公证书显示,案涉 8 幅图片均由注册 LOFTER 账号的网络用户自行发布上传,发布者信息也在页面进行展示:5 张案涉图片"茶、琴"由用户"奥恩花艺教室"发布、案涉图片"女人"由用户"京都美甲"发布、案涉图片"螃蟹"由用户"杜若夏梦 yx"发布、案涉图片"夜景"由用户"亮丽生活"发布。本公司对案涉图片是否侵权不构成明知或应知,没有过错,不应承担任何侵权责任。拾全公司从未就案涉图片向被告提出主张,并且案涉 8 条 LOFTER 的评论和热度都很低,和案涉图片同类型的图片网络上也很多,被告无法明显注意到案涉图片可能构成侵权,在收到诉状材料后,被告发现原告无法证明其系著作权人,但仍本着尊重司法的态度,及时将案涉图片的链接进行删除操作。

请问拾全公司的诉讼请求能否获得支持?

【解析】 拾全公司的诉讼请求不能获得支持。根据《中华人民共和国著作权法实施条例》第 2 条规定,著作权法所称作品,是指文学、艺术和科学领域内具有独创性并能以某种有形形式复制的智力成果。拾全公司虽然能够证明其拥有合法的著作权,但是雷火公司提供网络服务而收取一般性广告费用、服务费,不应当认定从特定作品获取收益,而对雷火公司主张侵权责任。另外,"网络服务提供者知道网络用户利用其网络服务侵害他人民事权益,未采取必要措施的,与该网络用户承担连带责任",本案中,拾全公司在起诉前未发出侵权通知,网易雷火公司在收到诉状后,将含案涉图片的 LOFTER 内容进行删除,已履行适当注意义务,且案涉图片所处页面并未处于网易 LOFTER 的显要位置,在收到通知前,被告未注意到案涉 LOFTER 中存在案涉摄影作品并无过错,雷火公司并不构成帮助侵权。因此,拾全公司的诉讼请求不能获得支持。

思考题

1. 如何理解《侵权责任法》第 36 条第 2 款有关"提示规则"的规定?
2. 如何理解网络服务提供者的审查义务?
3. 试述网络服务提供者承担连带责任的条件。

阅读文献

1. 张新宝主编:《互联网上的侵权问题研究》,中国人民大学出版社 2003 年版。

2. 王利明:《论网络侵权中的通知规则》,载《北方大学》2014 年第 2 期。

3. 杨立新:《〈侵权责任法〉规定的网络侵权责任的理解与解释》,载《国家检察官学院学报》2010 年第 2 期。

4. 梅夏英、刘明:《网络侵权归责的现实制约及价值考量——以〈侵权责任法〉第 36 条为切入点》,载《法律科学》2013 年第 2 期。

5. 蔡唱:《网络服务提供者侵权责任规则的反思与重构》,载《法商研究》2013 年第 2 期。

6. 杨立新、李佳伦:《论网络侵权中的反通知及效果》,载《法律科学》2012 年第 2 期。

第十八章　违反安全保障义务的侵权责任

本章导语

安全保障义务，是指从事住宿、餐饮、娱乐等经营活动或者其他社会活动的自然人、法人和其他社会组织，在合理范围内对于进入其经营活动场所的自然人所承担的保障其人身、财产安全的义务。我国学界通说认为，违反安全保障义务的责任属于过错责任。在违反安全保障义务的情况下，义务人要承担侵权责任，此时适用侵权责任的一般规则。但如果损害是由第三人的介入导致的，则安全保障义务人承担“相应的补充责任”。免责事由是指免除一方责任的原因和理由。安全保障义务人侵权责任的免责事由主要包括受害人过错和受害人同意。学习本章内容要重点掌握安全保障义务的范围，重点区分安全保障义务中的直接责任和补充责任。

第一节　安全保障义务概述

本节提要

安全保障义务是本章学习必须要掌握的基本概念，为此本节主要论述了安全保障义务的概念、法理依据、内容和性质。学习本节应重点掌握和理解安全保障义务的内涵及性质。

一、安全保障义务的主体

（一）安全保障义务的概念

所谓安全保障义务，是指从事住宿、餐饮、娱乐等经营活动或者其他社会活动的自然人、法人和其他社会组织,在合理范围内对于进入其经营活动场所的自然人所承担的保障其人身、财产安全的义务。负有安全保障义务的上述经营主体违反义务造成他人损失的要承担损失赔偿责任。

《人身损害赔偿司法解释》第6条第1款规定:“从事住宿、餐饮、娱乐等经营活动或者其他社会活动的自然人、法人、其他组织,未尽合理限度范围内的安全保障义务致使他人遭受人身损害,赔偿权利人请求其承担相应赔偿责任的,人民法院应予支持。”第6条第2款规定:“因第三人侵权导致损害结果发生的,由实施侵权行为的第三人承担赔偿责任。安全保障义务人有过错的,应当在其能够防止或者制止损害的范围内承担相应的补充赔偿责任。安全保障义务人承担责任后,可以向第三人追偿。赔偿权利人起诉安全保障义务人的,应当将第三人作为共同被告,但第三人不能确定的除外。”

《侵权责任法》第37条规定:“宾馆、商场、银行、车站、娱乐场所等公共场所的管理人或者群众性活动的组织者,未尽到安全保障义务,造成他人损害的,应当承担侵权责任。因第三人的行为造成他人损害的,由第三人承担侵权责任;管理人或者组织者未尽到安全保障义务的,承担相应的补充责任。”

(二)安全保障义务的主体

安全保障义务的主体是从事社会活动的特定场所的所有者、经营者、组织者。他们共同点是对上述场所拥有事实上的控制能力,且这种控制能力不必以交易关系为必要,如群众活动的组织者,其对活动并不具有经济利益,但依然要承担一定的安全保障义务,如国际城市马拉松邀请赛的组织者。违反安全保障义务的人通常与被保护的人之间具有紧密的关系。比较常见的关系包括:(1)缔约磋商关系,两者虽未订立合同,但是处于缔约阶段正在进行磋商。(2)合同法律关系。公交车上的乘客与公交公司之间成立运输合同。(3)义务人与受保护的人之间曾经存在合同关系,但侵权行为发生时,合同已经履行完毕。如就餐完毕的顾客尚未离开餐厅。(4)义务人因其先行行为而与受保护的人之间关系密切。例如,某人带着邻居的孩子去游园,即对该儿童负有安全保障义务。

二、安全保障义务的内涵

(一)安全保障义务的内容

经营者安全保障义务内容的确定,是判定经营者应否承担赔偿责任的重要依据,通常,该义务内容主要体现在“物”的方面安全保障和人员配备方面的安全保障,前者要求经营者提供的经营、服务场所使用的建筑物、配套服务设施、设备应当安全可靠，有国家强制标准的应当符合强制标准的要求，没有国家强制标准的，应当符合行业标准或者达到进行此等经营所需要达到的安全标准。后者要求经营场所应当配备数量足够的、合格的安全保障人员，以便能够防范或及时处理可能出现的危险，具体而言包括警告、指示说明、通知和保护义务。如商场、医院等公共场所需要维护电梯的运行安全、停车场通道的照明正常、在火灾地震发生时的通知和协助。

（二）安全保障义务的判断标准

安全保障义务本身并没有对注意的内容及标准给出确定的规则，判断主体是否违反安保义务还需要结合其他法律规定（安全注意义务）及理性人（审慎管理人）的标准加以判断。通常以行为人是否尽到了同类交易情形下通行的注意义务作为衡量标准，如安保义务人是否达到了主管机关所要求的安全标准，在执行这些标准时是否存在疏忽、纰漏，发生损害时的处置措施是否得当。另外，安保义务标准需要结合具体的案件加以判断，如餐馆的经营者与停车场的管理者之间的安保义务标准和内容有很大不同。

判断义务人是否履行了安保义务，应当从以下四个方面进行判断：第一，法定标准。如果法律对安保义务有直接规定，应当严格遵守。如公安部发布的《高层建筑消防管理规则》规定，建筑物内的走道、楼梯、出口等部位，要经常保持畅通，严禁堆放物品，疏散标志和指示灯要完整好用。第二，特别标准。对未成年人的安全保障义务应采用特别标准。在经营活动场所，存在对儿童有诱惑力的危险时，经营者和管理者需要履行最高级别的安全保障义务，防止风险、隔绝风险以及其他保护措施。第三，善良管理人的标准。在无法定标准的情形下，应采侵权责任法中一般行为人的标准。如在美国的侵权法中，受邀进入土地利益范围的人，土地所有人或占有人应当承担高标准的安全保障义务。第四，一般标准。经营者或者社会活动组织者对于一般被保护人所承担关于隐蔽性风险负有告知义务，如仅进入酒店但不住店的人，仅有告知义务，不承担注意义务；同时经营者与社会活动组织者对于受邀请者进入经营领域或者社会活动领域的一般保护事项、在商场以及公共交通工具上遭受窃贼侵害的危险，负有告知义务和注意义务。

三、安全保障义务的法律性质

我国学术界关于安全保障义务的性质究竟为何，可谓众说纷纭。通说认为，安全保障义务性质上属于附随义务，此种义务广泛存在于从事住宿、餐饮、娱乐等经营活动或者其他活动的当事人之间,其根据为合同法上的诚实信用原则。[1]

另有观点认为,尽管理论上可以将部分安全保障义务解释为合同法上的附随义务,但从我国立法的实践来看,法律、行政法规大量地规定了各种具体情况下的安全保障义务,而合同法却没有也不可能对此做出明确地列举性规定,因此原则上将安全保障义务定性为法定义务比较妥当。[2]

还有观点认为,安全保障义务既非法定义务亦非附随义务,而是类似于英美法上的“注意义务”,对其违反需承担侵权责任。[3] 笔者认为,安全保障义务在性质上属于法定义务,因为享受基本的安全保障是每一个消费者和相关自然人不可剥夺的权利,若将安全保障义务定位于合同法上的约定义务,则不利于充分保护合同相对人的合法权利,也难以解决那些与安全保障义务人没有合同关系的受害人损害赔偿问题。特别是随着《侵权责任法》的颁布,安全保障义务作为公共场所的管理者或经营者的法定义务已无任何疑问,违反安全保障义务致他人人身、财产利益损失即产生侵权责任。

第二节 违反安全保障义务的责任

| 本节提要 |

安全保障义务主体因违反安全保障义务而承担相应责任。违反安全保障义务的经营者以过错责任为归责原则,责任形态主要有直接责任和补充责任两种。本节需要重点理解违反安全保障义务的归责原则和责任形态。

一、违反安全保障义务的侵权责任的归责原则

根据《人身损害赔偿司法解释》第6条之规定,经营者未尽安全保障义务造成损害结果的应当承担赔偿责任,即责任的承担以义务违反为要件。此种责任的性质是过错责任,换言之,违反安全保障义务的侵权责任的归责原则是过错责任原则。虽然《侵权责任法》第37条中并没有明确过错的要件,但是我国学界一致认

[1] 参见王利明主编:《人身损害赔偿疑难问题》,中国社会科学出版社2004年版,第268~269页。

[2] 张新宝、唐青林:《经营者对服务场所的安全保障义务》,载《法学研究》2003年第3期。

[3] 参见王利明主编:《人身损害赔偿疑难问题》,中国社会科学出版社2004年版,第270页。

为,违反安全保障义务的责任属于过错责任。

过错责任意味着经营者只在过错的情况下才有责任,无过错即无责任。现代民法对于当事人过错的判断已由单纯的主观判断发展到客观判断标准,即当事人是否违反了注意义务。在安全保障义务责任中,过错的判断则是依据经营者所负的安全保障义务范围为标准,按照司法解释规定,经营者应当在"合理限度范围"内承担安全保障义务,未尽合理限度范围内的安全保障义务,致使受害人人身、财产利益损害的,经营者要承担与其过错相适应的赔偿责任。"合理限度范围内的安全保障义务"实质上是对与经营行为相关的危险源"合理控制"的义务。而"合理控制"的判断标准应当根据与经营者的经营性质和规模相适应的安全保障的必要性和可能性,结合案件具体事实予以认定。[4]

二、违反安全保障义务的责任形态

从《侵权责任法》第37条规定可以看出,在违反安全保障义务的情况下,义务人要承担侵权责任,此时适用侵权责任的一般归责原则,即过错责任原则。但如果损害是由第三人的介入导致,则安全保障义务人承担"相应的补充责任"。前者简称"直接责任",后者简称"补充责任"。

(一)违反安全保障义务的直接责任

违反安全保障义务的直接责任,即自己责任,是指义务人未尽合理限度范围内的安全保障义务,致相关当事人遭受人身、财产利益损害时所应承担的赔偿责任。此种责任类型的特征为造成损害的直接原因是经营者未尽到安全保障义务,而非由其他加害人的行为造成,换言之,负有安全保障义务的经营者未尽到应有的注意义务而直接造成了受害人损失。此时,该责任就是负有安全保障义务的经营者的直接责任。即这种责任实际上就是行为人的"自己责任",是行为人对因自己行为引起的他人人身、财产利益损失而承担的民事赔偿责任。

(二)违反安全保障义务的补充责任

根据《侵权责任法》第37条的规定,安全保障义务人未尽到安全保障义务时承担相应的补充责任。经营者未尽安全保障义务,致使第三人侵权造成消费者或相关他人人身损害的,经营者应当承担补充赔偿责任。即加害人无法确定或者没有能力承担赔偿责任的,安全保障义务违反人在其能够防止或制止损害发生的范

---

〔4〕 陈现杰:《"最高人民法院关于审理人身损害赔偿案件适用法律若干问题的解释"的理论与实务问题解析》,载《法律适用》2004年第2期。

围承担补充责任。换言之，这是法定的义务不履行与第三人侵权行为发生竞合而产生的补充责任。如在酒店大堂里第三人携带的狗咬伤酒店客人，此时对于安保义务的理解应当结合《人身损害赔偿司法解释》的解释，即“安全保障义务人有过错的，应当在其能够防止或者制止损害的范围内承担相应的补偿责任”。

在因第三人的行为导致受害人受损时，补充责任是在侵权损害后果发生后，由于直接责任人没有赔偿能力或者不能确定直接责任人时，由有关的其他责任人依法补充承担责任的形式。〔5〕换言之，补充责任是指在不能够确定实际加害人或加害人不能够承担全部责任时，依法由负有补充责任的其他责任主体在一定范围内对受害人承担赔偿责任的一种责任形态。与直接责任相比，补充责任具有以下特点：

其一，补充责任具有顺位性。即补充责任是一种顺位的补充，具体来讲，首先应由直接责任人承担赔偿责任，直接责任人没有赔偿能力或者不能确定谁是直接责任人时，方由违反安全保障义务的义务人承担赔偿责任。

其二，补充责任具有从属性。补充责任的从属性一方面是补充责任在成立上从属于实际加害人的侵权损害赔偿责任的成立，即如果第三人实施的行为虽然给受害人造成损失但不构成侵权责任，则不存在补充责任的成立问题；另一方面是补充责任的责任范围受实际加害人责任范围的限制，即实际加害人承担责任的大小直接影响到补充责任人承担责任的范围大小。

其三，违反安全保障义务的责任人承担的是相应的补充责任。所谓“相应”是指该补充责任不是全部损害的赔偿责任，而是与补充责任人的过错程度和原因力大小相适应而承担的部分责任。具体言之，在因第三人的侵权行为而致损害发生的违反安全保障义务的补充责任中，该补充责任首先是一种过错责任，即未尽安全保障义务的责任，但该责任不是全部责任，而是与责任人的过错和原因力大小相适应的过错责任，是其在能够防止或者制止损害发生的范围内承担的一种与其过错相适应的补充责任。究其根本，相应的补充责任实则仍是补充责任人的自己责任或自负责任，因此，在违反安全保障义务的责任人承担了补充责任后，其不应再享有向实际加害人的追偿权，违反安全保障义务的经营者和组织者与侵权的第三人之间不构成共同侵权。

---

〔5〕 参见黄松有主编：《侵权法司法解释实例释解》，人民法院出版社2007年版，第82页。

——训　练——

【司考】小偷甲在某商场窃得乙的钱包后逃跑，乙发现后急追。甲逃跑中撞上欲借用商场厕所的丙，因商场地板湿滑，丙摔成重伤。下列哪些说法是错误的？（2012年）

1. 小偷甲应当赔偿丙的损失
2. 商场须对丙的损失承担补充赔偿责任
3. 乙应适当补偿丙的损失
4. 甲和商场对丙的损失承担连带责任

【答案】 CD

【解析】 《侵权责任法》第6条规定，行为人因过错侵害他人民事权益，应承担侵权责任。乙在本案中钱包被偷，急追小偷是正当行为，没有过错，对丙的损害无须承担责任。故C项错。《侵权责任法》第37条规定，宾馆、商场、银行、车站、娱乐场所等公共场所的管理人或者群众性活动的组织者，未尽到安全保障义务，造成他人损害的，应当承担侵权责任。因第三人的行为造成他人损害的，由第三人承担侵权责任；管理人或者组织者未尽到安全保障义务的，承担相应的补充责任。本题中，小偷甲的过错行为造成了丙被摔成重伤的损害结果，因此小偷应赔偿丙的损失。商场地板湿滑，其管理人未尽到安全保障义务，因此应承担相应的补充责任而非连带责任。故D项错，A项与B项正确。

【案例】2016年4月24日晚10时左右，张某与多位朋友一起在惠东县黄埠镇万紫千红酒店的KTV喝酒时，刘某和游某突然闯进，对张某拳打脚踢，游某拿出藏在衣服内的菜刀对原告头部猛砍两刀，并向右腿膝盖砍了一刀。张某被朋友送到惠东县第二人民医院救治。就诊花费医疗费8157.48元。原告出院休息一个月后，身体才恢复完好。原告受伤前在工厂上班，每月工资5000元。为维护自身合法权益，张某现将刘某、游某及惠州市万紫千红实业有限公司提起诉讼，请求损害赔偿。

被告惠州市万紫千红实业有限公司辩称，原告虽然在我公司消费，但我公司并不知道冲突的原因，且冲突发生后，我公司的保安已经制止且报警，并送伤者到医院，在派出所已经作了调解。当事人均为我公司职工，且我公司已经尽力配合，要求我公司承担责任并不合理。

经调查，发生伤人事件的KTV所在楼层没有安保人员。

请问，张某针对万紫千红实业有限公司的诉讼请求能否获得支持？

【解析】 张某的诉讼请求可以获得支持。虽然万紫千红实业有限公司在纠纷发生后采取了一定的制止措施，阻止了事态的进一步扩大，尽到了一定的责任。但KTV系娱乐场所，惠州市万紫千红实业有限公司有安全保障的义务，该楼层未配备相应的安保人员，万紫千红实业有限公司本应立即采取相应的措施阻止，但被告惠州市万紫千红实业有限公司未能提供充分证据证明其在向消费者提供服务的过程中尽到安全保障义务。张某作为消费者，其在接受服务的过程中遭受人身损害，根据《消费者权益保护法》第7条"消费者在购买、使用商品和接受服务时享有人身、财产安全不受损害的权利。消费者有权要求经营者提供的商品和服务，符合保障人身、财产安全的要求"的规定，另依《侵权责任法》第37条第2款"因第三人的行为造成他人损害的，由第三人承担侵权责任；管理人或者组织者未尽到安全保障义务的，承担相应的补充责任"的规定，惠州市万紫千红实业有限公司应当承担补充责任。

思考题

1. 如何认识安全保障义务的法律性质?
2. 如何理解安全保障义务人承担的直接责任和补充责任?

阅读文献

1. 张新宝:《我国侵权责任法中的补充责任》，载《法学杂志》2010年第6期。
2. 杨立新:《论违反安全保障义务侵权行为及其责任》，载《河南省政法管理干部学院学报》2006年第1期。
3. 张新宝、唐青林:《经营者对服务场所的安全保障义务》，载《法学研究》2003年第3期。
4. 向亮:《安保义务人违反安保义务引发第三人侵权的责任承担》，载《人民法院报》2013年第4期。

第十九章　教育机构的侵权责任

本章导语

教育机构对在学校实施的教育教学活动或者学校组织的校外活动中,以及在学校负有管理责任的校舍、场地、其他教育教学设施、生活设施内发生的,造成在校学生人身损害后果的事故承担的责任即为教育机构的侵权责任。教育机构侵权责任的归责原则,根据受害未成年人身份的不同而不同,即无民事行为能力的学生受到人身伤害时适用过错推定归责原则,由教育机构举出证据证明其对损害事故的发生不存在主观过错,否则即承担赔偿责任。而在限制民事行为能力的学生受到人身伤害时适用过错责任归责原则,由受害人举证学校对损害的发生存在主观过错,否则学校不承担责任。学习本章重点要掌握教育机构侵权责任的法律性质、责任构成以及责任的承担与免责事由。

第一节　教育机构侵权责任概述

本节提要

教育机构侵权责任,指在学校实施的教育教学活动或者学校组织的校外活动中,以及在学校负有管理责任的校舍、场地、其他教育教学设施、生活设施内发生的,造成在校学生人身损害后果的事故,又称为学生伤害事故责任。在校园内发生伤害事故中,责任事故以及第三人侵权而致的伤害事故均与学校等教育机构有关,这二者是引发教育机构侵权责任的主要原因。教育机构侵权责任从法律性质上说是一种学校未尽法定安全保障义务的侵权责任。学习本节内容重点要掌握教育机构侵权责任的发生原因和法律性质。

一、教育机构侵权责任的概念与发生原因

（一）教育机构侵权责任的概念

教育机构侵权责任，又称为学生伤害事故责任，是指在学校实施的教育教学活动或者学校组织的校外活动中，以及在学校负有管理责任的校舍、场地、其他教育教学设施、生活设施内发生的，造成在校学生人身损害后果的事故。教育机构对此事故承担的责任即为教育机构的侵权责任。实践中，界定是否构成学生伤害事故，应综合考虑以下三个因素：其一，时间因素，即学生伤害事故一般发生在常规教学时间内，除了正常的授课时间，还应包括课间休息、学校安排的自由活动、课外活动期间，但周末、寒暑假以及学生自行上学、放学途中则一般不包括。值得注意的是，如果学生在寒暑假期间所发生的伤害事故的原因与学校教育教学活动有密切关联，则仍可能构成校园伤害事故。其二，空间因素，即校园伤害事故通常发生在学校对学生负有教育、管理、指导、保护等职责的地域范围内，既包括在学校范围内，也包括在学校组织活动的场所内（诸如学校组织活动的体育场馆、电影院、展览馆、礼堂等）。其三，主体因素，即在校园伤害事故中，受伤害的主体必须是学生。如果受到伤害的是在校学生之外的其他人，则不属于校园伤害事故。

（二）教育机构侵权责任发生的原因

通常，在校园内发生伤害事故，无论是其所涉范围还是种类都比较复杂，但综合起来无外乎三类：意外事故、责任事故和第三人侵权而致的伤害事故。

就意外事故而言，由于是因不可预见的原因或者不可抵抗的力量而导致的学生人身伤害事故，具有不可预见性，故学校对因意外事故造成的学生人身伤害不承担损害赔偿责任。如因地震、洪水等自然灾害引起的意外事故，因学生自身特殊体质（如先天性心脏病、周身无汗腺等）引起的意外事故等。而对于责任事故以及第三人侵权而致的伤害事故均与学校等教育机构有关，因此，这二者是引发教育机构侵权责任的主要原因，具体言之：

1. 因发生责任事故而导致的教育机构侵权责任。这类责任事故是指由于学校或教师或学生过错造成的学生人身伤害，学校或教师或学生因此而承担相应责任的校园伤害事故。根据责任人的不同，校园伤害责任事故又可以分为以下四种：

其一，与学校制度、设施、设备等有关的责任事故。此类责任事故主要表现为因学校制度不严、管理不善，设施、设备陈旧老化，未及时修复或拆除以及设计施工本身缺陷而造成的人身伤害事故。如体育设施陈旧老化，未及时修复，学生玩

用该运动器械造成伤害。对于因设计施工本身缺陷而造成的学生伤害,设计单位、施工方也不能免其应承担的相应责任,但此非校园伤害事故责任。

其二,与教师过错行为有关的责任事故。如教师故意体罚或变相体罚学生,造成学生人身伤害;或是让小学生爬高擦玻璃致学生摔伤,或体育课上教师安全保护措施不力而发生伤害事故等,均属因教师过错行为引起的责任事故。

其三,与学生有关的责任事故,与学生有关的责任事故包括与受害学生自身有关和与其他学生有关两种情况。前者如学生违反纪律爬围墙跌伤,后者如学生下课互相嬉戏玩耍中不慎受伤。与学生有关的责任事故中要分清责任,谁的责任谁负担(通常由各自的监护人负担,但如与学校日常管理疏忽有关,学校亦不能免责)。只要是与学校的教学、管理及保护职责无关的事故,学校概不负责。但由于事故的发生与学校有关,学校有义务协助处理。

其四,混合原因,即造成事故的发生既可能由于学校方面的原因,如制度不严、管理有误或是设施设备的陈旧老化,也有学生自己的缘由,如明知设备有缺陷仍玩用,或不服老师管教致使自己受到伤害等,此时发生混合过错,损害赔偿应根据各自过错大小分担。

2. 因第三人侵权致学生伤害而引发的教育机构侵权责任。第三人侵权而致的伤害事故,是指校园伤害事故的发生既不是因学校不履行其安全保障职责的行为所致,也非由在学校学习的其他未成年学生的侵权行为所致,而是由学校之外的第三人的侵权行为直接导致的学生伤害事故。因第三人行为而引发的校园伤害事故,以该直接实施侵权行为的第三人承担损失赔偿责任为原则,若学校等教育机构在其中也存在过错,如没有尽到职责范围内的安全注意义务,履行教育、管理、保护职责不到位,给实施侵权行为的第三人以可乘之机,此时学校等教育机构可能会因此承担补充责任。

二、教育机构侵权责任的法律性质

明确学校等教育机构对校园伤害事故负担何种法律责任,就是要厘清学校与受害学生及其家长之间的法律关系。我国《未成年人保护法》第22条规定可以看出,学校是根据国家教育方针和教育目标对学生进行教育的社会组织,其基本职能是对学生进行教育,发展其智力,培养其能力,同时兼负管理、保护未成年学生的职责。即学校与教师应当照顾到不同年龄阶段的学生特点,履行照管责任,保护其身心健康发展。由此可以得出结论:学校与学生之间是一种教育与被教育、管理与被管理、保护与被保护的公法上的权利义务关系。学校对未成年学生的保护职责与监护人的监护职责虽有相近内容,但这两种职责的性质和法律渊源不同。前者是学校作为承担公共教育职能的社会机构,基于《教育法》《未成年人保护法》等有关法律而形成的一种公法范畴的职责和义务;后者是基于民事法律所确认的监护权,而在监护人与被监护人之间形成的私法范畴的权利与义务关系。因此,监督、管理、保护是学校必须履行的法定义务,换言之,学校对学生负有安全保障义务,如果学校或教师在教育、教学活动中存在过错,没有尽到法律、法规、规章及操作规程要求的安全保障的注意义务导致未成年学生受到伤害或给他人造成损害,应依法承担相应的法律责任,该责任性质为学校未尽法定安全保障义务的侵权责任。

第二节　教育机构侵权责任的归责原则及责任构成

本节提要

教育机构侵权责任,根据受害未成年人身份的不同而适用不同的归责原则。作为一种特殊的侵权责任,教育机构侵权责任的责任构成除了要具备一般民事侵权责任要件外,还包括自己独特的构成要件。学习本节重点要掌握教育机构侵权责任的归责原则与构成要件、责任的承担等。

一、教育机构侵权责任的归责原则

未成年学生在幼儿园、学校或者其他教育机构学习生活期间受到人身损害,应以何种归责原则来确定教育机构的责任,是处理教育机构伤害事故时必须要明确的重要问题。《侵权责任法》第38条和第39条对此作了明确规定。该法第38条规定:“无民事行为能力人在幼儿园、学校或者其他教育机构学习、生活期间受到人身损害的,幼儿园、学校或者其他教育机构应当承担责任,但能够证明尽到教育、管理职责的,不承担责任。”第39条规定:“限制民事行为能力人在学校或者其他教育机构学习、生活期间受到人身损害,学校或者其他教育机构未尽到教育、管理职责的,应当承担责任。”由此规定可以看出,在涉及教育机构侵权责任时,根据受害未成年人身份的不同而适用不同的归责原则,即无民事行为能力的学生受到人身伤害时适用过错推定归责原则,由教育机构举出证据证明其对损害事故的发生不存在主观过错,否则即承担赔偿责任。

而在限制民事行为能力的学生受到人身伤害时适用过错责任归责原则,由受害人举证学校对损害的发生存在主观过错,否则学校不承担责任。在此类案件中,考察学校应否对限制民事行为能力的学生在校受到的伤害承担赔偿责任时,学校或教师有无过错是衡量的主要标准,有过错就应承担赔偿责任,无过错即不予赔偿。判断学校或教师是否对校园伤害事故具有过错,就是判断学校或教师是否违反对学生应负的教育、管理和保护的特定注意义务,即善良管理人注意义务。这通常可根据具体的时间、地点、条件去判断教师或学校的行为是否符合一个合理的标准,例如,当一个教师的行为达不到一个“合理的普通教师”的标准时,应认为存在过失。

二、教育机构侵权的责任构成

学校等教育机构在校园伤害事故中承担未尽安全保障义务的侵权责任,该责任的构成与一般侵权责任有相同之处,但学校作为履行教育职责的特殊主体,其侵权责任的构成除了要具备一般民事侵权责任要件外,还应包括以下几个条件:

1. 伤害事故必须发生在学校等教育机构履行其教育、管理职能的过程中。学校等教育机构履行教育职责不仅仅局限于课堂教学,还包括学校组织的其他集体活动或是校外活动,学校和教育人员在其职责范围以外对学生造成的侵权损害,学校和其教育人员只需以一般民事主体的身份承担民事责任,如因教师的一些非职务行为造成学生伤害的,诸如让学生打水、为教师个人购买物品等,因此发生的损害后果应由教师个人承担责任,而非由学校负责。

2. 学校等教育机构对校园伤害事故的发生存在过错。学校对未成年学生负有法定的教育、管理和安全保护义务,因此,学校对校园伤害事故的发生是否存在过错主要看其是否尽到了法定的教育、管理和安全保护义务,这是实践中判断学校是否具有过错的客观标准。例如,学校的各种教学设备、教育设施是否符合安全要求,对存在的各种安全隐患是否及时排除,对事故的发生是否采取了必要的防范措施以及事故发生后是否及时采取救护措施等。另外,学校是否制定了合理、明确的安全规章制度,并对学生定期进行思想教育、安全教育等,也可作为判断学校对事故发生是否存在过错的客观标准。

3. 学校等教育机构是校园伤害事故赔偿责任的主体。学校的教育职能主要是通过教师的活动来实现的,教师在教学过程中因行使权利不当或违反法定的安全保障义务应视为学校的过错，由学校承担赔偿责任。如《学生伤害事故处理办法》第9条明确规定，学校对教师或教育工作人员体罚或者变相体罚学生，或者在履行职责过程中违反工作要求、操作规程、职业道德或其他有关规定的，学校应依法承担相应的责任。由此可见，在我国，教师有过错的职务行为甚至是违法的职务行为，都认为学校有过错而由学校承担责任。但对于教师的非职务行为，即使教师有过错，也由其个人承担责任，而非由学校负责。

第三节　教育机构侵权责任的承担及免责事由

本节提要

教育机构的侵权责任是以教育机构为责任主体、以学生所受的人身损害为赔偿对象的一种侵权责任。教育机构的侵权责任既包括因为教育机构的自身原因致使学生遭受人身损害的直接责任，也包括因为第三人致使学生遭受人身损害的补充责任。在一些特殊情况下，发生校园伤害事故，学校等教育机构可以免除责任的承担。学习本节内容重点要掌握教育机构侵权责任的承担以及免责事由。

一、教育机构侵权责任的承担

（一）教育机构的直接责任

教育机构的直接责任是指学校等教育机构违反法定的教育、管理和安全保障义务，在并无第三人介入的情况下，由该教育机构直接向受害学生承担的损害赔偿责任。该责任的承担与一般侵权责任的承担无异。在判定学校等教育机构的赔偿责任时应按照普通侵权赔偿责任的适用规则，在赔偿原则上适用完全赔偿原则、衡平原则，在赔偿范围上应赔偿受害人的财产损害、精神损害等。若伤害事故完全是由学校等教育机构的工作人员所致，只要能够证明该损害是实际加害人于教育管理活动所致，即应由学校等教育机构承担责任，只是其在承担了赔偿责任后对于损害事故发生有故意或有重大过失的工作人员可以进行追偿。虽然立法上并未对追偿权问题做出明确规定，但理论上可作如此解释。

（二）教育机构的补充责任

教育机构的补充责任是指学校等教育机构对于由第三人的侵权行为直接造

成的在其监管保护下的未成年学生的人身伤害,依法承担的与其过错相适应的赔偿责任。《侵权责任法》第40条对此作了明确规定:无民事行为能力人或者限制行为能力人在幼儿园、学校或者其他教育机构学习、生活期间,受到幼儿园、学校或者其他教育机构以外的人员人身损害的,由侵权人承担侵权责任;幼儿园、学校或者其他教育机构未尽到管理职责的,承担相应的补充责任。理解学校等教育机构的补充责任,需要注意以下几点:

其一,学校等教育机构承担补充责任的前提是因其违反了法定的监管和安全保障义务,即学校对于未成年学生招致第三人侵权损害存在一定的过错。如果学校尽到了合理的安全保障义务,即使出现第三人造成其监管保护下的学生的损害,学校也不承担补充责任。

其二,学校等教育机构补充责任的承担是在直接责任人不能承担责任或仅承担了部分责任的前提下承担的责任。具体言之,当伤害事故是由第三人的侵权行为所致时,首先由造成该损害的直接责任人即第三人承担,如果直接责任人能够全部承担赔偿责任,学校就无须承担补充责任。如果直接责任人的经济能力只能承担部分赔偿责任,则剩余的赔偿责任就由学校来承担。当直接责任人完全不能承担赔偿责任或直接责任人无法确定时就由学校来承担全部的赔偿责任。

其三,学校等教育机构承担的补充责任不能理解为是一种连带责任,它是在直接责任人不能或完全不能承担赔偿责任时由学校承担的与其过错相适应的赔偿责任,故学校的补充责任是相应的过错责任。

其四,学校等教育机构承担补充责任的范围应与学校能够防止或者制止损害的范围相一致。具体言之,如果学校尽到安全保障义务,即能完全避免损害结果的发生,则学校要对受害学生未获赔偿的部分全部进行赔偿。反之,如果学校未尽安全保障义务的不作为行为只是加重损害结果,则学校只就加重部分的损害按比例承担补充责任,并非一定要对受害学生未获赔偿的全部进行补充赔偿。

(三)教育机构的补充责任与监护人的责任

根据《侵权责任法》第39条之规定,如果未成年人在教育机构学习、生活期间导致其他未成年学生人身权益受到侵害的,教育机构要承担过错侵权责任。问题是,此时未成年人的监护人应否依照《侵权责任法》第32条之规定承担监护人责任呢?对此,我国侵权责任法没有给予明确规定,但从监护制度的法理来看,监护人是基于监护关系的存在而承担被监护人侵权的责任,此监护责任并不因为被监护人不在其直接监管之下而免责。司法实务中，此类案件中，未成年加害人的监护人都会被法院判决承担相应的赔偿责任，这也与监护人无过错责任的法理相一致。而教育机构的侵权责任是基于教育机构与未成年学生之间法定的教育、管理关系的存在，是教育机构违反了教育、管理职责而承担的侵权责任。对受害人而言，无论是监护人还是教育机构，任何一方侵权责任的承担都能使其受损权益得到救济并受到保障，换言之，二者之间有任何一方承担了赔偿责任，都会使双方之间对受害人的赔偿债务消失，这符合民法理论中不真正连带责任的原理。因此，笔者认为，当未成年人在教育机构学习、生活期间导致其他未成年学生人身权益受到侵害的，受害人既可以请求教育机构承担责任，也可以请求监护人承担责任，教育机构与监护人之间形成不真正连带债务关系。

二、教育机构侵权责任的免除事由

下列情形下，发生校园伤害事故，学校等教育机构可以免除责任的承担：

1. 因不可抗力或意外事件引起的学生伤害事故。在损害完全是由不可抗力或意外事件引起的情况下，学校的行为与损害结果之间并无因果关系，学校对此亦没有过错，因此应被免除责任。如在对抗性或者具有风险性的体育竞赛活动中，学校已经尽到了相应职责，却发生了意外伤害事故，学校对此可免予责任的承担。

2. 因受害学生自身的特殊体质或异常心理状态引起的伤害事故。学校往往很难发现学生自身的特殊体质或异常心理状态，若学生因此在学校活动期间发生意外伤害，学校只要履行了及时救助和告知家长的义务，就无须承担责任。

3. 因受害学生本身的过错导致的伤害事故。校园伤害事故的发生有时是由于未成年受害学生本人的过错所致，如学生违反学校规定自行外出或者擅自离校期间发生的伤害事故，而学校对此并无监管上的不当时，则不承担事故责任。

4. 因第三人的过错造成的学生伤害事故。第三人的过错行为造成学生伤害，学校对此并无不当行为，则学校不承担事故责任。如第三人故意实施违法犯罪行为造成学生人身损害，而校方已经尽到了法定的安全保障义务，仍无法避免损害的发生，此时由致害人依法承担相应的责任。

5. 因教师或者其他工作人员的非职务行为导致的伤害事故。教师或其他工作人员职务行为以外的行为属个人行为，学校对此不承担赔偿责任，因此导致学生伤害事故发生的，应由行为人本人承担个人侵权责任。

训　练

【**案例**】原告现年8岁，系被告某小学一年级二班学生，2008年3月20日下午课间活动时，原告在被告操场东侧摔倒受伤。原告受伤后，立即被送往当地医院住院治疗，11日后出院。伤情诊断结果为：肱骨下端骨折。后经法院委托鉴定，就原告伤残等级和营养期、护理期评定结果为：原告左肱骨踝上骨折为X(10)级伤残；营养期为90日，护理期给予45日。原告在疗养过程中，由其父母提供护理，二人均无固定工资收入。原告在治疗、复查、鉴定期间，累计支付医疗费17111.52元、鉴定费2300元。原告就其医疗费损失已获得保险公司理赔11422.21元。原告就其保险理赔不足部分向被告主张赔偿。另，被告在庭审中承认课间活动中，被告未确定执勤管理人员。

【**解析**】本案中，基于原告系被告学校学生，以及无民事行为能力人和在被告校区内课间活动时摔伤之事实，被告应就其是否尽到教育、管理职责承担举证责任。基于被告在庭审中承认课间活动中未确定执勤管理人员之事实，故法院认定被告未尽到教育、管理职责，判决被告赔偿原告各项损失共计57494.54元。

思考题

1. 如何认识教育机构侵权责任的法律性质？
2. 简述教育机构侵权责任的归责原则以及构成要件。
3. 试述教育机构侵权责任的责任承担。
4. 简述教育机构侵权责任的免责事由。

阅读文献

1. 杨立新：《侵权责任法》，法律出版社2014年版。
2. 王利明、周友军、高圣平：《中国侵权责任法教程》，人民法院出版社2010年版。
3. 王利明：《论侵权法中的教育机构——从其侵权责任谈起》，载《法学教育》2011年第3期。

第二十章　产品责任

本章导语

产品责任是指产品的制造者、销售者因制造或经销的产品有瑕疵，导致买受人、使用人或第三人的人身或财产损失时所应承担的赔偿责任。作为一种特殊侵权责任，我国产品责任法将生产者、销售者的责任规定为无过错责任。只在具备法定的免责事由时，生产者、销售者才可以免于责任的承担。此外，为了惩罚加害人的严重不法行为，并预防其本人或者其他人发生类似行为，我国立法规定了产品责任的惩罚性赔偿责任，即加害人在向受害人承担实际损失之后，作为对加害人的惩罚与威慑而由其向受害人额外承担的赔偿金。学习本章内容重点要掌握产品责任的性质、归责原则以及责任的承担，应认真把握产品责任的惩罚性赔偿责任。

第一节　产品责任概述

本节提要

产品责任作为一种特殊的侵权责任，即因产品缺陷造成他人财产、人身损害，产品制造者、销售者所应承担的民事责任。产品责任的概念分为广义的产品责任和狭义的产品责任。其中，广义的产品责任既包括产品有缺陷致人损害所应承担的民事侵权责任，也包括产品质量不合格所引起的不适当履行合同的违约责任；狭义的产品责任仅指产品致害的侵权责任。学习本节内容重点掌握产品责任的概念和性质。

一、产品责任的概念及其立法规定

产品责任，即因产品缺陷造成他人财产、人身损害，产品制造者、销售者所应承担的民事责任。产品责任在概念上有广义与狭义之分，广义的产品责任既包括产品有缺陷致人损害所应承担的民事侵权责任，也包括产品质量不合格所引起的不适当履行合同的违约责任；狭义的产品责任仅指产品致害的侵权责任。我国《民法通则》第 122 条规定："因产品质量不合格造成他人财产、人身损害的，产品制造者、销售者应当依法承担民事责任。运输者、仓储者对此负有责任的，产品制造者、销售者有权要求赔偿损失。"由此可以看到，产品责任，是指产品的制造者、销售者因制造或经销的产品质量有瑕疵导致买受人、使用人或第三人的人身或财产损失时所应承担的赔偿责任。

我国产品责任立法最早见诸《民法通则》第 122 条的规定。1993 年《产品质量法》在《民法通则》第 122 条的基础上对产品责任的承担问题做了相应完善，2000 年《产品质量法》对产品责任的规定未作修改，只是条文序号发生了变化。这些规定明确了产品质量不合格致人损害是发生在产品消费领域中的侵权行为，不是产品质量本身问题，故它不是合同违约责任，而是一种特殊的侵权损害赔偿责任。2009 年 12 月颁布的《侵权责任法》在上述法律规定的基础上，将产品责任单独列为一章规定在第五章中，沿袭《产品质量法》的规定，如第 41 条（生产者的产品责任）、第 42 条（销售者的产品责任）、第 43 条（被侵权人的赔偿请求权的行使）、第 44 条（运输者、仓储者等的责任）等；有些则是《侵权责任法》新增加的规定，如第 45 条（排除妨碍、消除危险的适用）、第 46 条（售后警示、召回等义务）、第 47 条（惩罚性赔偿）等。这些规定都是在侵权责任法理论研究基础上，结合我国产品质量法司法实践经验，并借鉴国外先进经验而制定的，对于保障我国消费者利益，及时、公正、合理地解决因产品质量引发的民事纠纷，稳定社会经济秩序具有重大意义。

二、产品责任的性质

产品责任作为一种特殊侵权责任，具有两层含义：

其一，产品责任是一种侵权责任而非违反合同的违约责任，即产品责任是独立于违约责任的一种侵权责任，它不以加害人与受害人之间存在合同关系为前提，产品责任强调的是基于产品缺陷造成他人人身或财产损害这一事实而产生的赔偿责任，是行为人直接违反法律规定的保护他人人身、财产权益的安全而产生的一种侵权责任。因此，作为产品责任的赔偿权利人，既包括与缺陷产品的生产者或销售者有直接合同关系的消费者，也包括非与生产者或销售者存在合同关系的第三人。换言之，只要因使用缺陷产品造成他人人身伤害或财产损失，均可能发生产品责任，受害人均可基于此要求损害赔偿。

其二，产品责任是一种特殊的侵权责任，它不同于其他一般侵权责任的特殊性主要表现在归责原则的适用方面。一般侵权责任适用过错责任原则，而作为特殊侵权责任的产品责任，则适用无过错责任，受害人无须证明加害人有无主观过错，只要证明产品存在缺陷、有损害发生以及缺陷产品的使用与损害后果之间具有因果关系，即可要求相关当事人承担产品责任。

三、产品责任与产品瑕疵担保责任的区别

产品瑕疵担保责任，又称为物的瑕疵担保责任，是指出卖人（销售者）对买受人所承担的，保证其所出售的产品不存在质量瑕疵或确保产品功能、价值及效用的一种责任。产品瑕疵担保责任与产品责任的区别表现在以下几个方面：

其一，产品责任在性质上属于侵权责任，而产品瑕疵担保责任则属于违约责任，该责任的发生以当事人之间存在合同关系为前提。

其二，产品责任的义务主体不仅包括生产者、销售者，在某些特殊情况下还包括其他经营者，而产品瑕疵担保责任的义务主体只能是与赔偿权利人之间存在合同关系的产品销售者。

其三，产品责任的权利主体既可以是直接买受人，也可以是产品使用人，甚至包括与生产者、销售者无任何关系的其他受害人，而产品瑕疵担保责任的权利主体只能是产品的直接买受人。

其四，产品责任的免责条件根据《产品质量法》第41条的规定有三种情形，即未将产品投入流通的；产品投入流通时，引起损害的缺陷尚不存在的；将产品投入流通时的科学技术尚不能发现缺陷存在的。而根据《产品质量法》第40条的规定，销售者对其销售的产品存在瑕疵如事先向买受人做出说明的，或者是瑕疵的产生是在产品交付之后产生的，即可免于承担产品瑕疵担保责任。

其五，产品责任的承担方式一般是赔偿损失，但在缺陷产品危及他人人身、财产安全时，生产者、销售者还承担排除妨碍、消除危险等侵权责任；而产品瑕疵担保责任中销售者的责任方式包括修理、更换、退货及赔偿损失等。

第二节　产品责任的归责原则及其构成要件

本节提要

同其他类型的侵权责任一样，产品责任也有自己的归责原则，它既是确定生产者与销售者承担赔偿责任的依据和原则，又是产品责任构成要件的前提和基础。产品责任的构成要件包括产品存在缺陷、有损害后果的发生、二者之间存在因果关系。学习本节内容重点掌握产品责任的归责原则以及构成要件。

一、产品责任的归责原则

产品责任的归责原则是确定生产者与销售者承担赔偿责任的依据和原则。产品责任的归责原则是产品责任构成要件的前提和基础，它贯穿于产品责任法的始终，是解决产品责任问题的重要理论依据。

产品责任应适用何种归责原则，我国法学界一直存在不同主张，有学者主张产品责任是一种过错责任，认为产品质量不合格本身即是一种过错表现，故将产品缺陷致害责任看作一种“视为有过错的侵权责任”。〔1〕有学者主张产品责任是过错推定责任，认为当瑕疵商品造成消费者损害时，先推定制造商或销售商之过失，将举证责任转换至制造商身上，若其无法举出抗辩事由就需要承担责任。〔2〕有学者主张产品责任是无过错责任，认为无论产品生产者、销售者有无过错，均应对产品缺陷所造成的损害承担责任。〔3〕还有学者主张我国产品责任适用的是二元归责原则，即以无过错责任为主导，兼适用过错责任。〔4〕

笔者认为，产品责任的归责原则应适用无过错责任，过错责任原则作为产品责任初期适用的归责原则已不足以充分保护受害人利益，因此已被大多数国家立法所抛弃。适用过错推定责任虽然较过错责任有利于对受害人的保护，但实务中，处在强势地位的生产者或是销售者还是较为容易举出证据证明自己对损害的

〔1〕　参见江平：《民法中的视为、推定与举证责任》，载《政法论坛》1987年第4期。

〔2〕　刘文琦：《产品责任法律制度比较研究》，法律出版社1997年版，第129页。

〔3〕　参见梁慧星：《民法学说与判例研究》，中国政法大学出版社1993年版，第128～146页。

〔4〕　张新宝：《侵权责任法原理》，中国人民大学出版社2005年版，第403页。

发生没有过错而免于责任的承担。至于学者所认为的二元归责说，笔者认为亦不足取，因为该种学说实际上将产品责任本身与生产者和销售者或是生产者、销售者和运输者、仓储者之间的合同关系混为一谈。就产品责任本身而言，是产品的生产者或是销售者对缺陷产品造成受害人人身或缺陷产品以外的其他财产损失的一种侵权责任，这种以赔偿损失为内容的侵权责任只能发生在生产者或是销售者与受害人之间。对受害人而言，尽管损失的发生与仓储者或是运输者的过错相关，但受害人并无法律依据直接诉诸仓储者或是运输者。因此产品责任本身并不包括仓储者或运输者的过错责任，但这并不影响这类责任亦属《产品质量法》所规范的内容。

将产品责任界定为无过错责任，意味着只要缺陷产品造成了受害人损失，受害人即可向该产品的生产者、销售者主张赔偿，生产者与销售者不得以无过错主张免责，受害人也无须证明生产者或是销售者主观上具有过错。这种严格责任的适用对于充分保护消费者，杜绝现实中大量存在的假冒伪劣商品，净化我国市场环境具有积极的意义。事实上，我国《产品质量法》已经明确规定产品责任适用无过错责任原则。该法第 43 条规定："因产品存在缺陷造成人身、他人财产损害的，受害人可以向产品的生产者要求赔偿，也可以向产品的销售者要求赔偿。属于产品的生产者的责任，产品的销售者赔偿的，产品的销售者有权向产品的生产者追偿。属于产品的销售者的责任，产品的生产者赔偿的，产品的生产者有权向产品的销售者追偿。"该规定并未以产品的生产者、销售者的过错为承担责任的条件，这表明我国产品责任属无过错责任，至于规定生产者与销售者彼此间的追偿法律关系，则完全是基于生产者与销售者之间所存在的合同关系。

二、产品责任的构成要件

构成产品责任必须具备以下条件：

1. 产品存在缺陷。根据我国《产品质量法》第 2 条规定，所谓产品专指经过加工、制造，用于销售的产品。即属于《产品质量法》上的产品必须是投入流通领域的加工物或者制造物。具体言之，没有经过加工、制作的自然物（如初级农产品、原始矿产品等）不属于产品质量法上的产品的范围，没有进入流通领域的产品亦不会产生产品责任。所谓产品缺陷，根据《产品质量法》第 46 条的规定，所谓产品缺陷是指产品存在危及人身、他人财产安全的不合理的危险；若产品有保障人体健康和人身、财产安全的国家标准、行业标准的，产品缺陷是指产品不符合国家标准或行业标准。诸如不具备产品应当具备的使用性能，不符合以产品说明、实物样品等方式表明的质量状况等，均属产品存在缺陷的情形。理论上，产品缺陷包括设计缺陷（产品在设计过程中存在的产品结构、配方等方面的不合理危险)、制造缺陷(产品在制造过程中因原材料、配件、工艺等存在错误而导致产品存在不合理的危险),以及指示缺陷(产品在经销过程中因没有适当的指示和警告而使产品存在不合理的危险)。[5]

2. 有损害后果的发生。所谓损害,简言之,是指缺陷产品造成了买受人、使用人或其他第三人的人身、财产损失。损害后果的发生是产品责任产生的必要条件。这里特别要注意的是,该损害并非是指缺陷产品本身,而是指受害人的人身损害和缺陷产品以外的其他财产的损失。倘若损害仅仅是产品本身存在缺陷,并未引起他人人身损害或其他财产损失,则不发生产品侵权责任,而只可能是违约责任。

3. 产品缺陷与损害后果之间存在因果关系。即受害人的人身或其他财产损失是因为使用缺陷产品而致,即损害后果的发生与产品的缺陷之间具有因果关系,产品缺陷是原因,损害是结果。如果产品虽存在缺陷,但并未引起人身或财产上的损害,则不会引起产品责任。

具备以上条件,即构成产品责任。产品责任适用无过错归责原则,因此,产品制造者、销售者无论有无过错,只要产品存在缺陷给他人造成损失就要承担赔偿责任,产品制造者与销售者在此承担的是一种连带责任,即受害人可以直接向产品制造者、销售者任何一方请求损失赔偿。如果仓储者、运输者对损害的发生有过错的,承担了责任的产品制造者或销售者可以向其进行追偿。

第三节 产品责任的承担及免责事由

本节提要

在产品责任的承担上,我国《侵权责任法》与《产品质量法》采取了二元归责原则,即对生产者和销售者适用无过错责任原则,对运输者、仓储者以及中间供货人适用过错责任原则。产品责任的方式包括基本形式即赔偿损失和其他一些具体形式。在特定情形下,即使缺陷产品造成了当事人人身或财产损失,生产者或销售者亦可免于承担侵权责任,此即产品责任的免责事由。学习本节内容应重点掌握产品责任的承担方式以及免责事由。

[5] 参见房绍坤:《民商法问题研究与适用》,北京大学出版社2002年版,第381页。

一、产品责任的承担

(一)产品责任的承担主体

在我国,产品责任的赔偿主体包括产品的生产者和销售者。《侵权责任法》第43条规定:“因产品存在缺陷造成损害的,被侵权人可以向产品的生产者请求赔偿,也可以向产品的销售者请求赔偿。产品缺陷由生产者造成的,销售者赔偿后,有权向生产者追偿。因销售者的过错使产品存在缺陷的,生产者赔偿后,有权向销售者追偿。”可见,受害人因使用缺陷产品受到伤害的,既可以向生产者要求承担赔偿责任,也可以向销售者要求承担赔偿责任,但生产者与销售者之间并不产生连带责任关系。

对于如何界定生产者的概念和范围,我国立法中并没有给予明确规定,有学者借鉴《欧共体产品责任指令》的有关规定,认为我国立法应将生产者的范围确定为:(1)产品的设计人;(2)零部件的制造者;(3)原材料生产者;(4)成品制造者;(5)修理者;(6)准生产者,即将名称、商标或其他识别特征标注在产品上的人。[6]依照这种观点,受害人客观选择的责任主体有多个,对于受害权益的保护无疑具有重要意义。对于销售者的内涵我国立法亦没有明确规定,但一般来说,销售者应该是以营利为目的购进并出售产品的人,并具有一定的稳定性。因此,现实生活中,产品的批发商、零售商,以及以其他发生直接向消费者享受产品的人均属于销售者。

(二)产品责任的直接责任与最终责任[7]

直接责任是指缺陷产品的生产者、销售者直接向请求赔偿的受害人承担的产品责任。直接责任的承担主体即产品责任的承担主体。

最终责任是指产品责任的最终归属,既包括产品制造者的责任、销售者的无过错责任,也包括产品运输、仓储者的过错责任。直接责任者与最终责任者既可能发生重合,亦可能发生分离,当承担直接责任者即为最终责任者时,这两种责任发生重合;当承担直接责任者并非是最终责任者时,如无过错的销售者承担了直接责任后,可以向作为最终责任者的产品制造者进行追偿,或者损害是由于运输者过错造成时,承担了直接责任的制造者或销售者可以向最终责任者运输者进行追偿。此时,这两种责任发生了分离。对此,《侵权责任法》第44条给予了明确规

---

〔6〕 汪张林:《我国产品质量法评析》,载《现代法学》2000年第3期。

〔7〕 参见张新宝:《侵权责任法原理》,中国人民大学出版社2005年版,第403页。

定:因运输者、仓储者等第三人的过错使产品存在缺陷,造成他人损害的,产品的生产者、销售者赔偿后,有权向第三人追偿。

(三)产品责任的具体形式

根据《产品质量法》以及《侵权责任法》的规定,产品责任的基本形式是赔偿损失,但不限于此,《侵权责任法》还规定了其他一些形式。

1. 排除妨碍、消除危险。排除妨碍、消除危险的侵权责任是建立在因产品缺陷很有可能对他人生命健康、财产安全造成损害为前提的。这是现代侵权责任法注重对受害人救济功能的一种体现,传统侵权法重视对受害人发生损害的填补,而往往忽略对损害的预防措施,将排除妨碍、消除危险作为产品责任的一种承担方式,就是要避免缺陷产品对消费者造成的损害,防患于未然,促使生产者、销售者积极履行排除妨碍、消除危险的义务,预防损害发生。

2. 违反警示、召回义务的侵权责任。《侵权责任法》第 46 条规定:产品投入流通后发现存在缺陷的,生产者、销售者应当及时采取警示、召回等补救措施。未及时采取补救措施或者补救措施不力造成损害的,应当承担侵权责任。所谓生产者和销售者的警示义务是指对产品的危险性做出有效、合理、充分的警告和指示,从而减少产品给使用者带来的危险。警示具有两方面的基本作用:一是告知消费者"知道危险的权利",保证消费者的知情权和选择权;二是使消费者在使用该产品时知道如何避免危险的发生,以减少产品给使用者带来的风险。[8] 所谓召回义务是指生产者、销售者对缺陷产品应当按照规定的程序和要求,通过采取警示、补充或者修正消费说明、撤回、退货、换货、修理、销毁等方式,有效预防、控制和消除已经投入市场的缺陷产品可能导致损害的活动。生产者、销售者违反警示、召回义务致他人损害的,要承担侵权责任。

二、产品责任的免责事由

根据我国《产品质量法》第 41 条规定,下列情形下,即使缺陷产品造成了当事人人身或财产损失,生产者或销售者亦可免于承担侵权责任:

1. 未将产品投入流通。产品责任是法律为保护消费者利益而设置的一种特殊侵权责任,因此,该产品责任只针对已经进入商品流通环节的加工物和制造物所引起的赔偿责任。换言之,生产者虽然生产了某种产品(包括成品和零部件),

---

〔8〕 奚晓明主编:《〈中华人民共和国侵权责任法〉条文理解与适用》,人民法院出版社 2010 年版,第 329 页。

但未将其投入流通,即使该产品存在缺陷致人损害,生产者亦不因此而承担产品侵权责任。所谓“投入流通”,是指产品进入流通领域的任何形式,包括出售、出租、租赁、抵押、出质以及典当等。对于仍处于生产阶段的产品或者已经生产完成还处在仓储阶段的产品均不得认为已“投入流通”。

2. 产品投入流通时引起损害的缺陷尚不存在。如果产品投入流通时引起损害的缺陷尚不存在,生产者应免责。但根据《民法通则司法解释》第153条的规定,此处所免除的是生产者的最终责任。换言之,如果产品的缺陷是由于运输者、仓储者或销售者的过错所致,该缺陷产品致人损害,受害人向产品制造者主张赔偿,制造者也应先行赔偿,然后向有过错的运输者、仓储者或销售者追偿。这是对制造者免责条件规定的特殊性,而这一特殊性又是由立法意图将产品责任区分为直接责任与最终责任这一原因所决定的。[9]

3. 产品投入流通时受科技发展水平所限尚不能发现缺陷存在。科技发展水平是各国产品质量法公认的法定免责条件。将科技发展水平的限制作为免责的一项事由,意味着如果将产品投入流通时,依当时的科学技术水平不能发现缺陷的存在,即使其后由于科学技术的进一步发展而认识到产品存在缺陷,制造者也不对该已投入流通的产品致人损害承担产品赔偿责任。

4. 其他免责条件。除我国产品质量法规定的上述三个免责条件外,还有一些其他免责条件,如受害人擅自改变产品结构,或是未按照产品使用说明书使用产品,如误用、滥用、过度使用等。

三、产品责任诉讼时效的适用

《民法通则》第135条规定,向人民法院请求保护民事权利的诉讼时效期间为2年,法律另有规定的除外。《产品质量法》第45条规定:“因产品存在缺陷造成损害要求赔偿的诉讼时效期间为二年,自当事人知道或应当知道其权益受到损害时起计算。因产品存在缺陷造成损害要求赔偿的请求权,在造成损害的缺陷产品交付最初消费者满十年丧失;但是,尚未超过明示的安全使用期的除外。”显然,《产品质量法》关于诉讼时效的规定属于《民法通则》所指的法律另有规定,因此,实务中有关产品质量问题引起的纠纷应该适用《产品质量法》第45条规定。该条所规制的是缺陷产品造成产品以外的受害人人身或其他财产损失的产品责任。具体言之,该条包含有以下含义:其一,产品责任的诉讼时效期间为2年,自受害

---

〔9〕 参见张新宝:《侵权责任法原理》,中国人民大学出版社2005年版,第405~406页。

人知道或应当知道其权益受到损害时起计算。其二,产品责任的最长时效期间为10年,从造成损害的缺陷产品交付最初消费者之日起计算。最长时效期间意味着缺陷产品第一次售出后已满10年,即便已经有损害发生或再发生损害,法院亦不再保护受害人。其三,特殊情形下的诉讼时效期间适用,即如果产品有明示的安全使用期,而该安全使用期超过10年的,则受害人向法院要求保护的诉讼时效期间不受上述最长时效期间为10年的限制;如果明示的安全使用期并未超过10年,即短于最长时效期间10年的规定,则受害人向法院要求保护的诉讼时效期间仍然按照10年计算。

——训　　练——

【司考】李某用100元从甲商场购买一只电热壶,使用时因漏电致李某手臂灼伤,花去医药费500元。经查该电热壶是乙厂生产的。下列哪一表述是正确的?(2013年)

A. 李某可直接起诉乙厂要求其赔偿500元损失

B. 根据合同相对性原理,李某只能要求甲商场赔偿500元损失

C. 如李某起诉甲商场,则甲商场的赔偿范围以100元为限

D. 李某只能要求甲商场更换电热壶,500元损失则只能要求乙厂支付

【答案】 A

【解析】 依据《侵权责任法》第43条的规定,产品侵权致人损害的,产品生产者与销售者应对损害承担不真正连带的无过错责任。故A项正确、D项错误。李某作为受害人有两种选择,若李某欲主张违约责任,由于受合同相对性的限制,其只能对甲商场主张违约责任。若李某主张产品侵权,则不受合同相对性的限制,可请求甲商场或乙厂要求赔偿,故B项错误。《侵权责任法》第16条规定,侵害他人造成人身损害的,应当赔偿医疗费、护理费、交通费等为治疗和康复支出的合理费用,以及因误工减少的合理收入。补偿性侵权损害赔偿的范围是填补受害人因侵权遭受的直接损失和间接损失,故C项错误。

【案例】王明等10人各自从新雅超市买回牛牛食品公司生产的牛肉罐头一盒,食用后均出现呕吐、腹泻的症状,被送到附近医院后,经医院诊断证明为群体食物中毒,共花去医疗费15万元。王明将新雅超市和牛牛食品公司告上法庭。假设经法庭审理查明:(1)该罐头生产环节不合理,大肠杆菌严重超标。此时,牛牛食品公司没有赔偿能力,新雅超市则辩称自己没有过错,不应承担赔偿责任。(2)该罐头生产环节没有问题,但超市出售的时候已经过了保质期。此时,新雅超市没有赔偿能力,而牛牛食品公司辩称责任既然属于新雅超市,自己没有义

务赔偿。遇到上述两种情况,分别如何处理?

【解析】第一种情况,新雅超市作为销售者,虽然最终承担的是过错责任,但面对受害人还是要承担无过错责任,不可以以自己无过错为由主张免责。只是在新雅超市赔偿受害人王明等人后,可再向生产商——牛牛食食品公司追偿,追偿不能的自担风险。第二种情况,新雅超市最终承担的是过错责任,是就与生产者的内部责任划分而言的,所以面对受害人,牛牛食品公司不可以以此为抗辩理由,需要承担责任。承担责任后再向新雅超市追偿,追偿不能的自担风险。

思考题

1. 如何理解产品责任的性质?
2. 试述产品责任的归责原则以及构成要件。
3. 试述产品责任的承担以及免责事由。
4. 简述惩罚性赔偿制度在我国产品责任法中的适用。

阅读文献

1. 张新宝、任鸿雁:《我国产品责任制度:守成与创新》,载《北方法学》2012 年第 3 期。
2. 董春华:《论产品责任法中的符合强制性标准抗辩》,载《重庆大学学报》2015 年第 4 期。
3. 王竹:《比较法视角下的产品责任法基础问题》,载《求是学刊》2014 年第 2 期。
4. 高圣平:《论产品责任的责任主体与归责事由》,载《政治与法律》2010 年第 5 期。

第二十一章　医疗损害责任

本章导语

医疗损害责任是指医疗机构及医务人员在医疗过程中因过失，或者在法律规定的情况下无论有无过失，造成患者人身损害或者其他损害，应当承担的以损害赔偿为主要方式的侵权责任。我国《侵权责任法》将医疗损害责任分为医疗技术损害责任、医疗伦理损害责任和医疗产品损害责任三类。本章主要论述了医疗损害责任的性质、归责原则、构成要件、免责事由以及医疗过失的认定。学习本章内容要重点理解和掌握医疗损害责任的归责原则及构成要件，通过学习对案例进行分析。

第一节　医疗损害责任概述

本节提要

学习本节内容首先要了解医疗损害责任与医疗事故责任、医疗过失责任的区别，其次要重点理解医疗损害责任的性质，以及在我国将其按侵权责任处理的原因。

一、医疗损害责任与医疗事故责任、医疗过失责任

《侵权责任法》出台之前，医疗侵权行为有医疗事故与医疗差错之分，所谓医疗事故是指医疗机构及其医务人员在医疗活动中，违反医疗卫生管理法律、行政法规、部门规章和诊疗护理规范、常规，过失造成患者人身损害的事故，包括责任事故、技术事故和医疗差错。责任事故是指医务人员因违反规章制度、诊疗护理

常规等失职行为所致的事故；技术事故，则是指医务人员因技术过失所致的事故；医疗差错是指因诊疗护理过失使病员病情加重，受到死亡、残废、功能障碍以外的一般损伤和痛苦。[1] 相应地，在赔偿责任上亦存在医疗事故责任和医疗过错责任的划分，前者适用《医疗事故处理条例》的规定，后者适用《民法通则》的规定。由此在我国医疗损害赔偿制度上形成了二元化的赔偿机制，引发了理论与实务上的很多问题。一方面，这种二元化的赔偿机制造成医疗损害赔偿标准的不统一，构成医疗事故责任的依照《医疗事故处理条例》规定的赔偿标准进行赔偿，其标准很低，赔偿数额不足，而不构成医疗事故的医疗过错责任依照《民法通则》以及《人身损害赔偿司法解释》规定的标准赔偿，赔偿数额较高；另一方面，在涉及医疗损害责任鉴定上亦存在两种做法，对医疗事故的鉴定由医学会组织医疗事故鉴定组进行，对医疗过错的鉴定由其他法律鉴定机构如法医鉴定机构进行。医疗侵权损害赔偿领域法律适用双轨制的存在，损害了我国法制的严肃性和统一性，影响司法公正，加剧了医患矛盾，社会各界一直呼吁尽早消除医疗损害责任双轨制的局面。[2] 随着《侵权责任法》的出台，医疗损害赔偿纠纷有了统一的法律依据，无论医疗事故责任还是医疗过失责任，在《侵权责任法》的规定下，统称为医疗损害责任，适用《侵权责任法》的相关规定。医疗损害责任这一概念可以涵盖所有的医疗侵权行为，能够概括所有的医疗侵权行为，从而终止医疗侵权的概念、案由和法律适用上的不统一局面。

医疗损害责任是指医疗机构及医务人员在医疗过程中因过失，或者在法律规定的情况下无论有无过失，造成患者人身损害或者其他损害，应当承担的以损害赔偿为主要方式的侵权责任。[3] 根据《侵权责任法》的相关规定，医疗损害责任可以分为医疗技术损害责任、医疗伦理损害责任和医疗产品损害责任。医疗技术损害责任，是指医疗机构及医务人员在医疗活动中，违反医疗技术上的高度注意义务，具有违背当时的医疗水平的技术过失，造成患者人身损害的医疗损害责任。医疗伦理损害责任，是指医疗机构和医务人员违背医疗良知和医疗伦理的要求，违背医疗机构和医务人员的告知或者保密义务，具有医疗理论过失，造成患者人身损害以及其他合法权益损害的医疗损害责任。医疗产品损害责任，是指医疗机构在医疗过程中使用有缺陷的药品、消毒药剂、医疗器械以及血液及制品等医疗产品，因此造成患者人身损害，医疗机构或者医疗产品生产者、销售者应当承担的

---

〔1〕 王利明：《民法·侵权行为法》，中国人民大学出版社 1993 年版，第 527 页。

〔2〕 参见孟强：《论医疗侵权损害赔偿双轨制的统一》，载《法学杂志》2009 年第 6 期。

〔3〕 杨立新：《医疗损害责任概念研究》，载《政治与法律》2009 年第 3 期。

医疗损害赔偿责任。

二、医疗损害责任的性质

医疗损害责任的性质探讨,主要涉及因医疗事故引发的民事责任究竟为违约责任还是侵权责任,或是其他民事责任的综合。对此,学者有不同的主张,有的认为病人与医疗单位之间存在一种事实上的合同关系,因此医疗损害责任是一种民事违约责任;[4]有的认为医患之间的医疗关系具有双重属性,既表现为一般的权利义务关系,又表现为特定的权利义务关系,发生医疗事故,受害人同时取得基于违约和侵权两个并存的损害赔偿请求权。[5]还有观点认为,医疗损害责任是一种综合性的责任,包括几种不同的民事责任:第一种是基于合同的民事责任,第二种是合同以外的责任,包括无因管理所产生的债务责任和侵权行为所致的债务责任。[6]

上述观点各有道理,笔者认为,医疗关系实际上是一种医疗服务合同关系,是医院与患者之间就患者疾病的诊断、治疗、护理等医疗活动而形成的一种权利义务关系。患者一旦到医院挂号,就表明该医疗服务合同已经成立,为患者提供医疗服务,遵守医疗章程,保障医疗后果是医院应尽的主要义务,倘若医院一方在医疗过程中,因医护人员的过失,造成责任事故、技术事故或者医疗差错,致使患者健康遭受损害甚至造成死亡后果,则属于违约行为,理应承担违约责任。与此同时,由于过失医疗行为致使公民健康权、生命权遭受侵害,医疗事故无疑又是一种侵权行为,应当承担侵权责任。换言之,由于医疗机构的过失医疗行为,患者的合同预期利益,即治愈疾病的预期利益不能实现,同时患者的固有利益即生命安全与健康保障又招致损害,因此发生侵权责任与违约责任的竞合。按照《合同法》第122条规定,"因当事人一方的违约行为,侵害对方人身、财产权益的,受损害方有权选择依照本法要求其承担违约责任或者依照其他法律要求其承担侵权责任。"发生责任竞合,受害人可以选择对其有利的诉求要求赔偿。而根据《侵权责任法》的规定,显然是将其作为侵权责任对待的,从目前我国实际情况看,医疗损害责任按照侵权责任处理对受害人的保护更为有利。

---

〔4〕 郭明瑞:《民事责任论》,中国社会科学出版社1992年版,第273页。

〔5〕 张西建:《医疗过失致人损害的民事责任初探》,载《中国法学》1988年第2期;黄锡生、张雒:《试论医疗损害赔偿》,载《广播电视大学学报》(哲学社科版)2003年第1期。

〔6〕 张国炎:《医务工作者的民事责任》,载《政治与法律》1990年第3期。

第二节 医疗损害责任的归责原则与构成要件

本节提要

医疗损害责任的归责原则,是指确定医疗机构承担医疗损害赔偿责任的一般准则,是在受害患者的人身损害事实已经发生的情况下,为确定医疗机构对自己的医疗行为所造成的损害是否需要承担赔偿责任的准则。我国侵权责任法规定医疗技术损害责任适用过错归责原则,医疗产品责任适用无过错归责原则,医疗伦理损害责任适用过错推定责任原则。学习本节要掌握医疗损害责任的归责原则和构成要件。

一、医疗损害责任的归责原则

(一)医疗损害责任归责原则概述

医疗损害责任的归责原则,是指确定医疗机构承担医疗损害赔偿责任的一般准则,是在受害患者的人身损害事实已经发生的情况下,为确定医疗机构对自己的医疗行为所造成的损害是否需要承担赔偿责任的准则。[7] 对于医疗损害赔偿责任应适用何种归责原则,《侵权责任法》做出了详细的规定,针对不同的医疗损害责任类型,制定了过错责任原则、过错推定责任原则、无过错责任原则三种归责方式。而这种变动还是要追溯我国医疗损害赔偿责任归责原则的发展历史以及对国外相关制度的借鉴,为此,要正确理解医疗损害归责原则,有必要明晰《侵权责任法》颁布之前我国医疗损害赔偿责任归责原则和国外相关的制度规定。

(二)《侵权责任法》颁布之前医疗损害责任的归责原则

在改革开放之前,我国有关医疗损害赔偿责任的纠纷很少,而且多通过行政手段或者刑事手段解决,很少在民事案件中处理。改革开放后,我国司法制度逐渐完善,医疗制度改革不断深入,医疗损害责任纠纷不断发生且不断增加。[8]

---

〔7〕 杨立新:《医疗侵权法律与适用》,法律出版社2008年版,第47~48页。

〔8〕 杨立新:《论医疗损害责任的归责原则及体系》,载《中国政法大学学报》2009年第2期。

2002年4月4日国务院发布的《医疗事故处理条例》第2条规定："本条例所称医疗事故，是指医疗机构及其医务人员在医疗活动中，违反医疗卫生管理法律、行政法规、部门规章和诊疗护理规范、常规，过失造成患者人身损害的事故。"根据该条规定，构成医疗事故的前提之一必须是医方存在过失，医方无过失就不是医疗事故，医疗机构就不承担赔偿责任。因此该行政法规明确了过错责任原则在医疗损害纠纷中的运用。2001年12月21日最高人民法院公布的《民事诉讼证据若干规定》第4条第8项规定："因医疗行为引起的侵权诉讼，由医疗机构就医疗行为与损害结果之间不存在因果关系及不存在医疗过错承担举证责任。"对医疗侵权纠纷的过错要件和因果关系要件进行推定，实行举证责任倒置，受害患者不需要举证证明医疗机构的过失和因果关系，而由医疗机构举证证明自己没有过失，以及医疗行为与损害后果之间没有因果关系。据此，受害患者起诉，只需证明医疗机构的行为具有违法性、自己在就医期间造成人身损害即可，其他的证明责任统由医疗机构一方负担，这便是过错推定在医疗损害中的应用。

在医疗损害纠纷中适用过错推定原则确实有利于保护处于弱势的患者，这也是最高人民法院在考虑到医疗机构与患者相比在举证时占有很大的优势后做出的选择。因为医疗机构掌握着患者的全部医疗资料和档案，易于搜集和取得证据。医疗侵权诉讼提起后，患者的病历、护理记录、检验报告、医学影像资料等均在医疗机构的保管下，疑难病例讨论记录、查房记录、会诊意见、病程纪录等书证和使用过的医疗器械、药物等物证是处于医疗机构的支配之中，相比患者，医疗机构有更强的能力举证。[9] 但是在司法实践中正是由于有了这种规定，医疗机构为了规避自己在医疗事故中的责任，在医疗中便会实施"自我保护性的医疗行为"，即在面临一些不确定因素尤其是重大医疗风险时，出于自我保护的动机和目的，考虑到日后可能承担的责任，医疗机构往往会采用加大保险系数的医疗措施，如增加检查项目、增大用药剂量，该果断施行手术却采取"保守疗法"，如此不但增加了患者的经济负担，治疗过程中也可能给患者造成其他伤害，严重者可能让患者付出生命的代价。同时这在客观上也是对医疗资源的浪费，与当初的立法初衷背道而驰。

（三）《侵权责任法》有关医疗损害责任归责原则的规定

《侵权责任法》颁布之后，我国学者普遍认同杨立新教授对《侵权责任法》中

〔9〕 沈茜：《论侵权责任法医疗损害责任案件的归责原则和举证责任分配》，载《经济与法》2010年第10期。

医疗损害责任做出的医疗技术损害责任、医疗伦理损害责任和医疗产品损害责任三种类型的划分，而三种不同类型的医疗损害责任也有不同的归责原则。

1. 医疗技术损害责任适用过错责原则。医疗技术损害责任，是医疗损害责任的基本类型之一，是指医疗机构及医务人员在医疗活动中，违反医疗技术上的高度注意义务，具有违背当时的医疗水平的技术过失，造成患者人身损害的医疗损害责任。这种医疗损害责任的构成必须具备医疗技术过失的要件，即违背当时医疗水平的疏忽和懈怠，造成患者人身损害，因而应当承担侵权责任。[10]《侵权责任法》第54、57、58条的规定就是医疗技术损害责任。

对于医疗技术损害责任，《侵权责任法》中明确指出应当适用过错责任原则确定侵权责任。据此，确定医疗机构承担侵权赔偿责任，应当具备侵权责任的一般构成要件，即违法行为、损害事实、因果关系和医疗技术过失。在证明责任上，则实行一般的举证责任规则，即"谁主张，谁举证"，四个要件均须由受害患者承担举证责任，即只有同时满足四个要件，医疗机构才承担责任。

但应当注意的是，有一个例外应当明确，在某些情况下具备法定情形，直接推定医疗机构及医务人员有过错。对此，《侵权责任法》第58条规定有下列情形之一的，推定医疗机构有过错：(1)违反法律、行政法规、规章以及其他有关诊疗规范的规定；(2)隐匿或者拒绝提供与纠纷有关的病历资料；(3)伪造、篡改或者销毁病历资料。在这些情况下，法官可以直接推定医疗机构及医务人员有过失，除非医疗机构能够举证证明其医务人员没有过失。这样的规则能够制裁意图逃脱责任的有过失的医务人员的违法行为，对医务人员和医疗机构起到一般预防的作用。

2. 医疗伦理损害责任适用过错推定责任原则。医疗伦理损害责任，是医疗损害责任的基本类型之一，是指医疗机构和医务人员违背医疗良知和医疗伦理的要求，违背医疗机构和医务人员的告知或者保密义务，具有医疗理论过失，造成患者人身损害以及其他合法权益损害的医疗损害责任。《侵权责任法》中也有对医疗机构及其医务人员的告知和保密义务的相关规定，第55条规定的是医疗机构及其医务人员的告知义务和患者的知情权。从该条规定可以得出，违反告知义务的类型主要有：第一，未履行告知义务；第二，未履行充分的告知义务；第三，错误告知；第四，迟延履行告知义务；第五，履行了告知义务，但未经同意而实施医疗行为。而第62条规定的"医疗机构及其医务人员应当对患者的隐私保密。泄露患

---

〔10〕 杨立新：《〈中华人民共和国侵权责任法〉精解》，知识产权出版社2010年版，第229页。

者隐私或者未经患者同意公开其病历资料，造成患者损害的，应当承担侵权责任”，便是医疗机构及其医务人员保密义务的规定。违反保密义务的规定，实质上是对患者隐私权的损害，因而非常容易造成患者在精神上极大的痛苦和压力。

通过《侵权责任法》的规定可以看出，在我国，对于医疗伦理损害责任实行的是过错推定责任原则，即直接推定医疗机构存在过失，除非医疗机构能够证明自己的医疗行为没有过失，否则应当就其医疗伦理过错造成的损害（包括人身损害和精神损害）承担赔偿责任。但需要明确的是，对于医疗伦理损害赔偿责任的四个构成要件中，有关违法行为、损害事实、因果关系这三个方面依旧需要患者进行举证，只要患者能够对这三方面充分举证，对于医疗过失的举证，就采用推定规则，即若医疗机构和医务人员无法证明其医疗行为没有过失，便推定其有过失。

3. 医疗产品责任适用无过错责任原则。医疗产品损害责任，是指医疗机构在医疗过程中使用有缺陷的药品、消毒药剂、医疗器械以及血液及制品等医疗产品，因此造成患者人身损害，医疗机构或者医疗产品生产者、销售者应当承担的医疗损害赔偿责任。《侵权责任法》第59条的规定便是医疗产品损害责任的体现。如对于使用有缺陷的器械、消毒药剂、药品以及输血等造成患者人身损害的医疗产品损害责任，应当适用无过失责任原则，其损害赔偿责任的构成要件不要求有过失，只要医疗产品为有缺陷产品、人身损害事实和行为与损害之间有因果关系三个要件，即构成侵权责任。

因药品、消毒药剂、医疗器械的缺陷造成患者人身损害的医疗产品损害责任，同样适用产品责任的无过失责任原则。理由是：药品、消毒药剂或者医疗器械具有缺陷，其实就是有缺陷的产品，对于因输入不合格的血液以及使用血液制品造成患者人身损害的，尽管血液是人体组织，不具有物的属性，但其已经脱离人体，是人体的衍生物，具有一定程度的流通性，也就具有产品的属性，因此，可以作为产品对待，适用产品责任规则，实行无过失责任原则。

二、医疗损害责任的构成要件

对于医疗技术损害责任和医疗伦理损害责任，其责任的构成应具备以下四个条件：

1. 因医疗事故或医疗过错造成患者人身损害。因医疗损害给患者造成的损失包括三个层面的内容，其一是受害人的生命权或者健康权本身遭受损害；其二是受害人的生命权、健康权受到损害之后所受到的人身损害后果，以及由此所造成的财产利益损失，包括为治疗损害所支出的财产损失；其三是受害人及其亲属因受害人人身损害所造成的精神痛苦。

依照我国立法规定，患者的人身损害分为四级：一级损害为造成患者死亡、重度残疾的；二级损害为造成患者中度残疾、器官组织损伤导致严重功能障碍的；三级损害为造成患者轻度残疾、器官组织损伤导致一般功能障碍的；四级损害为造成患者明显人身损害的其他后果的。

2. 医疗人员在医疗活动中存在违法行为。医疗人员在医疗活动中存在违法行为是产生医疗事故责任的一个必要条件。《医疗事故处理条例》第 5 条规定："医疗机构及其医务人员在医疗活动中，必须严格遵守医疗卫生管理法律、行政法规、部门规章和诊疗护理规范、常规，恪守医疗服务职业道德。"医师在医疗活动中，违反医疗卫生管理法律、行政法规或违反医疗部门规章、诊疗护理规范、操作规则等，以及违反医务人员的职业道德标准等均属于医疗过程中的违法行为。实践中，医生给患者开错药、违反手术操作规则、错摘器官或在体内残留异物，或拒绝接收患者、延误或贻误治疗、应做过敏性试验而不做、使用不合格的材料导致患者损害等，均属于医疗活动中的违法行为。

3. 医疗过失行为与患者人身损害后果之间具有因果关系。医疗过失行为与患者人身损害之间具有因果关系才能产生医疗损害责任，这是侵权责任构成理论一般规则的要求使然。对于医疗损害责任构成中的因果关系问题，长期以来一直受到理论以及实务界的关注。《民事诉讼证据司法解释》第 4 条第 1 款第 8 项规定："因医疗行为引起的侵权诉讼，由医疗机构就医疗行为与损害结果之间不存在因果关系及不存在医疗过错承担举证责任。"一般认为，该规定确立了医疗纠纷举证责任倒置的举证规则。对此，多数人表示赞成，认为符合医患双方举证能力和证据可及性的实际状况，有利于维护患者利益；但该规定也招致了批评，认为加重了医疗机构的负担，易造成医疗机构对患者消极应对，形成医疗系统防御性医疗的自保局面，反而对患者不利。《侵权责任法》在制定过程中对此也有较大争议，该法草案第二次审议稿第 59 条曾规定："患者的损害可能是由医务人员的诊疗行为造成的，除医务人员提供相反证据外，推定该诊疗行为与患者损害之间存在因果关系。"该规定确立了因果关系推定理论在医疗损害责任中的运用，对于维护患者权益的保护无疑具有积极意义。但正式颁行的《侵权责任法》却删除了这一规定。从《侵权责任法》的相关规定来看，患者应对医疗机构的医疗过失行为与其损害后果之间存在因果关系承担举证责任，否则将承担败诉后果，由此改变了以往医疗纠纷的举证责任倒置规则。笔者认为，不加区分地一律由患者承担举证责任，既不利于维护患者利益也有悖于侵权责任法的立法宗旨。基于我国目前《侵权责任法》的相关规定，笔者赞成杨立新教授的主张，倾向于有条件的因果关系推定说，[11]在具体操作中应视医疗损害责任的类型分别处理，大体上医疗伦理损害由患者一方承担举证责任；而对医疗技术损害，在患者已证明因果关系具有相当程度盖然性的情况下推定因果关系成立，然后由医疗机构承担举证责任推翻该推定，否则由医疗机构承担责任。

4. 医方在医疗过程中存在过失。医疗过失是指医护人员在医疗过程中违反业务上必要的注意义务，从而引起对患者生命、身体伤害的情形。[12] 作为医师，在诊疗过程中，必须履行其职责，以“最善的注意”回避损害结果的发生，例如，对于患者的症状应予充分的注意，应在当时的医学知识考虑效果及副作用的前提下确定治疗方法及程度，在完全的注意之下实施治疗。若医师在治疗中违反其应尽的注意义务，即被视为过失，如医师在实施医疗行为的过程中，发生违反规程的行为包括不当用药、不当手术或不当处置以及其他不当行为等均属于医方在诊疗中疏于注意的不当治疗行为，因此发生患者受损时则可构成医疗事故。另外，医师在诊疗过程中，基于对患者生命健康权的尊重，亦应保证患者的知情权，对患者尽到说明义务，即医方负有对患方就患病状况、治疗方法及其所伴生之风险等事项进行说明的义务，以便保证患者对医疗措施所享有的知情权和自我决定权。医师违反说明义务，发生损失，亦可视为一种医疗过失。根据《医疗损害责任司法解释》第16条规定：“对医疗机构及其医务人员的过错，应当依据法律、行政法规、规章以及其他有关诊疗规范进行认定，可以综合考虑患者病情的紧急程度、患者个体差异、当地的医疗水平、医疗机构与医务人员资质等因素。”

三、医疗损害赔偿责任的举证责任

医疗损害赔偿责任，是指医务人员在从事各种医疗行为过程中，由于违反相关医疗卫生管理法律法规，在医疗程序上或者医疗用药过失给患者造成生命和健康损害时，在患者和医务人员、医疗机构之间产生的赔偿债权债务关系。医疗损害赔偿责任包括三种：医疗技术损害责任（《侵权责任法》第54条）、违反告知义务的医疗损害责任（《侵权责任法》第55条）、医疗产品责任（《侵权责任法》第59条）。

医疗技术损害责任适用过错责任原则。原则上，证明医疗机构及医务人员的医疗损害责任的构成要件，须由原告即受害患者一方承担举证责任，即使是医疗

---

[11] 参见杨立新：《医疗损害责任的因果关系证明及举证责任》，载《法学》2009年第1期。

[12] 王敬毅：《医疗过失责任研究》，载《民商法论丛》（第9卷），法律出版社1998年版，第673页。

过失要件也由受害患者一方负担。根据《医疗损害责任司法解释》第 6 条规定："侵权责任法第五十八条规定的病历资料包括医疗机构保管的门诊病历、住院志、体温单、医嘱单、检验报告、医学影像检查资料、特殊检查(治疗)同意书、手术同意书、手术及麻醉记录、病理资料、护理记录、医疗费用、出院记录以及国务院卫生行政主管部门规定的其他病历资料。"因此,患者欲证明医疗技术损害时,需要证明真实的医疗关系,例如缴费单、挂号单等诊疗凭证、出院证明及其他证明资料。但是根据《侵权责任法》第 58 条有三种例外情况,下列三种情况采用过错推定,推定医疗机构有过错。(1)违反法律、行政法规、规章以及其他有关诊疗规范的规定。(2)隐匿或者拒绝提供与纠纷有关的病历资料。病例资料是解决纠纷的核心内容,当事人应当提交由其保管的涉案病历资料等证据材料,包括客观性病历资料和主观性病历资料;拒不提供的,应当承担相应不利的诉讼后果。一方当事人无正当理由拒不同意、不配合共同封存或者启封病历资料、现场实物等证据材料的,应当承担相应不利的诉讼后果。(3)伪造、篡改或者销毁病历资料。伪造、遗失、涂改、抢夺或者其他不正当手段改变病例资料的内容,导致诊疗行为有无过错或诊疗行为与损害后果之间是否存在因果关系无法认定的,为上述行为的当事人应当承担相应不利的诉讼后果。若病历资料内容存在明显矛盾或错误,制作方不能做出合理解释说明的,应当承担相应不利的诉讼后果。但是若病历书写仅存在错别字、未按病历规范格式书写等形式瑕疵的,不影响对病历资料真实性的认定。

违反告知义务的医疗损害责任,适用过错责任原则,受害人须举证证明医务人员违反告知义务。根据《医疗损害责任司法解释》第 5 条规定:患者依据《侵权责任法》第 55 条规定主张医疗机构承担赔偿责任的,应当按照前条第 1 款规定提交证据。实施手术、特殊检查、特殊治疗的,医疗机构应当承担说明义务并取得患者或者患者近亲属书面同意,但属于《侵权责任法》第 56 条规定情形的除外。

告知义务适用的范围包括:对患者实施手术;有一定危险性,可能产生不良后果的检查和治疗;由于患者体质特殊或者病情危笃,可能对患者产生不良后果和危险的检查和治疗;临床试验性检查和治疗;收费可能对患者造成较大经济负担的检查和治疗;对患者施行的需要患者或者其近亲属配合的检查和治疗;以教学、科研为目的,对患者进行的检查和治疗;其他需要予以说明并取得相应书面同意的检查和治疗。

如果医疗机构及其医务人员未尽到告知义务,损害患者人身,财产权益,或者给患者造成严重精神损害,医方应当承担侵权责任法,以及精神损害赔偿责任。

医疗产品损害责任适用无过错责任原则。无过错责任原则并不是说对医疗产品缺陷的产生生产者和销售者没有过错,因为医疗产品存在缺陷本身就是一种过错。在现代社会对医疗产品质量的要求越来越具体、详细的情况下,如果医疗产品不符合规定的质量要求,则医疗产品的生产者就具有过错,除非是现有的科学技术无法发现。其立意是确定这种侵权责任不考察过错,无论其有没有过错,只要受害人能够证明医疗产品具有缺陷,即构成侵权责任。这样,受害人不必证明医疗产品生产者的过错,因而也就减轻了权利人的诉讼负担,有利于保护受害人的权利。

第三节　医疗损害责任中医疗过失的认定

本节提要

医疗过失是医疗机构及其医务人员未尽必要注意义务的疏忽和懈怠。医疗注意义务是医疗过失的理论依据。医疗注意义务有一般注意义务和特殊注意义务之分。学习本节内容需要重点掌握医疗过失的认定方式。

一、医疗过失的概念及认定标准

(一)医疗过失的概念

通说认为,医疗过失是指医疗机构在医疗活动中,医务人员未能按照当时的医疗水平通常应当提供的医疗服务,或者未能按照医疗良知、医疗伦理应当给予的诚信、合理的医疗服务,没有尽到高度注意义务,通常采用违反医疗卫生管理法律、行政法规、部门规章、医疗规范或常规,或者未尽法定告知、保密义务等的医疗失职行为作为标准进行判断的主观心理状态,以及医疗机构存在的对医务人员疏于选任、管理、教育的主观心理状态。简言之,医疗过失就是医疗机构及医务人员未尽必要注意义务的疏忽和懈怠。[13]

(二)世界各国有关医疗过失的认定标准

对于医疗过失的认定各国有不同的标准。在日本,医疗过失被称作"医疗过误",是指医师在对患者实施诊疗行为时违反业务上必要的注意义务,从而引起对

〔13〕　杨立新:《论医疗过失的证明及举证责任》,载《法学杂志》2009年第6期。

患者生命、身体的侵害，导致死伤结果的情形。它作为一个法律术语而存在，是医疗事故的下位阶概念。[14] 在法国，医疗过失是指医疗行为不符合一定的行为规范或行为规则。依照这些行为规范或行为规则来源的不同，医疗过失分为医疗科学上的过失和医疗伦理上的过失两类。前者是指医疗行为不符合医疗专业知识或技术水准上所应遵循的行为规范或行为规则，后者是指医疗行为不符合医疗职业良知或职业伦理上所应遵循的行为规范或行为规则。医疗行为违反其中任何一种行为规范或行为规则，均可认定为具有医疗过错。[15]

英美法国家的医疗过失通常指医生、律师、会计师等专业人员的失职或不端行为。专业人员未能按该行业一般人员在当时情况下通常应提供的技能、知识或应给予的诚信、合理的服务，致使接受服务者或有理由依赖其服务的人遭受伤害、损失的均属失职行为。换言之，医疗过失就是医师未能按医疗行业一般人员在当时情况下通常应提供的医疗技能、知识或应给予的诚信、合理的医疗服务，致使患者遭受伤害、损失的失职行为。

综上可见，两大法系对于医疗过失概念的界定存在明显的趋同性，都从医疗者违反医疗注意义务的角度来衡量。

二、医疗过失认定的理论依据——医疗注意义务

医疗注意义务是法律对医疗机构及其医务人员的医疗行为注意程度的衡量，医生因具有专门的知识，具有从事自己专门领域事项的能力，因而其为患者提供的服务必须尽到与其专业技术相一致的注意义务，该注意义务相对于一般人来说是高度注意义务，对于同一职业的专家而言是谨慎的、勤勉的义务。在英美侵权法理论中，适用于各种过失侵权的共同注意义务标准是“合理的注意”，即一个谨慎的、有行为能力的人在类似情形下处理同类事务时应采取的注意，这与大陆法系奉行的“善良管理人的注意”实质上并无差异，然而“善良管理人”是一个抽象的概念，其具体内涵需要通过一般人应负的义务得以体现。医疗过失行为本质上就是医师对其注意义务的违反，而医师的注意义务可以理解为是医疗机构及其医务人员在医疗行为时依据法律、法规、规章制度和具体的操作规程以及职务上和业务上的习惯，保持足够的勤勉谨慎，以预见医疗行为的结果和避免损害结果发

---

〔14〕 龚赛红：《医疗损害赔偿立法研究》，法律出版社 2001 年版，第 125 页。

〔15〕 陈忠五：《法国法上医疗过错的举证责任》，载朱柏松等：《医疗过失举证责任之比较》，元照出版有限公司 2008 年版，第 124～132 页。

生的义务。[16] 医疗注意义务包括一般注意义务和特殊注意义务，下面分述之：

（一）一般注意义务

一般注意义务是医疗活动全程需要加以注意的义务，是对医疗行为基本性的要求。其包括：

1. 诊断过失。诊断是治疗的前提和基础，只有诊断正确才能实施有针对性的、行之有效的治疗措施，否则不仅不能达到治疗目的，还会给病人造成不同程度的损害后果。中国古代诊断疾病采用"望""闻""问""切"四法，现代医疗科学技术水平迅速发展，医生在治疗疾病中必须对患者进行全面详细的询问，详细的询问是医生对症治疗的前提。因此一个理性的医师在疾病的诊断过程中做出了不符合医疗水平的对患者的错误判断，就是诊断过失。

2. 手术过失。手术是现代医疗重要的方式，医生在手术各个环节的选择直接影响着患者的生命健康。在手术的治疗方式上，医生决定是否手术通常要在手术的有效性与副作用之间进行利益的权衡，判断错误即违反了注意义务，而手术时机选择上的错误包括时间的过早或过迟，手术时间过迟而延误手术时机或必要的人力与设备准备缓慢而使手术延迟等，都会造成手术的失败，导致医院承担相应的损害赔偿责任。

3. 投药过失。治疗是患者就医的目的，也是医疗行为的主要内容。对患者及时予以治疗的义务包括对患者的药物副作用加以详细说明的义务、严格按照患者病情、药典或其他医学上必须加以遵循的要求使用药品的义务、对患者用药方法进行详细指导的义务、对患者在治疗过程中的用药情况进行必要观察的义务、发现有特异体质的患者及时加以处理和解决的义务。违反上述义务即属医疗过失。

（二）特殊注意义务

1. 医疗过程中的说明义务。说明义务是指医生对患者患病的治疗方法、治疗的危险性等事项加以说明的义务。只要患者本人是完全民事行为能力人，医方的说明都应当向患者做出。患者本人处于昏迷状态或因其他事由缺乏相应的理解能力时，对患者采取手术、特殊检查等治疗措施，应向患者的家属或利害关系人说明。对患者的说明义务包括：医疗行为的方式、具体内容、几种治疗方法之间的选择以及治疗的危险性的全面说明义务。

在说明义务与医疗目的相违背或在情况紧迫的情形下，医生可以不履行说明

---

〔16〕 柳卉：《中韩医疗过失认定标准比较研究》，延边大学2010年硕士学位论文。

义务。其具体表现为:(1)做出说明对患者产生不良影响时,如将不治之症告知患者,使他精神受到打击从而对治疗效果产生不良影响。《医疗事故处理条例》第11条“在医疗活动中,医疗机构及其医务人员应当将患者的病情、医疗措施、医疗风险等如实告知患者,及时解答其咨询;但是,应当避免对患者产生不利后果”的规定,体现了说明义务应避免产生不利后果。(2)紧急状态下。如患者需要及时抢救,没有充裕时间来对他说明时,医生可以不履行说明义务。(3)法律的特别规定。如法律规定对于某些特殊疾病的规定,医生不得将疾病的有关情况在特定时期内告知患者,如传染性疾病。治疗的说明义务应在治疗手段实施前充分告知,如果在治疗中才告知,则医师存在过失。

2. 医疗过程中的转医义务。医生不具备相应的医疗水平、患者患有专门领域之外的疾病、患者的病情超出自己治疗能力之外难以对患者进行有效诊疗时,医生应该向患者说明到适当的医疗机构接受治疗。该义务包括两方面的内容:一是医生对属于自己专门领域之外的病人劝说其转医,对于疑难病症,医生应将最先进的治疗方法告知患者以使患者得到最佳的治疗。二是医生对于本领域之外的患者或超出本人治疗能力的患者,转院到有条件加以治疗的医院。

3. 医疗过程中的接诊义务。医方依据其诊断治疗的能力、医疗设备、技术水平的高低,可以拒绝对患者进行治疗,但在紧急情况下,医院不能因为患者负担不起医药费而拒绝治疗,应承担对紧急症状的患者采取必要的紧急处置手段、及时通知能处理此种病人的医生进行诊断的义务。

第四节 医疗损害责任的承担和免责事由

本节提要

学习本节内容要重点掌握医疗损害责任的三种法定免责事由,即患者或者其近亲属不配合医疗机构进行符合诊疗规范的诊疗;医务人员在抢救生命垂危患者等紧急情况下已经尽到合理诊疗义务;限于当时的医疗水平难以诊疗。

一、医疗损害赔偿责任的承担

(一)医疗技术损害责任的承担

医疗技术损害责任的承担形式是替代责任。医务人员在执行职务中,由于违反技术规范等造成患者人身损害,构成医疗技术损害责任的,其直接责任人是医疗机构,而不是实施治疗的医务人员。医疗机构对医务人员造成的损害承担责任,受害患者应当直接向医疗机构请求赔偿。医疗机构承担了赔偿责任后,可以依约向有过错的医务人员追偿。《侵权责任法》第54条规定的正是替代责任的规则。在医疗资源失衡的现实中,很多医院邀请其他机构的医务人员来本院提供医疗服务,例如“专家坐诊”。在此种情形下,该医务人员造成患者损害时,责任如何承担。《医疗损害责任司法解释》第20条规定,医疗机构邀请本单位以外的医务人员对患者进行诊疗,因受邀医务人员的过错造成患者损害的,由邀请医疗机构承担赔偿责任。

(二)医疗伦理损害责任的承担

医疗伦理损害责任与医疗技术损害责任一样,也是一种替代责任。医务人员在执行职务中,造成患者人身损害或者其他损害,构成医疗伦理损害责任的,其直接责任人是医疗机构,而不是医务人员。即由医疗机构对医务人员造成的损害承担责任。医疗机构承担了赔偿责任后,可以依约向有过错的医务人员追偿。

(三)医疗产品损害责任的承担

医疗产品损害责任的责任主体有三种:一是医疗机构。医疗机构直接使用医疗产品,应用于患者身上,造成损害的,医疗机构当然是责任主体,应当承担过错责任;如果医疗机构不能指明缺陷医疗产品的生产者,也不能指明缺陷产品的供货者的,应当承担无过错责任。二是医疗产品生产者,其制造了有缺陷的医疗产品,并且造成了患者的损害,应当承担责任。三是医疗产品的销售者,按照《侵权责任法》第41~43条和《产品质量法》的相关规定,销售者对于有缺陷产品造成损害具有过失的,无论其是否为产品缺陷的生产者,都应当承担侵权责任;如果销售者不能指明缺陷产品的生产者也不能指明缺陷产品的供货者,则销售者应当承担无过错责任。根据《医疗损害责任司法解释》第23条规定,如果医疗产品的生产者、销售者明知医疗产品存在缺陷仍然生产、销售,造成患者死亡或者健康严重损害,生产者、销售者除赔偿损失外,还要承担损失2倍以下惩罚性赔偿。

《医疗损害责任司法解释》第21条明确规定了医疗产品的生产者和医疗机构的责任。其中将患者的地位推定为产品质量责任中的消费者,其可以请求医疗机构、缺陷医疗产品的生产者、销售者或者血液提供机构承担责任。医疗机构承担责任后,可向缺陷医疗产品的生产者、销售者或者血液提供机构追偿;同理,若因医疗机构的过错使医疗产品存在缺陷或者血液不合格,医疗产品的生产者、销售者或者血液提供机构承担赔偿责任后,可向医疗机构追偿。

《医疗损害责任司法解释》第22条规定了缺陷医疗产品或输入不合格血液与医疗机构的过错诊疗行为共同造成患者损害的情形,医疗机构与医疗产品的生产者或者销售者应承担连带责任。医疗机构或者医疗产品的生产者、销售者承担赔偿责任后,向其他责任主体追偿的,应当根据诊疗行为与缺陷医疗产品造成患者损害的原因力大小确定相应的数额。

二、医疗损害赔偿责任的免责事由

根据《侵权责任法》第60条规定,存在下面三种法定情形时,医疗机构免除责任:

1. 患者或者其近亲属不配合医疗机构进行符合诊疗规范的诊疗。医疗过程是医患双方相互配合的过程。医疗机构以及医务人员在诊疗和护理过程中需要履行告知义务,也需要患者及其家属的配合。患者及其家属的过错表现为就诊时未说明既往病例资料、病史;不遵守诊疗秩序,侵害了正常的就医环境;拒绝配合医嘱,没有按时服药、换药、复诊,出现异常未及时就诊治疗等。患者拒绝医方合理的医疗方案,拒绝住院治疗,拒绝手术,擅自食用禁止食用的食物和药物,擅自拔管,擅自外出且无人陪同等。由于患者及其家属的原因而延误治疗,造成患者损害,说明受害者一方主观上有过错,同时亦证明对损害的发生医疗机构没有过错,自应免除医疗机构的赔偿责任。但医疗机构主张适用"患者或者其近亲属不配合医疗机构进行必要的诊疗"作为免责事由的时候,如果受害患者主张医疗机构及其医务人员对于损害的发生也有过错的,应当依照《侵权责任法》第26条规定的过失相抵原则,进行过失相抵。即根据双方的过错程度和原因力程度,确定医疗机构一方相应的赔偿责任。

2. 医务人员在抢救生命垂危患者等紧急情况下已经尽到合理诊疗义务。医疗机构以及医务人员在抢救生命垂危的患者等紧急情况下,必须采取紧急医学措施,而这些措施有可能会对患者造成一些不良后果。急诊急救行为、术中大出血、患者急需输血、战争或灾难中的紧急救助行为。这些情形都满足本款所说的紧急情况。在紧急状况下,医务人员很难如平时正常诊疗时所作出的全面的、精确的判断,时间紧迫必然不能按照平时的注意义务来要求医务人员,此时注意程度低于一般的医疗情形。当患者的生命权和其他权利相冲突时,生命权应首先获得保护。根据《医疗损害责任司法解释》第16条规定:"对医疗机构及其医务人员的过错,应当依据法律、行政法规、规章以及其他有关诊疗规范进行认定,可以综合考虑患者病情的紧急程度、患者个体差异、当地的医疗水平、医疗机构与医务人员资质等因素。”对此,基于生命权的重要性,只要医务人员已经尽到合理诊疗义务的,即使造成不良后果,医疗机构亦不承担赔偿责任。

3. 限于当时的医疗水平难以诊疗。受制于人类自身科学发展水平以及认知的局限性,医疗技术和医学水平总是存在一定的局限性。因此,囿于当时医疗水平条件的有限,医疗机构对所发生的不良医疗后果无法预料,或者已经预料到但没有办法避免,两权相害取其轻,即便产生不良后果亦不承担损害赔偿责任,例如并发症。医学上的并发症是指患者的疾病在治疗过程中发生了与其相关联的一种或几种疾病。并发症在医学上可以预见但不能防范,并且与医师的医疗行为没有直接的关系。在医学实践中并发症有两种情况:一类是按照常规可以预见并可以避免的并发症;另一类是难以避免的并发症。对可以预见亦可以避免的并发症所引起的损害赔偿,医方不能主张免责。若并发症是医生难以避免的,则可以作为免责事由。对于是否难以避免,应以一个合格的医生所应有的与其专业技术职务相一致的专业知识和技术水平来判断,并应参考医学科学技术的发展状况和当地的总体医疗水平。对于医疗水平的判断应当结合诊疗行为发生地、发生时间以及患者的特点综合权衡,并无统一的抽象标准。例如,医疗活动中患者异常体质及异常病情所致损害。

——训　练——

【司考】田某突发重病神志不清,田父将其送至医院,医院使用进口医疗器械实施手术,手术失败,田某死亡。田父认为医院在诊疗过程中存在一系列违规操作,应对田某的死亡承担赔偿责任。关于本案,下列哪一选项是正确的?(2012 年)

A. 医疗损害适用过错责任原则,由患方承担举证责任

B. 医院实施该手术,无法取得田某的同意,可自主决定

C. 如因医疗器械缺陷致损,患方只能向生产者主张赔偿

D. 医院有权拒绝提供相关病历,且不会因此承担不利后果

【答案】 A

【解析】 《侵权责任法》第 54 条规定,患者在诊疗活动中受到损害,医疗机构及其医务人员有过错的,由医疗机构承担赔偿责任。据此可知,医疗损害责任适用的是一般过错责任原则,原则上受害人就医疗机构的过失、医疗行为与损害之间的因果关系负有举证责任,除非法律另有规定。A 项正确。

《侵权责任法》第55条规定，医务人员在诊疗活动中应当向患者说明病情和医疗措施。需要实施手术、特殊检查、特殊治疗的，医务人员应当及时向患者说明医疗风险、替代医疗方案等情况，并取得其书面同意；不宜向患者说明的，应当向患者的近亲属说明，并取得其书面同意。医务人员未尽到前款义务，造成患者损害的，医疗机构应当承担赔偿责任。该法第56条规定，因抢救生命垂危的患者等紧急情况，不能取得患者或者其近亲属意见的，经医疗机构负责人或者授权的负责人批准，可以立即实施相应的医疗措施。据此可知，医院实施该手术，若无法取得田某的同意，应当取得田某近亲属的书面同意。B项错误。

《侵权责任法》第59条规定，因药品、消毒药剂、医疗器械的缺陷，或者输入不合格的血液造成患者损害的，患者可以向生产者或者血液提供机构请求赔偿，也可以向医疗机构请求赔偿。患者向医疗机构请求赔偿的，医疗机构赔偿后，有权向负有责任的生产者或者血液提供机构追偿。C项错误。

《侵权责任法》第61条第2款规定，患者要求查阅、复制前款规定的病历资料的，医疗机构应当提供。D项错误。

【案例】2011年11月8日，祝某已怀孕39周，出现规律宫缩并伴有严重的疼痛，遂来到关爱妇产医院入院待产。经检查，胎儿双顶径100m，脐绕颈1圈，羊水混浊。另祝某为第二次妊娠，首次为剖宫产，疤痕较薄，自然分娩对于产妇及胎儿危险较高，医院主治医生李某建议祝某及家属选择剖宫产。祝某家属表示看情况，先试着自然分娩。11月9日凌晨1时，祝某疼痛难忍，要求剖宫产，被家人拒绝，医生李某对祝某进行了检查，发现祝某的血压高压为140毫米汞柱，低压为100毫米汞柱，要求立即手术剖宫产，否则有生命危险。凌晨1时34分，祝某主动来到护士台，要求实施剖宫产手术，因没有家属同意再次被拒绝。凌晨1时55分，祝某出现大出血症状，后抢救无效，祝某和胎儿均死亡。

请问医院是否应对祝某的死亡承担责任？为什么？

【解析】 祝某与医院之间形成医患关系。在祝某住院至死亡期间，主治医生在诊断后多次向祝某及家属建议实施手术，但是均遭到拒绝。因此，医院对于此次诊疗行为没有过错，而患者家属拒不配合导致祝某和胎儿的死亡，因此医院不承担侵权责任。

思考题

1. 谈谈我国将医疗损害责任按侵权责任处理的原因。
2. 简述医疗损害责任的归责原则及构成要件。
3. 谈谈对医疗注意义务的理解。
4. 如何认定医疗过失行为？
5. 试述我国医疗侵权责任中的举证责任。

—— 阅读文献 ——

1. 杨立新:《医疗损害责任一般条款的理解与适用》,载《法学论坛》2012 年第 5 期。
2. 杨立新:《医疗损害责任构成要件的具体判断》,载《法学论坛》2012 年第 4 期。
3. 杨立新:《〈侵权责任法〉规定的医疗损害责任归责原则》,载《名家论坛》2012 年第 12 期。
4. 廖焕国:《论医疗过错的认定——以医疗损害侵权责任的理解与适用为视点》,载《政治与法律》2010 年第 5 期。
5. 龚赛红:《医疗损害赔偿立法研究》,法律出版社 2001 年版。

第二十二章　机动车交通事故责任

本章导语

随着机动车的普及与交通事故的增多,机动车交通事故责任应运而生。机动车交通事故责任是公安交通管理部门在交通事故发生后对当事人行为及过错程度的评价。机动车交通事故损害赔偿责任则是民法上的一种法律责任,是指交通事故中的责任人所应承担的对受害人的民事赔偿责任,它解决的是在交通事故发生以后,所产生的损害后果由谁承担、向谁承担、如何承担的问题。本章需要重点掌握机动车交通事故责任的归责原则、构成要件,通过学习能够确定交通事故的责任主体,了解第三人责任保险与道路交通事故社会救助基金问题。

第一节　机动车交通事故责任概述

本节提要

本节需要了解机动车交通事故责任与机动车交通事故损害赔偿责任的区别,重点理解机动车交通事故责任的法律特征。机动车交通事故责任的归责原则为多元化归责原则,通过本节的学习,掌握不同交通事故责任认定中适用不同的归责原则。在此基础上,确定机动车交通事故侵权责任的构成要件。

一、机动车交通事故责任的概念及其法律特征

《侵权责任法》第48条规定:"机动车发生交通事故造成损害的,依照道路交通安全法的有关规定承担赔偿责任。"机动车交通事故也称为道路交通事故,机动车交通事故责任是指车辆在道路上因过错或者意外造成人身伤亡或者财产损失

而应当承担的侵权责任。结合有关立法规定,机动车交通事故责任具有以下法律特征:

1. 机动车交通事故责任是机动车发生在道路上的交通事故责任。道路、机动车和事态的发生是构成机动车交通事故的三个组成要素,也是构成机动车交通事故责任的三个要素。

首先,道路是指公路、城市道路和虽在单位管辖范围内但允许社会机动车通行的场所,包括广场、公共停车场等用于公众通行的场所,但在封闭施工的路段因机动车引发的事故责任不属于交通事故责任。

其次,机动车是指以动力装置驱动或牵引,上道路行驶的供人员乘用或者用于运送物品以及进行工程专项作业的轮式车辆。需要特别强调的是,交通事故必须发生于机动车的运动中。车辆在行驶或停放过程中发生的事件,若车辆处于完全停止状态,行人主动去碰撞车辆或乘车人上下车的过程中发生的挤、摔、伤亡的事故,则不属于交通事故。

最后,有事态发生。事态是指有碰撞、碾压、刮擦、翻车、坠车、爆炸、失火等其中的一种现象发生,从责任构成的角度而言,应当存在直接的损害后果且是物质损失,包括人身伤亡和财产损失。并且造成事态的原因是人为的,即事故由当事者(肇事者)的过错或者意外行为所致。如果是由于人无法抗拒的各种自然灾害造成,均不属于交通事故;若当事人心理状态为故意,则不属于交通事故。

2. 机动车交通事故责任属于特殊侵权责任,即该责任不同于适用过错归责的一般侵权责任,而是适用特殊归责原则,且是多元化的归责原则,既包括过错责任原则,也包括无过错责原则。另外,其免责事由和责任限额均有法律特殊规定。

3. 机动车交通事故责任与责任保险和其他社会保障制度密切联系。机动车交通事故责任作为救济交通事故损害发生的一个重要手段,其重在让事故直接责任人通过承担侵权责任赔偿受害人的人身、财产利益损失。此外,机动车强制保险责任、商业性机动车第三者责任保险、道路交通事故社会救助基金等均是发生交通事故后转移、分散损失,及时救助受害人的重要措施和途径,从而与机动车交通事故责任制度共同形成了救助交通事故受害人的风险责任救助体系。

二、机动车交通事故责任归责原则

有关机动车交通事故中的归责原则,以《道路交通安全法》第76条规定为依据:“机动车发生交通事故造成人身伤亡、财产损失的,由保险公司在机动车第三者责任强制保险责任限额范围内予以赔偿;不足的部分,按照下列规定承担赔偿责任:(一)机动车之间发生交通事故的,由有过错的一方承担赔偿责任;双方都有过错的,按照各自过错的比例分担责任。(二)机动车与非机动车驾驶人、行人之间发生交通事故,非机动车驾驶人、行人没有过错的,由机动车一方承担赔偿责任;有证据证明非机动车驾驶人、行人有过错的,根据过错程度适当减轻机动车一方的赔偿责任;机动车一方没有过错的,承担不超过百分之十的赔偿责任。交通事故的损失是由非机动车驾驶人、行人故意碰撞机动车造成的,机动车一方不承担赔偿责任。"

第76条将交通事故中的责任认定的归责原则进行了类型化的区分,说明我国在交通事故中的归责原则主要有三:无过错责任原则、过错责任原则以及公平责任原则。

1. 无过错责任原则。保险公司承担赔偿责任的归责原则为无过错责任原则。无论作为投保人的机动车是否有过错,保险公司均需要对交通事故中的受害人承担赔偿责任。这与保险合同为射幸合同的性质有关,只要投保的危险事项发生,保险公司即可承担赔偿责任。

从机动车交通事故责任本身而言,适用无过错责任原则的法理依据首先是报偿理论,即"谁享受利益谁承担风险"的原则,所谓"利之所在,损之所归"。在机动车交通事故中,机动车的所有人、管理人或驾驶人享受着由机动车所带来的方便快捷,自然亦要承担因机动车运行所带来的风险。其次是危险控制理论,即"谁能够控制、减少危险,谁承担责任"的原则。机动车运行属于现代社会的一种高度危险活动,只有那些受过专业训练、具有相关专业知识技能的机动车所有人或驾驶人能够最好地控制危险,避免危险发生,让其承担赔偿责任,可以促使其积极采取措施防止风险事故的发生。最后是危险分担理论,即"利益均衡说"。机动车交通事故是伴随现代文明而产生的风险,应由享受现代文明的全体社会成员分担。[1] 无过错责任的适用恰是实现全体社会成员分担风险的一种途径。因为无过错责任的产生本身即伴随着责任保险制度的发展,在机动车交通事故中,机动车所有人或驾驶人对非机动车、行人承担无过错责任,可以将赔偿金通过提高价格或通过投保责任保险转嫁给消费者或由社会分担。换言之,无过错责任原则在机动车交通事故责任中的运用,是在均衡整个社会利益的前提下,通过让优者承担责任,协调双方利益冲突,合理分配损失,进而实现民法的公平正义精神。

2. 过错责任原则。《道路交通安全法》第76条第1项规定了机动车之间发生

---

〔1〕 林建伟:《论交通事故的归责原则》,载《法学评论》2005年第6期。

交通事故的情形下适用过错责任原则,在双方均存在过错的情形下,按照过错的比例分担责任。机动车之间发生交通事故时危险系数相同,因此在二者之间适用过错责任原则,而无须要求对方承担控制危险的无过错责任。

3. 公平责任原则。《道路交通安全法》第 76 条第 2 项规定机动车与非机动车驾驶人、行人之间发生交通事故,机动车一方无过错时承担不超过 10% 的赔偿责任。针对机动车一方承担的 10% 的赔偿责任,从归责原则的性质而言为公平责任原则。

三、机动车交通事故责任的构成要件

1. 交通事故必须是机动车造成的。根据《道路交通安全法》第 119 条第 3 项的规定,机动车是指以动力装置驱动或者牵引,上道路行驶的供人员乘用或者用于运送物品以及进行工程专项作业的轮式车辆。因此,机动车具有以下三个特点:其一,机动车是由机械力驱动的动力车辆,故由人力所推动的各种交通工具,如脚踏车、脚踏三轮车以及用牲畜驱动的非动力车辆均不属于机动车;其二,机动车一般属非轨道运输车辆,故火车、有轨电车等不属于机动车;其三,机动车是在道路上行驶的车辆,飞机、轮船、汽艇等不属于机动车。

2. 机动车交通事故必须是机动车在特定道路使用过程中发生。只有在道路上发生的交通事故,才能构成交通事故赔偿责任。根据《道路交通安全法》第 119 条的规定,道路是指公路、城市道路以及虽在单位管辖的范围内却允许社会机动车辆通行的地方,包括公共广场和公共停车场等供车辆、行人通行的地方。只有发生在上述法定意义道路上的人身和财产事故才属于道路交通事故,构成道路交通事故损害赔偿责任,否则便不能构成交通事故侵权,只能按照一般的侵权损害赔偿案件处理。

机动车只有在运行,即使用过程中发生的事故才可构成道路交通事故。静止状态下不会产生交通事故责任,假使机动车一方处于正常停放状态而引起的交通事故应不属于机动车道路交通事故,只能按照一般侵权法原理进行赔偿。但对此不可作机械理解,王泽鉴先生认为:“使用”不以行驶为限,应包括违规停车于巷道、停车未注意后方来车而遽开车门、货车物品掉落致事故等情形。[2] 我国相关立法并未对机动车交通事故“使用中”或是“运行中”做出明确限定,但并不意味着在认定交通事故责任时不需要对这个要件进行限定。《道路交通安全法》第 76

---

〔2〕 王泽鉴:《侵权行为》,北京大学出版社 2009 年版,第 507 页。

条所规定的上"车辆在道路上",可以理解为是车辆在使用中或是运行中的应有之义。

3. 受害人因交通事故受有损害。损害事实是发生道路交通事故损害赔偿的前提条件,没有损害也就谈不上赔偿。损害包括人身伤亡和财产损失,人身伤亡包括人的生命权、健康权、身体权等受到损害,财产损失包括积极的财产损失和消极的财产损失;前者应根据人身伤害标准加以判断,后者则应该区别直接损失和间接损失。

4. 须机动车交通事故与损害之间具有因果关系。机动车交通事故中的因果关系是指机动车交通事故与损害之间的引起与被引起的关系。在认定机动车交通事故因果关系时,我国司法实践多采取必然因果关系说和相当因果关系说,且相当因果关系说已经得到实务界的广泛认可。需要注意的是,机动车是否与受害人发生碰撞,虽然对因果关系的判断起不到完全的决定性作用,但是也具有重要影响,如台湾学者曾隆兴认为,在未直接碰撞之交通事故亦即驾驶人之驾驶车辆未碰撞被害人之身体或被害人车辆的交通事故中,驾驶人之过失与被害人之死伤有无因果关系之认定,甚为困难及重要。在通常情形,车辆如未碰撞被害人身体或被害人乘坐之车辆者,应认为被害人之死伤与驾驶人驾车行为之间并无因果关系。车辆之行驶如有反常之不正当措施,致被害人死伤,虽非直接碰撞,有时亦应认为有因果关系。[3] 王泽鉴先生也指出:车辆的致害行为不以直接碰撞为必要。被害人为闪避违规超速的汽车,事出危急致跌倒受伤,或被其他车辆撞死者,仍得成立因果关系。[4]

5. 机动车之间发生交通事故时须存在过错。如前所述,我国机动车交通事故责任实行的是过错责任和无过错责任相结合的二元化归责原则体系。根据《道路交通安全法》第76条的规定,机动车之间发生交通事故的,由有过错的一方承担赔偿责任;双方都有过错的,按照各自过错的比例分担责任。可见,对于机动车之间发生交通事故的归责原则实行的是过错责任原则。如一方或双方违反法律法规的规定或是业务上的注意义务,未遵循有关优先通行权的规定造成他人人身、财产损害等。

---

〔3〕 曾隆兴:《详解损害赔偿法》,中国政法大学出版社2004年版,第164~165页。
〔4〕 王泽鉴:《侵权行为》,北京大学出版社2009年版,第508页。

第二节　机动车交通事故的赔偿责任主体

本节提要

机动车交通事故赔偿责任主体的确定是赔偿责任认定的核心环节，也影响到赔偿的范围。本节的学习须掌握几种常见情形下的交通事故中赔偿责任主体确定规则，包括机动车的所有人和管理人、未经允许驾驶他人机动车的驾驶人、挂靠运营机动车驾驶人、多次转让给但未办理登记的机动车的驾驶人、套牌车、拼装车、报废车等车辆的驾驶人以及试乘人员等类型。

在机动车交通事故责任中，如何确定赔偿责任主体对于维护受害人及其他赔偿权利人的合法权益、贯彻侵权责任法的自己责任原则具有重要意义。《道路交通安全法》第76条在涉及此问题时，用语比较模糊，词语表达亦不同，涉及机动车之间发生交通事故的赔偿责任主体时用“有过错的一方”表达，涉及机动车与非机动车驾驶人、行人之间发生交通事故的赔偿责任主体时用“机动车一方”表达，至于究竟是机动车所有人还是使用人或是其他相关利益当事人，该条并没有明确，从而给实务中赔偿责任主体的确认带来了很大的不确定性，特别是当机动车驾驶人与所有权人不一致时如何确认承担赔偿责任的主体，长期以来理论界一直争议不休，同时也一直困扰着司法实务。基于此，《侵权责任法》第49～53条分别不同情况给出了明确的规定。

一、机动车交通事故赔偿责任主体的一般认定标准

各国有关机动车交通事故责任的赔偿主体称谓不同，德国称为“保有者”，日本称为“运行供用者”，韩国称为“运行者”，上述有关称谓虽有不同，但意义大体相同，如德国联邦最高法院的判例认为，机动车的保有者是指“为自己的利益计算而使用机动车，并对以这种使用为前提的机动车拥有处分权的人”，所谓为自己的利益计算而使用机动车是指获得运行利益并且支出运行费用的人。所谓拥有处分权，是指对机动车享有运行上的支配权。葡萄牙法将机动车的保有人界定为“以责任自负的方式对机动车辆使用受益并拥有作为使用受益之前提条件的支配

力者”。〔5〕 日本民法学界通说认为，机动车的运行供用者的判断应从运行支配与运行利益两项基准上把握。所谓“运行供用者”是指机动车的运行支配与运行利益的归属者；“运行支配”是指可以在事实上支配管领机动车之运行的地位；而对“运行利益”，一般认为限于因运行本身而产生的利益。换言之，某人是否属于运行供用者，要从其是否对该机动车的运行于事实上位于支配管理的地位和是否从该机动车的运行本身中获得了利益两个方面加以判断。〔6〕 可见，运行利益与运行支配是判断机动车交通事故发生时赔偿责任主体的两项认定标准。

我国以往的交通安全法等法律法规中没有适用“机动车保有人”的概念，新颁布的侵权责任法亦未采纳此概念，但是法院的审判实践却在实质上采取了上述判断机动车保有人的标准，这主要体现在最高人民法院发布的两个司法解释和一个批复中，即法释〔1999〕13号《关于被盗机动车肇事后由谁承担损害赔偿问题的批复》，法释〔2000〕38号《关于购买人使用分期付款购买的车辆从事运输因交通事故造成他人财产损失保留所有权的出卖方不承担民事责任的批复》，以及最高人民法院民事审判第一庭做出的《关于连环购车未办理过户手续原车主是否对机动车发生交通事故致人损害承担责任的复函》[（2001）民一他字第32号]，该复函指出：“连环购车未办理过户手续，因车辆已交付，原车主既不能支配该车的营运，也不能从该车的营运中获得利益，故原车主不应对机动车发生交通事故致人损害承担责任。”显然，该复函采用了运行支配与运行利益的判断标准。负责起草该批复的杨永清法官对该批复的解读为：“根据危险责任思想和报偿责任理论来确定机动车损害赔偿的责任主体，具体操作就是通过‘运行支配’和‘运行利益’两项标准加以把握。所谓运行支配通常是指，可以在事实上支配管领机动车之运行的地位。而所谓运行利益，一般认为是指因机动车运行而生的利益。换言之，某人是否属于机动车损害赔偿责任的主体，要从其是否对该机动车的运行于事实上位于支配管理的地位和是否从机动车的运行中获得了利益两个方面加以判明。进一步说，某人是否是机动车损害赔偿的责任主体，以该人与机动车之间是否有运行支配和运行利益的关联性加以确定。”〔7〕

---

〔5〕 参见[德]克里斯蒂安·冯·巴尔：《欧洲比较侵权法》（下卷），焦美华译，法律出版社2004年版，第407页。

〔6〕 参见李薇：《日本机动车事故损害赔偿法律制度研究》，法律出版社1997年版，第29页以下。

〔7〕 杨永清：《解读〈关于连环购车未办理过户手续原车主是否对机动车交通事故致人损害承担责任的复函〉》，载《解读最高人民法院请示与答复》，人民法院出版社2004年版，第119页以下。

二、机动车交通事故责任主体的具体情形

《侵权责任法》在总结以往立法、司法实践经验和学说的基础上对几种具体的机动车交通事故的责任主体做了明确规定。从第49条至第53条的规定看,大体上采纳了上述“运行支配”与“运行利益”两个判定标准,以下择主要条款做一简要分析。

(一)租赁、借用机动车的情形

机动车的使用租赁大致有两种情形,一种是不提供驾驶服务的机动车租赁,即租赁经营人在约定时间内将租赁机动车交付于承租人使用,收取租赁费用;另一种是提供驾驶服务的机动车租赁,即租赁经营人与承租人约定提供租赁机动车以及驾驶服务,承租人交付租金。机动车借用是指机动车所有权人将机动车在约定时间内交给借用人使用的行为。[8]《侵权责任法》第49条规定:“因租赁、借用等情形机动车所有人与使用人不是同一人时,发生交通事故后属于该机动车一方责任的,由保险公司在机动车强制保险责任限额范围内予以赔偿。不足部分,由机动车使用人承担赔偿责任;机动车所有人对损害的发生有过错的,承担相应的赔偿责任。”《侵权责任法》规定的是第一种情形下租赁机动车发生交通事故的责任主体的确认。至于第二种情形,虽名为机动车租赁,实则为提供机动车服务的承揽合同,所谓“承租人”既不对机动车享有运行利益亦无法进行支配,因此,机动车的保有人仍为机动车租赁公司。当被“租赁”的机动车发生交通事故致人损害时,是由作为机动车“保有人”的租赁公司承担责任的。当然,租赁公司承担的是依其与驾驶人员即其雇员之间的雇佣关系而产生的雇主责任。实践中,这种情形下的责任主体争论不大。

对于第一种情形,即仅提供租赁车辆而不提供驾驶服务,于租赁期间机动车发生交通事故时如何确认赔偿责任主体,在《侵权责任法》出台之前一直存在争议。一种观点认为,出借人、出租人应视为车辆的“保有人”承担赔偿责任;另一种观点认为,机动车的出租人与使用人共同承担连带责任,若出租人对于损害的发生没有过错,其在赔偿后有权向承租人进行追偿;[9]还有一种观点认为,原则上应由承租人自行承担赔偿责任,但是出租人对于损害的发生具有过错时,应与承

〔8〕王胜明主编:《中华人民共和国侵权责任法解读》,中国法制出版社2010年版,第251页。

〔9〕2002年公布的《中华人民共和国民法典(草案)·侵权责任编》即采此立场。该草案第27条第1款规定:“出租、出借的机动车在运行中造成他人损害的,机动车所有人与承租人、借用人承担连带责任。机动车所有人对损害的发生没有过错的,向受害人赔偿后,可以向承租人、借用人追偿。”

租人共同对交通事故承担连带赔偿责任；也有学者认为出租人通过租金的收取而享受运行利益因而实为机动车的保有人，应承担事故损害赔偿责任。[10] 笔者认为，依据前述“运行支配”与“运行利益”两个判断标准，租赁、借用机动车发生交通事故时，责任主体应为在事实上直接控制支配并享受运营利益的承租人、借用人，因为出租人随着机动车的出租已经丧失了对机动车的事实控制与支配，其租金所得仅是其与承租人建立的租赁法律关系中的所得利益，而非直接从机动车的运行中所获的利益，就出借人而言，随着机动车的出借，机动车的控制支配及运行利益均已转移至借用人。因此，机动车交通事故的责任主体应为承租人、借用人。

《交通事故损害赔偿司法解释》第 1 条规定机动车的所有人和管理人有过错的场合也要承担赔偿责任。这种过错表现为：(1)知道或者应当知道机动车存在缺陷，且该缺陷是交通事故发生原因之一的；(2)知道或者应当知道驾驶人无驾驶资格或者未取得相应驾驶资格的；(3)知道或者应当知道驾驶人因饮酒、服用国家管制的精神药品或者麻醉药品，或者患有妨碍安全驾驶机动车的疾病等依法不能驾驶机动车的；(4)其他应当认定机动车所有人或者管理人有过错的。上述情形说明车辆的所有人或管理人没有尽到注意义务，从而在因果关系上对交通事故损害结果的发生起到一定的作用。

该规定是立足于无过错归责原则而确立责任主体的，即机动车交通事故中无过错责任的适用范围是有限制的，不是所有的主体都适用无过错责任，通常只有机动车的保有人才适用。对于非保有人的出租人、出借人而言，其仅承担与其过错相适应的赔偿责任。

(二)转让而未过户的情形

实践中，在机动车所有权发生转移时，当事人之间为了节省费用或是为了消灭债务而以物(机动车)抵债等，从而出现买受人或受赠人未办理机动车过户登记手续，导致机动车的名义所有人与实际所有人不一致，此时一旦发生交通事故造成他人损失，应由何人承担责任，实践中有两种不同解释。一种观点认为，由实际占有机动车的所有人承担责任，出卖人或出赠人不承担责任；另一种观点认为，应由双方承担连带责任。《侵权责任法》采取了第一种观点，其第 50 条规定：“当事人之间已经以买卖等方式转让并交付机动车但未办理所有权转移登记，发生交通事故后属于该机动车一方责任的，由保险公司在机动车强制保险责任限额范围内予以赔偿。不足部分，由受让人承担赔偿责任。”显然，《侵权责任法》的规定是合

〔10〕 参见程啸：《机动车损害赔偿责任主体研究》，载《法学研究》2006 年第 4 期。

理的，因为基于“运行支配”与“运行利益”的判断标准，机动车因买卖等原因已经交付的，受让人已经取得机动车的占有，并在事实上控制支配该交易车辆，享受其运行利益，相应地，在发生机动车交通事故时，理应由受让人而非出让人承担赔偿责任。

此外，根据我国《物权法》第 24 条的规定，机动车所有权转移登记只是对抗要件，而非物权变动的生效要件。换言之，受让人在取得对交易机动车的占有时已经成为所有人，登记与否只是能否对抗善意第三人的要件而已，并不影响受让人所有权的取得。当然，受让人根据该条承担赔偿责任还隐藏了一个必要的前提，即交通事故恰恰是由受让人自己在使用机动车过程中造成的，若机动车仍然在出让人控制占有之下，虽然按照《物权法》第 24 条规定，所有权已经转移至受让人处，但在交付占有之前发生交通事故致人损害，仍应由出让人承担责任，这同样不违背运行支配与运行利益的判断标准。另外，基于与《侵权责任法》第 50 条类似的考量，在买受人因分期付款买卖占有、使用机动车而其所有权保留在出让人手中的情况下，由于机动车已为买受人所实际控制，故发生交通事故应由买受人承担赔偿责任，保留所有权人不承担赔偿责任。这一规则早已为 2000 年最高人民法院《关于购买人使用分期付款购买的车辆从事运输因交通事故造成他人财产损失，保留车辆所有权的出卖方不应承担民事责任的批复》所认可。

《交通事故损害赔偿司法解释》第 4 条规定：“被多次转让但未办理转移登记的机动车发生交通事故造成损害，属于该机动车一方责任，当事人请求由最后一次转让并交付的受让人承担赔偿责任的，人民法院应予支持。”在连环购车的情形下，如何理解本条所规定的“最后一次转让并交付”的内容，可以从以下几个方面进行分析。

第一，“最后一次转让并交付”中的“最后一次”针对的是在机动车交通事故发生前的最后一次因转让而交付。即便是发生了一车二卖的情形，也仅指实际交付的人，而非最后一次转让关系的受让人，因其不符合危险责任和报偿责任理论。

第二，“最后一次转让并交付”中“转让”的对象是所有权且无须以有偿转让为前提。一般意义理解转让为有偿行为，但是本条应当包括继承、赠与和遗赠的场合下发生的无偿取得情形。本条的目的是要确定责任主体，而不是确定责任主体取得所有权是否支付对价。

第三，“最后一次转让并交付”中“交付”强调的是实际控制，而非观念交付。此种交付是指所有权转让中的环节，不包括借用、租赁等情形。即便在分期付款的买卖中，所有权的转移与车辆的交付分离，但这不是决定运行之配合运行利益享有的关键，分期付款下的所有权保留条款影响的仅为担保价金的支付。

即便满足上述情形，受让人仅在保险范围外承担赔偿责任，并且在受让人无过错，即不满足《交通事故损害赔偿司法解释》第1条的情形下，也不承担责任。

（三）车辆被盗抢的情形

《侵权责任法》第52条规定："盗窃、抢劫或者抢夺的机动车发生交通事故造成损害的，由盗窃人、抢劫人或者抢夺人承担赔偿责任。保险公司在机动车强制保险责任限额范围内垫付抢救费用的，有权向交通事故责任人追偿。"

机动车被盗或被抢后，所有人完全丧失了对车辆的实际控制，机动车的运行支配与运行利益均在无权占有人即盗窃人、抢劫人或抢夺人控制之下，相应地，因机动车交通事故而发生的损害赔偿责任理应由被盗抢车辆的实际控制人承担。而就所有人来说，由于机动车的丧失占有并非基于其意愿，其对机动车已失去控制，运行利益无从谈起，因此，对于机动车交通事故不承担赔偿责任。

这里有必要探讨的是机动车所有人是否应承担《侵权责任法》第49条意义上基于过错的赔偿责任？例如，机动车保有人对于机动车的被盗窃有重大过失，如不锁车门、不拔发动机钥匙等无疑存在一种"客观上容忍"盗窃驾驶的行为，此时应否承担相应的过错责任？对此，日本民法的判例与学说主流主张对有过失的保有人认定"运行供用者责任"，即对于管理车辆有过失的保有人，就与其过失有因果关系的事故，认定其承担运行供用者责任。[11] 德国和意大利的法院判决亦采取了与日本做法相同的结果。我国《侵权责任法》没有对此进行规定，而实务中应否考虑车辆保有人的过失，进而判定其承担相应的过错责任，笔者认为，从有利于保护受害人的利益角度出发，日本判例的做法可资借鉴。

（四）车辆挂靠经营的情形

所谓机动车的挂靠是指为了满足车辆运输经营管理上的需要，个人将自己出资购买的机动车挂靠于某个具有运输经营权的公司，向该公司缴纳或不缴纳一定的管理费用，由该公司为挂靠车主代办各种法律手续。对于挂靠车辆发生的交通事故实践中的裁判观点不同，为此《交通事故损害赔偿司法解释》第3条统一规定责任主体，即以挂靠形式从事道路运输经营活动的机动车发生交通事故造成损害，属于该机动车一方责任，当事人请求由挂靠人和被挂靠人承担连带责任的，人民法院应予支持。

---

〔11〕 参见于敏：《机动车损害赔偿责任与过失相抵》，法律出版社2004年版，第81～82页。

《交通事故损害赔偿司法解释》第3条的适用前提条件是仅适用于挂靠情形，其他的实际经营人与名义经营人不同的情形不适用，另外仅适用于对道路运输经营权的挂靠。挂靠行为本身是规避国家行业准入制度的行为，违背了行政许可，应当在法律上给予否定性评价。第3条规定要求挂靠人和被挂靠人承担连带责任具有合理性。首先，被挂靠人是法定的责任主体，对于挂靠所产生的法律关系，第三人无从知晓。被侵权人要求被挂靠人承担法律责任符合外观主义的原则。其次，被挂靠人对于挂靠车辆的运行控制、支配，获取运行利益。被挂靠人对于挂靠人的选择、监督和管理应当建立完整的制度，减少或防止交通事故的发生，这就体现了被挂靠人对运行的支配。同时通过挂靠不仅可以收取费用，同时也扩大了市场占有的份额与影响力，也属于获得运营利益的表现。挂靠行为本身是违法的，但被挂靠人依然允许显然符合共同侵权的构成要求，要求其承担连带责任并无不当。这也利于被侵权人获得救济，促进道路交通市场的优胜劣汰。

（五）套牌车情形下的主体责任

所谓套牌车就是没有按照正常法定程序到交管部门领取牌证，而是通过仿制、拼接等技术手段制造与别人同样的车牌，甚至包括他人的行驶证也一并复印的机动车。套牌车不仅影响了正常的税收征收秩序，逃避了交管部门的监管，容易诱发交通事故，同时也侵害了被套牌机动车所有人的合法权益，造成被侵权人求偿难的局面。因此，《交通事故损害赔偿司法解释》第5条规定："套牌机动车发生交通事故造成损害，属于该机动车一方责任，当事人请求由套牌机动车的所有人或者管理人承担赔偿责任的，人民法院应予支持；被套牌机动车所有人或者管理人同意套牌的，应当与套牌机动车的所有人或者管理人承担连带责任。"

套牌机动车所有人或管理人对于因"机动车一方的责任导致交通事故发生的"承担责任符合立法精神，要求所有人或者管理人对其套牌行为导致的危险程度增加的，以及难以确定实际驾驶人的风险，进行预防或者否定性评价，同时也利于减轻被侵权人的举证责任。套牌行为本身就是规避法律的行为，放任套牌车辆上路行驶就形成了安全隐患，因此套牌行为与事故发生存在密切联系，使其承担侵权责任具有合理性。

在《交通事故损害赔偿司法解释》第5条的后半句中，若被套牌机动车所有人或者管理人同意套牌的，则产生连带责任。实践中被套牌车所有人或管理人同意的情形多发生于个人情谊，将其无偿借给他人使用或者同意、默许他人利用假车牌套用自己车牌号的情形，或者发生在有偿使用的情形，将自己的车牌租给他方或者同意他方使用。若套牌机动车的所有人或管理人为了规避税费、管理或者限购政策，自己套牌自己已有车辆牌照，则套牌人与被套牌人为同一人，当然应当承担责任。但在有偿套牌的情况下，双方可以凭合同或相关往来邮件或信件证明套牌合意的存在。有些情况下，被套牌车辆的所有人或管理人没有明确的意思表示，仅为默示，此时默示只有在法律规定、双方当事人明确约定的场合下才具有意思表示的效力，否则不能认定被套牌车辆的所有人或管理人已经同意，除非其已经接受了套牌方支付的对价。

在无偿套牌的情形下，属于情谊行为，对“同意”的证明标准不能要求过高。只要被侵权人提供的证据能够证明被套牌机动车所有人或者管理人知道或者应当知道套牌行为人的真实身份而未采取救济措施即可。

要求被套牌机动车的所有人或管理人与套牌机动车的所有人或管理人承担连带责任，符合保护他人合法权益，以及受偿风险的合理分配。

（六）多次转让拼装报废车情形下的主体责任

拼装车、报废车的危险系数大，但价格便宜，因此交易需求大，同时产生的纠纷多。所谓的拼装车是指使用了报废汽车发动机、方向机、变速器、前后桥、车架以及其他零配件组装的机动车。报废车是指已达到报废标准的机动车发动机或者底盘严重毁损，经检验不符合国家机动车运行安全技术或者国家机动车污染物排放标准的机动车。依法禁止行驶的机动车包括无故不参加年检或者年检不合格的机动车、因排污未达标而报废的机动车、经过改装的机动车、没有环保标志的机动车、没有购买交强险的机动车等情形，以此为兜底条款，表述更为完整。这些车辆的危险系数大，一旦出现交通事故则驾驶人容易逃逸而导致受害人无法获得救济的结果。因此《交通事故损害赔偿司法解释》第6条规定：“拼装车、已达到报废标准的机动车或者依法禁止行驶的其他机动车被多次转让，并发生交通事故造成损害，当事人请求由所有的转让人和受让人承担连带责任的，人民法院应予支持。”

根据《侵权责任法》第51条规定，转让人与受让人对此承担连带责任的依据是转让行为的违法性和拼装车、报废车上路行驶的更大危险性。《交通事故损害赔偿司法解释》第6条依法禁止行驶的其他机动车应当包括“不符合国家机动车运行安全技术条件而被依法禁止行驶的机动车”。

“转让人和受让人承担连带责任”不局限于最后一次转让行为，之前历次的转让行为都应包括在内。因转让的车辆本身具有危险性和违法性，每次转让行为的当事人都了解此事实，要求所有转让环节的当事人都承担连带责任，目的在于严格控制违法机动车的流通。同时转让人与受让人不能以对车辆状况“不知情或不知道”为由而请求免责。虽然车辆所有权的转移以交付为生效要件，但不能就此免除对车辆状况的审查义务，并且实践中当事人对“不知情或不知道”也很难举证成功。

《侵权责任法》第51条规定的连带责任是对外效力，内部责任份额的划分应当依《侵权责任法》第14条解决，即连带责任人根据各自责任大小确定相应的赔偿数额，难以确定责任大小的，平均承担赔偿责任。支付超出自己赔偿数额的连带责任人，有权向其他连带责任人追偿。在《交通事故损害赔偿司法解释》第6条所述的情形下，转让人、受让人根据各自的主观过错程度和客观行为的原因力来确定。在机动车肇事的侵权案件中，以无过错责任为归责原则，因此在内部责任份额确定中仅依据原因力而确定过错。若转让人和受让人均无法举证其不知道或者不应当知道该机动车是报废车、拼装车等禁止行驶的机动车时，可以比较各自过错程度，即侧重的是违反注意义务的程度。具体而言，依据当事人在车辆交易中是否注意到车辆拥有合法拍照、上一年度的年检合格证明、机动车的外观、零部件等是否完整、机动车的转让价格、当事人的专业知识等，综合判断当事人是否违反了注意义务。在无法比较双方注意义务违反的程度时，则认定转让人比受让人更了解机动车的情况，因此承担的责任更重。若买卖关系中一方能够证明自己不知道或不应当知道，则承担较少的责任。若为受让人酒驾时产生的交通事故，则应由受让人承担全部责任。

相比较而言，转让人的行为仅为发生交通事故的诱因，受让人的驾驶行为是交通事故发生的直接原因，因此受让人应当承担较重的责任。若双方的过错程度与原因力均不能确定和比较极端的情形，可适用《侵权责任法》第14条，由出让人和受让人平均承担。

（七）驾驶培训情形下的主体责任

汽车消费与驾驶培训市场同生共存。培训机构与学员之间也会产生纠纷，尤其以培训过程中驾驶机动车发生交通事故造成的损害居多。根据《交通事故损害赔偿司法解释》第7条规定：“接受机动车驾驶培训的人员，在培训活动中驾驶机动车发生交通事故造成损害，属于该机动车一方责任，当事人请求驾驶培训单位承担赔偿责任的，人民法院应予支持。”原因在于，驾驶培训中的学员没有相应的资质和能力，而培训机构不仅具有驾驶能力，学员在掌握了交通法规和驾驶规则后需要在培训人员的指导下，完成驾驶培训科目任务，因此车辆运行的实际控制者为驾驶培训教练。培训教练与驾校之间为雇佣关系。根据《侵权责任法》第34条第1款的规定，用人单位的工作人员在执行职务的过程中造成他人损害的，由用人单位承担侵权责任。并且学员都是在有偿接受培训，驾校作为培训机构，为该利益的享有者,从事的是营利性的行为,符合"运行利益"和"运行控制"理论,若发生交通事故造成第三人损害的,应当由培训机构承担责任。

若为机动车陪练过程中发生交通事故,则由机动车驾驶人承担责任。陪练与培训的不同之处在于,此时驾驶人已经取得了驾驶执照,有独立的控制能力,因此若发生交通事故则由驾驶人承担责任,陪练人员有过错的,依照过错程度承担相应的责任。

酒店、宾馆等服务场所提供泊车、代驾等服务过程中发生交通事故时,无论是否为有偿服务,该服务为提高酒店、宾馆的客源、增加营利的一种表现,因此应当由其承担责任。

在修理关系中,机动车的所有人已经移交车辆,并丧失对车辆的控制,而机动车的保管人和修理人为车辆的实际控制人,并且其保管和修理行为都具有营利性特点,在此场合下发生交通事故,由其承担侵权责任。同理,车辆融资租赁、分期付款、保管以及质押期间所产生的交通事故,应当由车辆的实际控制人承担责任,而非车辆的所有人。

(八)试乘过程中受损害的主体责任

在汽车销售市场中,经销商为了激发顾客购买汽车的欲望,以及对汽车的亲身体验,甚至为了提高经销商的人气,纷纷推出了试乘或试驾服务。消费者体验后满意了才决定购买,而在试乘或试驾期间也产生了诸多纠纷,为此《交通事故损害赔偿司法解释》第 8 条对此情形下的责任主体做出统一的规范:"机动车试乘过程中发生交通事故造成试乘人损害,当事人请求提供试乘服务者承担赔偿责任的,人民法院应予支持。试乘人有过错的,应当减轻提供试乘服务者的赔偿责任。"我国现行法律对于试乘服务提供者对试乘者承担责任的性质并无明确规定,但不能随意扩大无过错责任原则的适用范围,此时应当适用过错责任原则。因为《交通事故损害赔偿司法解释》第 86 条所规定的归责原则,主要适用于机动车与非机动车一方,而不适用于机动车内部的驾驶人与乘客之间,因此试乘法律关系下产生的损害依然适用于侵权法的一般规则。

试乘的特点是非营运性、无偿性、合意性。试乘服务提供者与消费者之间形成了合同关系。在试乘过程中发生损害具有不同的请求权基础,既可以是运营合同、买卖合同的附随义务,也可以是侵权责任与违约责任的竞合。本书仅讨论侵权责任场合下的问题。试乘服务提供者应当履行一系列义务。首先,提供合适的试乘车辆。"合适"不仅应当包括性能好,同时应当有拍照片并完成投保。其次,配备专业的驾驶人员,选择安全的试乘路线,并且提供和选择适合的试驾场地的义务。试乘过程中所产生的损害应当分情况讨论。若为对方责任,首先由对方机动车所投保的保险公司在交强险范围内承担赔偿责任,不足部分由试乘服务提供者承担责任。若为试乘车辆的责任,则应当区分驾驶员的提供者:若为试乘服务提供者提供驾驶员,则由试乘服务提供者承担赔偿责任;若驾驶员为消费者的同行人员,则需要判断试乘服务提供者本身是否履行了上述法定义务。在事故的发生中,试乘人有过错的应当减轻提供者的赔偿责任,但如试乘人故意干扰驾驶人员导致自己处于危难境地,试乘服务提供者则应当免除责任。

(九)其他类型交通事故中的责任主体

交通事故的发生除了驾驶人的原因外,其他外力因素的介入也会产生交通事故,如道路缺陷、道路旁的堆放物、倾倒物、机动车质量等原因。因此,作为这些因素的责任人,也应当承担相应的责任。

1. 道路管理维护缺陷导致交通事故的主体责任

《交通事故损害赔偿司法解释》第 9 条规定:"因道路管理维护缺陷导致机动车发生交通事故造成损害,当事人请求道路管理者承担相应赔偿责任的,人民法院应予支持,但道路管理者能够证明已按照法律、法规、规章、国家标准、行业标准或者地方标准尽到安全防护、警示等管理维护义务的除外。依法不得进入高速公路的车辆、行人,进入高速公路发生交通事故造成自身损害,当事人请求高速公路管理者承担赔偿责任的,适用侵权责任法第七十六条的规定。"

2. 道路堆放物、倾倒物致人损害的主体责任

机动车通行需要道路的畅通和安全,在道路上堆放物品容易产生交通拥阻,交通事故发生率高。《公路法》第 46 条规定:"任何单位和个人不得在公路上及公路用地范围内摆摊设点、堆放物品、倾倒垃圾、设置障碍、挖沟引水、利用公路边沟排放污物或者进行其他损坏、污染公路和影响公路畅通的活动。"《公路安全保护条例》第 16 条规定:"禁止将公路作为检验车辆制动性能的试车场地。禁止在公路、公路用地范围内摆摊设点、堆放物品、倾倒垃圾、设置障碍、挖沟引水、打场晒粮、种植作物、放养牲畜、采石、取土、采空作业、焚烧物品、利用公路边沟排放污物或者进行其他损坏、污染公路和影响公路畅通的行为。"《公路安全保护条例》第 43 条规定:"车辆应当规范装载,装载物不得触地拖行。车辆装载物易掉落、遗洒或者飘散的,应当采取厢式密闭等有效防护措施方可在公路上行驶。公路上行驶车辆的装载物掉落、遗洒或者飘散的,车辆驾驶人、押运人员应当及时采取措施处理或者在适当距离外设置警示标志,并迅速报告公路管理机构或者公安机关交通管理部门……车辆装载物掉落、遗洒、飘散后,车辆驾驶人、押运人员未及时采取

措施处理,造成他人人身、财产损害的,道路运输企业、车辆驾驶人应当依法承担赔偿责任。”

上述规定均属于行政法规,《侵权责任法》第89条规定了在公共道路上堆放、倾倒、遗撒妨碍通行的物品造成他人损害的民事责任。同时《交通事故损害赔偿司法解释》第10条规定:“因在道路上堆放、倾倒、遗撒物品等妨碍通行的行为,导致交通事故造成损害,当事人请求行为人承担赔偿责任的,人民法院应予支持。道路管理者不能证明已按照法律、法规、规章、国家标准、行业标准或者地方标准尽到清理、防护、警示等义务的,应当承担相应的赔偿责任。”此处所规定的道路不局限于公共通行的道路,包括机动车通行的道路、人行道路,广场、停车场等可供公众通行的场地、建筑区划内属于业主共有但允许不特定的公众通行的道路都属于公共道路。

公共道路上物品致人损害的责任性质包括物件损害责任、道路管理瑕疵责任。道路管理者的责任适用过错推定责任原则。道路管理者如果能够证明已经按照法律、法规、规章、国家标准实施防护、警示义务的,应免除责任。

3. 道路建造、设计缺陷导致交通事故的主体责任

构筑物是指在土地之上建造的、服务于人类居住或者储存物品等目的的设备。其通常是按照一定的目的、一定的技术规则建造的各种物业和设施,因此也被称为工作物,且构造物通常必须存在建造行为。通常道路被定义为属于构筑物之一。《民法通则》没有对建筑物和构筑物进行区分,二者最大的区别就是人们是否直接在土地上建设的场所内进行生产和生活。《人身损害赔偿司法解释》第16条对此进行了区分;“下列情形,适用民法通则第一百二十六条的规定,由所有人或者管理人承担赔偿责任,但能够证明自己没有过错的除外:(一)道路、桥梁、隧道等人工建造的构筑物因维护、管理瑕疵致人损害的;(二)堆放物品滚落、滑落或者堆放物倒塌致人损害的;(三)树木倾倒、折断或者果实坠落致人损害的。前款第(一)项情形,因设计、施工缺陷造成损害的,由所有人、管理人与设计、施工者承担连带责任。”该第1项明确了构筑物的管理和维护的责任,第2项明确了责任的形式。

由于《国家赔偿法》不包括国有公共设施瑕疵致人损害责任,因此,通过《侵权责任法》第85、86条形成了建筑物、构筑物或者其他设施及其搁置物、悬挂物致人损害的赔偿责任的定性。而《交通事故损害赔偿司法解释》第11条是对《侵权责任法》第86条规定的延续,两者在立法精神上是完全一致的。《交通事故损害赔偿司法解释》第11条规定:“未按照法律、法规、规章或者国家标准、行业标准、地方标准的强制性规定设计、施工,致使道路存在缺陷并造成交通事故,当事人请求

建设单位与施工单位承担相应赔偿责任的,人民法院应予支持。”

交通事故的发生存在“人、车、路”三个因素。当道路是交通事故发生的原因或原因之一时,即与交通事故损害结果之间形成因果关系,因此道路的建设单位或施工单位就成为损害赔偿的责任主体。至于对道路“缺陷”的理解,仅需要缺陷足以致损,即具有危险性即可,不需要道路的坍塌。缺陷本身可以从国家、行业标准中得以确定。考虑到道路交通行业的现实状况以及司法的可操作性,不宜将缺陷的衡量标准放宽,只要道路符合法律、法规、规章或国家标准、行业标准、地方标准的强制性规定,就可以认定不存在缺陷。

《侵权责任法》第 86 条明确规定了道路建造、设计缺陷导致交通事故责任的归责原则为无过错责任原则。但需要指出的是,《民事诉讼证据司法解释》第 4 条第 1 款第 4 项规定,构筑物致人损害的案件适用过错推定责任原则,但其解释对象为《民法通则》第 126 条,并非《侵权责任法》第 86 条。根据新法优于旧法原则,道路缺陷导致交通事故的归责原则为无过错责任原则。赔偿范围根据致害原因的不同而不同。若纯粹由于道路缺陷导致交通事故,则道路所有人或管理人承担全部责任;若道路缺陷和其他原因共同导致事故发生,则符合无意思联络的数人侵权。根据《侵权责任法》第 11、12 条的规定,建设单位、施工单位和其他责任人应对损害后果承担全部责任,在内部责任划分上,能够确定原因力大小的,按照原因力比例承担责任,不能够确定的,平均分担。建设单位、施工单位根据《侵权责任法》第 86 条第 1 款的规定,在承担了赔偿责任后享有向其他责任人的追偿权。

4. 机动车缺陷导致交通事故的主体责任

日常生活中,在道路中行驶的用于运输人员或货物、或者进行某种工程专项作业的机动车均是在机械化生产设备上制造出来的、具有固定形态的、投入流通领域并以营利为目的的转移给所有人或使用人使用的物品,属于《侵权责任法》下产品责任中的产品范畴。在机动车缺陷造成交通事故的场合,适用无过错责任原则为归责原则。而《交通事故损害赔偿司法解释》第 12 条强调了机动车缺陷致人损害的责任承担问题。其规定:“机动车存在产品缺陷导致交通事故造成损害,当事人请求生产者或者销售者依照侵权责任法第五章的规定承担赔偿责任的,人民法院应予支持。”

其中机动车的缺陷主要是指机动车的不安全性和危险性。我国《侵权责任法》虽然没有对产品缺陷做出明确规定,但可依《产品质量法》第 46 条规定进行判断。机动车的不合理危险应当综合考虑机动车的一般用途、正常使用方式、标示、原材料等内在特征和使用时间等因素。机动车应当符合保障人体健康,人身、财产安全的国家标准、行业标准,不符合该标准的,即构成缺陷。机动车的某项性能没有国家标准、行业标准等要求，但不符合保障人身、财产安全的要求，也属于具有不合理危险的缺陷。

机动车缺陷产生的侵权责任问题虽然没有明确约定免责事由，但可适用《产品质量法》第41条第2款的规定。机动车生产者不承担产品责任的情形主要有：产品尚未投入流通；产品投入流通领域时引起损害的缺陷尚不存在；产品投入流通时的科学技术水平尚不能发现缺陷的存在。机动车的生产者、销售者承担责任后可以向有关责任者追偿，如机动车的仓储人、驾驶人、使用人或所有人。若在机动车导致的交通事故中致人死亡或者健康严重受到损害的，如果生产者或销售者对机动车缺陷是明知的，被侵权人可以请求其支付惩罚性损害赔偿。

三、好意同乘的赔偿问题

所谓好意同乘者，是指在运行供用者好意并无偿地邀请或允许下，同乘于运行供用者之车的人。[12] 在道路交通事故中，对好意同乘者所造成的损失，车辆所有人或运营者应否承担赔偿责任，这是各国道路交通事故赔偿法所共同关心的问题。考察大陆法系各国对此问题的态度，一般上采过错原则来决定责任的存在与否。依德国司法实践的做法，根据《德国民法典》第254条关于过失相抵的规定来决定赔偿金额。依法国法，在好意同乘者受伤害时，适用《法国民法典》第1382条关于过失责任的规定。日本判例法承认对好意同乘者赔偿的减额，如对于单纯的无偿同乘，减少抚慰金的20%～50%；常用型无偿同乘，减少全部赔偿额的40%。在美国，有近三十个州制定了同乘者法，规定只有在驾驶人有故意或重大过失时才成立赔偿责任。[13]

我国关于好意同乘者的赔偿问题缺乏立法规定，理论研究亦不足，本书认为，在好意同乘的情况下，并不能否认搭乘人与车辆运营人之间形成事实上的运输关系，依据我国《合同法》第302条规定，承运人应当对运输过程中旅客的伤亡承担赔偿责任。因此，承载好意同乘者的承运人对好意同乘者造成的人身伤亡事件应当赔偿。但赔偿应以承运人存在过失为前提，且对于好意同乘者的赔偿责任应仅仅限于人身伤害，而不应包括财产损害责任。另外，在确立责任的同时，亦应考虑好意同乘者本人对于损害的发生是否存在过失，虽然好意同乘本身不属于过错，但若其明知司机属酒后驾驶或其驾驶技术不熟等情形，可以适用过失相抵原则确立赔偿责任。

---

〔12〕 李薇：《日本机动车辆事故损害赔偿法律制度研究》，法律出版社1997年版，第100页。

〔13〕 参见房绍坤：《民商法问题研究与适用》，北京大学出版社2002年版，第498页。

第三节　机动车交通事故第三者责任强制保险

本节提要

机动车交通事故第三者责任强制险是机动车交通事故侵权责任中的重要部分，其直接影响到受害人的求偿可能性。加之机动车驾驶、行驶中的特殊性，导致交强险、商业险和侵权责任三者交错而生，通过本节学习应了解不同情形下交强险的赔偿范围以及赔偿顺序。

一、机动车交通事故第三者责任强制保险的概念与法律意义

（一）机动车交通事故强制保险的概念

机动车交通事故责任强制保险（简称交强险）是我国首个由国家法律规定实行的强制保险制度。《机动车交通事故责任强制保险条例》规定：交强险是由保险公司对被保险机动车发生道路交通事故造成受害人（不包括本车人员和被保险人）的人身伤亡、财产损失，在责任限额内予以赔偿的强制性责任保险。

责任保险是指以被保险人对第三人依法应负的赔偿责任为保险标的的保险。在责任保险法律关系中，被保险人负有依约向保险人支付保险费的义务，而当被保险人致人损害需要承担赔偿责任时，则由保险人按照保险合同的约定承担给付保险赔偿金的义务。正是由于责任保险系以被保险人对第三人的赔偿责任为标的，以填补被保险人对第三人承担赔偿责任所受损失为目的，故又被称为第三人保险或第三者责任险。〔14〕 道路交通事故第三者责任险是指以机动车所有人或使用人对机动车事故受害人依法所应承担的人身或财产损失的赔偿责任为标的的一种责任保险。《道路交通安全法》第17条规定，国家实行机动车第三者责任强制保险制度……第76条则明确规定，机动车发生交通事故造成人身伤亡、财产损失的，由保险公司在机动车第三者责任强制保险责任限额范围内予以赔偿……从而确立了道路交通事故第三者责任强制保险制度。

---

〔14〕 参见邹海林：《责任保险论》，法律出版社1999年版，第30页。

（二）机动车交通事故强制保险的意义

实行第三者责任强制险，对于迅速有效地解决道路交通事故赔偿问题，及时救助受害人，促进社会稳定，减少社会矛盾具有重要意义。一方面，第三者责任险能够确保交通事故受害人得到及时妥当的救济；另一方面，第三者责任险的设立能够分担肇事一方的赔偿责任，充分发挥保险制度本身所具有的分担损失的重要功能，有利于在全社会构建一个安全、和谐的社会环境，使国家机动车事业乃至整个国民经济得到健康发展。

二、交强险中保险人、被保险人、受害人的权利与义务

（一）保险人的赔偿义务与追偿权

《道路交通安全法》第76条明确了保险人的赔偿义务：当被保险人的机动车发生交通事故造成他人人身、财产损失时，保险人在被保险人投保范围内对受害人承担赔偿责任。这里的责任限额，可以理解为保险人就机动车第三者责任强制保险所应承担的最高赔偿限额。而且在此类保险下，保险人是不能任意约定自己的除外责任的，但保险人依据《机动车交通事故责任强制保险条例》第22条规定，在特定情形下对被保险人享有追偿权。保险追偿权行使的情形有：驾驶人未取得驾驶资格或者醉酒的；被保险机动车被盗抢期间肇事的；被保险人故意制造道路交通事故的。同时根据《侵权责任法》第52条规定："盗窃、抢劫或者抢夺的机动车发生交通事故造成损害的，由盗窃人、抢劫人或者抢夺人承担赔偿责任。保险公司在机动车强制保险责任限额范围内垫付抢救费用的，有权向交通事故责任人追偿。"

（二）被保险人的协助义务

由于机动车责任强制保险合同的存在，被保险人已将该机动车损害赔偿责任转嫁给了保险人，因而该赔偿责任转由保险人实际承担。但这并不意味着被保险人在受害人索赔过程中就不再负担任何义务了。因为，按照传统的理赔顺序，受害人赔偿款项的获得往往要经过被保险人先向保险人索赔，然后被保险人得到索赔后再转移给受害人。因此，保险事故发生后，为了使受害人及时获得救济，保障其赔偿利益的实现，被保险人应当积极协助受害人获得保险赔偿，如实告知该事故机动车的相关保险事实，在受害人直接向保险人请求支付赔偿金时，被保险人应当协助受害人向其提供相关证据以便其诉讼。

（三）受害人的直接请求权

发生交通事故后，受害人能否直接向保险人请求赔偿，学界有两种截然对立

的观点。一种观点认为，我国目前立法并未明文赋予机动车事故中的受害第三人对保险人的直接请求权。交通事故损害赔偿案件中只存在两种法律关系，即保险人与被保险人之间的保险合同法律关系，以及被保险人与第三者之间的侵权民事法律关系，由于没有法律明文规定，根据保险合同的相对性原理，保险人与第三者之间不可能产生任何法律关系。因此，受害人基于侵权关系产生的损害赔偿请求权只能向侵权相对人即被保险人主张。被保险人承担赔偿责任后，再通过保险合同关系向保险公司主张权利。受害第三人不能直接向保险人请求支付保险赔偿金。[15] 另一种观点认为，我国目前立法实际上已经赋予了机动车事故中的受害人即第三人对保险人的直接请求权。依据《保险法》第 65 条的规定："保险人对责任保险的被保险人给第三者造成的损害，可以依照法律的规定或者合同的约定，直接向该第三者赔偿保险金……"《机动车交通事故责任强制保险条例》第 31 条规定："保险公司可以向被保险人赔偿保险金，也可以直接向受害人赔偿保险金……"在责任保险合同中，保险公司作为被保险人对第三者责任的"担保者"，对被保险人给第三者造成的损害在责任保险合同约定的限额内负赔偿责任，这正是责任保险合同签订的宗旨和目的。保险公司以自己不是交通事故的当事人或责任方主张对受害人无直接责任是没有法律依据的。因而，受害人可以直接向保险人请求赔偿。[16] 笔者同意第二种观点，机动车责任强制保险的设立是以社会大众利益为出发点，其目的在于对机动车受害人的赔偿提供基本的保障，这必然要求此类保险必须时刻关注受害人的利益，而直接赋予受害人对保险人的直接求偿权才能确保实现其设立宗旨与目的。我国的机动车责任强制保险立法未从正面直接规定受害人对保险人的直接求偿权，但从立法解释学上实际已经赋予了受害人的直接求偿权。实践中受害人直接起诉保险人要求赔偿的案例已屡有出现，为了更加有效地维护受害人利益，同时也平息学界对此问题的争议，有必要在立法当中明确地规定受害人的直接请求权。

三、机动车交强险、商业险与侵权责任的关系

（一）机动车交强险与侵权责任的关系

我国《道路交通安全法》第 76 条第 1 款规定："机动车发生交通事故造成人身伤亡、财产损失的，由保险公司在机动车第三者责任强制保险责任限额范围内予

〔15〕 参见雷云汉：《浅议机动车第三者责任强制险》，载新知网：http://www.dvun.com/html/4/5/9/5/95699.html，2005 年 10 月 30 日。

〔16〕 参见于敏：《机动车损害赔偿责任保险的定位与实务探讨》，载《法律适用》2000 年第 12 期。

以赔偿;不足的部分,按照下列规定承担赔偿责任……”发生交通事故造成人身或财产损害的,受害人可以依据保险合同的规定要求保险公司在责任限额内承担赔偿责任,不足的部分可以向事故责任人请求承担侵权损害赔偿责任。但不能因此得出结论,认为交强险责任与交通事故侵权责任在适用上存在先后顺序,事实上,交强险责任与交通事故赔偿责任是两种性质不同的责任,前者属合同责任,后者则是侵权责任,二者并非互相补充、互为连带的关系,而是当事人自愿选择的问题。二者之间的联系只是体现在:为了避免受害人获得双重赔偿,当损害额超过交强险的责任限额时,限额部分由保险公司承担,不足部分由加害人承担;而对保险公司而言,由其负担的那一部分赔偿额实际上是由加害人通过支付保险费所取得的对价,所以该部分赔偿额在本质上还是由加害人负担。

(二)交强险、商业三者险、侵权责任的关系

1. 商业三者险的实践及理论分析

责任保险是指以被保险人对第三者依法应负的赔偿责任为保险标的的保险原则下,保险公司推出了机动车第三者责任保险业务(俗称商业三者险),这一保险模式与机动车强制责任保险在功能和性质上均存在较大差异。首先,在功能上,商业三者险可以分散被保险人因事故带来的风险,也可增加保险费的收入,从而获得与其风险承担相适应的商业利益。而其对受害第三人的保障则是上述保险适用的最终目标。其次,在性质方面,商业三者险是真正的第三者责任险,承保对象是加害人依法应负的对受害人的民事赔偿责任,无论是适用过错归责原则或是适用无过错归责原则,只要被保险人对第三人负有民事法律责任,保险人即应向被保险人赔偿保险金,不以被保险人承担事故责任为前提。其三,交强险具有法定性,而商业三者险具有意定性。商业三者险的商业性质较浓厚,对受害人而言,其只是一种因增加被保险人赔偿能力而获得的赔偿保障利益。

2. 交强险、商业三者险和侵权责任的适用关系

实践中,机动车的所有人或管理人经常同时投保交强险和商业三者险,一旦出现交通事故,则出现了交强险、商业三者险以及侵权责任的竞合适用问题。根据《交通事故损害赔偿司法解释》第16条规定:“同时投保机动车第三者责任强制保险(以下简称‘交强险’)和第三者责任商业保险(以下简称‘商业三者险’)的机动车发生交通事故造成损害,当事人同时起诉侵权人和保险公司的,人民法院应当按照下列规则确定赔偿责任:(一)先由承保交强险的保险公司在责任限额范围内予以赔偿;(二)不足部分,由承保商业三者险的保险公司根据保险合同予以赔偿;(三)仍有不足的,依照道路交通安全法和侵权责任法的相关规定由侵权人予

以赔偿。被侵权人或者其近亲属请求承保交强险的保险公司优先赔偿精神损害的,人民法院应予支持。”

该条确定了赔偿的三个顺序:先由交强险赔付,再由商业三者险赔付,最后由侵权责任人赔付。然而本条的适用条件是当事人同时起诉侵权人、交强险和商业三者险的保险公司。实践中,被害人及其近亲属只有同时起诉侵权人和保险公司的才能够适用该条。

另外,虽然对于承保交强险的保险公司的责任顺序已经明确,但是并未说明赔偿范围。侵权责任的确定和保险公司的赔付的顺序如何?我国更强调交强险的保障功能,因此在交强险责任限额内,保险公司的赔偿限额与被保险人的侵权责任相互脱钩。《道路交通安全法》第76条第1款并没有说明保险公司的赔偿义务以被保险人的侵权责任为前提。

(三)交强险中精神损害赔偿问题

1. 精神损害赔偿是否属于交强险的赔偿范围

《交通事故损害赔偿司法解释》第16条第2款规定了“被侵权人或者其近亲属请求承保交强险的保险公司优先赔偿精神损害的,人民法院应予支持”,这就涉及交强险中精神损害与物质损害赔偿的关系问题,精神损害赔偿属于交强险赔偿范围。

2. 精神损害赔偿在交强险中的赔偿次序

因为精神损害赔偿与物质损害赔偿都以金钱给付为内容,不存在先后顺序的规则。在很多案件中,财产损害与精神损害是同一侵权行为引发的同一结果的不同组成部分。有时精神损害和财产损害赔偿的主体分属于不同的人,形成了多个债权人的结果,根据债的平等性,不会产生求偿顺序的先后问题。精神损害与财产损害的赔偿顺序应当交由权利人选择。另外,《机动车交通事故责任强制保险条例》第3条的“人身伤亡”既包括财产损害也包括精神损害。最高人民法院(2008)民一他字第25号《关于财报六安市分公司与李福国等道路交通事故人身损害赔偿纠纷请示的复函》指出:“精神损害赔偿与物质损害赔偿在强制责任保险额中的赔偿次序,请求权人有权进行选择。请求权人选择优先赔偿精神损害,对物质损害赔偿不足部分有商业第三者责任险赔偿。”

(四)交强险第三人的范围

根据《机动车交通事故责任强制保险条例》第3条规定,赔偿权利人为投保人、本车人员以外的受害人,即投保人、本车人员不属于请求权主体。同时根据该法第42条的规定,被保险人是指投保人及其允许的合法驾驶人。因此应当严格限制第三人范围——投保人、本车人员之外的受害人。可以请求保险赔偿的是第三人和被保险人。若交通事故发生时,车辆的驾驶人并非被保险人,此时实际驾驶人才为被保险人。由于我国交强险制度设计是"以机动车为准而非以人为准",因此被保险人除了投保人之外,还包括合法驾驶人。《侵权责任法》第50条规定体现了交强险的责任目的:"当事人之间已经以买卖等方式转让并交付机动车但未办理所有权转移登记,发生交通事故后属于该机动车一方责任的,由保险公司在机动车强制保险责任限额范围内予以赔偿。不足部分,由受让人承担赔偿责任。"

《交通事故损害赔偿司法解释》第17条规定:"投保人允许的驾驶人驾驶机动车致使投保人遭受损害,当事人请求承保交强险的保险公司在责任限额范围内予以赔偿的,人民法院应予支持,但投保人为本车上人员的除外。"具体到某一交通事故中,被保险人仅为一人而非多人,因此被保险人在交通事故发生时才能确定。

投保人允许的驾驶人不限于合法的情况。如根据《侵权责任法》第49条规定:"因租赁、借用等情形机动车所有人与使用人不是同一人时,发生交通事故后属于该机动车一方责任的,由保险公司在机动车强制保险责任限额范围内予以赔偿。不足部分,由机动车使用人承担赔偿责任;机动车所有人对损害的发生有过错的,承担相应的赔偿责任。"交强险突出公益性、强制性,不以营利为目的,因此对违反情形下的损害依然予以赔偿。《机动车交通事故责任强制保险条例》第22条及《交通事故损害赔偿司法解释》第18条第1款规定三种违法驾驶情况下的保险赔付情形,包括驾驶人未取得驾驶资格或者未取得相应驾驶资格的,醉酒、服用国家管制的精神药品或者麻醉药品后驾驶机动车发生交通事故的,驾驶人故意制造交通事故的,对违法情形的赔付不影响保险公司对侵权人的追偿权。

(五)未投保交强险情形下的责任承担

根据《交通事故损害赔偿司法解释》第19条规定:"未依法投保交强险的机动车发生交通事故造成损害,当事人请求投保义务人在交强险责任限额范围内予以赔偿的,人民法院应予支持。投保义务人和侵权人不是同一人,当事人请求投保义务人和侵权人在交强险责任限额范围内承担连带责任的,人民法院应予支持。"此情况下投保人未履行法定投保交强险的义务是其承担责任的前提条件。根据《机动车交通事故责任强制保险条例》以及《道路交通安全法》的规定,投保交强险属于法律、行政法规的强制性规定。未投保的行为实际上侵害了他人获得交强险赔偿的利益。因此投保义务人为赔偿责任主体,以交强险责任限额为赔偿范围。此时投保义务人与侵权人之间在此限额内承担连带责任。

（六）多车相撞后保险公司的责任承担

多车连撞事故的情形较为复杂，根据所造成的损害类型的不同，例如车上人员伤亡和财产损失，但不涉及车外人员，以及车上和车外人员的损失俱在的情况，其责任承担亦有不同。对此《交通事故损害赔偿司法解释》第21条明确规定多车相撞后保险公司的责任承担。

1. 已投保交强险的多车发生连撞的保险责任分担

多辆机动车发生交通事故造成第三人损害，损失超出各机动车交强险责任限额之和的，由各保险公司在各自责任限额范围内承担赔偿责任。损失未超出各机动车交强险责任限额之和，由各保险公司按照其责任限额与责任限额之和的比例承担赔偿责任。依法分别投保交强险的牵引车和挂车连接使用时发生交通事故造成第三人损害，由各保险公司在各自的责任限额范围内平均赔偿。

2. 部分车辆未投保时多车连撞的保险责任分担

多辆机动车发生交通事故造成第三人损害，其中部分机动车未投保交强险，当事人可以请求已承保交强险的保险公司在责任限额范围内予以赔偿的，保险公司就超出其应承担的部分向未投保交强险的投保义务人或者侵权人行使追偿权权。

《侵权责任法》第49条规定："因租赁、借用等情形机动车所有人与使用人不是同一人时，发生交通事故后属于该机动车一方责任的，由保险公司在机动车强制保险责任限额范围内予以赔偿。不足部分，由机动车使用人承担赔偿责任；机动车所有人对损害的发生有过错的，承担相应的赔偿责任。"

第四节　道路交通事故社会救助基金

本节提要

通过本节学习，了解道路交通事故社会救助基金确立的目的、来源、用途，以及发生机动车交通事故时社会救助基金的垫付和追偿问题。

一、道路交通事故社会救助基金的确立

机动车交通事故责任强制保险在保护受害人赔偿利益、及时救助受害人方面

起到了重要作用，但并非在所有的交通事故中，第三者责任险制度都可以发挥作用。如在机动车肇事逃逸、肇事机动车未投保强制保险、抢救费用超过强制保险责任限额、机动车被盗抢期间致受害人伤亡、承担强制保险责任的保险公司破产等情形下，受害人无法从保险公司处获得赔偿，因此，有必要在第三者责任保险制度之外，建立社会救助基金制度来弥补第三者责任保险制度的空白，将其作为强制保险的补充机制。日本的“政府机动车损害赔偿保障事业”、美国纽约州的“机动车辆事故补偿公司”、德国的“汽车交通事故损害赔偿基金”等都是这一制度的体现。我国《道路交通安全法》适应社会经济发展的需要，亦明确规定了社会救助基金制度，其第 17 条规定：“国家实行机动车第三者责任强制保险制度，设立道路交通事故社会救助基金……”正式确立了社会救助基金制度在我国的法律地位。《机动车交通事故责任强制保险条例》对此作了更为详细的规定。

二、道路交通事故社会救助基金的来源

根据 2009 年五部委联合发布的《道路交通事故社会救助基金管理试行办法》第 6 条规定：“救助基金的来源包括：（一）按照机动车交通事故责任强制保险的保险费的一定比例提取的资金；（二）地方政府按照保险公司经营交强险缴纳营业税数额给予的财政补助；（三）对未按照规定投保交强险的机动车的所有人、管理人的罚款；（四）救助基金孳息；（五）救助基金管理机构依法向机动车道路交通事故责任人追偿的资金；（六）社会捐款；（七）其他资金。”《机动车交通事故责任强制保险条例》第 25 条规定也做出了几乎完全相同的规定。

三、道路交通事故社会救助基金的垫付义务和追偿权

（一）道路交通事故社会救助基金的垫付义务

《道路交通事故社会救助基金管理试行办法》第 12 条规定：“有下列情形之一的，救助基金垫付道路交通事故中受害人人身伤亡的丧葬费用、部分或者全部抢救费用：（一）抢救费用超过交强险责任限额的；（二）肇事机动车未参加交强险的；（三）机动车肇事后逃逸的。依法应当由救助基金垫付受害人丧葬费用、部分或者全部抢救费用的，由道路交通事故发生地的救助基金管理机构及时垫付。救助基金一般垫付受害人自接受抢救之时起 72 小时内的抢救费用，特殊情况下超过 72 小时的抢救费用由医疗机构书面说明理由。具体应当按照机动车道路交通事故发生地物价部门核定的收费标准核算。”

道路交通事故社会救助基金的垫付主要为了解决发生机动车交通事故后，侵权人逃逸或侵权人不明，以及侵权人无赔偿能力的问题，换言之，首要功能是及时为受害人提供救助，避免受害人因无能力支付抢救费用或不足以支付抢救费用而延误治疗、加重损害。第一，救助的内容仅限于丧葬费和抢救费，而不包括精神损害赔偿、营运损失等内容。第二，救助抢救费用仅限于受害人接受抢救之日起72小时内的抢救费用，超过72小时的抢救费用需有医疗机构书面说明才能垫付。第三，垫付机构为交通事故发生地的社会救助基金管理机构垫付，而非机动车登记地或侵权人户籍所在地。因适用垫付基金的前提是肇事者逃逸，此时也无法找到侵权人，因此以发生地为准。这也符合社会救助基金的目的。

（二）道路交通事故社会救助基金的追偿权

由道路交通事故社会救助基金先行垫付抢救费用与承保第三者责任险的保险公司预先支付抢救费用在性质上是完全不同的。保险公司预先支付抢救费用，是事先履行了其应当履行的合同义务，而道路交通事故社会救助基金垫付抢救费用并不是履行合同义务，而是实现社会救助的职能。基金的管理机构在先行垫付抢救费用后，即取得对交通事故实际责任人的追偿权。该追偿权的行使范围应以实际支出的费用为限，如果管理机构追偿获得的赔偿金超过其实际支出的范围，应当将超出部分返还给受害人。如果肇事者将抢救费用等相关费用全部付给了受害人，那么管理机构有权要求受害人返还所支付的抢救费用。[17]

训　练

【司考】甲以正常速度驾驶汽车（已投保）途中，突遇行人乙在非人行道处横穿公路，甲紧急刹车，但仍将其撞伤。保险公司在机动车第三者责任强制保险责任限额内对乙支付保险金后，乙尚有一部分损害未获赔偿。对于这部分损害赔偿费用的承担问题，下列哪一种说法是正确的？（2009年）

A. 由保险公司承担赔偿责任

B. 由乙自行承担

C. 由甲承担部分赔偿责任

〔17〕参见扈纪华主编：《中华人民共和国道路交通安全法释义》，中国法制出版2003年版，第160页。

D. 由甲承担全部赔偿责任

【答案】 C

【解析】 根据《道路交通安全法》第76条的规定,机动车发生交通事故造成人身伤亡、财产损失的,由保险公司在机动车第三者责任强制保险责任限额范围内予以赔偿。超过责任限额的部分,如果是在机动车与非机动车驾驶人、行人之间发生交通事故的,由机动车一方承担责任;但是,有证据证明非机动车驾驶人、行人违反法律、法规,机动车驾驶人已经采取必要处置措施的,减轻机动车一方的责任。由于本题中行人乙在非人行道处横穿马路,主观上有过错,但并非故意,因此C项正确。如果行人主观上为故意,则应当免除甲的责任。

【司考】甲公司铺设管道,在路中挖一深坑,设置了路障和警示标志。乙驾车撞倒全部标志,致丙骑摩托车路经该地时避让不及而驶向人行道,造成丁轻伤。对丁的损失,下列哪一选项是正确的?(2007年)

A. 应由乙承担赔偿责任

B. 应由甲和乙共同承担赔偿责任

C. 应由乙和丙共同承担赔偿责任

D. 应由甲、乙和丙共同承担赔偿责任

【答案】 A

【解析】 《民法通则》第125条规定:"在公共场所、道旁或者通道上挖坑、修缮安装地下设施等,没有设置明显标志和采取安全措施造成他人损害的,施工人应当承担民事责任。"由于甲已经设置了路障和警示标志,履行了自己应尽的义务,无须承担侵权责任;乙驾车撞倒全部标志才导致丁受伤,乙应承担赔偿责任;丙没有过错,其行为不构成侵权行为,无须承担侵权责任。因此A项正确。

【司考】某机关法定代表人甲安排驾驶员乙开车执行公务,乙以身体不适为由拒绝。甲遂临时安排丙出车,丙在途中将行人丁撞成重伤。有关部门认定丙和丁对事故的发生承担同等责任。关于丁人身损害赔偿责任的承担,下列哪些表述是错误的?(2009年)

A. 甲用人不当应当承担部分赔偿责任

B. 乙不服从领导安排应当承担部分赔偿责任

C. 丙有过错应当承担部分赔偿责任

D. 该机关应当承担全部赔偿责任

【答案】 ABCD

【解析】 本题考核职务侵权的责任承担问题。《人身损害赔偿司法解释》第8条第1款规定,法人或者其他组织的法定代表人、负责人以及工作人员,在执行职务中致人损害的,依照《民法通则》第121条的规定,由该法人或者其他组织承担民事责任。上述人员实施与职务无关的行为致人损害的,应当由行为人承担赔偿责任。本案中,丙是在执行职务过程中将丁撞伤,应由机关单位对丁的损害承担赔偿责任,而甲、乙、丙不需要承担赔偿责任。因此,ABC 项错误。

另外,经有关部门认定,丙和丁对事故的发生承担同等责任,即丙的机关单位仅需要承担全部责任的一半,而非全部责任,另外一半由受害人丁自负。因此,D 项错误。

【司考】周某从迅达汽车贸易公司购买了 1 辆车,约定周某试用 10 天,试用期满后 3 天内办理登记过户手续。试用期间,周某违反交通规则将李某撞成重伤。现周某困难,无力赔偿。关于李某受到的损害,下列哪一表述是正确的?(2011 年)

A. 因在试用期间该车未交付,李某有权请求迅达公司赔偿

B. 因该汽车未过户,不知该汽车已经出卖,李某有权请求迅达公司赔偿

C. 李某有权请求周某赔偿,因周某是该汽车的使用人

D. 李某有权请求周某和迅达公司承担连带赔偿责任,因周某和迅达公司是共同侵权人

【答案】 C

【解释】 本题中,迅达公司已经将试用的汽车交付给周某,A 项说“未交付”本身就是错误的。A 项错误。

《合同法》第 171 条规定,试用买卖的买受人在试用期内可以购买标的物,也可以拒绝购买。试用期间届满,买受人对是否购买标的物未作表示的,视为购买。据此可知,在试用买卖中,在试用期内试用标的物并未实际出卖,该标的物是否被买受人购买,需要等试用期满后才有结果。因此,B 项中说“该汽车已经出卖”是错误的。《侵权责任法》第 49 条规定,因租赁、借用等情形机动车所有人与使用人不是同一人时,发生交通事故后属于该机动车一方责任的,由保险公司在机动车强制保险责任限额范围内予以赔偿。不足部分,由机动车使用人承担赔偿责任;机动车所有人对损害的发生有过错的,承担相应的赔偿责任。本题中,交通事故发生在试用期内,汽车还未实际出售给周某,汽车的所有人与使用人相分离。后因为周某违反交通规则发生交通事故,属于机动车一方的责任,由保险公司在机动车强制保险责任限额范围内予以赔偿。不足部分,由机动车使用人周某承担赔偿责任。机动车所有人迅达汽车贸易公司对损害的发生没有过错,不用承担责任。故 C 项正确,D 项错误。

【司考】甲赴宴饮酒,遂由有驾照的乙代驾其车,乙违章撞伤丙。交管部门认定乙负全责。以下假定情形中对丙的赔偿责任,哪些表述是正确的?(2013 年)

A. 如乙是与甲一同赴宴的好友,乙不承担赔偿责任

B. 如乙是代驾公司派出的驾驶员,该公司应承担赔偿责任

C. 如乙是酒店雇佣的为饮酒客人提供代驾服务的驾驶员,乙不承担赔偿责任

D. 如乙是出租车公司驾驶员,公司明文禁止代驾,乙为获高额报酬而代驾,乙应承担赔偿责任

【答案】 BC

【解析】《侵权责任法》第48条规定，机动车发生交通事故造成损害的，依照道路交通安全法的有关规定承担赔偿责任。《道路交通安全法》第76条规定，机动车发生交通事故造成人身伤亡、财产损失的，由保险公司在机动车第三者责任强制保险责任限额范围内予以赔偿。超过责任限额的部分，按照下列方式承担赔偿责任：(1)机动车之间发生交通事故的，由有过错的一方承担责任；双方都有过错的，按照各自过错的比例分担责任。(2)机动车与非机动车驾驶人、行人之间发生交通事故的，由机动车一方承担责任；但是，有证据证明非机动车驾驶人、行人违反道路交通安全法律、法规，机动车驾驶人已经采取必要处置措施的，减轻机动车一方的责任。交通事故的损失是由非机动车驾驶人、行人故意造成的，机动车一方不承担责任。由此可见，机动车发生了对非机动车和行人的侵权时，适用无过错责任原则。根据侵权法对于机动车侵权的规定，通说认为，发生交通事故时，由机动车的实际控制人承担责任。本题中，乙驾车撞上丙，并且经认定乙负全责，通常应由乙承担责任。A项中，乙与甲是好友，乙代驾，此时乙为实际控制人，故乙承担责任，A项错误。B项中，乙是代驾公司的驾驶员，乙的代驾是从事职务行为的过程中，此时，发生的损害根据《侵权责任法》第34条第1款规定，用人单位的工作人员因执行工作任务造成他人损害的，由用人单位承担侵权责任。应当由代驾公司承担，故B项正确。C项虽然表述为“雇佣”，但应当理解用人单位的工作人员侵权，适用上述《侵权责任法》第34条第1款之规定，由酒店承担责任，故C项正确。D项中，公司虽然明文禁止代驾，但第三人并不知情，乙是出租车公司的驾驶员，属于公司的工作人员，工作人员的代驾行为对于第三人来说，完全可以理解为常理之中的行为，此时，公司应当承担责任，依据同样是《侵权责任法》第34条之规定，故D项错误。

【案例】史某因自有轿车在行驶的过程中出现漏油的情况，于是送至修理厂维修。史某的车辆停在维修厂门口，于是维修厂老板叶某驾驶史某的汽车前往维修空位，此时一名维修人员突然要求老板到某辆车前处理紧急情况，老板叶某遂下车并拔出钥匙，但是没有拉起手刹，告之史某将车辆停到指定维修位置。史某上车后转动钥匙，由于未采用手刹保护，该车立刻极速前进，将正在车前横穿的叶某撞伤，送医院急救后无生命危险，但经司法鉴定为十级伤残。

请问叶某的损失由谁来承担责任？

【解析】 本案属于机动车交通事故。史某是肇事车辆的驾驶人和所有人，为运行利益的享有者，叶某为行人。机动车和行人之间发生交通事故的，机动车承担无过错责任原则，机动车无过错的情形下，承担不超过10%的赔偿责任。本案中史某有过错，其作为驾驶人员应了解手刹是否提拉。受害人叶某本身也有过错，首先，其作为机动车修理厂的老板，应当熟悉机动车的驾驶规则和行驶规则，停车后未拉起手刹的行为也是造成机动车交通事故的原因之一；其次，其不应在行驶中或者启动中的机动车前方通行，这也是造成事故的原因之一。因此，本案应当由史某承担侵权责任，但是由于叶某本身也有过错，应当适当减轻赔偿责任。

思考题

1. 简述道路交通事故第三者责任强制中保险人、被保险人、受害人的权利与义务。
2. 论述转让机动车情形下交通事故赔偿责任的主体。
3. 道路交通事故中,好意同乘者的损失如何救济?
4. 如何理解机动车交通事故责任的性质?
5. 如何处理交强险责任与侵权责任的关系?

阅读文献

1. 龚鹏飞:《交通事故责任与交通事故损害赔偿责任》,载《江苏警察学院学报》2006 年第 1 期。
2. 杨立新:《道路交通事故责任研究》,法律出版社 2009 年版。
3. 张新宝:《道路交通事故中的机动车第三者责任强制保险》,载《法学家》2005 年第 1 期。
4. 程啸:《机动车损害赔偿责任主体之研究》,载《法学研究》2006 年第 4 期。
5. 刘家安:《机动车交通事故责任的归责原则及责任归属》,载《政治与法律》2010 年第 5 期。
6. 姜强:《交强险的功能定位及其与侵权责任的关系——审理机动车交通事故损害赔偿案件的制度背景》,载《法律适用》2013 年第 1 期。

第二十三章　高度危险责任

| 本章导语 |

高度危险责任是指因从事高度危险作业致人损害或者保有高度危险物品致人损害而承担的侵权责任。本章论述了高度危险责任的法律特征、归责原则、构成要件、责任主体、免责事由及限额责任。学习本章内容要重点理解高度危险责任的构成要件以及何为限额责任。

第一节　高度危险责任概述

| 本节提要 |

学习本节内容要清楚高度危险责任的概念即因从事高度危险作业致人损害或者保有高度危险物品致人损害而承担的侵权责任，掌握高度危险责任的法律特征，了解高度危险责任的分类，理解高度危险责任的无过错责任归责原则。

一、高度危险责任的内涵界定及其法律特征

《民法通则》第123条对高度危险责任作了原则性的规定，即高度危险作业，是指利用现代科技手段从事高空、高压、易燃、易爆、剧毒、放射性、高速运输工具等对周围环境有高度危险性的活动。基于此规定，因从事高度危险作业给他人造成损害而产生的民事赔偿责任，即为高危作业致损的侵权责任。《侵权责任法》用9个条文对高度危险责任作了专章规定。根据相关规定，高度危险责任的内涵应包括以下几个方面内容：

1. 该活动或者物品对周围环境具有严重的危险性。这里，“周围环境”是指危

险活动作业人或者危险物品所有人以外的,处于该危险活动作业或者危险物品及其所发生事故可能危及范围内的一切人和财产。

2. 该活动或者物品发生危险的可能性大。

3. 通过合理的注意义务仍不能避免危险的产生。高度危险作业的基本特征在于危险的不可避免性,对于许多作业行为经营者只要尽到合理的注意义务即可避免损害的发生,此时就不能适用高度危险责任,因而在确定某一作业是否具有"高度危险"时,应当考虑该行为能否通过合理注意义务予以避免。

4. 客观上该活动或者物品需要在采取特别安全技术时才能进行。采取技术安全的特别方法应当根据具体的活动或者物品的作业来确定。[1]

与其他侵权责任相比,高度危险责任具有自身独有特征:

第一,高度危险责任通常是对合法行为的侵权责任,无论是经营民用核设施还是经营民用航空器,无论是保有高度危险物还是从事高度危险活动,其经营行为或持有危险物本身以及从事高度危险活动均不具有违法性,但是一旦发生危险造成他人损害即有责任产生。因此,构成高度危险责任并不要求具有违法性要件。

第二,高度危险责任不以过错为构成要件。高度危险责任属《侵权责任法》第7条所规定的侵权责任的一部分,其重要特点就是"无论行为人有无过错"都要承担损害赔偿责任。因此,在此类责任的构成上不考虑行为人有没有主观过错。

第三,高度危险责任的主体具有特定性与多元化的特征。高度危险责任是危险责任的特定类型,只有从事高度危险活动的主体才属于此类责任主体。而在高度危险物致人损害的责任中,法律根据各种不同的情形进行了类型化的规定,因此,此类责任的主体具有多元化的特点,如非法占有人、所有人、管理人等。

第四,高度危险责任通常是限额责任。《侵权责任法》第77条规定:承担高度危险责任,法律规定赔偿限额的,依照其规定,从而认可了高度危险责任是一种限额赔偿责任。

二、高度危险责任的历史沿革

高度危险责任是现代化大生产的产物,是科学技术发展的必然结果。一方面,各种高科技成果的机器设备在经济生活中的广泛应用极大提高了社会生产力水平;另一方面,大量高科技的运用,诸如航空运输、电力、核能利用、工程爆破等,

---

〔1〕 杨立新:《类型侵权行为法研究》,人民法院出版社2006年版,第773页。

亦为周围环境造成巨大安全隐患，并且常常给人们的财产和人身造成巨大损失。与此同时，即使从事上述各项危险活动的作业人小心谨慎也很难避免损失发生，故严格奉行过错责任原则的传统侵权行为法已不能解决由此带来的损害赔偿问题。在此情形下，为了适应这种情形发展的需要，各国纷纷确立了高度危险作业致害责任。1838 年的《普鲁士铁路企业法》最早确立了高度危险作业赔偿责任。该法规定："铁路公司所运输的人及物，或因转运之事故对别的人及物造成损害，应负赔偿责任。容易致人损害的企业虽企业主毫无过失，亦不得以无过失为免除赔偿的理由。"该规定突破了传统侵权行为法的过错责任，自此，无过错也要承担赔偿责任。此后的大陆法系国家将无过错亦要承担责任的原则规制于高危作业致害的侵权责任中，依此来解决由高危作业引起的损害赔偿。但大陆法系国家有关高度危险作业致害责任的规定大多见于单行民事法规中，而不是直接规定在民法典中，如德国 1871 年《帝国责任义务法》（铁路）、1952 年《陆上交通法》、法国 1985 年《交通事故赔偿法》等。

在英美法中，高度危险作业被称为异常危险行为，属于严格责任的一种，除了由法律直接规定的某些高度危险作业外，法官亦可通过判例确认某些行为为高度危险行为。

我国《民法通则》第 123 条对高度危险作业致害责任做了原则规定："从事高空、高压、易燃、易爆、剧毒、放射性、高速运输工具等对周围环境有高度危险的作业造成他人损害的，应当承担责任。"该规定以高度抽象的条文规定了两种情形的高度危险责任，即高度危险活动致害责任和高度危险物致害责任，明确了该类责任的成立不以行为人有过错为要件，将其纳入适用无过错归责的危险责任范畴。与此同时，在《民法通则》之外，针对具体类型的高度危险活动和高度危险物，又通过特别立法的形式予以规范。例如，《民用爆炸物品管理条例》《化学危险物品安全管理条例》《放射性同位素与射线装置防射防护条例》《铁路法》《道路交通安全法》等许多单行民事法律、法规中均具体规定了高度危险作业致害责任。在《民法通则》与上述各单行法规、条例规定的基础上，《侵权责任法》第九章专章规定了高度危险责任，该规定既是对相关高度危险责任内容的整合，又是对高度危险责任制度体系本身的完善。在该章的具体规定中针对不同类型的高度危险责任规定了不同的免责事由，尤为重要的是《侵权责任法》第 77 条明确认可了高度危险责任的赔偿限额，从而在我国确立了较为完整体系化的高度危险责任制度。

三、高度危险责任的分类

根据《民法通则》第 123 条以及《侵权责任法》第九章的相关规定，高度危险责任具体可以分为民用核设施致害责任、民用航空器致害责任、高度危险活动致害责任与高度危险物致害责任。

1. 民用核设施致害责任。民用核设施区别于军用核设施，是指以和平为目的而建立的核动力厂和其他反应堆，因其发生核事故而造成他人人身、财产损害的适用侵权责任法的规定。民用核设施致害责任属于高度危险责任的类型之一，该责任的成立不以过错为要件，因为经营民用核设施本身即构成了特别危险，经营者即使尽到了最大的注意义务，仍不免会发生损害事故，因此，从救济受害人角度出发，不要求经营者对损害的发生存在过错。但在责任承担上，一般适用限额赔偿。在免责事由上，民用核设施致害责任也较其他高度危险责任的免责事由受到严格限制，即仅限于战争等情形或是受害人故意，而一般高度危险责任可以因受害人故意、重大过失、不可抗力等情形而免责。

2. 民用航空器致害责任。民用航空器致害责任是指民用航空器造成他人损害，其经营者依法承担的危险责任。《侵权责任法》第 71 条规定：民用航空器造成他人损害的，民用航空器的经营者应当承担侵权责任，但能够证明损害是因受害人故意造成的，不承担赔偿责任。民用航空器致害责任主要包括两种情形：一是发生在民用航空器上或者旅客上下民用航空器过程中造成他人损害；二是飞行中的民用航空器或者从飞行中的民用航空器上坠落下的人或者物品造成地面上的人身伤害或者财产损失。军用航空器不适用此规定。

3. 高度危险物致害责任。高度危险物致害责任是指因易燃、易爆、剧毒、放射性等高度危险物造成他人损害，责任人应当承担的危险责任。《侵权责任法》第 72、74、75 条分别就高度危险物致害责任进行了规定。这些规定既包括占有或者使用高度危险物致人损害的责任，又包括遗失、抛弃高度危险物致害责任以及非法占有高度危险物危险物致害责任。这类责任具有以下特点：其一，责任主体具有多样性，既可以是高度危险物的所有人，也可以是使用人，还包括危险物的占有人，且无论是合法占有还是非法占有，均在其占有期间对危险物致人损害承担侵权责任。其二，该责任是对合法行为的责任，持有高度危险物本身并非违法行为，但若危险物给他人造成损失则要承担侵权责任。其三，在免责事由上较其他高度危险责任而言，将受害人的重大过失也作为免责事由的一种，比起前两类高度危险责任，其免责事由较为宽泛。

4. 高度危险活动致害责任。高度危险活动致害责任是指从事高空、高压、地下挖掘和活动或者使用高速轨道运输工具造成他人损害，经营者应当承担因此承担的侵权责任。《侵权责任法》第 73 条规定：从事高空、高压、地下挖掘活动或者使用高速运输工具造成他人损害的，经营者应当承担侵权责任，但能够证明损害是因受害人故意或者不可抗力造成的，不承担责任。被侵权人对损害的发生有过失的，可以减轻经营者的责任。该规定完善了《民法通则》第123条的规定，确立了比较完善的高度危险活动致害责任，将各类高度危险活动进行了列举。

四、高度危险责任的归责原则

（一）高度危险责任归责原则的确立

对于高度危险作业致人损害应当适用什么样的归责原则，我国民法学界素有争议。多数学者认为，高度危险作业致人损害应适用无过错责任；也有学者主张对高度危险作业致人损害适用“特殊过错推定”。还有学者认为，应将《民法通则》第123条的规定区别对待，某些高度危险作业适用过错责任（如汽车交通事故），而另一些高度危险作业则应适用无过错责任。

笔者认为高度危险责任应适用无过错责任。如前所述，从法律一开始规范高度危险作业致人损害责任以来，其出发点就是基于无过错责任。无论是《普鲁士铁路企业法》明确规定的“不得以无过失为免除赔偿的理由”，还是德国、法国等大陆系国家的单行民事法规中有关高危作业无过失赔偿制度的规定，都充分体现了无过错责任的赔偿理念。正如有学者所指出的那样：“近世因火车、电车、汽车、飞机及其他大企业的发达，危险大为增加，古代无过失责任，渐有复活之趋势。”〔2〕我国《民法通则》第123条的规定正是适应了社会经济发展的需要，同时也是与世界各国法律制度在高危作业致害责任规制方面接轨的体现。《侵权责任法》第69条规定：从事高度危险作业造成他人损害的，应当承担侵权责任。该条以一般条款的形式在高度危险责任中确立了无过错归责原则。尽管在适用无过错责任原则时，受害人的过错会影响赔偿额的确定，但这并不是对无过错责任原则的否定。无过错责任的正确理解是，在确立加害人责任时不考虑其主观上的过错，但这并不意味着不考虑受害人的过错，从而适当减轻加害一方责任。换言之，无过错责任原则是指损害的发生既不是加害人的故意也不是受害人的故意和第三人的故意造成的，但法律规定由加害人承担民事责任的一种特殊归责原则。因此，准确地说应为“不问过错责任原则”。它是一种基于法定特殊侵权责任的归责原则，其目的在于保护受害人合法权益，有效弥补受害人因特殊侵权行为所造成的损失。

---

〔2〕史尚宽：《债法总论》，中国政法大学出版社2000年版，第108～109页。

(二)高度危险责任适用无过错责任的理论依据

高度危险作业适用无过错责任的理论依据主要有四种学说:一是风险说,即为自己利益而经营某项事业的人,理应承担由其所经营的事业而招致的风险。二是公平说,即从其所支配的物或所从事的事业中获得利益的,理应对由此产生的损害承担赔偿责任。三是遏制说,认为由事故原因的控制者承担无过错责任,可以促使其积极采取防范措施遏制事故的发生。四是利益均衡说,该说认为适用无过失责任的目的是实现损失在社会的合理分配。有学者认为,在我国主要是基于遏制说和利益均衡说而规定高度危险作业致人损害的无过错责任。[3] 另有学者认为,在市场经济条件下,高度危险作业也是营利性的营业活动,甚至是高利润的垄断性经营,因此风险说和公平说也可以作为无过错责任的理论基础来解释高度危险作业致人损害的赔偿责任。[4] 笔者认为,上述每一种学说都有一定的道理,都从某一方面向我们解释了确立无过错责任原则的法理依据。风险说认为是行为人因获得利益而承担风险,但是高度危险作业中包括为公共利益而为的危险活动如有些民用核设施的运行是出于科学试验目的,因此这种观点并不能囊括所有的情形,有失偏颇。公平说实际上是以交换上的公平观念(矫正正义)为根据的,尽管人们头脑中的这类观念难免会反映到赔偿问题上来,但交换上的公平观念(矫正正义)同样是过错责任的根据之一,因而公平说并不能从实质上说明问题。遏制说的目的是减少事故发生的概率,但这一方面对于已尽谨慎合理的注意义务仍不能避免损害发生的高度危险作业来说,并不能解释高度危险作业致害承担无过错责任的原因;另一方面这种观点只是对无过错责任的功能作了部分说明,但功能只是本质的外化而非本质自身,而且仅以部分功能来说明无过错责任难免以偏概全;因此,相比较而言,利益均衡说所主张的实现损失的合理分配较前三种学说更能说明无过错责任立法产生的历史原因,更能反映无过错责任立法的真实意图,也更符合社会对侵权责任法多元价值体系的要求。

总之,在高度危险作业领域确立无过错责任,既是为了敦促从事危险事业的作业人积极主动采取防范措施避免危险发生,也是为了在危险发生后及时救助受害人,明确责任主体,贯彻风险与利益相一致的民法原则,充分体现民法所追求的公平理念。

---

〔3〕 王家福主编:《中国民法学·民法债权》,法律出版社1991年版,第512页。

〔4〕 张新宝:《侵权责任法原理》,中国人民大学出版社2005年版,第326~327页。

第二节 高度危险责任的构成要件

本节提要

学习本节内容需要重点掌握高度危险责任的构成要件:须有高度危险的发生或实现;须有损害的发生或有发生损害的现实危险;高度危险作业与损害后果之间具有因果关系。

由于适用无过错责任原则,在高度危险作业致人损害的侵权责任构成中不以加害人的过错为要件,但仍应具备以下三项要件:

一、须有高度危险的发生或实现

有危险的发生或实现是成立高度危险责任的前提,没有危险发生即无所谓侵权责任的产生。由于《侵权责任法》规定的高度危险责任类型不同,因此各种高度危险责任构成时所要求的危险发生形式亦不同。在民用核设施致害责任中,其危险的实现意味着有核事故发生,即核设施内的核燃料、放射性产物、废料或运入运出核设施的核材料所发生的放射性、毒害性、爆炸性或其他危害性事故,或一系列事故发生。在民用航空器致害责任中,其危险的发生意味着民用航空器运营危险的实现。在高度危险物致害责任中,其危险的实现意味着各类高度危险物品发生了危险,如易燃、易爆物品发生了燃烧或爆炸,剧毒物品毒气渗漏等。在高度危险活动致害责任中,其危险的实现意味着作业人从事了高空活动或高压活动或进行了地下挖掘活动、使用了高速轨道运输等。

二、须有损害的发生或有发生损害的现实危险

损害后果的发生是构成侵权赔偿责任的必要前提,无损害即无侵权赔偿责任。从事各类高度危险作业或是高度危险物品所造成的损害既包括人身损害也包括财产损害。根据《侵权责任法》的规定,如果高度危险作业仅有对他人财产、人身构成威胁的危险而尚未造成实际损害的,可以诉求法院要求作业人消除危险。可见,损害还包括因高度危险作业可能带来的发生危险的威胁。这是由高度

危险作业的特殊性所决定的，例如，在出现类似核电站出现泄漏、有毒物品外溢、高压输电电缆落地等特别危险情况时，现实的损害一触即发，此时，一切受到威胁的人均可提起诉讼，请求消除危险。

需要明确的一个问题是，高度危险作业造成的损害中是否包括危险作业的直接操作者（如直接进行爆破作业的工人、火车司机等）所遭受的损害？笔者认为，任何危险作业的直接操作者不能构成此类特殊侵权案件的受害人，他们因直接从事危险活动而发生的损害应通过雇佣关系或劳动关系解决。

三、高度危险作业与损害后果之间具有因果关系

高度危险作业致人损害的责任虽属无过失责任，不考虑作业人主观上的过错，但其责任的构成要以因果关系的存在为前提，并以因果关系为归责的基本要件。倘若损害事实并非由作业人的行为及物件所致，那么，作业人无须对此种损害负责。只有当受害人损害事实是由于作业人从事高度危险作业所造成的，才能产生高度危险作业赔偿责任问题。由此，因果关系成为无过错责任的一项起决定作用的构成要件，受害人须证明自己所受到的伤害与由加害人所从事的高度危险作业之间有因果关系存在。但在高度危险作业致害责任中，由于高危作业本身的特性使然，受害人往往很难证明高度危险作业与损害后果之间的因果关系，因此，法律要求受害人只需提供盖然性证明（如数理统计证明、社会流行病学证明）即可，由加害人对因果关系的不存在承担举证责任。[5]

第三节　高度危险责任主体

本节提要

学习本节内容需要了解合法转移高度危险作业时的赔偿责任主体的确定；非法占有高度危险物致害时的赔偿责任主体的确定；遗失、抛弃高度危险物致害侵权责任的承担主体的确定；因高度危险作业的作业物有缺陷而造成他人损害时的赔偿主体的确定。

〔5〕　参见李显东主编：《侵权责任法经典案例释论》，法律出版社2007年版，第554页。

一、高度危险责任主体概述

对于高度危险活动而言,高度危险责任的承担者通常是"从事"有关活动的主体。我国《侵权责任法》第70条关于核事故责任,第71条关于航空事故责任,第73条关于高空、高压、地下挖掘以及高速轨道运输责任,法律上的表述都是由"经营者"来承担责任。这里的经营者,应该理解为广义上的"从事者",不必以营利为目的。事实上,有些民用核设施的运行是出于科学试验目的,并非是所谓的"经营",所以其运行者不能被称作经营者。强调有关活动的"从事"者承担责任,是因为他们是高度危险的制造者,他们最有能力去控制相关的危险,并且在多数情况下,他们还从有关活动中获利。

对高度危险物致损而言,在通常情况下,高度危险责任的承担者是物的现实管领和控制者。我国《侵权责任法》第72条的表述是"占有或者使用",其表达的就是这一层意思。这里所谓的"占有或者使用",与作为所有权的权能的占有、使用并不完全相同。在这里,占有是对高度危险物的管领与控制的状态,使用是以占有为前提的对高度危险物的事实性的处置活动。与高度危险物有关的权属与占有状态在现实生活中往往非常复杂,占有人可能并非是所有人,而所有人也可能失去对物的控制,因此要区分不同情况而定。

二、合法转移高度危险作业时的赔偿责任主体

现实生活中高度危险作业的作业人并不是一成不变的,作业人往往依照法律或合同的规定将有关高度危险业务全部或部分权利义务委托或者移转给他人。根据我国《侵权责任法》第74条第2句的规定,"所有人将高度危险物交由他人管理的,由管理人承担侵权责任;所有人有过错的,与管理人承担连带责任"。在权利义务全部转移的情况下,管理人对高度危险业务享有实际控制、全面监管并谋取利益的权利,理应由管理人承担侵权责任;在部分转移权利义务的情况下,高度危险作业的原作业人在一定程度上仍控制着高度危险业务,那么他就应该与权利义务的受让方承担连带责任。

所谓"所有人有过错",根据通常的理解,指的是在选任管理人的时候不够谨慎,把危险物交给不具有相应资质的人来管理。[6] 但是,对这里的"过错"不能进行狭义的理解,考虑到《侵权责任法》第75条规定,当高度危险物的所有人非自主

---

〔6〕 参见全国人大常委会法制工作委员会民法室编:《中华人民共和国侵权责任法:条文说明、立法理由及相关规定》,北京大学出版社2010年版,第305页。

地失去对危险物的占有时，必须要“证明对于防止他人非法占有尽到高度注意义务”，才可以避免承担连带责任。那么当所有人自主地将高度危险物交给他人控制的时候，使其免于承担连带责任的要求，不应该低于非自主地失去占有的情况，因为在这种情况下，他有较大的控制危险的可能性。因此，对于第 74 条第 2 句中提到的“过错”，应该进行广义的理解，包括但不限于选任管理人问题上的过失。

三、非法占有高度危险物致害时的赔偿责任主体

根据《侵权责任法》第 75 条的规定，“非法占有高度危险物造成他人损害的，由非法占有人承担侵权责任。所有人、管理人不能证明对防止他人非法占有尽到高度注意义务的，与非法占有人承担连带责任”。非法占有人承担侵权责任是责任承担的原则性规定。高度危险物所有人、管理人对高度危险物的占有管理具有高度的注意义务，如《危险化学品安全管理条例》规定，生产、经营、储存、运输、使用危险化学品和处置废弃危险化学品的单位，其主要负责人必须保证本单位危险化学品的安全管理符合有关法律、法规、规章的规定和国家标准的要求，并对本单位危险化学品的安全负责。高度危险物所有人、管理人对防止他人非法占有未尽到高度注意义务的，与非法占有人承担连带责任。例如，随意放置致使高度危险物被盗窃，应认定所有人、管理人未尽到高度注意义务。

四、遗失、抛弃高度危险物致害侵权责任的承担主体

根据侵权责任法的规定，遗失、抛弃高度危险物致害侵权责任的承担主体为高度危险物所有人。但是如果所有人将高度危险物交由他人管理的，侵权责任的承担主体是高度危险物的管理人，因为管理人受托后未尽合理的注意义务，造成损害，应当承担因管理疏忽而产生的侵权责任，所有人承担责任的条件是有过错，并且与管理人承担连带责任。例如，所有人将高度危险物交由没有资质、能力，没有条件的管理人保管，应认定其主观上存在过错，应该承担与管理人的连带责任。

五、因高度危险作业的作业物有缺陷而造成他人损害时的赔偿主体

在高度危险业务的作业过程中，由于高度危险业务的作业物有缺陷而造成他人损害的情况时有发生。在现实生活中，高度危险业务作业物的缺陷主要有两种：一是作业人未曾发觉的构造上的缺陷；二是作业人已经发觉的或在作业过程中因作业人的原因产生的缺陷。因第二种情况造成损害时，应由作业人承担责任，这里将不再赘述；因第一种情况造成损害时，赔偿主体既可以是作业人，也可

以是作业物的制造者或销售者。但是在这种情况下产生的是两种责任，作业人与制造者或销售者之间不发生连带责任，他们是分别根据不同的责任规范承担责任的。从责任的最终承担上说，作业人承担责任后可向制造者或销售者追偿，作业人承担的责任似乎仅为一种替代责任。这种情况类似于《侵权责任法》第43条第2款规定的销售者的产品责任，具体的规定表现为“产品缺陷由生产者造成的，销售者赔偿后，有权向生产者追偿”。但是，在法律并没有规定的情况下，并不排除此种情况下二者承担连带责任的可能性。

此外，对于未经许可进入高度危险活动区域或者高度危险物存放区域受到损害的，管理人应当承担侵权责任，但管理人减轻、不承担责任的事由是已经采取安全措施并且尽到警示义务。这两者必须同时满足，缺一不可。采取安全措施主要是指设立隔离区域、采取防辐射、绝缘等保护措施。警示义务主要是指设置醒目的警示标志、配备执勤人员等。

第四节　高度危险责任的免责事由与限额责任

本节提要

学习本节内容首先需要了解民用核设施危险责任、民用航空器危险责任、高度危险物致害责任以及高度危险活动致害责任四类高度危险责任的免责事由；其次要掌握高度危险责任的限额赔偿责任及适用。

一、我国有关高度危险责任免责事由的立法现状

《民法通则》《侵权责任法》以及一些特别法如《民用航空法》《铁路法》等对于高度危险责任的免责事由作了规定。《民法通则》仅将受害人故意作为加害人的免责条件；《侵权责任法》第69条没有仿效《民法通则》第123条的做法规定统一的抗辩事由，而是在第70、71、72、73、76条中对于相关的高度危险作业分别规定了减免事由。但这并不表明对于那些法律没有明确规定，适用《侵权责任法》第69条来处理的高度危险责任不存在抗辩事由。而是应当类推适用法律已经有规定的、具有类似危险程度的高度危险责任类型中关于抗辩事由的规定。诸如关于民用核设施发生核事故侵权责任的免责事由有两项：受害人故意和战争等情形；民

用航空器致害侵权责任的免责事由仅为受害人故意；占有或者使用高度危险物致害侵权责任的免责事由表现为受害人故意和不可抗力，减责事由表现为被侵权人的重大过失；从事高空、高压、地下挖掘活动或者使用高速轨道运输工具致害侵权责任免责事由是受害人故意和不可抗力，而减责事由为过失；高度危险活动区域、高度危险物存放区域致害侵权责任的减免责事由是已经采取安全措施并且尽到警示义务。相对于《民法通则》，《侵权责任法》对于高度危险作业侵权的免责事由除了受害人故意外，还包括不可抗力、战争等情形。此外《侵权责任法》还规定了减责事由，适用过失相抵，区分不同的情况包括重大过失和过失等。

二、高度危险责任的免责事由

《侵权责任法》对高度危险责任进行了类型化的规定，如前所述，高度危险责任分为民用核设施危险责任、民用航空器危险责任、高度危险物致害责任以及高度危险活动致害责任四类，有关上述危险责任的免责事由亦有不同。下面分述之：

（一）民用核设施危险责任的免责事由

根据《侵权责任法》第70条的规定，民用核设施经营者的免责事由是受到严格限制的，仅限于战争情形和受害人故意。这是考虑到核设施所具有的高度危险性，一旦发生核事故即会造成受害人巨大的人身利益损失。因此，其经营者的免责事由立法给予严格限制。

1. 战争等情形。根据2007年国务院《关于核事故损害赔偿责任问题的批复》第6条之规定，此处的战争情形可以解释为武装冲突、敌对行动、战争或者暴乱等。从举证责任的角度来看，经营者只要能够证明核事故的发生是由于武装冲突、敌对行动、战争或暴乱所致，即可以免予承担赔偿责任。

2. 受害人故意。受害人故意可以免责，是《民法通则》第123条规定的延续。故意包括直接故意和间接故意。前者是指受害人明知其行为会导致损害后果，而追求或希望损害结果的发生；后者是指受害人明知其行为可能导致损害后果，而放任这种后果的发生。受害人的重大过失不能理解为故意。将受害人故意作为免责事由，是由于民用核实施的经营具有特别的危险性，有必要加重经营者的责任。

依据《侵权责任法》第76条的规定，未经许可进入高度危险活动区域或者高度危险物存放区域受到损害，管理人已经采取安全措施并尽到警示义务的，可以减轻或者不承担责任。笔者认为，此处的规定是过失相抵归责在责任分配上的一种运用,但仅是针对高度危险物致人损害的责任而言,不能扩大适用于核事故责任,否则不利于对受害人权益的保障。

需要说明的是,不可抗力可否作为民用核设施致人损害责任的免责事由?《侵权责任法》第70条仅明确了战争以及受害人故意两种情形,并未将除战争以外的不可抗力规定其中,主要是考虑到民用核设施本身所具有的巨大危险性与危险发生后损害后果的灾难性,因此,除战争等情形以外的不可抗力造成的危险均不能作为免除经营者的赔偿责任的事由。

(二)民用航空器致害责任的免责事由

《侵权责任法》第71条规定:民用航空器造成他人损害的,民用航空器的经营者应当承担侵权责任,但能够证明损害是因受害人故意造成的,不承担责任。该条是在总结我国《民法通则》第123条和《民用航空法》等法律规定的基础上,借鉴国际条约和比较法经验的基础上形成的。

根据该条规定,只有在受害人故意的情形下,才能够免除经营者的责任。该规定与《民用航空法》第161条的规定不一致,按照《民用航空法》的规定,应当承担责任的责任人能够证明损害完全是由于受害人或者其受雇人、代理人的过错造成的,免除其赔偿责任,损害是部分由于受害人或者其受雇人、代理人的过错造成的,相应减轻其赔偿责任。显然,《民用航空法》将受害人的过失亦作为免责事由,这与《侵权责任法》的规定相冲突,按照《立法法》的相关规定,《民用航空法》的有关规定应不再适用。即只有在受害人对于损害的发生存在主观故意时才可以免除经营者责任的承担。

另外,不可抗力可否作为民用航空器致害责任的免责事由?对此,《侵权责任法》没有予以规定。从比较法的视野看,多数国家和地区都没有一般性地将不可抗力作为民用航空器致害责任的免责事由。[7] 基于此,笔者认为,原则上不可抗力不得作为免责事由。但依据《民用航空法》第125条的规定,下列两种情形中,不可抗力可以作为免责事由:其一,因战争或武装冲突导致航空运输期间的货物发生毁灭、遗失或者损害的;其二,因武装冲突或者骚乱使航空器造成地面第三人损害的。

最后,有必要说明的是,《民用航空法》针对航空器的经营者的免责还做出了其他规定,这些规定只要不违反《侵权责任法》的规则和精神,就有适用的余地。

---

〔7〕 参见《德国航空交通法》第33条、我国台湾地区"民用航空法"第89条。

(三)高度危险物致害责任的免责事由

依据《侵权责任法》第72条的规定,高度危险物致害责任的免责事由包括不可抗力、受害人故意或重大过失。

1. 不可抗力。不可抗力是指不能预见、不能避免并不能克服的客观情况。不可抗力作为侵权责任的免责事由属于一般规定,原则上应适用于所有类别的侵权责任,但在高度危险责任领域不可抗力作为免责事由必须法律有明确规定。根据《环境保护法》《水污染防治法》等相关法律的规定,因不可抗力造成高度危险物污染损害的,免于责任的承担。《侵权责任法》对此规定可以保持法律体系的内在一致性。

2. 受害人故意或重大过失。《侵权责任法》第72条规定:被侵权人对损害的发生有重大过失的,可以减轻占有人或者使用人的责任。如果将免责事由作广义理解,减轻责任也是一种责任的免除,即部分责任的免除。由此可以得出结论,在高度危险物致人损害的责任中,受害人重大过失也是一种责任免除事由。从理论上讲,这是过失相抵原则在损害赔偿责任中的运用。

(四)高度危险活动致害责任的免责事由

较之于民用核设施和民用航空器,高度危险活动所具有的危险程度较低,因此,在免责事由上受到的限制要小,责任人免责的可能性就比较大。根据《侵权责任法》第73条的规定,受害人的过错和不可抗力都可以成为免责事由。

1. 不可抗力。在高度危险活动中,因不可抗力免责是相关法律的一致规定。不可抗力主要包括两种情形:一是自然事件,如地震、洪水等;二是社会事件,如战争、武装冲突等。例如,因武装冲突导致高压电输电设备损害,造成受害人人身损害的,经营者不承担责任。

2. 受害人的过错。过错包括故意和过失两种主观心态。受害人的过错可以导致责任的减轻或免除属于过失相抵规则的适用,与前述一致。值得注意的是,受害人的故意或者过失,其产生的法律后果不同。根据《侵权责任法》第73条的规定,受害人故意导致责任的完全免除,而受害人的过失只是导致责任的减轻,并不能完全免除责任人的责任。诉讼中,对于受害人的故意或过失,应由经营者承担举证责任。

三、高度危险责任的限额赔偿责任及其适用

《侵权责任法》第77条规定:"承担高度危险责任,法律规定赔偿限额的,依照

其规定”,从而以基本法的形式首次明确了高度危险责任的限额赔偿制度。在高度危险责任的承担上适用限额赔偿是侵权责任法追求公平正义的精神体现。公平具有公正、正直、不偏袒、公道的特质或品质,是民法调整社会关系的价值目标,体现的是私法所崇尚的公平交易或正当行事的原则与理念。在侵权责任法中,有过错的责任人与无过错的责任人在承担赔偿责任上应当有所差别,即有过错的责任人应当承担全部赔偿责任,无过错的责任人应当承担限额赔偿责任,恰是公平理念的一种体现。

《侵权责任法》颁布以前,我国高度危险责任的限额赔偿制度在一些法律法规中已有所体现。如《民用航空法》第 128 条第 1 款规定:“国内航空运输承运人的赔偿责任限额由国务院民用航空主管部门制定,报国务院批准后公布执行。”《国内航空运输承运人赔偿责任限额规定》第 3 条规定:“国内航空运输承运人(以下简称承运人)应当在下列规定的赔偿责任限额内按照实际损害承担赔偿责任,但是《民用航空法》另有规定的除外:(一)对每名旅客的赔偿责任限额为人民币 40 万元;(二)对每名旅客随身携带物品的赔偿责任限额为人民币 3000 元;(三)对旅客托运的行李和对运输的货物的赔偿责任限额,为每公斤人民币 100 元。”《港口间海上旅客运输赔偿责任限额规定》第 3 条规定:“承运人在每次海上旅客运输中的赔偿责任限额,按照下列规定执行:(一)旅客人身伤亡的,每名旅客不超过 4 万元人民币;(二)旅客自带行李灭失或者损坏的,每名旅客不超过 800 元人民币;(三)旅客车辆包括该车辆所载行李灭失或者损坏的,每一车辆不超过 3200 元人民币;(四)本款第(二)项、第(三)项以外的旅客其他行李灭失或者损坏的,每千克不超过 20 元人民币。”第 4 条规定:“海上旅客运输的旅客人身伤亡赔偿责任限制,按照 4 万元人民币乘以船舶证书规定的载客定额计算赔偿限额,但是最高不超过 2100 万元人民币。”另外,国务院《关于核事故损害赔偿责任问题的批复》第 7 条第 1 款规定:“核电站的营运者和乏燃料贮存、运输、后处理的营运者,对一次核事故所造成的核事故损害的最高赔偿额为 3 亿元人民币;其他营运者对一次核事故所造成的核事故损害的最高赔偿额为 1 亿元人民币。核事故损害的应赔总额超过规定的最高赔偿额的,国家提供最高限额为 8 亿元人民币的财政补偿。”

综上可以看出,限额赔偿制度在我国法律法规以及相关司法解释中已有明确规定,但是在司法实践中,对于限额赔偿规定的理解与适用仍存在一些问题,如在适用无过错责任时,不考虑责任人主观上有无过错,而是一律采用同样的赔偿标准,遵循全部赔偿原则。这种做法显然有失公平。在侵权责任法中,加害人过错程度的轻重不但会涉及其责任的承担,还会影响其承担赔偿责任的范围大小,加害人承担责任范围的轻重表明的是法律对其行为的谴责程度。根据侵权责任法原理,适用无过错责任的侵权案件,意味着无论责任人有无过错都要承担责任,但这并不表明在审判实践中不考虑责任人的主观过错问题,换言之,无过错的加害人在适用无过错归责的侵权责任中应当承担责任,而在责任人有过错时,其承担的责任范围较之无过错责任人来说应该更重,这样才能体现法律的公平和正义。具体言之,在实践中适用限额赔偿制度应注意以下几点:

首先,若受害人能够证明加害人一方存在过错的,应当准许受害人一方请求全额赔偿。换言之,如果受害人在诉讼中有证据证明加害人一方对于危险事故的发生有过错的,应按照侵权行为一般条款规定,实行过错责任的全部赔偿原则。

其次,确立不同的法律基础产生的请求权的不同内容,准许当事人进行选择。类似于铁路交通事故责任、航空运输损害责任等,凡是法律规定不同的请求权法律基础的,当事人在起诉时都可以进行选择,按照不同的请求权基础的法律规定承担举证责任,能够证明自己所选择的请求权构成的,法官就应当予以支持,按照当事人所选择的请求权确定赔偿责任。

最后,若相关立法或规定对赔偿范围有明确限定,则依其规定;但如果受害人能证明侵权人有过错的,即便是规定了限额赔偿,也应按照侵权责任法的一般规定确定赔偿范围,即适用采用全部赔偿原则。

四、过失相抵原则在高度危险责任中的适用

在高度危险责任中,若受害人对损害的发生也存在过错,能否因此减轻责任人的赔偿责任,即是否适用过失相抵呢?对此,理论上有不同的看法,一种观点认为,高度危险责任不适用过失相抵,因为过失相抵是过错责任的内容,若适用则会与无过错责任原则相冲突。另一种观点极力主张在高度危险责任中适用过失相抵。我们认为,过失相抵的意义并非是加害人与受害人的过错相互抵销,而是在责任成立后确定赔偿义务人承担的赔偿范围大小时,考虑受害人对损害后果的发生也有过错,因而适当减轻赔偿义务人应当承担的责任范围。这是民法公平责任原则在侵权责任法领域的体现与运用。实际上,过失相抵原则适用时并不涉及加害一方的过错,也正因为此,德国理论上将过失相抵称为"被害人自己之过失"。[8] 我国《民法通则》和《侵权责任法》均规定了过失相抵制度,即受害人对于损害的发生也有过错的,可以减轻侵害人的民事责任。这一规定正是高度危险责

[8] 史尚宽:《债法总论》,中国政法大学出版社2000年版,第303页。

任中适用过失相抵的立法依据。但必须明确的是，过失相抵只是表明受害人的过失只能减轻加害人的赔偿责任，而不能免除其赔偿责任，因此过失相抵不是加害一方用于免责的抗辩而是其减责的抗辩。

—— 训　练 ——

【司考】根据《民法通则》的规定，从事高度危险作业致人损害的应承担民事责任。以下关于责任承担的表述中哪些是正确的？（1997 年）

A. 其归责原则是无过错责任原则

B. 如果证明损害不是受害人有重大过失造成的，致害人不承担民事责任

C. 如果证明损害是因受害人有重大过失造成的，致害人承担民事责任

D. 在致害人无过错时，应承担适当的民事责任

【答案】 ABC

【解析】《民法通则》第 123 条规定："从事高空、高压、易燃、易爆、剧毒、放射性、高速运输工具等对周围环境有高度危险的作业造成他人损害的，应当承担民事责任；如果能够证明损害是由受害人故意造成的，不承担民事责任。"只有受害人故意造成损害时，行为人才免责。B 项存疑，答案不准确。

【司考】某研究所在装运存有放射性物质的铅箱时，一只箱子从车上掉下来，吴明（8 岁）看见后，即取出箱中的放射性物质玩耍，结果因过量吸收放射性物质而得病。吴明的治疗费和其他必要费用应由谁承担？（1999 年）

A. 吴明的监护人

B. 某研究所

C. 主要由某研究所承担，吴明的监护人适当分担

D. 主要由吴明的监护人承担，某研究所适当分担

【答案】 B

【解析】《民法通则》第 123 条规定："从事高空、高压、易燃、易爆、剧毒、放射性、高速运输工具等对周围环境有高度危险的作业造成他人损害的，应当承担民事责任；如果能够证明损害是由受害人故意造成的，不承担民事责任。"只有受害人故意造成损害时，行为人才免责。《侵权责任法》第 74 条规定："遗失、抛弃高度危险物造成他人损害的，由所有人承担侵权责任。"

【案例】

2004 年 3 月 23 日，被告何龙祥驾驶绍兴县礼酒厂所有的浙 DF5679 号东南牌小型普通

客车从绍兴驶往上海，下午 15 时 42 分，行驶至沪杭高速公路 79KM + 300M 处，浙 DF5679 号客车左后轮炸胎后方向失控，与陈华荣所驾驶的杭州国际大厦所有的浙 A69392 号江铃五十铃牌拦板小货车剐擦后翻车，浙 A69392 车方向失控后冲下边坡侧翻于高速公路外，造成陈华荣身体受伤及杭州国际大厦车辆及所载货物受损的事故。

现杭州国际大厦要求何龙祥、绍兴县礼酒厂共同赔偿车辆损失、货物损失等合计 34517.73 元。何龙祥未作答辩。被告绍兴县礼酒厂辩称，本事故的发生与二被告无任何因果关系，被告何龙祥也不具有与事故发生存在因果关系的违章行为。交警部门认为本起事故因炸胎而起，何龙祥与陈华荣均无与事故有因果关系的违章行为，该事故不作为道路交通事故处理，当事人可直接向人民法院提起民事诉讼。

请问何龙翔、绍兴县礼酒场是否承担责任？为什么？

【解析】　本起损害赔偿的基本事实是被告何龙祥驾驶的车辆在高速公路上行驶时因左后轮炸胎撞击原告驾驶的车辆，致使原告车辆及所载货物损坏的事实清楚。本案争议的焦点是对车辆左后轮炸胎，被告何龙祥是否存在过错。判断行为人是否存在过错的关键在于确定其是否尽到合理的注意义务，注意程度视具体情况而定，通常行为发生损害的危险性越大，要求的注意义务越高。

机动车作业属于高度危险作业，在机动车行驶中炸胎事件时有发生，已成为常见的事故，为此，驾驶员驾车上路尤其是进入高速公路前应当尽最大的谨慎和勤勉义务，如对轮胎进行检查，发现轮胎有不安全因素时进行调换等，以防止炸胎事故和其他事故的发生，行为人未尽以上注意义务，应当认定存在过错。

一般而言，炸胎因路面气温高、轮胎内空气过度膨胀而引起，本起炸胎事件发生于气温并不特别高的 3 月，可以认为与被告未尽必要的注意义务有关，因此被告何龙祥应承担民事赔偿责任，被告绍兴县礼酒厂作为车主也应对原告所受损失承担责任。

思考题

1. 如何认定“高度危险作业”？
2. 简述高度危险责任的免责事由。
3. 谈谈对高度危险责任的限额赔偿责任的理解。

阅读文献

1. 王利明：《论高度危险责任一般条款的适用》，载《中国法学》2010 年第 6 期。

2. 薛军:《“高度危险责任”的法律适用探析》,载《政治与法律》2010 年第 5 期。
3. 窦海阳:《〈侵权责任法〉中“高度危险”的判断》,载《法学家》2015 年第 2 期。
4. 殷宪龙:《高度危险责任的适用范围研究》,载《法学杂志》2011 年第 5 期。
5. 赵家仪:《高度危险责任的功能与制度设计》,载《私法研究》2011 年第 1 期。
6. 胡艳香:《高度危险责任限额赔偿制度研究》,载《湖南师范大学社会科学学报》2012 年第 1 期。

第二十四章　环境污染责任

本章导语

环境污染责任是指行为人违反法律规定，污染环境，造成他人人身、财产损害而应承担的民事责任，其适用无过错责任归责原则，行为人只有在符合法定的免责事由时才可以免于责任的承担。学习本章内容重点要掌握环境污染致人损害侵权责任的构成要件、归责原则以及免责事由等。

第一节　环境污染责任概述

本节提要

环境污染致人损害的侵权责任，简称环境侵权责任，是指行为人违反法律规定，污染环境，造成他人人身、财产损害而应承担的民事责任。作为一种特殊的侵权责任，环境污染责任有其独特的法律特征。学习本节内容重点要掌握环境污染责任法律特征。

一、环境污染责任的概念

所谓环境污染是指由于人为的原因致使环境发生化学、物理、生物等特征上的不良变化，从而影响人类健康和生产活动或生物生存的现象。环境污染致人损害的侵权责任，简称环境侵权责任，是指行为人违反法律规定，污染环境，造成他人人身、财产损害而应承担的民事责任。保护和改善生活环境和生态环境，防治污染和其他公害，是我国宪法规定的任务。这是关于人民健康、造福子孙后代的大事情。《民法总则》亦将保护环境的生态文明原则以基本原则的形式做了明确规定，该法第 9 条规定："民事主体从事民事活动，应当有利于节约资源、保护生态环境。"依据该规定，任何一个民事主体在从事民事活动时，都应本着节约资源、保护生态环境这一绿色原则的要求，行使民事权利、履行民事义务，并承担相应的民事责任。我国《环境保护法》《海洋环境法》《水污染防治法》等法规规定了废气、废水、废渣、粉尘、垃圾、放射性物质等有害物质的排放标准，严格控制噪声、震动、恶臭等对环境的污染和危害。《民法通则》第 124 条规定："违反国家保护环境防止污染的规定，污染环境造成他人损害的，应当依法承担民事责任。"《侵权责任法》第 65 条规定：因污染环境造成损害的，污染者应当承担侵权责任。这些规定确立了我国比较完整的环境污染致人损害的侵权责任体系。

二、环境污染责任的法律特征

环境污染责任作为侵权责任法中一项特殊侵权责任，主要具有以下几个法律特征：

其一，环境污染责任法律关系主体的经济地位具有不平等性。在传统侵权行为中，双方当事人即致害人与受害人的社会地位具有平等性、互换性和特定性。而在环境污染侵权中，环境侵权的加害者往往是经济实力雄厚的大公司或企业，而受害者往往是没有实力与其抗衡的个人，双方实力、地位相差悬殊，受害方往往处于弱势地位。

其二，环境污染损害的不确定性。环境侵权的不确定性，是就环境污染致害的发生过程而言。在环境侵权中，环境侵权行为与损害结果之间存在较为广阔的空间和较为漫长的时间联系，具有积累性、潜在性、滞后性以及复合效应，因而具有较强的不确定性，在认定与损害证明方面均具有较大的难度。

其三，环境污染损害具有潜伏性、连续性。环境污染造成的损害具有潜伏性，环境污染往往要经过很长时间才能发觉。环境污染的加害人及被害人对侵害发生的经过，常常缺乏深切认识，以至于对侵害行为何时存在、加害者是谁等问题难以认定，受害人更无从举证，其结果难免阻却救济之实现[1]。

其四，环境污染损害具有广泛性。环境污染损害的广泛性一方面表现为受害对象的广泛，即因污染行为可能遭受损害的受害人具有广泛性；另一方面表现为环境污染致害地域具有广阔性。环境污染一旦发生，往往是一定区域的不特定多数人的人身权、财产权均招致侵害，而且会造成环境自身价值的损失，不但影响到

---

〔1〕 参见邱聪智：《公害法原理》，三民书局 1984 年版，第 21 页。

当代人的环境利益,对未来生活在该区域的后代人的环境利益亦会产生深远影响。

三、环境污染致人损害侵权责任的诉讼时效

我国《环境保护法》第66条规定:"提起环境损害赔偿诉讼的时效期间为三年,从当事人知道或者应当知道其受到损害时起计算。"环境侵权的时效期间为三年,这一规定与《民法总则》第188条规定一致。因此,针对环境侵权案件,无论是适用《环境保护法》还是适用《民法总则》的规定,对于当事人民事权益的保障是一致的。当然,作为基本法的民法总则中有关诉讼时效最长期间以及诉讼时效期间的中止、中断、延长的有关规定,仍然适用于环境侵权的案件。

第二节 环境污染责任的归责原则和构成要件

本节提要

环境污染责任是一种典型的特殊侵权行为,其归责原则是无过错责任。由于环境污染责任是一种无过错责任,因而只需存在污染环境的行为、污染的损害后果、污染行为与损害后果之间具有因果关系,即可构成环境侵权责任。学习本节内容重点掌握环境污染责任的归责原则以及构成要件。

一、环境污染责任的归责原则

归责原则是确定环境污染致人损害的侵权案件中责任人赖以承担责任的依据。我国《民法通则》第124条规定:"违反国家保护环境防止污染的规定,污染环境造成他人损害的,应当依法承担民事责任。"《侵权责任法》第65条规定:因污染环境造成损害的,污染者应当承担侵权责任。

由上述规定可以明确,我国对于环境污染致人损害的侵权行为承担无过错责任。具体言之,因环境污染受到损害的受害人,要求污染单位赔偿损失时,只需证明自己的损害即可,无须证明排污单位有过错,即只要有损害存在,无论造成污染的加害人是否有过错,都应承担赔偿损害的民事责任。污染环境造成损害承担无过错责任,同高度危险作业造成损害应承担无过错责任一样,其根据都是基于"危

险责任”的理论并由于污染源的危险性决定的。由于污染源同高度危险作业一样都对人类生存环境造成不良影响,严重威胁人们生命、财产安全,如果不对其适用“严格责任”,势必严重威胁人类的生存与发展,我国现行法律已明确对其适用严格的无过错责任,这既表现了立法体系上的内在统一性、完整性和逻辑性上的严密性,也反映了当代侵权责任法的最新发展趋势,符合环境侵权无过错责任的世界潮流和各国环境立法上的通制。

二、环境污染责任的构成要件

环境污染责任是一种无过错责任,因而只需存在污染环境的行为、污染的损害后果、污染行为与损害后果之间具有因果关系,即可构成环境侵权责任。

1. 须有污染环境的行为。污染环境的行为是构成环境侵权责任的要件之一,没有污染环境的行为,也就不会有侵权责任的产生。环境污染行为可以表现为积极的作为,如排放废气、废水、废渣、粉尘、放射性物质等污染周围环境,也可以表现为消极的不作为,如未采取安全措施致使有害气体泄漏而污染河流、土壤等。环境污染还包括对生态的破坏。生态破坏(ecology destroying)是指人类不合理地开发、利用造成森林、草原等自然生态环境遭到破坏,从而使人类、动物、植物的生存条件发生恶化的现象。如水土流失、土地荒漠化、土壤盐碱化、生物多样性减少等。生态环境一旦遭到破坏,需要几倍的时间乃至几代人的努力才能恢复,甚至永远不能复原。

违法性是否环境污染责任的构成要件呢?

违法行为是指不履行法定义务或者做出法律禁止的行为。传统民法理论认为,行为违法性是民事侵权责任的要件之一,根据《民法通则》第 124 条之规定:“违反国家保护环境污染的规定”即为违法的意思,因之有学者指出,污染环境而未违反国家有关规定者,(即使造成他人损害)不承担民事责任。[2] 另有学者指出,环境污染行为,在总体上不以违法为条件,但具体又包括一般情况下违法和特殊情况下不违法,而污染又可分为法定标准之内的污染和超法定标准的污染,没有特别的证据,应认为对法定标准之内的污染不负赔偿责任,仅对超法定标准的污染承担赔偿责任。换言之,环境污染损害赔偿虽不以违法为条件,但有法定标准规定的,一般要予以考虑,这也许就是忍受限度之内与忍受限度之外的问题。[3] 此外,还有学者主张,在环境侵权民事责任的认定过程中,行为的违法或

---

〔2〕 参见王家福主编:《中国民法学·民法债权》,法律出版社 1995 年版,第 515 页。

〔3〕 参见刘士国:《现代侵权损害赔偿研究》,法律出版社 1998 年版,第 211 页。

合法不应再是当事人承担责任的要件之一,企业按照污染物排放标准排污是符合公法上的合法行为,但如果对他人的合法权益造成损害,仍应承担民事责任。[4]更有学者进一步指出,任何组织和个人的行为都不得损害他人的合法权益,凡损害他人合法权益的行为,除法律规定可以不承担责任者外,造成损害本身就意味着违法。法律没有规定不违反现行环境保护法规的环境污染行为造成损害的,不承担民事责任,则该污染环境的行为就不具有阻却违法性,其本身即是一种实质违法。[5]

笔者认为,在环境侵权民事责任中强调违法性,不足以公平、公正地保护受害人的利益,也不利于改善目前因经济发展而带来的日益严重的环境污染问题。事实上,法律所规定的各种防治污染的规则、标准总是受特定时期对特定污染的认识水平和科技发展程度的制约的,假如法律允许的某项污染行为造成了一定的环境损害,只能说明该规定不能满足实践中保护环境的需要,而不能就此否认该污染行为所具有的社会危害性。因此,如果行为人的排污行为尽管在法律所规定的排放标准之内,但却造成了环境污染并给受害人带来财产或人身利益上的损失,排污者仍应当承担赔偿责任。我国司法实践也是按照这种观点来处理污染环境致害责任的。

2. 因环境污染给他人造成了人身或财产上的损失。环境污染致人损害既具有与其他侵权行为所造成损害后果的相同之处,如引起受害人人身伤害、死亡或者财产损失等后果,又具有不同于其他侵权行为所造成损害后果的特殊性。这主要表现在以下几点:其一,污染损害的复杂性,这既表现在造成环境污染的原因的复杂性,又表现在环境污染过程的复杂性。其二,污染损害的潜伏性,与其他侵权行为损害后果的即时性发生不同,环境污染造成的损害,往往会有一定的潜伏期,受害人当下并不能发现损害,特别是身体健康的伤害,常常受制于病理发展的过程而在经过较长潜伏期后才能发现。其三,污染损害的持续性与其他侵权行为不同,污染环境而致的损害并不会因污染行为停止而当即消除,往往会持续较长时间,这也表明了污染损害的严重性。

3. 污染环境行为与损害事实之间有因果关系。因果关系是指行为与结果之间必须具有的引起和被引起的关系,即造成损害发生的事实上的原因是其应负法律责任的原因,环境侵权民事责任因果关系的认定较其他侵权责任因果关系的认定在理论与实务上都有一定的困难,这与环境污染所造成的损害后果本身具有的

〔4〕　曹明德:《环境侵权法》,法律出版社 2000 年版,第 156 页。

〔5〕　参见房绍坤:《民商法问题研究与适用》,北京大学出版社 2002 年版,第 412 页。

复杂性有一定的关联。例如,现实中侵害环境的污染行为往往不是即时完成的,由此造成的危害乃至损害后果的发生往往潜伏较长一段时间,受害人发现损害要求赔偿时,却因时过境迁、证据灭失,很难证明因果关系。另外,从环境污染本身而言,由于污染物进入环境后与损害后果的发生之间存在较长的时间间隔,也使因果关系表现得十分隐蔽,因此,传统民法理论中的民事责任因果关系已经不足以用在环境侵权责任因果关系的证明上。目前,各国在环境侵权责任领域中的因果关系理论主要有盖然性因果关系说、病因性旁证法(疫学因果关系理论)以及间接反证法等。我国《侵权责任法》第 66 条规定:“因污染环境发生纠纷,污染者应当就法律规定的不承担责任或者减轻,责任的情形及其行为与损害之间不存在因果关系承担举证责任。”本条明确了对环境污染侵权案件的因果关系实行举证责任倒置的原则,即由污染者对其污染行为与损害事实之间是否存在因果关系进行证明。这对于受害人权益的保护来说不失为一种积极的举措。

第三节 环境污染责任的免责事由和特殊责任形态

本节提要

在环境污染侵权中,环境侵权的加害者往往是经济实力雄厚的大公司或者大企业,而受害者往往是没有实力与其抗衡的个人,双方实力、地位相差悬殊,受害方往往处于弱势地位,因此决定了其归责原则是无过错责任。但是在一些特定的情形下,虽然造成了环境污染,但加害人也不承担民事责任。与此同时,市场份额规则的运用和由于第三人原因导致的环境污染,在确定责任时对相关当事人都具有一定的影响。学习本节内容除了要掌握环境污染责任的几种免责事由,对环境污染责任的两种特殊责任形态也应有一定的了解。

一、环境污染责任的免责事由

虽然根据我国有关环境立法,环境侵权责任适用无过错责任,但依据相关法律规定,下列情形下,造成环境污染时加害人不承担民事责任:

1. 不可抗力。按照《环境保护法》《水污染防治法》《海洋保护法》《大气污染防治法》等法律的规定,完全由于不可抗拒的自然灾害,并经及时采取合理措施,仍然不能避免造成环境污染损害的,污染单位免予承担赔偿责任。

值得注意的是,在发生自然灾害造成环境污染时,只有加害人及时采取了合理措施,仍然不能避免造成环境污染致人损害时,不可抗力才能成为免责事由。至于加害人采取的措施是否及时合理,应以一个善良人在当时、当地等同样的条件下所应有的举动进行判断,同时还应当考虑当时科学技术发展等因素。此外,还有一个重要的法律限定,即只有环境致人损害完全是由于不可抗拒的自然灾害引起的,才可能免除加害人的责任;如果不可抗拒的自然灾害不是引起损害的原因或者不是引起损害的全部原因,则不能免除加害人的责任。

2. 战争行为。根据我国《海洋环境保护法》第 43 条之规定,战争行为得作为污染海洋造成损害的免责条件。这里要明确的是,战争行为作为免责条件,仅适用于污染海洋造成损害的情形,而非用于污染大气、污染水源等情况;另外,只有在当事人采取了合理措施仍不能避免对海洋环境造成污染损害的,战争行为才能作为免责事由。[6]

3. 第三者的故意或过失。《侵权责任法》第 28 条规定:"损害是因第三人造成的,第三人应当承担侵权责任"。《海洋环境法》《水污染防治法》中规定,完全由于第三者的故意或者过失造成污染损害的,由第三者承担赔偿责任。当事人在因第三者过错而免于承担责任时,必须是在其采取了合理措施仍不能避免污染损害的发生时才能免责,否则,尽管污染损害是由于第三者过错造成,也不能免于责任的承担。第三人过错是相对于原被告而言的,是作为一种减轻或者免除被告侵权责任的抗辩事由。

实践中,若第三者不明或者找不到第三者时,从保护受害人利益角度出发,污染者仍应当向受害人承担赔偿责任,事后,其可向过错第三人进行追偿。

4. 受害人自身过错。根据我国《水污染防治法》第 96 条第 3 款之规定,水污染损害是由受害人故意造成的,排污方不承担赔偿责任。受害人的过错作为免责条件,适用于有关水污染致人损害的赔偿案件,排污单位应对受害人的过错进行举证,不能证明受害人过错时,排污单位不能免于责任的承担。

---

〔6〕 参见张新宝:《侵权责任法原理》,中国人民大学出版社 2005 年版,第 380 页。

二、环境污染责任的特殊责任形态

(一)市场份额规则的适用

《侵权责任法》第67条规定:“两个以上的污染者污染环境,污染者承担责任的大小,根据污染物的种类、排放量等因素确定。”最高人民法院《关于审理环境侵权责任纠纷案件适用法律若干问题的解释》第4条规定:“两个以上污染者污染环境,对污染者承担责任的大小,人民法院应当根据污染物的种类、排放量、危害性以及有无排污许可证、是否超过污染物排放标准、是否超过重点污染物排放总量控制指标等因素确定。”据此可以看出,当环境污染损害是由两个以上的污染者所致,却无法确定每个污染者造成污染损害的具体情形,从而导致无法确定具体的赔偿责任时,可以根据污染物的种类、排放量、危害性等因素来确定各污染者的赔偿责任。这种责任分配方式称为“市场份额规则的适用”。[7] 在有两个以上污染者时,每一个污染者实施的污染行为,以及对此造成的损害的大小都会有所不同,因此,结合污染物的种类、排放量、危害性等因素来确定责任大小,表明各个污染者之间承担的是按份责任而非连带责任。这也是《侵权责任法》第12条关于“二人以上分别实施侵权行为造成同一损害,能够确定责任大小的,各自承担相应的责任;难以确定责任大小的,平均承担赔偿责任”的一般规定在环境污染责任中的运用。

(二)第三人过错的不真正连带责任

《侵权责任法》第68条规定:“因第三人的过错污染环境造成损害的,被侵权人可以向污染者请求赔偿,也可以向第三人请求赔偿。污染者赔偿后,有权向第三人追偿。”此规定是不真正连带责任规则在环境污染责任中的运用。民法上,当损害的发生是由两个或两个以上的行为人所致时,而各行为之间并没有直接的关联,且每个行为均可能造成损害的全部发生,行为人均应对受害人承担全部责任。任何一个行为人承担了责任,则其他责任人的责任即应免除,承担了责任的行为人可以向终局责任人进行追偿。此规则的运用即为不真正连带责任。在因第三人的过错导致的环境污染责任中,第三人承担的是过错责任;而污染者承担的是无过错责任,因此,二者承担的责任性质和发生原因均有不同,且污染者承担了责任后,可以向有过错的第三人追偿其应承担的终局责任。这也是《侵权责任法》第28条关于“损害是因第三人造成的,第三人应当承担侵权责任”的一般规定的体现。

---

〔7〕 参见杨立新:《侵权法论》(下),人民法院出版社2013年第5版,第748页。

——训 练——

【司考】甲、乙、丙三家公司生产三种不同的化工产品,生产场地的排污口相邻。某年,当地大旱导致河水水位大幅下降,三家公司排放的污水混合发生化学反应,产生有毒物质致使河流下游丁养殖场的鱼类大量死亡。经查明,三家公司排放的污水均分别经过处理且符合国家排放标准。后丁养殖场向三家公司索赔。下列哪一选项是正确的?(2015 年)

A. 三家公司均无过错,不承担赔偿责任

B. 三家公司对丁养殖场的损害承担连带责任

C. 本案的诉讼时效是 2 年

D. 三家公司应按照污染物的种类、排放量等因素承担责任

【答案】 D

【解析】环境侵权责任是一种无过错责任,故 A 选项错误。《环境保护法》第 66 条规定,提起环境损害赔偿的诉讼时效是 3 年,从当事人知道或应当知道其受到损害时起算。故 C 项错误。《环境侵权解释》第 3 条第 2 款规定,两个以上污染者分别实施污染行为造成同一损害,每一个污染者的污染行为都不足以造成全部损害,被侵权人根据侵权责任法第 12 条规定请求污染者承担责任的,人民法院应予支持。本题中,甲、乙、丙的行为属于此种情形,应当承担按份责任。根据《侵权责任法》第 67 条和《环境侵权解释》第 4 条,确定按份责任的考虑因素包括"污染物的种类、排放量、危害性以及有无排污许可证、是否超过污染物排放标准、是否超过重点污染物排放总量控制指标等因素",故 D 项正确,B 项错误。

【案例】原告元某有承包地一块,在被告某发电厂的北面,原告在此地上种植葡萄、茴子白等蔬菜。从 1997 年以来,原告的承包地受到被告生产排放的烟尘污染。2004 年 12 月 23 日,某市农业生态环境监测建设站出具《鉴定书》,确认原告的葡萄园有大量的粉煤灰及煤灰,葡萄及蔬菜受到不同程度的污染。被告曾对原告 2003 年、2005 年、2006 年及 2007 年的损失予以赔偿。某市农业综合执法大队、某市农业生态环境监测站、某市农业技术总站于 2009 年 9 月 16 日出具了关于对原告葡萄园受污情况的分析报告,报告称原告 5 亩地的年收入应是 4 万余元,因受到污染导致减产、减收 50% 以上。2010 年 9 月 3 日出具了对原告葡萄园受污情况的情况说明,说明原告 5 亩地的年收入约为 45000 余元,因受到污染导致减产、减收 50% 以上。2011 年 8 月 24 日出具对原告葡萄园受污情况的情况说明,说明原告 5 亩地的年收入约为 45000 余元,因受到污染导致减产、减收 50% 以上。原告现起诉要求被告赔偿 2004 年、2008 年、2009 年、2010 年、2011 年的葡萄及蔬菜损失 97000 元。

【解析】本案中因环境污染引起的损害赔偿诉讼，应当由加害人即被告某发电厂就法律规定的免责事由及其行为与损害结果之间不存在因果关系承担举证责任。由于某发电厂无法举证证明上述事实，因此依据现有证据，法院认定被告对原告的污染事实存在，判决被告赔偿原告2009年、2010年、2011年的葡萄以及蔬菜损失共计65000元。

思考题

1. 简述环境污染责任的法律特征。
2. 简述环境污染责任的构成要件及其特殊性。
3. 简述环境污染责任的免责事由。

阅读文献

1. 张新宝：《扩张与强化：环境侵权责任的综合适用》，载《中国社会科学》2014年第3期。
2. 刘超：《环境侵权责任的行为责任性质之论证及其规范意义》，载《中国地质大学学报》（社会科学版）2012年第6期。
3. 杨立新：《第三人过错造成环境污染损害的责任承担——环境侵权司法解释第5条规定存在的不足及改进》，载《法治研究》2015年第6期。
4. 王明远：《环境侵权救济法律制度》，中国法制出版社2001年版。

第二十五章　饲养动物损害责任

——| **本章导语** |——

饲养动物损害责任，即饲养动物致人损害的侵权责任，是指动物饲养人或管理人因自己饲养或管理的动物造成他人人身或财产损害时所应承担的民事责任。该责任适用无过错责任原则，即其责任的构成主要以损害、因果关系为要件，只有在受害人自身存在过错或第三人有过错的情况下才可以减轻或免除动物饲养人或管理人赔偿责任的承担。学习本章内容要重点掌握饲养动物致人损害责任的归责原则与构成要件以及免责事由等。

第一节　饲养动物损害责任概述

——| **本节提要** |——

饲养动物损害责任是指动物饲养人或管理人因自己饲养或管理的动物造成他人人身或财产损害时所应承担的侵权责任。饲养动物损害责任属特殊侵权责任的一种，原则上适用无过错责任，只在法律特别规定的情形下适用过错推定责任。学习本节内容要重点掌握饲养动物损害责任的法律特征及我国的立法规定。

一、饲养动物损害责任的概念及其法律特征

饲养动物损害责任是指动物饲养人或管理人因自己饲养或管理的动物造成他人人身或财产损害时所应承担的侵权责任。《侵权责任法》用七个条文较为完整地规定了饲养动物致人损害的侵权责任。结合相关规定，其法律特征具有以下几点：

其一,饲养动物损害责任是由人工饲养的动物致人损害所引起,非由人饲养而是因野生动物造成人身、财产利益损害的,不属于《侵权责任法》所规范的责任类型。我国《野生动物保护法》第 19 条规定:"因保护本法规定保护的野生动物,造成人员伤亡、农作物或者其他财产损失的,由当地人民政府给予补偿。具体办法由省、自治区、直辖市人民政府制定。有关地方人民政府可以推动保险机构开展野生动物致害赔偿保险业务。有关地方人民政府采取预防、控制国家重点保护野生动物造成危害的措施以及实行补偿所需经费,由中央财政按照国家有关规定予以补助。"可见因野生动物造成损害的,适用的是行政补偿责任,不是侵权责任。

其二,饲养动物损害责任是因动物独立动作所致损害引起,而非由人的行为所致。如果动物的饲养人、管理人或第三人故意利用动物致人损害,此时就不是动物致人损害问题,而是饲养人、管理人或当事人为自己行为负责的侵权责任。因为此时动物仅充当了上述加害人的致害工具而已。

其三,饲养动物损害责任是对物的责任,而非是对自己行为的责任。动物在饲养人、管理人控制管理之下,其有责任避免动物造成他人损害,法谚有云:"物件是人的手臂的延长。"既然饲养人、管理人有能力亦有义务避免其控制下的动物发生危险致害他人,当然也要对其控制不利而引发的损害承担赔偿责任。

其四,饲养动物损害责任属特殊侵权责任的一种,原则上适用无过错责任,只在法律特别规定的情形下适用过错推定责任,如《侵权责任法》第 81 条规定:"动物园的动物造成他人损害的,动物园应当承担侵权责任,但能够证明尽到管理职责的,不承担责任。"该规定就是典型的适用过错推定责任原则的情形。

二、饲养动物损害责任的沿革

动物致害而引发的诉讼早在古代罗马法中已有规制,根据《十二铜表法》的规定,发生动物致害他人时,动物所有人承担无过失责任,此处动物专指马、鹿、骡子等家养的四角畜类,对于类似熊、狮子等野生动物致害,不发生赔偿责任。至于责任的承担方式则由加害一方选择,他可以选择承担赔偿损失,也可以选择将动物交给受害人处置。后世大陆法系各国对动物致害责任亦均有所规制,《法国民法典》第 1385 条规定:"动物所有人或使用人,于使用中不问其动物系在管理之下,抑或迷失或逃走中,就其所生之损害,概应负责。"《德国民法典》第 833 条规定:"1. 在动物杀害人或伤害人的身体或健康,或损坏财务时,动物的占有人有义务对受害人赔偿因此而造成的损害。2. 如果损害系由于维持动物占有人的职业、营业或生计的动物所造成的,而动物占有人已为相当注意的管束,或纵然已为相当注意的管束也难免发生损害者,不负赔偿的责任。”《日本民法典》第 718 条规定:“(一)动物占有人,对其动物加于他人的损害,负赔偿责任。但是,按动物种类及性质,以相当注意进行保管者,不在此限。(二)代占有人保管动物者,也负前款责任。”可见,上述大陆法系各国在动物致害责任中,或者规定过失推定责任,或者适用无过失责任。在美国侵权行为法中,动物致人损害与高度危险作业一样,是“严格责任”侵权行为的重要组成部分。英国著名经济学家科斯在其获得诺贝尔经济奖的《社会成本问题》经典著作中,更是借用此类动物致害案例,创设了著名的科斯定律,并因而建立了法律经济分析的思考方法。科斯借“牛群与牧场案例”阐释其权利规范的理论,认为侵权行为具有双方性,当事人都会采取减少或消弭伤害的措施,无论法律如何设定权利义务,即无论规定牛群主人应负赔偿义务,或使牧场主人有设置篱笆的义务,只要双方交易成本很小,当事人均能平和协商,达成补偿协议,并不影响资源配置的效率。所谓交易成本包括协商、取得互信、讨价还价等。由于我们并非处在一个没有交易成本或交易成本甚少的社会,因此在权利规范上,应使以较低交易成本即能防范损害发生的一方负担义务,而使对方享有权利。就牛群与牧场而言,即应使牛群主人负不侵害他人的义务,而使牧场主人享有不受侵害的权利。因为相较牛群的管理与牧场维护而言,对牛群的管束成本较少,而牛群的存在却使邻近牧场皆需要设置篱笆,其费用(即成本支出)较大。这即为所有人或占有人对动物所致加害于他人时应负侵权责任在法律经济分析上的规范意义。[1]

我国《民法通则》对动物致害亦做了明确规定,《民法通则》第 127 条规定:“饲养的动物造成他人损害的,动物饲养人或者管理人应当承担民事责任;由于受害人的过错造成损害的,动物饲养人或者管理人不承担民事责任;由于第三人的过错造成损害的,第三人应当承担民事责任。”从而在我国确立了解决动物致害侵权责任的法律依据。《侵权责任法》在民法通则规定的基础上,进一步对饲养动物致人损害的侵权责任进行系统而较为全面的规定,并对《民法通则》的有关规定进行了完善。一方面,《侵权责任法》承袭了《民法通则》的主要规则,例如,在归责原则上适用无过错责任,责任主体上仍限于动物的饲养人或管理人,但同时亦对《民法通则》的相关规定进行了改进完善,如受害人的过错导致完全免责的规定被修改完善,依《侵权责任法》规定,在普通动物致害情形下,受害人的故意或重大过失可以导致责任的减轻或免除;又如对于第三人过错导致动物致害的情形,《民法

---

〔1〕 王泽鉴:《侵权行为法——特殊侵权行为》(2),2006 年自版,第 182 页。

通则》规定为饲养人或管理人的免责事由，而依《侵权责任法》规定，受害人可以选择请求第三人赔偿或请求饲养人、管理人赔偿，从而更加有利于受害人权益的保障。另一方面，《侵权责任法》扩充了饲养动物致害责任的内容，对相关内容进行了细化，如普通动物和禁止饲养的危险动物分别涉及不同规则，并吸收我国相关理论研究成果，规定了遗弃、逃逸动物致害的责任承担，借鉴国外立法经验，规定因第三人过错而导致动物致害的责任承担等。总之，《侵权责任法》在承袭《民法通则》规定基础上，对饲养动物致害责任进行了比较全面和完善的规定，不但在立法上使动物致害的特殊侵权责任制度更加全面完善，而且亦对实务中解决此类侵权纠纷提供了较为全面的裁判依据。

第二节 饲养动物损害责任的归责原则及其责任构成

本节提要

根据我国《民法通则》和《侵权责任法》的相关规定，饲养动物损害责任主要是一种无过错责任，只对动物园的动物致人损害适用过错推定责任。饲养动物损害责任属特殊侵权责任，因此其构成要件不同于一般侵权责任，过错并非行为人承担侵权责任的必要条件。学习本节内容要重点掌握饲养动物损害责任的归责原则及构成要件。

一、饲养动物损害责任的归责原则

归责原则是确定行为人的侵权民事责任的根据和标准，对于动物致害责任采用何种归责原则，综观世界各国的规定，大体上有三种体例：第一种是以法国、意大利等国为代表的采用无过错责任原则确定动物致害责任归属，如《法国民法典》第1385条规定："动物所有人或使用人，于使用中不问其动物系在管理之下，抑或迷失或逃走中，就其所生之损害，概应负责。"第二种是以日本为代表的采用过错推定原则，如《日本民法典》第718条第1款规定："动物占有人，对其动物加于他人的损害，负赔偿责任。但是，按动物种类及性质，以相当注意进行保管者，不在此限。"第三种是以德国为代表的兼采无过错责任或者过错推定责任，《德国民法典》将动物区分为役用动物与宠物,对役用动物致害适用过错推定责任,对役用动物以外的宠物致害则适用无过错责任,而对动物的管理人适用过错推定原则。我国《民法通则》第127条对动物致害责任明确规定适用无过错责任原则,《侵权责任法》在承袭这一规定的前提下,又设置了一个例外规定,即第81条之规定:"动物园的动物造成他人损害的,动物园应当承担侵权责任,但能够证明尽到管理职责的,不承担责任。"显然,该规定就是典型的适用过错推定责任原则的情形。

饲养动物损害责任适用无过错责任原则,能够最大限度地保护无辜受害人的合法民事权益,因为动物致损实际上也属于危险物品致人损害的范畴,现实生活中,动物的饲养人或管理人即便尽到了对动物为谨慎管束的义务,亦难免会发生损害事件。若允许动物饲养人或管理人以自己已尽职尽责没有过错而免于责任承担,则受害人权益无法救济,社会生活亦无安全感可言。事实上,家养动物致人损害,主人要负赔偿责任,是我国民间长期以来约定俗成的习惯,甚至在许多地区已正式见诸乡规民约中。立法明确规定采无过错责任,既是对我国民间这些合理的既成规则的尊重与吸收,又有利于法律在现实生活中的实行与民间纠纷的合理解决。

二、饲养动物损害责任的构成要件

饲养动物损害责任属特殊侵权责任,因此其构成要件不同于一般侵权责任,与一般侵权责任相比,过错并非行为人承担侵权责任的必要条件。通常,构成饲养动物损害的侵权责任,一般须具备以下条件:

1. 须有饲养的动物造成他人损害的事实。损害事实的存在,是动物致害责任成立必不可少的一个要素。无损害无赔偿责任。因动物致人损害,主要包括人身损害、财产损害和其他方面的损失。此外,该损害事实的发生必须是饲养的动物所致。这里,"饲养的动物"一般是指家畜、家禽和豢养的野兽,如牛、马、狗以及动物园中的老虎、狮子等。至于饲养动物是合法还是非法,其目的、用途如何均不影响该动物致害责任的成立。

2. 损害须是基于动物的本能行为所致。动物致人损害必须是基于动物的本能行为所致,若动物致损是在人的驾驭、支配下所致,则属人为加害,按一般侵权行为处理。具体言之,动物致人损害的"侵权行为",是动物自身的、本能行为造成他人损害,这种损害是基于动物本身的危险性,在不受外力强制或驱使下而实施的一种动物本能的自身动作。如果动物是在人的驾驭、支配下损害他人权益,则属于人的行为,而非动物的本能行为,此时不构成动物致害责任,而是属于由该行为人承担的一般侵权责任。

值得一提的是，动物相互之间的伤害不应属于此处的动物致害责任，而应按一般侵权行为确定责任的承担。倘若这种动物相互之间的伤害是在一方人为唆使之下造成，则由唆使一方承担赔偿责任；如果动物之间并无人为因素的介入而发生相互殴斗，则因双方当事人均无过错而不构成侵权责任，此时可按公平责任原则处理纠纷。

3. 须动物致害与受害人所受损害之间有因果关系。动物致害责任的构成必须具备动物的致害与损害事实之间具有因果关系，即损害事实是动物的加害行为所造成。这种因果关系通常表现为一种直接因果关系，如狗咬伤人、牛吃了别人的粮食、马受惊后踩伤人等，但不排除在间接因果关系下，也可能构成动物致害责任，如狗追人，被追者慌不择路，将路旁水果摊掀翻，造成损失。此时狗的侵害行为和水果被打烂的财产损失之间就属于间接因果关系，对于水果的损失，动物的饲养者或管理者难辞其咎。

具备以上条件，即构成动物致害侵权责任，动物饲养人或者管理人对其饲养、管理的动物致他人的人身或财产损失应承担赔偿责任。

第三节　饲养动物损害责任的承担与免责事由

本节提要

各种情形下饲养动物损害责任的承担有所不同。动物的饲养人或者管理人并非对饲养的动物造成的所有损害均承担责任，在具备法律规定或当事人约定的免责事由情形下，动物的饲养人或管理人可以免于赔偿责任的承担。学习本节内容重点要掌握饲养动物损害责任的承担以及免责事由。

一、饲养动物损害责任的主体认定

关于饲养动物致人损害的赔偿义务主体，各国法律规定不尽一致。《法国民法典》中规定的赔偿主体是动物的所有人或使用人（此处使用人，是指任何对动物为支配而进行利用的人，但不包括好意照看动物之人[2]）；《德国民法典》中规定的赔偿主体则表述为动物的保有人（该保有人根据谁对动物有权支配处分并就动物获得利益而加以判断）；《日本民法典》规定占有人及代为保管者。这些法律规定的赔偿主体尽管表述有差别，但均围绕着一个中心点：承担赔偿责任的义务主体与饲养或管理的动物之间总是存在现实的占有、支配及利益关系。这实际上正体现了民法理论上一贯奉行的原则，即物的所有者或占有者对其支配下的物品所造成的损害要承担赔偿责任。我国《民法通则》第127条规定动物的饲养人或管理人为赔偿责任的义务主体。《侵权责任法》继续了这一规定。一般来说，动物的饲养人通常是指动物的所有人，而动物的管理人则是指实际控制和管束动物的人。前述国外立法中将动物所有人或管理人统称为动物的"保有人"，即针对动物享有独立、持续管领的控制力。此种独立管领动物的控制力建立在如下两个基础上：第一，事实管领的意愿；第二，能够识别管领动物所带来的相关风险的识别能力。[3] 因此，没有侵权责任能力的无行为能力人不能成为动物保有人。我国立法未采纳动物保有人的说法，而是以动物所有人或管理人指代，其通常意思与动物保有人应该一致。动物饲养人或管理人可以是自然人，也可以是法人，包括公法人。如动物园的动物致人损害，义务主体应当为动物园，租借他人牲畜致人损害的，承租人为该牲畜的管理人，理应为承担赔偿责任的义务主体。

实践中，有时还会出现这样的情况，某人非法占有（如盗窃）他人的饲养动物，在其非法占有期间，动物致人损害，此时应由谁承担赔偿责任呢？解决此问题涉及对占有人的理解，我们认为，在此应对占有人作扩张解释，即动物的占有人既包括合法占有人也包括非法占有人。质言之，《民法通则》第127条所称"管理人"既包括合法占有使用人，也包括非法"实际控制和管束动物的人"。基于此，受害人可以直接请求非法占有人赔偿损失。动物作为一种特殊的物，因其自身的危险性而造成他人的伤害理应由有能力控制其危险发生的人来承担，在非法占有人占有动物期间，其有能力负担亦应该负有控制危险发生的义务，既然动物在其控制之下造成他人损失，该非法动物占有人理所当然地应该承担损害赔偿责任；至于饲养动物的合法所有人，其对于该动物的权利，并不因由于非法占有人承担该动物致害侵权责任而受到否定。

此外，动物的临时看护人是否也可以成为责任主体？所谓动物临时看护人就

〔2〕 参见王泽鉴：《侵权行为法——特殊侵权行为》（2），2006年自版，第194页。

〔3〕 参见［德］布吕格迈耶尔、朱岩：《中国侵权责任法学者建议稿及其立法理由》，北京大学出版社2009年版，第135页。

是指为动物保有人临时性看管动物的人，如动物保有人（动物饲养人或管理人）外出度假旅行或者无偿为他人照顾其饲养动物而临时管领动物的人。有学者指出，与保有人承担危险责任不同，动物临时看护人应当仅仅承担过错责任。[4] 我国立法并没有细分对动物的看管是临时还是长久，而是概括性地规定"饲养动物造成他人损害的，动物饲养人或者管理人应当承担侵权责任"，对于无论临时管理与否一概承担动物致害责任的问题，仍有待实务中解决。

二、脱离占有的动物造成损害的责任承担

对于脱离占有的动物造成损害的，古罗马法规定动物的所有人不承担责任，后世大多数国家立法承袭了罗马法的这一做法，但也有例外。《法国民法典》规定，动物的所有人或使用人在动物走失或逃脱时造成的损害应负赔偿责任。我国《民法通则》对此问题没有规定，《侵权责任法》则借鉴了《法国民法典》的规定，其第 82 条规定："遗弃、逃逸的动物在遗弃、逃逸期间造成他人损害的，由原动物饲养人或者管理人承担侵权责任。"该规定对于解决实践中流浪狗致人损害问题具有一定意义。规定遗弃、逃逸动物致害责任仍由原所有人或管理人承担，其理由在于动物属于危险物，对动物的遗弃或是动物逃逸本身都会导致其对社会公众产生危险，只不过在动物被遗弃的情况下，原所有人或管理人承担责任是因为其实施了危险活动，即抛弃动物致使其对社会公众产生危险，而不是因其保有危险物。放弃财产是权利人的自由，但由于动物属危险物，因此，遗弃动物仍要承担动物致害责任，只不过原饲养人或管理人不是因为其保有危险物，而是因为其进行了危险活动，即遗弃危险物于社会给公众造成危险。而在动物逃逸的情况下，原饲养人或管理人承担责任是因为其保有危险物，动物造成他人损害，原所有人或管理人要承担作为危险物占有人的责任。换言之，在动物逃逸或遗弃的情况下，并没有改变其动物保有人的责任主体地位，而是由于加剧了动物危险，更需要动物保有人承担危险责任。

三、因第三人的过错导致动物损害责任的承担

（一）因第三人过错导致动物损害责任概述

因第三人过错导致动物损害责任，是指因第三人的过错致使动物造成他人损害，动物饲养人或管理人应当承担侵权责任。《侵权责任法》第 83 条规定：因第三

[4] 参见［德］布吕格迈耶尔、朱岩：《中国侵权责任法学者建议稿及其立法理由》，北京大学出版社 2009 年版，第 135 页。

人的过错致使动物造成他人损害的,被侵权人可以向动物饲养人或者管理人请求赔偿,也可以向第三人请求赔偿。动物饲养人或者管理人赔偿后,有权向第三人追偿。该条确立了因第三人过错导致的饲养动物损害责任。须注意的是,首先,因第三人过错导致动物损害责任仍是动物饲养人或管理人的责任,换言之,动物饲养人或管理人并未因第三人过错而减轻或免除其饲养动物损害责任;其次,因第三人过错导致动物损害责任,可以适用于《侵权责任法》所规制的任何类型的动物损害,包括动物园的动物、禁止饲养的危险动物、遗弃或逃逸的动物以及其他饲养动物;最后,因第三人过错导致动物损害责任仍然适用的是无过错责任归责原则,只是在涉及动物园动物损害时,依据《侵权责任法》规定,动物园承担的是过错推定责任。

《侵权责任法》关于因第三人过错导致动物损害责任的规定借鉴了国外及地区立法经验,如《瑞士债务法》第 56 条第 2 款规定:动物系由第三人或第三人之动物所挑动者,对该第三人有求偿权。我国台湾地区“民法典”第 190 条第 2 款规定:动物系由第三人或他动物之挑动,致加损害于他人者,其占有人对于该第三人或该动物之占有人,有求偿权。我国《民法通则》第 127 条仅规定在由于第三人的过错造成损害的,第三人应当承担民事责任,但是没有明确动物饲养人或管理人是否也要承担责任,由此引发了理论争议与司法实务的困惑。而《侵权责任法》第 83 条的规定显然是吸收了国外及地区立法经验,并在此基础上对《民法通则》相关规定进行了修改和完善,弥补了《民法通则》的不足,这对受害人而言无疑扩大了其获得救济的渠道,更加有利于对受害人受损权益的保障。

(二)第三人与动物饲养人或管理人之间的不真正连带责任

根据《侵权责任法》第 83 条之规定,因第三人的过错致使动物造成他人损害的,被侵权人可以向动物饲养人或者管理人请求赔偿,也可以向第三人请求赔偿。动物饲养人或者管理人赔偿后,有权向第三人追偿。该规定表明,第三人与动物饲养人或管理人对受害人的责任属于不真正连带责任。

四、免责事由

动物的饲养人或者管理人并非对饲养的动物造成的所有损害均承担责任,在具备法律规定或当事人约定的免责事由情形下,动物的饲养人或管理人可以免于赔偿责任的承担。结合《侵权责任法》的相关规定,下列情形下,动物饲养人或管理人的赔偿责任减轻或者免除:

1. 受害人的故意或重大过失。当受害人受到动物攻击受伤,是由于其自身故意或重大过失所致时，例如，挑逗、殴打动物或无视警告、不听劝阻跨越设施接近动物致使招致动物袭击受伤，动物的饲养人或管理人可以减轻或免除责任的承担。如《侵权责任法》第78条规定：饲养的动物造成他人损害的，动物饲养人或管理人应当承担侵权责任，但能够证明损害是因被侵权人故意或者重大过失造成的，可以不承担或者减轻责任。但需要注意的是，并非受害人只要存在某种故意或重大过失即可完全免除动物饲养人或管理人的责任。只有当受害人的过错是造成损害的全部原因时，才能免除责任，如果受害人的过错只是引起损害发生的部分原因，则不能免除动物饲养人或管理人的赔偿责任，只是在确定赔偿范围时要考虑受害人的过错而适当减轻动物饲养人或管理人的责任。

但这里值得探讨的是，动物饲养人违反管理规定饲养动物致人损害时，能否适用《侵权责任法》第78条规定的免责事由？《侵权责任法》第79条规定：违反管理规定，未对动物采取安全措施造成他人损害的，动物饲养人或者管理人应当承担侵权责任。该条没有规定受害人具有故意或重大过失时是否可以减轻或免除动物饲养人或管理人的责任。对此，学界有不同认识，一种观点认为，按照"明示其一，排斥其他"的解释规则，《侵权责任法》第79条没有明确受害人的故意或重大过失可以导致责任的减轻或免除，所以，受害人的故意或重大过失都不可能影响责任的承担。[5] 另一种观点认为，虽然《侵权责任法》第79条没有明确受害人的故意或重大过失可以导致责任的减轻或者免除，但是，从公平原则考虑，受害人对于因其自己原因导致的损害也要自行承受。笔者赞同后一种观点，首先，《侵权责任法》第78条之规定属于动物致害责任的一般规定，在没有法律特别规定或是充分理由时应当适用于所有饲养动物致害的情形；其次，违反管理规定对饲养的动物未采取安全措施，只能说明饲养人或管理人存在重大过错，在损害发生是因为受害人故意或重大过失时，可以适用过失相抵规则分配双方之间责任范围；最后，饲养人或管理人违反管理规定未对动物采取安全措施，并不意味着损害必然发生，而当损害确实因受害人故意或重大过失造成时，若此时不作为免责或减责事由仍由饲养人或管理人承担全部责任，显然会在双方之间发生不公平。因此，在动物饲养人违反管理规定饲养动物致人损害时，应当适用《侵权责任法》第78条规定的免责事由。

同样需要探讨的是禁止饲养的烈性犬等危险动物造成他人损害时应否适用《侵权责任法》第78条之规定？《侵权责任法》第80条规定：禁止饲养的烈性犬等

---

〔5〕 奚晓明主编：《〈中华人民共和国侵权责任法〉条文理解与适用》，人民法院出版社2010年版，第534页。

危险动物造成他人损害的,动物饲养人或者管理人应当承担侵权责任。该条也同样没有规定受害人存在故意或重大过失时能否作为减轻或免除责任的依据？对此,学界也有两种认识,一种观点认为,受害人具有故意或重大过失时,动物饲养人或管理人应当可以减轻或者免除责任。受害人因自己原因而遭受了损害,却由动物的饲养人或管理人承担责任,这违反了公平原则。另一种观点认为,该条规定的是最为严格的无过错责任,即使受害人具有过失或重大过失,也不得减轻责任,更不得免除责任。[6] 笔者同意后一种观点,因为首先,违反禁止性规定饲养烈性犬等危险物属于严重违反行为,饲养人或管理人在主观上等同于故意,而理论上对于加害人故意或具有重大过失的侵权行为是不可以进行过失相抵的;其次,禁止饲养的危险动物具有高度的危险性,法律法规已明确禁止,饲养人或管理人仍然饲养,要求其承担加重的责任,也不会导致不可预测的损害。[7] 此外,从立法者的本意看,规定此条的目的就是引导人们不要违反规定饲养烈性犬等危险动物,因此,对违反该禁止规定造成侵害的饲养人或管理人适用最严格的无过错责任,对其不存在违反公平原则之说。

2. 当事人事先约定的免责事由情形发生。根据契约自由的原则,在某些情况下,当事人双方协商一致,如果出现动物伤人的情况,可以相应免除或减轻动物饲养人或管理人的责任。如动物的所有人或占有人与驯兽员、兽医、服务人员因雇佣或者劳务关系存在明示或默示的免责约定,即免除动物所有人或占有人因动物致上述人员损害的赔偿责任。

3. 不可抗力的发生。我国《民法通则》第 107 条规定:“因不可抗力不能履行合同或者造成他人损害的,不承担民事责任,法律另有规定的除外。”该规定也应适用于动物致害责任。有学者对此进一步分析,认为应区分两种不同情形来考虑不可抗力的免责问题:若动物系维持动物饲养人或管理人营业或生计所必需的,则不可抗力可以作为动物饲养人或管理人的免责事由;反之,若动物非系维持动物饲养人或管理人营业或生计所必需,则不可抗力不得作为免责事由。[8]

---

〔6〕 杨立新:《〈中华人民共和国侵权责任法〉条文解释与司法适用》,人民法院出版社 2010 年版,第 506 页。

〔7〕 王利明、周友军、高圣平:《中国侵权责任法教程》,人民法院出版社 2010 年版,第 721 页。

〔8〕 李显东主编:《侵权责任法经典案例释论》,法律出版社 2007 年版,第 584 页。

训　练

【司考】关于动物致害侵权责任的说法，下列哪些选项是正确的？（2015 年）

A. 甲 8 岁的儿子翻墙进入邻居院中玩耍，被院内藏獒咬伤，邻居应承担侵权责任

B. 小学生乙和丙放学途经养狗的王平家，丙故意逗狗，狗被激怒咬伤乙，只能由丙的监护人对乙承担侵权责任

C. 丁下夜班回家途经邻居门口时，未看到邻居饲养的小猪趴在路上而绊倒摔伤，邻居应承担侵权责任

D. 戊带女儿到动物园游玩时，动物园饲养的老虎从破损的虎笼蹿出将女儿咬伤，动物园应该承担侵权责任

【答案】 ACD

【解析】《侵权责任法》第 80 条规定：禁止饲养的烈性犬等危险动物造成他人损害的，动物饲养人或者管理人应当承担侵权责任。饲养人承担的是绝对的无过错责任，无免责事由。藏獒属于禁止饲养的危险动物。故 A 项正确。《侵权责任法》第 83 条规定：因第三人的过错致使动物造成他人损害的，被侵权人可以向动物饲养人或者管理人请求赔偿，也可以向第三人请求赔偿。动物饲养人或者管理人赔偿后，有权向第三人追偿。B 项中，因第三人丙的过错，王平饲养的狗对乙造成损害，应由丙和王平对此损害承担不真正连带责任，但对内由丙承担最终责任，故 B 项错误。C 项中，由于天黑，丁不易察觉路上趴着的小猪，故作为受害人不存在故意或重大过失的情形，所以由邻居对其损害承担无过错的侵权责任。动物园的动物致人损害的，动物园承担过错推定责任，"破损的虎笼"表明动物园对损害的发生存在过错，所以应对戊的女儿承担侵权责任，故 D 项正确。

【案例】2004 年秋天，农民陈某因怀疑所养之狗得了狂犬病而将其遗弃在村外。2005 年 2 月 3 日，赵某路过该村时被突然窜出来的疯狗咬了一口，为此，赵某花去医疗费 2237 元，误工两个月。赵某因此要求陈某赔偿，而陈某认为自己早就把狗扔了，不再是狗的主人，所以对赵某不承担赔偿责任。为此，赵某将陈某告上了法庭。法院经审理后认为，本案属动物致损引起的特殊侵权案件。由于动物无理智可言，为减少社会生活中的致损危险，民事立法对动物致人损害实行无过错责任原则，意在对动物的饲养人或管理人提出更高的要求，以保护无辜受害人的合法权益。

【解析】本案中，陈某究竟是不是狗的主人，涉及对"饲养动物"的理解问题。动物的饲养，无论其目的、用途为何，合法、非法饲养与否，亦无论饲养的动物在逃逸、迷失期间，均视为饲养的动物。本案中，肇事之狗一直为陈某所管理，作为狗的主人，在发现饲养的

动物有致人于危险之地的病状时,应当采取一切可能的措施,以避免发生致害他人的结果。但陈某却将病狗弃之路旁,置之不理,他的行为使病狗处于无人看管的危险状态中,因此在法律关系上,病狗仍视为陈某饲养的动物,陈某不得以“已将狗遗弃”为由要求免责。根据《民法通则》第127条之规定,在动物致损的侵权案件中,动物饲养人或者管理人仅在能够证明受害人所受损害是由于他自己的过错所致,或者第三人的过错所致时才能免责。本案中,原告所受损害皆因被告之行为而引起,不存在受害人自己有过错或者第三人有过错的情形,因此做出了上述判决。

思考题

1. 简述饲养动物损害责任的法律特征。
2. 试述饲养动物损害责任的归责原则与构成要件。
3. 试述因第三人的过错导致动物损害责任的承担。
4. 简述饲养动物损害责任的免责事由。
5. 简述我国法律对饲养动物损害责任的规定。

阅读文献

1. 王梓旭:《从比较法视角看饲养动物致害的侵权责任制度及我国立法之完善》,载《广西政法管理干部学院学报》2014年第2期。
2. 杨立新:《饲养动物损害责任一般条款的理解与适用》,载《法学》2013年第7期。
3. 叶锋:《动物致害责任主体的解释构造》,载《法律适用》2014年第10期。
4. 兰仁迅:《动物损害责任归责原则的立法变迁》,载《法治研究》2011年第7期。

第二十六章　物件损害责任

|本章导语|

建筑物致人损害的侵权责任是指建筑物或者其他构筑物上的搁置物、悬挂物发生倒塌、脱落、坠落造成他人损害的，其所有人或管理人所应承担的赔偿责任。该责任的归责原则适用过错责任的过错推定，即建筑物的所有人或管理人只有证明自己没有过错时才可免除责任的承担。学习本章内容主要掌握建筑物致人损害的归责原则、构成要件和抗辩事由等。

第一节　物件损害责任概述

|本节提要|

物件损害责任是指所有人或管理人占有、控制下的物件致人损害而承担的侵权责任。作为一种特殊侵权责任，物件损害的责任主体是物件的所有人或管理人。物件损害责任有其具体表现形式，我国立法列举性地规定了建筑物、构筑物或者其他设施及其搁置物或悬挂物致害、抛掷物致害、堆放物致害、障碍物致害、林木致害以及地面施工物件致损责任等。学习本节内容要重点掌握物件损害责任的概念和具体形式。

一、物件损害责任的概念

物件损害责任是指所有人或管理人占有、控制下的物件致人损害而承担的侵权责任，换言之，为自己管理下的物件致损承担的责任即为物件损害责任。物件致人损害等同于所有人实施了某种行为致人损害，因此物件损害责任仍属于自己责任，是对自己管理下的物件致损承担的责任。但由于该类责任的发生与由加害行为产生的一般侵权责任不同，其发生通常不是责任人使用物件或是以自己意志支配物件致害他人，而是物件本身对受害人权利的侵害，因此，与一般侵权责任不同，物件损害责任属于特殊侵权责任的一种，是所有人或管理人对自己管理下的物件致害他人负责的一种特殊侵权责任。通常，物件损害的责任主体是物件的所有人或管理人，但各国法律对此类责任主体并无统一的称谓，我国《民法通则》以及《侵权责任法》的相关表述也没有明确、统一的概念。实务中，只要能确定致害物发生时的实际合法控制者，就明确了对于致害物的支配地位和承担责任的依据。[1] 物件损害责任有广义与狭义之分，广义上讲，动物、产品致人损害都应属于物件致损责任，狭义的物件损害责任是排除了产品、动物等法律已做出特别规定的物件损害以外的其他物件致人损害的责任。《侵权责任法》对物件损害责任显然采取了狭义的含义。

二、物件损害责任的具体形式

《侵权责任法》第十一章用七个条文规定了物件损害责任，该章是对《民法通则》第125条和第126条规定的扩张与完善。该章规定没有设一般性条款，而是具体列举性地规定了建筑物、构筑物或者其他设施及其搁置物悬挂物致害、抛掷物致害、堆放物致害、障碍物致害、林木致害以及地面施工物件致损责任等。依据《侵权责任法》规定，物件损害责任的具体表现形式包括以下几个方面：

1. 工作物损害责任。工作物损害责任是指工作物的所有人、管理人、使用人或建造人因其建造或维护义务的违反，而对工作物因倒塌或脱落致人损害所承担的侵权责任。[2] 此处工作物指的是《侵权责任法》第85、86条所规定的建筑物、构筑物或其他设施及其搁置物、悬挂物等。

2. 堆放物致人损害责任。堆放物致人损害责任是指因堆放物品滚落、滑落或者堆放物倒塌致人损害，堆放人不能证明自己没有过错而承担的责任。堆放物倒塌或滑落造成他人损害，应当实行过错推定原则，由堆放人对受害人承担侵权责任。

3. 障碍物致人损害责任。在公共通道上设置妨碍通行的障碍物，如堆放、倾倒、遗撒物品造成他人损害的，设置人应当承担侵权责任。该责任的承担方式一

---

〔1〕 奚晓明主编：《〈中华人民共和国侵权责任法〉条文理解与适用》，人民法院出版社2010年版，第564页。

〔2〕 王利明、周友军、高圣平：《中国侵权责任法教程》，人民法院出版社2010年版，第730页。

是排除妨碍,责任人应排除障碍物,消除妨碍通行的状态;二是对于造成的损害承担赔偿责任。

4. 林木致害责任。林木致害责任是指林木的所有人或管理人因未尽到维护林木义务而对因林木折断或倾倒致人损害承担的侵权责任。

5. 地下设施致人损害责任。地下设施致人损害责任是指在公共场所、道旁或者通道上挖坑、修缮、安装地下设施等,没有设置明显标志和采取安全措施造成他人损害的,施工人应当承担的侵权责任。

第二节 工作物损害责任

本节提要

工作物致人损害责任是物件致人损害的一种典型侵权责任,指建筑物、构筑物或者其他设施以及建筑物、构筑物上的搁置物、悬挂物发生倒塌、脱落、坠落造成他人损害的,其所有人、管理人、使用人、建设人所应承担的赔偿责任。工作物损害责任的归责原则是过错责任中的过错推定,实行举证责任倒置。学习本节内容要重点掌握工作物致人损害责任的归责原则、构成要件以及责任的承担。

一、工作物损害责任的概念及其立法规定

工作物损害责任是指建筑物、构筑物或者其他设施以及建筑物、构筑物上的搁置物、悬挂物发生倒塌、脱落、坠落造成他人损害的,其所有人、管理人、使用人、建设人所应承担的赔偿责任。

工作物致人损害责任是典型的物件致人损害的一种侵权责任,早在罗马法时期就已明确规定建筑物崩塌所生损害,由其所有人承担赔偿责任。日耳曼法中则规定,建筑物致人损害,无论其为所有人或占有人,也无论其有无过错,只要对物的利用有利益者,均应负赔偿责任。后世大陆法系国家亦对此有明确规定,如《法国民法典》第1386条规定:"建筑物的所有人,对于因缺乏维护或因建筑物的缺陷所发生的坍塌而引起的损害,应负赔偿责任。"《日本民法典》第717条规定:"土地工作物的设置或保存有瑕疵,致他人产生损害时,工作物的占有人对受害人负损害赔偿责任。但是占有人为防止损害发生尽了必要注意时,损害应由所有人赔

偿。”德国、瑞士、意大利民法中也规定了建筑物致人损害时建筑物所有人或占有人的赔偿责任。上述各国规定尽管表述有所差异,但均明确了建筑物及其他工作物致人损害时其所有人或占有人的赔偿责任。英美法中,则将建筑物致人损害区分为室内致人损害和室外致人损害两种情形,受害人可依过错或严格责任请求赔偿。[3]

我国《民法通则》第 126 条规定:“建筑物或者其他设施以及建筑物上的搁置物、悬挂物发生倒塌、脱落、坠落造成他人损害的,它的所有人或管理人应当承担赔偿责任,但能够证明自己没有过错的除外。”《人身损害赔偿司法解释》又进一步将此责任扩张至道路、桥梁、隧道等人工建造的构筑物维护管理瑕疵而致人损害的赔偿责任。《侵权责任法》第 85、86 条承袭了《民法通则》以及《人身损害赔偿司法解释》规定,并对此进行了完善,从而在我国立法上确立了较为完整的工作物致人损害的赔偿责任体系。《侵权责任法》第 85 条规定:建筑物、构筑物或者其他设施及其搁置物、悬挂物发生脱落、坠落造成他人损害,所有人、管理人或者使用人不能证明自己没有过错的,应当承担侵权责任。所有人、管理人或使用人赔偿后,有其他责任人的,有权向其他责任人追偿。该法第 86 条规定:建筑物、构筑物或者其他设施倒塌造成他人损害的,由建设单位与施工单位承担连带责任。建设单位、施工单位赔偿后,有其他责任人的,有权向其他责任人追偿。因其他责任人的原因,建筑物、构筑物或者其他设施倒塌造成他人损害的,由其他责任人承担侵权责任。

二、工作物损害责任的归责原则

归责原则是确定责任归属的原则,对于工作物致人损害的侵权责任应适用何种归责原则,历来就有争议,日耳曼法中适用的是无过错责任,无论建筑物的所有人或占有人有无过错,只要对物的利用有利益者,均应负赔偿责任,罗马法则主张适用较一般过错责任稍重的责任,法国民法一般认为适用的是无过错责任,[4]日本、德国、意大利民法则适用的是过错推定责任原则。我国学界,大多学者主张适用过错推定责任,且根据我国《民法通则》第 126 条之规定可以看出,立法采取的也是过错推定责任原则。最高人民法院《民事诉讼证据规定》从证明责任角度也明确了建筑物致人损害时适用举证责任倒置原则,该规定第 4 条第 1 款第 4 项规定:“建筑物或者其他设施以及建筑物上的搁置物、悬挂物发生倒塌、脱落、坠落致

---

〔3〕 参见张新宝:《侵权责任法原理》,中国人民大学出版社 2005 年版,第 439 页。

〔4〕 参见张新宝:《侵权责任法原理》,中国人民大学出版社 2005 年版,第 439 页。

人损害的侵权诉讼,由所有人或者管理人对其无过错承担举证责任。"《侵权责任法》在承袭《民法通则》规定的基础上,分别不同情形对工作物损害责任适用过错推定责任和无过错责任,即建筑物、构筑物或者其他设施发生脱落、坠落造成损害的,适用过错推定责任,对建筑物、构筑物或者其他设施倒塌造成他人损害的适用无过错责任,且两类责任主体不同,前者责任主体是建筑物、构筑物或其他设施的所有人、管理人或使用人,后者是建筑物、构筑物或者其他设施的建设单位与施工单位,且双方承担连带责任。换言之,在建筑物、构筑物或者其他设施倒塌造成损害,只要受害人证明其所受损害系因建筑物、构筑物或者其他设施倒塌所致,建设单位与施工单位就承担赔偿责任。

从民法理论上讲,过错推定实际上仍然属于过错责任的范畴,责任的承担仍是以行为人具有主观过错为前提,而非像无过错责任根本不考虑行为人主观上有无过错。但过错推定与一般过错责任又有不同,即适用过错推定是由法律事先假定行为人对损害的发生具有过错,受害人无须证明行为人主观上存在过错,而只需证明其有损害且该损害与行为人的行为有因果关系即可。行为人要免除自己的责任,就必须证明自己对损害的发生没有过错,即其已经尽到应有的注意义务,否则其要承担受害人的损失赔偿责任。由此,在适用过错推定责任的侵权行为中,其侵权责任的构成实际上仍以过错为要件,只是在举证责任分配上采取举证责任倒置,即在建筑物、构筑物或者其他设施发生脱落、坠落造成损害时建筑物、构筑物或者其他设施的所有人、管理人或使用人只有证明自己没有过错才可免除责任的承担。

无过错责任意味着行为人损害他人民事权益,无论其主观上有无过错,依照法律规定应当承担侵权责任的,就应承担责任。在建筑物、构筑物或者其他设施倒塌造成他人损害时,法律规定适用无过错责任,意味着只要有建筑物、构筑物或其他设施倒塌造成他人损害的事实发生,建设单位、施工单位就要承担赔偿责任。除非该倒塌原因与建设单位、施工单位没有任何关系,而是因为建筑物缺陷以外的其他原因,如年久失修、业主擅自改变承重墙等致使建筑物倒塌的,此时受害人即不能向建设单位、施工单位要求承担责任。《侵权责任法》第86条的规定系针对现实中频发的"豆腐渣"工程而对与此有直接关系的建设单位、施工单位加重承担责任的一种特殊规定。

三、工作物损害责任的构成要件

构成工作物损害责任必须具备以下条件:

1. 须有建筑物、构筑物或其他设施及其搁置物、悬挂物发生倒塌、脱落、坠落的事实。工作物致人损害的形态通常表现在三个方面：其一是建筑物发生倒塌、脱落、坠落造成损害；其二是其他设施发生倒塌、脱落造成损害；其三是建筑物上的搁置物、悬挂物发生倒塌、脱落、坠落造成损害。统言之，此处建筑物即为能通过人工建造而附着于土地的永久性设施，如房屋、桥梁、堤坝、码头、隧道、井架、路灯、水塔、纪念碑、雕塑等；“其他设施”即指建筑脚手架、起重塔吊、缆车、索道、路标、广告牌、标语牌等。[5] 建筑物上的搁置物、悬挂物非属建筑物的有机组成部分，如阳台上放置的花盆、屋顶的吊灯、悬挂在墙壁上的大捆玉米棒等。

2. 须有受害人的人身或财产遭受损害的事实。受害人因建筑物、构筑物或其他设施等倒塌、脱落、坠落而生命健康受到损害，或其财产遭受损失，损害事实的发生是侵权责任成立的必要前提，没有损害即无责任的发生。

3. 责任人须为建筑物的所有人、管理人、使用人或建造人。所有人是指拥有建筑物或其他工作物所有权的人，所有人通常表现为建设单位；管理人是指基于所有人授权或者其他事由而对建筑物取得法律上或事实上的占有，以及承担维护保养义务的人；使用人则为在客观上正对建筑物、构筑物或其他设施进行利用控制的人；建造人即施工单位。管理人与使用人有时会发生重合。

4. 建筑物、构筑物或其他设施及其搁置物、悬挂物倒塌、脱落、坠落的事件与损害之间有因果关系。所谓因果关系是指受害人受损害的原因是建筑物或者其他设施以及建筑物上的搁置物、悬挂物发生倒塌、脱落、坠落而直接导致，若受害人的损失非由于建筑物或其他设施以及建筑物上的搁置物、悬挂物倒塌、脱落或坠落所直接作用于受害人的人身或财产，而是引发其他现象致人损害，也应认定为有因果关系。[6]

四、工作物损害责任的承担

工作物致人损害时的责任主体依照《民法通则》的规定为建筑物、构筑物或其他设施的所有人或管理人，《侵权责任法》又将责任主体扩充至工作物的使用人、建造人。实践中，若所有人与管理人是同一主体，确定责任人比较容易，但若所有人与管理人并非同一主体时，即当建筑物的所有权与占有权发生分离时，此时建筑物致害的责任主体应如何认定则是实务中比较复杂的一个问题。

---

〔5〕 参见王家福主编：《中国民法学·民法债权》，法律出版社 1995 年版，第 522 页。

〔6〕 参见王利明主编：《民法·侵权行为法》，中国人民大学出版社 1993 年版，第 468 页。

《民法通则》第126条规定："建筑物或者其他设施以及建筑物上的搁置物、悬挂物发生倒塌、脱落、坠落造成他人损害的，它的所有人或者管理人应当承担民事责任，但能够证明自己没有过错的除外。"依此规定，建筑物的管理人与所有人是并列的责任主体，根据学者解释，该"管理人"应作限制性解释，即依照法律、法规或行政命令对国有建筑物进行经营管理的人，包括全民所有制企业、事业单位、国家机关等以及依承包、租赁等法律行为而经营管理国家、集体所有的建筑物等的公民或法人等。但如果承包、租赁者能证明其管理没有过错或为防止损害发生尽了必要的注意义务，则由所有人承担责任，所有人与管理人也可以通过约定来确定彼此在建筑物发生损害时的责任分配。[7] 管理人之外的其他占有人依《民法通则》的规定不在责任主体之内，但是《侵权责任法》将责任主体扩充至使用人，且依立法者的看法，使用人是指因租赁、借用或者其他情形使用建筑物等设施的人。[8] 笔者认为，使用人的解释应从立法规定建筑物等设施损害责任制度的目的出发。使用人通常是指直接对建筑物等设施进行占有的人。将责任主体扩充至使用人，可以更加有效地实现侵权责任法预防损害和救济受害人的功能，因为将使用人纳入责任主体范围，可以督促建筑物等设施的占有人在其占有控制建筑物等设施期间，积极尽到维护、管理义务，避免损害的发生，而一旦发生损害，受害人可以直接向占有建筑物等设施的使用人行使侵权损害赔偿请求权，有利于受害人权益的及时救济。

侵权责任法除了将使用人纳入责任主体外，还在第86条规定了建设单位、施工单位作为责任主体的规则。根据第86条规定，建设单位、施工单位的责任仅限于建筑物、构筑物及其他设施倒塌致人损害的责任。对于该规定，需要明确以下几点：

其一，无论建设单位、施工单位，均指向的是法人单位，不包括个人。通常情况下，建设单位是指依法取得土地使用权，在该土地上建造建筑物、构筑物或者其他设施，是建设工程合同的总发包人。实践中，房地产开发企业是比较常见的建设单位。施工单位是指与建设单位或者其他发包人签订工作物建造合同、对工作物进行施工的单位。实践中，建筑公司是比较常见的施工单位[9]。

---

[7] 参见张新宝：《侵权责任法原理》，中国人民大学出版社2005年版，第441页。

[8] 全国人大常委会法制工作委员会民法室编：《〈中华人民共和国侵权责任法〉条文说明、立法理由及相关规定》，北京大学出版社2010年版，第345页。

[9] 全国人大常委会法制工作委员会民法室编：《〈中华人民共和国侵权责任法〉条文说明、立法理由及相关规定》，北京大学出版社2010年版，第348～349页。

其二，建设单位、施工单位承担责任是以其违反了建造义务为前提，如施工人偷工减料、层层转包等，如果损害非因建造人的原因，而是因为其他原因，如房屋年久失修或房主擅自改变房屋承重结构等，致使房屋倒塌的，建设单位、施工单位不承担责任。

其三，建设单位、施工单位对受害人承担了赔偿责任后，在有其他责任人的情况下，享有追偿权。这里其他责任人主要是指工程建设的设计人、监理人、建筑材料的供应商以及生产者，如工程倒塌是因为设计缺陷，或是监理人在工程建设期间未尽监督审查义务，或是供应商供应的建筑材料质量瑕疵不符合建筑工程要求等，因而对建设工程倒塌具有不可推卸的责任，则在建设单位、施工单位承担了赔偿责任后可以向这些责任人进行追偿。

其四，建设单位、施工单位对建筑物等设施倒塌致人损害承担连带赔偿责任。立法如此规定主要是为了强化对受害人的保护，即一旦发生建筑物倒塌，受害人既可以向建设单位要求承担全部责任，也可以向施工单位请求承担全部责任，当然，这不排除在建设单位与施工单位内部仍可以依照致害原因力比例大小分担责任。

第三节　地面施工致害责任

本节提要

地面施工致害责任是指在公共场所或者道路上挖坑、修缮安装地下设施的施工人因其没有采取安全措施造成他人损害而应承担的侵权责任。通说认为，地面施工致人损害侵权责任的归责原则适用过错推定责任原则。如果施工者能够证明施工时已经设置了明显标志和采取了必要的安全防护措施，即证明其已尽到了注意义务，就可以免于责任的承担。学习本节内容要重点掌握地面施工致害责任的归责原则、构成要件以及责任的承担。

一、地面施工致害责任的概念和特征

地面施工致害责任是指在公共场所或者道路上挖坑、修缮安装地下设施的施工人因其没有采取安全措施造成他人损害而应承担的侵权责任。《侵权责任法》

第91条第1款规定:在公共场所或者道路上挖坑、修缮安装地下设施等,没有设置明显标志和采取安全措施造成他人损害的,施工人应当承担侵权责任。该条借鉴了《民法通则》第125条的规定,在公共场所、道旁或通道上进行施工劳动,对交通安全具有危险性,容易造成损害,因此法律特别规定,施工人在施工时要履行相当注意义务,如设置明显标志或采取必要的安全措施,以避免损失的发生,如果施工人怠于履行注意义务,造成损害的,应承担民事责任。反之,只要其没有设置明显标志和采取安全措施,无论其本身是否有过错,均推定其具有过错,承担赔偿责任。但如果施工人设置明显标志和采取安全措施后,由于第三人的行为或自然原因,造成安全标志和安全措施被破坏,致使受害人在缺乏明显标志和安全措施的情况下遭受损害,施工人并不能免责。因为施工人不仅负有设置明显标志和安全措施的义务,而且还负有保护维持这些标志和安全措施的义务。施工人向受害人承担了责任后,有权向第三人追偿。

二、地面施工致人损害侵权责任的归责原则

关于地面施工致人损害侵权责任的归责原则,学界存在两种主张:一种主张认为应适用过错推定责任原则,此为通说;另一种主张认为应适用无过错责任原则。我们认为,地面施工致人损害责任应适用过错推定责任原则。一方面是由于我国立法的明确规定,根据《民法通则》的规定,施工者是否设置明显标志和采取安全措施是判断其有无尽到安全注意义务,即主观上有无过错的法定标准,具体言之,如果施工者能够证明施工时已经设置了明显标志和采取了必要的安全防护措施,即证明其已尽到了注意义务,表明其主观上对损害的发生没有过错,因而可免予责任的承担,这是完全符合过错推定责任原则的法理要求的。另一方面适用无过错责任原则意味着一旦损害发生,施工方无论其在施工时是否采取安全防范措施以及尽到必要的注意义务,都要对损害承担责任,除非是发生不可抗力或其他法定的免责事由,这势必造成施工一方利益的不公,阻碍社会基础经济建设的发展。另外,无过错责任作为一种严格责任必须是在法律有明确规定的情形下才能适用,而地面施工致人损害适用无过错责任原则,缺乏法律依据。

三、地面施工致人损害侵权责任的构成要件

根据《民法通则》第125条的规定,认定构成地面施工致人损害的侵权责任,必须具备如下四个要件:

1. 必须是在公共场所、道旁或者通道上进行地面施工。在公共场所、道旁或

通道上从事挖坑、修缮、安装地下设施等施工作业是构成地面施工致人损害的侵权责任的一个特殊要求。反之，如果不是在公共场所、道旁或通道上施工而致人损害的，则不能认定该施工行为构成地面施工致人损害的侵权责任，而属于其他一般侵权行为。一般来说，公共场所、通道或道旁往往是公众聚集、活动的场所，在这些场所进行施工很有可能给周围群众或过往行人带来潜在的危险，并且会影响到人们的正常活动，因此，法律特别要求施工者在施工时必须要采取必要的安全防护措施，否则发生损害即要承担赔偿责任。

2. 施工者违反了设置明显标志和采取其他必要安全措施的注意义务。在公共场所、道旁或通道上从事挖坑、修缮、安装地下设施等施工作业时，没有设置明显标志和采取安全措施而导致损害是施工方承担赔偿责任的必要前提。这是法律对地面施工致人损害责任的特殊规定。换言之，在公共场所、道旁或通道上施工时，法律赋予了施工人两项作为义务：一是设置明显标志，二是采取安全措施。施工人如果没有尽到作为义务而致人损害，就要承担赔偿责任。反之，若施工人能够证明自己已经设置了明显标志或采取了必要的安全措施，并同时证明其已尽到了维护义务，则可以免予责任的承担。

3. 客观上造成了他人损害。必须有受损害的事实发生才能构成地面施工致人损害责任。损害既包括人身损害也包括财产损害。这里要注意的是受害人只能是从事地面施工以外的人，若是施工人自己在施工时受到损害则不属于此处的地面施工致人损害责任。

4. 违反注意义务的不作为与损害后果之间有因果关系。受害人所受的损害必须是与“没有设置明显标志和采取安全措施”之间有因果关系，否则不构成此处的地面施工损害责任。另外需要指出的是，地面施工致人损害赔偿责任只能发生在地面施工期间，如果不在地面施工期间发生损害，例如，公路上的井盖被人移位或被盗而致他人损害的，属物件致人损害的责任范围，并不构成此处的地面施工致人损害责任。

凡具备上述条件的，施工人即应承担民事责任。由于此种责任适用过错推定责任原则，故在诉讼中采取举证责任倒置原则，即如果施工人能够证明自己主观上没有过错，即其已经设置明显标志和采取了其他必要的安全措施，就可以免除责任。

四、地面施工致人损害责任的承担

关于地面施工致人损害在实务中责任主体的确定，[10]《民法通则》第125条所规定的责任主体为“施工人”，而不是工程的所有者或者管理者。在实践中，有一些地面施工工程的所有者（或者管理者）并不直接进行施工，而是通过承包等方式发给他人进行施工，有时还有分包、转包等情形出现。当施工人也是工程的所有者或者管理人时，比较容易确定责任主体。当直接进行施工的人员不是工程的所有者或管理者时，实务中会出现责任主体认定比较困难的问题。对此，可以分以下几种情形来确定责任主体：(1)当直接进行施工的一方为具有法人地位的承包建筑商时，该承包商即为施工人，对其施工过程中违反设置明显标志和采取安全措施的作为义务而致的损害独立承担赔偿责任。(2)当施工工程的一方系以其他某一特定主体的名义进行施工时，无论该直接施工一方系转包方或分包方，因施工过程中违反注意义务而致的损害由该特定名义人承担。(3)依据《人身损害赔偿司法解释》第10条之规定：“承揽人在完成工作过程中对第三人造成损害或者造成自身损害的，定作人不承担赔偿责任。但定作人对定作、指示或者选任有过失的，应当承担相应的赔偿责任。”在地面施工工程中，若工程的所有者或管理者作为发包人存在指示或选任上的过失，则应承担与其过失相应的民事责任。当然，该责任发生的前提是该直接施工方为独立承包建筑商。

《侵权责任法》第91条所规定的责任主体为“施工人”，而不是工程的所有者或者管理者。在实践中，有一些地面施工工程的所有者（或者管理者）并不直接进行施工，而是通过承包等方式发给他人进行施工，有时还有分包、转包等情形出现。当施工人也是工程的所有者或者管理人时，比较容易确定责任主体。当直接进行施工的人员不是工程的所有者或管理者时，实务中会出现责任主体认定比较困难的问题。对此，可以分以下几种情形来确定责任主体：(1)当直接进行施工的一方为具有法人地位的承包建筑商时，该承包商即为施工人，对其施工过程中违反设置明显标志和采取安全措施的作为义务而致的损害独立承担赔偿责任。(2)当施工工程的一方系以其他某一特定主体的名义进行施工时，无论该直接施工一方系转包方或分包方，因施工过程中违反注意义务而致的损害由该特定名义人承担。(3)依据《人身损害赔偿司法解释》第10条之规定，在地面施工工程中，若工程的所有者或管理者作为发包人存在指示或选任上的过失，则应承担与其过失相

[10] 参见张新宝：《侵权责任法原理》，中国人民大学出版社2005年版，第456页。

应的民事责任。当然,该责任发生的前提是该直接施工方为独立承包建筑商。

第四节　抛掷物致人损害责任

本节提要

区别于建筑物致人损害的侵权行为,抛掷物件致人损害责任是一种行为责任,只是加害人不明确,而前者是责任人承担的一种对“物”的责任。从我国立法上来看,抛掷物件致人损害责任是一种补偿责任,不是赔偿责任,更不具有惩罚性,补偿责任是公平原则的一种体现,是对受害人损害的一种分担。学习本节内容重点掌握抛掷物件致人损害责任的特征以及责任的承担,认真思考其与其他相似制度的区别。

一、抛掷物致人损害的概念及特征

抛掷物件致人损害是指从高层建筑物中抛掷物品,致他人人身或财产损失,而又不能证明谁是真正的加害人的损害事件。[11] 抛掷物致人损害不同于建筑物致人损害的侵权行为,前者属于行为致害,后者属于责任人明确的“物”的损害。抛掷物致人损害的侵权行为具有以下特点:

其一,致害物品是从高楼上抛掷下来的物品。非从高楼上抛掷下来而是因建筑物管理人或所有人管理不当致使建筑物上的悬挂物、附属物脱落导致他人损失的,通常属于责任人明确的建筑物致人损害责任。当然,不排除发生所有人或管理人不明的悬挂物或附属物致人损害的情形,此时亦应属于抛掷物致人损害的侵权行为。

其二,抛掷物造成受害人的损害。损害事实是侵权行为构成要件中的必备要件。如果虽发生了抛掷物品从高空坠落的情形,但没有造成损害后果则没有赔偿。此处的损害既包括人身损害,也包括财产损失。

其三,受害人的受害事实与抛掷行为之间存在因果关系。即从高空抛掷的坠落物品与受害人的损害事实之间存在引起与被引起的关系。

〔11〕 参见王利明:《侵权行为法归责原则研究》,中国政法大学出版社2004年修订版,第177页。

其四,加害人不明确。倘若加害人明确,则不属此处的抛掷物致人损害的侵权行为,而属一般侵权行为,此时,按照一般侵权行为原理追究加害人责任即可救济受害人。但在抛掷物致人损害中,由于抛掷人不明确,即找不到具体的加害人,受害人的赔偿请求权无法得到实现。因此,在抛掷物致人损害的侵权责任中,其复杂性并不在于侵权行为的构成要件,也不在于认定侵权行为人的过错,而在于找不到具体的加害人。对于此种情形下如何适用法律救济受害人,我国目前并无明确的法律依据,实践中和理论上亦存在很大争议。

二、抛掷物致人损害责任与其他相似制度的区别

(一)抛掷物致人损害责任与建筑物致人损害责任的区别

1. 性质不同,建筑物致人损害责任属于物件致人损害责任,其适用严格的过错推定责任;抛掷物致人损害责任属于“行为”致害责任。

2. 责任人是否明确不同,建筑物致人损害责任的责任主体是确定的,而抛掷物致害责任的真正行为人在法律上则很难确定。

3. 建筑物致害责任中的“物件”可以是建筑物本身,也可以是附属于建筑物的搁置物、悬挂物;而抛掷物责任中的“物”通常不是建筑物的附属部分,其范围很广,理论上说可以是任何物件,但也不排除二者重合的情形。

(二)抛掷物致人损害与共同危险行为的区别

1. 共同危险行为与抛掷物致人损害在侵权人数上存在区别。在共同危险行为中,行为人是两人以上,且所有人都实施了该种具有危险性的行为。而抛掷物致人损害中,只有侵权人一个人实施了加害行为,并不是所有人都实施了与加害行为有关的行为。

2. 在共同危险行为中,每一个行为人的行为都具有危险性,而抛掷物致人损害中,只有抛掷该物的一个人的行为是危险行为,与损害事实之间有因果关系,并没有其他人实施抛掷物品的危险行为,但由于不能确定谁是抛掷人,才存在推定全体嫌疑人与损害事实之间存在因果关系。

三、抛掷物致人损害责任的承担

《侵权责任法》第87条规定:从建筑物中抛掷物品或者从建筑物上坠落的物品造成他人损害,难以确定具体侵权人的,除能够证明自己不是侵权人的外,由可能加害的建筑物使用人给予补偿。对此,要明确以下几点:首先,抛掷物致人损害时,建筑物使用人承担的是补偿责任,不是赔偿责任,更不具有惩罚性,补偿责任

是公平原则的一种体现，是对受害人损害的一种分担。其次，承担补偿责任的是可能加害的建筑物使用人，此建筑物使用人包括建筑物的所有人、占有人以及管理人，如现实生活中的承租人、借用人等。最后，建筑物使用人承担补偿责任的前提是加害人不明，若能够证明自己不是加害人，则可以免责。如证明自己在损害发生时并不在建筑物内，或是能够证明自己所处的位置客观上不具有造成抛掷物致人损害的可能性等。

训　练

【案例】2000年9月的一天晚上，某甲的儿子驾驶摩托车上班，途经某国道时，撞到乙公司因挖坑施工而堆放在公路上的水泥石块上，经抢救无效后死亡。据查，乙公司在施工作业区两端未设置明显反光标志和危险警示标志。另查，该工程是某国道指挥部以招投标方式发包给乙公司承建的。事后，某甲夫妇以某国道指挥部、市公路管理段和乙公司为被告诉至法院，要求赔偿损失。

【解析】本案属于典型的地面施工致人损害的案件。该案的适格被告只是施工方乙公司，作为发包方的某国道指挥部并非直接进行施工，不存在施工时未尽安全注意义务的疏忽过失；公路管理段通常对正在施工的公路不负管理职责，因此，依照《民法通则》第125条之规定，乙公司作为施工方未在作业区内设立明显标志并采取相应的安全措施，该行为与本案某甲夫妇之子的死亡之间存在因果关系，因此应该承担赔偿责任。

思考题

1. 简述物件损害责任的具体形式。
2. 简述建筑物致人损害责任的归责原则与构成要件。
3. 简述地面施工致人损害责任的构成要件。
4. 试述抛掷物致人损害责任与建筑物致人损害责任、共同危险行为的区别。
5. 简述抛掷物致人损害责任的承担。

—— 阅读文献 ——

1. 韩世远:《物件损害责任的体系位置》,载《法商研究》2010 年第 6 期。

2. 韩世远:《建筑物责任的解释论——以〈侵权责任法〉第 85 条为中心》,载《清华法学》2011 年第 1 期。

3. 王泽鉴:《侵权行为》,北京大学出版社 2009 年版。

图书在版编目(CIP)数据

侵权责任法实训教程 / 车辉主编. -- 北京 : 法律出版社, 2018
ISBN 978-7-5197-1827-5

Ⅰ. ①侵… Ⅱ. ①车… Ⅲ. ①侵权行为-民法-中国-教材 Ⅳ. ①D923

中国版本图书馆 CIP 数据核字(2017)第 325530 号

侵权责任法实训教程
QINQUAN ZERENFA SHIXUN JIAOCHENG

车 辉 主编

责任编辑 陈 慧
装帧设计 凌点工作室

出版 法律出版社
总发行 中国法律图书有限公司
经销 新华书店
印刷 固安华明印业有限公司
责任校对 杨锦华
责任印制 沙 磊

编辑统筹 法律教育出版分社
开本 720 毫米×960 毫米 1/16
印张 30.75
字数 522 千
版本 2018 年 1 月第 1 版
印次 2018 年 1 月第 1 次印刷

法律出版社/北京市丰台区莲花池西里 7 号(100073)
网址/www.lawpress.com.cn
投稿邮箱/info@lawpress.com.cn
举报维权邮箱/jbwq@lawpress.com.cn
销售热线/010-63939792
咨询电话/010-63939796

中国法律图书有限公司/北京市丰台区莲花池西里 7 号(100073)
全国各地中法图分、子公司销售电话:
统一销售客服/400-660-6393
第一法律书店/010-63939781/9782
西安分公司/029-85330678
重庆分公司/023-67453036
上海分公司/021-62071639/1636
深圳分公司/0755-83072995

书号:ISBN 978-7-5197-1827-5
定价:58.00 元